FamRZ-Buch **31**

Die
FamRZ-Bücher

werden herausgegeben von

Prof. Dr. Dr. h.c. Peter Gottwald
Dr. Ingrid Groß (†)
Dr. Meo-Micaela Hahne
Prof. Dr. Dr. h.c. mult. Dieter Henrich
Prof. Dr. Dr. h.c. Dieter Schwab
Prof. Dr. Thomas Wagenitz

VERLAG ERNST UND WERNER GIESEKING, BIELEFELD

Kosten in Familiensachen

– Gerichts- und Anwaltskosten
sowie Kosten der Mediation –

von

Dipl.-Rpfl. *Renate Baronin von König*
Lehrkraft an der HWR Berlin

und

Hans Helmut Bischof
Vizepräsident des OLG a.D.

2., völlig neu bearbeitete Auflage

2015

VERLAG ERNST UND WERNER GIESEKING, BIELEFELD

Bibliografische Information der Deutschen Nationalbibliothek
Die Deutsche Nationalbibliothek verzeichnet diese Publikation in der
Deutschen Nationalbibliografie; detaillierte bibliografische Daten sind
im Internet über http://dnb.d-nb.de abrufbar.

2015
© Verlag Ernst und Werner Gieseking GmbH, Bielefeld
Dieses Werk ist urheberrechtlich geschützt. Jede Verwertung,
insbesondere die auch nur auszugsweise Vervielfältigung auf
fotomechanischem oder elektronischem Wege, die Einstellung
in Datenbanken oder die Aufnahme in Online-Dienste, ist nur insoweit zulässig,
als sie das Urheberrechtsgesetz ausdrücklich gestattet,
ansonsten nur ausschließlich mit vorheriger
Zustimmung des Verlages.
Alle Rechte bleiben vorbehalten.
Lektorat: Dr. iur. Jobst Conring
Satz: Fotosatz L. Huhn, Linsengericht/Eidengesäß
Druck: CPI books GmbH, Leck – Germany
ISBN 978-3-7694-1070-9

Vorwort

Seit der FGG-Reform und der damit einhergehenden Neuregelung des familiengerichtlichen Verfahrens und der Kosten sind inzwischen 6 Jahre vergangen. Die Vorauflage des Buches fußte im Wesentlichen auf den Gesetzesmaterialien und der bis dahin vorhandenen Literatur hierzu. Rechtsprechung zum neuen Recht konnte nicht berücksichtigt werden, weil es sie schlichtweg noch nicht gab. Es konnte somit auch insoweit nur auf die Rechtsprechung zum alten Recht zurückgegriffen und allenfalls ein Ausblick auf die Zukunft vorgenommen werden.

Das Buch soll in erster Linie die Strukturen des Gerichts- und Anwaltsgebührenrechts in Familiensachen darstellen, wobei gängige Probleme auch anhand einzelner Beispiele dargestellt werden.

Mit dieser 2. Auflage finden Sie nun eine völlige Überarbeitung aller Abschnitte vor. Es wurden Literatur und Rechtsprechung bis April, teilweise Mai 2015 berücksichtigt. Aber auch die zahlreichen Gesetzesänderungen wurden bis zum Sommer 2015 einbezogen. Das 2. Kostenrechtsmodernisierungsgesetz machte es beispielsweise notwendig, dass insbesondere die Ausführungen zu den Verfahrenswerten und den Gerichtskosten einer sehr genauen Überprüfung zugeführt werden mussten. Das Gesetz zur Änderung des Prozesskostenhilfe- und Beratungshilferechts war insbesondere beim Abschnitt 4 ausschlaggebend für die völlige Neubearbeitung dieses Teils des Buches, hat aber auch Einfluss auf andere Bereiche. Sowohl Text als auch alle Berechnungsbeispiele mussten geändert und der neuen Gesetzeslage angepasst werden.

Im Rahmen des Kapitels „Kosten der Mediation" wurden die Vorschriften des Mediationsgesetzes vom 21.7.2012 hinsichtlich der Struktur der Mediation herangezogen und umgesetzt. Im Mediationsgesetz fehlt allerdings eine ausdrückliche Regelung der Gebühren der Mediation. Die bisherigen Grundsätze und Empfehlungen gelten daher fort, wie insbesondere auch § 34 RVG. Mittelbar hat das Mediationsgesetz allerdings durch die Schaffung des Güterichters (bislang Mediationsrichter) dergestalt eine Änderung bewirkt, dass der Güterichter nach § 278 Abs. 5 ZPO diese Aufgabe in richterlicher Funktion ausübt, also insbesondere auch Prozessvergleiche protokollieren kann.

Berlin und Koblenz, im August 2015 *Renate Baronin von König*
Hans-Helmut Bischof

Inhaltsverzeichnis

Abkürzungsverzeichnis XVII
Literaturverzeichnis XXV

1. Abschnitt: Verfahrens- und Gegenstandswerte 1
  A. Einleitung 1
    I. Verfahrensrecht 2
    II. Kostenrechtliche Vorschriften des FamFG 5
    III. Unanwendbarkeit der kostenrechtlichen Vorschriften
       des FamFG 8
  B. Grundsätze der Ermittlung des Verfahrenswertes
    in Familiensachen 11
    I. Wertvorschriften des FamGKG 11
    II. Wertvorschriften des RVG 16
  C. Berechnung der Verfahrenswerte in Familiensachen 18
    I. Ehesachen 18
       1. Legaldefinition und verfahrensrechtliche
          Besonderheiten 18
       2. Wertberechnung 18
         a) Berücksichtigung des Einkommens 19
         b) Berücksichtigung der Vermögensverhältnisse . . 21
         c) Umfang und Bedeutung der Angelegenheit . . . 21
    II. Kindschaftssachen 22
       1. Legaldefinition 22
       2. Verfahrenswert 24
         a) Bestimmte Kindschaftssachen 24
         b) Weitere Kindschaftssachen 25
    III. Abstammungssachen 26
       1. Wertvorschriften 28
       2. Verbund mit Antrag auf Unterhalt 28
    IV. Adoptionssachen 29
       1. Definition und Verfahrensrechtliches 29
       2. Wertvorschriften 30
    V. Ehewohnungs- und Haushaltssachen 31
       1. Verfahrensrechtliches 31
       2. Wertvorschriften 32
    VI. Gewaltschutzsachen 34
    VII. Versorgungsausgleichssachen 34

		1. Allgemeines	34
		2. Verfahrenswert	36
VIII.	Unterhaltssachen		38
		1. Gesetzliche Definition	38
		2. Unterteilung in Familienstreitsachen und Familiensachen	39
		3. Rangfolge bei mehreren Unterhaltsberechtigten	40
		4. Ehegattenunterhalt	40
		a) Berechnung des Gebührenstreitwertes	41
		b) Vertraglicher Unterhalt	43
		5. Kindesunterhalt	43
		a) Mindestunterhalt gemessen am steuerlichen Kinderfreibetrag	44
		b) Berücksichtigung des Kindergeldes	47
		c) Statischer oder dynamisierter Unterhalt	48
		d) Wertermittlung	49
		6. Besondere Sachlagen am Beispiel des Unterhaltsverfahrens	50
		a) Antrag und Widerantrag	50
		b) Einbeziehung von freiwilligen Leistungen	51
		c) Auskunftsantrag	52
		d) Stufenantrag	53
		e) Abänderungsantrag	55
		f) Feststellungsantrag	56
		7. Vereinfachtes Verfahren über den Unterhalt Minderjähriger	57
		8. Unterhaltsansprüche nach § 1615l BGB	60
		9. Unterhaltssachen nach dem BKGG und dem EStG	60
IX.	Güterrechtssachen		61
		1. Definition und Besonderheiten des Verfahrensrechts	61
		2. Zugewinngemeinschaft	62
		3. Gütergemeinschaft	63
		4. Weitere Güterrechtssachen	63
X.	Sonstige Familiensachen		65
XI.	Verbund von Scheidungs- und Folgesachen		68
		1. Verbundkonzeption beim Verfahrenswert/ Gegenstandswert	69
		a) Scheidung	70
		b) Versorgungsausgleich	70
		c) Ehegattenunterhalt	70
		d) Kindesunterhalt	71

		e) Ehewohnungs- und Haushaltssachen	71

	e)	Ehewohnungs- und Haushaltssachen	71
	f)	Güterrechtliche Ansprüche	71
	g)	Kindschaftssachen	72
	h)	Bestellung eines Verfahrensbeistands	73
	2. Abtrennung von Folgesachen		74
XII.	Lebenspartnerschaftssachen		77
XIII.	Einstweilige Anordnungen		79
	1. Wertvorschrift für einstweilige Anordnungen		81
	2. Beispiele für einstweilige Anordnungen		81
	a) Sorge-, Umgangs- und Herausgabeverfahren . .		82
	b) Unterhalt		82
	c) Getrenntleben der Ehegatten		83
	d) Benutzung der Ehewohnung und der Haushaltsgegenstände		84
	e) Herausgabe oder Benutzung der zum persönlichen Gebrauch eines Ehegatten oder eines Kindes bestimmten Sachen		84
	f) Maßnahmen nach §§ 1, 2 GewSchG		84
	g) Verpflichtung zur Leistung eines Kostenvorschusses für Familiensachen		85
XIV.	Rechtsmittelverfahren		85
	1. Die Beschwerde		86
	2. Die Rechtsbeschwerde		87
	3. Wertberechnung in Rechtsmittelverfahren		89
XV.	Vollstreckung		91
	1. Herausgabe von Personen und die Regelung des Umgangs		91
	2. Vollstreckung nach der ZPO		93
	3. Vollstreckung in Ehesachen und Familienstreitsachen		93
	4. Vollstreckung verfahrensleitender Anordnungen . .		94
	5. Wertberechnung in Vollstreckungssachen		95
XVI.	Grenzüberschreitender Rechtsverkehr in Familiensachen		97
	1. Anerkennung nach FamFG		97
	2. Vollstreckbarkeitserklärung		98
	3. Ausführungsgesetze		100
	4. Wertberechnung		104
XVII.	Wertfestsetzung		104

2. Abschnitt: Gerichtskosten 107
A. Grundsätzliches 107
   I. Allgemeine Vorschriften 109

II.	Fälligkeit	110
III.	Vorschuss bzw. Vorauszahlung	110
IV.	Kostenschuldner	112
V.	Kostenerstattung hinsichtlich der Gerichtskosten	114

B. Ehe- und Lebenspartnerschaftssachen einschließlich aller Folgesachen 115
   I. Ehesachen 115
      1. Erster Rechtszug 115
      2. Ermäßigungstatbestände 116
      3. Rechtsmittelverfahren 117
         a) Beschwerde gegen die Endentscheidung 117
         b) Rechtsbeschwerde 119
         c) Zulassung der Sprungrechtsbeschwerde 119
   II. Verbundverfahren 119
      1. Ermäßigung der Verfahrensgebühr 121
      2. Vergleichsgebühr 125
      3. Rechtsmittelverfahren 128

C. Hauptsacheverfahren in selbstständigen Familienstreitsachen 129
   I. Vereinfachtes Unterhaltsfestsetzungsverfahren 129
      1. Erster Rechtszug 130
      2. Beschwerde gegen die Endentscheidung 131
      3. Rechtsbeschwerde und Zulassung der Sprungrechtsbeschwerde 132
      4. Abänderung eines Titels 132
   II. Verfahren im Übrigen 133
      1. Erster Rechtszug 133
         a) Vorausgegangenes Mahnverfahren 134
         b) Widerantrag 136
      2. Ermäßigungstatbestände 137
         a) Haftung des Antragsschuldners bei ermäßigter Gebühr 140
         b) Vergleichsgebühr 142
      3. Rechtsmittelverfahren 142
         a) Beschwerde gegen Endentscheidung 142
         b) Rechtsbeschwerde gegen die Endentscheidung . 144
         c) Zulassung der Sprungrechtsbeschwerde 144

D. Hauptsacheverfahren in selbstständigen Familiensachen der freiwilligen Gerichtsbarkeit 145
   I. Kindschaftssachen 146
      1. Gebührenfreie Verfahren 146
      2. Gebühren in Kindschaftssachen 147
      3. Rechtsmittelverfahren 150

		a) Beschwerde gegen Endentscheidung	150
		b) Rechtsbeschwerde gegen die Endentscheidung .	151
		c) Zulassung der Sprungrechtsbeschwerde	151
	II.	Übrige Familiensachen der freiwilligen Gerichtsbarkeit	152
		1. Verfahrensgebühr und deren Ermäßigung	152
		2. Versorgungsausgleichssachen	154
		3. Ehewohnungs- und Haushaltssachen	155
		4. Gewaltschutzsachen	156
		5. Güterrechtssachen	156
		6. Beschwerde und Rechtsbeschwerde gegen Endentscheidung	157
		a) Rechtsbeschwerde gegen die Endentscheidung .	158
		b) Zulassung der Sprungrechtsbeschwerde	158
	III.	Abtrennung von Folgesachen aus dem Verbund	158
E.	Einstweiliger Rechtsschutz		162
	I.	Einstweilige Anordnung in Kindschaftssachen	162
	II.	Einstweilige Anordnung in den übrigen Familiensachen und Arrest	164
		1. Erster Rechtszug	164
		2. Beschwerde gegen Endentscheidung	165
F.	Vollstreckung familiengerichtlicher Entscheidungen		166
	I.	Zwangsvollstreckung nach der ZPO	166
	II.	Vollstreckungshandlungen zwecks Herausgabe von Personen und von Umgangsregelungen	167
	III.	Vollstreckung verfahrensleitender Anordnungen	169
G.	Verfahren mit Auslandsbezug		170
	I.	Erster Rechtszug	170
	II.	Beschwerde und Rechtsbeschwerde gegen Endentscheidung	171

3. Abschnitt: Rechtsanwaltskosten 173

A.	Allgemeines		173
	I.	Auftragserteilung	174
	II.	Die gesetzliche Vergütung	175
		1. Der Gegenstandswert	175
		2. Die Gebühren	176
		a) Wert- bzw. Rahmengebühren	176
		b) Die Beratungsgebühr	177
		c) Die Geschäftsgebühr	177
		d) Die Verfahrensgebühr	177
		e) Erhöhung bei mehreren Auftraggebern	178
		f) Die Terminsgebühr	179

	g) Die Zusatzgebühr für besonders umfangreiche Beweisaufnahmen	180
	h) Die Einigungsgebühr	181
	i) Die Aussöhnungsgebühr	182
	3. Abgeltungsbereich der Gebühren	182
	4. Die Auslagen	183
III.	Fälligkeit der Vergütung	184
IV.	Erstattung der Rechtsanwaltskosten	184

B. Außergerichtliche Tätigkeit in Familiensachen 187
   I. Beratung 187
      1. Gegenstand und Höhe der Beratungsgebühr 187
      2. Anrechnung der Beratungsgebühr 189
      3. Auswirkungen der Anrechnung auf das Kostenfestsetzungsverfahren 190
      4. Berücksichtigung der sogenannten prozessbegleitenden Beratung 191
   II. Vertretung 191
      1. Die Geschäftsgebühr 191
      2. Anrechnung der Geschäftsgebühr 192
      3. Berücksichtigung der Anrechnung in der Kostenfestsetzung 198

C. Gerichtliche Vertretung in Familiensachen 200
   I. Ehesachen und Verbundverfahren 200
      1. Ehesachen 200
      2. Rechtsmittelverfahren in Ehesachen 204
         a) Beschwerde gegen die Endentscheidung 204
         b) Rechtsbeschwerden in Ehesachen 207
         c) Zurückverweisung 208
      3. Verbundverfahren 209
         a) Erster Rechtszug 209
         b) Abtrennung von Folgesachen 215
         c) Rechtsmittel im Verbund 219
         d) Besonderheit bei Zurückverweisung im Verbundverfahren 220

D. Hauptsacheverfahren in selbstständigen Familienstreitsachen 221
   I. Vereinfachtes Unterhaltsfestsetzungsverfahren 221
      1. Festsetzungsverfahren 221
      2. Rechtsmittel im vereinfachten Unterhaltsfestsetzungsverfahren 223
   II. Weitere Familienstreitsachen 223
      1. Vorausgegangenes Mahnverfahren 223
      2. Säumnisverfahren 226

		3. Schriftliches Verfahren 227
		4. Mehrvergleich 228
		5. Mehrere Auftraggeber 229
		6. Rechtsmittelverfahren 230
E.	Hauptsacheverfahren in selbstständigen Familiensachen der freiwilligen Gerichtsbarkeit 231
	I.	Kindschaftssachen 231
		1. Gebühren in bestimmten Kindschaftssachen 231
		2. Weitere Kindschaftssachen 235
		3. Rechtsmittelverfahren 237
	II.	Übrige Familiensachen der freiwilligen Gerichtsbarkeit 237
F.	Einstweiliger Rechtsschutz 242
G.	Vollstreckung familiengerichtlicher Entscheidungen 247
H.	Verfahren mit Auslandsbezug 250
I.	Vergütungsvereinbarungen in Familiensachen 252
	I.	Allgemeines 252
	II.	Zulässigkeitsvoraussetzungen für das Erfolgshonorar . . 253
	III.	Grenzen der Vergütungsvereinbarung 254

4. Abschnitt: Besonderheiten bei Verfahrenskostenhilfe und Beratungshilfe 255

A.	Allgemeines 255
B.	Verfahrenskostenhilfe 257

	I.	Anwendungsbereich 257
	II.	Bewilligungsvoraussetzungen 258
		1. Subjektive Voraussetzungen 259
		2. Objektive Voraussetzungen 260
		3. Einzusetzendes Einkommen und Vermögen 263
		a) Einkommen 264
		b) Vermögen 266
	III.	Bewilligungsverfahren 267
		1. Der Antrag 267
		2. Prüfungsverfahren 268
		3. Die Bewilligung 269
		4. Beiordnung eines Rechtsanwalts 271
		a) Bei Anwaltszwang 271
		b) Ohne Anwaltszwang 272
		c) Beiordnung eines auswärtigen Rechtsanwalts . . 275
		d) Beiordnung eines Beweis- bzw. Verkehrsanwalts 278
	IV.	Wirkungen der Verfahrenskostenhilfe 279

        1. Wirkung für den Beteiligten bei bewilligter
           Verfahrenskostenhilfe 279
        2. Wirkung für den Gegner 281
        3. Wirkung für den Rechtsanwalt 281
   V. Vergütungsanspruch des beigeordneten
      Rechtsanwalts 282
        1. Umfang des Anspruchs 283
        2. Wertgebühren und Auslagen aus der Staatskasse .. 284
        3. Festsetzung der aus der Staatskasse zu zahlenden
           Vergütung 286
           a) Zuständigkeiten und Beteiligte 286
           b) Grundlagen der Entscheidung des
              Urkundsbeamten 287
           c) Inhalt der Entscheidung 287
           d) Rechtsbehelfe gegen die Entscheidung
              des UdG 288
        4. Die weitere Vergütung aus der Staatskasse 288
   VI. Höhe der aus der Staatskasse zu zahlenden Gebühren .. 290
        1. Verfahrensgebühr 290
        2. Anrechnung der Geschäftsgebühr 292
        3. Einigungsgebühr und Terminsgebühr 295
   VII. Gesetzlicher Forderungsübergang 297
        1. Anspruch gegen den Mandanten 298
        2. Anspruch gegen den Gegner 298
   VIII. Änderung oder Aufhebung der Bewilligung 300
        1. Änderung der Bewilligung 300
        2. Aufhebung der Bewilligung 301
   IX. Teilweise Bewilligung 303
   X. Kosten des Bewilligungsverfahrens 305
   XI. Rechtsmittel im Verfahrenskostenhilfeverfahren 308
C. Beratungshilfe 311
   I. Voraussetzungen der Beratungshilfe 311
   II. Beratungsfähige Rechtsgebiete und Formen der
       Beratungshilfe 314
   III. Das Bewilligungsverfahren 315
        1. Der Antrag 315
        2. Entscheidung durch Berechtigungsschein 316
   IV. Aufhebung und Anfechtung der Bewilligung 317
   V. Die Vergütung der Beratungsperson 318
        1. Die Beratungshilfegebühr 319
        2. Die Entschädigung aus der Landeskasse 319
           a) Die Gebührentatbestände 319
              aa) Die Beratungsgebühr 319

	bb) Die Geschäftsgebühr 322
	cc) Einigungs- und Erledigungsgebühr 325
	b) Die Auslagen 325
	3. Festsetzung der Entschädigung 326
	4. Rechtsbehelfe gegen die Festsetzung 326
VI.	Anspruch gegen den Gegner 327

5. Abschnitt: Kosten der Mediation 331
A. Allgemeines 331
    I. Grundsätze der Mediation 331
    II. Besondere Probleme der Kosten der Mediation in Familiensachen 332
        1. Die finanzielle Umstellung 332
        2. Die Phasen der Trennung 333
    III. Gebührenabrede an den Anfang 333
B. Die gesetzlichen Vorgaben des RVG für die Mediationsgebühren 335
    I. Die vereinbarte Gebühr 335
    II. Die übliche Gebühr 336
        1. Literaturmeinungen zur Frage der alten und neuen Üblichkeit 336
        2. Früherer gesetzlicher Rechtszustand 336
        3. Gefahren bei Unterlassung einer festen Entgeltvereinbarung 337
        4. Ausfüllung des Begriffs Üblichkeit aus der Lebenswirklichkeit 338
    III. Wer bezahlt den Mediator? 338
    IV. Form des Mediationsvertrages/Gebührenabrede 340
        1. Beachtung der Form des § 3a RVG – Mündlicher Vertrag 340
        2. Anzahl der Verträge 341
        3. Höhe der Vergütung: Gebühren und Auslagen ... 341
            a) Unterschied: Gebühren – Auslagen 341
            b) Zeithonorar 342
            c) Muster Zeitgebühren/Stundenhonorar 344
            d) Was kann sonst noch, außer einem Stundenhonorar, vereinbart werden? 345
            e) Erfolg der Mediation 346
            f) Vor- und Nachbereitungskosten 347
    V. Gibt es eine gesetzliche Gebühr, an der die vereinbarte Gebühr des § 34 I 1 RVG für die Mediation zu messen ist? Anwendbarkeit des § 3a Abs. 2 RVG auf die Gebührenvereinbarung – Formbedürftigkeit? 348

    1. Der Sinn des § 34 RVG 348
    2. Die ängstlichen Stimmen der Literatur zum
       Problem 350
  VI. Begleitung eines Medianten im Mediationsverfahren
      durch einen Anwalt („Außenanwalt") 351
    1. „Außenanwälte" in der Mediation 351
    2. Vertretung des Mandanten/Medianten bei Gericht
       im Rahmen des Verfahrens beim Güterichter nach
       § 278 Abs. 5 ZPO 353
  VII. Rechtsberatung der Medianten durch den Mediator –
       Gebühr? 354
    1. Gibt das anwaltliche Fachwissen einen zusätzlichen
       Gebührenanspruch? 354
    2. Rechtliche Beratung der Medianten 355
  VIII. Abschlussvereinbarung Vergleich/Titel 358
    1. Anwaltmediator 358
    2. Notarielle Urkunde – Familiengerichtliche
       Titulierung der Abschlussvereinbarung 359
    3. Anwaltsvergleich durch Außenanwälte 359
    4. Gebührenbeispiele 359
  IX. Kann aus dem Vergleich beim Güterichter
      vollstreckt werden? 363
  X. PKH-Bewilligung für eine Mediation 363
C. Vertragsbeispiele 365
  I. Mediationsvereinbarung zwischen Medianten und
     Mediator (Variante 1) 365
  II. Mediationsvereinbarung zwischen Medianten und
      Mediator (Variante 2) 366
  III. Vereinbarung zwischen den Medianten 368

Anhang:
Übersicht Verfahrens-/Gegenstandswerte in Familiensachen 371

Stichwortverzeichnis 381

Abkürzungsverzeichnis

a. A.	anderer Ansicht
a. a. O.	am angegebenen Ort
abl.	ablehnend
abw.	abweichend
a. F.	alte Fassung
AG	Amtsgericht, Aktiengesellschaft
a. M.	anderer Meinung
amtl. Begr.	amtliche Begründung
ÄndG	G zur Änderung (von), Änderungsgesetz
Anh.	Anhang
Anl.	Anlage
Anm.	Anmerkung
AnwBl	Anwaltsblatt
AO	Anordnung
Aufl.	Auflage
AUG	Gesetz zur Geltendmachung von Unterhaltsansprüchen im Verkehr mit ausländischen Staaten (Auslandsunterhaltsgesetz)
ausf.	ausführlich
Az.	Aktenzeichen
BAnz.	Bundesanzeiger
Bay	Bayern
BayObLG	Bayerisches Oberstes Landesgericht
Bbg	Brandenburg
BbgOLG	Brandenburgisches Oberlandesgericht (Brandenburg)
BerHFV	Verordnung zur Verwendung von Formularen im Bereich der Beratungshilfe (Beratungshilfeformularverordnung – BerHFV)
BerHG	Beratungshilfegesetz
BGB	Bürgerliches Gesetzbuch
BGBl.	Bundesgesetzblatt Teil I, Teil II, Teil III
BGH	Bundesgerichtshof
BGHR	BGH-Rechtsprechung, hrsg. von den Richtern des Bundesgerichtshofes (Loseblatt, 1987 ff.)

BGHZ	Entscheidungen des Bundesgerichtshofes in Zivilsachen (1951 ff.)
BKGG	Bundeskindergeldgesetz
BR	Bundesrat
BRAGO	Bundesgebührenordnung für Rechtsanwälte v. 26.7.1957 (BGBl. I S. 907) aufgeh. d. Art. 6 Nr. 4 KostRMoG
BRAGOreport	Zeitschrift, ab 2004 RVGreport
BRAO	Bundesrechtsanwaltsordnung
BR-Drs.	Drucksachen des Deutschen Bundesrats
Brüssel II–VO	Verordnung (EG) Nr. 1347/2000 des Rates vom 29.5.2000 über die Zuständigkeit und die Anerkennung und Vollstreckung von Entscheidungen in Ehesachen und in Verfahren betreffend die elterliche Verantwortung für die gemeinsamen Kinder der Ehegatten (Abl. EG L 160/19)
Brüssel IIa-VO	Siehe EuEheVO
BSHG	Bundessozialhilfegesetz, aufgehoben durch Art. 68 Abs. 1 Nr. 1 d G zur Einordnung des Sozialhilferechts in das Sozialgesetzbuch v. 27.12.2003 (BGBl. I S. 3022)
BT	Bundestag
BT-Drs.	Drucksachen des Deutschen Bundestags
BVerfG	Bundesverfassungsgericht
BVerfGE	Entscheidungen des BVerfG (1952 ff.)
ders.	derselbe
dgl.	dergleichen, desgleichen
dies.	dieselben
Diss.	Dissertation
DJ	Deutsche Justiz (1933–1945)
Drs.	Drucksache
EBAO	Einforderungs- und Beitreibungsanordnung v. 1.8.2011 – BAnz. Nr. 112a vom 28.7.2011
EG	Einführungsgesetz, Europäische Gemeinschaften
EGGVG	EG zum Gerichtsverfassungsgesetz
EGH	Ehrengerichtshof
EGMR	Europäischer Gerichtshof für Menschenrechte

EheG	Ehegesetz (außer Kraft seit 1.7.1998)
Einf.	Einführung
Einl.	Einleitung
EMRK, auch: MRK	Europäische Konvention zum Schutz der Menschenrechte und Grundfreiheiten v. 4.11.1950 (BGBl. I 1952 II S. 686, 953)
entspr.	entsprechend
ErgBd.	Ergänzungsband
Erl.	Erläuterung(en)
ESÜ	Europäisches Übereinkommen vom 20.5.1980 über die Anerkennung und Vollstreckung von Entscheidungen über das Sorgerecht für Kinder und die Wiederherstellung des Sorgeverhältnisses (BGBl. I 1990 II S. 220)
EuEheVO	Verordnung (EG) Nr. 2201/2003 des Rates vom 27.11.2003 über die Zuständigkeit und die Anerkennung und Vollstreckung von Entscheidungen in Ehesachen und in Verfahren betreffend die elterliche Verantwortung und zur Aufhebung der Verordnung (EG) Nr. 1347/2000 (Abl. EG L 338/1) – Brüssel IIa – VO –
EuGH	Gerichtshof der Europäischen Gemeinschaft
EuGHMR	Europäischer Gerichtshof für Menschenrechte
EuGVÜ	Übereinkommen der Europäischen Gemeinschaft über die gerichtliche Zuständigkeit und Vollstreckung gerichtlicher Entscheidungen in Zivil- und Handelssachen v. 27.9.1968 (BGBl. I 72 II S. 774)
EuMahnVO	Verordnung Nr. 1896/2006 v. 12.12.2006 zur Einführung eines europäischen Mahnverfahrens
EuUntVO	Verordnung Nr. 4/2009 v. 18.12.2008 über die Zuständigkeit, das anzuwendende Recht, die Anerkennung und Vollstreckung von Entscheidungen und die Zusammenarbeit in Unterhaltssachen
EuVTVO	Verordnung Nr. 805/2004 v. 21.4.2004 zur Einführung eines europäischen Vollstreckungstitels für unbestrittene Forderungen

f., ff.	folgend, folgende
FamFG	Gesetz über das Verfahren in Familiensachen und in den Angelegenheiten der freiwilligen Gerichtsbarkeit (FamFG)
FamG(e)	Familiengericht(e)
FamGKG	Gesetz über Gerichtskosten in Familiensachen (FamGKG)
FamRB	Der Familien-Rechts-Berater, Zeitschrift
FamRZ	Zeitschrift für das gesamte Familienrecht (1954 ff.)
FG	Freiwillige Gerichtsbarkeit
FGG	G über die Angelegenheiten der freiwilligen Gerichtsbarkeit v. 17.5.1898 (RGBl. S. 189) – ab 1.9.2009 außer Kraft gem. Art. 112 Abs. 1 FGG-RG.
FGG-RG	Gesetz zur Reform des Verfahrens in Familiensachen und in den Angelegenheiten der freiwilligen Gerichtsbarkeit (FGG-Reformgesetz – FGG-RG) v. 17.12.2008 (BGBl. I S. 2586)
FGPrax	Praxis der Freiwilligen Gerichtsbarkeit (vereinigt mit OLGZ), Zeitschrift
Fn.	Fußnote
FPR	Familie, Partnerschaft und Recht, Zeitschrift vereinigt mit NJWE-FER
G	Gesetz
GBl.	Gesetzblatt
geänd.	geändert
gem.	gemäß
GewSchG	Gesetz zum zivilrechtlichen Schutz vor Gewalttaten und Nachstellungen (Gewaltschutzgesetz)
GG	Grundgesetz für die Bundesrepublik Deutschland
ggf.	gegebenenfalls
GKG	Gerichtskostengesetz
GNotKG	Gesetz über die Kosten der freiwilligen Gerichtsbarkeit für Gerichte und Notare (Gerichts- und Notarkostengesetz) gem. Art. 1 des 2. KostRMoG
grds.	grundsätzlich
GVG	Gerichtsverfassungsgesetz

HansOLG	Hanseatisches Oberlandesgericht (Hamburg)
HansOLG Bremen	Hanseatisches Oberlandesgericht Bremen
HausratsVO	VO über die Behandlung der Ehewohnung und des Hausrats (außer Kraft seit 2009)
HKÜ	Haager Übereinkommen über die zivilrechtlichen Aspekte internationaler Kindesentführung v. 25.10.1980 (BGBl. II S. 206)
h. M.	herrschende Meinung
i. d. F.	in der Fassung
i. d. S.	in diesem Sinne
insbes.	insbesondere
IntFamRVG	Gesetz zur Aus- und Durchführung bestimmter Rechtsinstrumente auf dem Gebiet des internationalen Familienrechts (Internationales Familienrechtsverfahrensgesetz)
i. V. m.	in Verbindung mit
JBeitrO	Justizbeitreibungsordnung
JuMiG	Justizmitteilungsgesetz und Gesetz zur Änderung kostenrechtlicher Vorschriften und anderer Gesetze v. 18.6.1997 (BGBl. I S. 1430)
JurBüro	Das juristische Büro
JVEG	Gesetz über die Vergütung von Sachverständigen, Dolmetscherinnen, Dolmetschern, Übersetzerinnen, und Übersetzern sowie die Entschädigung von ehrenamtlichen Richterinnen, ehrenamtlichen Richtern, Zeuginnen, Zeugen und Dritten (Justizvergütungs- und – entschädigungsgesetz – JVEG) gem. Art. 2 KostRMoG
JVKostG	Gesetz über Kosten in Angelegenheiten der Justizverwaltung (Justizverwaltungskostengesetz – JVKostG) v. 23.7.2013 – BGBl. I S. 2586 – Art. 2 des 2. KostRMoG
KG	Kammergericht (Berlin), Kommanditgesellschaft

KostO	G über die Kosten in Angelegenheiten der freiwilligen Gerichtsbarkeit (Kostenordnung), aufgehoben durch Art. 45 Nr. 1 des 2. KostRMoG
KostRMoG	Gesetz zur Modernisierung des Kostenrechts (Kostenrechtsmodernisierungsgesetz) vom 5.5.2004 (BGBl. I S. 718)
2. KostRMoG	Zweites Gesetz zur Modernisierung des Kostenrechts (2. Kostenrechtsmodernisierungsgesetz) vom 23.7.2013 – BGBl. I S. 2586
KostRspr	Kostenrechtsprechung (Entscheidungssammlung)
KostVfg	Kostenverfügung
KV FamGKG	Kostenverzeichnis FamGKG
KV GKG	Kostenverzeichnis GKG
LG	Landgericht
LPartG	G über die Eingetragene Lebenspartnerschaft (Lebenspartnerschaftsgesetz)
Mediations G	Mediationsgesetz v. 21.7.2012 (BGBl. S. 1577)
MDR	Monatsschrift für Deutsches Recht (1947 ff.)
m. w. N.	mit weiteren Nachweisen
NJOW	Neue juristische Online-Zeitschrift (Internetangebot des Verlages C.H. Beck)
NJW	Neue Juristische Wochenschrift (1947/48 ff.)
NJWE-FER	NJW-Entscheidungsdienst Familien- und Erbrecht
NJW-RR	NJW-Rechtsprechungs-Report Zivilrecht (1986 ff.)
OLG(e)	Oberlandesgericht(e)
OLGZ	Entscheidungen der Oberlandesgerichte in Zivilsachen einschließlich der Freiwilligen Gerichtsbarkeit, Hrsg. Deisenhöfer, Jansen (s. 1965)

PartGG	G über Partnerschaftsgesellschaften Angehöriger Freier Berufe
PfälzOLG	Pfälzisches Oberlandesgericht (Zweibrücken)
PKH	Prozesskostenhilfe
PKHÄndG	G zur Änderung von Vorschriften über die Prozesskostenhilfe v. 10.10.1994 (BGBl. I S. 2954)
PKHBegrenzGE	Entwurf eines Gesetzes zur Begrenzung der Aufwendungen für die Prozesskostenhilfe (Prozesskostenhilfebegrenzungsgesetz-PKHBegrenzG) BR-Drs. 250/06 v. 10.4.2006
PKHG	G über die Prozesskostenhilfe v. 13.6.1980 (BGBl. I S. 677)
PKH-Reform	Gesetz zur Änderung des Prozesskostenhilfe- und Beratungshilferechts v. 31.8.2013 – BGBl. I S. 3533
PKHFV	Verordnung zur Verwendung eines Formulars für die Erklärung über die persönlichen und wirtschaftlichen Verhältnisse bei Prozess- und Verfahrenskostenhilfe (Prozesskostenhilfeformularverordnung) v. 6.1.2014 – BGBl. I S. 34 – in Kraft getreten am 22.1.2014.
Rn.	Randnummer (-ziffer)
Rpfleger	Der Deutsche Rechtspfleger (1948 ff.)
RPflG	Rechtspflegergesetz
RpflStud	Rechtspfleger-Studienhefte (1977 ff.)
Rspr.	Rechtsprechung
RVG	Gesetz über die Vergütung der Rechtsanwältinnen und Rechtsanwälte (Rechtsanwaltsvergütungsgesetz – RVG)
RVGreport	Zeitschrift, ehemals BRAGOreport
Saarl	Saarland
SaarlOLG	Saarländisches Oberlandesgericht (Saarbrücken)
SchlH	Schleswig-Holstein
SchlHA	Schleswig-Holsteinische Anzeigen, Justizministerialblatt für SchlH

SchlHOLG	Schleswig-Holsteinisches Oberlandesgericht (Schleswig)
str.	strittig, streitig
st. Rspr.	ständige Rechtsprechung
Thür	Thüringen
ThürOLG	Thüringisches Oberlandesgericht (Jena)
UdG	Urkundsbeamter der Geschäftsstelle
unstr.	unstrittig
VAHRG	Gesetz zur Regelung von Härten im Versorgungsausgleich, aufgehoben d. Art. 23 Nr. 2 VAStrRefG
vgl.	vergleiche
VKH	Verfahrenskostenhilfe
Vorb. auch Vorbem.	Vorbemerkung
VormG	Vormundschaftsgericht
VV RVG	Vergütungsverzeichnis zu § 2 Abs. 2 RVG
ZPO	Zivilprozessordnung
ZPO-RG	Gesetz zur Reform des Zivilprozesses (Zivilprozessreformgesetz) v. 27.7.2001 (BGBl. I S. 1887)
ZRHO	Rechtshilfeordnung
ZSEG	G über die Entschädigung von Zeugen und Sachverständigen – aufgehoben durch Art. 6 Nr. 2 KostRMoG
z. T.	zum Teil
zust.	zustimmend
ZustRG	Gesetz zur Reform des Verfahrens bei Zustellungen im gerichtlichen Verfahren (Zustellungsreformgesetz) vom 25.6.2001 (BGBl. I S. 1206)
zutr.	zutreffend
ZZP	Zeitschrift für Zivilprozess, begr. von Busch (1879–1943, 1950 ff.)

Literaturverzeichnis

I. Bücher

Beck'scher Online-Kommentar Streitwert	Beck'scher Online-Kommentar Streitwert, Hrsg. Mayer (Stand: 15.2.2015, Edition 11) (zitiert: BeckOK Streitwert/Bearbeiter)
Baumbach/Lauterbach/Albers/ Hartmann	Zivilprozessordnung, 73. Auflage 2015 (zitiert: Baumbach/Hartmann)
Binz/Dörndorfer/Petzold/ Zimmermann	GKG – JVEG, Gerichtskostengesetz – Justizvergütungs- und Entschädigungsgesetz, 3. Auflage 2014 (zitiert: Binz/Bearbeiter)
Bischof/Jungbauer/Bräuer/ Curkovic/Klipstein/Klüsener/Uher	RVG, Kommentar, 6. Auflage 2014 (zitiert: Bearbeiter in Bischof/Jungbauer)
Bork/Jacoby/Schwab	FamFG Kommentar, 2. Auflage 2013 (zitiert: Bork/Jacoby/Schwab/Bearbeiter)
Cirullies	Vollstreckung in Familiensachen, FamRZ-Buch 28, 2009
Gerold/Schmidt/Müller-Rabe/ Mayer/Burhoff	Rechtsanwaltsvergütungsgesetz, Kommentar, 21. Auflage 2013 (zitiert: Gerold/Schmidt/Bearbeiter, RVG)
Giers	Einstweiliger Rechtsschutz in der familienrechtlichen Praxis, FamRZ-Buch 41, 2015
Göttlich/Mümmler/Rehberg/ Xanke	RVG, 2004
Greger/Unberath	MediationsG, 2012
Groß	Beratungshilfe/Prozesskostenhilfe/Verfahrenskostenhilfe – BerH/PKH/VKH – 12. Auflage 2014 (zitiert: Groß, BerH/PKH/VKH)
Hacke	Der ADR-Vertrag, 2001
Haft/von Schliefen	Handbuch Mediation, 2. Auflage 2009 (zitiert: Bearbeiter in: Haft/Schliefen)
Hansens/Schneider	Formularbuch Anwaltsvergütung im Zivilrecht, 2006 (zitiert: Bearbeiter in Hansens/Schneider)

Hartmann	Hartmann, Kostengesetze, Kurz-Kommentar, 45. Auflage 2015
Hartung/Römermann/Schons	RVG, 2. Auflage 2006 (zitiert: Bearbeiter in Hartung/Römermann/Schons)
Hauß/Bührer	Versorgungsausgleich und Verfahren in der Praxis, FamRZ-Buch 30, 2. Auflage 2014
Henssler/Koch	Mediation in der Anwaltspraxis, 2. Auflage 2004 (zitiert: Bearbeiter in Henssler/Koch)
Horstmeier	Das neue Mediationsgesetz, 2013
Jansen	Großkommentar zum FGG, 3. Auflage 2005 (Bände 2 und 3), 2006 (Band 1) (zitiert: Bearbeiter in Jansen)
Keidel	FamFG, 18. Auflage 2014 (zitiert: Keidel/Bearbeiter)
Keller	Handbuch Zwangsvollstreckungsrecht, 2013 (zitiert: Bearbeiter, in: Keller, Handbuch Zwangsvollstreckungsrecht, Kap. Rn.)
Klowait/Gläßer	Mediationsgesetz, 2014
von König	Zivilprozess- und Kostenrecht, 2. Auflage 2008
Korintenberg	Gerichts- und Notarkostengesetz, 19. Auflage 2015 (zitiert: Korintenberg/Bearbeiter)
Lappe	Kosten in Familiensachen, 5. Auflage 1994 (zitiert: Lappe)
ders.	Justizkostenrecht, 2. Auflage 1995 (zitiert: Lappe, Justizkostenrecht)
Madert/Schons	Die Vergütungsvereinbarung des Rechtsanwalts, 3. Auflag 2006 (zitiert: Madert, Vergütungsvereinbarung)
Mayer/Kroiß	RVG, 6. Auflage 2013 (zitiert: Bearbeiter in Mayer/Kroiß)
Münchener Kommentar zum FamFG	Gesetz über das Verfahren in Familiensachen und in den Angelegenheiten der freiwilligen Gerichtsbarkeit (FamFG) mit Internationalem und Europäischem Zivil-

	verfahrensrecht in Familiensachen (IZVR, EuZVR), 2. Auflage 2013 (zitiert: MüKoFamFG/Bearbeiter)
Musielak/Borth	FamFG, 5. Auflage 2015
Prütting/Helms	FamFG Kommentar mit FamGKG, 3. Auflage 2014 (zitiert: Prütting/Helms/Bearbeiter)
Riedel/Sußbauer	Riedel/Sußbauer, bearbeitet von Ahlmann, Kremer, Pankatz, Potthof, H. Schneider, Schütz, Rechtsanwaltsvergütungsgesetz, 10. Auflage 2015 (zitiert: Riedel/Sußbauer/Bearbeiter)
Risse	Wirtschaftsmediation, 2003
Rosenberg/Schwab/Gottwald	Zivilprozessrecht, 17. Auflage 2010
Schneider, N.	Die Vergütungsvereinbarung 2006 (zitiert: Schneider, Vergütungsvereinbarung)
Schneider/Herget	Streitwertkommentar für den Zivilprozess, 13. Auflage 2011
Schneider/Mock	Das neue Gebührenrecht für Anwälte, 2004
Schneider/Volpert/Fölsch	Familiengerichtskostengesetz, Handkommentar, 2. Auflage 2014 (zitiert: HK-FamGKG/Bearbeiter)
Schneider/Volpert/Fölsch	Gesamtes Kostenrecht – Justiz/Anwaltschaft/Notariat, Auflage 2014 (zitiert: NK-GK/Bearbeiter, Gesetz, § Rn)
Schneider/Wolf (Hrsg.)	AnwaltKommentar RVG, 7. Auflage 2014
Schröder	Familienmediation, FamRZ-Buch 19, 2004
Zimmermann	Das neue FamFG, 2009 (zitiert: Zimmermann, FamFG)
Zimmermann	Prozesskosten- und Verfahrenskostenhilfe – insbesondere in Familiensachen, FamRZ-Buch 4, 4. Auflage 2012 (zitiert: Zimmermann, PKH)
Zöller	Zivilprozessordnung, Kommentar, 30. Auflage 2014 (zitiert: Zöller/Bearbeiter)

II. Aufsätze

Bischof	Kosten der Mediation, MDR 2003, 919;
Bißmaier	Der Prozesskostenvorschuss in der familiengerichtlichen Praxis, FamRZ 2002, 863;
Büte	Verfahrenskostenhilfe und Anwaltsbeiordnung im Kindschaftsverfahren, FPR 2011, 17
Burger	Die sonstigen Familiensachen nach dem FamFG, FamRZ 2009, 1017
Büttner	Unterhalt für die nichteheliche Mutter, FamRZ 2000, 781
Corcilius/Remmert	Der Entwurf eines Gesetzes zur Änderung der Beratungshilfe, Rpfleger 2008, 613
Dörndorfer	Das Kostenfestsetzungsverfahren in Familiensachen, FPR 2012, 261
Enders	Die Verfahrenswert in den familiengerichtlichen Verfahren, FPR 2012, 273
Feskorn	Grundsätze der Kostentragungspflicht nach dem FamFG, FPR 2012, 254
Finke	Die Kostenentscheidung in Familiensachen nach dem FamFG im Überblick, FPR 2013, 529
ders.	Die Bestimmung des Kindergeldberechtigten – Voraussetzungen und Zuständigkeiten, FPR 2012, 155
Georg	Das vereinfachte Verfahren über den Unterhalt Minderjähriger, Rpfleger 2004, 329
Giers	Kostenentscheidungen in Familiensachen einschließlich Rechtsmittel, FPR 2012, 250
Götsche	Die neue Verfahrenskostenhilfe nach dem FamFG, FamRZ 2009, 383
Groß	Die Anwaltshonorare in isolierten Familien- und Familienstreitverfahren, FPR 2012, 263
Haferanke	Die Bedürftigkeitsprüfung im Verfahrenskostenhilfeverfahren, FPR 2009, 386

Hansens	Neuregelung der Gebührenanrechnung verabschiedet, RVGreport 2009, 161
ders.	Rechtsbehelfe bei Festsetzung der Beratungshilfe- und Prozesskostenhilfe-Vergütung, RVGreport 2005, 2
Hau	Das Internationale Zivilverfahrensrecht im FamFG, FamRZ 2009, 821
Heistermann	Das Spannungsverhältnis von Prozesskostenvorschussanspruch und Verfahrenskostenhilfe, FPR 2009, 403
Henke	Das Erfolgshonorar wird künftig in Ausnahmefällen zulässig, AGS 2008, 265
Hess, Spancken	Die Durchsetzung von Unterhaltstiteln mit Auslandsbezug nach dem AUG, FPR 2013, 27
Hohloch	Internationale Vollstreckung familienrechtlicher Titel, FPR 2012, 495
Hütter/Kodal	Die Grundlinien des Familienstreitverfahrens, insbesondere des Unterhaltsverfahrens, FamRZ 2009, 917
Kammeier	Überblick über die Beratungshilfe, Rpfleger 1998, 501
Keske	Gerichtskosten in familiengerichtlichen Verfahren, FPR 2012, 241
Kilian	Die übliche Vergütung von Rechtsanwälten i.S.v. §§ 612 Abs. 2, 632 BGB, MDR 2008, 780 ff.
Klinck	Das neue Verfahren zur Anerkennung ausländischer Entscheidungen nach § 108 II S. 1 FamFG, FamRZ 2009, 741
von König	Die Anwaltsgebühren im Scheidungsverbundverfahren, FPR 2012, 267
dies.	Keine Beschränkung eines auswärtigen Rechtsanwalts auf die Bedingungen eines ortsansässigen Rechtsanwalts, RpflStud 2011, 150
dies.	Entstehen und Erstattungsfähigkeit der Terminsgebühr, RpflStud 2006, 73
dies.	Neuerungen im Bereich der Prozess- bzw. Verfahrenskostenhilfe durch das Gesetz zur Änderung des Prozesskostenhilfe- und Beratungshilferechts, RpflStud 2013, 176

dies.	Verfahrenskostenhilfe nach dem FamFG unter Darstellung der aktuellen Rechtsprechung, RpflStud 2012, 71
Krause	Erfolgshonorar in Familiensachen?, FamRB 2008, 318
Lappe	„Parteiverrat" durch Rechtspfleger? Rechtsantragsstelle und Beratungshilfe bei entgegengesetzten Interessen, Rpfleger 1985, 94
Lissner	Beratungshilfe – Ein Überblick, Rpfleger 2007, 448
Löhnig	Das Scheidungsverbundverfahren in erster Instanz nach dem FamFG, FamRZ 2009, 737
Maurer	Die Rechtsmittel in Familiensachen nach dem FamFG, FamRZ 2009, 465
Müller-Engelmann	Die Aufnahme von Erklärungen durch den Rechtspfleger, Rechtspfleger-Jahrbuch 1988, 342 ff. bzw. Rpfleger 1987, 493
Müller-Rabe	Rechtsanwaltsgebühren bei Anhörung der Eltern zum Sorgerecht nach § 613 Abs. 1 S. 2 ZPO, FamRZ 2000, 137
H.- U. Neuenhahn/ S. Neuenhahn	Die Begleitung des Mandanten durch den Rechtsanwalt in der Mediation – Eine neue Dienstleistung des Anwalts, NJW 2005, 1244
Nickel	Die Kostenentscheidung nach billigem Ermessen gem. § 81 FamFG, FamFR 2013, 529
ders.	Der Einsatz von Vermögen, § 76 I FamFG, § 115 II ZPO i. V. m. § 90 SGB XII, FPR 2009, 391
Rellermeyer	Rechtspflegergeschäfte nach dem EG-Prozesskostenhilfegesetz, Rpfleger 2005, 61
Riederle	Die vormundschaftsgerichtliche Bestimmung des Kindergeldbezugsberechtigten, Rpfleger 2008, 550
Riegner	Die verfahrensrechtliche Behandlung von Unterhaltsstreitverfahren mit Auslandsbezug nach dem FamFG, FPR 2013, 1

Schael	Die Terminologie in Familienstreitsachen nach der bevorstehenden Reform des Familienverfahrensrechts, FamRZ 2009, 7
ders.	Minderjährige und ihre formelle Beteiligung in Verfahren über Kindschaftssachen nach dem FamFG, FamRZ 2009, 265
Schneider, Norbert	Die außergerichtliche Vertretung in Familiensachen, ZFE 2005, 156
ders.	Beratungshilfe in Familiensachen, ZFE 2005, 51
Spangenberg	Mediationskostenhilfe ein Verfassungsgebot?, FamRZ 2009, 834
Stein	Aus der Ehe herrührende Ansprüche, FPR 2011, 85
Stößer	Das neue Verfahren in Kindschaftssachen, FamRZ 2009, 656
ders.	Das neue Verfahren in Abstammungssachen nach dem FamFG, FamRZ 2009, 923
Streicher	Rechtsprechungsübersicht zum FamFG, FamRZ 2011, 509
Thiel	Der neue Auffangtatbestand § 42 FamGKG, FPR 2010, 319
Thiel/Schneider	Die Bewertung von Auskunftsanspruch und Stufenverfahren in Familiensachen, FPR 2012, 279
Türck-Brocker	Die Verfahrenswert in Versorgungsausgleichssachen, in Haushalts- und Ehewohnungssachen sowie in Güterrechtssachen, FPR 2010, 308
Veith	Die Rolle der Zentralen Behörde und des Jugendamtes bei der Geltendmachung und Durchsetzung von Unterhaltsforderungen, FPR 2013, 46
Vogel	Die Kosten in Familiensachen und deren Anfechtbarkeit, FPR 2013, 116
ders.	Offene Rechtsfragen zum ausgesetzten und wieder aufgenommenen Versorgungsausgleichsverfahren, FPR 2011, 31

ders.	Verfahrenswerte in Kindschafts- und Abstammungssachen, FPR 2010, 313
ders.	Die Verfahrenskostenhilfe in Familiensachen nach dem FamFG, FPR 2009, 381
Wax	Die Rechtsprechung zur Prozesskostenhilfe im Bereich des Familienrechts, FamRZ 1985, 10
Witte	Die Wertvorschriften im einstweiligen Anordnungsverfahren, FPR 2010, 316
Zimmermann	Die Kostenentscheidung im FamFG, FamRZ 2009, 377
Zorn	Das Verfahren in Kindschaftssachen nach dem FamFG, Rpfleger 2009, 421

1. Abschnitt:
Verfahrens- und Gegenstandswerte

A. Einleitung

Seit der Reform des Verfahrens in Familiensachen und in den Angelegenheiten der freiwilligen Gerichtsbarkeit ist inzwischen mehr als ein halbes Jahrzehnt vergangen.[1] Die mit der Materie Befassten haben sich ohne größere Probleme auf das neue Verfahrensrecht des FamFG eingelassen und dieses umgesetzt, dabei hat das neue Recht die Zivilgerichtsbarkeit verändert. Wie nicht anders zu erwarten, sind inzwischen in großem Umfang Literatur und Rechtsprechung vorhanden.

Das gleichzeitig eingeführte einheitliche Kostenrecht des FamGKG wurde inzwischen durch das 2. Kostenrechtsmodernisierungsgesetz[2] geändert, wobei es sich im Wesentlichen jedoch nur um kleinere Korrekturen bzw. klarstellende redaktionelle Änderungen handelt. So wurden die Begriffe vereinheitlicht und an den Sprachgebrauch des FamFG angepasst.

Die bisher vorgesehene entsprechende Anwendung von Vorschriften der KostO ist durch eine entsprechende Anwendung des neuen Gerichts- und Notarkostengesetzes – GNotKG – ersetzt worden.[3] Das 2. KostRMoG hatte in erster Linie die Aufhebung und damit gleichzeitig verbundene Weiterentwicklung der KostO[4] zu einem modernen Gerichts- und Notarkostengesetz zum Inhalt.

Vor der FGG-Reform war das familiengerichtliche Verfahren durch ein unübersichtliches Nebeneinander verschiedener Verfahrensordnungen gekennzeichnet. Zwar waren auch schon bisher Familiensachen Streitigkeiten und Verfahren zwischen Ehegatten und solchen, die ihre Kinder betreffen, sowie zwischen Kindern und mindestens einem Elternteil; aber auch Verfahren nach dem Gewaltschutzgesetz, Lebenspartnerschaftssachen und

---

1 Das Gesetz zur Reform des Verfahrens in Familiensachen und in den Angelegenheiten der freiwilligen Gerichtsbarkeit (FGG-Reformgesetz – FGG-RG) vom 17.12.2008 (BGBl. I S. 2586ff.) ist am 1.9.2009 Kraft getreten.
2 Art. 5 des Zweiten Gesetzes zur Modernisierung des Kostenrechts (2. Kostenrechtsmodernisierungsgesetz – 2. KostRMoG) vom 23. Juli 2013 (BGBl. I S. 2586).
3 Gesetz über die Kosten der freiwilligen Gerichtsbarkeit für Gerichte und Notare (Gerichts- und Notarkostengesetz – GNotKG) gem. Art. 1 des 2. KostRMoG.
4 KostO aufgehoben durch Art. 45 Nr. 1 des 2. KostRMoG.

Verfahren nach den §§ 10 bis 12, 47 des IntFamRVG.[5] Verfahrensrechtlich fanden jedoch zum Teil Vorschriften der ZPO Anwendung, aber auch für einige Angelegenheiten das FGG, das BGB, die HausratsVO und verschiedene andere Gesetze.[6] Die sachliche Zuständigkeit des Amtsgerichts ergab sich aus § 23a GVG a. F., § 64 Abs. 1 FGG sowie aus § 11 Abs. 1 HausratsVO.

4   Das Kostenrecht folgt grundsätzlich dem Verfahrensrecht, sodass sich nach altem Recht auch insoweit Besonderheiten auftaten, denn die Gerichtskosten in den ZPO-Sachen berechneten sich nach dem GKG und die in FG-Sachen nach der KostO. Für den Scheidungsverbund (§ 623 ZPO a. F.) galt dann aber wieder insgesamt das GKG, sodass auch für die FG-Folgesachen (z. B. Versorgungsausgleich, Kindessachen wie elterliche Sorge, Umgangsregelung, Kindesherausgabe, Regelung der Rechtsverhältnisse an Wohnung und Hausrat) nicht die KostO, sondern § 46 GKG a. F. einschlägig war.

5   Für eine Übergangszeit bis zur Modernisierung der KostO sollten nun die Gerichtskosten für das familiengerichtliche Verfahren in einem eigenständigen Gesetz, dem FamGKG zusammengefasst werden.[7] Dabei ist es auch geblieben, denn das 2. KostRMoG hat zwar die KostO abgeschafft und das neue GNotKG gebracht, aber das FamGKG nicht aufgehoben. Das Kostenrecht für alle Familiensachen hat sich in der gerichtlichen Praxis bewährt und die erwähnten Schwierigkeiten überwiegend beseitigt, die sich aus dem zuvor geltenden Nebeneinander von GKG und KostO ergeben hatten.

I. Verfahrensrecht

6   Die Reform des Verfahrens in Familiensachen und in den Angelegenheiten der freiwilligen Gerichtsbarkeit und das am 1.9.2009 in Kraft getretene FamFG hat das Familienverfahrensrecht formal geordnet und an einem einheitlichen Standort zusammengefasst.[8] Das FamFG gilt für Verfahren in Familiensachen sowie in den Angelegenheiten der freiwilligen Gerichtsbarkeit, soweit sie durch Bundesgesetz den Gerichten zugewiesen sind, § 1 FamFG. Eine Folge der Reform war auch, dass das **Vor-**

---

5 Vom 26.1.2005 (BGBl. I S. 162), welches unter Art. 1 das Gesetz zur Aus- und Durchführung bestimmter Rechtsinstrumente auf dem Gebiet des internationalen Familienrechts (Internationales Familienrechtsverfahrensgesetz – IntFamRVG) enthält.
6 *Rosenberg/Schwab/Gottwald*, 3. Abschnitt Rn. 5 (Vor § 164); ausführlich siehe *Wick* in Jansen, FGG, Vorbem. §§ 64–64b.
7 So jedenfalls die Gesetzesbegründung BT-Drs. 16/6308 S. 164.
8 Gesetzesbegründung BT-Drs. 16/6308 S. 162.

mundschaftsgericht abgeschafft** ist und dafür ein **Betreuungsgericht** installiert wurde. Die Zuständigkeit des Familiengerichts wurde erweitert, denn es sind die Vormundschaft und Pflegschaft über Minderjährige, die Adoption, alle Gewaltschutzsachen und sonstige Familiensachen hinzugekommen. Inhaltlich bedeutet dieses gleichzeitig die Verwirklichung eines „Großen Familiengerichts".

Die **Familiensachen** sind in § 111 FamFG definiert,⁹ danach sind dieses Ehesachen, Kindschaftssachen, Abstammungssachen, Adoptionssachen, Ehewohnungs- und Haushaltssachen¹⁰, Gewaltschutzsachen, Versorgungsausgleichssachen, Unterhaltssachen, Güterrechtssachen, sonstige Familiensachen und Lebenspartnerschaftssachen.¹¹

Eingeführt wurde daneben die Unterscheidung in (gewöhnliche) Familiensachen und Familienstreitsachen, denn einige Familiensachen sind gem. § 112 FamFG **Familienstreitsachen.** Bei Letzteren handelt es sich um bestimmte Unterhaltssachen (→ Rn. 114), Güterrechtssachen (→ Rn. 162) und sonstige Familiensachen (→ Rn. 178) sowie die entsprechenden Lebenspartnerschaftssachen.¹² Zu den gewöhnlichen Familiensachen gehören in erster Linie die Ehesachen, aber auch bestimmte Unterhalts- und Güterrechtssachen sowie Lebenspartnerschaftssachen, die eben nicht Streitsachen sind, aber auch die Kindschaftssachen, Abstammungssachen, Adoptionssachen, Ehewohnungs- und Haushaltssachen, Gewaltschutzsachen, Versorgungsausgleichssachen und sonstige Familiensachen.

In Ehesachen und Folgesachen sowie in selbstständigen Familienstreitsachen gilt **Anwaltszwang,** § 114 Abs. 1 FamFG. Dieser gilt jedoch für bestimmte Verfahren (einstweilige Anordnungen, Verfahrenskostenhilfe) oder für das als Beistand fungierende Jugendamt nicht, § 114 Abs. 4 FamFG.

Die durch die Reform vorgesehene vollständige Neukodifizierung des familiengerichtlichen Verfahrens ging aber nicht so weit, die Grundstruktur des familiengerichtlichen Verfahrens mit dem Verbundprinzip und der Unterscheidung zwischen FG- und ZPO-Folgesachen zu verändern, denn auch nach FamFG-Recht bleibt dieses erhalten. Das Verfahren in den ehemals ZPO-Familiensachen, nämlich in Ehesachen und den Familienstreitsachen, richtet sich auch weiterhin nach Vorschriften der ZPO, § 113 FamFG.

---

9   Nach bis zum 31.8.2009 geltenden Recht ergab sich die Definition aus § 23b Abs. 1 S. 2 GVG. Die Vorschrift wurde durch Art. 22 Nr. 8 a) FGG-RG aufgehoben.
10 Bezeichnung geändert durch Art. 3 des Gesetzes zur Änderung des Zugewinnausgleichs- und Vormundschaftsrechts v. 6.7.2009 (BGBl. I S. 1696).
11 Überblick MüKoFamFG/*Christian Fischer*, § 111 Rn. 9 ff.
12 Siehe hierzu *Schael*, FamRZ 2009, 7 ff. sowie *Hütter/Kodal*, FamRZ 2009, 917 ff.

Daneben sind die besonderen Vorschriften für Familiensachen (§§ 112 ff. FamFG) sowie speziell für Ehesachen (§§ 122 ff. FamFG) einschlägig.

Allerdings sind bestimmte Vorschriften der ZPO gem. § 113 Abs. 3 und 4 FamFG nicht anwendbar.

Für das Verfahren gilt aber dennoch der Terminus des FamFG, d. h. Antragsteller und Antragsgegner sind Beteiligte des Verfahrens und nicht als Kläger bzw. Beklagte Parteien des Prozesses, § 113 Abs. 5 FamFG.

10 Die vollständige Ersetzung des FGG durch das FamFG als neues Stammgesetz, hat auch eine Reihe von inhaltlichen Anpassungen nach sich gezogen. Das Gericht entscheidet in Familiensachen durch **Beschluss,** § 116 Abs. 1 FamFG. Scheidungs- oder Unterhaltsurteile gibt es nach dem nun geltenden Recht nicht mehr. Beschlüsse enthalten nach § 38 Abs. 2 FamFG die Bezeichnung der Beteiligten, ihrer gesetzlichen Vertreter und der Bevollmächtigten; die Bezeichnung des Gerichts und die Namen der an der Entscheidung mitwirkenden Gerichtspersonen; die Beschlussformel. Der Beschluss ist gem. § 38 Abs. 3 FamFG zu begründen und zu unterschreiben. Ausnahmen von der Begründungspflicht ergeben sich aus § 38 Abs. 4 FamFG, der gemäß Abs. 5 in bestimmten Angelegenheiten jedoch keine Anwendung findet. Der Beschluss hat gem. § 39 FamFG eine Rechtsbehelfsbelehrung zu enthalten.

11 § 36 Abs. 1 FamFG sieht nunmehr allgemein vor, dass ein **Vergleich** zur Niederschrift des Gerichts grundsätzlich immer dann zulässig ist, wenn die Beteiligten über den Gegenstand des Verfahrens verfügen können. Das Gericht soll deshalb – außer in Gewaltschutzsachen – auf eine gütliche Einigung der Beteiligten hinwirken, § 36 Abs. 1 FamFG. Kommt eine Einigung im Termin zustande, ist hierüber eine Niederschrift anzufertigen, wobei die Vorschriften der ZPO über die Niederschrift des Vergleichs entsprechend anzuwenden sind, § 36 Abs. 2 FamFG. Ein zulässiger Vergleich kann auch schriftlich entsprechend § 278 Abs. 6 ZPO geschlossen werden, § 36 Abs. 3 FamFG.

12 Endentscheidungen in Ehesachen und in Familienstreitsachen werden mit Rechtskraft wirksam, § 116 Abs. 2, 3 FamFG. In Familienstreitsachen kann das Gericht jedoch die sofortige Wirksamkeit anordnen, was das Gericht bei Leistungsentscheidungen über Unterhalt auch anordnen soll. Das erlaubt eine Vollstreckung vor Rechtskraft der Entscheidung. Die unterschiedlich ausgestalteten Rechtsmittel wurden vereinheitlicht und mit dem FamFG harmonisiert. Siehe im Übrigen → Rn. 243 ff.

II. Kostenrechtliche Vorschriften des FamFG

Das FamFG sieht im Abschnitt 8 (§§ 80 bis 85) die gesetzliche Regelung bezüglich der **Kosten** vor.[13] Kosten werden danach definiert als Gerichtskosten, die sich aus Gebühren und Auslagen zusammensetzen und die zur Durchführung des Verfahrens notwendigen Aufwendungen der Beteiligten, § 80 S. 1 FamFG. Zu den Aufwendungen der Beteiligten gehören auch die Rechtsanwaltskosten, wie schon aus der Gesetzesbegründung ersichtlich ist.[14] Hinzukommen aber auch die eigenen Auslagen der Beteiligten für notwendige Reisen und Verdienstausfall für die Wahrnehmung von Gerichtsterminen.[15]

13

Das Gericht kann den Beteiligten die Kosten des Verfahrens nach **billigem Ermessen** auferlegen (§ 81 Abs. 1 S. 1 FamFG) und zwar sowohl die **außergerichtlichen** Kosten als auch die **Gerichtskosten**.[16] Die Formulierung macht aber deutlich, dass damit eine allgemeine Verpflichtung des Gerichts zur Entscheidung über die Kosten in der freiwilligen Gerichtsbarkeit nicht eingeführt wurde.[17] Ergeht eine Entscheidung zur Hauptsache ohne dass etwas zur Kostentragung gesagt ist, dann ergibt sich auch keine Kostenerstattungspflicht für einen der Beteiligten.[18] Die Vorschrift stellt es zunächst einmal – mit Ausnahme bei Familiensachen – in das pflichtgemäße Ermessen des Gerichts, ob und in welchem Umfang eine Kostenentscheidung zu treffen ist.[19] Dabei hat das Gericht auch einen Gestaltungsspielraum dahingehend, wem die Kosten aufzuerlegen sind, wobei jedoch alle maßgeblichen Gesichtspunkte zu berücksichtigen sind. In Streitverfahren kann es das Verhältnis von Obsiegen und Unterliegen sein, in Verfahren der freiwilligen Gerichtsbarkeit – wie in Abstammungssachen – kann dieses aber nicht uneingeschränkt gelten, wenn weitere Umstände vorliegen, die eine andere sachgerechte Entscheidung erlauben.[20]

14

Für **Familiensachen** gilt dieser Grundsatz jedoch nicht, denn in Familiensachen ist stets über die Kosten zu entscheiden, § 81 Abs. 1 S. 3

15

---

13 Ausführlich *Vogel*, FPR 2013, 116; *Feskorn*, FPR 2012, 254; *Giers*, FPR 2012, 250; *Finke*, FPR 2010, 331; *Zimmermann*, FamRZ 2009, 377.
14 BT-Drs. 16/6308 S. 215.
15 Bork/Jacoby/Schwab/*Müther*, § 80 Rn. 5; MüKoFamFG/Schindler, § 80 Rn. 9.
16 Hierzu *Nickel*, FamFR 2013, 529.
17 Keidel/*Zimmermann*, § 81 Rn. 4; so wohl auch Bork/Jacoby/Schwab/*Müther*, § 81 Rn. 2.
18 Die Regelung unterscheidet sich damit auch nicht grundsätzlich von der nach altem Recht geltenden Vorschrift des § 13a FGG, siehe hierzu *von König* in Jansen, FGG, § 13a Rn. 9 ff.
19 BGH v. 19.2.2014 – XII ZB 15/13 – FamRZ 2014, 744.
20 BGH a. a. O.

FamFG, das gilt auch für selbstständige Familienverfahren der freiwilligen Gerichtsbarkeit.

16 Das Gericht kann aber auch anordnen, dass von der Erhebung von **Kosten abgesehen** wird, § 81 Abs. 1 S. 2 FamFG, was regelmäßig dann in Betracht kommt, wenn es nach dem Verlauf oder dem Ausgang des Verfahrens unbillig erscheint, die Beteiligten mit den Gerichtskosten des Verfahrens zu belasten. Diese Möglichkeit betrifft jedoch nur die Gerichtskosten, die bisweilen auch höher ausfallen können, wenn z. B. Auslagen für Sachverständigengutachten angefallen sind.

17 **Abweichungen** vom Grundsatz der Kostenentscheidung nach billigem Ermessen sieht das Gesetz nach § 81 Abs. 2 FamFG vor, womit dem Gericht die Möglichkeit eröffnet wird, die pflichtwidrige Einleitung von Verfahren sowie Verstöße gegen die Mitwirkungspflichten der Beteiligten negativ zu sanktionieren.[21] Das Gericht kann nach § 81 Abs. 2 FamFG einem Beteiligten die Kosten des Verfahrens ganz oder teilweise auferlegen, wenn der Beteiligte durch grobes Verschulden Anlass für das Verfahren gegeben hat; der Antrag des Beteiligten von vornherein keine Aussicht auf Erfolg hatte und der Beteiligte dies erkennen musste; der Beteiligte zu einer wesentlichen Tatsache schuldhaft unwahre Angaben gemacht hat; der Beteiligte durch schuldhaftes Verletzen seiner Mitwirkungspflichten das Verfahren erheblich verzögert hat oder der Beteiligte einer richterlichen Anordnung zur Teilnahme an einer Beratung nach § 156 Abs. 1 S. 4 FamFG nicht nachgekommen ist, sofern der Beteiligte dies nicht genügend entschuldigt hat. Die Regelungen greifen die nach bisherigem Recht entwickelten Grundsätze des **groben Verschuldens**[22] auf.

18 § 81 Abs. 3 FamFG übernimmt den Grundsatz des bisherigen Rechts, wonach es ausgeschlossen sein soll, einem minderjährigen Kind in Verfahren, die seine Person betreffen, die Kosten aufzuerlegen. Dieses wird z. T. auch für Abstammungssachen fortgeführt, denn § 183 FamFG regelt die Kosten bei Anfechtung der Vaterschaft. Hat nämlich ein Antrag auf Anfechtung der Vaterschaft Erfolg, tragen die Beteiligten, mit Ausnahme des minderjährigen Kindes, die Gerichtskosten zu gleichen Teilen; die Beteiligten tragen ihre außergerichtlichen Kosten selbst.

19 Die Kostenentscheidung soll in der Endentscheidung erfolgen, damit die Beteiligten sogleich auch Gewissheit über die Kosten haben, § 82 FamFG. Die Vorschrift regelt lediglich den Zeitpunkt der Kostenentschei-

---

21 Gesetzesbegründung BT-Drs. 16/6308 S. 215.
22 Keidel/*Zimmermann*, § 81 Rn. 51 ff. sowie § 82 Rn. 5; zum alten Recht siehe *von König* in Jansen, FGG, § 13a Rn. 18.

dung dergestalt, dass diese gleichzeitig mit der Endentscheidung erfolgen soll.[23]

§ 83 FamFG regelt die **Kostenfolgen bei Vergleich, Erledigung und Rücknahme.** Wird das Verfahren durch Vergleich erledigt und haben die Beteiligten keine Bestimmung über die Kosten getroffen, fallen die Gerichtskosten jedem Teil zu gleichen Teilen zur Last. Die außergerichtlichen Kosten trägt jeder Beteiligte selbst. Die Vorschrift trifft nur den vor Gericht geschlossenen Vergleich, wenn dieser keine Kostenregelung enthält.[24] Ist das Verfahren auf sonstige Weise erledigt oder wird der Antrag zurückgenommen, gilt § 81 FamFG entsprechend.

20

Nach § 84 FamFG soll das Gericht die Kosten eines ohne Erfolg eingelegten **Rechtsmittels** dem Beteiligten auferlegen, der es eingelegt hat. Die Vorschrift knüpft inhaltlich an den bisherigen § 13a Abs. 1 S. 2 FGG an, soll dem Gericht jedoch die Möglichkeit eröffnen, in besonders gelagerten Fällen die Kosten nicht dem im Ergebnis erfolglosen Rechtsmittelführer aufzuerlegen, so z. B. bei Rücknahme des Rechtsmittels.

21

Hinsichtlich der **Erstattung von Kosten** ist zu bemerken, dass zu den erstattungsfähigen Kosten auch die **Gerichtskosten** gehören, wenn der aus der Kostenentscheidung Berechtigte Gebühren als Vorschuss aufgewandt hat oder wenn bereits Gerichtskosten gezahlt wurden, für die nach der Entscheidung der Rechtsmittelinstanz nun ein anderer Beteiligter haftet. § 80 S. 2 FamFG erklärt zudem den § 91 Abs. 1 S. 2 ZPO allgemein für entsprechend anwendbar, wonach die Kostenerstattung auch die **Entschädigung** des Gegners für die durch notwendige **Reisen** oder durch die notwendige Wahrnehmung von **Terminen** entstandene Zeitversäumnis umfasst; wobei die für die Entschädigung von Zeugen geltenden Vorschriften des JVEG entsprechend anzuwenden sind. Nicht übernommen ist jedoch – wie schon in § 13a FGG – die Regelung des § 91 Abs. 2 ZPO hinsichtlich der Erstattung der Gebühren und Auslagen des **Rechtsanwalts.** Das bedeutet, dass Gebühren und Auslagen des Rechtsanwalts des obsiegenden Beteiligten im Gegensatz zum Zivilprozess nicht schlechthin, sondern nur nach Lage des Falles erstattungsfähig sind, nämlich soweit sie zur Durchführung des Verfahrens notwendig sind (siehe aber → Rn. 25).[25] Über die Notwendigkeit der Hinzuziehung eines Rechtsanwalts ist dann im **Kostenfestsetzungsverfahren** zu entscheiden.

22

Hinsichtlich der Kostenfestsetzung verweist § 85 FamFG auf die entsprechende Anwendung von §§ 103 bis 107 ZPO. In diesem Fall geht es

23

---

23 Zu den diversen Ausnahmen und Sonderfällen siehe Keidel/*Zimmermann*, § 82 Rn. 5.
24 Keidel/*Zimmermann*, § 83 Rn. 5; MüKoFamFG/*Schindler*, § 83 Rn. 11.
25 Hierzu *von König* in Jansen, FGG, § 13a Rn. 42.

wie üblich um die Titulierung des bezifferten Kostenerstattungsanspruchs der Hauptsachenentscheidung.[26]

III. Unanwendbarkeit der kostenrechtlichen Vorschriften des FamFG

24 Die §§ 80 bis 85 FamFG sind nicht ohne weiteres auf alle Familiensachen anwendbar, denn in **Ehesachen und Familienstreitsachen**[27] gelten Sonderregelungen.

25 In Ehesachen und Familienstreitsachen ist die sich aus § 113 Abs. 1 FamFG ergebende Besonderheit zu beachten, wonach bestimmte Vorschriften des FamFG (§§ 2 bis 37, 40 bis 45, 46 S. 1, 2 sowie §§ 47 und 48, 76 bis 96) keine Anwendung finden. Dafür gelten die Allgemeinen Vorschriften der ZPO und die Vorschriften der ZPO über das landgerichtliche Verfahren mit Ausnahme von § 227 Abs. 3 ZPO.

Hinsichtlich der **Kostenentscheidung** sind danach die §§ 91 ff. ZPO sowie die Sondervorschriften des FamFG für einzelne Ehesachen oder Familienstreitsachen zu beachten. Was die Erstattung von Kosten angeht, gilt in den Fällen, in denen die ZPO Anwendung findet neben § 91 Abs. 1 ZPO auch § 91 Abs. 2 ZPO. Nach § 91 Abs. 1 S. 1 ZPO sind die zur zweckentsprechenden Rechtsverfolgung bzw. -verteidigung notwendigen Kosten zu erstatten. Dazu gehören die gezahlten Gerichtskosten, aber auch die Entschädigung des Gegners für notwendige Reisen oder durch Terminswahrnehmung entstandene Zeitversäumnis; auch hier ist wieder das JVEG entsprechend anzuwenden (→ Rn. 22). Bezüglich der **Erstattungsfähigkeit** von **Anwaltskosten** ist hier § 91 Abs. 2 S. 1 ZPO einschlägig, wonach die Gebühren und Auslagen des Rechtsanwalts zu erstatten sind und es nur hinsichtlich der Reisekosten eines Rechtsanwalts, der nicht im Bezirk des Prozessgerichts niedergelassen ist, auf die Notwendigkeit ankommt. Eine Prüfung der Notwendigkeit bezüglich der Bestellung des Rechtsanwalts hat nicht zu erfolgen.

26 § 150 FamFG regelt die Kostentragung in **Scheidungssachen** und **Folgesachen**. Sie geht als Spezialregelung den allgemeinen Bestimmungen, wie etwa § 243 FamFG vor.[28]

27 Wird die **Scheidung der Ehe** ausgesprochen, sind die Kosten der Scheidungssache und der Folgesachen wie schon bisher gegeneinander aufzuheben, § 150 Abs. 1 FamFG. Wird der Scheidungsantrag abgewiesen oder

---
26 Siehe *Dörndorfer*, FPR 2012, 263.
27 Überblick siehe MüKoFamFG/*Christian Fischer*, § 112 Rn. 6 ff.
28 Gesetzesbegründung BT-Drs. 16/6308 S. 233.

zurückgenommen, trägt der Antragsteller die Kosten der Scheidungssache und der Folgesachen, § 150 Abs. 2 S. 1 FamFG. Werden Scheidungsanträge beider Ehegatten zurückgenommen oder abgewiesen oder ist das Verfahren in der Hauptsache erledigt, sind die Kosten der Scheidungssache und der Folgesachen gegeneinander aufzuheben, § 150 Abs. 2 S. 2 FamFG.

Sind in einer Folgesache, die nicht nach § 140 Abs. 1 FamFG abzutrennen ist, außer den Ehegatten weitere Beteiligte vorhanden, tragen diese ihre außergerichtlichen Kosten nach § 150 Abs. 3 FamFG selbst. 28

Allerdings kann das Gericht wie schon nach bisherigem Recht die Kosten nach billigem Ermessen anderweitig verteilen, wenn in den Fällen des § 150 Abs. 1 bis 3 FamFG die Kostenverteilung insbesondere im Hinblick auf eine Versöhnung der Ehegatten oder auf das Ergebnis einer als Folgesache geführten Unterhaltssache oder Güterrechtssache als unbillig erscheint, § 150 Abs. 4 FamFG. Dabei kann das Gericht auch berücksichtigen, ob ein Beteiligter einer richterlichen Anordnung zur Teilnahme an einem Informationsgespräch nach § 135 Abs. 1 FamFG nicht nachgekommen ist, sofern der Beteiligte dies nicht genügend entschuldigt hat. 29

Haben die Beteiligten eine Vereinbarung über die Kosten getroffen, soll das Gericht sie ganz oder teilweise der Entscheidung zugrunde legen. 30

Nach § 150 Abs. 5 FamFG gelten die o.g. Regelungen auch hinsichtlich der Folgesachen, über die infolge einer Abtrennung gesondert zu entscheiden ist. Werden Folgesachen als selbstständige Familiensachen fortgeführt, sind die hierfür jeweils geltenden Kostenvorschriften anzuwenden. 31

Wird die **Aufhebung der Ehe** ausgesprochen, sind gem. § 132 Abs. 1 FamFG die Kosten des Verfahrens gegeneinander aufzuheben. Erscheint dies im Hinblick darauf, dass bei der Eheschließung ein Ehegatte allein die Aufhebbarkeit der Ehe gekannt hat oder ein Ehegatte durch arglistige Täuschung oder widerrechtliche Drohung seitens des anderen Ehegatten oder mit dessen Wissen zur Eingehung der Ehe bestimmt worden ist, als unbillig, kann das Gericht die Kosten nach billigem Ermessen anderweitig verteilen. 32

§ 132 Abs. 1 FamFG ist nicht anzuwenden, wenn eine Ehe auf Antrag der zuständigen Verwaltungsbehörde oder bei Verstoß gegen § 1306 BGB auf Antrag des Dritten aufgehoben wird. 33

Lebenspartnerschaftssachen werden verfahrensrechtlich ebenso wie entsprechende Familiensachen behandelt, § 270 FamFG; d.h. es finden die Vorschriften für das Verfahren auf Scheidung der Ehe, für das Verfahren auf Feststellung des Bestehens oder Nichtbestehens einer Ehe zwischen den Beteiligten, die Vorschriften für Familiensachen nach § 111 Nr. 2, 5 und 34

von König

7 bis 9 FamFG und die für sonstige Familiensachen nach § 111 Nr. 10 FamFG entsprechende Anwendung.

35 **Unterhaltssachen** nach § 231 Abs. 1 FamFG (→ Rn. 114) gehören ebenfalls zu den Familienstreitsachen, sodass die §§ 80 bis 85 FamFG nicht gelten. Abweichend von den Vorschriften der ZPO über die Kostenverteilung entscheidet das Gericht in Unterhaltssachen gem. § 243 FamFG nach **billigem Ermessen** über die Verteilung der Kosten des Verfahrens auf die Beteiligten.

36 Es hat hierbei insbesondere zu berücksichtigen:

- das Verhältnis von Obsiegen und Unterliegen der Beteiligten, einschließlich der Dauer der Unterhaltsverpflichtung;
- den Umstand, dass ein Beteiligter vor Beginn des Verfahrens einer Aufforderung des Gegners zur Erteilung der Auskunft und Vorlage von Belegen über das Einkommen nicht oder nicht vollständig nachgekommen ist, es sei denn, dass eine Verpflichtung hierzu nicht bestand;
- den Umstand, dass ein Beteiligter einer Aufforderung des Gerichts nach § 235 Abs. 1 innerhalb der gesetzten Frist nicht oder nicht vollständig nachgekommen ist, sowie
- ein sofortiges Anerkenntnis nach § 93 ZPO.

37 Insgesamt soll durch die Neuregelung die Kostenentscheidung in Unterhaltssachen flexibler und weniger formal gehandhabt werden können, da, anders als bei Verfahren über einmalige Leistungen, in Unterhaltssachen dem Dauercharakter der Verpflichtung bei der Streitwertermittlung nur begrenzt Rechnung getragen werden kann.[29]

38 **Güterrechtssachen** gem. § 261 Abs. 1 FamFG sind Verfahren, die Ansprüche aus dem ehelichen Güterrecht betreffen, auch wenn Dritte am Verfahren beteiligt sind; auch diese gehören zu den Familienstreitsachen (§ 112 Nr. 2 FamFG), in denen grundsätzlich die Vorschriften der ZPO anzuwenden sind (→ Rn. 162). Sondervorschriften sieht das FamFG nicht vor, sodass die §§ 91 ff. ZPO Anwendung finden.

39 Zu den Familienstreitsachen gehören auch die im Katalog des § 266 Abs. 1 FamFG (→ Rn. 178) aufgeführten **sonstigen Familiensachen,** für die ebenfalls die Vorschriften der ZPO über die Kostenverteilung gelten, da §§ 80 bis 85 FamFG ausgeschlossen und keine Sondervorschriften vorhanden sind.

---

[29] So die Gesetzesbegründung BT-Drs. 16/6308 S. 259.

B. Grundsätze der Ermittlung des Verfahrenswertes in Familiensachen

In Familiensachen sind die Vorschriften des GVG jetzt unmittelbar anwendbar, §§ 2 EGGVG, 12 GVG. Familiensachen gehören gemäß § 13 GVG vor die ordentlichen Gerichte,[30] sachlich zuständig sind die Amtsgerichte nach § 23a Abs. 1 Nr. 1 GVG.[31] Damit wird deutlich, dass der Streitwert für die **Zuständigkeit** keine Rolle spielt. Dieser ist jedoch für die Berechnung der **Gerichts- und Anwaltskosten** von zentraler Bedeutung. Dem Verfahrensrecht folgend, gilt das FamGKG als einheitliches Gerichtskostengesetz für Familiensachen einschließlich der Vollstreckung durch das Familiengericht.[32] Das FamGKG hat eine neue Wertbezeichnung eingeführt, nämlich die des **Verfahrenswertes,** denn nach § 3 Abs. 1 FamGKG richten sich die Gebühren nach dem Wert des Verfahrensgegenstands (Verfahrenswert), soweit nichts anderes geregelt ist. Die Anwaltskosten berechnen sich nach wie vor nach dem RVG.

40

I. Wertvorschriften des FamGKG

Im **FamGKG** finden sich die **Wertvorschriften** in den §§ 33 bis 56; wobei in § 33 Abs. 1 FamGKG der Grundsatz aufgestellt wird, dass in demselben Verfahren und demselben Rechtszug die Werte mehrerer Verfahrensgegenstände grundsätzlich zusammengerechnet werden; Abs. 2 enthält eine allgemeine Wertbegrenzung auf höchstens 30 Mio. €, soweit nichts anderes bestimmt ist. Für die Wertberechnung ist der Zeitpunkt der für den jeweiligen Verfahrensgegenstand betreffenden ersten Antragstellung in dem jeweiligen Rechtszug entscheidend, § 34 S. 1 FamGKG. In Verfahren, die von Amts wegen eingeleitet werden, ist der Zeitpunkt der Fälligkeit maßgebend, § 34 S. 2 FamGKG. Nebenforderungen bleiben, soweit sie nicht als selbstständige Hauptforderung geltend gemacht werden, außer Ansatz, § 37 Abs. 1 FamGKG.

41

In das Gesetz wurde eine Regelung für eine **bezifferte Geldforderung** aufgenommen, wonach sich der Verfahrenswert nach der Höhe der Forderung richtet, § 35 FamGKG. Die Begründung für diese – wohl überflüssige – Regelung vermag nicht zu überzeugen, wird doch darauf abgestellt, dass § 3 ZPO in Familiensachen nicht anwendbar sein soll und somit der daraus abgeleitete Grundsatz für bürgerliche Rechtsstreitigkeiten, dass sich

42

---
30 § 13 GVG geändert durch Art. 22 Nr. 2 FGG-RG.
31 Neu gefasst durch Art. 22 Nr. 7 FGG-RG.
32 Die Änderungen der kostenrechtlichen Vorschriften des GKG, der KostO, des GvKostG, der JVKostO, des JVEG und des RVG sind in Art. 47 FGG-RG enthalten.

der Wert bei einer Zahlungsklage nach § 3 ZPO richte, in das FamGKG aufgenommen werden solle.[33] Bei einer bezifferten Geldforderung handelt es sich nicht um einen Fall von § 3 ZPO; nur wenn der Streitgegenstand **nicht** in einer bestimmten Geldsumme besteht, hat das Gericht ihn festzulegen; dabei hat es vorab zu untersuchen, ob es in seinem Ermessen durch die §§ 6–9 ZPO eingeschränkt ist,[34] sind diese Vorschriften nicht anwendbar, so ist nach freiem Ermessen festzusetzen, wobei aber das Interesse des Klägers am Streitgegenstand zugrunde zu legen ist.[35] Bei Ansprüchen auf Zahlung einer bezifferten Geldsumme kommt eine Festsetzung des Wertes nach freiem Ermessen gemäß § 3 ZPO nicht in Betracht, da bei Zahlungsklagen der geforderte Betrag maßgebend ist.[36]

43 § 36 FamGKG[37] enthält eine Regelung des Verfahrenswertes bei **Genehmigung einer Erklärung** oder deren Ersetzung. Die Einführung des GNotKG machte eine Änderung der Vorschrift notwendig, da zuvor auf § 95 Abs. 2 KostO Bezug genommen wurde. Ist in einer vermögensrechtlichen Angelegenheit die Genehmigung einer Erklärung oder die Ersetzung einer Erklärung Verfahrensgegenstand, dann bemisst sich der Verfahrenswert nach dem Wert des zugrundeliegenden Rechtsgeschäfts, § 36 Abs. 1 S. 1 FamGKG.

Anstelle der bisherigen Verweisung auf zahlreiche Einzelvorschriften der KostO wird nun pauschal auf die für eine Beurkundung vorgesehenen besonderen Geschäftswert- und Bewertungsvorschriften des GNotKG verwiesen.

Dies sind die für Gerichte und Notare geltenden besonderen Geschäftswertvorschriften (§§ 40–45) und die für Beurkundungen geltenden besonderen Wertvorschriften (§§ 97 bis 111) des GNotKG (→ Rn. 45 bis 54).

44 Bei der Ermittlung des Geschäftswertes werden Verbindlichkeiten, die auf dem Gegenstand lasten, nicht abgezogen, § 36 Abs. 1 S. 2 FamGKG i. V. m. § 38 GNotKG. Das entspricht ebenfalls der bisherigen Regelung aus § 18 Abs. 3 KostO. Es gilt also das Bruttoprinzip, da bei der Wertfeststellung ein Schuldenabzugsverbot gilt.[38]

Nach § 36 Abs. 2 FamGKG gelten mehrere Erklärungen, die denselben Gegenstand betreffen als ein Verfahrensgegenstand. Außerdem legt § 36 Abs. 3 FamGKG einen Höchstwert von 1 Mio. € fest.

---

33 Gesetzesbegründung BT-Drs. 16/6308 S. 304.
34 Baumbach/*Hartmann*, ZPO, § 3 Rn. 1; *Rosenberg/Schwab/Gottwald*, § 32 Rn. 55.
35 Zöller/*Herget*, ZPO, § 3 Rn. 2.
36 BGH v. 26.1.1994 – XII ZR 237/93 – juris.
37 § 36 Abs. 1 S. 2 FamGKG geändert durch Art. 5 Nr. 15 des 2. KostRMoG.
38 Korintenberg/*Bormann*, GNotKG § 38 Rn. 1.

Grundsätze der Ermittlung des Verfahrenswertes in Familiensachen

Nachfolgend soll kurz auf die Regelungen des GNotKG eingegangen werden, auf die in § 36 Abs. 1 FamGKG hinsichtlich der Bewertung von Genehmigungen pauschal verwiesen wird. 45

§ 40 GNotKG regelt den Geschäftswert für das Verfahren zur Abnahme der eidesstattlichen Versicherung zur Erlangung eines Erbscheins, der Erteilung eines Erbscheins oder der Einziehung oder Kraftloserklärung eines Erbscheins. Ausschlaggebend ist der **Wert des Nachlasses** im Zeitpunkt des Erbfalls, § 40 Abs. 1 S. 1 GNotKG. Entgegen der Regelung des § 40 Abs. 1 S. 2 werden jedoch Verbindlichkeiten eines Nachlasses im Falle der Genehmigung nicht abgezogen, da § 38 Abs. 1 S. 2 GNotKG dieses ausdrücklich ausschließt.

§ 41 GNotKG regelt den Geschäftswert für Zeugnisse zum Nachweis der Auseinandersetzung eines Nachlasses oder Gesamtguts abweichend vom früheren Recht dergestalt, dass dieser sich nach dem **Wert der Gegenstände** bemisst, auf die sich der Nachweis der Rechtsnachfolge erstreckt. Nach altem Recht galt die gesetzliche Mindestgebühr von 10,00 €. Das GNotKG sieht hier jetzt eine wertabhängige Gebühr vor, weil das Zeugnis insoweit die Wirkung eines Erbscheins ersetzt.[39] 46

Die Wertvorschriften bei Begründung von **Wohnungs- oder Teileigentum** bzw. der Aufhebung oder dem Erlöschen von Sondereigentum sowie für **Wohnungserbbaurechte** finden sich nun in § 42 GNotKG. Grundsätzlich ist der Wert des bebauten Grundstücks als Geschäftswert anzusehen. Neu ist hierbei, dass § 42 Abs. 1 S. 2 GNotKG bei unbebauten Grundstücken der Wert des zu errichtenden Bauwerks hinzuzurechnen ist, was auch schon der Rechtsprechung nach der KostO entspricht.[40] 47

§ 43 GNotKG ergänzt mit § 49 GNotKG die Vorschrift hinsichtlich der Ermittlung des Geschäftswertes bei **Bestellung eines Erbbaurechts**. Wird bei der Bestellung ein **Erbbauzins** vereinbart, ist Geschäftswert der nach § 52 GNotKG errechnete Wert es Erbbauzinses, wenn nicht der nach § 49 Abs. 2 GNotKG errechnete Wert des Erbbaurechts höher ist. Es sind also 80 % des Grundstückswertes einschließlich der Gebäude (§ 49 Abs. 2) dem kapitalisierten Erbbauzins (§ 52) gegenüberzustellen, wobei der höhere Wert maßgeblich ist.[41]

Der Geschäftswert bei Einbeziehung eines Grundstücks in die **Mithaft** wegen eines Grundpfandrechts und bei der Entlassung aus der Mithaft ist in § 44 GNotKG geregelt, hier bleibt es bei dem Wertevergleich zwischen 48

---

39 Korintenberg/*Sikora*, GNotKG § 41 Rn. 2.
40 Korintenberg/*Sikora*, GNotKG § 42 Rn. 3.
41 Ausführlich siehe Korintenberg/*Sikora*, GNotKG § 43 Rn. 8 ff.

dem Nennbetrag des Grundpfandrechts, § 53 Abs. 1 GNotKG und dem Wert des Grundstücks, wenn dieser geringer ist.

Geht es um die Einräumung des **Vorrangs** bzw. des **Gleichranges** eines Rechts oder um den Geschäftswert einer **Vormerkung**, findet § 45 GNotKG Anwendung. Die Vorschriften entsprechen im Wesentlichen dem bisherigen Recht nach der KostO, allerdings ist die Regelung bezüglich der Vormerkung neu. Bei Rangänderungen bestimmt sich der Wert nach dem Wert des vortretenden Rechts, höchstens jedoch ist der Wert des zurücktretenden Rechts maßgeblich, es gilt die tatsächliche Wertverschiebung.[42] Bei Löschungsvormerkungen gilt grundsätzlich derselbe Wert wie der durch sie gesicherte Anspruch.[43]

49 Bei der Beurkundung von Verträgen und Erklärungen bestimmt sich der Geschäftswert nach dem Wert des Rechtsverhältnisses, welches **Beurkundungsgegenstand** ist, § 97 Abs. 1 GNotKG.[44]

Betrifft die Beurkundung eine **Vollmacht** zum Abschluss eines bestimmten Rechtsgeschäfts oder eine Zustimmungserklärung, ist Geschäftswert die Hälfte des Geschäftswerts für die Beurkundung des Geschäfts, auf das sich die Vollmacht oder die Zustimmungserklärung bezieht, § 98 Abs. 1 GNotKG.

50 Die Geschäftswertvorschrift für Beurkundungen bei **Miet-, Pacht- und Dienstverträgen** findet sich in § 99 GNotKG. Grundsätzlich ist der Wert aller Leistungen während der gesamten Vertragszeit maßgebend. Bei Miet- oder Pachtverträgen von unbestimmter Vertragsdauer ist der auf die ersten fünf Jahre entfallende Wert der Leistungen maßgebend; ist jedoch die Auflösung des Vertrags erst zu einem späteren Zeitpunkt zulässig, gilt dieser Zeitraum. Der Wert ist begrenzt auf den 20-fachen Jahreswert bei Miet- und Pachtverträgen und auf den 5-fachen Jahresbetrag bei Dienstverträgen.

51 § 100 GNotKG regelt bestimmte güterrechtliche Angelegenheiten; danach ist Geschäftswert bei der Beurkundung von Eheverträgen im Sinne des § 1408 BGB (mit Ausnahme solcher Verträge, die sich auf Vereinbarungen über den Versorgungsausgleich beschränken) und bei der Beurkundung von Anmeldungen aufgrund solcher Verträge, die Summe der Werte der gegenwärtigen **Vermögen der Eheleute**. Betrifft der Ehevertrag nur das Vermögen eines der Ehegatten, dann ist nur dessen Vermögen maßgebend. Verbindlichkeiten werden gem. § 100 Abs. 1 S. 3 GNotKG bis zur Hälfte des maßgeblichen Vermögens abgezogen.

---

42 Korintenberg/*Sikora*, GNotKG § 45 Rn. 5.
43 Korintenberg/*Sikora*, GNotKG § 45 Rn. 12 ff.
44 Ausführlich siehe Anmerkungen bei Korintenberg/*Bengel*, GNotKG § 97.

In Angelegenheiten, welche die **Annahme eines Minderjährigen** betreffen, beträgt der Geschäftswert 5.000,00 €, § 101 GNotKG. Der Anwendungsbereich des § 101 GNotKG betrifft sämtliche Angelegenheiten, die mit der Annahme im Zusammenhang stehen, §§ 1741 ff. BGB. 52

Bestimmte **erbrechtliche Angelegenheiten**, wie die Beurkundung einer Verfügung von Todes wegen u. ä. sowie die Abgabe von Erklärungen gegenüber dem Nachlassgericht sind in §§ 102, 103 GNotKG geregelt. Ausgangspunkt für die Geschäftswertbestimmung sind zunächst die allgemeinen Geschäftswertvorschriften; § 102 GNotKG regelt dann speziell die Verfügung von Todes wegen und deren Widerruf sowie für Erb-, Pflichtteilsverzichts- und Zuwendungsverzichtsverträge sowie den Rücktritt vom Erbvertrag. 53

§ 103 GNotKG regelt den Geschäftswert für Erklärungen, die dem Nachlassgericht gegenüber abzugeben sind.

Neu ist die Regelung des § 104 GNotKG, welche die Rechtswahl (z. B. des Ehewirkungs- bzw. des Güterrechtsstatuts) nach internationalprivatrechtlichen Vorschriften kostenrechtlich regelt. Der Gesetzgeber hat insoweit für alle Rechtswahlen einen Geschäftswert von 30 % des Bezugswertes festgelegt.

Geschäftswerte für Anmeldungen zum Handelsregister und anderen Registern oder für die Beurkundung von Gesellschaftsverträgen, Satzungen und Beschlüssen von Organen finden sich in §§ 105 bis 108 GNotKG. 54

Die Beurkundung mehrerer selbstständiger rechtsgeschäftlicher Erklärungen ist Gegenstand von § 109 GNotKG, während §§ 110 und 111 GNotKG Abweichungen von dieser Vorschrift regeln.

Weitere Wertvorschriften des FamGKG finden sich für den Stufenantrag, § 38 FamGKG;[45] für Antrag- und Widerantrag,[46] Hilfsanspruch, wechselseitige Rechtsmittel, Aufrechnung, § 39 FamGKG; das Rechtsmittelverfahren, § 40 FamGKG und die einstweilige Anordnung, § 41 FamGKG. 55

Die ursprünglich aus § 30 KostO übernommene mit **„Auffangwert"** überschriebene Regelung des § 42 FamGKG,[47] findet sich nun auch fast wörtlich in § 36 GNotKG wieder. Soweit in einer vermögensrechtlichen Angelegenheit der Verfahrenswert sich aus dem FamGKG nicht ergibt und auch sonst nicht feststeht, ist er nach billigem Ermessen zu bestimmen, 56

---

45 Das Wort „Klageantrag" ist durch Art. 5 Nr. 16 des 2. KostRMoG durch das Wort „Antrag" ersetzt worden.
46 „Klage- und Widerklageantrag" ersetzt durch Art. 5 Nr. 17 des 2. KostRMoG.
47 Siehe ausführlich *Thiel*, FPR 2010, 319.

§ 42 Abs. 1 FamGKG. Vermögensrechtliche Angelegenheiten haben in der Regel ein wirtschaftliches Interesse, es geht um Geld oder geldwerte Vorteile.[48] Der Wert in nichtvermögensrechtlichen Angelegenheiten ist unter Berücksichtigung aller Umstände des Einzelfalls, insbesondere des Umfangs und der Bedeutung der Sache und der Vermögens- und Einkommensverhältnisse der Beteiligten, ebenfalls nach billigem Ermessen zu bestimmen, jedoch darf er nicht über 500.000,00 € angesetzt werden, § 42 Abs. 2 FamGKG. Nichtvermögensrechtlich sind solche Ansprüche, die nicht in Geld umgerechnet werden können, da ihnen kein Vermögenswert zukommt.[49] Nur wenn es keine genügenden Anhaltspunkte gibt, soll auf den in Abs. 3 genannten Auffangwert von 5.000,00 €[50] zurückgegriffen werden, wobei dieser Wert der Ausgangswert für eine individuelle Festsetzung sein soll.[51]

57 Für **Familiensachen** finden sich **besondere Wertvorschriften** in §§ 43 ff. FamGKG und zwar für Ehesachen, den Verbund, Kindschaftssachen, Abstammungssachen, Ehewohnungs- und Haushaltssachen, Gewaltschutzsachen, Versorgungsausgleichssachen, Unterhaltssachen und Güterrechtssachen.

II. Wertvorschriften des RVG

58 Soweit sich die Gerichtsgebühren nach dem Wert richten, bestimmt sich der **Gegenstandswert** für die Rechtsanwaltsgebühren im gerichtlichen Verfahren auch nach den für die Gerichtsgebühren geltenden Vorschriften, § 23 Abs. 1 S. 1 RVG. In Verfahren, in denen Kosten nach dem GKG oder dem FamGKG erhoben werden, sind die Wertvorschriften des jeweiligen Kostengesetzes entsprechend anzuwenden, wenn für das Verfahren keine Gerichtsgebühr oder eine Festgebühr bestimmt ist, § 23 Abs. 1 S. 2 RVG.[52] Dies gilt sogar entsprechend für Tätigkeiten außerhalb eines gerichtlichen Verfahrens, wenn der Gegenstand der Tätigkeit auch Gegenstand eines gerichtlichen Verfahrens sein könnte, § 23 Abs. 1 S. 3 RVG.

Fehlt es an Wertvorschriften für ein gerichtliches Verfahren galten nach bisherigem Recht gem. § 23 Abs. 3 RVG bestimmte Vorschriften der KostO. Seit der Einführung des Gerichts- und Notarkostengesetzes gelten hier nun die Bewertungsvorschriften des Gerichts- und Notarkostengesetzes und die §§ 38, 42 bis 45 sowie 100 bis 102 GNotKG entsprechend.[53]

---

48 Binz/*Dörndorfer*, § 42 FamGKG Rn. 1.
49 Binz/*Dörndorfer*, § 42 FamGKG Rn. 1.
50 Betrag von bisher 3.000,00 € geändert durch Art. 5 Nr. 19 des 2. KostRMoG.
51 Gesetzesbegründung BT-Drs. 16/6308 S. 305.
52 Abs. 1 S. 2 neu gefasst durch Art. 47 Abs. 6 Nr. 10 FGG-RG.
53 Art. 8 Nr. 12a des 2. KostRMoG.

Wenn dort keine einschlägige Vorschrift vorhanden ist, ist der Gegenstandswert nach billigem Ermessen zu bestimmen, ggf. gilt der Regelwert von 5.000,00 €[54] gem. § 23 Abs. 3 RVG.

Neu ist die Regelung des § 23a RVG,[55] wonach sich im Verfahren über die Bewilligung der Prozesskostenhilfe oder die Aufhebung der Bewilligung nach § 124 Abs. 1 Nr. 1 ZPO der Gegenstandswert nach dem für die Hauptsache maßgebenden Wert bestimmt; im Übrigen ist er nach dem Kosteninteresse nach billigem, d. h. pflichtgemäßem Ermessen zu bestimmen. § 23a Abs. 2 RVG besagt zudem ausdrücklich, dass dieser Wert und der Wert für das Verfahren, für welches die Prozesskostenhilfe beantragt worden ist, nicht zusammengerechnet werden. Damit hat der Gesetzgeber die Gegenstandswertregelung systemgerecht eingefügt, zuvor befand sie sich in der Anmerkung zum Gebührentatbestand für die Verfahrensgebühr des Rechtsanwalts bei Vertretung im Prozesskostenhilfeverfahren (VV 3335 RVG).

Meistens sind Gebührenvorschriften für das gerichtliche Verfahren vorhanden, aus diesem Grund soll folgend hinsichtlich der Verfahrenswerte und der Gegenstandswerte auf die einschlägigen Vorschriften des Gerichtsgebührenrechts eingegangen werden.

---

54 Betrag von bisher 4.000,00 € durch Art. 8 Nr. 12b des 2. KostRMoG auf 5.000,00 € heraufgesetzt.
55 Art. 8 Nr. 13 des 2. KostRMoG.

C. Berechnung der Verfahrenswerte in Familiensachen

I. Ehesachen

1. Legaldefinition und verfahrensrechtliche Besonderheiten

59 Die **Legaldefinition** für Ehesachen findet sich in § 121 FamFG, danach handelt es sich um Verfahren auf Scheidung (Nr. 1), auf Aufhebung der Ehe (Nr. 2) und auf Feststellung des Bestehens oder Nichtbestehens einer Ehe zwischen den Beteiligten (Nr. 3).[56]

60 In **Ehesachen** ist die sich aus § 113 Abs. 1 FamFG ergebende Besonderheit zu beachten, wonach bestimmte Vorschriften des FamFG (§§ 2 bis 37, 40 bis 45, 46 S. 1, 2 sowie §§ 47 und 48, 76 bis 96) keine Anwendung finden. Dafür gelten die Allgemeinen Vorschriften der ZPO und die Vorschriften der ZPO über das landgerichtliche Verfahren mit Ausnahme von § 227 Abs. 3 ZPO. In Ehesachen sind gem. § 113 Abs. 4 FamFG die Vorschriften der ZPO über die Folgen der unterbliebenen oder verweigerten Erklärung über Tatsachen, die Voraussetzungen einer Klageänderung, die Bestimmung der Verfahrensweise, den frühen ersten Termin, das schriftliche Vorverfahren und die Klageerwiderung, die Güteverhandlung, die Wirkung des gerichtlichen Geständnisses, das Anerkenntnis, die Folgen der unterbliebenen oder verweigerten Erklärung über die Echtheit von Urkunden, den Verzicht auf die Beeidigung des Gegners sowie von Zeugen oder Sachverständigen nicht anzuwenden. Zudem tritt bei Anwendung der ZPO an die Stelle der Bezeichnung Prozess oder Rechtsstreit die Bezeichnung Verfahren, für Klage die Bezeichnung Antrag, die Parteien sind Beteiligte und diese werden als Antragsteller und Antragsgegner bezeichnet, § 113 Abs. 5 FamFG.[57] In Ehesachen und Folgesachen sowie in selbstständigen Familienstreitsachen gilt **Anwaltszwang,** § 114 Abs. 1 FamFG. Dieser gilt jedoch für bestimmte Verfahren (einstweilige Anordnungen, Verfahrenskostenhilfe) oder für das als Beistand fungierende Jugendamt nicht, § 114 Abs. 4 FamFG.

2. Wertberechnung

61 Die **Wertberechnung** erfolgt nach § 43 Abs. 1, 2 FamGKG und gilt über § 23 Abs. 1 S. 1 RVG grundsätzlich auch für die Rechtsanwaltsgebühren. Ehesachen sind nichtvermögensrechtliche Angelegenheiten, bei denen der Wert des Verfahrensgegenstandes unter Berücksichtigung aller

---

56 Nach nun geltendem Recht ist eine Klage auf Herstellung des ehelichen Lebens (§§ 1353–1359 BGB) keine Ehesache mehr, dieses Anliegen kann allenfalls als sonstige Familiensache nach § 266 Abs. 1 Nr. 2 FamFG geltend gemacht werden.
57 Siehe hierzu *Schael*, FamRZ 2009, 7 ff. sowie *Löhnig*, FamRZ 2009, 737.

Umstände des Einzelfalls, insbesondere des Umfangs und der Bedeutung der Sache und der Vermögens- und Einkommensverhältnisse der Parteien nach Ermessen zu bestimmen ist.[58]

Dabei handelt es sich um einen fiktiven Streitwert,[59] dessen Berechnung **nach Ermessen** erfolgt, wobei die oben genannten Kriterien zu beachten sind. Der Wert darf nicht unter 3.000,00 €[60] und nicht über 1 Mio. € angenommen werden, § 43 Abs. 1 S. 2 FamGKG. In erster Linie werden die Vermögens- und Einkommensverhältnisse der Eheleute berücksichtigt, wobei es willkürlich ist, den Streitwert einer Ehesache ohne Berücksichtigung der Einkommens- und Vermögensverhältnisse festzusetzen.[61] Es entspricht auch nicht der Billigkeit, stets in einfach gelagerten Fällen den Mindestwert festzusetzen, da es sich hierbei nicht um einen Regelwert handelt.

62

a) Berücksichtigung des Einkommens

Für das Einkommen gilt gem. § 43 Abs. 2 FamGKG das 3-monatige **Nettoeinkommen** der Eheleute;[62] dabei kommen Einkommen aus selbstständiger oder unselbstständiger Tätigkeit infrage; auch geringes Einkommen zählt;[63] Weihnachts- und Urlaubsgeld sowie 13. Monatsgehalt sind anteilig hinzuzurechnen.[64] Arbeitslosengeld als Lohnersatzleistung ist Einkommen,[65] ob es die frühere Arbeitslosenhilfe ebenfalls ist, wird überwiegend verneint.[66] Sozialleistungen nach dem SBG II zählen nach überwiegender Meinung nicht zum Einkommen,[67] diese Auslegung begegnet keinen verfassungsrechtlichen Bedenken.[68] Kapitaleinkünfte sowie Einkünfte aus Vermietung und Verpachtung zählen ebenfalls zum Einkommen. Da als Zeitpunkt der Wertberech-

63

---

58 Die bisher geltende Streitwertregelung des § 48 Abs. 2, 3 GKG ist unverändert übernommen worden – siehe Gesetzesbegründung BT-Drs. 16/6308 S. 305.
59 Hierzu und zur Verfassungsgemäßheit siehe BVerfGE 80, 103.
60 Die Angabe 2.000,00 € ist durch Art. 5 Nr. 20 des 2. KostRMoG ersetzt worden.
61 BVerfG v. 12.10.2009 – 1 BvR 735/09 – FamRZ 2010, 25; BVerfG v. 17.12.2008 – 1 BvR 1369/08 – FamRZ 2009, 491.
62 Gute Übersicht siehe MüKoFamFG/*Schindler*, Anh. §§ 80 – 85 Rn. 187 ff.
63 OLG Hamm v. 10.1.2012 – 5 WF 173/11 – juris.
64 Binz/*Dörndorfer*, FamGKG, § 43 Rn. 6.
65 OLG Oldenburg v. 20.1.2009 – 13 WF 4/09 – FamRZ 2009, 1177.
66 OLG Dresden v. 20.11.2003 – 10 WF 745/03 – FamRZ 2004, 1225 m. w. N.; a. A. HansOLG Bremen v. 8.7.2003 – 5 WF 67/03 – FamRZ 2004, 961 (LS).
67 HansOLG Bremen v. 27.9.2011 – 4 WF 103/11 – FamRZ 2012, 239; OLG Celle v. 15.8.2011 – 12 WF 104/11 – FamRZ 2012, 240; OLG Hamm v. 10.1.2012 – 5 W 173/11 – juris; OLG Naumburg v. 3.6.2011 – 3 WF 150/11 – juris; OLG Oldenburg v. 20.1.2009 – 13 WF 4/09 – FamRZ 2009, 1177; a.A. PfälzOLG v. 10.1.2011 – 5 WF 178/10 – FamRZ 2011, 992; SchlHOLG v. 28.5.2008 – 8 WF 64/06 – FamRZ 2009, 75 = AGS 2009, 130; siehe hierzu *Enders*, FPR 2012, 273.
68 BVerfG v. 22.2.2006 – 1 BvR 144/06 – NJW 2006, 1581.

nung die Antragstellung gilt (→ Rn. 41), bleiben spätere Änderungen – egal ob Verringerung oder Erhöhung – des Einkommens außer Betracht.

64 Unter Nettoeinkommen versteht man den Betrag, der nach Abzug der Steuern und der sonstigen gesetzlichen Abzüge den Eheleuten verbleibt. Ob das staatliche **Kindergeld** insoweit bei der Berechnung des Verfahrenswertes zu berücksichtigen ist, ist ebenfalls umstritten.[69] Da aber üblicherweise bei der Einkommensberechnung **Abschläge** für **unterhaltsberechtigte Kinder** vorgenommen werden, ist verständlich, dass einige Obergerichte – auch ohne nähere Begründung[70] – dann das Kindergeld bei der Berechnung des Verfahrenswertes hinsichtlich des Einkommens einbeziehen. Die Abschläge sollen gerade die Unterhaltsleistungen berücksichtigen, es werden in der Regel Beträge zwischen 250,00 € und 300,00 € zugrunde gelegt, aber auch bisweilen der tatsächlich gezahlte Unterhalt.[71]

65 Umstritten ist die Frage, ob und inwieweit **Schulden** bei der Ermittlung des Nettoeinkommens berücksichtigt werden.[72] Zusammenfassend kann gesagt werden, dass nur bei nachhaltiger Beeinträchtigung der Lebensverhältnisse eine Berücksichtigung infrage kommt und nicht schon bei Finanzierung der üblichen Konsumgüter (Auto, Reise, Hausrat). Sodann ist die Höhe der zu berücksichtigenden Verpflichtungen strittig, so werden durchaus die monatlichen Raten in voller Höhe[73] oder aber ein bestimmter Prozentsatz davon, auch im Verhältnis zum Streitwert, in Abzug gebracht.

66 Auch bei (ratenfreier) **Verfahrenskostenhilfe** ist in Ehesachen der Streitwert unter Berücksichtigung des realen Einkommens und nicht einfach der Mindeststreitwert von 3.000,00 € anzusetzen.[74] Für die Ermittlung des einzusetzenden Einkommens nach § 115 ZPO sind sozialhilferechtliche Kriterien maßgeblich, die für die Ermittlung des Verfahrenswertes nicht gelten, wie z. B. die nach § 115 Abs. 1 S. 3 Nr. 1b und 2a, b ZPO den Beteiligten zu verbleibenden Freibeträge. Da der Verfahrenswert auch den Gegenstandswert für die Anwaltsvergütung darstellt, ist aus Gründen

---

69 Jüngst verneinend OLG Celle v. 17.12.2013 – 12 WF 92/13 – juris m. Nachweisen für beide Auffassungen.
70 BbgOLG v. 26.5.2010 – 13 WF 20/10 – FamRZ 2011, 755; ThürOLG v. 12.5.2010 – 1 WF 143/10 – FamRZ 2010, 1934.
71 Nachweise bei *Ebert* in Mayer/Kroiß, RVG, Anhang I (Verfahrenswerte im Familienrecht) Rn. 24.
72 Ausführlich *Ebert* in Mayer/Kroiß, RVG, Anhang I (Verfahrenswerte im Familienrecht) Rn. 25.
73 OLG Karlsruhe v. 14.12.2001 – 5 WF 190/01 – FamRZ 2002, 1135.
74 So aber OLG Hamm v. 4.2.2002 – 11 WF 214/03 – FamRZ 2004, 1664; dieses verletzt nach Auffassung des BVerfG auch die grundrechtlich geschützte Berufsfreiheit des beigeordneten Rechtsanwalts – siehe BVerfG v. 23.8.2005 – 1 BvR 46/05 – NJW 2005, 2980.

der Bewilligung von Verfahrenskostenhilfe eine Absenkung der Anwaltsvergütung durch einen verminderten Streitwert nicht gerechtfertigt, da das Ziel der Schonung öffentlicher Kassen bereits durch die verminderten Gebührensätze des § 49 RVG Rechnung getragen ist.[75] Es ist demnach verfassungswidrig, von der Bewertung des Einkommens in Ehesachen allein deshalb abzuweichen, weil beiden Beteiligten ratenfreie Verfahrenskostenhilfe bewilligt worden ist.[76]

b) Berücksichtigung der Vermögensverhältnisse

Bei der Streitwertbestimmung sind nach § 43 Abs. 1 S. 1 FamGKG aber auch die Vermögensverhältnisse der Beteiligten zu berücksichtigen. Nur wenn die Beteiligten kein **Vermögen** besitzen, kann diese Position vernachlässigt werden. Das Gesetz verlangt nicht ausdrücklich eine Anrechnung des Vermögens, sondern lediglich eine Berücksichtigung der Vermögensverhältnisse. Insbesondere bei erheblichem Vermögen ist dieses als streitwertbildender Faktor zu berücksichtigen.[77] Es ist jedoch üblich, **Freibeträge** zur Vorsorge für Wechselfälle des täglichen Lebens zu gewähren; in Anlehnung an § 6 VermStG wird für jeden Ehegatten von einem Betrag von zwischen 30.000,00 € und 60.000,00 € ausgegangen.[78] In der Regel wird dann vom Differenzbetrag zwischen 5 % bis 10 % des (Rest)Vermögens in die Streitwertberechnung eingestellt.[79] Auch Vermögenswerte, die zum Schonvermögen i. S. des § 115 Abs. 3 ZPO gehören, dürfen bei der Wertberechnung nicht unberücksichtigt bleiben. Anders als in der Prozess- bzw. Verfahrenskostenhilfe, geht es bei der Wertberechnung nicht um den Einsatz des Vermögens, sondern um die Ermittlung eines fiktiven Wertes (→ Rn. 62). So ist ein von den Beteiligten genutztes Hausgrundstück bei der Wertermittlung mit 5 % des um Belastungen bereinigten Verkehrswertes zu berücksichtigen.[80]

67

c) Umfang und Bedeutung der Angelegenheit

Aber auch Umfang und Bedeutung der Sache sind bei der Wertberechnung zu berücksichtigen.[81] Hinsichtlich des **Umfangs** kommt es nur auf den gerichtlichen Aufwand an, nicht auf den vor- oder außergerichtlichen

68

---

75 BVerfG v. 21.2.2007 – 1 BvR 2679/06 – Rpfleger 2007, 428.
76 BVerfG v. 17.12.2008 – 1 BvR 177/08 – AGS 2009, 132.
77 OLG Celle v. 29.6.2012 – 12 WF 140/12 – FamRZ 2013, 149 m. w. N.
78 BbgOLG v. 23.6.2014 – 15 WF 11/14 – juris; OLG Frankfurt v. 4.8.2008 – 3 WF 178/08 – FamRZ 2009, 74.
79 SchlHOLG v. 8.4.2014 – 10 WF 3/14 – juris; KG v. 14.1.2014 – 17 WF 265/13 – juris.
80 OLG Celle v. 29.6.2012 – 12 WF 140/12 – FamRZ 2013, 149.
81 BbgOLG v. 23.6.2014 – 15 WF 11/14 – juris.

Aufwand der Rechtsanwälte.[82] Ein außergewöhnlicher Umfang in tatsächlicher und rechtlicher Hinsicht führt zu einer Erhöhung des Streitwertes, bei Zurückbleiben hinter dem Durchschnitt kann eine geringere Bewertung erfolgen.[83] Art, Anzahl und Umfang von Folgesachen beeinflussen den Wert der Ehesache jedoch nicht.[84] Auch ist für den Regelfall einer unstreitigen Scheidung kein Abschlag vorzunehmen.[85] Das Kriterium der **Bedeutung** der Sache spielt inhaltlich in der Praxis eher eine untergeordnete Rolle. Hier kann es nur darauf ankommen, welche Bedeutung die Ehesache für die Beteiligten hat, d. h. welche wirtschaftlichen Folgen damit verbunden sind.[86] Das Interesse der Öffentlichkeit (z. B. bei Personen des öffentlichen Lebens) kann hierbei keine Rolle spielen.

II. Kindschaftssachen

1. Legaldefinition

69 Das FamFG nimmt in § 151 eine **neue Definition für Kindschaftssachen** vor,[87] danach sind Kindschaftssachen die dem Familiengericht zugewiesenen Verfahren, die

1. die elterliche Sorge,
2. das Umgangsrecht,
3. die Kindesherausgabe,
4. die Vormundschaft,
5. die Pflegschaft oder die gerichtliche Bestellung eines sonstigen Vertreters für einen Minderjährigen oder für eine Leibesfrucht,
6. die Genehmigung der freiheitsentziehenden Unterbringung eines Minderjährigen (§§ 1631b, 1800 und 1915 BGB),
7. die Anordnung der freiheitsentziehenden Unterbringung eines Minderjährigen nach den Landesgesetzen über die Unterbringung psychisch Kranker oder
8. die Aufgaben nach dem Jugendgerichtsgesetz betreffen.

---

82 OLG Dresden v. 2.4.2002 – 22 WF 115/02 – FamRZ 2003, 1677.
83 PfälzOLG v. 27.6.2001 – 5 WF 40/01 – FamRZ 2002, 255 m. w. N.
84 OLG Dresden v. 2.9.2002 – 22 WF 115/02 – FamRZ 2003, 1677.
85 Ausführlich siehe BbgOLG v. 23.6.2014 – 15 WF 11/14 – juris.
86 SchlHOLG v. 25.1.2002 – 1 W 3/02 – JurBüro 2002, 316. In dem entschiedenen Fall ging es jedoch um das Unterlassen einer ehrenrührigen Behauptung.
87 Bei den in § 640 Abs. 2 ZPO a. F. geregelten Kindschaftssachen betreffend Verfahren auf Feststellung des Bestehens oder Nichtbestehens eines Eltern-Kind-Verhältnisses sowie der Wirksamkeit oder Unwirksamkeit einer Anerkennung der Vaterschaft oder auf Anfechtung der Vaterschaft handelt es sich nach neuem Recht gem. § 169 FamFG um Abstammungssachen.

Damit sind die meisten das Kind betreffenden Einzelangelegenheiten[88] zusammengefasst und ermöglichen so eine Konzentration der möglichen Entscheidungen beim Familiengericht, was insbesondere durch die Auflösung des Vormundschaftsgerichts gewährleistet wird.

Das Gericht hat dem minderjährigen Kind in Kindschaftssachen, die seine Person betreffen, einen geeigneten **Verfahrensbeistand** zu bestellen, soweit dies zur Wahrnehmung seiner Interessen erforderlich ist, § 158 Abs. 1 FamFG.[89] Die Bestellung ist gem. § 158 Abs. 2 FamFG in der Regel erforderlich, wenn das Interesse des Kindes in erheblichem Gegensatz zum Interesse der gesetzlichen Vertreter steht, bei Verfahren bezüglich der Entziehung der Personensorge, bei Trennung des Kindes aus der Obhut einer Person, in Verfahren der Kindesherausgabe oder bei Ausschluss sowie Beschränkung des Umgangsrechts. Der Verfahrensbeistand ist Beteiligter des Verfahrens, er hat das Kindesinteresse festzustellen und zur Geltung zu bringen; er ist jedoch nicht gesetzlicher Vertreter des Kindes, § 158 Abs. 4 S. 5 FamFG.[90]

70

Daneben sieht das Gesetz aber auch die **Anhörung des Kindes** vor. Nach § 159 Abs. 1 S. 1 FamFG ist ein Kind, welches das 14. Lebensjahr vollendet hat, stets persönlich (mündlich) anzuhören. Nur bei ausschließlich vermögensrechtlichen Angelegenheiten kann auf eine persönliche Anhörung zugunsten einer schriftlichen verzichtet werden, § 159 Abs. 1 S. 2 FamFG. Hat das Kind das 14. Lebensjahr noch nicht vollendet, ist es persönlich anzuhören, wenn die Neigungen, Bindungen oder der Wille des Kindes für die Entscheidung von Bedeutung sind oder wenn eine persönliche Anhörung aus sonstigen Gründen angezeigt ist, § 159 Abs. 2 FamFG. Von einer persönlichen Anhörung darf das Gericht nur aus schwerwiegenden Gründen absehen, § 159 Abs. 3 FamFG. Die persönliche Anhörung soll im **Beisein** des **Verfahrensbeistands** geschehen, wenn ein solcher bestellt ist, § 159 Abs. 4 S. 3 FamFG.

Der nicht berufsmäßig tätige Verfahrensbeistand erhält lediglich den Ersatz seiner Aufwendungen, § 158 Abs. 7 S. 1 i.V. m. § 277 Abs. 1 FamFG. Der berufsmäßig als Verfahrensbeistand Tätige erhält gem. § 158 Abs. 7 FamFG für die Wahrnehmung seiner Aufgaben in jedem Rechtszug jeweils eine einmalige **Vergütung** von 350,00 €, u.U. bei Übertragung von Aufgaben nach § 158 Abs. 4 FamFG auch von 550,00 €, damit sind alle Aufwendungen einschließlich der Umsatzsteuer abgedeckt. Die Vergütung wird aus der Staatskasse gezahlt.

---

88 Ausführlich Bork/Jacoby/Schwab/*Zorn*, § 151 Rn. 3 ff.
89 Siehe auch *Schael*, FamRZ 2009, 265; *Stößer*, FamRZ 2009, 656; *Zorn*, Rpfleger 2009, 421.
90 Zur Rechtsstellung und den Aufgaben vgl. Bork/Jacoby/Schwab/*Zorn*, § 158 Rn. 18 ff.

2. Verfahrenswert

a) Bestimmte Kindschaftssachen

71 Der Verfahrenswert für **bestimmte Kindschaftssachen** beträgt gem. § 45 Abs. 1 FamGKG einheitlich 3.000,00 €. Hierbei handelt es sich um Kindschaftssachen, welche

- die Übertragung oder Entziehung der elterlichen Sorge oder eines Teils der elterlichen Sorge,
- das Umgangsrecht einschließlich der Umgangspflegschaft oder
- die Kindesherausgabe betreffen.

Dabei wurde auch die schon bisher geltende Regelung übernommen, dass es sich um einen Gegenstand handelt, wenn mehrere Kinder beteiligt sind, § 45 Abs. 2 FamGKG. Allerdings sieht § 45 Abs. 3 FamGKG ausnahmsweise die Festsetzung eines höheren oder niedrigeren Wertes für das Hauptsacheverfahren vor, wenn ein anderer Verfahrenswert nach den besonderen Umständen des Einzelfalls unbillig wäre. Dies soll bei umfangreichen und schwierigen Fällen infrage kommen oder wenn die Beteiligten nur über geringes Einkommen verfügen und sich das Verfahren einfach gestaltet.[91]

Eine Abweichung vom Regelwert kommt allerdings nur in Betracht, wenn der zu entscheidende Fall von einer durchschnittlichen Konstellation wesentlich abweicht.[92] Die **Anhebung** des Verfahrenswertes wird demnach befürwortet, wenn im Sorgerechtsverfahren bzw. im Umgangsverfahren die Einholung eines schriftlichen Sachverständigengutachtens geboten ist und das FamG die Beteiligten – unabhängig von einer gesonderten Kindesanhörung – in mehr als einem Termin anhört.[93] Auch wenn weitere Kinder einbezogen, zusätzlich die Veranlassung von Maßnahmen nach § 1666 BGB überprüft wurde und umfangreiche Erörterungen in mehreren mündlichen Verhandlungen stattfanden sowie vom Gericht ein viele Seiten umfassendes Gutachten zu würdigen ist, wird die Erhöhung bejaht.[94]

---

[91] So jedenfalls die Gesetzesbegründung BT-Drs. 16/6308 S. 306; siehe auch *Vogel*, FPR 2010, 313.
[92] KG v. 25.9.2012 – 17 WF 268/12 – FamRZ 2013, 723 m. div. Nachweisen, siehe auch KG v. 3.6.2014 – 13 WF 116/14 – juris.
[93] OLG Celle v. 7.11.2011 – 10 WF 338/11 – FamRZ 2012, 1747 (auf 5.000,00 €); OLG Celle v. 11.2.2011 – 10 WF 399/10 – NdsRpfl 2011, 126 = NJW 2011, 1373.
[94] OLG Düsseldorf v. 28.3.2011 – 5 WF 6/11 – juris.

Eine **Absenkung** des Verfahrenswertes wird befürwortet, wenn sich die Beteiligten über eine Übertragung der elterlichen Sorge einig sind und auch keine persönliche Anhörung der Verfahrensbeteiligten durch das FamG erfolgte[95] oder wenn nur ein untergeordneter Einzelaspekt des Umgangs in Streit steht, der Sachverhalt einfach gelagert ist und die wirtschaftlichen Verhältnisse der Eltern beengt sind.[96]

Es wird aber auch die Auffassung vertreten, dass eine Absenkung des vorgesehenen Festwerts von 3.000 € allenfalls bei Vorliegen einer ganz besonderen, ins Auge fallenden Abweichung von einer durchschnittlichen Kindschaftssache in Betracht kommt.[97]

Bei **Zusammentreffen mehrerer Verfahren**, wie z. B. Sorgerechtsregelung und Umgangsregelung handelt es sich um mehrere Verfahrensgegenstände, deren Werte zusammenzurechnen sind, § 33 Abs. 1 S. 1 FamGKG.

Ebenfalls Kindschaftssache ist das in § 165 FamFG geregelte **Vermittlungsverfahren,** das auf Antrag eines Elternteils eingeleitet werden kann, wenn geltend gemacht wird, dass der andere Elternteil die Durchführung einer gerichtlichen Entscheidung oder eines gerichtlich gebilligten Vergleichs über den **Umgang** mit dem gemeinschaftlichen Kind vereitelt oder erschwert. Diese Fälle werden der gerichtlichen Entscheidung über den Umgang gleichgestellt,[98] sodass auch für sie der Wert von 3.000,00 € gilt.[99] 72

b) Weitere Kindschaftssachen

Für **Kindschaftssachen**, die nicht unter § 45 FamGKG fallen, verweist § 46 Abs. 1 FamGKG[100] hinsichtlich der **vermögensrechtlichen** Angelegenheiten zunächst auf § 38 GNotKG und die für die Beurkundung geltenden besonderen Geschäftswert- und Bewertungsvorschriften des GNotKG,[101] da in Kindschaftssachen vermögensrechtlicher Art häufig die Bewertung von Rechten oder Gegenständen vorzunehmen ist, sollen hier – wie schon beim Wert für Genehmigungen gem. § 36 Abs. 1 FamGKG (→ 73

---

95 SchlHOLG v. 29.8.2011 – 10 WF 147/11 – juris (auf die Hälfte); a.A. OLG Naumburg v. 13.10.2011 – 8 WF 185/11 – juris.
96 KG v. 10.1.2011 – 17 UF 225/10 – FamRZ 2011, 825 (um ein Drittel).
97 OLG Celle v. 24.1.2012 – 10 WF 11/12 – FamRZ 2012, 1748.
98 Siehe Gesetzesbegründung BT-Drs. 16/6308 S. 242.
99 OLG Karlsruhe v. 2.10.2012 – 18 WF 264/12 – FamRZ 2013, 722.
100 *Vogel*, FPR 2010, 313, ist zuzustimmen, wenn er die Bezeichnung „übrige" Kindschaftssachen für nicht korrekt hält, da der Eindruck erweckt werde, dass die restlichen Kindschaftssachen unter § 46 FamGKG fallen.
101 Geändert durch Art. 5 Nr. 21 a) des 2. KostRMoG; zuvor waren die §§ 18 Abs. 3, 19 bis 25, 39 Abs. 2 und 46 Abs. 4 KostO entsprechend anwendbar.

26 Verfahrens- und Gegenstandswerte

Rn. 43 ff.) und in § 23 Abs. 3 S. 1 RVG – die umfangreichen Bewertungsvorschriften des GNotKG genutzt werden. Unter § 46 FamGKG fallen insbesondere Vormundschaften, Dauerpflegschaften für Minderjährige und die Pflegschaft für einzelne Rechtshandlungen.

74   § 46 Abs. 2 FamGKG ordnet an, dass bei **Pflegschaften** für einzelne Rechtshandlungen (z. B. Ergänzungspflegschaft, weil der gesetzliche Vertreter wegen des Verbots des Selbstkontrahierens an der Vertretung gehindert ist) sich der Verfahrenswert nach dem Wert des Gegenstands, auf den sich die Rechtshandlung bezieht, bestimmt, ggf. nach einem Bruchteil dessen, wenn es sich um eine Mitberechtigung handelt.

75   Der Wert beträgt in jedem Fall aber höchstens 1 Mio. €, § 46 Abs. 3 FamGKG.

76   Damit sind unter Umständen aber nicht alle Kindschaftssachen erfasst, denn § 46 FamGKG regelt ja nur die vermögensrechtlichen Angelegenheiten. Für die anderen Angelegenheiten gelten die allgemeinen Vorschriften der §§ 36 und 42 FamGKG. Für eine **nichtvermögensrechtliche** Angelegenheit ist dann der Wert z. B. nach § 42 FamGKG zu bestimmen (→ Rn. 56), wie bei der Ersetzung der Einwilligung zur Namenserteilung gem. § 1618 S. 4 BGB[102] oder der Ersetzung der Zustimmung zur Sorgeerklärung gem. § 1626c Abs. 2 BGB. Das Gleiche gilt auch für übrige nichtvermögensrechtliche Kindschaftssachen, wie z. B. bei Feststellung des Ruhens der elterlichen Sorge gem. § 1674 Abs. 2 BGB, der Anordnung der Vermögensverwaltung gem. § 1667 BGB oder der Anordnung zur Aufnahme eines Vermögensverzeichnisses gem. § 1640 Abs. 3 BGB.

77   Für den Gegenstandswert des Rechtsanwalts gilt in diesem Fall nach § 23 Abs. 1 S. 2 RVG, dass die Wertvorschriften des FamGKG entsprechend anzuwenden sind, wenn für das Verfahren keine Gerichtsgebühr oder eine Festgebühr bestimmt ist.

78   Der Höchstwert im Falle des § 42 FamGKG weicht jedoch von dem des § 46 Abs. 3 FamGKG ab, denn er beträgt höchstens 500.000,00 €, § 42 Abs. 2 FamGKG.

III. Abstammungssachen

79   Gemäß § 169 FamFG sind **Abstammungssachen**[103] Verfahren

---

102 So auch OLG Dresden v. 7.7.2011 – 21 WF 571/11 – FamRZ 2011, 1810.
103 Ausführlich MüKoFamFG/*Coester-Waltjen*/*Hilbig-Lugani*, § 169 Rn. 4 ff.

1. auf Feststellung des Bestehens oder Nichtbestehens eines Eltern-Kind-Verhältnisses, insbesondere der Wirksamkeit oder Unwirksamkeit einer Anerkennung der Vaterschaft,
2. auf Ersetzung der Einwilligung in eine genetische Abstammungsuntersuchung und Anordnung der Duldung einer Probeentnahme,
3. auf Einsicht in ein Abstammungsgutachten oder Aushändigung einer Abschrift oder
4. auf Anfechtung der Vaterschaft.

Sämtliche Abstammungsverfahren sind nun Verfahren der freiwilligen Gerichtsbarkeit und nicht mehr wie zuvor, zum Teil ZPO-Verfahren (§ 640 Abs. 2 ZPO a. F.) und zum Teil Verfahren der freiwilligen Gerichtsbarkeit.

Zu den Abstammungssachen zählen auch Verfahren auf Anerkennung eines ausländischen Kindschaftsurteils und die Wiederaufnahme eines Verfahrens in Abstammungssachen.[104] 80

Nach altem Recht war das Verfahren nach § 1600e Abs. 2 BGB[105] auf Feststellung oder Anfechtung der Vaterschaft nach dem Tode der Person gegen welche der Antrag zu richten gewesen wäre, ebenfalls Kindschaftssache, die aber im Verfahren der freiwilligen Gerichtsbarkeit zu entscheiden war, weil der Antragsgegner nicht mehr lebt und deshalb kein Parteienverfahren mehr stattfinden konnte. Nach der Systematik des FamFG wird das Abstammungsverfahren durch einen Antragsteller eingeleitet, § 171 Abs. 1 FamFG. Unabhängig davon, wer das Verfahren eingeleitet hat und ob es sich um ein Verfahren auf Feststellung oder Anfechtung der Vaterschaft handelt, sind das Kind, die Mutter und der Vater gem. § 172 FamFG stets hinzuzuziehen. Aus diesem Grund konnte auch der bisherige § 1600e Abs. 2 BGB entfallen. Da es sich nicht mehr um eine zivilprozessuale Streitigkeit handelt, bedarf es keines Beklagten bzw. Antragsgegners mehr. 81

Das Gericht hat dem minderjährigen Beteiligten in Abstammungssachen ähnlich wie in Kindschaftssachen einen **Verfahrensbeistand** zu bestellen, soweit dies zur Wahrnehmung seiner Interessen erforderlich ist, § 174 FamFG, § 158 Abs. 2 Nr. 1 sowie Abs. 3 bis 7 gilt entsprechend (→ Rn. 70). 82

---

104 Bork/Jacoby/Schwab/*Löhnig*, § 169 Rn. 8; MüKoFamFG/*Coester-Waltjen/Hilbig-Lugani*, § 169 Rn. 2.
105 § 1600e BGB ist durch Art. 50 Nr. 25 FGG-RG aufgehoben.

1. Wertvorschriften

83 In Abstammungssachen nach § 169 Nr. 1 **und** 4 FamFG beträgt der Verfahrenswert 2.000,00 €, in den übrigen Abstammungssachen beträgt er jedoch nur 1.000,00 €, § 47 Abs. 1 FamGKG.

84 Nach **altem Recht** galten bei einer Entscheidung im FG-Verfahren die §§ 94 Abs. 1 Nr. 7, Abs. 2; 30 Abs. 3 S. 1, Abs. 2 KostO; d.h. der Regelwert von 3.000,00 €, der nach Berücksichtigung der persönlichen und wirtschaftlichen Interessen der Beteiligten jedoch höher oder niedriger sein konnte. Für Kindschaftssachen nach ZPO galt der Festwert von 2.000,00 € nach § 48 Abs. 3 S. 3 GKG a.F.

85 Nach § 47 Abs. 2 FamGKG ist jedoch die Festsetzung eines höheren oder niedrigeren Verfahrenswerts in Ausnahmefällen möglich, um zu verhindern, dass es zu unvertretbar hohen oder zu unangemessen niedrigen Kosten kommt. Denkbar wäre eine Erhöhung zum Beispiel auch dann, wenn die Feststellung der Abstammung für das Kind wegen der weit überdurchschnittlichen Einkommens- und Vermögensverhältnisse des Antragsgegners von besonderem Interesse ist.

86 Betrifft die Abstammungssache **mehrere Kinder,** so liegen mehrere Ansprüche vor, die gemäß § 33 Abs. 1 GKG zusammenzurechnen sind.[106]

2. Verbund mit Antrag auf Unterhalt

87 In Abstammungssachen gilt ein **Verbindungsverbot,** die Sache kann nicht mit Verfahren anderer Art verbunden werden, § 179 Abs. 2 FamFG. Wegen der Verschiedenheit der Verfahren soll vermieden werden, dass Abstammungssachen mit anderen Rechtsstreitigkeiten verbunden verhandelt werden und dies zu einer Verzögerung führt. Einer Verbindung mehrerer Abstammungssachen, die dasselbe Kind betreffen, steht jedoch nichts entgegen, § 179 Abs. 1 S. 1 FamFG.

88 Das Gesetz lässt als **Ausnahme** hiervon jedoch zu, dass mit einem Verfahren auf Feststellung der Vaterschaft eine Unterhaltssache nach § 237 FamFG verbunden werden kann, § 179 Abs. 1 S. 2 FamFG. Nach § 237 Abs. 3 FamFG kann in diesem Fall Unterhalt lediglich in Höhe des Mindestunterhalts und gemäß den Altersstufen nach § 1612a Abs. 1 S. 3 BGB und unter Berücksichtigung der Leistungen nach den §§ 1612b oder 1612c BGB beantragt werden. Das Kind kann einen geringeren Unterhalt verlangen. Im Übrigen kann in diesem Verfahren eine Herabsetzung oder Erhöhung des Unterhalts nicht verlangt werden. Zum Unterhalt ausführlich unter → Rn. 122 ff.

---

106 OLG Köln v. 15.3.2005 – 14 WF 40/05 – FamRZ 2005, 1765.

In diesem Fall werden **zwei Ansprüche** geltend gemacht, ein nicht- 89
vermögensrechtlicher Anspruch auf Feststellung der Vaterschaft, der nach
§ 47 Abs. 1 FamGKG mit 2.000,00 € zu bewerten ist und ein aus ihm
hergeleiteter Anspruch auf Unterhalt, der nach § 51 Abs. 1 S. 2 FamGKG
zu bewerten ist. Für die Berechnung des Verfahrenswertes ist aber § 33
Abs. 1 FamGKG einschlägig, allerdings nicht hinsichtlich der Regelung,
dass die Ansprüche zusammenzurechnen sind, sondern insoweit, dass bei
Geltendmachung eines nichtvermögensrechtlichen Anspruchs ein aus diesem hergeleiteter vermögensrechtlicher Anspruch nicht zusammen zu rechnen sind, sondern nur der **höhere der beiden Ansprüche** maßgeblich ist.

Da der Unterhalt vom Tag der Geburt an zu zahlen ist, sind Rückstände 90
gem. § 51 Abs. 2 FamGKG hinzuzurechnen.[107]

Beispiel:

Abstammungssache verbunden mit Unterhalt

Vaterschaftsfeststellungssache des am 5.1.2015 geborenen Kindes verbunden mit dem Antrag, dass für den Fall der Feststellung Mindestunterhalt in Höhe der ersten Altersstufe von 317,00 € unter Anrechnung des hälftigen Kindergeldes von 92,00 € zu zahlen ist. Das Verfahren wird am 3.5.2015 anhängig.

Verfahrenswert: 3.825,00 €

Der bereinigte Mindestunterhalt beträgt 225,00 € × 12 = 2.700,00 € (§ 51 Abs. 1 S. 2 FamGKG) zzgl. 1.125,00 € Rückstand für 5 Monate (§ 51 Abs. 2 S. 1 GKG). Der Verfahrenswert der Abstammungssache (2.000,00 €, § 47 Abs. 1 FamGKG) ist der geringere Wert (§ 33 Abs. 1 FamGKG).

IV. Adoptionssachen

1. Definition und Verfahrensrechtliches

Die Einführung des Großen Familiengerichts und die Auflösung des 91
Vormundschaftsgerichts haben bewirkt, dass die Adoptionssachen zu Familiensachen erklärt und damit auf das Familiengericht übertragen wurden.

Angesichts der vielfältigen Bezüge zu klassischen Familiensachen soll
diese Zuordnung nahe liegen.[108] Sie unterliegen aber dem Verfahrensrecht
der freiwilligen Gerichtsbarkeit.[109] Für Adoptionen mit Auslandsbezug
bleibt das AdoptionswirkungsG unberührt, § 199 FamFG.

---

107 OLG Köln v. 16.11.2000 – 14 WF 146/00 – FamRZ 2001, 779.
108 So die Gesetzesbegründung BT-Drs. 16/6308 S. 247.
109 MüKoFamFG/*Maurer*, Vor §§ 186 ff. Rn. 5.

92 Nach § 186 FamFG sind **Adoptionssachen** Verfahren, die
1. die Annahme als Kind,
2. die Ersetzung der Einwilligung zur Annahme als Kind,
3. die Aufhebung des Annahmeverhältnisses oder
4. die Befreiung vom Eheverbot des § 1308 Abs. 1 BGB

betreffen.

93 Bei der unter Nr. 1 genannten Annahme als Kind handelt es sich um Verfahren, die sowohl die Annahme Minderjähriger als auch die Annahme Volljähriger umfasst.[110] Zum Verfahren gehören auch die unselbstständigen Teile, wie etwa der Ausspruch zur Namensführung (§ 1757 BGB) und die gerichtliche Genehmigung (§ 1746 Abs. 1 S. 4 BGB).[111] Das gesonderte Verfahren auf Rückübertragung der elterlichen Sorge (§ 1751 Abs. 3 BGB) ist jedoch Kindschaftssache. § 186 Nr. 2 FamFG erfasst Verfahren, welche die Ersetzung der Einwilligung zur Annahme als Kind betreffen, wie z. B. die selbstständigen Verfahren nach den §§ 1748, 1749 Abs. 1 S. 2 BGB. Unter § 186 Nr. 3 sind Verfahren, welche die Aufhebung des Annahmeverhältnisses betreffen, genannt. Hierzu gehören auch wieder die unselbstständigen Teile eines Aufhebungsverfahrens, wie etwa die Entscheidung zur Namensführung; nicht umfasst sind wiederum die selbstständigen Kindschaftssachen wie die Rückübertragung der elterlichen Sorge bzw. Bestellung eines Vormunds oder Pflegers (§ 1764 Abs. 4 BGB). Auch Verfahren, welche die Befreiung vom Eheverbot des § 1308 Abs. 1 BGB betreffen, sind nach § 186 Nr. 4 wegen ihres Sachzusammenhangs zur Adoptionssache erklärt.

2. Wertvorschriften

94 Wie schon nach bisherigem Recht werden für Adoptionsverfahren, welche die Annahme eines Minderjährigen als Kind betreffen, keine Gerichtsgebühren erhoben, sondern nur für die Adoptionssachen, die einen **Volljährigen** betreffen (KV FamGKG Hauptabschnitt 3 Vorbem. 1.3.2: Abs. 1 Nr. 2). Eine Bewertungsvorschrift fehlt im FamGKG, sodass auch in diesem Fall § 42 FamGKG (→ Rn. 56) einschlägig ist, wonach in vermögensrechtlichen Angelegenheiten der Verfahrenswert nach billigem Ermessen zu bestimmen ist; der Wert in nichtvermögensrechtlichen Angelegenheiten – zu denen die Adoption gehört – ist unter Berücksichtigung aller Umstände des Einzelfalls, insbesondere des Umfangs und der

---
110 Bork/Jacoby/Schwab/*Sonnenfeld*, § 186 Rn. 2.
111 Ausführlich Bork/Jacoby/Schwab/*Sonnenfeld*, § 186 Rn. 3; MüKoFamFG/*Maurer*, § 186 Rn. 3.

Bedeutung der Sache und der Vermögens- und Einkommensverhältnisse der Beteiligten, nach billigem Ermessen zu bestimmen, jedoch nicht über 500.000,00 € anzunehmen.

Nur bei Fehlen genügender Angaben kommt eine Anwendung von § 42 Abs. 3 FamGKG mit dem Wert von 5.000,00 € in Betracht,[112] im entschiedenen Fall einer Volljährigenadoption ist das OLG Düsseldorf von den Angaben im notariell beurkundeten Adoptionsvertrag ausgegangen und hat den Wert auf 30.000,00 € festgesetzt.[113] Bei der Wertbemessung ist die wirtschaftliche Situation des Annehmenden und des Anzunehmenden angemessen zu berücksichtigen, Vermögen ist in der Regel mit 25 % einzustellen.[114]

Dieses gilt über § 23 Abs. 1 S. 2 RVG auch für den Gegenstandswert zur Berechnung der Rechtsanwaltsgebühren.

V. Ehewohnungs- und Haushaltssachen

1. Verfahrensrechtliches

Nach § 200 Abs. 1 FamFG sind **Ehewohnungssachen** Verfahren   95

1. nach § 1361b BGB betr. die Zuweisung der Wohnung während des Getrenntlebens der Eheleute und

2. nach § 1568a BGB betr. die Zuweisung der Wohnung nach der Scheidung.

Haushaltssachen sind gem. § 200 Abs. 2 FamFG Verfahren

1. nach § 1361a BGB betr. die Verteilung der Haushaltsgegenstände bei Getrenntleben der Ehegatten und

2. nach § 1568b BGB die Verteilung der Haushaltsgegenstände nach Scheidung der Ehe.

Das Gesetz zur Änderung des Zugewinnausgleichs- und des Vor-   96
mundschaftsrechts hat die **Aufhebung der Hausratsverordnung**[115] und Überführung der entsprechenden Regelungen in das BGB vorgenommen, (§§ 1568a, 1568b).[116]

---

112 OLG Celle v. 11.4.2013 – 17 WF 39/13 – AGS 2013, 420.
113 OLG Düsseldorf v. 29.6.2010 – 8 WF 205/09 – FamRZ 2010, 1937.
114 OLG Bamberg v. 18.10.2011 – 2 UF 234/11 – juris.
115 Art. 2 des Gesetzes zur Änderung des Zugewinnausgleichs- und Vormundschaftsrechts v. 6.7.2009 (BGBl. I S. 1696).
116 Ausführlich MüKoFamFG/*Erbarth*, § 200 ff.

Verfahrensgegenstände in Ehewohnungssachen können neben der **Überlassung** der **Ehewohnung** (§ 1361b Abs. 1 S. 1 BGB), auch die Verpflichtung eines Ehegatten sein, alles zu unterlassen, was die Nutzung des anderen vereitelt oder erschwert (§ 1361b Abs. 3 S. 1 BGB) sowie die Verpflichtung des Nutzungsberechtigten, dem anderen Ehegatten eine **Nutzungsvergütung** zu zahlen (§ 1361b Abs. 3 S. 2 BGB).[117] Eine solche Nutzungsvergütung wird in der Regel bei dinglicher Berechtigung an der Wohnung als Eigentümer oder Miteigentümer geltend gemacht, kann aber auch bei einem Mietverhältnis eine Rolle spielen.[118] Bei Miteigentum z. B. an einem Wohnungseigentum besteht häufig ein Konkurrenzverhältnis zwischen dem Anspruch aus § 1361b Abs. 3 S. 2 BGB und dem aus dem Gemeinschaftsrecht nach § 745 Abs. 2 BGB. Überwiegend wird die Auffassung vertreten, dass der familienrechtliche Anspruch als lex specialis zu § 745 Abs. 2 BGB anzusehen ist.[119]

Die Auseinandersetzung von Wohnung und Haushaltsgegenständen erfolgt weiterhin in einem eigenen Verfahren, das sich nicht an den von der Parteiherrschaft bestimmten Grundsätzen der ZPO orientiert. Ehewohnungs- und Haushaltssachen sind zwar Familiensachen nach § 111 Nr. 5 FamFG, aber es handelt sich dabei nicht um Familienstreitsachen, da sie in § 112 FamFG nicht genannt sind.[120]

2. Wertvorschriften

97 In Ehewohnungs- und Haushaltssachen sind durch § 48 FamGKG **feste Werte** eingeführt, was wegen der Vergleichbarkeit der Fälle sich nach Meinung des Gesetzgebers angeboten hatte und zudem der Arbeitserleichterung der Gerichte dienen sollte.[121] Dabei sind die Werte in den entsprechenden Verfahren nach der Scheidung höher als die Werte für die Regelungen während des Getrenntlebens.

98 In **Ehewohnungssachen** während des Getrenntlebens nach § 200 Abs. 1 Nr. 1 FamFG beträgt der Verfahrenswert 3.000,00 €, in Ehewohnungssachen nach der Scheidung nach § 200 Abs. 1 Nr. 2 FamFG beträgt er 4.000,00 €, § 48 Abs. 1 FamGKG.

---

117 Bork/Jacoby/*Schwab*, § 200 Rn. 5; MüKoFamFG/*Erbarth*, § 200 Rn. 25.
118 Siehe *Götz* in Johannsen/Henrich, FamFG § 200 Rn. 31; zum Verhältnis zu den allgemeinen zivilrechtlichen Regelungen und zum evtl. Wahlrecht zwischen § 1361b Abs. 3 S. 2 und § 745 Abs. 2 BGB siehe auch Musielak/Borth/*Grandel*, FamFG § 200 Rn. 1, 7 sowie MüKoFamFG/*Erbarth*, § 200 Rn. 50 ff.
119 Keidel/*Giers*, § 200 Rn. 8; Bork/Jacoby/*Schwab*, § 200 Rn. 13; *Götz* in Johannsen/Henrich, FamFG § 200 Rn. 32, 34.
120 Bork/Jacoby/*Schwab*, § 200 Rn. 3.
121 Gesetzesbegründung BT-Drs. 16/6308 S. 307.

In **Haushaltssachen** während der Zeit des Getrenntlebens nach § 200 Abs. 2 Nr. 1 FamFG beträgt der Wert 2.000,00 €, in Haushaltssachen nach der Scheidung nach § 200 Abs. 2 Nr. 2 FamFG beträgt er 3.000,00 €, § 48 Abs. 2 FamGKG.

Allerdings kann nach § 48 Abs. 3 FamGKG, wenn der nach den Absätzen 1 und 2 bestimmte Wert nach den besonderen Umständen des Einzelfalls unbillig ist, das Gericht einen **höheren oder einen niedrigeren Wert** festsetzen. Nach der Gesetzesbegründung soll beispielsweise ein höherer Wert bei besonders teuren Wohnungen angemessen sein, während bei Streitigkeiten über wertlose Hausratsgegenstände der Wert niedriger angesetzt werden könne.[122]

So wird eine **Erhöhung** des Regelwertes um 50 % auf 4.500,00 € für ein vom Normalfall deutlich abweichendes, wesentlich höherwertiges Anwesen mit deutlich gehobenem Wohnwert bejaht, gleichzeitig der beantragten Festsetzung auf die Höhe des Jahreswohnwertes zu Recht eine Absage erteilt, weil sich dieses aus dem Gesetz nicht herleiten lasse.[123]

Bei der Bewertung eines Verfahrens auf Zahlung einer **Nutzungsentschädigung** handelt es sich ebenfalls um eine Wohnungssache gem. § 200 Abs. 1 FamFG, deren Wert regelmäßig auf 3.000,00 € anzusetzen ist, § 48 Abs. 1 FamGKG.[124] Das gilt auch, wenn die Eheleute zwischenzeitlich rechtskräftig geschieden sind.[125]

Im Gerichtskostenrecht gilt das **Analogieverbot**, da § 1 FamGKG – ebenso wie § 1 GKG oder § 1 GNotKG – anordnet, dass Kosten jeweils „nur nach diesem Gesetz erhoben werden". Um auf einen höheren Wert als den des § 48 FamGKG zu kommen, wird bisweilen die Auffassung vertreten, über § 42 FamGKG könnte entsprechend § 51 FamGKG der Jahresbetrag der Nutzungsentschädigung als Wert gelten. Da § 48 FamGKG eine eindeutige Regelung enthält, scheidet die Anwendung von § 42 FamGKG aus, weil diese Vorschrift nur einschlägig ist, wenn sich der Wert nicht aus dem Gesetz ergibt und auch nicht feststeht.

Aus demselben Grund findet auch § 35 FamGKG keine Anwendung,[126] da diese Vorschrift nur bei einer bezifferten Geldforderung einschlägig ist

99

100

---

122 Gesetzesbegründung BT-Drs. 16/6308 S. 307.
123 OLG Köln v. 28.11.2013 – 4 WF 151/13 – juris.
124 OLG Koblenz v. 18.6.2013 – 13 WF 515/13 – juris; BbgOLG v. 19.2.2013 – 3 UF 95/12 – juris; OLG Frankfurt v. 9.5.2012 – 4 UF 14/12 – juris; OLG Frankfurt v. 1.11.2010 – 5 UF 300/10 – juris; OLG Bamberg v. 10.2.2011 – 2 UF 289/10 – juris; **a.A.** OLG Frankfurt v. 7.5.2013 – 6 UF 373/11 – juris.
125 OLG Hamm v. 8.1.2013 – 6 UF 96/12 – juris.
126 So aber *Türck-Brocker*, FPR 2010, 308.

und „soweit nichts anderes bestimmt ist"; § 48 FamGKG bestimmt aber gerade etwas anderes.

VI. Gewaltschutzsachen

101 Gewaltschutzsachen sind nach § 210 FamFG die Verfahren nach §§ 1 und 2 des Gewaltschutzgesetzes. Nach altem Recht war für diese Angelegenheiten das FamG nur zuständig, wenn die Beteiligten einen auf Dauer angelegten gemeinsamen Haushalt führten oder innerhalb von 6 Monaten vor der Antragstellung geführt hatten, § 621 Abs. 1 Nr. 13 ZPO a. F. Nach jetzt geltendem Recht ist das FamG für **alle Gewaltschutzsachen** zuständig, bei diesen handelt es sich um Angelegenheiten der freiwilligen Gerichtsbarkeit.[127]

102 Das GewSchG ermöglicht gerichtliche Maßnahmen zum Schutz vor Gewalt und Nachstellung, wobei das Gericht auf Antrag insbesondere anordnen kann, dass der Täter es unterlässt, die Wohnung der verletzten Person zu betreten, sich in einem bestimmten Umkreis der Wohnung der verletzten Person aufzuhalten, bestimmte Orte aufzusuchen, an denen sich die verletzte Person regelmäßig aufhält, Verbindung zur verletzten Person, auch unter Verwendung von Fernkommunikationsmitteln, aufzunehmen, § 1 Abs. 1 S. 3 GewSchG.[128] Nach § 2 GewSchG regelt die Überlassung einer gemeinschaftlich genutzten Wohnung durch die verletzte Person allein.[129]

103 Gem. § 49 Abs. 1 FamGKG beträgt in Gewaltschutzsachen nach § 1 GewSchG der Verfahrenswert 2.000,00 € und in Gewaltschutzsachen nach § 2 GewSchG beträgt er 3.000,00 €.

104 Wie immer bei festen Werten bietet § 49 Abs. 2 FamGKG im Fall der Unbilligkeit des nach Absatz 1 bestimmten Wertes die Möglichkeit für das Gericht, nach den besonderen Umständen des Einzelfalls einen höheren oder einen niedrigeren Wert anzusetzen, § 49 Abs. 2 FamGKG.

VII. Versorgungsausgleichssachen

1. Allgemeines

105 Versorgungsausgleichssachen sind nach § 217 FamFG Verfahren, die dem Versorgungsausgleich dienen. Es handelt sich um Verfahren der frei-

---
127 Bork/Jacoby/*Schwab*, Vor § 210 Rn. 2.
128 Zu den Tatbeständen siehe Bork/Jacoby/*Schwab*, § 210 Rn. 3.
129 Bork/Jacoby/*Schwab*, § 210 Rn. 13.

willigen Gerichtsbarkeit.[130] Ziel des **Versorgungsausgleichs** ist, im Falle der Scheidung (§ 1564 BGB) und u.U. im Falle der Aufhebung einer Ehe (§§ 1313, 1314, 1318 Abs. 3 BGB) sämtliche Anrechte, die in der Ehezeit mithilfe des Vermögens und durch Arbeit der Ehegatten begründet oder aufrechterhalten wurden, auszugleichen (§ 1587 BGB i. V. m. dem Versorgungsausgleichsgesetz[131]).[132]

Bis zum 31.8.2009 fanden sich die materiell-rechtlichen Grundlagen für den Versorgungsausgleich in §§ 1587 bis 1587p BGB und in den ergänzenden Bestimmungen des VAHRG, das aufgrund der Beanstandungen des BVerfG[133] Härten im Versorgungsausgleich glätten sollte. Das alte Recht sah zwei Grundformen des Versorgungsausgleichs vor,[134] nämlich den öffentlich-rechtlichen Versorgungsausgleich (Wertausgleich), bei dem der Berechtigte eine wertmäßige Erhöhung seiner eigenen Versorgungsansprüche übertragen bekam und den schuldrechtlichen Ausgleich, der dem Berechtigten keine eigenen Versorgungsrechte, sondern lediglich einen schuldrechtlichen Anspruch gegen den Verpflichteten verschaffte. Der öffentlich-rechtliche Versorgungsausgleich war im Amtsverfahren der freiwilligen Gerichtsbarkeit durchzuführen, während der schuldrechtliche Anspruch nur auf Antrag durchgeführt wurde. 106

Das VersAusglG hat eine grundlegende **Reform des materiellen Rechts** gebracht, da die Anrechte nun grundsätzlich systemintern geteilt werden, womit die ausgleichsberechtigte Person ein Anrecht im Versorgungssystem der ausgleichspflichtigen Person erhält. Dieser Grundsatz der systeminternen Teilhabe galt zuvor schon für die gesetzliche Rentenversicherung. Die Teilung erstreckt sich auf alle anderen Versorgungsarten einschließlich der betrieblichen und privaten Vorsorge und der Versorgungen für die Beamtinnen und Beamten des Bundes.[135] Das neue Recht weitet die Reglungsbefugnis der Ehegatten zum Abschluss von Vereinbarungen über den Versorgungsausgleich aus, es sieht den Verzicht auf den Ausgleich geringfügiger Ausgleichswerte sowie den Ausschluss des Ausgleichs bei kurzer Ehedauer vor. 107

---

130 Ausführlich Bork/Jacoby/Schwab/*Borth*, Vor § 217 Rn. 1.
131 Gesetz über den Versorgungsausgleich (Versorgungsausgleichsgesetz – VersAusglG) gem. Art. 1 des Gesetzes zur Strukturreform des Versorgungsausgleichs (VAStrRefG) vom 3.4.2009 – BGBl. I S. 700.
132 Siehe hierzu *Hauß/Bührer*, Versorgungsausgleich und Verfahren in der Praxis, FamRZ-Buch 30, 2. Auflage 2014.
133 BVerfG v. 27.1.1983 – 1 BvR 1008/79 u. mehr – FamRZ 1983, 342; BVerfG v. 8.4.1986 – 1 BvR 1186/83 u. mehr – FamRZ 1986, 543.
134 Ausführlich siehe *Wick*, Der Versorgungsausgleich, 2004.
135 Siehe hierzu Bork/Jacoby/Schwab/*Borth*, Vor § 217 Rn. 7 ff.; MüKoFamFG/*Stein*, Vor §§ 217 Rn. 6 ff.

2. Verfahrenswert

108 Gemäß § 50 Abs. 1 FamGKG beträgt in Versorgungsausgleichssachen der **Verfahrenswert** für jedes Anrecht 10 Prozent, bei Ausgleichsansprüchen nach der Scheidung für jedes Anrecht 20 Prozent des in drei Monaten erzielten Nettoeinkommens der Ehegatten. Der Wert nach Satz 1 beträgt insgesamt mindestens 1.000,00 €.

Gem. § 50 Abs. 3 FamGKG kann das Gericht einen höheren oder einen niedrigeren Wert festsetzen, wenn der nach den Absätzen 1 und 2 bestimmte Wert nach den besonderen Umständen des Einzelfalls unbillig ist.

109 Die zunächst wie nach altem Recht vorgesehenen Festwerte wurden durch das VAStrRefG[136] durch **Prozentsätze** des **Nettoeinkommens** ersetzt, da insofern jedes zu teilende Anrecht Berücksichtigung findet. Da die Anrechte in der Regel von den Beiträgen der Eheleute abhängig sind, diese wiederum vom Einkommen bestimmt werden, soll sich der Wert hier an dem Einkommen der Eheleute orientieren.[137] Damit sollte auch die Berechnung für die Gerichte und die Rechtsanwälte erleichtert werden. Allerdings sind die Werte in der Regel jetzt höher als nach altem Recht, wenn die Eheleute ein höheres Einkommen haben.[138]

In **Versorgungsausgleichssachen** nach §§ 6 bis 19 VersAusglG ohne weitere Unterscheidung beträgt der Wert 10% des in 3 Monaten erzielten Nettoeinkommens der Eheleute für jedes Anrecht. Hierbei ist das Kindergeld nicht einzurechnen,[139] Freibeträge für Kinder sind jedoch auch nicht zu berücksichtigen.[140]

Beispiel:

Versorgungsausgleich

Ehemann und Ehefrau haben beide jeweils Anrechte aus der gesetzlichen Rentenversicherung sowie eine Riesterrente.

Das Nettoeinkommen des Ehemannes beträgt mtl. 2.800,00 € und das der Ehefrau 1.900,00 €.

---

136 VAStrRefG v. 3.4.2009 – BGBl. I S. 700.
137 Gesetzesbegründung BR-Drs. 343/08 S. 261.
138 Die im Gesetzentwurf ursprünglich vorgesehene Höchstgrenze von 5.000,00 € wurde nicht übernommen, lediglich der Mindestwert von 1.000,00 € blieb erhalten.
139 OLG Celle v. 17.12.2013 – 12 WF 92/13 – juris.
140 OLG Nürnberg v. 13.3.2012 – 7 WF 290/12 – FamRZ 2012, 1750; OLG Rostock v. 1.9.2011 – 11 WF 154/10 – FamRZ 2012, 241; OLG Koblenz v. 28.2.2011 – 9 WF 157/11 – juris; OLG Bamberg v. 11.8.2010 – 2 UF 145/10 – FamRZ 2011, 1424; OLG Stuttgart v. 9.7.2010 – 15 WF 131/10 – FamRZ 2010, 2098.

Verfahrenswert: 5.640,00 €

Das in 3 Monaten erzielte Nettoeinkommen beträgt 14.100,00 €, davon 10% für jedes Anrecht ergibt einen Betrag von 5.640,00 €.

Nach wohl überwiegender Meinung zählen hierzu auch die **Änderungsverfahren** nach §§ 33 ff. VersAusglG wegen Unterhalts[141] sowie die öffentlich-rechtlichen Anpassungen nach §§ 51, 52 VersAusglG.[142]

Unter allen Umständen ist der Wert für **jedes verfahrensgegenständliche Anrecht** zu berechnen, auch wenn es im Ergebnis nicht zu einer Teilung des Anrechts kommt.[143] Das bedeutet, dass in einem Versorgungsausgleichsverfahren ein Verfahrenswert auch dann festzusetzen ist, wenn ein Antrag nach § 3 Abs. 3 VersAusglG (Ehezeit bis zu 3 Jahren) nicht gestellt wird[144] oder wenn dieser aufgrund Parteivereinbarung ausgeschlossen ist, da ein Verfahren trotzdem einzuleiten ist.[145]

Bei **Ausgleichsansprüchen nach der Scheidung** beträgt der Wert 20% des in 3 Monaten erzielten Nettoeinkommens der Ehegatten. Dabei ist der Begriff „nach der Scheidung" nicht allein als Zeitangabe zu verstehen, sondern es handelt sich ohne weitere Unterscheidung um die Fallgruppe der §§ 20 bis 26 VersAusglG,[146] bei der von einem erhöhten Aufwand auszugehen ist.[147]

In Verfahren über einen **Auskunftsanspruch** nach § 4 VersAusglG oder über die **Abtretung** von Versorgungsansprüchen gem. § 21 VersAusglG beträgt der Verfahrenswert 500,00 €, § 50 Abs. 2 FamGKG.

Gem. § 50 Abs. 3 FamGKG kann das Gericht einen höheren oder einen niedrigeren Wert festsetzen, wenn der nach den Absätzen 1 und 2 bestimmte Wert nach den besonderen Umständen des Einzelfalls unbillig ist.

Eine **Erhöhung** kommt allenfalls in Betracht, wenn es sich um zeit- bzw. kostenaufwendige Auskünfte handelt oder wenn im laufenden Verfahren wiederholte Auskünfte erteilt werden.[148]

---

141 OLG Celle v. 29.5.2012 – 10 UF 279/11 – FamRZ 2012, 1812 m.w.N. auch zur Gegenmeinung; *Hartmann*, FamGKG § 50 Rn.
142 OLG Hamm v. 16.10.2013 – 2 WF 4/13 – juris; HansOLG Bremen FamRZ 2013, 724; a.A. SchlHOLG v. 19.6.2013 – 15 WF 200/13 – juris.
143 OLG Karlsruhe v. 16.9.2013 – 5 WF 66/13 – juris; OLG Stuttgart v. 13.9.2010 – 16 WF 2015/10 – juris.
144 ThürOLG v. 24.5.2011 – 1 WF 215/11 – FamRZ 2012, 128; OLG Karlsruhe v. 6.12.2010 – 5 WF 234/10 – FamRZ 2011, 668; OLG Frankfurt v. 28.1.2011 – 5 WF 16/11 – juris; OLG Stuttgart v. 6.11.2010 – 11 WF 153/10 – FamRZ 2011, 994.
145 OLG München v. 31.5.2011 – 12 WF 831/11 – FamRZ 2011, 1813.
146 *Hartmann*, FamGKG § 50 Rn. 5.
147 BbgOLG v. 24.3.2011 – 13 WF 38/11 – juris.
148 *Thiel/Schneider*, FPR 2012, 279.

Eine **Herabsetzung** des sich nach § 50 Abs. 1 FamGKG ergebenden Verfahrenswertes kommt als Härteregelung nur ausnahmsweise in Betracht, nämlich nur dann, wenn der regelrecht ermittelte Wert in keinem angemessenen Verhältnis zum Umfang, zur Schwierigkeit und zur Bedeutung der Sache mehr steht. Ein solcher Ausnahmefall liegt nicht schon dann vor, wenn wegen der Geringfügigkeit der Anrechte vom Ausgleich abgesehen wird.[149]

Unter Umständen kommt dann aber die Festsetzung des **Mindestbetrages** von 1.000,00 € gem. § 50 Abs. 1 S. 2 FamGKG in Betracht.[150]

Da der Wert des Auskunftsanspruchs nach § 50 Abs. 2 FamGKG 500,00 € beträgt, bringt eine Herabsetzung keinen gebührenrechtlichen Gewinn, da die Gebühr bei einem Verfahrenswert bis 500,00 € einheitlich 35,00 € beträgt, § 28 Abs. 1 S. 1 FamGKG.

VIII. Unterhaltssachen

1. Gesetzliche Definition

112   Unterhaltssachen sind nach § 231 Abs. 1 FamFG Verfahren, die

1. die durch Verwandtschaft begründete gesetzliche Unterhaltspflicht,
2. die durch Ehe begründete gesetzliche Unterhaltspflicht,
3. die Ansprüche nach § 1615l oder § 1615m BGB betreffen.

Nach § 231 Abs. 2 FamFG sind Unterhaltssachen **auch Verfahren** nach § 3 Abs. 2 S. 3 des Bundeskindergeldgesetzes und § 64 Abs. 2 S. 3 des Einkommensteuergesetzes.

113   Seit der Familienrechtsreform von 1998 gehören auch Ansprüche der Mutter gegen den nicht mit ihr verheirateten Vater des Kindes nach § 1615l BGB auf Erstattung der Entbindungskosten und weiterer Aufwendungen sowie Unterhaltsansprüche der Mutter, aber auch Ansprüche des betreuenden Vaters gegen die Mutter, sowie nach § 1615m BGB Beerdigungskosten für die Mutter zu den Familiensachen, was durch § 231 Abs. 1 Nr. 3 FamFG übernommen wurde.

---

149 OLG Naumburg v. 13.6.2013 – 3 WF 139/13 – juris; OLG München v. 25.4.2012 – 30 WF 562/12 – FamRZ 2012, 1973.
150 KG v. 15.5.2012 – 17 WF 125/12 – juris; OLG Karlsruhe v. 6.12.2010 – 5 WF 234/10 – FamRZ 2011, 668.

2. Unterteilung in Familienstreitsachen und Familiensachen

In Unterhaltssachen ist zudem die sich aus § 112 Nr. 1 FamFG ergebende Unterteilung zu beachten, wonach Unterhaltssachen nach § 231 Abs. 1 FamFG zu den **Familienstreitsachen** gehören, für welche bestimmte Vorschriften des FamFG (§§ 2 bis 37, 40 bis 45, 46 S. 1, 2 sowie §§ 47 und 48, 76 bis 96) gem. § 113 Abs. 1 FamFG keine Anwendung finden. Dafür gelten die Allgemeinen Vorschriften der ZPO und die Vorschriften der ZPO über das landgerichtliche Verfahren mit Ausnahme von § 227 Abs. 3 ZPO. Zulässig sind außerdem das Mahnverfahren und der Urkunden- und Wechselprozess, § 113 Abs. 2 FamFG.[151]

114

Zudem tritt bei Anwendung der ZPO an die Stelle der Bezeichnung Prozess oder Rechtsstreit die Bezeichnung Verfahren, für Klage die Bezeichnung Antrag, die Parteien sind Beteiligte und diese werden als Antragsteller und Antragsgegner bezeichnet, § 113 Abs. 5 FamFG.

115

Unterhaltssachen nach § 231 Abs. 2 FamFG sind die nach dem **Bundeskindergeldgesetz** und dem **Einkommensteuergesetz** vorgesehenen Verfahren zur **Bestimmung** der für das Kindergeld **bezugsberechtigten Person**.[152] Die Auszahlung des Kindergeldes erfolgt in der Regel durch die Familienkassen der Agentur für Arbeit. Sind mehrere Personen anspruchsberechtigt, § 1 BKKG, § 62 EStG, so ist zu bestimmen, an wen das Kindergeld ausgezahlt werden soll, § 3 BKGG, § 64 EStG. Damit wird klargestellt, dass das Kindergeld aus verwaltungstechnischen Gründen nur an einen von mehreren Berechtigten gezahlt werden kann. Die Zahlung erfolgt in der Regel an die Person, in deren Obhut sich das Kind befindet, befindet sich das Kind in der Obhut beider Berechtigten, können diese bestimmen, wer das Kindergeld erhalten soll. Für die Einordnung des Bestimmungsverfahrens als Unterhaltssache war maßgebend der enge tatsächliche und rechtliche Zusammenhang mit Unterhaltsverfahren, da nach § 1612b BGB das Kindergeld und die Frage, wer hierfür bezugsberechtigt ist, unmittelbaren Einfluss auf die Höhe des geschuldeten Unterhalts haben.[153] Hierbei handelt es sich jedoch nicht um Familienstreitsachen, sondern um **gewöhnliche Familiensachen,** sodass die Vorschriften des FamFG Anwendung finden (§§ 1 bis 110, 232 bis 234 mit Ausnahme von §§ 235 bis 245).

116

Soweit das Verfahren isoliert anhängig ist und nicht noch eine Unterhaltssache nach § 231 Abs. 1 FamFG, ist für die Entscheidung der Rechtspfleger zuständig, § 25 Nr. 2 a) RPflG.

---

151 Siehe auch *Schael*, FamRZ 2009, 7 ff. sowie *Hütter/Kodal*, FamRZ 2009, 917 ff.
152 Ausführlich Bork/Jacoby/Schwab/*Kodal*, § 231 Rn. 10; siehe auch *Riederle*, Rpfleger 2008, 550 sowie *Finke*, FPR 2012, 155.
153 So die Gesetzesbegründung BT-Drs. 16/6301 S. 245.

3. Rangfolge bei mehreren Unterhaltsberechtigten

117   Die klassischen Unterhaltsverfahren nach § 231 Abs. 1 Nr. 1 und Nr. 2 FamFG stehen bisweilen in Konkurrenz, denn in der Praxis kommt es häufig vor, dass ein Unterhaltsverpflichteter sowohl Kindesunterhalt als auch Ehegattenunterhalt zu leisten hat. Das geltende Unterhaltsrecht zielt im Wesentlichen auf die Stärkung des Kindeswohls sowie auf die Betonung des Grundsatzes der Eigenverantwortung nach der Ehe ab.[154] Dieses Ziel sollte vor allem durch die Änderung der **unterhaltsrechtlichen Rangfolge** erreicht werden, wonach der Unterhaltsanspruch minderjähriger unverheirateter Kinder und volljähriger unverheirateter Kinder, die noch nicht das 21. Lebensjahr vollendet haben und im Haushalt der Eltern oder eines Elternteils leben und sich noch in der allgemeinen Schulausbildung befinden, nun Vorrang vor allen anderen Unterhaltsansprüchen hat (§ 1609 Nr. 1 BGB). Gleichzeitig erfolgte die gesetzliche Definition des **Mindestunterhalts** minderjähriger Kinder in Anlehnung an den steuerlichen Freibetrag für das sächliche Existenzminimum eines Kindes (Kinderfreibetrag), was zu mehr Normenklarheit und zu einer weitgehenden Harmonisierung von Unterhalts-, Steuer- und Sozialrecht bei der Bestimmung des Mindestbedarfs von Kindern führt (§ 1612a BGB). Gleiches gilt auch für die gesetzliche Regelung der Kindergeldverrechnung (§ 1612b BGB). Die Eigenverantwortung geschiedener Ehegatten wird durch § 1569 BGB gestärkt, denn nach der Scheidung obliegt es jedem Ehegatten, selbst für seinen Unterhalt zu sorgen und nur, wenn er dazu außerstande ist, dann hat er gem. §§ 1570 ff. BGB einen Anspruch auf Unterhalt. Gleichzeitig sind die Anforderungen an die Wiederaufnahme einer Erwerbstätigkeit nach der Scheidung verschärft und eine ausdrückliche Regelung eingeführt worden, dass nachehelicher Unterhalt beschränkt oder versagt werden kann, wenn der Berechtigte mit einem neuen Partner in einer verfestigten Lebensgemeinschaft lebt (§ 1579 Nr. 2 BGB).

4. Ehegattenunterhalt

118   Die durch Ehe begründete Unterhaltspflicht unterteilt sich in Familien- (§§ 1360, 1360a BGB), Trennungs- (§ 1361 BGB) und nachehelichen Unterhalt (§§ 1569 ff. BGB).[155] Kraft Sachzusammenhangs gehören dazu auch Auskunftsansprüche und auf Unterhalt gerichtete Rückforderungsansprüche. Obwohl die Ansprüche auf Familien-, Trennungs- und nachehelichen Unterhalt ihren Ursprung aus der Eheschließung haben, liegen insoweit verschie-

---

154 So die Begründung des Gesetzgebers zum Entwurf eines Gesetzes zur Änderung des Unterhaltsrechts v. 15.6.2006 – BT-Drs. 16/1830 S. 1. Das Gesetz zur Änderung des Unterhaltsrechts (UÄndG) v. 21.12.2007 – BGBl. I S. 3183 ist am 1.1.2008 in Kraft getreten.
155 Hierzu MüKoFamFG/*Pasche* § 231 Rn. 7 – 10.

dene Streitgegenstände vor, da der Familienunterhaltsanspruch mit Trennung und der Trennungsunterhaltsanspruch mit Rechtskraft der Ehesache erlischt.

a) Berechnung des Gebührenstreitwertes

Nach § 51 Abs. 1 S. 1 FamGKG ist in Unterhaltssachen und sonstigen den Unterhalt betreffenden Familiensachen, soweit diese jeweils Familienstreitsachen sind und wiederkehrende Leistungen betreffen, der für die **ersten zwölf Monate** nach Einreichung des Antrags geforderte Betrag maßgeblich, höchstens jedoch der Gesamtbetrag der geforderten Leistung. Der Einreichung des Antrags wegen des Hauptgegenstands steht die Einreichung eines Antrags auf Bewilligung der Verfahrenskostenhilfe gleich, wenn der Antrag wegen des Hauptgegenstands alsbald nach Mitteilung der Entscheidung über den Antrag auf Bewilligung der Verfahrenskostenhilfe eingereicht wird, § 51 Abs. 2 S. 2 FamGKG.[156] Das gilt auch, wenn Verfahrenskostenhilfe mangels Erfolgsaussicht versagt wird.[157] Maßgeblich ist der **nominell eingeklagte Betrag**, auch wenn der Unterhaltsanspruch ganz oder teilweise unstreitig ist.[158] Auch wenn das Verfahren lediglich der Titulierung des Unterhaltsanspruchs dient, ist der Verfahrenswert nach § 51 Abs. 1 FamGKG zu ermitteln.[159] Ein späterer Unterhaltsverzicht führt nicht zu einer Erhöhung des Wertes, wenn zuvor schon der Jahresbetrag Grundlage der Wertberechnung war.[160] Die bei Einreichung fälligen Beträge werden gem. § 51 Abs. 2 S. 1 FamGKG dem Streitwert hinzugerechnet, damit zählt der Unterhalt für den Monat der Anhängigkeit bereits zu den **Rückständen,**[161] denn Unterhalt in Form einer Geldrente ist grundsätzlich im Voraus zu zahlen (§§ 1361 Abs. 4 S. 2, 1585 Abs. 1 S. 2 BGB).

119

Beispiel:

Unterhaltsverfahren

Antragsteller reicht am 4. November Antrag auf monatlichen nachehelichen Unterhalt von 400,00 € ein.

Verfahrenswert: 5.200,00 €

12 × 400,00 € = 4 800,00 € (§ 51 Abs. 1 S. 1 FamGKG) für die Zeit von Dezember des Jahres bis November des Folgejahres zuzüglich 400,00 € Rückstand (§ 51 Abs. 2 S. 1 FamGKG) für die bei Einreichung fälligen Beträge für November.

---

156 In der Fassung des 2. KostRMoG Art. 5 Nr. 22 c).
157 OLG Bamberg v. 7.8. 2000 – 7 UF 229/99 FamRZ 2001, 779 (LS).
158 OLG Braunschweig v. 14.8.1995 – 2 WF 75/95 – FamRZ 1997, 38.
159 HansOLG v. 13.3.2013 – 7 WF 21/13 – FamRZ 2013, 2010; OLG Celle v. 1.10.2002 – 10 WF 251/02 – FamRZ 2003, 465.
160 OLG Stuttgart v. 16.8.2013 – 11 WF 181/13 – juris.
161 BbgOLG v. 11.11.2002 – 9 WF 188/02 – FamRZ 2003, 1682.

Bei der Bestimmung des Jahresbetrages werden Monate, für die kein Unterhalt verlangt wird, durch nachfolgende Monate ersetzt, da auf die streitgegenständlichen Monate abzustellen ist.[162] Wird ein Antrag auf Unterhalt nach Einreichung des Antrags erhöht, so sind die Beträge, die auf die Zeit zwischen Antragseinreichung und **Antragserweiterung** fallen, streitwerterhöhende Rückstände.[163] Laufende freiwillige Zahlungen des Verpflichteten mindern den Streitwert nicht.[164] Ein Antrag auf Rückzahlung geleisteten Unterhalts ist wie ein Unterhaltsantrag nach § 51 FamGKG zu bewerten.[165]

Wird mit einem Abänderungsantrag für den Fall, dass dieser Erfolg hat, hilfsweise der Antrag auf Rückzahlung des danach überzahlten Unterhalts gestellt, erhöht dieser Hilfsantrag den Gebührenstreitwert nicht.[166]

Auch bei negativen Feststellungsanträgen wirken die Rückstände bis zur Einreichung des Antrages streitwerterhöhend, wenn und soweit der Antrag diese Rückstände umfasst. Letzteres ist eine Frage der Auslegung des entsprechenden Antrages.[167] Wird eine einmalige Abfindung begehrt, bemisst sich der Wert ebenfalls nach dem Jahresbetrag.[168]

120 Der Streitwert für **Trennungsunterhalt** ist ebenfalls der Jahresbetrag, wenn ein Ende des Scheidungsverfahrens bei Antragseinreichung noch nicht absehbar ist,[169] was häufig nicht der Fall sein wird. Stellt sich später heraus, dass die rechtskräftige Entscheidung über die Scheidung früher vorliegt, ändert das nichts an der Wertberechnung, denn der Zeitpunkt der Wertberechnung liegt bei Antragseinreichung, § 34 FamGKG.[170] Im Falle bei gleichzeitiger Geltendmachung von Trennungs- und nachehelichem Unterhalt sind die jeweiligen Jahresbeträge zusammenzurechnen, §§ 51 Abs. 1 S. 1, 33 Abs. 1 FamGKG.[171]

---

162 HansOLG v. 3.3.2003 – 12 WF 18/03 – FamRZ 2003, 1198; OLG Celle v. 24.3.2003 – 10 WF 66/03 – FamRZ 2003, 1683.
163 OLG Köln v. 22.7.2003 – 4 WF 59/03 – FamRZ 2004, 1226.
164 OLG Celle v. 24.3.2003 – 10 WF 66/03 – FamRZ 2003, 1683.
165 HansOLG v. 16.9.1997 – 12 UF 38/97 – FamRZ 1998, 311.
166 KG v. 5.10.2010 – 19 WF 138/10 – FamRZ 2011, 754; siehe auch OLG Karlsruhe v. 13.2.2012 – 18 WF 169/11 – FamRZ 2013, 325.
167 OLG Köln v. 8.1.2001 – 27 WF 228/00 – FamRZ 2001, 1385.
168 ThürOLG v. 6.10.1998 – WF 122/98 – FamRZ 1999, 1680 m. w. N.
169 OLG München v. 1.12.1997 – 12 WF 1310/97 – FamRZ 1998, 573.
170 SchlHOLG v. 27.2.2012 – 15 WF 78/12 – FamRZ 2013, 240; KG v. 11.3.2010 – 18 WF 29/10 – FamRZ 2011, 755; a. A. HansOLG v. 24.9.2001 – 12 WF 129/01 – FamRZ 2002, 1136 (LS).
171 OLG Bamberg v. 13.5.2011 – 2 WF 121/11 – FamRZ 2011, 1894; OLG Hamm v. 13.1.1988 – 8 WF 608/87 – FamRZ 1988, 402 m. Anm. *Luthin*.

b) Vertraglicher Unterhalt

§ 51 FamGKG sollte auch Familienstreitsachen über vertragliche Unterhaltsansprüche (§ 112 Nr. 3 i. V. m. § 266 Abs. 1 FamFG) erfassen, sofern sie wiederkehrende Leistungen betreffen.[172] Obwohl Verfahren dieser Art eher selten vorkommen, erschien es dem Gesetzgeber sachgerecht, sie den Verfahren über eine gesetzliche Unterhaltspflicht gleichzustellen. Im Wortlaut der Norm fand sich dieses aber nicht wieder, denn in der Überschrift wurden nur ganz allgemein „Unterhaltssachen" genannt und in der Vorschrift selbst fand sich die Formulierung „In Unterhaltssachen, die Familienstreitsachen sind und wiederkehrende Leistungen betreffen,...". Nach der Legaldefinition des § 231 Abs. 1 FamFG fallen vertragliche Unterhaltsansprüche gerade nicht darunter. Dieses ist durch die ergänzende Klarstellung der Vorschrift durch das 2. KostRMoG sowohl was die Überschrift betrifft, als auch, was den Wortlaut der Norm betrifft, nun dem gesetzgeberischen Willen angepasst.[173] Lt. Überschrift betrifft die Vorschrift jetzt Unterhaltssachen „und sonstige den Unterhalt betreffende Familiensachen"; was in § 51 Abs. 1 S. 1 FamGKG dann ebenfalls erwähnt ist. Damit ist klargestellt, dass § 51 FamGKG auch für vertragliche Unterhaltsansprüche gilt, wenn es sich um wiederkehrende Leistungen handelt.

121

5. Kindesunterhalt

Bei der durch Verwandtschaft begründeten Unterhaltspflicht gelten die §§ 1601 ff. BGB, wonach bei Bedürftigkeit unter Berücksichtigung der Leistungsfähigkeit des Verpflichteten ein den persönlichen Verhältnissen des Berechtigten entsprechender Unterhalt (Individualunterhalt) zu gewähren ist.

122

Bei der gerichtlichen Geltendmachung von Verwandtenunterhalt handelt es sich ganz überwiegend um **Kindesunterhalt.** In der Praxis haben sich hierzu die Leitlinien und Tabellen der Oberlandesgerichte durchgesetzt, die im Wesentlichen auf der **Düsseldorfer Tabelle** beruhen.[174] Diese Tabellen berücksichtigen das Kindesalter, das Einkommen des Verpflichteten und seine weiteren Unterhaltspflichten und erleichtern die Ermittlung des individuellen Unterhaltsbetrags bei **Barunterhalt.** Die Tabelle umfasst 10 Einkommensgruppen beginnend mit der Gruppe 1 bis zu einem Nettoeinkommen von 1.500,00 € und endend mit der Gruppe 10 mit einem Nettoeinkommen von 4.701,00 € bis 5.100,00 €.[175] Sie weist den monatlichen

---

172 So die Gesetzesbegründung zum FGG-RG, BT-Drs. 16/6308 S. 307.
173 Art. 5 Nr. 22 c) des 2. KostRMoG.
174 Deren Anwendung der BGH lt. st. Rspr. billigt – BGH v. 6.11.1985 – IVb ZR 45/84 – FamRZ 1986, 151 m. w. N.
175 Siehe Düsseldorfer Tabelle mit Stand 1.8.2015, FamRZ 2015, 1360 ff.

Unterhaltsbedarf in Bezug auf zwei Unterhaltsberechtigte aus, allerdings ohne Berücksichtigung eines evtl. Ranges.

Bei der Tabelle wird prinzipiell davon ausgegangen, dass der Unterhaltsverpflichtete generell zwei Unterhaltsberechtigten (Ehegatte und Kind oder 2 Kinder) Unterhalt zu gewähren hat. Ist die Zahl höher oder niedriger, sieht die Tabelle eine entsprechende Höher- oder Herabgruppierung vor.

Schließlich ist eine Bedarfskontrolle am Ende jeder Einkommensgruppe vorgesehen, damit soll eine ausgewogene Verteilung des Einkommens zwischen den Unterhaltsberechtigten und dem Unterhaltspflichtigen gewährleistet werden.[176] Vom so ermittelten Tabellenunterhalt ist dann nach § 1612b BGB das auf das jeweilige Kind entfallende Kindergeld abzuziehen (ausführlich siehe → Rn. 132).

123 Das UÄndG hat die Bedarfsbemessung für minderjährige Kinder grundlegend geändert, da es einen einheitlichen **Mindestunterhalt** zur Gewährleistung des Existenzminimums des Kindes eingeführt hat. Dieses unterhaltsrechtliche Existenzminimum auf eine eindeutige gesetzliche Grundlage zu stellen, war durch das BVerfG angemahnt worden.[177]

124 Der **Mindestunterhalt** ist derjenige **Barunterhaltsbetrag**, auf den das minderjährige Kind grundsätzlich Anspruch hat und den der Unterhaltspflichtige im Allgemeinen zu leisten verpflichtet ist, § 1612a Abs. 1 BGB. In der Düsseldorfer Tabelle finden sich die Beträge für die einzelnen Altersstufen in der Gruppe 1.

a) Mindestunterhalt gemessen am steuerlichen Kinderfreibetrag

125 Für die Berechnung des Mindestunterhalts ist Anknüpfungspunkt das Steuerrecht und die dort enthaltene Bezugnahme auf den existenznotwendigen Bedarf von Kindern, der von der Einkommensteuer verschont bleiben muss. Auf dieser Grundlage gewährt das Steuerrecht in § 32 Abs. 6 S. 1 EStG den steuerpflichtigen Eltern einen entsprechenden Kinderfreibetrag.[178] Der **steuerrechtliche Kinderfreibetrag** gilt bundeseinheitlich, wird der Entwicklung der tatsächlichen Verhältnisse angepasst und nennt

---

176 Siehe hierzu das Rechenbeispiel bei *Klinkhammer*, FamRZ 2008, 193 (200) unter D.
177 BVerfG v. 9.4.2003 – 1 BvR 1749/01 – BVerfGE 108, 52 = FamRZ 2003, 1370 m. Anm. *Luthin*.
178 Dieser betrug bei Inkrafttreten des Gesetzes (1.8.2008) 1.824,00 €. Bereits zum 1.1.2009 erfolgte eine Erhöhung auf 1.932,00 € durch das Gesetz zur Förderung von Familien und haushaltsnahen Dienstleistungen (Familienleistungsgesetz – FamLeistG) v. 22.12.2008 – BGBl. I S. 2955. Ab dem 1.1.2010 betrug der Freibetrag 2.184,00 € gem. Art. 1 Nr. 4 des Gesetzes zur Beschleunigung des Wirtschaftswachstums vom 22.12.2009 – BGBl. I S. 3950. Der steuerliche Kinderfreibetrag ist rückwirkend zum 1.1.2015 durch Art. 1 Nr. 2 des Gesetzes zur Anhebung des Grundfreibetrags, des

konkrete Zahlen, sodass die Berechnung für den Unterhaltspflichtigen und den -berechtigten unmittelbar einsichtig und nachvollziehbar ist.[179]

Aber auch nach dem jetzigem Recht erfüllt § 1612a Abs. 1 S. 1 BGB die gleiche Funktion wie schon bisher; denn auch der Mindestunterhalt stellt **weiterhin eine Rechengröße** dar, der die Dynamisierung des Individualunterhalts minderjähriger Kinder ermöglicht und Anknüpfungspunkt für die Statthaftigkeit des vereinfachten Verfahrens zur Festsetzung des Unterhalts minderjähriger Kinder ist. 126

Der **Mindestunterhalt** ist in § 1612a Abs. 1 S. 2, 3 BGB definiert und hat als Bezugspunkt den einkommensteuerrechtlichen Kinderfreibetrag nach § 32 Abs. 6 S. 1 EStG, der steuerrechtlich jedem einzelnen einkommensteuerpflichtigen Elternteil zusteht, weshalb das Gesetz den Mindestunterhalt auch als den **doppelten Freibetrag** definiert. Da der Kinderfreibetrag im Einkommensteuerrecht als Jahresbetrag ausgewiesen ist, das Unterhaltsrecht aber auf den Monat als Bezugsgröße abstellt (§ 1612 Abs. 3 S. 1 BGB), wird der Mindestunterhalt in § 1612a Abs. 1 S. 3 BGB als der zwölfte Teil des doppelten Kinderfreibetrages festgelegt. Zu berücksichtigen sind hierbei die Altersstufen, die auch der Düsseldorfer Tabelle zugrunde liegen. 127

Der Mindestunterhalt beträgt monatlich entsprechend dem Alter des Kindes

1. für die Zeit bis zur Vollendung des sechsten Lebensjahrs (**erste Altersstufe**) 87 %,

2. für die Zeit vom siebten bis zur Vollendung des zwölften Lebensjahrs (**zweite Altersstufe**) 100 % und

3. für die Zeit vom 13. Lebensjahr an (**dritte Altersstufe**) 117 % eines Zwölftels des doppelten Kinderfreibetrags.

Bei dem bei Inkrafttreten des neuen Rechts am 1.1.2008 geltenden doppelten Freibetrag von 3.648,00 € (2 × 1.824,00 €) ergab das monatlich einen Betrag von 304,00 €, sodass 128

– die 87 % der ersten Altersstufe einen Mindestunterhaltsbetrag von 265,00 €,

– die 100 % der zweiten Altersstufe einen Betrag von 304,00 € und

---

Kinderfreibetrags, des Kindergeldes und des Kinderzuschlags v. 16.7.2015 – BGBl I S. 1202 auf 2.256,00 € erhöht.

179 Damit hat sich nach Auffassung des Gesetzgebers – so die Gesetzesbegründung BT-Drs. 16/1830 S. 27 – die Beibehaltung einer weiteren, rein unterhaltsrechtlichen Bezugsgröße zur Bestimmung des Mindestbedarfs erübrigt, was zu einer Aufhebung der zuvor geltenden Regelbetrag-VO einschließlich der Ermächtigungsgrundlage und weiterer Regelungen (§ 1612a Abs. 3 S. 1, Abs. 4, 5 BGB) führte.

- die 117 % der dritten Altersstufe einen Unterhaltsbetrag von 356,00 € ergaben.[180]

129 Zum 1.1.2009 wurde der Freibetrag geändert[181] und es ergab sich als doppelter Freibetrag dann eine Summe von 3.864,00 € (2 × 1.932,00 €), woraus ein monatlicher Mindestunterhalt von 322,00 € zu ermitteln war, sodass

- die 87 % der ersten Altersstufe einen Mindestunterhaltsbetrag von 281,00 €,[182]
- die 100 % der zweiten Altersstufe einen Betrag von 322,00 € und
- die 117 % der dritten Altersstufe einen Unterhaltsbetrag von 377,00 € ergaben.

130 Zum 1.1.2010 wurde der Kinderfreibetrag wiederum erhöht,[183] sodass sich nun eine rechnerische Größe von derzeitig 4.368,00 € (2 × 2.184,00 €) ergibt.

Auf volle Euro gerundete monatliche Beträge gem. § 1612a Abs. 2 S. 2 BGB ergeben damit in der

- ersten Altersstufe, 87 % = 317,00 €,
- zweiten Altersstufe, 100 % = 364,00 € und in der
- dritten Altersstufe, 117 % = 426,00 €.

131 Für das Jahr 2014 wurde seitens einiger Parlamentarier eine Erhöhung des Kinderfreibetrages angemahnt. Ausgangspunkt hierfür sind entsprechende Berechnungen des Neunten Existenzminimumberichts. Die Bundesregierung berichtet alle zwei Jahre über die Entwicklung der steuerfreizustellenden Existenzminima von Erwachsenen und Kindern. Im zuletzt vorgelegten Neunten Existenzminimumbericht aus dem Jahr 2012[184] ist beim Kinderfreibetrag ab dem Veranlagungsjahr 2014 ein Anpassungsbedarf festgestellt und zugleich darauf hingewiesen worden, dass die Bundesregierung rechtzeitig gesetzgeberisch handeln wird.

---

180 Der Mindestunterhalt lag damit überwiegend unter 135 % der Regelbeträge, sodass zunächst die in der Übergangsvorschrift des § 36 Nr. 4 EGZPO festgelegten Beträge für ganz Deutschland maßgeblich waren.
181 Durch das Gesetz zur Förderung von Familien und haushaltsnahen Dienstleistungen (Familienleistungsgesetz – FamLeistG) v. 22. Dezember 2008 – BGBl. I S. 2955.
182 Gem. § 1612a Abs. 2 BGB aufgerundet auf volle Euro.
183 § 32 Abs. 6 S. 1 EStG geändert d. Art. 1 Nr. 4 des Gesetzes zur Beschleunigung des Wirtschaftswachstums vom 22.12.2009 (BGBl. I S. 3950).
184 BT-Drs. 17/11425 v. 7.11.2012.

Zum 1.1.2015 wurde der Kinderfreibetrag nun erhöht,[185] sodass sich aktuell eine rechnerische Größe von 4.512,00 € (2 × 2.256,00 €) ergibt.

Auf volle Euro gerundete monatliche Beträge gem. § 1612a Abs. 2 S. 2 BGB ergeben damit in der

– ersten Altersstufe, 87 % = 328,00 €,
– zweiten Altersstufe, 100 % = 376,00 € und in der
– dritten Altersstufe, 117 % = 440,00 €.

Zwar wurde der steuerliche Freibetrag zum 1.1.2015 erhöht, die Unterhaltsbeträge steigen jedoch erst ab 1.8.2015.

Eine zukünftige Erhöhung der Bedarfssätze ist wahrscheinlich, da der Kinderfreibetrag ab 1.1.2016 wiederum angehoben wird und zwar auf 2.304,00 €,[186] was dann eine Rechengröße von 4.608,00 € ergibt.

b) Berücksichtigung des Kindergeldes

Neben dem Kinderfreibetrag erhalten Eltern zum Zwecke der steuerlichen Freistellung ihres Einkommens das **Kindergeld** in Höhe des Existenzminimums des Kindes ausgezahlt. Die Höhe des Kindergeldes ergibt sich aus § 66 Abs. 1 EStG, danach beträgt derzeit das Kindergeld für das 1. und 2. Kind monatlich 188,00 €; für das 3. Kind monatlich 194,00 € und für das 4. sowie jedes weitere Kind monatlich 219,00 €.[187] Grundsätzlich wird das Kindergeld auf Antrag des Berechtigten von der Familienkasse festgesetzt und ausgezahlt, §§ 67, 70 EStG.

132

Aus Gründen der Verwaltungsvereinfachung wird das Kindergeld jedoch nur an einen der berechtigten Elternteile gezahlt; in der Regel erhält es der Elternteil in dessen Haushalt das Kind lebt, § 64 EStG.

Unter bestimmten Umständen können Berechtigte das Kindergeld als Sozialleistung nach dem Bundeskindergeldgesetz (BKGG) erhalten; dieses

---

185 § 32 Abs. 6 S. 1 EStG geändert d. Art. 1 Nr. 2 des Gesetzes zur Anhebung des Grundfreibetrags, des Kinderfreibetrags, des Kindergeldes und des Kinderzuschlags v. 16.7.2015 (BGBl. I S. 1202).
186 Gem. Art. 2 des o. g. Gesetzes v. 16.7.2015, der jedoch erst zum 1.1.2016 in Kraft treten wird.
187 Das Kindergeld ist durch Art. 5 Nr. 1 des o.g. Gesetzes vom 16.7.2015 rückwirkend zum 1.1.2015 um jeweils 4,00 € erhöht und zwar von monatlich 184,00 € für die ersten beiden Kinder auf 188,00 €, von 190,00 € auf 194,00 € für ein drittes Kind und 215,00 € auf 219,00 € für jedes weitere Kind. Das Kindergeld betrug bei Gesetzesänderung 2008 für die ersten drei Kinder monatlich je 154,00 € und für jedes weitere Kind je 179,00 €. Durch das FamLeistG wurde aber auch das Kindergeld erhöht, denn für das 1. und 2. Kind wurden ab dem 1.1.2009 164,00 €, für das 3. Kind 170,00 € und für das 4. und jedes weitere Kind 195,00 € gezahlt.

gilt für Personen, die in Deutschland nicht unbeschränkt steuerpflichtig sind und auch nicht so behandelt werden (§ 1 Abs. 1, 2, 3 EStG). Voraussetzung ist jedoch, dass die Person in einem Versicherungsverhältnis zur Agentur für Arbeit steht oder z. B. als Entwicklungshelfer oder Missionar im Ausland tätig ist.

133 Das Kindergeld ist bei der Ermittlung des Unterhalts des Kindes zu berücksichtigen. Das UÄndG hat insoweit eine Neukonzeption des § 1612b BGB gebracht, denn an die Stelle der bisherigen Anrechnung des Kindergeldes auf den Barunterhaltsanspruch des Kindes ist nun der bedarfsmindernde **Vorwegabzug des Kindergeldes** getreten.[188] Damit ist eine bislang mit zu den schwierigsten Fragen des Kindesunterhaltsrechts gehörende Regelung ganz entscheidend vereinfacht worden.[189] Die nun geltende Regelung geht davon aus, dass das Kindergeld zwar den Eltern ausbezahlt wird, es sich dabei aber um eine zweckgebundene, der Familie für das Kind zustehende Leistung handelt und deshalb wird das jeweilige, auf das unterhaltsberechtigte Kind entfallende Kindergeld von dessen Unterhaltsbedarf vorweg abgesetzt § 1612b Abs. 1 BGB) und mindert damit dessen individuellen Unterhaltsbedarf. Der **Umfang der Minderung** wird durch § 1612b Abs. 1 S. 1 Nr. 1 und 2 BGB unterschiedlich festgelegt. Da Betreuungs- und Barunterhalt grundsätzlich gleichwertig sind, soll jedem Elternteil die Hälfte des Kindergelds zu Gute kommen, sodass der Unterhaltsbedarf des Kindes hinsichtlich des Barunterhaltspflichtigen nur um das halbe Kindergeld gemindert wird, wenn ein Elternteil seinen Unterhalt durch Erbringung der Betreuungsleistung erfüllt. Bedarf das Kind einer Betreuung nicht mehr oder erfolgt die Betreuung nicht durch einen Elternteil, ist das auf das Kind entfallende Kindergeld voll auf dessen Bedarf anzurechnen; von den Eltern ist nur noch der verbleibende Barbedarf zu decken.

c) **Statischer oder dynamisierter Unterhalt**

134 Minderjährige Kinder haben zwei Möglichkeiten der Geltendmachung ihres Unterhaltsanspruchs, entweder als **fest bezifferte** Geldrente (§ 1612 Abs. 1 BGB) oder als **dynamisierte** Unterhaltsrente bestehend aus einem Prozentsatz des jeweiligen Mindestunterhalts gemäß § 1612a bis § 1612c BGB. Volljährige unverheiratete Kinder, die bei den Eltern oder einem Elternteil wohnen, eine allgemeinbildende Schule besuchen und das 21. Lebensjahr noch nicht vollendet haben, stehen grundsätzlich minder-

---

188 Art. 1 Nr. 19 des Gesetzes zur Änderung des Unterhaltsrechts v. 21.12.2007 – BGBl. I S. 3189; Begründung siehe BT-Drs. 16/1830 S. 28–30.
189 Der Gesetzgeber reagiert insoweit auch auf die Kritik des Bundesverfassungsgerichts, BVerfGE 108, 52 ff.

von König

jährigen Kindern gleich (§ 1603 Abs. 2 S. 2 BGB), allerdings gilt für sie nicht § 1612a BGB.

d) **Wertermittlung**

Wird ein **statischer Unterhaltsbetrag** gefordert, berechnet sich der Verfahrenswert nach § 51 Abs. 1 S. 1 FamGKG, wonach in Unterhaltssachen und sonstigen den Unterhalt betreffenden Familiensachen, soweit diese jeweils Familienstreitsachen sind und wiederkehrende Leistungen betreffen, der für die **ersten zwölf Monate** nach Einreichung des Antrags geforderte Betrag maßgeblich ist, höchstens jedoch der Gesamtbetrag der geforderten Leistung. § 51 Abs. 2 S. 1 FamGKG erfasst auch die bis zur Einreichung des Antrags angefallenen Rückstände. Im Übrigen gilt das zu → Rn. 119 Gesagte. 135

Wird nicht ein fester Betrag, sondern Unterhalt in **dynamisierter Form** verlangt, ist § 51 Abs. 1 S. 2 FamGKG Wertermittlungsvorschrift und ergänzt insoweit § 51 Abs. 1 S. 1 FamGKG, danach ist der Monatsbetrag maßgebend, der sich bei Antragstellung aus dem Mindestunterhalt und der für die nächsten zwölf Monate zutreffenden Altersstufe ergibt. Der so geforderte Betrag ergibt sich aus dem Prozentsatz des maßgeblichen Monatsbetrages der Altersstufe. Da auch insoweit vom Zahlbetrag auszugehen ist, ist anzurechnendes Kindergeld ebenfalls abzuziehen;[190] unter welchen Voraussetzungen das auf das Kind entfallende Kindergeld voll oder zur Hälfte anzurechnen ist, ergibt sich aus § 1612b BGB. Wegen der hinzuzurechnenden Rückstände → Rn. 119. 136

Beispiel:

Kind verlangt Mindestunterhalt als Prozentsatz

8-jähriges Kind verlangt Unterhalt in Höhe von 120 % des Mindestunterhalts der jeweils geltenden Altersstufe gem. § 1612a BGB, abzüglich des hälftigen Kindergeldes für das erste Kind. Antrag wird am 3. Februar anhängig.

Verfahrenswert: 4.485,00 €

Es gilt § 51 Abs. 1 S. 2 FamGKG, wobei zur Berechnung des Jahresbetrages allerdings der tatsächliche Zahlbetrag zu ermitteln ist.

120 % von 364,00 €, dem Mindestunterhalt der 2. Altersstufe = 436,80 €; gem. § 1612a Abs. 2 S. 2 BGB auf volle Euro zu runden = 437,00 € abzüglich 92,00 €

---

190 OLG München v. 9.11.2004 – 12 WF 1676/04 – FamRZ 2005, 1766; OLG Köln v. 26.11.2001 – 14 WF 136/01 – FamRZ 2002, 684 (unter Aufgabe von OLG Köln v. 6.11.2000 – 14 WF 135/00 – FamRZ 2001, 778); AG Groß-Gerau v. 28.6.2000 – 71 F 1061/99 – FamRZ 2001, 432; *Quack*, FamRZ 2001, 1384 Anm. zu OLG Köln FamRZ 2001, 778.

hälftiges Kindergeld (184,00 € Kindergeld für das erste Kind) = 345,00 €, was einen Jahresbetrag von 4.140,00 € ergibt. Hinzuzurechnen ist 1 Monat Rückstand für Februar, § 51 Abs. 2 FamGKG.

6. Besondere Sachlagen am Beispiel des Unterhaltsverfahrens

a) Antrag und Widerantrag

137   Bisweilen reagiert der Antragsgegner im Unterhaltsverfahren nicht nur damit, dass er den Anspruch bestreitet, sondern er erhebt Widerantrag.[191] Unter Umständen hat dieser erhobene Widerantrag Auswirkungen auf den Verfahrenswert, denn Antrag und Widerantrag, die nicht in getrennten Verfahren verhandelt werden, werden zusammengerechnet, § 39 Abs. 1 S. 1 FamGKG. Allerdings gilt die **Addition** der Streitwerte nur, wenn es sich nicht um denselben Verfahrensgegenstand handelt; handelt es sich doch um denselben Verfahrensgegenstand, dann erfolgt keine Zusammenrechnung, sondern der höhere der beiden Werte ist maßgebend, § 39 Abs. 1 S. 3 FamGKG.[192] **Verschiedenheit der Verfahrensgegenstände** ist demnach dann gegeben, wenn die mehreren Ansprüche nebeneinander bestehen können, sodass das Gericht unter Umständen beiden Ansprüchen stattgeben kann.[193]

Derselbe Verfahrensgegenstand liegt vor, wenn die beiderseitigen Ansprüche einander ausschließen, dergestalt, dass die Zuerkennung des einen Anspruchs notwendig die Aberkennung des anderen bedingt (sog. Identitätsformel).[194]

Beispiel:
Antragstellerin verlangt monatlichen nachehelichen Unterhalt von 400,00 €; Antragsgegner verlangt mittels Widerantrags Feststellung, dass kein Unterhaltsanspruch besteht.

138   Eine Zusammenrechnung der Werte ist grundsätzlich dort vorzunehmen, wo durch das Nebeneinander von Antrag und Widerantrag eine „wirtschaftliche Werthäufung" entsteht, beide also nicht das wirtschaft-

---

191 Im Kostenrecht wurde auch nach Inkrafttreten des FamFG der Begriff „Klage" in zusammengesetzten Wörtern wie z.B. „Klageantrag, Stufenklage" weiter verwendet. Inzwischen hat sich die Auffassung durchgesetzt, dass der Begriff der „Klage" nach § 113 Abs. 5 FamFG durch die Bezeichnung „Antrag" vollständig verdrängt wird, dem folgen die entsprechenden Änderungen durch Art. 4 des 2. KostRMoG.
192 Die Regelung entspricht § 45 Abs. 1 S. 1, 3 GKG.
193 Binz/*Dörndorfer*, GKG, § 45 Rn. 4.
194 BGH v. 16.12.1964 – VIII ZR 47/63 – BGHZ 43, 33; siehe auch BGH v. 30.1.1992 – IX ZR 222/91 – NJW-RR 1992, 1404; BGH v. 27.3.2003 – III ZR 115/02 – MDR 2003, 716.

von König

lich identische Interesse betreffen und zwar unabhängig vom prozessualen Streitwertbegriff.[195]

Um also von demselben Gegenstand ausgehen zu können, muss hinzukommen, dass Antrag und Widerantrag auch dasselbe wirtschaftliche Interesse betreffen.[196] Allerdings hat eine Zusammenrechnung der Werte nur zu erfolgen, wenn Antrag und Widerantrag **nicht** das **wirtschaftlich identische Interesse** betreffen, da es insoweit nicht auf den zivilprozessualen Begriff des Streitgegenstandes ankommt.[197] Die Identitätsformel ist demnach vor allem ungeeignet, wenn mit dem Antrag und dem Widerantrag Teilansprüche aus demselben Rechtsverhältnis geltend gemacht werden.[198]

Das ist z. B. der Fall, wenn es sich um unterschiedliche Zeiträume handelt oder wenn bei einem Unterhaltsantrag sich der Widerantrag nicht auf den Teil des Unterhalts richtet, der durch die Antragsschrift betroffen ist.

Beispiel:

Abänderungsantrag und Widerantrag

Unterhaltsberechtigter Sohn verlangt Abänderung des bereits titulierten monatlichen Unterhalts von 300,00 € auf 400,00 €; Vater verlangt mittels Widerantrags Ermäßigung auf 150,00 €, da sich der Sohn seinen Lohn aus einem Ausbildungsverhältnis anrechnen lassen müsse.

Verfahrenswert: 3.000,00 €

Abänderungsantrag: 12 × 100,00 € = 1.200,00 € (§ 51 Abs. 1 S. 1 FamGKG)

Widerantrag: 12 × 150,00 € = 1.800,00 € (§ 51 Abs. 1 S. 1 FamGKG)

Zusammenrechnung hat gem. § 39 Abs. 1 S. 1 FamGKG zu erfolgen, da Widerantrag nicht *den* Teil des Unterhalts betrifft, der durch den Änderungsantrag erfasst ist.

b) Einbeziehung von freiwilligen Leistungen

Auch wenn der Unterhaltsverpflichtete freiwillig Unterhalt leistet, hat der Unterhaltsberechtigte grundsätzlich einen Anspruch auf Titulierung. Wird nur ein Teil des geforderten Unterhalts freiwillig gezahlt und verlangt der Unterhaltsgläubiger in seinem Antrag alles zu titulieren, ist die gesamte Unterhaltsforderung der Berechnung zugrunde zu legen.[199]

139

---

195 BGH v. 6.10.2004 – IV ZR 287/04 – NJW-RR 2005, 506.
196 KG v. 1.3.2007 – 8 W 66/06 – KGR 2007, 759; OLG Hamm v. 9.8.2006 – 10 WF 154/06 – juris; OLG Köln v. 5.3.2001 – 14 WF 24/01 – FamRZ 2001, 1386 = AGS 2001, 110 m. Anm. *Madert.*
197 BGH v. 6.10.2004 – IV ZR 287/03 – NJW-RR 2005, 506.
198 SaarlOLG v. 12.2.2009 – 5 W 37/09 – NJW-RR 2009, 864.
199 HansOLG v. 13.3.2013 – 7 WF 21/13 – FamRZ 2013, 2010; BbgOLG v. 18.6.1996 – 10 WF 49/96 – FamRZ 1997, 689; OLG Karlsruhe v. 24.4.1990 – 16 WF 41/90 – FamRZ 1991, 468 m. w. N.; OLG München v. 10.1.1990 – 26 UF 1785/88 – FamRZ 1990, 778.

> **Beispiel:**
> Unterhaltsberechtigte verlangt monatlichen Unterhalt von 400,00 €; Unterhaltsverpflichteter zahlt freiwillig 300,00 €. Antrag über 400,00 €. Für die Wertberechnung ist der geforderte Betrag von 400,00 € zugrunde zu legen.

140 Eine Besonderheit ergibt sich, wenn freiwillige Leistungen in einen **Vergleich** (→ Rn. 11) einbezogen werden.

> **Beispiel:**
> Unterhaltsverpflichteter zahlt freiwillig 300,00 €. Unterhaltsberechtigte verlangt monatlichen Unterhalt von 400,00 €, d.h. 100,00 € mehr und verlangt diesen Mehrbetrag im Unterhaltsverfahren. Im gerichtlichen Vergleich verpflichtet sich der Antragsgegner monatlich 350,00 € zu zahlen.

141 In diesem Fall ergeben sich **zwei Streitwerte,** denn bei Einreichung des Antrags ergibt sich der Wert allein aus dem Jahresbetrag des geforderten (Mehr-)Betrages von 100,00 €. Der **Vergleichswert** ist jedoch höher, denn dieser beinhaltet nun eine Regelung hinsichtlich der freiwilligen und der rechtshängigen Leistungen. Nach h. M. ist hier weder der Anspruch aus dem Antrag noch die Summe der streitigen und nichtstreitigen Unterhaltsansprüche maßgeblich, sondern der Wert des Vergleichs berechnet sich aus dem streitigen Anspruch zuzüglich eines im Wege der Schätzung gem. § 42 Abs. 1 FamGKG[200] zu ermittelnden Betrages, der das Titulierungsinteresse des unstreitigen Teils berücksichtigen soll. Hierbei schwankt die Rechtsprechung zwischen 5 % bis 50 % des Jahresbetrages der freiwilligen Leistungen.[201]

c) Auskunftsantrag

142 In Familiensachen kommen insbesondere in Unterhalts- oder Güterrechtssachen häufig Auskunftsansprüche vor.[202] In Unterhaltssachen gewährt z. B. § 1605 BGB in gerader Linie miteinander Verwandten einen gesetzlichen **Auskunftsanspruch** über Einkünfte und Vermögen, d. h. auf eine systematische, in sich geschlossene Zusammenstellung der erforderlichen Angaben, um dem Berechtigten ohne übermäßigen Arbeitsaufwand die Berechnung seines Unterhaltsanspruchs zu ermöglichen.[203] Der Wert eines solchen Auskunftsantrags zur Vorbereitung der erstmaligen Geltend-

---

200 Zuvor ergab sich die Wertfestsetzung aus § 3 ZPO.
201 OLG Nürnberg v. 17.12.1993 – 7 WF 3665/93 – FamRZ 1996, 503 (LS) = AGS 1995, 2 m. Anm. *Madert;* HansOLG v. 19.11.1987 – 12 WF 131/87 – KostRspr zu § 17 GKG Nr. 101 m. Anm. *Schneider;* OLG Frankfurt v. 25.10.1984 – 4 WF 217/84 – JurBüro 1985, 424.
202 Siehe hierzu *Thiel/Schneider,* FPR 2012, 279.
203 BGH v. 29.6.1983 – IVb ZR 391/81 – FamRZ 1983, 996 = NJW 1983, 2243; OLG München v. 11.8.1995 – 12 WF 918/95 – FamRZ 1996, 307.

machung von Unterhalt bestimmt sich nach einem **Bruchteil** des vollen voraussichtlichen **Unterhaltsanspruchs**.[204] Er ist gem. § 42 Abs. 1 FamGKG zu schätzen, die Rechtsprechung geht dabei von Werten aus, die ¼ bis ¹/₁₀ des Leistungsanspruchs betragen.[205] Die meisten obergerichtlichen Entscheidungen zu diesem Problem befassen sich mit dem Wert der Beschwer für ein Rechtsmittelverfahren gegen eine Verurteilung zur Auskunftserteilung.[206] Auch hierfür gilt der Grundsatz, dass das wirtschaftliche Interesse Ausschlag gebend ist, allerdings gibt der Leistungsanspruch hier allenfalls einen Anhaltspunkt, denn der Wert des Auskunftsanspruchs ist nicht identisch mit dem Leistungsanspruch und in der Rechtsmittelinstanz geht es um das wirtschaftliche Interesse an der Auskunftserteilung. Systematisch richtig wird dann bei der Ermittlung des Wertes § 9 ZPO zugrunde gelegt und nicht § 42 FamGKG, da es sich insoweit um den Prozessstreitwert und nicht den Verfahrenswert handelt.

d) Stufenantrag

Häufig werden **Auskunfts- und Leistungsanträge** dergestalt miteinander verbunden, dass im Wege eines **Stufenantrags** erst die Auskunft zu erteilen ist, deren Richtigkeit u.U. zu versichern ist und der Leistungsantrag zunächst unbeziffert bleibt, § 254 ZPO i. V. m. § 113 Abs. 1 FamFG.[207] In diesem Fall ist für die Berechnung des Verfahrenswertes § 38 FamGKG einschlägig, wonach nur einer der verbundenen Ansprüche maßgebend ist und zwar der höhere.[208] Das bedeutet, dass eine Bewertung sowohl des Auskunfts- als auch des Leistungsanspruchs zu erfolgen hat. Zur Bewertung des Auskunftsanspruchs gilt das unter → Rn. 142 Gesagte. Daraus folgt, dass der Leistungsanspruch regelmäßig der höhere Anspruch sein muss. Er richtet sich nach dem gem. § 42 Abs. 1 FamGKG geschätzten Wert des noch nicht bezifferten Zahlungsanspruchs, d. h. nach den ursprünglichen Zahlungserwartungen des Antragstellers.[209] Dabei bleibt es auch, wenn sich herausstellt,

143

---

204 OLG Köln v. 23.3.2012 – 4 WF 10/12 – juris; KG v. 18.9.1995 – 12 W 5217/95 – FamRZ 1996, 500 m. w. N.; OLG Düsseldorf v. 15.4.1991 – 3 UF 252/90 – FamRZ 1991, 1315; Zöller/*Herget*, ZPO, § 3 Rn. 16 (Auskunft).
205 Zöller/*Herget*, ZPO, § 3 Rn. 16 (Auskunft) m. w. N.
206 BGH v. 25.4.2007 – XII ZB 10/07 – NJW-RR 2007, 1009; BGH v. 21.4.1999 – XII ZB 158/98 – FamRZ 1999, 1497; BGH v. 8.1.1997 – XII ZR 307/95 – FamRZ 1997, 546; BGH v. 2.6.1993 – IV ZR 211/92 – FamRZ 1993, 1189.
207 Zum Stufenantrag siehe Bork/Jacoby/Schwab/*Kodal*, Vor § 231 Rn. 3ff.
208 Die Vorschrift entspricht § 44 GKG.
209 SchlHOLG v. 8.8.2013 – 15 WF 269/13 – SchlHA 2014, 36; ThürOLG v. 30.7.2012 – 1 WF 396/12 – FamRZ 2013, 489; OLG Stuttgart v. 17.11.2011 – 18 WF 227/11 – FamRZ 2012, 393; OLG Celle v. 17.6.2011 – 10 WF 164/11 – FamRZ 2011, 1809; BbgOLG v. 16.10.2008 – 10 WF 113/08 – FamRZ 2009, 1704; OLG Düsseldorf v. 31.3.2008 – 3 WF 44/08 – AGS 2008, 303; OLG Hamm v. 28.4.2004 – 11 WF

dass der Anspruch nicht oder nicht in dieser Höhe begründet ist;[210] sodass der Antrag schon insgesamt nach der ersten Stufe abgewiesen wird.[211] Auch in diesem Fall ist der Zahlungsanspruch zu bewerten, dabei hat er sich an den ursprünglichen Vorstellungen des Antragstellers bei Einleitung des Verfahrens zu orientieren.[212] Ansonsten ist der Wert des Leistungsanspruchs zunächst zu schätzen, da er erst nach erteilter Auskunft feststehen kann; werden die Leistungsanträge später höher beziffert, sind die (nun) bezifferten Anträge maßgeblich;[213] denn für die Wertberechnung ist der Zeitpunkt der jeweiligen Antragstellung maßgeblich, § 34 FamGKG.[214]

Beispiel:

Stufenantrag

Antragstellerin erhebt am 8. Februar 2014 für sich und für ihren ebenfalls unterhaltsberechtigten Sohn Stufenantrag auf Auskunft und Zahlung eines noch zu beziffernden zukünftigen Unterhalts. Der Wert der Auskunftsstufe wird auf vorläufig 2.500,00 € festgesetzt, der des Unterhalts auf 10.000,00 €.

Mit Teilbeschluss v. 28.6.2014 wird der Antragsgegner verpflichtet, Auskunft über sein Einkommen und sein Vermögen zu erteilen.

Nach Erteilung der Auskunft wird mit Antrag v. 8. März 2015 der Unterhalt wie folgt beziffert:

Antragstellerin zu 1) verlangt ab April 2015 monatlich 770,00 € und zu ihren Händen für den Antragsteller zu 2), den Sohn, monatlich 272,00 € Unterhalt. Außerdem wird für die Zeit von Juni 2014 bis März 2015 ein Unterhaltsrückstand von 3.850,00 € geltend gemacht, dabei sind vom Antragsgegner inzwischen gezahlte Beträge bereits verrechnet worden.

Verfahrenswert: 13.636,00 €

Wertberechnungszeitpunkt ist der Eingangszeitpunkt des Stufenantrags, hier der 8.2.2014 gem. § 34 FamGKG. Hinsichtlich des Verfahrenswertes gilt § 38 FamGKG, wonach nur der höhere der verbundenen Ansprüche maßgebend ist.

Bei Einreichung des Antrags sind die Werte der Stufenanträge zu schätzen, § 42 Abs. 1 FamGKG, was das Gericht mit der vorläufigen Wertfestsetzung getan hat.

Für den Unterhalt gilt § 51 Abs. 1 S. 1 sowie § 51 Abs. 2 S. 1 FamGKG, sodass nach Bezifferung die Berechnung wie folgt vorzunehmen ist:

103/04 – FamRZ 2004, 1664; KG v. 27.6.2006 – 1 W 89/06 – JurBüro 2006, 594; a.A. OLG Köln v. 23.3.2012 – 4 WF 10/12 –MDR 2012, 919; OLG Stuttgart v. 29.3.2005 – 16 WF 3/05 – FamRZ 2005, 1765 (Wert der Auskunftsstufe).
210 OLG Köln v. 23.3.2012 – 4 WF 10/12 – juris.
211 KG v. 26.4.2007 – 12 W 34/07 – AGS 2008, 40.
212 OLG Hamm v. 14.3.2013 – 6 WF 329/12 – juris; SchlHOLG v. 8.8.2013 – 15 WF 269/13 – juris.
213 OLG Hamm v. 17.9.2013 – 6 WF 191/13 – juris.
214 HansOLG Bremen v. 18.6.2013 – 5 WF 64/13 – juris.

Antragstellerin zu 1) 12 × 770,00 € = 9.240,00 € für die Zeit von März 2014 bis Februar 2015 zuzüglich 770,00 € Rückstand für die bei Einreichung fälligen Beträge für Februar 2014 = 10.100,00 €.

Antragsteller zu 2) 12 × 272,00 € plus 1 Monat Rückstand = 3.536,00 €.

Das Datum des bezifferten Antrags spielt keine Rolle, da der Stufenantrag und damit auch der Leistungsantrag bereits am 8.2.2014 anhängig waren. Nach Anhängigkeit kann es hinsichtlich der Berechnung des Gebührenstreitwertes nicht zu Rückständen kommen; aus diesem Grund sind nach Anhängigkeit geleistete Zahlungen ebenfalls nicht zu berücksichtigen.

Im Verhältnis zur Auskunftserteilung stellt die **eidesstattliche Versicherung** der Richtigkeit der Angaben keinen eigenen Gegenstand dar; das soll nach einer Meinung nur nicht gelten, wenn lediglich der Auskunftsanspruch und der Anspruch auf Abgabe der eidesstattlichen Versicherung geltend gemacht werden.[215] In diesem Fall liegt aber wohl kein eigentlicher Stufenantrag vor, denn es fehlt die Leistungsstufe. Es ist der Auffassung zu folgen, dass insoweit nach § 33 Abs. 1 FamGKG zu verfahren ist.[216] Beide Anträge sind zu beziffern und zusammenzurechnen, wobei der Wert der eidesstattlichen Versicherung allenfalls einen Bruchteil des Auskunftswertes ausmachen kann. 144

e) Abänderungsantrag

Wird die **Abänderung** eines Unterhaltstitels gem. § 238 FamFG begehrt, ist ebenfalls § 51 Abs. 1 FamGKG einschlägig. Der Verfahrenswert wird aus dem **Jahresbetrag der Differenz** zum abzuändernden Titel ermittelt, wenn nicht der Gesamtbetrag der Änderung geringer als ein Jahresbetrag ist. Rückstände sind grundsätzlich nicht möglich, es sei denn, es handelt sich um einen Fall von § 238 Abs. 3 S. 2 FamFG, wenn nach materiellem Recht auch auf einen früheren Zeitpunkt als die Antragszustellung abgestellt werden kann, nämlich schon ab Zugang der Aufforderung zur Auskunft bzw. ab Verzug, dann sind die bei Antragseinreichung fälligen Beträge hinzuzurechnen, § 51 Abs. 2 S. 1 FamGKG. 145

Wird zugleich ein Antrag auf **Rückzahlung** des zu viel gezahlten Unterhalts gestellt, ist dafür kein besonderer Streitwert anzusetzen,[217] das gilt auch im Falle des hilfsweise gestellten Rückzahlungsanspruchs.[218] Wird mit dem Abänderungsantrag eine Erhöhung des Unterhalts und mit einem **Wideran-** 146

---

215 OLG Bamberg v. 11.5.1995 – 7 WF 47/95 – FamRZ 1997, 40 – das in diesem Fall aber zu Recht § 44 GKG (§ 18 GKG a. F.) nicht anwenden will.
216 HK-FamGKG/*Norbert Schneider*, § 38 Rn. 6.
217 OLG Karlsruhe v. 13.2.2012 – 18 WF 169/11 – FamRZ 2013, 325.
218 KG v. 5.10.2012 – 19 WF 138/10 – FamRZ 2011, 754; OLG Karlsruhe v. 15.10.1998 – 16 WF 100/98 – FamRZ 1999, 608.

trag eine Herabsetzung verlangt, liegen wirtschaftlich verschiedene Gegenstände vor, es erfolgt eine Zusammenrechnung der Werte (→ Rn. 137).[219]

147 Für **Vollstreckungsgegenanträge** gilt das für die Abänderungsantrag Gesagte, d. h. ihr Wert richtet sich danach, in welchem Umfang die erstrebte Ausschließung der Zwangsvollstreckung begehrt wird.[220] Soll die Zwangsvollstreckung nur hinsichtlich eines bestimmten Teilbetrages für unzulässig erklärt werden, ist dieser Betrag zugrunde zu legen.[221]

f) **Feststellungsantrag**

148 Ein **Feststellungsantrag** kann auf Feststellung des Bestehens (positive bzw. behauptende) oder Nichtbestehens (negative bzw. leugnende) eines Rechtsverhältnisses gerichtet sein. Feststellungsanträge kommen im familiengerichtlichen Verfahren überwiegend in Abstammungssachen oder in Ehesachen vor. In Unterhaltssachen wird ein reiner Feststellungsantrag in der Praxis zwar nicht besonders häufig vorkommen, da dieses bei Familienstreitsachen aber grundsätzlich möglich ist, soll an dieser Stelle kurz auf die Wertberechnung eingegangen werden. Maßgeblicher Wert ist das **Feststellungsinteresse** des Antragstellers, das nach altem Recht mangels spezieller Vorschrift gem. § 48 Abs. 1 S. 1 GKG i. V. m. § 3 ZPO durch das Gericht zu bestimmen war.[222] Jetzt gilt wiederum die Auffangvorschrift des § 42 FamGKG, wonach in vermögensrechtlichen Angelegenheiten der Verfahrenswert nach billigem Ermessen zu bestimmen ist; der Wert in nichtvermögensrechtlichen Angelegenheiten unter Berücksichtigung aller Umstände des Einzelfalls, insbesondere des Umfangs und der Bedeutung der Sache und der Vermögens- und Einkommensverhältnisse der Beteiligten, nach billigem Ermessen zu bestimmen, jedoch nicht über 500.000,00 € anzunehmen ist. Die neue Regelung ändert nichts an den durch die Rechtsprechung entwickelten Bewertungsgrundsätzen.

149 Bei einem **positiven** Feststellungsantrag ist ein Abschlag von 20 % gegenüber dem Wert eines entsprechenden Leistungsantrags zu machen.[223] Bei einem **negativen** Feststellungsantrag ist wegen der vernichtenden Wirkung eines obsiegenden Urteils vom vollen Wert auszugehen.[224] Wird die Feststellung beantragt, dass der Antragsgegner nicht mehr verpflichtet ist

---

219 *Lappe*, Rn. 58.
220 BGH v. 2.2.1962 – V ZR 70/60 – NJW 1962, 806; OLG Karlsruhe v. 27.6.2003 – 16 WF 77/03 – FamRZ 2004, 1226; OLG Koblenz v. 18.2.2000 – 13 WF 64/00 – FamRZ 2001, 845 (LS).
221 OLG München v. 20.4.2012 – 12 WF 670/12 – FamRZ 2013, 147.
222 Siehe insoweit Zöller/*Herget*, ZPO, 27. Auflage 2009, § 3 Rn. 16 (Feststellungsklagen).
223 BGH v. 12.7.2012 – VII ZR 134/11 – NJW-RR 2012, 1107 (Baumängel); BGH v. 26.5.1965 – IV ZR 170/64 – NJW 1965, 2298.
224 BGH v. 15.6.1951 – V ZR 46/50 – BGHZ 2, 286; KG v. 19.2.2009 – 2 U 66/05 – KGR 2009, 358; Zöller/*Herget*, ZPO, § 3 ZPO Rn. 16 (Feststellungsklage) m. w. N.

Unterhalt zu zahlen, berechnet sich der Verfahrenswert nach § 51 Abs. 1 FamGKG. Nach überwiegender Auffassung sind **Rückstände** dem Feststellungsantrag fremd und können nicht berücksichtigt werden.²²⁵ Wird gegen einen im Wege der einstweiligen Anordnung ergangenen Unterhaltstitel negativer Feststellungsantrag erhoben, berechnet sich der Verfahrenswert ebenfalls nach § 51 Abs. 1 FamGKG;²²⁶ da eine feststellende Entscheidung die fehlende Unterhaltspflicht endgültig und nicht nur vorläufig feststellt.

7. Vereinfachtes Verfahren über den Unterhalt Minderjähriger

Die Vorschriften über das vereinfachte Verfahren über den Unterhalt Minderjähriger finden sich in §§ 249 bis 260 FamFG.²²⁷ Dabei entsprechen die Normen inhaltlich den nach altem Recht einschlägigen §§ 645 ff. ZPO a.F.,²²⁸ zur Vereinheitlichung des Sprachgebrauchs wurden die Formulierungen lediglich geringfügig angepasst.

150

Das zuvor in § 653 ZPO geregelte Verfahren über den Unterhalt bei Feststellung der Vaterschaft findet sich in § 237 FamFG (→ Rn. 88) und die nach altem Recht vorgesehene Abänderungsklage (§ 654 ZPO a.F.) ist in § 240 FamFG geregelt, wonach eine rechtskräftige Entscheidung nach § 237 oder auch nach § 253 FamFG auf Antrag abgeändert werden kann, sofern nicht bereits ein Antrag auf Durchführung des streitigen Verfahrens nach § 255 FamFG gestellt worden ist.

Die §§ 655, 656 ZPO a.F. wurden nicht übernommen, weil die Anordnung der Kindergeldverrechnung bei der Tenorierung zunehmend in dynamisierter Form erfolgt und somit nur ein geringes Bedürfnis für derlei Sondervorschriften vorhanden sei. Auch das vereinfachte Abänderungsverfahren hat an Bedeutung verloren, sodass es nach Meinung des Gesetzgebers dem Verpflichteten zuzumuten sei, diesen Umstand bei Überschreiten der Wesentlichkeitsschwelle im Wege eines regulären Abänderungsverfahrens geltend zu machen.²²⁹

Ein **minderjähriges Kind**,²³⁰ das **nicht** mit dem in Anspruch genommenen Unterhaltsschuldner in einem Haushalt lebt und eine **dynamisierte**

151

---

225 BGH v. 26.4.1951 – III ZR 208/50 – BGHZ 2, 74; OLG Karlsruhe v. 20.3.1996 – 5 WF 2/96 – FamRZ 1997, 39; a.A. OLG Köln v. 8.1.2001 – 27 WF 228/00 – FamRZ 2001, 1385 m.w.N.
226 SchlHOLG v. 5.2.1992 – 15 WF 167/91 – JurBüro 1992, 488; OLG Hamm v. 8.12.1987 – 2 WF 574/87 – JurBüro 1988, 656.
227 Ausführlich MüKoFamFG/*Macco*, §§ 249 ff.; Bork/Jacoby/Schwab/*Hütter*, §§ 249 ff.
228 § 645 ZPO neu gefasst durch Art. 3 Abs. 3 Nr. 1 des Gesetzes zur Änderung des Unterhaltsrechts v. 21.12.2007 – BGBl. I S. 3189.
229 Gesetzesbegründung BT-Drs. 16/6308 S. 261.
230 Nicht das gleichgestellte nicht verheiratete Kind bis zum 21. Lebensjahr gem. § 1603 Abs. 2 BGB; siehe auch *Georg*, Rpfleger 2004, 429.

Unterhaltsrente verlangt, kann sich des vereinfachten Verfahrens nach §§ 249 ff. FamFG bedienen, d. h. der Unterhaltsgläubiger kann wählen, ob er das vereinfachte Verfahren oder das Unterhaltsstreitverfahren betreibt.[231] Nach § 249 Abs. 1 FamFG kann Unterhalt im vereinfachten Verfahren festgesetzt werden, soweit der Unterhalt vor Berücksichtigung der Leistungen nach §§ 1612b, 1612c BGB das **1,2-fache des Mindestunterhalts** nach § 1612a Abs. 1 BGB nicht übersteigt.[232] Eine Prüfung des materiellen Unterhaltsanspruchs erfolgt im vereinfachten Verfahren nicht. Das Verfahren ist zudem nur zulässig, wenn über den Unterhalt des Kindes weder ein zur Zwangsvollstreckung geeigneter Titel oder eine gerichtliche Entscheidung vorliegen, noch ein darauf gerichtetes Verfahren anhängig ist, § 249 Abs. 2 FamFG.[233]

152 Das vereinfachte Verfahren gehört zu den **Familienstreitsachen**,[234] da das Gesetz hierfür keine Abweichung vorsieht, §§ 112 Nr. 1, 231 Abs. 1 FamFG. Danach gilt es auch wieder § 113 FamFG zu beachten, wonach der allgemeine Teil des FamFG ganz überwiegend nicht einschlägig ist und dafür aber die Vorschriften der ZPO nach Maßgabe des § 113 Abs. 1 S. 2 FamFG gelten. Vorrangig sind jedoch die §§ 249 ff. FamFG.

153 Das Verfahren ist auf den **Rechtspfleger** übertragen gem. § 3 Nr. 3g i. V. m. § 25 Nr. 2c RPflG und deshalb ergibt sich die Ausnahme vom Anwaltszwang, der ansonsten in Unterhaltssachen nach neuem Recht gem. § 114 Abs. 1 FamFG gilt, **nicht** aus § 114 Abs. 4 Nr. 6 FamFG i. V. m. § 78 Abs. 3 ZPO[235] sondern aus § 13 RPflG, der ausdrücklich die Anwendung von § 114 Abs. 1 FamFG ausschließt. Nur für den Fall des § 257 FamFG, wonach die Antrags- bzw. Erklärungsaufnahme vom Urkundsbeamten der Geschäftsstelle vorgenommen werden kann, ergibt sich die Ausnahme vom Anwaltszwang aus § 114 Abs. 4 Nr. 6 FamFG i. V. m. § 78 Abs. 3 ZPO.

154 Im vereinfachten Verfahren dürfen nur im beschränkten Umfang **Einwendungen** berücksichtigt werden, damit die Entscheidung nicht verzögert wird.[236] Das Gesetz unterscheidet zwischen Einwendungen, über deren Begründetheit das Gericht entscheidet (§ 252 Abs. 1 FamFG) und Ein-

---

231 OLG Naumburg v. 29.10.1999 – 3 WF 169/99 – FamRZ 2001, 924 (LS).
232 Nach bis zum 31.12.2007 geltendem Recht konnte im vereinfachten Verfahren dynamischer Unterhalt nach der Regelbetrag-VO von nicht mehr als 150% des Regelbetrages vor Anrechnung der nach §§ 1612b, 1612c BGB zu berücksichtigenden Leistungen festgesetzt werden.
233 Ausführlich siehe MüKoFamFG/*Macco*, § 249 Rn. 18 ff.
234 So auch OLG Köln v. 22.12.2011 – 4 UFH 4/11 – FamRZ 2012, 1164.
235 So aber Bork/Jacoby/Schwab/*Hütter*, § 249 Rn. 1; Keidel/*Giers*, § 249 Rn. 6; Prütting/Helms/*Bömelburg*, FamFG, § 250 Rn. 3.
236 Übersichtliches Schema zum Verfahrensablauf siehe bei Bork/Jacoby/Schwab/*Hütter*, Vor § 249 Rn. 5.

wendungen, über deren Zulässigkeit das Gericht entscheidet (§ 252 Abs. 2 FamFG). Einwendungen nach § 252 Abs. 2 FamFG sind vom Rechtspfleger nur eingeschränkt zu prüfen, nämlich nur im Hinblick auf deren Zulässigkeit und nicht auf deren Begründetheit. Sind die Einwendungen nicht zulässig erhoben, erfolgt Zurückweisung im Festsetzungsbeschluss. Sind die Einwendungen jedoch ordnungsgemäß erhoben und auch zulässig, teilt der Rechtspfleger dieses dem Antragsteller mit. Hat der Antragsgegner sich zugleich mit den Einwendungen verpflichtet, einen Teilbetrag zu zahlen, so kann der Antragsteller gem. § 254 S. 2 FamFG beantragen, dass in dieser Höhe ein **Teilfestsetzungsbeschluss** erlassen wird.

Werden keine oder lediglich zurückzuweisende oder unzulässige Einwendungen erhoben, wird der Unterhalt durch **Beschluss** festgesetzt, § 253 Abs. 1 S. 1 FamFG. In dem Beschluss ist auszusprechen, dass der Antragsgegner den festgesetzten Unterhalt an den Unterhaltsberechtigten zu zahlen hat. Außerdem sind auch die bis dahin entstandenen erstattungsfähigen **Kosten des Verfahrens festzusetzen,** soweit sie ohne Weiteres ermittelt werden können; es genügt, wenn der Antragsteller die zu ihrer Berechnung notwendigen Angaben dem Gericht mitteilt, § 253 Abs. 1 S. 2 FamFG.

Nach § 113 Abs. 1 FamFG, §§ 329, 308 Abs. 2 ZPO ist eine **Kostenentscheidung** für die Kosten des Festsetzungsverfahrens zu treffen. Abweichend von den ZPO-Vorschriften gilt in erster Linie die Regelung des § 243 FamFG,[237] wonach in Unterhaltssachen nach billigem Ermessen über die Verteilung der Kostentragung zu entscheiden ist. Dabei hat der Rechtspfleger auch zu berücksichtigen wie das Verhältnis von Obsiegen und Unterliegen sowie die Dauer der Unterhaltsverpflichtung ist. Wenn ein Beteiligter vor Beginn des Verfahrens seiner Verpflichtung zur Auskunftserteilung gem. §§ 1361, 1580 BGB nicht oder nicht vollständig nachgekommen ist, ist dieses ebenfalls zu bedenken. Ergänzend gelten jedoch auch die Kostengrundsätze der ZPO (§§ 91a, 92, 93, 269 Abs. 3).[238]

In dem Beschluss ist darauf hinzuweisen, welche Einwendungen mit der Beschwerde geltend gemacht werden können und unter welchen Voraussetzungen eine Abänderung verlangt werden kann, § 253 Abs. 2 FamFG. Mit der **Beschwerde** können nämlich nur die in § 252 Abs. 1 FamFG bezeichneten Einwendungen, die Zulässigkeit von Einwendungen nach § 252 Abs. 2 FamFG sowie die Unrichtigkeit der Kostenentscheidung oder Kostenfestsetzung, sofern sie nach allgemeinen Grundsätzen anfechtbar sind, geltend gemacht werden. Auf Einwendungen nach § 252 Abs. 2 FamFG, die nicht erhoben waren, bevor der Festsetzungsbeschluss verfügt war, kann die Beschwerde nicht gestützt werden, § 256 FamFG.

---

[237] OLG Köln v. 22.12.2011 – 4 UFH 4/11 – FamRZ 2012, 1164.
[238] OLG Hamm v. 30.1.2013 – 9 WF 256/12 – juris; MüKoFamFG/*Macco*, § 253 Rn. 6.

156 Zur Berechnung des Verfahrenswertes siehe → Rn. 136. Auch im vereinfachten Verfahren zählt der Monat der Einreichung des Antrags zum Rückstand im Sinne von § 51 Abs. 2 FamGKG.[239]

157 Für die Abänderung eines rechtskräftigen Beschlusses nach §§ 240, 253 FamFG erfolgt die Wertberechnung ebenfalls nach § 51 Abs. 1 S. 2 FamGKG, d. h. zugrunde gelegt wird der Jahresbetrag der Differenz. Im Übrigen siehe → Rn. 145.

8. Unterhaltsansprüche nach § 1615l BGB

158 § 1615l BGB sieht für die nichteheliche Mutter[240] bei Bedürftigkeit **Mutterschutzunterhalt** für die Zeit von sechs Wochen vor bis acht Wochen nach der Geburt des Kindes, Ersatz von Schwangerschafts- und Entbindungskosten sowie **Krankheitsunterhalt** wegen durch Schwangerschaft oder Entbindung verursachter Krankheit vor. Von großer praktischer Bedeutung ist jedoch der **Betreuungsunterhalt** nach § 1615l Abs. 2 S. 2 BGB wegen der Pflege und Erziehung des Kindes bis zur Vollendung des dritten Lebensjahres des Kindes und u.U. auch noch darüber hinaus. Nach § 1615l Abs. 4 BGB steht dieser Anspruch auch dem Vater zu, wenn er das Kind betreut.

159 Für die Wertberechnung der Unterhaltsansprüche gilt § 51 Abs. 1 S. 1 FamGKG, wobei bei Zeiträumen, die kürzer als ein Jahr sind, der geforderte Betrag maßgebend ist, wie z. B. beim Mutterschutzunterhalt. Beim Ersatz von Schwangerschafts- und Entbindungskosten bildet der geforderte Betrag den Wert, § 35 FamGKG.

9. Unterhaltssachen nach dem BKGG und dem EStG

160 Hierbei handelt es sich nicht um Familienstreitsachen, sondern um **gewöhnliche Familiensachen** (→ Rn. 116). § 51 Abs. 3 FamGKG ordnet an, dass der Wert 500,00 € beträgt,[241] allerdings kann das Gericht einen höheren Wert ansetzen, wenn nach den besonderen Umständen des Einzelfalles der niedrige Festwert unbillig ist.

---

239 BbgOLG v. 20.8.2002 – 10 WF 42/02 – FamRZ 2004, 962.
240 Nach Auffassung *Büttners* in FamRZ 2000, 781, bleibt die Mutter auch nach der Kindschaftsrechtsreform eine nichteheliche Mutter und der Vater ein nichtehelicher Vater – auch wenn sie keine „nichtehelichen" Kinder mehr haben –, wenn nach der Definition des § 1615a BGB keine Vaterschaft nach §§ 1592 Nr. 1, 1593 BGB besteht bzw. wenn die Eltern das Kind nicht während ihrer Ehe gezeugt oder nach seiner Geburt die Ehe miteinander geschlossen haben.
241 Wert von 300,00 € auf 500,00 € geändert durch Art. 5 Nr. 22 d) 2. KostRMoG.

IX. Güterrechtssachen

1. Definition und Besonderheiten des Verfahrensrechts

Güterrechtssachen sind gem. § 261 Abs. 1 FamFG Verfahren, die Ansprüche aus dem ehelichen Güterrecht betreffen, auch wenn Dritte am Verfahren beteiligt sind. Güterrechtssachen sind auch Verfahren nach § 1365 Abs. 2, § 1369 Abs. 2 und den §§ 1382, 1383, 1426, 1430 und 1452 BGB sowie nach § 1519 BGB in Verbindung mit Art. 5 Abs. 2, Art. 12 Abs. 2 S. 2 und Art. 17 des Abkommens vom 4. Februar 2010 zwischen der Bundesrepublik Deutschland und der Französischen Republik über den Güterstand der Wahl-Zugewinngemeinschaft, § 261 Abs. 2 FamFG.[242]

161

Die Formulierung des § 261 Abs. 1 FamFG entspricht § 621 Abs. 1 Nr. 8 ZPO a. F, d. h. es handelt sich um Verfahren insbesondere auf Zugewinnausgleich (§§ 1378, 1371 Abs. 2, 3 BGB), auf Auskunft über das Endvermögen (§ 1379 BGB) und über Vermögensminderungen, die gem. § 1375 Abs. 2 BGB zum Endvermögen hinzuzurechnen sind. Güterrechtssachen nach § 261 Abs. 1 FamFG gehören zur Kategorie der **Familienstreitsachen** (§ 112 Nr. 2 FamFG), in denen grundsätzlich die Vorschriften der ZPO anzuwenden sind (→ Rn. 25, 60).[243]

162

§ 261 Abs. 2 FamFG bezieht weitere Verfahrensgegenstände in den Begriff der Güterrechtssachen ein. Hierbei handelt es sich zunächst um die gerichtlichen Zuständigkeiten bei Gesamtvermögensgeschäften im gesetzlichen Güterstand (§ 1365 Abs. 2, § 1369 Abs. 2 BGB); aber auch die Verfahren nach den §§ 1382, 1383 BGB betreffend die Stundung der Ausgleichsforderung (§ 1382 Abs. 1 BGB), die Sicherheitsleistung für die gestundete Forderung (§ 1382 Abs. 3 BGB), die Aufhebung oder Änderung der Stundungs- und Sicherheitsleistung (§ 1382 Abs. 6 BGB) und die Übertragung von Vermögensgegenständen (§ 1383 Abs. 1 BGB); dieses entspricht § 621 Abs. 1 Nr. 9 ZPO. Schließlich sind Güterrechtssachen auch Verfahren nach den §§ 1426, 1430 und 1452 BGB. Außerdem wurde die Vorschrift zwischenzeitlich um bestimmte vergleichbare Verfahren bei Bestehen des deutsch-französischen Wahlgüterstands erweitert. Es handelt sich hierbei um bestimmte gerichtliche Aufgaben bei der Gütergemeinschaft. Güterrechtssachen nach § 261 Abs. 2 FamFG sind keine Familienstreitsachen, sondern Verfahren der **freiwilligen Gerichtsbarkeit**.[244]

163

---

242 § 261 Abs. 2 S. 2 FamFG eingefügt durch Art. 4 d. Ges. zu dem Abkommen v. 4. Februar 2010 zw. d. Bundesrepublik Deutschland und der Französischen Republik über den Güterstand der Wahl-Zugewinngemeinschaft v. 15.3.2012 – BGBl. I S. 178.
243 Ausführlich siehe MüKoFamFG/*Pasche*, § 261 Rn. 5 ff.
244 Siehe MüKoFamFG/*Pasche*, § 261 Rn. 17 ff.

Die Vorschrift definiert den neu eingeführten **Begriff der Güterrechtssache** und grenzt demgemäß Verfahren ab, die nicht zu den Familiensachen gehören oder gemäß § 266 Nr. 3 FamFG zwar zu den Familiensachen gehören, aber nicht als Güterrechtssachen angesehen werden.[245]

2. Zugewinngemeinschaft

164 Wird der **Zugewinnausgleich** im Rahmen eines Zahlungsantrags geltend gemacht, ist der geforderte Betrag als Verfahrenswert maßgeblich, § 35 FamGKG.

165 Unter Umständen wird im Rahmen eines **Stufenantrags** Auskunft, ggf. eidesstattliche Versicherung und Leistung begehrt. Für die Bewertung gilt das unter → Rn. 143 Gesagte. Kommt es im Falle eines erhobenen Stufenantrags zu keiner Bezifferung des Leistungsantrages, richtet sich der Verfahrenswert trotzdem nach dem – notfalls zu schätzenden – Wert des Leistungsbegehrens.[246]

166 Machen beide Eheleute wechselseitig Ausgleichsansprüche im Wege von **Antrag- und Widerantrag** geltend, ist strittig, ob es sich um verschiedene Gegenstände handelt oder nicht. Eine Zusammenrechnung der Werte hat zu erfolgen, wenn es sich um verschiedene Gegenstände handelt, § 39 Abs. 1 S. 1 FamGKG (→ Rn. 137 ff.), andernfalls gilt nur der höhere der beiden Werte. Die überwiegende Meinung in der Rechtsprechung geht davon aus, dass Antrag und Widerantrag in diesem Fall nicht wirtschaftlich identisch sind,[247] sodass es zu einer Zusammenrechnung kommen muss.[248] Es ist der Begründung zu folgen, wonach das Gericht bei einem einfachen Antrag lediglich zu prüfen habe, ob der Zugewinn des einen Ehegatten den des anderen übersteige. Im Fall des Widerantrags sei zusätzlich zu prüfen, ob und in welcher Größenordnung der Zugewinn des Widerantragstellers

---

245 Siehe Prütting/Helms/*Heiter*, FamFG § 361 Rn. 6.
246 SchlHOLG v. 8.8.2013 – 15 WF 269/13 – SchlHA 2014, 36; ThürOLG v. 30.7.2012 – 1 WF 396/12 – FamRZ 2013, 489; OLG Stuttgart v. 17.11.2011 – 18 WF 227/11 – FamRZ 2012, 393; OLG Celle v. 17.6.2011 – 10 WF 164/11 – FamRZ 2011, 1809; BbgOLG v. 16.10.2008 – 10 WF 113/08 – FamRZ 2009, 1704; OLG Düsseldorf v. 31.3.2008 – 3 WF 44/08 – AGS 2008, 303; OLG Hamm v. 28.4.2004 – 11 WF 103/04 – FamRZ 2004, 1664; KG v. 27.6.2006 – 1 W 89/06 – JurBüro 2006, 594; a.A. OLG Köln v. 23.3.2012 – 4 WF 10/12 –MDR 2012, 919; OLG Stuttgart v. 29.3.2005 – 16 WF 3/05 – FamRZ 2005, 1765 (Wert der Auskunftsstufe).
247 *Lappe*, Anm. zu OLG Koblenz KostRspr. GKG § 19 Nr. 98.
248 OLG Köln v. 23.1.2014 – 12 WF 168/13 – FamRZ 2014, 1800; OLG Celle v. 25.10.2010 – 10 WF 313/10 – FamRZ 2011, 134 = NJW-RR 2011, 223; OLG Stuttgart v. 31.3.2006 – 18 WF 71/06 – FamRZ 2006, 1055; OLG Köln v. 5.3.2001 – 14 WF 24/01 – FamRZ 2001, 1386; *Lappe*, Rn. 36; *Schneider/Herget*, Rn. 9102; a.A. OLG Hamm v. 2.8.2006 – 10 WF 140/06 – RVGreport 2007, 38 (*Hansens*).

niedriger sei, sodass das „Mehr" des Antrages und das „Weniger" des Widerantrages verschiedene Teile des Streitgegenstandes darstellen.[249]

Wird der **vorzeitige Zugewinnausgleich** beantragt (§§ 1385, 1386 BGB), handelt es sich um ein Gestaltungsverfahren, da mit der Rechtskraft der Entscheidung, durch die auf vorzeitigen Ausgleich des Zugewinns erkannt ist, Gütertrennung eintritt (§ 1388 BGB). Der Wert wird nach § 42 Abs. 1 FamGKG nach billigem Ermessen ermittelt und berechnet sich nach dem Interesse des beantragenden Teils an der Auflösung der Zugewinngemeinschaft.[250] Dem BGH folgend wird im Regelfall von ¼ des zu erwartenden Zugewinnausgleichs ausgegangen.[251] Einer anderen Meinung nach soll bei anhängigem Scheidungsantrag lediglich auf den Verzinsungsbetrag der Forderung abgestellt werden.[252] Nicht zu folgen ist der Auffassung, mangels genügender Anhaltspunkte sei vom Auffangwert in § 42 Abs. 3 FamGKG auszugehen,[253] da die Beteiligten zumindest ansatzweise eine Vorstellung vom Ausgleichsbetrag haben müssen. Zwischen einem Antrag auf vorzeitigen Zugewinnausgleich und einem Auskunftsantrag (§ 1379 BGB) besteht kein Stufenverhältnis,[254] sodass § 38 FamGKG nicht einschlägig ist; beide Ansprüche sind zu bewerten und zusammenzurechnen, § 33 Abs. 1 FamGKG. 167

Wegen gleichzeitiger Geltendmachung von Ausgleichsforderung und Stundung bzw. Übertragung von Vermögensgegenständen in einem Rechtsstreit siehe → Rn. 172 ff. 168

3. Gütergemeinschaft

Bei einem Verfahren auf Aufhebung der Gütergemeinschaft (§§ 1447, 1469 ff. BGB) ist der Wert gem. § 42 Abs. 1 FamGKG nach dem Interesse des Antragstellers zu schätzen; geht es um die Auseinandersetzung des Gesamtgutes (§§ 1471 ff. BGB) ist der vom Antragsteller beanspruchte Anteil wertbildend. Schulden sind in diesem Fall nicht abzuziehen.[255] 169

4. Weitere Güterrechtssachen

Im Verfahren der **freiwilligen Gerichtsbarkeit** werden die in § 261 Abs. 2 FamFG genannten Gegenstände entschieden. Leben die Ehegatten 170

---

249 OLG Köln v. 23.1.2014 – 12 WF 168/13 – FamRZ 2014, 1800.
250 BGH v. 11.10.1972 – IV ZR 12/72 – NJW 1973, 50.
251 So auch OLG Karlsruhe v. 18.8.2014 – 5 WF 105/14 – juris.
252 OLG Stuttgart v. 16.3.2009 – 16 WF 35/09 – FamRZ 2009, 1621.
253 OLG Köln v. 9.7.2014 – 12 UF 2/14 – juris; SchlHOLG v. 4.11.2011 – 12 WF 160/11 – FamRZ 2012, 897.
254 OLG Nürnberg v. 24.11.1997 – 7 WF 3549/97 – FamRZ 1998, 685.
255 BGH v. 24.4.1975 – III ZR 173/72 – NJW 1975, 1415.

im gesetzlichen Güterstand der **Zugewinngemeinschaft,** kann ein Ehegatte ein Rechtsgeschäft mit dem er über sein gesamtes Vermögen verfügen will, nur mit **Zustimmung** des anderen Ehegatten abschließen, § 1365 Abs. 1 S. 1 BGB. Gleiches gilt nach § 1369 Abs. 1 BGB auch für ihm gehörende Haushaltsgegenstände. Nach §§ 1365 Abs. 2, 1369 Abs. 2 BGB kann das FamG die notwendigen Zustimmungen auf Antrag eines Ehegatten ersetzen.

171 Der Verfahrenswert bemisst sich gem. § 36 Abs. 1 FamGKG nach dem Wert des zugrunde liegenden Geschäfts; § 38 GNotKG und die für die Beurkundung geltenden Geschäftswert- und Bewertungsvorschriften des GNotKG gelten entsprechend (→ Rn. 43 ff.). Verbindlichkeiten werden demnach nicht abgezogen, § 38 S. 1 GNotKG.

172 Weitere Verfahrensgegenstände können im Falle des Zugewinnausgleichs noch die **Stundung** der Ausgleichsforderung (§ 1382 Abs. 1 BGB), die **Sicherheitsleistung** für die gestundete Forderung (§ 1382 Abs. 3 BGB), die Aufhebung oder Änderung der Stundungs- und Sicherheitsleistung (§ 1382 Abs. 6 BGB) sowie die **Übertragung** von bestimmten **Vermögensgegenständen** (§ 1383 Abs. 1 BGB) sein. Verfahrensrechtlich ist hierbei zu beachten, dass § 265 FamFG eine Entscheidung durch einheitlichen Beschluss anordnet, wenn in einem Verfahren über eine güterrechtliche Ausgleichsforderung ein Antrag nach § 1382 Abs. 5 BGB auf Stundung der Ausgleichsforderung oder nach § 1383 Abs. 3 BGB ein Antrag auf Übertragung von Vermögensgegenständen gestellt wird.

173 In diesem Fall bestimmt sich der Wert nach § 42 FamGKG. Der Wert bei **Stundung** der Ausgleichsforderung bemisst sich nach dem Stundungsinteresse und nicht nach der Höhe der Forderung. Entsprechend der Dauer der Stundung wird von einem Bruchteil (1/5 bis 1/6) des Nennwertes ausgegangen, dabei kann es sich um ersparte Zinsaufwendungen oder andere Nachteile des Schuldners handeln.[256] Für die Bewertung der **Sicherheit** wird ein Bruchteil (1/10) des Anspruchs genommen.[257] Bei Aufhebung oder Änderung der Stundungs- und Sicherheitsleistungsentscheidung ist der Wert unter Berücksichtigung des zuvor Gesagten nach dem „Aufhebungs- bzw. Änderungsinteresse" zu berechnen.

174 Geht es um die **Übertragung von Vermögensgegenständen** bildet der Antrag die Bewertungsgrundlage.[258] Es wird überwiegend der Auffassung gefolgt, den Verkehrswert der Sache anzusetzen;[259] interessant ist aber die

---
256 *Lappe,* Rn. 37; BeckOK Streitwert/*Dürbeck,* Güterrechtsverfahren Rn. 8, 9.
257 BeckOK Streitwert/*Dürbeck,* Güterrechtsverfahren Rn. 11.
258 *Lappe,* Rn. 37.
259 OLG Frankfurt v. 11.7.1989 – 4 UF 43/89 – MDR 1990, 58; so auch BeckOK Streitwert/*Dürbeck,* Güterrechtsverfahren Rn. 8; Prütting/Helms/*Klüsener,* FamFG/FamGKG, § 42 Rn. 7.

Diskussion von *E. Schneider* und *Lappe* zu der Entscheidung des OLG Frankfurt, die die Frage aufwirft, ob nicht eher darauf abgestellt werden sollte, welcher Ausgleichsanspruch durch die Übertragung erledigt wird.[260]

Wird mit einer Güterrechtssache, die Familienstreitsache ist, wie z. B. der Zugewinnausgleich als Zahlungsantrag, gleichzeitig auch die Stundung der Forderung gem. § 1383 Abs. 1, 5 BGB oder die Übertragung bestimmter Vermögensgegenstände gem. § 1383 Abs. 1, 3 BGB geltend gemacht, ist **§ 52 FamGKG** einschlägig, wonach eine Zusammenrechnung der Werte zu erfolgen hat. 175

Weitere Güterrechtssachen sind die entsprechenden Zustimmungsersetzungsverfahren bei Gütergemeinschaft; wenn es um die Verfügung über das Gesamtgut im Ganzen oder um eine solche über ein Grundstück usw. geht, §§ 1423, 1424, 1426 BGB. Gleiches gilt für die Ersetzung der Zustimmung des verwaltenden Ehegatten zu einem ordnungsgemäßen Rechtsgeschäft des anderen Ehegatten gem. § 1430 BGB und die notwendige Zustimmung des anderen Ehegatten zu einem Rechtsgeschäft oder Rechtsstreit des verwaltenden Ehegatten, § 1452 BGB. 176

Auch hier bemisst sich der Verfahrenswert gem. § 36 Abs. 1 FamGKG nach dem Wert des zugrunde liegenden Geschäfts; pauschal wird sodann auf die für eine Beurkundung vorgesehenen besonderen Geschäftswert- und Bewertungsvorschriften des GNotKG verwiesen. 177

Dies sind die für Gerichte und Notare geltenden besonderen Geschäftswertvorschriften (§§ 40–45) und die für Beurkundungen geltenden besonderen Wertvorschriften (§§ 97 bis 111) des GNotKG (→ Rn. 45 bis 54).

X. Sonstige Familiensachen

Sonstige Familiensachen sind nach § 266 Abs. 1 FamFG Verfahren,[261] die 178

1. Ansprüche zwischen miteinander verlobten oder ehemals verlobten Personen im Zusammenhang mit der Beendigung des Verlöbnisses sowie in den Fällen der §§ 1298 und 1299 BGB zwischen einer solchen und einer dritten Person,
2. aus der Ehe herrührende Ansprüche,

---

260 Anm. *E. Schneider* und Lappe zu OLG Frankfurt in KostRspr. ZPO § 6 Nr. 125.
261 Siehe *Burger*, FamRZ 2009, 1017 ff.; ausführlich MüKoFamFG/*Erbarth*, § 266; Prütting/Helms/*Heiter*, FamFG, § 266.

3. Ansprüche zwischen miteinander verheirateten oder ehemals miteinander verheirateten Personen oder zwischen einer solchen und einem Elternteil im Zusammenhang mit Trennung oder Scheidung oder Aufhebung der Ehe,
4. aus dem Eltern-Kind-Verhältnis herrührende Ansprüche oder
5. aus dem Umgangsrecht herrührende Ansprüche betreffen,

sofern nicht die Zuständigkeit der Arbeitsgerichte gegeben ist oder das Verfahren eines der in § 348 Abs. 1 S. 2 Nr. 2 a) bis k) ZPO genannten Sachgebiete, das Wohnungseigentumsrecht oder das Erbrecht betrifft und sofern es sich nicht bereits nach anderen Vorschriften um eine Familiensache handelt.[262] Bei diesen unter Abs. 1 genannten Verfahren handelt es sich um Familienstreitsachen, § 112 Nr. 3 FamFG (→ Rn. 39, 60).[263]

179 Unter Nr. 1 zusammengefasst sind Ansprüche, die im Zusammenhang mit der Beendigung eines Verlöbnisses stehen, hierbei ist insbesondere an die Rückgabe von Geschenken und Zuwendungen gedacht.[264]

180 Nr. 2 umfasst aus der Ehe herrührende Ansprüche, wie Mitwirkungspflichten bei Steuererklärungen, aber auch Abwehr- und Unterlassungsansprüche (Ehestörungsklagen) sowie daraus resultierende Schadensersatzansprüche.

181 Im Gegensatz dazu stehen die unter Nr. 3 genannten Ansprüche, die im Zusammenhang mit der Trennung, Scheidung oder Aufhebung der Ehe stehen, hierzu gehört auch die Auseinandersetzung zwischen einem Ehegatten und dessen Eltern oder den Eltern des anderen Ehegatten. Weiterhin gehört dazu die Rückabwicklung von Zuwendungen der Schwiegereltern. Als Beispiele nennt die Gesetzesbegründung Verfahren wegen Auseinandersetzung einer Miteigentumsgemeinschaft oder Auflösung einer Innengesellschaft der Ehegatten sowie über Streitigkeiten wegen Gesamtschuldnerausgleich oder Rückgewähr von Zuwendungen oder über die Aufteilung von Steuerguthaben. Es handelt sich um die in der Praxis bei weitem bedeutsamste Regelung des § 266 Abs. 1 FamFG mit inzwischen umfangreicher Rechtsprechung.[265]

Während die ebenfalls in diesen Bereich fallenden nicht vermögensrechtlichen Ansprüche, wie auf Herstellung des ehelichen Lebens oder auf Feststellung des Rechts zum Getrenntleben eher eine geringe Rolle spielen,

---

262 Zur Abgrenzung siehe Prütting/Helms/*Heiter*, FamFG, § 266 Rn. 13 ff.
263 Gesetzesbegründung BT-Drs. 16/6308 S. 262.
264 So die Begründung des Gesetzgebers a. a. O.
265 Prütting/Helms/*Heiter*, FamFG, § 266 Rn. 46 ff.

da diese heute eher im Rahmen einer Mediation oder Eheberatung gelöst werden.[266]

Nr. 4 nennt aus dem Eltern-Kind-Verhältnis herrührende Ansprüche wie etwa Streitigkeiten wegen der Verwaltung des Kindesvermögens, auch soweit es sich um Schadenersatzansprüche handelt.   182

Nr. 5 umfasst aus dem Umgangsrecht herrührende Ansprüche, nicht aber die Kindschaftssache Umgangsrecht selbst. Hierunter fällt insbesondere ein Schadenersatzanspruch wegen Nichteinhaltens der Umgangsregelung.[267]   183

Als sonstige Familiensachen gem. § 266 Abs. 2 FamFG wird im Gesetz nur das Verfahren über einen Antrag nach § 1357 Abs. 2 S. 1 BGB genannt. Eine Erweiterung im Wege der Analogie auf andere Tatbestände soll nicht ausgeschlossen sein.[268]   184

Jeder Ehegatte ist berechtigt, Geschäfte zur angemessenen Deckung des Lebensbedarfs der Familie mit Wirkung auch für den anderen Ehegatten zu besorgen, § 1357 Abs. 1 S. 1 BGB. Ein Ehegatte kann diese Berechtigung des anderen Ehegatten beschränken oder ausschließen; besteht für die Beschränkung oder Ausschließung kein ausreichender Grund, so hat das Familiengericht sie auf Antrag aufzuheben, § 1357 Abs. 2 S. 1 BGB.   185

Bei dem Verfahren handelt es sich nicht um eine Familienstreitsache, sondern um eine gewöhnliche Familiensache der freiwilligen Gerichtsbarkeit, d. h. es gelten die §§ 1 bis 110, 111 bis 120 FamFG jedoch mit den in §§ 267, 268 FamFG geregelten Ausnahmen.   186

Eine spezielle Wertvorschrift sieht das FamGKG nicht vor, sodass für die jeweiligen Einzelfälle der Wert nach den allgemeinen Regeln zu bestimmen ist. Wird eine **Geldforderung** geltend gemacht, wie z. B. bei Schadenersatzansprüchen im Falle von § 266 Abs. 1 Nr. 4 oder 5 oder von Zuwendungen nach Nr. 1, dann bildet der Betrag den Verfahrenswert, § 35 FamGKG.   187

Wird die Herausgabe von Gegenständen wie z. B. von Verlobungsgeschenken nach Nr. 1 begehrt, dann ist der Wert gem. § 42 Abs. 1 FamGKG zu schätzen. Hierbei wird auf den jeweiligen Verkehrswert der Sache abzustellen sein.   188

Bei Auflösung einer Innengesellschaft der Eheleute oder der Auseinandersetzung einer Miteigentümergemeinschaft ist ebenfalls § 42 FamGKG   189

---

266 Ausführlich *Stein*, FPR 2011, 85.
267 BGH v. 19.6.2002 – XII ZR 173/00 – FamRZ 2002, 1099.
268 Prütting/Helms/*Heiter*, FamFG, § 266 Rn. 62.

anzuwenden. Der Wert bestimmt sich nach dem Interesse des die Auflösung oder Aufhebung begehrenden Antragstellers.

XI. Verbund von Scheidungs- und Folgesachen

190 Für die Ehesache **Scheidung** und bestimmte andere Familiensachen sieht auch das FamFG einen Verhandlungs- und Entscheidungsverbund vor, §§ 137 ff. FamFG.[269] Verbund ist die Bezeichnung für die aus materiell-rechtlichen Gründen grundsätzlich zwingende Zusammenfassung der Scheidungs- und der Folgesachen in ein und demselben Verfahren mit dem Ziel einer einheitlichen Endentscheidung, § 137 Abs. 1 FamFG. Dabei ist zu unterscheiden zwischen Folgesachen, die kraft Gesetzes Folgesachen sind, § 137 Abs. 2 FamFG und somit bei Rechtshängigkeit eines Scheidungsantrages automatisch in den Verbund fallen und solchen, die nur aufgrund eines besonderen Verfahrensantrags in den Verbund kommen, § 137 Abs. 3 FamFG.[270] Innerhalb dieser beiden Fallgruppen ist dann noch nach relevant, dass es sich bei einzelnen Verfahren um Amtsverfahren handelt.

191 **Folgesachen** gem. § 137 Abs. 2 FamFG sind

1. Versorgungsausgleichssachen,

2. Unterhaltssachen, sofern sie die Unterhaltspflicht gegenüber einem gemeinschaftlichen Kind oder die durch Ehe begründete gesetzliche Unterhaltspflicht betreffen mit Ausnahme des vereinfachten Verfahrens über den Unterhalt Minderjähriger,

3. **Ehewohnungs- und Haushaltssachen** und

4. **Güterrechtssachen,** wenn eine Entscheidung für den Fall der Scheidung zu treffen ist und die Familiensache spätestens zwei Wochen vor der mündlichen Verhandlung im ersten Rechtszug in der Scheidungssache von einem Ehegatten anhängig gemacht wird.

192 Für den Versorgungsausgleich in den Fällen der §§ 6 bis 19 und 28 des VersAusglG ist kein Antrag notwendig, d. h. über diesen ist von Amts wegen zu entscheiden. Die Anhängigkeit des von Amts wegen einzuleitenden Versorgungsausgleichs tritt aber erst nach der gerichtsinternen Prüfung ein, nämlich mit einer nach außen hin erkennbaren Initiative des Familien-

---

269 Hierzu ausführlich Bork/Jacoby/Schwab/*Löhnig*, § 137; MüKoFamFG/*Heiter*, § 137; Prütting/*Helms*, FamFG, § 137.
270 Prütting/*Helms*, FamFG, § 137 Rn. 24.

gerichts,²⁷¹ was der Fall ist, wenn es die Ehegatten und/oder Versorgungsträger um Auskunft auffordert.²⁷²

Nach § 137 Abs. 3 FamFG sind **Folgesachen auch Kindschaftssachen,** welche die Übertragung oder Entziehung der elterlichen Sorge, das Umgangsrecht oder die Herausgabe eines gemeinschaftlichen Kindes der Ehegatten oder das Umgangsrecht eines Ehegatten mit dem Kind des anderen Ehegatten betreffen, wenn ein Ehegatte vor Schluss der mündlichen Verhandlung im ersten Rechtszug in der Scheidungssache die Einbeziehung in den Verbund beantragt, es sei denn, das Gericht hält die Einbeziehung aus Gründen des Kindeswohls nicht für sachgerecht.

193

1. Verbundkonzeption beim Verfahrenswert/Gegenstandswert

Die Verbundkonzeption setzt sich auch beim **Verfahrenswert** fort, denn nach § 44 Abs. 1 FamGKG sind Scheidungssache und Folgesachen kostenrechtlich ein Verfahren. Danach sind die **Scheidungssache** und alle anhängig gemachten **Folgesachen** einzeln zu bewerten, d. h. der jeweilige Verfahrenswert ist zu ermitteln und dann **zusammen zu rechnen.**²⁷³ Im Verbundverfahren werden alle Werte addiert, auch wenn es sich um vermögensrechtliche und nichtvermögensrechtliche Ansprüche handelt, da § 33 Abs. 1 S. 2 FamGKG ausdrücklich keine Anwendung findet, § 44 Abs. 2 S. 3 FamGKG. Gemäß § 33 Abs. 1 S. 2 FamGKG ist, wenn mit einem nichtvermögensrechtlichen Anspruch ein aus ihm hergeleiteter vermögensrechtlicher Anspruch verbunden ist, nur einer dieser beiden Ansprüche maßgebend und zwar der höhere. Eine Besonderheit ergibt sich jedoch bei der Bewertung von bestimmten **Kindschaftssachen.** Sind nämlich die in § 137 Abs. 3 FamFG genannten Sorgerechts-, Umgangs- oder Kindesherausgabesachen (→ Rn. 193) Gegenstand des Verbundverfahrens, so berechnet sich deren Wert nicht wie bei isolierten Kindschaftssachen (→ Rn. 71), sondern es gilt § 44 Abs. 2 S. 1 FamGKG. Danach erhöht sich der Wert der Ehesache (§ 43 FamGKG) für jede Kindschaftssache um 20 %, höchstens aber um 3.000,00 € – im Übrigen siehe → Rn. 202 ff.

194

Für die Berechnung des **Gegenstandswertes** des Rechtsanwalts ist § 16 Nr. 4 RVG maßgeblich, wonach Scheidung und Folgesachen als **dieselbe Angelegenheit** im Sinne des Gesetzes gelten. Auch hier gilt der zusammengerechnete Wert als Grundlage für die Rechtsanwaltsgebühren.

195

---

271 BGH v. 30.9.1992 – XII ZB 100/89 – NJW 1992, 3293.
272 Prütting/*Helms*, FamFG, § 137 Rn. 55.
273 So die Gesetzesbegründung BT-Drs. 16/6308 S. 305; siehe auch *Enders*, FPR 2012, 273.

a) Scheidung

196 Es gilt das zuvor schon bei den **Ehesachen** unter → Rn. 61 ff. Gesagte, der Verfahrenswert bestimmt sich nach § 43 Abs. 1, 2 FamGKG. Auch wenn es in der gerichtlichen Praxis bisweilen nicht geschieht, so sind doch neben den Einkommensverhältnissen auch die Vermögensverhältnisse sowie alle Umstände des Einzelfalles, insbesondere Umfang und Bedeutung der Sache zu berücksichtigen.[274] Der Verfahrenswert für den Scheidungsantrag ist nicht von Art, Anzahl und Umfang etwaiger Folgesachen abhängig. Auch führt eine einvernehmliche Scheidung nicht zu einem Wertabschlag.[275] Das Gericht setzt den Wert gem. § 55 FamGKG fest, sodass dieser Wert auch für den Rechtsanwalt maßgeblich ist, § 32 Abs. 1 RVG.

b) Versorgungsausgleich

197 Beim Versorgungsausgleich richtet sich der Verfahrenswert nach **§ 50 FamGKG**, da es sich um Anrechte vor Scheidung handelt, beträgt der Wert für jedes Anrecht 10% des in drei Monaten erzielten Nettoeinkommens der Ehegatten. Als Wert für die Kostenentscheidung wird die Versorgungsausgleichssache auch berücksichtigt, wenn wegen des Todes eines der Ehegatten noch vor der mündlichen Verhandlung keine Entscheidung über den Versorgungsausgleich mehr nötig sein sollte.[276] Hat das Gericht bis dahin bereits alle Einkünfte eingeholt und an die Beteiligten weitergeleitet, besteht auch kein Anlass von § 50 Abs. 3 FamGKG Gebrauch zu machen.[277] Das gilt auch, wenn der Versorgungsausgleich durch Vereinbarung der Beteiligten ausgeschlossen wurde, da das Gericht bei dem von Amts wegen einzuleitenden Verfahren deren Wirksamkeit zu überprüfen hat.[278] Solange das Gericht jedoch kein Verfahren eingeleitet hat, ist der Versorgungsausgleich nicht wertmäßig und auch nicht kostenrechtlich zu berücksichtigen.[279]

Im Übrigen siehe → Rn. 108 ff.

c) Ehegattenunterhalt

198 Der Verfahrenswert richtet sich nach **§ 51 Abs. 1 FamGKG** und beträgt höchstens den Jahresbetrag des verlangten Unterhalts, **Rückstände**

---

274 Siehe ausführlich BbgOLG v. 23.6.2014 – 15 WF 11/14 – NJW-RR 2014, 6.
275 OLG Stuttgart v. 12.12.2008 – 17 WF 283/08 – FamRZ 2009, 1176.
276 OLG Oldenburg v. 17.3.2014 – 14 WF 46/14 – FamRZ 2014, 1805.
277 OLG Oldenburg a. a. O.
278 OLG München v. 31.5.2011 – 12 WF 831/11 – FamRZ 2011, 1813.
279 Ausführlich *Keske*, FPR 2012, 241.

gem. § 51 Abs. 2 FamGKG können im Verbundverfahren nicht anfallen, da der Unterhalt nur für den Fall der rechtskräftigen Scheidung begehrt wird. Nur wenn der Gesamtbetrag des Unterhaltsanspruchs beim Eingang des Antrags endgültig geringer ist als der einjährige Bezug, gilt die geringere Summe.

Im Übrigen siehe → Rn. 118 ff.

d) Kindesunterhalt

Der Verfahrenswert berechnet sich ebenfalls nach **§ 51 Abs. 1 Fam-GKG,** wonach der für die **ersten zwölf Monate nach** Einreichung des Antrags geforderte Betrag maßgeblich ist, **höchstens** jedoch der **Gesamtbetrag** der geforderten Leistung. Wechselt das Kind während dieser 12 Monate die Altersstufe, dann sind die Beträge entsprechend zu berücksichtigen. Rückstände sind auch hier nicht möglich, da der Unterhalt für den Fall der Scheidung verlangt wird. 199

Im Übrigen siehe → Rn. 122 ff.

e) Ehewohnungs- und Haushaltssachen

Auch im Verbundverfahren gelten die festen Werte des § 48 FamGKG. In **Ehewohnungssachen** während des Getrenntlebens nach § 200 Abs. 1 Nr. 1 FamFG beträgt der Verfahrenswert 3.000,00 €, in Ehewohnungssachen nach der Scheidung nach § 200 Abs. 1 Nr. 2 FamFG beträgt er 4.000,00 €, § 48 Abs. 1 FamGKG. 200

In **Haushaltssachen** während der Zeit des Getrenntlebens nach § 200 Abs. 2 Nr. 1 FamFG beträgt der Wert 2.000,00 €, in Haushaltssachen nach der Scheidung nach § 200 Abs. 2 Nr. 2 FamFG beträgt er 3.000,00 €, § 48 Abs. 2 FamGKG.

Siehe im Übrigen → Rn. 97 ff.

f) Güterrechtliche Ansprüche

Bei Ansprüchen aus dem ehelichen Güterrecht ist, wenn sie auf Geldzahlung gerichtet sind, der **geforderte Betrag** maßgebend, § 35 FamGKG. Die Stundung einer güterrechtlichen Ausgleichsforderung ist nach dem **Stundungsinteresse** zu schätzen (§ 42 FamGKG); dabei kann es sich um ersparte Zinsaufwendungen oder andere Nachteile des Schuldners handeln.[280] Zumeist wird ein Bruchteil (1/5 bis 1/6) des Nennwertes genommen (→ Rn. 173). Der Verfahrenswert der **Übertragung von** 201

---
280 *Lappe,* Rn. 37.

Vermögensgegenständen richtet sich danach, in welcher bezifferten Höhe der Ausgleichsanspruch erledigt ist, d. h. der Betrag, um den sich die Ausgleichsforderung durch Übertragung des Vermögensgegenstands **ermäßigt** (→ Rn. 174).

g) Kindschaftssachen

202 Für die Übertragung oder Entziehung der **elterlichen Sorge**, die **Umgangsregelung** und die **Kindesherausgabe** gilt im Verbund § 44 Abs. 2 FamGKG. Danach ist der Wert im Verbundverfahren vom Verfahrenswert der Scheidungssache abhängig, denn der Wert nach § 43 FamGKG wird für jede Kindschaftssache um 20 % des Wertes der Scheidungssache erhöht, höchstens jedoch um 3.000,00 €. Nach altem Recht betrug der Wert 900,00 € (§ 48 Abs. 3 S. 3 GKG a. F.). Die neue Regelung soll dazu führen, dass der Wert in einem angemessenen Verhältnis zum Wert der Scheidungssache steht und die alte „soziale Schieflage" beseitigt wird,[281] d. h. die Einbeziehung der Kindschaftssache passt sich dem Einkommens- und Vermögensniveau der beteiligten Familie an. Um unangemessen hohe Kosten zu vermeiden, beträgt die Höchstgrenze 3.000,00 €.

Die im Verbund stehende Kindschaftssache hat aber einen eigenen Verfahrenswert, der Verfahrenswert der Scheidung stellt lediglich einen Beziehungswert dar.[282]

203 Betrifft die Regelung **mehrere Kinder** gilt auch gem. § 44 Abs. 2 FamGKG das, was schon nach altem Recht galt, nämlich, dass es sich um einen Gegenstand handelt und nicht zu einer weiteren Erhöhung des Verfahrenswertes führt. Nur wenn noch weitere Kindschaftssachen mit verbunden werden (also ein Verfahren bezüglich des Umgangsrechts oder bezüglich der Kindesherausgabe), erhöht sich der Verfahrenswert entsprechend weiter, jedoch immer unabhängig von der Anzahl der von den Verfahren betroffenen Kinder. Dies soll insbesondere kinderreiche Familien davor bewahren, dass für sie das Scheidungsverfahren wegen der Kinder übermäßig teuer wird.[283]

204 Im Verbundverfahren gilt nicht § 33 Abs. 1 S. 2 FamGKG, sodass alle Werte – egal ob es sich um vermögensrechtliche Ansprüche handelt oder um nichtvermögensrechtliche Ansprüche – zusammen zu rechnen sind, § 44 Abs. 2 S. 3 FamGKG.

205 § 44 Abs. 3 FamGKG lässt ausnahmsweise die Berücksichtigung eines höheren oder eines niedrigeren Erhöhungsbetrages zu, wenn der vorgeschlagene Betrag nach den besonderen Umständen des Einzelfalls unbillig

---
281 Gesetzesbegründung BT-Drs. 16/6308 S. 306.
282 *Vogel*, FPR 2010, 313.
283 Siehe Gesetzesbegründung a. a. O.

wäre. Der in § 44 Abs. 2 S. 1 FamGKG vorgesehene Höchstbetrag von 3.000,00 € gilt insoweit dann nicht.

Beispiel:

Verbundverfahren

Antragstellerin beantragt die Scheidung und für den Fall der Scheidung,

1. die Übertragung der elterlichen Sorge für die gemeinsamen zwei Töchter auf sie sowie
2. den Antragsgegner zu verpflichten, für die Kinder monatlichen Unterhalt von je 300,00 € zu zahlen.

Das Verfahren über den Versorgungsausgleich wird von Amts wegen durchgeführt.

Ehemann und Ehefrau haben beide jeweils Anrechte aus der gesetzlichen Rentenversicherung sowie eine Riesterrente.

Das Nettoeinkommen des Ehemannes beträgt mtl. 2.800,00 € und das der Ehefrau 1.900,00 €.

Das Gericht setzt den Verfahrenswert für die Scheidung auf 20.500,00 € fest.

Verfahrenswert für das Verbundverfahren: 36.340,00 €

Es sind die einzelnen Gegenstände zu bewerten und dann zusammenzurechnen (§ 44 Abs. 1 FamGKG):

Scheidung Wertfestsetzung auf 20.500,00 € (§ 43 Abs. 1, 2 FamGKG),

zzgl. 3.000,00 € für die Regelung der elterlichen Sorge (20 % des Wertes der Ehesache unabhängig von der Anzahl der Kinder, § 44 Abs. 2 FamGKG = 4.100,00 € jedoch höchstens 3.000,00 €),

zzgl. 7.200,00 € für den Kindesunterhalt (Jahresbetrag, § 51 Abs. 1 FamGKG) sowie

5.640,00 € für den Versorgungsausgleich (§ 50 Abs. 1 FamGKG), da das in 3 Monaten erzielte Nettoeinkommen 14.100,00 € beträgt und davon 10 % für jedes Anrecht zu ermitteln sind.

h) Bestellung eines Verfahrensbeistands

Die Bestellung eines **Verfahrensbeistands** (→ Rn. 70) und deren Aufhebung sind Teil des Verfahrens, für das der Verfahrensbeistand bestellt worden ist, es entstehen keine besonderen Gerichtskosten, deshalb ist auch kein Verfahrenswert nötig. Allerdings erhält der Verfahrensbeistand Ersatz seiner tatsächlichen Aufwendungen oder bei berufsmäßig tätigen Verfahrensbeiständen eine Fallpauschale, die aus der Staatskasse zu zahlen sind und ggf. über die Gerichtskostenrechnung wieder einzuziehen ist.[284]

206

---

[284] Bork/Jacoby/Schwab/*Zorn*, § 158 Rn. 33 ff.

2. Abtrennung von Folgesachen

207 Die nach altem Recht an verschiedenen Stellen der ZPO geregelten Möglichkeiten der Abtrennung einer Folgesache sind in § 140 FamFG zusammengefasst und weitgehend einheitlich ausgestaltet.[285]

208 Unterhalts- und güterrechtliche Folgesachen werden vom Verbund abgetrennt, wenn ein Dritter Verfahrensbeteiligter wird, § 140 Abs. 1 FamFG. Das Gericht ist in diesem Fall zur Abtrennung verpflichtet. Hierbei handelt es sich um zwingendes Recht; der Gesetzgeber ist der Auffassung dass andernfalls die Vertraulichkeit in Frage gestellt würde.[286]

209 Die Rechtsfolgen der Abtrennung sind in § 137 Abs. 5 FamFG geregelt, wonach die Eigenschaft als Folgesache u.a. für unterhalts- und güterrechtliche Folgesachen auch nach einer Abtrennung fortbesteht. Siehe im Übrigen → Rn. 217.

210 Nach § 140 Abs. 2 S. 1 FamFG ist das Gericht grundsätzlich befugt, Folgesachen vom Verbund abzutrennen. Es handelt sich hierbei in Übereinstimmung mit dem alten Recht um eine Kann-Bestimmung.[287] Voraussetzung für eine Abtrennung ist gem. § 140 Abs. 2 S. 2 FamFG, dass

1. in einer Versorgungsausgleichsfolgesache oder Güterrechtsfolgesache vor der Auflösung der Ehe eine Entscheidung nicht möglich ist,

2. in einer Versorgungsausgleichsfolgesache das Verfahren ausgesetzt ist, weil ein Rechtsstreit über den Bestand oder die Höhe eines Anrechts vor einem anderen Gericht anhängig ist,

3. in einer Kindschaftsfolgesache das Gericht dies aus Gründen des Kindeswohls für sachgerecht hält oder das Verfahren ausgesetzt ist,

4. seit der Rechtshängigkeit des Scheidungsantrags ein Zeitraum von drei Monaten verstrichen ist, beide Ehegatten die erforderlichen Mitwirkungshandlungen in der Versorgungsausgleichsfolgesache vorgenommen haben und beide übereinstimmend deren Abtrennung beantragen oder

5. sich der Scheidungsausspruch so außergewöhnlich verzögern würde, dass ein weiterer Aufschub unter Berücksichtigung der Bedeutung der Folgesache eine unzumutbare Härte darstellen würde, und ein Ehegatte die Abtrennung beantragt.

211 Die unter Nr. 1 und 2 genannten Abtrennungsgründe entsprechen dem alten Recht (§ 628 S. 1 Nr. 1 und 2 ZPO a. F.).

---
285 Ausführlich MüKoFamFG/*Heiter*, § 140; Prütting/*Helms*, FamFG, § 140.
286 Prütting/*Helms*, FamFG, § 140 Rn. 7.
287 Gesetzesbegründung BT-Drs. 16/6308 S. 231.

Neu geregelt sind unter § 140 Abs. 2 S. 2 Nr. 3 FamFG die Voraussetzungen für eine Abtrennung von **Kindschaftsfolgesachen,** denn die voraussetzungslose Abtrennung auf Antrag eines Ehegatten (§ 623 Abs. 2 S. 2 ZPO a. F.) sowie die Vorwegentscheidung über die elterliche Sorge (§ 627 ZPO a. F.) und die Vorwegentscheidung der Scheidung bei ausgesetztem Sorgerechts- bzw. Umgangsverfahren (§ 628 S. 1 Nr. 3 ZPO a. F.) werden durch diese Vorschrift ersetzt. An erster Stelle steht nunmehr die Beschleunigung der Kindschaftsfolgesachen im Interesse des Kindeswohls.[288] Besteht aus diesem Grund das Bedürfnis für eine schnelle Entscheidung, an der das Gericht wegen fehlender Entscheidungsreife eines anderen Verfahrensgegenstands im Verbund gehindert ist, kommt danach eine Abtrennung in Betracht.

212

§ 140 Abs. 2 S. 2 Nr. 4 FamFG erleichtert die Abtrennungsmöglichkeit der Folgesache **Versorgungsausgleich.** Voraussetzung ist zunächst, dass die Ehegatten in der Versorgungsausgleichssache die erforderlichen Mitwirkungshandlungen vorgenommen haben und übereinstimmend die Abtrennung beantragen. Darüber hinaus muss eine Frist von drei Monaten abgelaufen sein, welche grundsätzlich mit Rechtshängigkeit des Scheidungsantrags beginnt, im Fall eines verfrühten Scheidungsantrags jedoch erst mit Ablauf des Trennungsjahres, § 140 Abs. 4 FamFG. Die Frist von drei Monaten soll die Einholung der erforderlichen Auskünfte im Versorgungsausgleich, insbesondere die Klärung des Versicherungskontos der Ehegatten ermöglichen.

213

Übernommen wird durch § 140 Abs. 2 S. 2 Nr. 5 FamFG in modifizierter Form der frühere Abtrennungsgrund des § 628 S. 1 Nr. 4 ZPO a. F. Dabei muss die **Verzögerung** des **Scheidungsausspruchs** nicht durch die Erledigung der betreffenden Folgesache im Verbund bedingt sein, es reichen, wenn im Übrigen das Kriterium der unzumutbaren Härte zu bejahen ist, nunmehr auch andere Verzögerungsgründe, wie etwa eine Überlastung des Gerichts, aus. Da in diesem Fall der Antrag von einem Ehegatten ausgehen muss, kommt eine Abtrennung von Amts wegen nicht infrage.

214

Im Fall der Abtrennung einer **Kindschaftsfolgesache** kann das Gericht auf Antrag eines Ehegatten auch eine **Unterhaltsfolgesache** abtrennen, wenn dies wegen des Zusammenhangs mit der Kindschaftsfolgesache geboten erscheint, § 140 Abs. 3 FamFG. Eine Abtrennung von Unterhaltsfolgesachen, welche nicht durch den Zweck der Vorschrift gedeckt ist, soll vermieden werden, deshalb hat der Gesetzgeber den Zusammenhang der Unterhaltsfolgesache mit der Kindschaftsfolge eingeführt.[289]

215

---

288 Prütting/*Helms*, FamFG § 140 Rn. 16.
289 Gesetzesbegründung BT-Drs. 16/6308 S. 231.

216 Nach § 140 Abs. 6 FamFG erfolgt die **Abtrennungsentscheidung** in einem gesonderten Beschluss und kann also nicht wie bisher als Teil der Endentscheidung, mit der die Scheidung ausgesprochen wird, ergehen. Der Beschluss ist als Zwischenentscheidung nicht selbstständig anfechtbar, was der bisherigen Rechtslage entspricht.[290]

217 Die **Rechtsfolgen der Abtrennung** sind in § 137 Abs. 5 FamFG geregelt, wonach die Eigenschaft als Folgesache – mit Ausnahme der Abtrennung von Kindschaftsfolgesachen – für die übrigen Folgesachen auch nach einer Abtrennung fortbesteht. Für die Abtrennung nach § 623 Abs. 1 S. 2 ZPO a. F. war dies umstritten. Die Regelung ist sachgerecht, da die Abtrennung nichts daran ändert, dass, vorbehaltlich etwa einer zulässigen Antragsänderung, eine Entscheidung für den Fall der Scheidung zu treffen ist.[291] Bedeutsam ist das Fortbestehen der Eigenschaft als Folgesache auch nach Abtrennung etwa für die Frage des Anwaltszwangs sowie in kostenrechtlicher Hinsicht. Es handelt sich nämlich nicht um eine selbstständige Familiensache sondern es bleibt eine Folgesache, sodass weiterhin Anwaltszwang gemäß § 114 Abs. 1 FamFG besteht, aber auch die kostenrechtlichen Vorteile des Verbundes erhalten bleiben.[292] Sind mehrere Folgesachen abgetrennt, bleibt unter ihnen der Verbund bestehen, § 137 Abs. 5 S. 1 FamFG und es ist eine einheitliche Entscheidung bezüglich dieser Folgesachen zu treffen.[293] Damit gilt in diesem Fall auch § 16 Nr. 4 RVG fort, sodass die Abtrennung für den Rechtsanwalt keine gebührenrechtlichen Auswirkungen hat. Er kann und muss die Berechnung weiterhin nach dem zusammengerechneten Gegenstandswert vornehmen.[294]

218 Für **Kindschaftsfolgesachen** wird **abweichend** angeordnet, dass sie nach einer Abtrennung stets als selbstständige Familiensachen weitergeführt werden, § 137 Abs. 5 S. 2 FamFG.[295] Die selbstständigen Familiensachen sind gebührenrechtlich vom Rest des Verbundes getrennt zu betrachten, denn die Anwaltsgebühren entstehen für den Zeitraum der Abtrennung noch einmal je nach Ausgang der Verfahren, § 16 Nr. 4 RVG gilt nicht mehr.[296] Im Falle der Abtrennung einer Unterhaltssache gleichzeitig mit einer Kindschaftsfolgesache führt dieses jedoch dazu, dass ebenfalls § 137 Abs. 5 FamFG Anwendung findet, wobei für die Unterhaltsfolgesache dessen Satz 1 (Verbleib als Folgesache) und für die Kindschaftssache dessen Satz 2 (selbstständige Familiensache) maßgeblich sind.

---

290 Prütting/*Helms*, FamFG § 140 Rn. 36.
291 Gesetzesbegründung BT-Drs. 16/6308 S. 230.
292 Prütting/*Helms*, FamFG § 137 Rn. 70.
293 Keidel/*Weber*, § 137 Rn. 26.
294 NK-GK/*Thiel*, RVG § 21 Rn. 24.
295 Wie auch schon in § 623 Abs. 2 S. 4 ZPO a. F. geregelt.
296 NK-GK/*Thiel*, RVG § 21 Rn. 25, siehe auch *von König*, FPR 2012, 267.

In Rechtsprechung und Literatur bestand erheblicher Meinungsstreit darüber, wie bei Fortführung ausgesetzter oder **abgetrennter Versorgungsausgleichssachen** gem. Art. 111 Abs. 4 FGG-RG zu verfahren sei.[297] Sowohl nach altem als auch nach neuem Recht bleibt das abgetrennte Versorgungsausgleichsverfahren grundsätzlich Folgesache, Übergangsfälle gem. Art. 111 abs. 4 FGG-RG waren jedoch als selbstständige Familiensache nach neuem Recht fortzuführen. Unter Berufung auf § 137 Abs. 5 FamFG, der ausdrücklich zwischen abgetrennten und anderen Folgesachen unterscheide, hat sich der BGH der Auffassung angeschlossen, dass der Scheidungsverbund aufgelöst und die Versorgungsausgleichssache als selbstständiges Verfahren weiterbetrieben werde.[298] Gebührenrechtlich handele es sich um eine neue Angelegenheit, wobei allerdings zu berücksichtigen sei, dass ein Rechtsanwalt, der zuvor schon Gebühren für das Versorgungsausgleichsverfahren erhalten hat, diese zu verrechnen habe, da § 21 Abs. 3 RVG anordnet, dass das Versorgungsausgleichsverfahren im Verbund und das selbstständige Versorgungsausgleichsverfahren dieselbe Angelegenheit darstellen. Der Rechtsanwalt kann also für das selbstständige Versorgungsausgleichsverfahren eine Vergütung berechnen, dabei sind aber Gebührenanteile herauszurechnen, die bereits im Scheidungsverbund für die Folgesache Versorgungsausgleich abgerechnet sind.[299]

XII. Lebenspartnerschaftssachen

Eine **Lebenspartnerschaft** wird von zwei Personen des gleichen Geschlechts durch Erklärung vor der zuständigen Stelle/Behörde geschlossen. Im Falle des Getrenntlebens und im Falle der Aufhebung ergeben sich ähnliche Rechtsfolgen wie bei der Ehe, §§ 12 ff. LPartG; d.h. es können Sorgerechts-, Umgangs- und Kindesherausgabeverfahren, Versorgungsausgleichsverfahren, Verfahren über die Rechtsverhältnisse an der gemeinsamen Wohnung und am Hausrat der Lebenspartner sowie weitere Familiensachen durchzuführen sein.

219

Lebenspartnerschaftssachen sind gem. § 269 Abs. 1 FamFG Verfahren,[300] welche zum Gegenstand haben

220

1. die Aufhebung der Lebenspartnerschaft aufgrund des LPartG,
2. die Feststellung des Bestehens oder Nichtbestehens einer Lebenspartnerschaft,

---

297 Zum Meinungsstand siehe *Vogel*, FPR 2011, 31.
298 BGH v. 16.2.2011 – XII ZB 261/10 – NJW 2011, 1141 = FamRZ 2011, 635 m. w. N.
299 BGH a. a. O.
300 Ausführlich Prütting/Helms/*Heiter*, FamFG, § 269 ff.

3. die elterliche Sorge, das Umgangsrecht oder die Herausgabe in Bezug auf ein gemeinschaftliches Kind,
4. die Annahme als Kind und die Ersetzung der Einwilligung zur Annahme als Kind,
5. Wohnungszuweisungssachen nach § 14 oder § 17 LPartG,
6. Haushaltssachen nach § 13 oder § 17 LPartG,
7. den Versorgungsausgleich der Lebenspartner,
8. die gesetzliche Unterhaltspflicht für ein gemeinschaftliches minderjähriges Kind der Lebenspartner,
9. die durch die Lebenspartnerschaft begründete gesetzliche Unterhaltspflicht,
10. Ansprüche aus dem lebenspartnerschaftlichen Güterrecht, auch wenn Dritte an dem Verfahren beteiligt sind,
11. Entscheidungen nach § 6 LPartG in Verbindung mit § 1365 Abs. 2, § 1369 Abs. 2 und §§ 1382 und 1383 BGB,
12. Entscheidungen nach § 7 LPartG in Verbindung mit §§ 1426, 1430 und 1452 BGB.

221 Nach § 269 Abs. 2 FamFG sind **sonstige Lebenspartnerschaftssachen** Verfahren, welche zum Gegenstand haben
1. Ansprüche nach § 1 Abs. 4 S. 2 LPartG in Verbindung mit §§ 1298 bis 1301 BGB,
2. Ansprüche aus der Lebenspartnerschaft,
3. Ansprüche zwischen Personen, die miteinander eine Lebenspartnerschaft führen oder geführt haben, oder zwischen einer solchen Person und einem Elternteil im Zusammenhang mit der Trennung oder Aufhebung der Lebenspartnerschaft, sofern nicht die Zuständigkeit der Arbeitsgerichte gegeben ist oder das Verfahren eines der in § 348 Abs. 1 S. 2 Nr. 2 a) bis k) ZPO genannten Sachgebiete, das Wohnungseigentumsrecht oder das Erbrecht betrifft und sofern es sich nicht bereits nach anderen Vorschriften um eine Lebenspartnerschaftssache handelt. Sonstige Lebenspartnerschaftssachen sind gem. § 269 Abs. 3 FamFG auch Verfahren über einen Antrag nach § 8 Abs. 2 LPartG in Verbindung mit § 1357 Abs. 2 S. 1 BGB.

222 Lebenspartnerschaftssachen werden verfahrensrechtlich ebenso wie entsprechende Familiensachen behandelt, § 270 FamFG; d. h. es finden die Vorschriften für das Verfahren auf Scheidung der Ehe, für das Verfahren auf Feststellung des Bestehens oder Nichtbestehens einer Ehe zwischen den Beteiligten, die Vorschriften für Familiensachen nach § 111 Nr. 2, 5 und 7 bis 9 FamFG und die für sonstige Familiensachen nach § 111 Nr. 10 FamFG entsprechende Anwendung.

Das Kostenrecht folgt diesem Gedanken, denn kostenrechtlich finden für Lebenspartnerschaftssachen gem. § 5 FamGKG die für die entsprechenden Familiensachen nach § 111 Nr. 1 bis 10 FamFG geltenden Vorschriften des FamGKG einschließlich denen des Kostenverzeichnisses entsprechende Anwendung, sodass das zuvor hierzu Gesagte Bezug genommen wird. 223

XIII. Einstweilige Anordnungen

Die Reform hat einen wesentlichen Systemwechsel in den Regelungen über **einstweilige Anordnungen** gebracht.[301] Die §§ 49 bis 57 FamFG regeln vom Grundsatz her für alle Verfahren des FamFG die im Eilverfahren ergehenden Beschlüsse und ersetzen insoweit §§ 64b, 69f FGG, §§ 620, 620a, 621f, 621g, 644 ZPO a. F. Nach § 49 Abs. 1 FamFG kann das Gericht durch einstweilige Anordnung eine vorläufige Maßnahme treffen, soweit dies nach den für das Rechtsverhältnis maßgebenden Vorschriften gerechtfertigt ist und ein dringendes Bedürfnis für ein sofortiges Tätigwerden besteht. Nach neuem Recht ist eine einstweilige Anordnung in Familiensachen also **nicht** mehr von der Anhängigkeit einer Hauptsache abhängig, allerdings kann die Einleitung eines Hauptsacheverfahrens von einem Beteiligten erzwungen werden. Sind dagegen alle Beteiligten mit dem Ergebnis des einstweiligen Anordnungsverfahrens zufrieden, bedarf es keines Hauptsacheverfahrens mehr. 224

Die Maßnahme kann einen bestehenden Zustand sichern oder vorläufig regeln.[302] Einem Beteiligten kann eine Handlung geboten oder verboten, insbesondere die Verfügung über einen Gegenstand untersagt werden. Das Gericht kann mit der einstweiligen Anordnung auch die zu ihrer Durchführung erforderlichen Anordnungen treffen, § 49 Abs. 2 FamFG. 225

Nach Auffassung des Gesetzgebers bedeutet die Möglichkeit einer **einstweiligen Anordnung ohne Anhängigkeit einer Hauptsache** keine Verringerung des Rechtsschutzes, denn in Antragsverfahren steht den Beteiligten die Einleitung eines Hauptsacheverfahrens frei; in Amtsverfahren 226

---

301 Siehe hierzu Gesetzesbegründung BT-Drs. 16/6308 S. 167 sowie ausführlich Prütting/Helms/*Stößer*, FamFG §§ 49 ff.; siehe auch *Giers*, Rn. 5 ff.
302 Siehe hierzu die Rechtsprechungsübersicht von *Streicher*, FamRZ 2011, 509.

hat das Gericht die Pflicht zu überprüfen, ob die Einleitung eines Hauptsacheverfahrens von Amts wegen zu erfolgen hat.[303]

227 Die **Vollstreckung,** das **Außerkrafttreten** und die **Anfechtung** einer einstweiligen Anordnung orientieren sich inhaltlich im Wesentlichen an den bisherigen §§ 620 ff. ZPO. Die Neuregelung ersetzt auch die ungeschriebene „vorläufige Anordnung" in der freiwilligen Gerichtsbarkeit. Nach § 57 FamFG sind Entscheidungen in Verfahren der einstweiligen Anordnung in **Familiensachen nicht anfechtbar.** Dies gilt nicht, wenn das Gericht des ersten Rechtszugs aufgrund mündlicher Erörterung über die elterliche Sorge für ein Kind, über die Herausgabe des Kindes an den anderen Elternteil, über einen Antrag auf Verbleiben eines Kindes bei einer Pflege- oder Bezugsperson, über einen Antrag nach den §§ 1 und 2 des GewSchG oder in einer Ehewohnungssache über einen Antrag auf Zuweisung der Wohnung entschieden oder den Ausschluss des Umgangs mit einem Elternteil angeordnet hat.

228 Abweichend von § 49 FamFG kann das Gericht gem. § 246 Abs. 1 FamFG durch einstweilige Anordnung auf Antrag die Verpflichtung zur Zahlung von **Unterhalt** oder zur Zahlung eines Kostenvorschusses für ein gerichtliches Verfahren regeln. Diese Entscheidung ergeht aufgrund mündlicher Verhandlung, wenn dies zur Aufklärung des Sachverhalts oder für eine gütliche Beilegung des Verfahrens geboten erscheint, § 246 Abs. 2 FamFG.

229 Nach § 214 Abs. 1 FamFG kann das Gericht in **Gewaltschutzsachen** durch einstweilige Anordnung eine vorläufige Regelung nach § 1 oder § 2 GewSchG treffen. Allerdings kann dann unter Umständen das Rechtsschutzbedürfnis für ein Hauptsacheverfahren entfallen.[304]

230 Ein Antrag auf Erlass einer einstweiligen Anordnung bei **Feststellung der Vaterschaft,** durch den ein Mann auf Zahlung von Unterhalt für ein Kind oder dessen Mutter in Anspruch genommen wird, ist gem. § 248 Abs. 1 FamFG, wenn die Vaterschaft des Mannes nach § 1592 Nr. 1 und 2 oder § 1593 BGB nicht besteht, nur zulässig, wenn ein Verfahren auf Feststellung der Vaterschaft nach § 1600d BGB anhängig ist.

231 Hinsichtlich der **Kosten** ordnet § 51 Abs. 4 FamFG an, dass diesbezüglich die allgemeinen Vorschriften gelten. Hierin liegt eine Veränderung gegenüber dem bisherigen Recht, denn danach galten die Kosten der einstweiligen Anordnung als Kosten des Hauptverfahrens (vgl. § 620g ZPO a. F.). Die neue Regelung ist durch die verfahrensrechtliche Selbstständigkeit des einstweiligen Anordnungsverfahrens bedingt. In einstweiligen An-

---
303 Gesetzesbegründung BT-Drs. 16/6308 S. 199.
304 *Streicher,* FamRZ 2011, 509 m. N.

ordnungssachen kann somit nach Maßgabe der einschlägigen Vorschriften eine **Kostenentscheidung** veranlasst sein; soweit allerdings in einer entsprechenden Hauptsache von einer Kostenentscheidung abgesehen werden kann, gilt dies auch im einstweiligen Anordnungsverfahren. Die Selbstständigkeit des einstweiligen Anordnungsverfahrens steht unter kostenrechtlichen Gesichtspunkten in Übereinstimmung mit § 18 Nr. 1, 2 RVG a. F. sowie mit § 17 Nr. 4b RVG, wonach einstweilige Anordnungsverfahren als besondere Angelegenheiten anzusehen sind.

1. Wertvorschrift für einstweilige Anordnungen

Die Verfahren der einstweiligen Anordnung sind nun in der Regel mit Gebühren belegt und deshalb ist eine eigenständige Wertvorschrift eingeführt worden. Entsprechend der Systematik des Gerichtskostengesetzes (vgl. § 53 Abs. 2 GKG) und der Rechtspraxis in der Zivil-, Verwaltungs- und Finanzgerichtsbarkeit liegt der Wert für das Verfahren des einstweiligen Rechtsschutzes jedoch **unterhalb des Wertes für die Hauptsache.** 232

Die gesetzliche Regelung in § 41 FamGKG besagt, dass im Verfahren der einstweiligen Anordnung der Wert in der **Regel** unter Berücksichtigung der geringeren Bedeutung gegenüber der Hauptsache zu ermäßigen ist und dabei von der Hälfte des für die Hauptsache bestimmten Werts auszugehen ist. Die Regelung erfasst nicht nur den Erlass einer einstweiligen Anordnung sondern auch das Verfahren auf Aufhebung oder Änderung einer solchen.[305] 233

Das Gericht kann aber im **Einzelfall** einen anderen Wert als die Hälfte des Hauptsachewerts annehmen. Diese flexible Regelung ermöglicht eine dem Einzelfall gerecht werdende Bestimmung des Wertes. Gleichzeitig bietet sie für den Regelfall aber auch eine einfache Festlegung des Wertes an, da von der Hälfte des für die Hauptsache bestimmten Wertes auszugehen ist.[306] Eine Erhöhung des Wertes darf aber nicht den Wert der Hauptsache übersteigen.[307] 234

2. Beispiele für einstweilige Anordnungen

Das Gericht kann im Wege der einstweiligen Anordnung wie bisher regeln: 235

1. die elterliche Sorge für ein gemeinschaftliches Kind;
2. den Umgang eines Elternteils mit dem Kinde;

---

305 Binz/*Dörndorfer*, FamGKG § 41 Rn. 2; Prütting/Helms/*Klüsener*, FamGKG, § 42 Rn. 3.
306 So die Gesetzesbegründung BT-Drs. 16/6308 S. 305.
307 Prütting/Helms/*Klüsener*, FamGKG, § 42 Rn. 7.

3. die Herausgabe des Kindes an den anderen Elternteil;
4. die Unterhaltspflicht gegenüber einem minderjährigen Kinde;
5. das Getrenntleben der Ehegatten;
6. den Unterhalt eines Ehegatten;
7. die Benutzung der Ehewohnung und der Haushaltsgegenstände;
8. die Herausgabe oder Benutzung der zum persönlichen Gebrauch eines Ehegatten oder eines Kindes bestimmten Sachen;
9. Maßnahmen nach §§ 1, 2 GewSchG;
10. die Verpflichtung zur Leistung eines Kostenvorschusses für die Ehesache und Folgesachen.

a) Sorge-, Umgangs- und Herausgabeverfahren

236   Handelt es sich um einstweilige Anordnungen bezüglich der **Regelung der elterlichen Sorge**, des **Umgangsrechts** mit dem Kind oder der **Herausgabe** des Kindes an den anderen Elternteil ist in der Regel von der Hälfte des Wertes der Hauptsache auszugehen, § 41 FamGKG. Der Wert der Hauptsache bestimmt sich in diesem Fall nach § 45 Abs. 1 FamGKG und beträgt einheitlich 3.000,00 € (→ Rn. 71), sodass das Verfahren auf einstweilige Anordnung grundsätzlich mit 1.500,00 € zu bewerten ist. Sind sowohl einstweilige Anordnungen hinsichtlich der Regelung der elterlichen Sorge auch beispielsweise eine Umgangsregelung beantragt, handelt es sich um zwei Angelegenheiten mit dem jeweiligen Wert von 1.500,00 €.

b) Unterhalt

237   Die Wertberechnung bei **Unterhaltsforderungen** erfolgt nach § 51 Abs. 1 FamGKG, wonach der für die ersten zwölf Monate nach Einreichung des Antrags geforderte Betrag maßgeblich ist, höchstens aber der Gesamtbetrag der Leistung (→ Rn. 119, 135, 136). Im Falle der einstweiligen Anordnung wird die Hälfte d. h. in der Regel der sechsmonatige Bezug des Betrages zugrunde gelegt, der im Wege der einstweiligen Anordnung verlangt wird.[308] Es ist somit zunächst der Wert einer entsprechenden Hauptsache zu ermitteln[309] und dann zu halbieren, was dazu führt, dass auch bei Antragseingang vorhandene Unterhaltsrückstände hinzuzurechnen sind.[310]

---

308 Das entspricht auch dem bisherigen Recht, siehe § 53 Abs. 2 GKG a. F.
309 Prütting/Helms/*Klüsener*, FamGKG, § 42 Rn. 4.
310 OLG München v. 4.5.2011 – 33 WF 765/11 – juris.

Beispiel:
Antragstellerin macht im Wege der einstweiligen Anordnung gegen den Ehemann Unterhalt für zwei gemeinschaftliche Kinder geltend. Für das erste Kind wird ein Unterhalt von 406,00 € und für das zweite Kind ein Unterhalt von 466,00 € gefordert. Der Antrag geht am 12. Januar beim FamG ein.

Verfahrenswert: 5.668,00 €

Wertberechnungszeitpunkt ist der Eingangszeitpunkt des Antrags auf Erlass der einstweiligen Anordnung.

Für ein Hauptsacheverfahren auf Unterhalt gelten § 51 Abs. 1 S. 1 sowie § 51 Abs. 2 S. 1 FamGKG:

1. Kind 12 × 406,00 € = 4.872,00 € für die Zeit von Februar d. J. bis Januar des Folgejahres zuzüglich 406,00 € Rückstand für den bei Einreichung fälligen Unterhalt für Januar = 5.278,00 €.

2. Kind 12 × 466,00 € plus 1 Monat Rückstand = 6.058,00 €.

Mehrere Anträge sind zusammenzurechnen, § 33 Abs. 1 FamGKG = 11.336,00 €.

Für das Verfahren auf einstweilige Anordnung ist nun gem. § 41 FamGKG die Hälfte des Hauptsachewertes anzusetzen, d. h. 5.668,00 €.

Streitig ist die Frage, ob eine Erhöhung des Wertes infrage kommt, wenn die einstweilige **Anordnung die Hauptsache ersetzt**, weil keiner der Beteiligten eine solche anhängig macht. Zu Recht wird die Auffassung vertreten, dass zum Zeitpunkt der Wertermittlung bei Einreichung des Antrages (→ Rn. 41) noch gar nicht feststehe, welchen Ausgang das Verfahren nehmen werde und deshalb von der Hälfte des Wertes der Hauptsache auszugehen sei.[311] Diese Frage wird insbesondere in der anwaltlichen Praxis diskutiert, da über § 23 Abs. 1 S. 1 RVG der hälftige Wert auch den Gegenstandswert für die Anwaltsgebühren darstellt.[312]

c) Getrenntleben der Ehegatten

Für einstweilige Anordnungen des **Getrenntlebens** der Ehegatten fehlt eine besondere Bemessungsvorschrift für ein Hauptverfahren, sodass hier der Auffangwert des § 42 FamGKG infrage kommt, wonach in nichtvermögensrechtlichen Angelegenheiten der Verfahrenswert unter Berücksichtigung aller Umstände des Einzelfalls nach billigem Ermessen zu bestimmen ist (→ Rn. 56). Wenn es keine genügenden Anhaltspunkte gibt, gilt

238

---

311 OLG Bamberg v. 7.11.2011 – 2 WF 300/11 – FamRZ 2012, 739; OLG Köln v. 19.11.2010 – 4 WF 228/10 – FamRZ 2011, 758; OLG Stuttgart v. 17.11.2010 – 11 WF 133/10 – FamRZ 2011, 757; OLG Celle v. 8.11.2010 – 15 WF 287/10 – FamRZ 2011, 757; **a.A.** OLG Düsseldorf v. 23.2.2010 – 3 WF 15/10 – NJW 2010, 1385.
312 Nachweise siehe u. a. bei OLG Düsseldorf v. 23.2.2010 – 3 WF 15/10 – NJW 2010, 1385; siehe auch *Witte*, FPR 2010, 316.

der in § 42 Abs. 3 FamGKG genannte Auffangwert von 5.000,00 €. Die Hälfte ergibt dann einen Verfahrenswert von 2.500,00 €.

d) Benutzung der Ehewohnung und der Haushaltsgegenstände

239 Für Hauptverfahren gelten in diesem Fall die Festbeträge des § 48 FamGKG (→ Rn. 97 ff.), sodass im Verfahren der einstweiligen Anordnung in Ehewohnungssachen bei Scheidung der Verfahrenswert 2.000,00 € und in Ehewohnungssachen bei Getrenntleben der Verfahrenswert 1.500,00 € beträgt, §§ 41, 48 Abs. 1 FamGKG.

240 In Haushaltssachen bei Scheidung beträgt der Wert 1.500,00 €, in Haushaltssachen bei Getrenntleben beträgt er 1.000,00 €, §§ 41, 48 Abs. 2 FamGKG.

e) Herausgabe oder Benutzung der zum persönlichen Gebrauch eines Ehegatten oder eines Kindes bestimmten Sachen

241 Auch für diese Gegenstände enthält das Gesetz keine Bewertungsregeln, sodass der Wert nach **§§ 41, 42 FamGKG** zu schätzen ist. In der Regel wird bei Herausgabe von Sachen deren Verkehrswert genommen, wenn es um die Benutzung geht, wird von einem Bruchteil des Verkehrswertes ausgegangen (z. B. ¼ des Wertes).

f) Maßnahmen nach §§ 1, 2 GewSchG

242 Es können auch Anordnungen nach dem GewSchG erlassen werden, wie z. B. Betretungsverbote der gemeinsam genutzten Wohnung oder Kontaktverbote. In Gewaltschutzsachen nach § 1, 2 GewSchG gelten ebenfalls feste Beträge (→ Rn. 103), sodass im Falle der einstweiligen Anordnung in Gewaltschutzsachen nach § 1 GewSchG der Verfahrenswert 1.000,00 € und nach § 2 GewSchG dieser 1.500,00 € beträgt, §§ 41, 49 Abs. 1 FamGKG. Werden in einer Anordnung Maßnahmen nach § 1 GewSchG und nach § 2 GewSchG beantragt, sind beide Beträge zu addieren und dann die Hälfte zu ermitteln.[313] Wenn die Beteiligten im Verfahren der einstweiligen Anordnung einen Vergleich schließen und damit eine endgültige Vereinbarung treffen, bleibt es ebenfalls beim hälftigen Verfahrenswert, lediglich der Vergleichswert ist mit dem Wert des Hauptsacheverfahrens anzusetzen.[314]

---

313 OLG Frankfurt v. 12.9.2014 – 4 WF 205/14 – juris.
314 SchlOLG v. 16.2.2011 – 10 WF 33/11 – FamRZ 2011, 1424.

g) Verpflichtung zur Leistung eines Kostenvorschusses für Familiensachen

Auch in diesem Fall gibt es keine Bewertungsvorschrift aus dem Gerichtskostenrecht, sodass der Wert zu schätzen ist (§§ 41, 42 FamGKG), in der Praxis ist der geltend gemachte Betrag maßgebend, d. h. der Betrag der geforderten Gerichtskosten. Dieser ist auch im Verfahren der einstweiligen Anordnung nicht zu halbieren.[315]

243

XIV. Rechtsmittelverfahren

Die Reform hat den Rechtsmittelzug in FamFG-Verfahren mit dem dreistufigen Instanzenzug der anderen Verfahrensordnungen harmonisiert, denn für alle Familiensachen einschließlich der Ehesachen und der Familienstreitsachen gelten die allgemeinen Rechtsmittelvorschriften der §§ 58 bis 75 FamFG, die z. T. durch Sondervorschriften (z. B. §§ 117, 184 FamFG) variiert werden.[316] Das FamFG kennt nur das Rechtsmittel der **Beschwerde, der Rechtsbeschwerde und der Sprungrechtsbeschwerde.** In einigen wenigen Fällen lässt das FamFG die selbstständige **Anfechtbarkeit** von Zwischen- und **Nebenentscheidungen** zu (z. B. bei Ablehnung oder Ausschließung von Gerichtspersonen, § 6 Abs. 2; bei Nichtinzuziehung als Beteiligter, § 7 Abs. 5; bei Aussetzung des Verfahrens aus wichtigem Grund, § 21 Abs. 2; bei Verhängung von Ordnungsmitteln gegen den nicht erschienenen Beteiligten, § 33 Abs. 3; bei Zwangsmittel anordnende Beschlüssen, § 35 Abs. 5; Berichtigungsbeschlüssen, § 42 Abs. 3; Beschlüssen im Vollstreckungsverfahren, § 87 Abs. 4 oder Beschlüssen in Verfahrenskostenhilfesachen, § 76 Abs. 2 FamFG). Das Gesetz sieht insoweit die **sofortige Beschwerde** in entsprechender Anwendung der **§§ 567 bis 572 ZPO** vor.[317] In der Regel gilt hier die kurze Frist von 2 Wochen (§ 569 ZPO); in Verfahrenskostenhilfesachen beträgt die Frist jedoch 1 Monat (§ 76 Abs. 2 FamFG, § 127 Abs. 2 ZPO). Damit soll gewährleistet sein, dass die Statthaftigkeit des Rechtsmittels gegen die auf der Grundlage von Vorschriften der ZPO getroffenen Neben- und Zwischenentscheidungen in

244

---

315 HansOLG v. 24.9.2014 – 5 WF 72/14 – MDR 2014, 1324 m. div. N.; OLG Köln v. 13.6.2014 – 26 WF 60/14 – juris; OLG Frankfurt v. 22.8.2013 – 3 WF 216/13 – NJW-Spezial 2013, 700; OLG Bamberg v. 13.5.2011 – 2 WF 102/11 – juris; a. A. OLG Celle v. 9.7.2013 – 10 WF 230/13 – FamRZ 2014, 690.
316 Ausführlich MüKoFamFG/*Ansgar Fischer*, §§ 58 ff.; Prütting/Helms/*Abramenko*, FamFG, §§ 58 ff.; *Maurer*, FamRZ 2009, 465; siehe dazu auch Anm. *Schwamb* und Gegenrede *Zimmermann* und *Maurer* in FamRZ 2009, 1033 f.
317 Siehe Prütting/Helms/*Abramenko*, FamFG, § 58 Rn. 17.

Verfahren nach dem FamFG dieselbe ist wie in bürgerlichen Rechtsstreitigkeiten.

1. Die Beschwerde

245 Die **Beschwerde** findet grundsätzlich gem. § 58 Abs. 1 S. 1 FamFG gegen alle im ersten Rechtszug ergangenen Endentscheidungen der Amtsgerichte und Landgerichte statt. Neben- und Zwischenentscheidungen sind nur dann anfechtbar, wenn dies im Gesetz ausdrücklich bestimmt ist.[318] Entscheidungen in Verfahren der **einstweiligen Anordnung** in Familiensachen sind nicht anfechtbar. Dies gilt nicht, wenn das Gericht des ersten Rechtszugs aufgrund mündlicher Erörterung über die elterliche Sorge für ein Kind, über die Herausgabe des Kindes an den anderen Elternteil, über einen Antrag auf Verbleiben eines Kindes bei einer Pflege- oder Bezugsperson, über einen Antrag nach den §§ 1 und 2 des GewSchG oder in einer Wohnungszuweisungssache über einen Antrag auf Zuweisung der Wohnung entschieden oder den Ausschluss des Umgangs mit einem Elternteil angeordnet hat.

246 Die Beschwerde unterliegt in allen Fällen einer **Befristung,** die regelmäßig einen Monat beträgt, § 63 Abs. 1 FamFG; dabei handelt es sich um eine Notfrist.[319] Die bisherige Unterscheidung zwischen der einfachen (unbefristeten) und der sofortigen Beschwerde ist damit abgeschafft.[320] Das Gericht, dessen Beschluss angefochten wird, hat einer begründeten Beschwerde abzuhelfen, § 68 Abs. 1 FamFG; allerdings ist das Gericht zur **Abhilfe** nicht befugt, wenn die Beschwerde sich gegen eine Endentscheidung in einer Familiensache richtet, § 68 Abs. 1 S. 2 FamFG.[321] Nach altem Recht verbot § 18 Abs. 2 FGG die Abhilfe einer Entscheidung, die der sofortigen Beschwerde unterlag, nun wird dem Gericht, dessen Entscheidung angefochten wird, die rasche Selbstkorrektur für alle Beschwerden ermöglicht, sofern das Gericht die Beschwerde für begründet hält.[322] Dies soll sowohl der Beschleunigung des Verfahrens als auch der Entlastung des Beschwerdegerichts dienen.[323]

Nach § 117 Abs. 1 FamFG[324] hat in **Ehesachen und Familienstreitsachen** der Beschwerdeführer zur Begründung der Beschwerde einen be-

---
318 BGH v. 15.2.2012 – XII ZB 451/11 – FamRZ 2012, 619.
319 Prütting/Helms/*Abramenko*, FamFG, § 63 Rn. 2.
320 So die Gesetzesbegründung BT-Drs. 16/6308 S. 166.
321 Das entspricht inhaltlich den bisherigen § 621e Abs. 3, § 318 ZPO.
322 Zur Prüfungsmöglichkeit bzw. -pflicht bei unzulässigen Beschwerden und zum weiteren Verfahren siehe Prütting/Helms/*Abramenko*, FamFG, § 68 Rn. 6 ff.
323 Siehe Gesetzesbegründung BT-Drs. 16/6308 S. 167.
324 Geändert durch Art. 8 Nr. 1 m) des Gesetzes zur Modernisierung von Verfahren im anwaltlichen und notariellen Berufsrecht, zur Errichtung einer Schlichtungsstelle

stimmten Sachantrag zu stellen und diesen zu begründen. Die Begründung ist beim Beschwerdegericht einzureichen. Die Frist zur Begründung der Beschwerde beträgt 2 Monate und beginnt mit der schriftlichen Bekanntgabe des Beschlusses, spätestens mit Ablauf von 5 Monaten nach Erlass des Beschlusses. § 520 Abs. 2 S. 2, 3 sowie § 522 Abs. 1 S. 1, 2 und 4 ZPO gelten entsprechend. § 117 Abs. 2 FamFG ordnet an, dass die §§ 514, 516 Abs. 3, 521 Abs. 2, 524 Abs. 2 S. 2, 3, die §§ 528, 538 Abs. 2 und § 539 ZPO im Beschwerdeverfahren entsprechend gelten und es einer Güteverhandlung im Beschwerde- und Rechtsbeschwerdeverfahren nicht bedarf.

In **vermögensrechtlichen** Streitigkeiten – dazu gehören auch Kosten- und Auslagenentscheidungen[325] – ist die Beschwerde nur statthaft, wenn der Wert des **Beschwerdegegenstandes** 600,00 € übersteigt, § 61 Abs. 1 FamFG. Allerdings sieht das Gesetz für den Fall des Nichterreichens des Beschwerdewertes eine Zulassung der Beschwerde vor, wenn der Rechtsstreit grundsätzliche Bedeutung hat, § 61 Abs. 2, 3 FamFG. Damit ist auch in vermögensrechtlichen Angelegenheiten bei Fragen von grundsätzlicher Bedeutung unabhängig vom Erreichen einer Mindestbeschwer eine höchstrichterliche Entscheidung möglich. Im Umkehrschluss heißt das aber auch, dass in nichtvermögensrechtlichen Streitigkeiten unabhängig vom Wert bei Vorliegen einer Beschwer die Beschwerde zulässig ist.[326] 247

Ein Beteiligter kann sich gem. § 66 FamFG der Beschwerde anschließen, selbst wenn er auf die Beschwerde verzichtet hat oder die Beschwerdefrist verstrichen ist. Die **Anschließung** verliert ihre Wirkung, wenn die Beschwerde zurückgenommen oder als unzulässig verworfen bzw. nach § 74a FamFG zurückgewiesen wird. 248

Die Beschwerden in Familiensachen sind – wie bisher die entsprechenden Berufungen – den Oberlandesgerichten zugewiesen, § 119 Abs. 1 Nr. 1a GVG. 249

2. Die Rechtsbeschwerde

Nach den Vorschriften des FGG war gegen Beschwerdeentscheidungen die weitere Beschwerde zum Oberlandesgericht möglich, diese ist durch das FamFG abgeschafft und ersetzt durch die zulassungsabhängige **Rechtsbeschwerde** zum **BGH** gem. §§ 70 ff. FamFG.[327] 250

---

der Rechtsanwaltschaft sowie zur Änderung sonstiger Vorschriften vom 30.7.2009 (BGBl. I S. 2449).
325 Gesetzesbegründung zu § 61 FamFG – BT-Drs. 16/6308 S. 204.
326 Zu den Abgrenzungsschwierigkeiten siehe Prütting/Helms/*Abramenko*, FamFG, § 61 Rn. 2a.
327 Zur Kritik an der Abschaffung siehe *Zimmermann*, FamFG, Rn. 183.

251 § 70 Abs. 1 FamFG bestimmt, dass die Rechtsbeschwerde gegen Beschlüsse nur statthaft ist, wenn sie vom Beschwerdegericht oder, wenn der Beschluss vom Oberlandesgericht im ersten Rechtszug erlassen ist,[328] vom Oberlandesgericht in dem Beschluss zugelassen wurde. Über die **Zulassung** hat das Beschwerdegericht von Amts wegen zu entscheiden; eines entsprechenden Antrags der Beteiligten bedarf es nicht. Die Rechtsbeschwerde ist zuzulassen, wenn eine Entscheidung des Rechtsbeschwerdegerichts wegen der grundsätzlichen Bedeutung der Angelegenheit oder zur Vereinheitlichung oder zur Fortbildung des Rechts geboten ist. Der BGH kann dadurch in wesentlich stärkerem Ausmaß als bisher die Materien der freiwilligen Gerichtsbarkeit durch Leitentscheidungen prägen und fortentwickeln.[329] Der BGH ist an die Zulassung zwar gebunden, § 70 Abs. 2 S. 2 FamFG, kann aber die Zulassungsbeschwerde durch einstimmigen Beschluss ohne mündliche Verhandlung zurückweisen, wenn er davon überzeugt ist, dass die Voraussetzungen für die Zulassung nicht vorliegen und die Rechtsbeschwerde keine Aussicht auf Erfolg hat, § 74a Abs. 1 FamFG.

Gemäß § 70 Abs. 3 FamFG wird der Grundsatz der Zulassungsbeschwerde durchbrochen für bestimmte Entscheidungen in Betreuungs-, Unterbringungs- und Freiheitsentziehungssachen.

Gegen einen Beschluss im Verfahren über die Anordnung, Abänderung oder Aufhebung einer **einstweiligen Anordnung** oder eines **Arrests** findet die Rechtsbeschwerde nicht statt, § 70 Abs. 4 FamFG.

252 Die Rechtsbeschwerde ist gem. § 71 Abs. 1 S. 1 FamFG binnen einer **Frist** von einem Monat durch Einreichung einer Beschwerdeschrift beim BGH einzulegen, die Frist beginnt mit der schriftlichen Bekanntgabe zu laufen. Auch hierbei handelt es sich um eine **Notfrist**, § 16 Abs. 2 FamFG i. V. m. § 224 Abs. 2 ZPO.[330] Eine Abhilfemöglichkeit besteht wie schon nach altem Recht (§ 29 Abs. 3 FGG) nicht. § 71 Abs. 2 FamFG führt für die Rechtsbeschwerde eine **Begründungspflicht** ein, was auch der Neugestaltung der dritten Instanz zur höchstrichterlichen Klärung grundsätzlicher Rechtsfragen Rechnung trägt. Neu ist auch, dass die Rechtsbeschwerde einen bestimmten Antrag enthalten muss, § 71 Abs. 3 Nr. 1 FamFG. Der Rechtsbeschwerdeführer hat künftig konkret zu bezeichnen, inwieweit die Beschwerdeentscheidung angefochten und ihre Abänderung beantragt wird.

253 Wie schon im Zivilprozess kann die Rechtsbeschwerde nur darauf gestützt werden, dass die angefochtene Entscheidung auf der **Verletzung formellen oder materiellen Rechts** beruht, § 72 Abs. 1 FamFG. Das Vor-

---
328 Beispiele siehe Prütting/Helms/*Abramenko*, FamFG, § 70 Rn. 3.
329 So die Gesetzesbegründung BT-Drs. 16/6308 S. 167.
330 Prütting/Helms/*Ahn-Roth*, FamFG, § 16 Rn. 5.

bringen neuer Tatsachen und Beweise ist dagegen regelmäßig ausgeschlossen.[331] Neben der Verletzung von Bundesrecht ist auch die Verletzung von Landesrecht überprüfbar.

Ein Beteiligter kann sich bis zum Ablauf einer Frist von einem Monat nach der Bekanntgabe der Begründungsschrift der Rechtsbeschwerde anschließen, auch wenn er auf die Rechtsbeschwerde verzichtet hat, die Rechtsbeschwerdefrist verstrichen oder die Rechtsbeschwerde nicht zugelassen worden ist. Die **Anschließung** verliert ihre Wirkung, wenn die Rechtsbeschwerde zurückgenommen oder als unzulässig verworfen worden ist, § 73 FamFG.

254

Gegen die im ersten Rechtszug erlassenen Beschlüsse, die ohne Zulassung der Beschwerde unterliegen, findet gem. § 75 FamFG auf Antrag unter Übergehung der Beschwerdeinstanz unmittelbar die Rechtsbeschwerde (**Sprungrechtsbeschwerde**) statt, wenn die Beteiligten in die Übergehung der Beschwerdeinstanz einwilligen und das Rechtsbeschwerdegericht die Sprungrechtsbeschwerde zulässt. Der Antrag auf Zulassung der Sprungrechtsbeschwerde und die Erklärung der Einwilligung gelten als Verzicht auf das Rechtsmittel der Beschwerde. Für das weitere Verfahren gelten die Vorschriften der ZPO über die Sprungrevision, § 75 Abs. 2 FamFG i. V. m. § 566 Abs. 2 bis 8 ZPO.

255

3. Wertberechnung in Rechtsmittelverfahren

Wie schon zuvor in zivilprozessualen Familiensachen (§ 47 Abs. 1 GKG) bestimmt sich der Verfahrenswert zunächst einmal nach den Anträgen des Rechtsmittelführers, § 40 Abs. 1 S. 1 FamGKG. Sowohl die Beschwerde als auch die Rechtsbeschwerde können zunächst ohne bestimmten Sachantrag eingereicht werden, §§ 64 Abs. 2, 71 Abs. 1 FamFG. Bis zur Begründung gemäß §§ 65, 71 Abs. 2 FamFG steht deshalb häufig der Wert des Rechtsmittelverfahrens nicht fest, sodass auf die Begründung zu warten ist. Allerdings kommt es nicht auf die Zulässigkeit oder die Begründetheit der gestellten Anträge an,[332] selbst ein nachträglich erheblich eingeschränkter Antrag ist für den Streitwert nicht maßgeblich,[333] insbesondere wenn die Reduzierung deutlich macht, dass nur noch eine Reduzierung der Kostenlast erstrebt wird.[334]

256

In **Unterhaltsverfahren** bleibt der Jahresbetrag nach Einreichung des Klageantrags maßgeblich, wenn diese 12 Monate mit dem Rechtsmittel angegriffen werden; bis zur Einreichung fällige Rückstände sind hinzuzu-

257

---
331 Prütting/Helms/*Abramenko*, FamFG, § 72 Rn. 3.
332 HansOLG v. 7.6.2012 – 12 UF 64/12 – FamRZ 2013, 722.
333 BGH v. 26.9.2013 – IX ZR 204/11 – MDR 2013, 1376.
334 OLG Koblenz v. 22. 12.2004 – 5 U 1332/04 – FamRZ 2005, 1767 (LS).

rechnen.³³⁵ Greift der Rechtsmittelführer nur seine Verurteilung für die Zeit nach den ersten 12 Monaten nach Antragseinreichung an, so ist auf die ersten 12 Monate abzustellen, die noch in Streit sind, allerdings begrenzt durch den Wert der ersten Instanz.³³⁶ Selbst wenn lediglich die Dauer der Befristung im Streit ist, gilt dieses.³³⁷ Im entschiedenen Fall war der Ehemann verurteilt worden, seiner geschiedenen Ehefrau ab Rechtskraft der Entscheidung für 5 Jahre Unterhalt zu zahlen, mit dem Rechtsmittel wollte er eine Reduzierung auf 3 Jahre erreichen.

258 Wird im **Verbundverfahren** Rechtsmittel eingelegt, so bleibt der Verbund bestehen, auch wenn nur gegen eine Folgesache vorgegangen wird. Die Werte sind – soweit sie nicht wirtschaftlich identisch sind – zu addieren.³³⁸

259 Endet das Rechtsmittelverfahren, ohne dass Rechtsmittelanträge eingereicht werden, oder werden bei einer Rechtsbeschwerde innerhalb der Frist für die Begründung Anträge nicht eingereicht, ist die Beschwer maßgebend, § 40 Abs. 1 S. 2 FamGKG; das gilt auch in Familienstreitsachen.³³⁹

260 Grundsätzlich ist der Wert eines Rechtsmittelverfahrens durch den Wert des Verfahrensgegenstands des ersten Rechtszugs begrenzt. Dieses gilt jedoch nicht, wenn der Gegenstand erweitert wird, § 40 Abs. 2 FamGKG.

261 Geht es um die Zulassung oder die Nichtzulassung eines Rechtsmittels, gilt als Streitwert ebenfalls der Rechtsmittelwert, § 40 Abs. 3 FamGKG.

262 § 40 FamGKG gilt für sämtliche Rechtsmittelverfahren. Eine Besonderheit gilt jedoch für den Gegenstandswert der Rechtsanwaltsgebühren in den Beschwerdeverfahren, in denen Gerichtsgebühren unabhängig vom Verfahrensausgang nicht erhoben werden oder sich die Gebühren nicht nach dem Wert richten; in diesem Fall ordnet § 23 Abs. 2 RVG an, dass der **Gegenstandswert** nach billigem Ermessen zu schätzen ist; d.h. unter Berücksichtigung des Interesses des Rechtsmittelführers zu bestimmen, § 23 Abs. 3 S. 2 RVG.³⁴⁰

---

335 *Lappe*, Rn. 43.
336 BGH v. 4.6.2003 – XII ZB 24/02 – FamRZ 2003, 1274; OLG Nürnberg v. 20.9.2001 – 7 UF 495/01 – FamRZ 2002, 684.
337 OLG Stuttgart v. 17.12.2007 – 16 UF 124/07 – FamRZ 2008, 1205.
338 *Lappe*, Rn. 39.
339 HansOLG v. 14.8.2012 – 12 UF 64/12 – NJW 2012, 3523.
340 *Jungbauer* in Bischof/Jungbauer, RVG, § 23 Rn. 128.

XV. Vollstreckung

Das FamFG sieht in den §§ 86 bis 96a FamFG neu gestaltete Vorschriften für die **Vollstreckung**[341] vor, die zunächst in den allgemeinen Vorschriften (§§ 86, 87 FamFG) regeln, aus welchen Titeln die Vollstreckung betrieben werden kann,[342] wie sich das Verfahren gestaltet und ob ggf. eine Anfechtung mit der Beschwerde statthaft ist.

263

Zahlreiche Titel in Familiensachen entfalten eine Dauerwirkung, sodass es von praktischer Bedeutung sein kann, welches Recht für einen vor dem 1.9.2009 erwirkten Titel anzuwenden ist. Die Rechtsprechung hat sich insoweit auf Art. 111 FGG-RG gestützt und festgestellt, dass nach dem 1.9.2009 eingeleitete Vollstreckungsverfahren auch dann nach neuem Recht durchzuführen sind, wenn diese aufgrund von Alttiteln vorgenommen werden.[343]

§ 86 Abs. 2 FamFG sieht vor, dass Beschlüsse in FamFG-Sachen mit Wirksamwerden bereits kraft Gesetzes vollstreckbar sind, ohne dass es hierzu einer Vollstreckbarerklärung des Gerichts bedarf. Eine Vollstreckungsklausel ist nur dann erforderlich, wenn die Vollstreckung nicht durch das Gericht erfolgt, das den Titel in der Hauptsache erlassen hat, § 86 Abs. 3 FamFG.

264

1. Herausgabe von Personen und die Regelung des Umgangs

Die Vollstreckung von Entscheidungen über die **Herausgabe von Personen** und die **Regelung des Umgangs** ist in §§ 88 bis 94 FamFG geregelt. Die Vollstreckung erfolgt durch das Gericht, in dessen Bezirk die Person zum Zeitpunkt der Einleitung der Vollstreckung ihren gewöhnlichen Aufenthalt hat. Aufgegriffen wurde auch eine Regelung aus dem IntFamRVG, wonach das **Jugendamt** dem Gericht in geeigneten Fällen Unterstützung zu leisten hat, § 88 Abs. 2 FamFG. Die Hinzuziehung soll der Vermeidung von Gewaltanwendung und einer schonenden Vollstreckung dienen.[344] Zur zwangsweisen Durchsetzung von Herausgabe- und Umgangsanordnungen soll im Regelfall gegenüber dem Verpflichteten Ordnungsgeld und für den Fall, dass dieses nicht beigetrieben werden kann, Ordnungshaft angeordnet werden, § 89 Abs. 1 FamFG. Verspricht die Anordnung eines Ordnungsgeldes keinen Erfolg, soll das Gericht Ordnungshaft anordnen. Das

265

---
341 Siehe hierzu *Cirullies*, Vollstreckung in Familiensachen, 2009; MüKoFamFG/*Zimmermann*, §§ 86 ff., Prütting/Helms/*Hammer*, FamFG §§ 86 ff.
342 Ausführlich *Cirullies*, Rn. 514 ff.
343 *Streicher*, FamRZ 2011, 509 m. div. N.
344 So die Gesetzesbegründung BT-Drs. 16/6308 S. 218.

einzelne Ordnungsgeld darf den Betrag von 25.000,00 € nicht übersteigen, § 89 Abs. 3 FamFG. Für den Vollzug der Haft gelten § 802g Abs. 1 S. 2 und Abs. 2, die §§ 802h und 802j Abs. 1 ZPO entsprechend.

266 Damit weicht das FamFG vom bisherigen Recht (§ 33 FGG) ab,[345] welches die Verhängung von Zwangsmitteln vorsah, anders als Zwangsmittel haben **Ordnungsmittel Sanktionscharakter,** deshalb können sie auch dann noch festgesetzt und vollstreckt werden, wenn die Handlung, Duldung usw. wegen Zeitablaufs nicht mehr vorgenommen werden kann.[346] Die Festsetzung eines Ordnungsmittels soll gem. § 89 Abs. 4 FamFG unterbleiben, wenn der Verpflichtete Gründe vorträgt, aus denen sich ergibt, dass er die Zuwiderhandlung nicht zu vertreten hat. Werden Gründe, aus denen sich das fehlende Vertretenmüssen ergibt, nachträglich vorgetragen, soll die Festsetzung aufgehoben werden.

267 Nach § 90 Abs. 1 FamFG kann das Gericht durch ausdrücklichen Beschluss zur Vollstreckung **unmittelbaren Zwang** anordnen, wenn die Festsetzung von Ordnungsmitteln erfolglos geblieben ist; die Festsetzung von Ordnungsmitteln keinen Erfolg verspricht oder eine alsbaldige Vollstreckung der Entscheidung unbedingt geboten ist. Damit wird klargestellt, dass der bereits nach bisher geltender Rechtslage anerkannte Grundsatz der Verhältnismäßigkeit zu beachten ist und unmittelbarer Zwang nur infrage kommt, wenn mildere Mittel nicht zur Verfügung stehen.[347] Anwendung unmittelbaren Zwangs gegen ein **Kind** darf nicht zugelassen werden, wenn das Kind herausgegeben werden soll, um das Umgangsrecht auszuüben. Im Übrigen darf unmittelbarer Zwang gegen ein Kind nur zugelassen werden, wenn dies unter Berücksichtigung des Kindeswohls gerechtfertigt ist und eine Durchsetzung der Verpflichtung mit milderen Mitteln nicht möglich ist, § 90 Abs. 2 FamFG.

268 Wird eine herauszugebende Person nicht vorgefunden, kann das Gericht anordnen, dass der Verpflichtete eine **eidesstattliche Versicherung** über den Verbleib der herauszugebenden Person abzugeben hat, § 94 S. 1 FamFG. Das Gericht kann die nach § 883 Abs. 2 und 3 ZPO vorgesehenen Maßnahmen ergreifen, d.h. der Verpflichtete hat an Eides statt zu versichern, dass er nicht weiß, wo die herauszugebende Person sich aufhält. Der gemäß § 802e ZPO zuständige Gerichtsvollzieher lädt den Schuldner zur Abgabe der eidesstattlichen Versicherung. Die §§ 478 bis 480, 483, 802f Abs. 4, 802g bis 802i und 802j Abs. 1 und 2 gelten entsprechend.[348]

---

345 Ausführlich siehe *von König* in Jansen, FGG, § 33 Rn. 36 ff.
346 Siehe *Cirullies*, Rn. 527 ff.
347 So die Gesetzesbegründung BT-Drs. 16/6308 S. 218.
348 Ausführlich MüKoFamFG/*Zimmermann*, § 94 Rn. 6 ff.

2. Vollstreckung nach der ZPO

Soweit in den allgemeinen Vorschriften und den zuvor genannten Vorschriften für die Vollstreckung von Entscheidungen über die Herausgabe von Personen und die Regelung des Umgangs nichts Abweichendes bestimmt ist, sind gem. § 95 Abs. 1 FamFG auf die Vollstreckung wegen einer Geldforderung, zur Herausgabe einer beweglichen oder unbeweglichen Sache, zur Vornahme einer vertretbaren oder nicht vertretbaren Handlung, zur Erzwingung von Duldungen und Unterlassungen oder zur Abgabe einer Willenserklärung die Vorschriften der ZPO über die Zwangsvollstreckung entsprechend anzuwenden.[349]

269

An die Stelle des Urteils tritt der Beschluss nach den Vorschriften des FamFG, § 95 Abs. 2 FamFG.

Handelt es sich um eine Vollstreckung in Verfahren nach dem **Gewaltschutzgesetz,** ordnet § 96 FamFG an, dass bei Zuwiderhandlung gegen eine Anordnung nach § 1 GewSchG, der Berechtigte zur Beseitigung einer jeden andauernden Zuwiderhandlung einen Gerichtsvollzieher zuziehen kann. Erfasst sind nach dieser Vorschrift Schutzanordnungen wie das Verbot des Betretens der Wohnung oder das Aufsuchen bestimmter Orte bzw. Verbindungsaufnahme mit der geschützten Person. Bei einer einstweiligen Anordnung in Gewaltschutzsachen ist, soweit Gegenstand des Verfahrens Regelungen aus dem Bereich der Wohnungszuweisungssachen sind, die mehrfache Einweisung des Besitzes im Sinn des § 885 Abs. 1 ZPO während der Geltungsdauer möglich, § 96 Abs. 2 FamFG. Einer erneuten Zustellung an den Verpflichteten bedarf es nicht.

270

Für die Vollstreckung in **Abstammungssachen** regelt § 96a Abs. 1 FamFG, dass die Vollstreckung eines durch rechtskräftigen Beschluss oder gerichtlichen Vergleich titulierten Anspruchs nach § 1598a BGB auf Duldung einer nach den anerkannten Grundsätzen der Wissenschaft durchgeführten Probeentnahme, insbesondere die Entnahme einer Speichel- oder Blutprobe, ausgeschlossen ist, wenn die Art der Probeentnahme der zu untersuchenden Person nicht zugemutet werden kann. Allerdings kann bei wiederholter unberechtigter Verweigerung der Untersuchung auch unmittelbarer Zwang angewendet werden, insbesondere die zwangsweise Vorführung zur Untersuchung angeordnet werden, § 96a Abs. 2 FamFG.

271

3. Vollstreckung in Ehesachen und Familienstreitsachen

Die Vollstreckung in Ehesachen und Familienstreitsachen erfolgt entsprechend den Vorschriften der ZPO über die Zwangsvollstreckung, § 120

272

---

349 Siehe MüKoFamFG/*Zimmermann*, §§ 95 ff.

94 *Verfahrens- und Gegenstandswerte*

Abs. 1 FamFG, §§ 704 bis 915h ZPO, sodass §§ 86 bis 96a FamFG keine Anwendung finden.[350]

273 Endentscheidungen sind gem. § 120 Abs. 2 S. 1 FamFG mit Wirksamwerden vollstreckbar. Das Familiengericht entscheidet in Familiensachen durch Beschluss, § 116 Abs. 1 FamFG. Endentscheidungen in Ehesachen und in Familienstreitsachen werden nicht für vorläufig vollstreckbar erklärt, sondern sie werden grundsätzlich erst mit Rechtskraft wirksam, § 116 Abs. 2 und 3 S. 1 FamFG; es sei denn, in Familienstreitsachen wird die sofortige Wirksamkeit ausdrücklich angeordnet, § 116 Abs. 3 S. 2 FamFG. Dann wäre die Folge sofortige Vollstreckbarkeit, § 120 Abs. 2 FamFG.

Bei einer Verpflichtung zur Unterhaltszahlung soll das Gericht dieses nach § 116 Abs. 3 S. 3 FamFG anordnen. Nur wenn dieses geschehen ist, braucht es keine Rechtskraft und auch keines Ausspruches zur Vollstreckbarkeit.[351] Ansonsten kommt es für die Vollstreckung darauf an, ob die Entscheidung bereits rechtskräftig ist. Daneben kommen u. U. auch andere Titel in Frage, wie z. B. gerichtliche Vergleiche – entweder nach dem FamFG (§ 36) oder der ZPO (§ 794 Abs. 1 Nr. 1 ZPO).

274 Macht der Verpflichtete vor Erlass der Endentscheidung glaubhaft, dass die Vollstreckung ihm einen nicht zu ersetzenden Nachteil bringen würde, hat das Gericht auf seinen Antrag die Vollstreckung vor Eintritt der Rechtskraft in der Endentscheidung einzustellen oder zu beschränken. In den Fällen des § 707 Abs. 1 und des § 719 Abs. 1 ZPO kann die Vollstreckung nur unter denselben Voraussetzungen eingestellt oder beschränkt werden, § 120 Abs. 2 S. 2 FamFG.

4. Vollstreckung verfahrensleitender Anordnungen

275 Die freiwillige Gerichtsbarkeit sieht im laufenden Verfahren gerichtliche Anordnungen mit vollstreckbarem Inhalt auf Vornahme oder Unterlassung bestimmter Handlungen in diversen Fällen vor, so z. B. die Auskunftspflicht in Versorgungsausgleichssachen gem. § 220 FamFG. Diese Anordnungen haben verfahrensleitenden Charakter.

276 Zur Durchsetzung dieser Mitwirkungspflichten sieht § 35 FamFG bestimmte Zwangsmittel vor. Ist aufgrund einer gerichtlichen Anordnung die Verpflichtung zur Vornahme oder Unterlassung einer Handlung durchzusetzen, kann das Gericht, sofern ein Gesetz nicht etwas anderes bestimmt, gegen den Verpflichteten durch Beschluss **Zwangsgeld** festsetzen. Das Gericht kann für den Fall, dass dieses nicht beigetrieben werden kann,

---

350 Zur Anwendung des § 96a FamFG siehe verneinend MüKoFamFG/*Christian Fischer*, § 120 Rn. 2; a.A. MüKoFamFG/*Zimmermann*, § 86 Rn. 5
351 *Zimmermann*, FamFG, Rn. 276.

Zwangshaft anordnen. Verspricht die Anordnung eines Zwangsgeldes keinen Erfolg, soll das Gericht Zwangshaft anordnen.[352]

Die Anwendung dieser Zwangsmittel ist zu unterscheiden von der Vollstreckung nach den §§ 86 bis 96a FamFG, welche die Vollstreckung verfahrensabschließender Entscheidungen betrifft. Das Zwangsgeld ist ein **Beugemittel,** das dazu dient, die Befolgung gerichtlicher Anordnungen zu erzwingen, es ist nicht Sühne für bereits begangene Pflichtverletzungen oder gar Strafe.[353]

5. Wertberechnung in Vollstreckungssachen

Das FamGKG gilt in Familiensachen nur, wenn es sich um die Vollstreckung durch das Familiengericht handelt, § 1 Abs. 1 S. 1 FamGKG. Dementsprechend sieht die Vorbemerkung zum Hauptabschnitt 6 des Kostenverzeichnisses zum FamGKG auch vor, dass die dort genannten Gebührentatbestände nur für die Vollstreckung nach den Vorschriften des FamFG gelten, soweit das Familiengericht zuständig ist. Für Vollstreckungshandlungen nach den Vorschriften der ZPO durch das Vollstreckungs- oder Arrestgericht werden Gebühren nach dem GKG erhoben. Letzteres wird auch durch eine entsprechende Änderung des § 1 GKG deutlich.[354]

Sowohl in Vollstreckungsverfahren nach dem FamFG als auch in denen nach der ZPO bedarf es hinsichtlich der **Gerichtsgebühren** in der Regel keines **Verfahrenswertes,** da in der Vollstreckung als auch für etwaige Rechtsmittelverfahren überwiegend Festgebühren anfallen. Aus diesem Grunde sieht das FamGKG keine Wertvorschrift vor; das GKG insoweit lediglich für die Zwangsversteigerung, Zwangsverwaltung, Zwangsliquidation einer Bahneinheit und das Insolvenzverfahren, §§ 55 bis 58 GKG.[355]

Bezüglich der **Anwaltsgebühren** ergibt sich der Gegenstandswert zunächst aus § 25 Abs. 1 RVG,[356] wobei die Vorschrift für die gesamte Vollstreckung gilt, es sei denn in §§ 26 bis 29 RVG sind Sonderregelungen für bestimmte Vollstreckungsarten (Zwangsversteigerung, Zwangsverwaltung, Insolvenzverfahren, Verteilungsverfahren nach der Schifffahrtsrechtlichen

---

352 Zur Anwendbarkeit von § 35 FamFG siehe Prütting/Helms/*Hammer*, FamFG, § 35 Rn. 1a, 1b, 2.
353 Prütting/Helms/*Hammer*, FamFG, § 35 Rn. 8; zum alten Recht siehe *von König* in Jansen, FGG, § 33 Rn. 39.
354 Durch Art. 47 Abs. 1 Nr. 2 a) FGG-RG.
355 Zu den Kosten der Zwangsvollstreckung siehe auch *von König*, in: Keller, Handbuch Zwangsvollstreckung, Kap. 9.
356 Ausführlich siehe Gerold/Schmidt/*Müller-Rabe*, RVG, § 25 Rn. 5 ff.; *Bräuer* in Bischof/Jungbauer, RVG, § 25 Rn. 2 ff.

Verteilungsordnung). Der Wert für Beschwerden und Rechtsbehelfe ergibt sich aus § 23 Abs. 2 RVG (→ Rn. 262).

Bei einer Vollstreckung wegen einer **Geldforderung** wird der Gegenstandswert nach dem Betrag der zu vollstreckenden Geldforderung einschließlich der Nebenforderungen (bisher aufgelaufene Zinsen und Vollstreckungskosten) ermittelt, § 25 Abs. 1 Nr. 1 Hs. 1 RVG.

Soll ein **bestimmter Gegenstand** gepfändet werden und hat dieser einen geringeren Wert als die zu vollstreckende Forderung, gilt der geringere Wert, § 25 Abs. 1 Nr. 1 Hs. 2 RVG.

Begrifflich stellt auch die Pfändung von **Arbeitseinkommen** eine Vollstreckung in einen bestimmten Gegenstand – hier eine Forderung – dar. Für die Wertberechnung einer solchen Pfändung nach § 832 ZPO gilt deshalb ebenfalls § 25 Abs. 1 Nr. 1 Hs. 2 RVG. Ist das gepfändete Arbeitseinkommen niedriger, gilt der geringere Wert.[357]

281   Ist eine **Sache herauszugeben**, richtet sich der Gegenstandswert nach dem Verkehrswert der herauszugebenden oder zu leistenden Sachen, § 25 Abs. 1 Nr. 2 RVG; der Gegenstandswert darf jedoch den Wert nicht übersteigen, mit dem der Herausgabe- oder Räumungsanspruch nach den für die Berechnung von Gerichtskosten maßgeblichen Vorschriften zu bewerten ist, z. B. bei Mietverhältnissen gilt die Wertgrenze des § 41 Abs. 2 GKG.

282   Soll eine **Handlung, Duldung oder Unterlassung erwirkt** werden, berechnet sich der Gegenstandswert nach dem Wert, den die zu erwirkende Handlung für den Gläubiger hat, § 25 Abs. 1 Nr. 3 RVG. Dieser zu schätzende Wert ist in der Regel identisch mit dem Hauptsachewert und richtet sich nicht nach der Höhe des Zwangsgeldes.[358]

283   In Verfahren über die **Vermögensauskunft** nach § 802c ZPO[359] berechnet sich der Gegenstandswert nach dem Betrag, der einschließlich der Nebenforderungen aus dem Vollstreckungstitel noch geschuldet wird, höchstens jedoch 2.000,00 €, § 25 Abs. 1 Nr. 4 RVG.

---

357 Zur Vorratspfändung siehe *von König*, in: Keller, Handbuch Zwangsvollstreckung, Kap. 9 Rn. 353.
358 Gerold/Schmidt/*Müller-Rabe*, RVG, § 25 Rn. 21.
359 Die eidesstattliche Versicherung nach § 807 ZPO ist durch das Gesetz zur Reform der Sachaufklärung in der Zwangsvollstreckung v. 29.7.2009 – BGBl. I S. 2258 abgelöst durch die Vermögensauskunft.

XVI. Grenzüberschreitender Rechtsverkehr in Familiensachen

Völkerrechtliche Abkommen und Verträge regeln vielfach die Anerkennung ausländischer Gerichtsakte.[360] Der deutsche Gesetzgeber hat sich im Großen und Ganzen für anerkennungsfreundliche Bestimmungen[361] entschieden, sodass das FamFG auch insoweit festlegt, dass Regelungen in völkerrechtlichen Vereinbarungen, soweit sie unmittelbar anwendbares innerstaatliches Recht geworden sind, den Vorschriften des FamFG vorgehen, § 97 Abs. 1 FamFG.[362] Danach bleiben auch Regelungen in Rechtsakten der Europäischen Gemeinschaft unberührt. Vorrangig sind daher in Familiensachen bestimmte völkerrechtliche Übereinkommen bzw. Verordnungen der EU in Ehesachen, Kindschaftssachen und Unterhaltssachen.[363]

284

1. Anerkennung nach FamFG

Ansonsten ist das Verfahren über die **Anerkennung** von Entscheidungen in **Ehesachen** in § 107 FamFG,[364] die Anerkennung **anderer ausländischer Entscheidungen** in § 108 FamFG geregelt.[365] Anerkennungshindernisse regelt § 109 FamFG. Entscheidungen, durch die im Ausland eine Ehe für nichtig erklärt, aufgehoben, geschieden oder durch die das Bestehen oder Nichtbestehen einer Ehe zwischen den Beteiligten festgestellt worden ist, werden grundsätzlich nur anerkannt, wenn die **Landesjustizverwaltung** festgestellt hat, dass die Voraussetzungen für die Anerkennung vorliegen, § 107 Abs. 1 S. 1 FamFG.

285

Das Verfahren vor der Landesjustizverwaltung ist ebenfalls in § 107 FamFG geregelt.[366] Lehnt die Landesjustizverwaltung den Antrag ab, kann der Antragsteller beim OLG die Entscheidung beantragen; § 107 Abs. 5 FamFG. Stellt die Landesjustizverwaltung fest, dass die Voraussetzungen für die Anerkennung vorliegen, kann ein Ehegatte, der den Antrag nicht gestellt hat, ebenfalls beim OLG die Entscheidung beantragen, § 107 Abs. 6 S. 1 FamFG. Nach § 107 Abs. 7 FamFG ist der Antrag auf Entscheidung durch das OLG nach neuem Recht wegen der entsprechenden

286

---

360 Siehe *Hohloch*, FPR 2012, 495.
361 So wörtlich *Wick* in Jansen, FGG, § 16a Rn. 1.
362 Siehe *Hau*, FamRZ 2009, 821.
363 Überblick siehe u. a. bei Prütting/Helms/*Hau*, FamFG § 97 Rn. 19 ff. sowie die im Anhang zu § 97 abgedruckten Gesetze und Verordnungen; siehe auch bei *Wick* in Jansen, FGG, § 16a Rn. 67 ff.
364 Die Vorschrift ersetzt Art. 7 § 1 FamRÄndG sowie § 16a FGG.
365 Siehe *Klinck*, FamRZ 2009, 741 ff.
366 Siehe Prütting/Helms/*Hau*, FamFG, § 107 Rn. 35 ff.; aber auch *Wick* in Jansen, FGG, § 16a Rn. 17 ff.

Anwendung der Abschnitte 4 und 5 des FamFG nunmehr fristgebunden gem. § 63 FamFG. Nach fruchtlosem Ablauf der Frist wird die Entscheidung der Landesjustizverwaltung rechtskräftig, was in derart sensiblen Statusfragen aus Gründen der Rechtssicherheit sachgerecht ist.[367] Da auch § 48 Abs. 2 FamFG entsprechend gilt, wird erforderlichenfalls die Wiederaufnahme des Verfahrens ermöglicht. Wegen der nach neuem Recht nicht mehr vorhandenen Divergenzvorlage zum BGH (§ 28 Abs. 2 FGG a. F.) ist nun entsprechend §§ 70 ff. FamFG die Möglichkeit der Rechtsbeschwerde zum BGH vorgesehen.

287 Nach § 108 Abs. 1 FamFG werden – abgesehen von Entscheidungen in Ehesachen – **ausländische Entscheidungen** anerkannt, ohne dass es hierfür eines besonderen Verfahrens bedarf, d. h. die Entscheidung trifft die Stelle, für deren eigene Entscheidung es von Bedeutung ist, ob eine ausländische Entscheidung vorhanden ist. Neu ist jedoch, dass Beteiligte, die ein rechtliches Interesse haben, eine Entscheidung über die Anerkennung oder Nichtanerkennung einer ausländischen Entscheidung **nicht vermögensrechtlichen Inhalts** beantragen können, § 108 Abs. 2 S. 1 FamFG, womit die isolierte Feststellung der Anerkennung ermöglicht wird.[368] Nach § 108 Abs. 3 FamFG ist für die Entscheidung ausschließlich das Gericht örtlich zuständig, in dessen Bezirk zum Zeitpunkt der Antragstellung der Antragsgegner oder die Person, auf die sich die Entscheidung bezieht, sich gewöhnlich aufhält oder bei Fehlen einer solchen Zuständigkeit das Interesse an der Feststellung bekannt wird oder das Bedürfnis der Fürsorge besteht.

2. Vollstreckbarkeitserklärung

288 In der freiwilligen Gerichtsbarkeit spielt die Vollstreckbarkeit keine große Rolle, da die Entscheidungen häufig keinen vollstreckungsfähigen Inhalt haben.[369] Nach § 110 Abs. 1 FamFG wird in Familiensachen und in Angelegenheiten der freiwilligen Gerichtsbarkeit grundsätzlich auf ein Vollstreckbarerklärungsverfahren (Exequaturverfahren) verzichtet, da dieses auch im FGG nicht vorgesehen war. Dabei ist die Anerkennung der ausländischen Entscheidung als Vorfrage zu prüfen, denn die fehlende Anerkennungsfähigkeit einer ausländischen Entscheidung steht ihrer Vollstreckung entgegen.[370] Aber Anerkennungsfähigkeit ist nicht gleichbedeutend mit Vollstreckbarkeit; denn nach deutschem Recht sind für die Vollstre-

---

367 So die Gesetzesbegründung BT-Drs. 16/6308 S. 222.
368 Überblick siehe bei Prütting/Helms/*Hau*, FamFG, § 108 Rn. 45 ff.
369 Keidel/*Zimmermann*, FamFG, § 110 Rn. 1; zum vollstreckungsfähigen Inhalt siehe *Rellermeyer*, in: Keller, Handbuch Zwangsvollstreckung, Kap. 1 Rn. 279 ff.
370 Prütting/Helms/*Hau*, FamFG, § 110 Rn. 15.

ckung grundsätzlich Titel, Klausel[371] und Zustellung notwendige Voraussetzungen der Zwangsvollstreckung.

Ohne vorgeschaltetes Exequaturverfahren sind europäische Vollstreckungstitel nach der EuVTVO sowie Europäische Zahlungsbefehle nach der EuMahnVO zu vollstrecken.[372] Für europäische Unterhaltstitel gilt daneben noch die EuUntVO, die grundsätzlich auch auf ein entsprechendes Verfahren verzichtet.[373]

Finden sich im Europarecht oder in zwischenstaatlichen Abkommen Regelungen, ist § 110 FamFG nicht einschlägig.[374] Zu den entsprechenden Ausführungsgesetzen siehe (→ Rn. 290 ff.)

Ist die ausländische Entscheidung nach dem Recht des Ursprungsstaates vollstreckbar, bedarf die anzuerkennende ausländische Entscheidung zur Vollziehung noch einer **Vollstreckbarkeitserklärung,**[375] dieses der Sachlage angepasste Verfahren erspart die Erwirkung eines Vollstreckungsurteils gem. §§ 722, 723 ZPO.[376] Dabei ist zwischen dem Verfahren über die Anerkennung und Vollstreckbarkeitserklärung sowie der Vollziehung der ausländischen Entscheidung zu unterscheiden.

289

Soweit die ausländische Entscheidung die Vollstreckung wegen einer Geldforderung, zur Herausgabe einer beweglichen oder unbeweglichen Sache, zur Vornahme einer vertretbaren oder nicht vertretbaren Handlung, zur Erzwingung von Duldungen und Unterlassungen oder zur Abgabe einer Willenserklärung genannte Verpflichtung zum Inhalt hat (§ 95 Abs. 1 FamFG), ist die Vollstreckbarkeit durch zu begründenden Beschluss auszusprechen, § 110 Abs. 2 FamFG. Gegenstand des Verfahrens ist aber nicht der entsprechende Anspruch sondern die Zulässigkeit der Zwangsvollstreckung aus dem ausländischen Titel.[377] Für die Beschlussfassung zuständig ist das Amtsgericht, bei dem der Schuldner seinen allgemeinen Gerichtsstand hat, und sonst das Amtsgericht, bei dem nach § 23 ZPO gegen den Schuldner Klage erhoben werden kann.

---

371 Zu den Ausnahmen vom Klauselerfordernis siehe *Rellermeyer*, in: Keller, Handbuch Zwangsvollstreckung, Kap. 1 Rn. 287 ff.
372 Prütting/Helms/*Hau*, FamFG, § 110 Rn. 2.
373 Ausführlich bei Prütting/Helms/*Hau*, FamFG, § 110 Rn. 2 ff.
374 Keidel/*Zimmermann*, FamFG, § 110 Rn. 5.
375 BGH v. 13.7.1983 – IVb ZB 31/83 – BGHZ 88, 113; BGH v. 25.10.1976 – IV ZB 38/76 – NJW 1977, 150 = Rpfleger 1977, 55 = FamRZ 1977, 126.
376 BGH v. 25.10.1976 – IV ZB 38/76 – NJW 1977, 150 = Rpfleger 1977, 55 = FamRZ 1977, 126.
377 Keidel/*Zimmermann*, FamFG, § 110 Rn. 27.

3. Ausführungsgesetze

290   Einheitliches Ausführungsgesetz für zwischen Mitgliedstaaten der Europäischen Union geschlossene Anerkennungs- und Vollstreckungsverträge hinsichtlich des Verfahrens der **Anerkennung und Vollstreckbarkeitserklärung** ist das **AVAG**,[378] welches in § 1 bestimmt, welche Bestimmungen diesem Gesetz unterliegen.

Hierbei handelt es sich um,

1. die Ausführung folgender zwischenstaatlicher Verträge (Anerkennungs- und Vollstreckungsverträge):

   a) Übereinkommen vom 27. September 1968 über die gerichtliche Zuständigkeit und die Vollstreckung gerichtlicher Entscheidungen in Zivil- und Handelssachen (BGBl. 1972 II S. 773);

   b) Übereinkommen vom 16. September 1988 über die gerichtliche Zuständigkeit und die Vollstreckung gerichtlicher Entscheidungen in Zivil- und Handelssachen (BGBl. 1994 II S. 2658);

   c) Vertrag vom 17. Juni 1977 zwischen der Bundesrepublik Deutschland und dem Königreich Norwegen über die gegenseitige Anerkennung und Vollstreckung gerichtlicher Entscheidungen und anderer Schuldtitel in Zivil- und Handelssachen (BGBl. 1981 II S. 341);

   d) Vertrag vom 20. Juli 1977 zwischen der Bundesrepublik Deutschland und dem Staat Israel über die gegenseitige Anerkennung und Vollstreckung gerichtlicher Entscheidungen in Zivil- und Handelssachen (BGBl. 1980 II S. 925);

   e) Vertrag vom 14. November 1983 zwischen der Bundesrepublik Deutschland und Spanien über die Anerkennung und Vollstreckung von gerichtlichen Entscheidungen und Vergleichen sowie vollstreckbaren öffentlichen Urkunden in Zivil- und Handelssachen (BGBl. 1987 II S. 34);

   sowie

2. die Durchführung des Übereinkommens vom 30. Oktober 2007 über die gerichtliche Zuständigkeit und die Anerkennung und Vollstreckung von Entscheidungen in Zivil- und Handelssachen.

291   Für die Vollstreckbarerklärung von Titeln aus einem anderen Staat ist das Landgericht ausschließlich zuständig; § 3 Abs. 1 AVAG. Über den Antrag auf Erteilung der Vollstreckungsklausel entscheidet der Vorsitzende

---

[378] Gesetz zur Änderung von Vorschriften auf dem Gebiet der Anerkennung und Vollstreckung ausländischer Entscheidungen in Zivil- und Handelssachen v. 19.2.2001 (BGBl. I S. 288, 436).

einer Zivilkammer, § 3 Abs. 3 AVAG. Eine Anhörung des Verpflichteten ist ausdrücklich nicht vorgesehen und die Entscheidung ergeht ohne mündliche Verhandlung. Jedoch kann eine mündliche Erörterung mit dem Antragsteller oder seinem Bevollmächtigten stattfinden, wenn der Antragsteller oder der Bevollmächtigte hiermit einverstanden ist und die Erörterung der Beschleunigung dient. Allerdings ist im ersten Rechtszug die Vertretung durch einen Rechtsanwalt nicht erforderlich, § 6 AVAG. Gegen die Entscheidung findet die Beschwerde zum OLG statt, § 11 AVAG. Gegen den Beschluss des Beschwerdegerichts findet die Rechtsbeschwerde nach Maßgabe von § 574 Abs. 1 Nr. 1, Abs. 2 ZPO statt.

Als weiteres Durchführungsgesetz ist das **IntFamRVG**[379] hinzugekommen. Das Gesetz dient 292

1. der Durchführung der Verordnung (EG) Nr. 2201/2003 des Rates vom 27. November 2003 über die Zuständigkeit und die Anerkennung und Vollstreckung von Entscheidungen in Ehesachen und in Verfahren betreffend die elterliche Verantwortung und zur Aufhebung der Verordnung (EG) Nr. 1347/2000 (ABl. EU Nr. L 338 S. 1);

2. der Ausführung des Haager Übereinkommens vom 19. Oktober 1996 über die Zuständigkeit, das anzuwendende Recht, die Anerkennung, Vollstreckung und Zusammenarbeit auf dem Gebiet der elterlichen Verantwortung und der Maßnahmen zum Schutz von Kindern (BGBl. 2009 II S. 602, 603) – im Folgenden: Haager Kinderschutzübereinkommen;

3. der Ausführung des Haager Übereinkommens vom 25. Oktober 1980 über die zivilrechtlichen Aspekte internationaler Kindesentführung (BGBl. 1990 II S. 207) – im Folgenden: Haager Kindesentführungsübereinkommen;

4. der Ausführung des Luxemburger Europäischen Übereinkommens vom 20. Mai 1980 über die Anerkennung und Vollstreckung von Entscheidungen über das Sorgerecht für Kinder und die Wiederherstellung des Sorgeverhältnisses (BGBl. 1990 II S. 220) – im Folgenden: Europäisches Sorgerechtsübereinkommen.

Die Durchführung dieser Verfahren erfolgt nach den Vorschriften des IntFamRVG, wobei § 10 die örtliche Zuständigkeit der Familiengerichte für die Anerkennung und Vollstreckung in Verfahren nach Art. 21 Abs. 3; Art. 48 Abs. 1 sowie nach Art. 41, 42 EuEheVO, § 11 die örtliche Zu- 293

---

379 Gesetz zur Aus- und Durchführung internationaler Rechtsinstrumente auf dem Gebiet des Familienrechts (Internationales Familienrechtsverfahrensgesetz – IntFamRVG) gem. Art. 1 des Gesetzes zum internationalen Familienrecht v. 26.1.2005 (BGBl. I S. 162) in Kraft getreten am 1.3.2005.

ständigkeit für Verfahren nach dem HKÜ und § 12 die Ermächtigung für Zuständigkeitskonzentrationen regelt. Gegen die im ersten Rechtszug ergangene Entscheidung findet die Beschwerde zum OLG statt, § 24 Abs. 1 IntFamRVG. Gegen den Beschluss des OLG findet die Rechtsbeschwerde zum BGH nach Maßgabe des § 574 Abs. 1 Nr. 1, Abs. 2 ZPO statt.

Die Vollstreckung einer Entscheidung auf Kindesherausgabe oder Umgang im Inland durch Ordnungsmittel wird grundsätzlich in § 89 FamFG geregelt (→ Rn. 266 ff.) Bei Zuwiderhandlung gegen einen im Inland zu vollstreckenden Titel nach der EuEheVO, dem HKÜ oder dem ESÜ, der auf Herausgabe von Personen oder die Regelung des Umgangs gerichtet ist, soll das Gericht nach § 44 Abs. 1 IntFamRVG[380] ebenfalls Ordnungsgeld und für den Fall, dass dieses nicht beigetrieben werden kann, Ordnungshaft anordnen. Verspricht die Anordnung eines Ordnungsgeldes keinen Erfolg, soll das Gericht Ordnungshaft anordnen. Ist ein Kind heraus- oder zurückzugeben, so hat das Gericht gem. § 44 Abs. 3 IntFamRVG die Vollstreckung von Amts wegen durchzuführen, es sei denn, die Anordnung ist auf Herausgabe des Kindes zum Zweck des Umgangs gerichtet. Auf Antrag der berechtigten Person soll das Gericht hiervon absehen.

294 In Ergänzung zum AVAG und zum IntFamRVG regelt das **AUG**[381] als Aus- bzw. Durchführungsgesetz die wichtigsten Rechtsakte im Bereich des internationalen Unterhaltsverfahrensrechts.[382]

Dieses Gesetz dient

1. der Durchführung folgender Verordnung und folgender Abkommen der Europäischen Union:

    a) der Verordnung (EG) Nr. 4/2009 des Rates vom 18. Dezember 2008 über die Zuständigkeit, das anwendbare Recht, die Anerkennung und Vollstreckung von Entscheidungen und die Zusammenarbeit in Unterhaltssachen (ABl. L 7 vom 10.1.2009, S. 1);

    b) des Abkommens vom 19. Oktober 2005 zwischen der Europäischen Gemeinschaft und dem Königreich Dänemark über die gerichtliche Zuständigkeit und die Anerkennung und Vollstreckung von Entscheidungen in Zivil- und Handelssachen (ABl. L 299 vom 16.11.2005, S. 62), soweit dieses Abkommen auf Unterhaltssachen anzuwenden ist;

---

380 In der Fassung des Art. 45 Nr. 8b des FGG-RG.
381 Gesetz zur Geltendmachung von Unterhaltsansprüchen im Verkehr mit ausländischen Staaten (Auslandsunterhaltsgesetz) v. 23.5.2011 (BGBl I S. 898).
382 Siehe die Kommentierung von *Hau* in Prütting/Helms, FamFG, Anhang 2 zu § 110; siehe auch *Hess/Spancken*, FPR 2013, 27 sowie *Riegner*, FPR 2013, 1.

von König

c) des Übereinkommens vom 30. Oktober 2007 über die gerichtliche Zuständigkeit und die Anerkennung und Vollstreckung von Entscheidungen in Zivil- und Handelssachen (ABl. L 339 vom 21.12.2007, S. 3), soweit dieses Übereinkommen auf Unterhaltssachen anzuwenden ist;

2. der Ausführung folgender völkerrechtlicher Verträge:

   a) des Haager Übereinkommens vom 23. November 2007 über die internationale Geltendmachung der Unterhaltsansprüche von Kindern und anderen Familienangehörigen (ABl. L 192 vom 22.7.2011, S. 51) nach Maßgabe des Beschlusses des Rates der Europäischen Union vom 9. Juni 2011 (ABl. L 192 vom 22.7.2011, S. 39) über die Genehmigung dieses Übereinkommens;

   b) des Haager Übereinkommens vom 2. Oktober 1973 über die Anerkennung und Vollstreckung von Unterhaltsentscheidungen (BGBl. 1986 II S. 826);

   c) des Übereinkommens vom 16. September 1988 über die gerichtliche Zuständigkeit und die Vollstreckung gerichtlicher Entscheidungen in Zivil- und Handelssachen (BGBl. 1994 II S. 2658), soweit dieses Übereinkommen auf Unterhaltssachen anzuwenden ist;

   d) des New Yorker UN-Übereinkommens vom 20. Juni 1956 über die Geltendmachung von Unterhaltsansprüchen im Ausland (BGBl. 1959 II S. 150);

3. der Geltendmachung von gesetzlichen Unterhaltsansprüchen, wenn eine der Parteien im Geltungsbereich dieses Gesetzes und die andere Partei in einem anderen Staat, mit dem die Gegenseitigkeit verbürgt ist, ihren gewöhnlichen Aufenthalt hat.

Die entsprechenden Justizverwaltungsverfahren werden durch das Bundesamt der Justiz als zentrale Behörde durchgeführt, § 4 AUG. Über einen Antrag auf Feststellung der Anerkennung oder auf Vollstreckbarkeitserklärung entscheidet ausschließlich das Amtsgericht, das für den Sitz des OLG zuständig ist, in dessen Zuständigkeitsbezirk sich die Person, gegen die sich der Titel richtet, gewöhnlich aufhält oder die Vollstreckung durchgeführt werden soll, § 35 Abs. 1 AUG bzw. § 57 AUG. In Berlin – für den Bezirk des KG – ist das AG Pankow-Weißensee zuständig. Die Entscheidung ergeht ohne mündliche Verhandlung, im ersten Rechtszug ist ein Anwalt nicht erforderlich, § 38 Abs. 1, 2 AUG. Gegen die im ersten Rechtszug ergangene Entscheidung ist die Beschwerde zum OLG möglich, §§ 43, 45 AUG. Gegen den Beschluss des Beschwerdegerichts findet die Rechtsbeschwerde statt, § 46 AUG. Rechtsbeschwerdegericht ist der BGH, § 47 AUG.

von König

4. Wertberechnung

296 Für die gebührenpflichtigen Tätigkeiten des **Bundesamtes der Justiz** fallen Betragsrahmengebühren nach dem JVKostG an, sodass es insoweit keines Wertes bedarf. Auch in den gerichtlichen Verfahren nach dem IntFamRVG, dem AVAG oder dem AUG sowie bei Zurückweisung von Anträgen nach §§ 107 Abs. 5, 6 und 8, 108 Abs. 2 FamFG und der entsprechenden Beschwerdeverfahren bedarf es hinsichtlich der **Gerichtsgebühren keines Verfahrenswertes**, da es sich um Festgebühren handelt.

Für den in den entsprechenden Verfahren tätigen **Rechtsanwalt** sieht das aber anders aus. Egal ob er im Verfahren vor der Zentralen Behörde oder in den entsprechenden Verfahren vor Gericht tätig wird, für die Berechnung seiner Vergütung braucht es einen **Gegenstandswert**.

Ist der Rechtsanwalt mit der Zwangsvollstreckung beauftragt, gehört das Verfahren bzgl. der Anerkennung und/oder Vollstreckbarkeitserklärung zum Rechtszug.[383] Der Gegenstandswert berechnet sich in diesem Fall nach § 25 RVG, da es sich um eine Tätigkeit der Zwangsvollstreckung handelt (→ Rn. 280).

Ist der Rechtsanwalt nur mit dem Anerkennungs- bzw. Vollstreckbarkeitsverfahren beauftragt, kann dieses nicht gelten. Da im Verfahren vor dem Bundesamt für Justiz Festgebühren anfallen, ist der Wert nach billigem Ermessen zu bestimmen, § 23 Abs. 3 S. 2 RVG. In Ermangelung genügender tatsächlicher Anhaltspunkte für eine Schätzung und bei nichtvermögensrechtlichen Gegenständen ist der Gegenstandswert mit 5.000,00 €, nach Lage des Falles niedriger oder höher, jedoch nicht über 500.000,00 € anzunehmen.

Für die gerichtlichen Verfahren werden ebenfalls Festgebühren erhoben, sodass für die Berechnung des Gegenstandswertes in diesem Fall auf den Auffangwert des § 42 FamGKG abzustellen ist (→ Rn. 56). Nicht einschlägig ist § 35 FamGKG, da keine bestimmte Geldsumme gefordert ist. Im Rechtsmittelverfahren gilt § 40 FamGKG, wobei auf die Anträge des Rechtsmittelführers abzustellen ist.[384]

XVII. Wertfestsetzung

297 Bei jedem Antrag ist der Verfahrenswert anzugeben, wenn dieser nicht in einer bestimmten Geldsumme besteht, kein fester Wert bestimmt ist

---
383 Gerold/Schmidt/*Müller-Rabe*, RVG, VV 3309 Rn. 310.
384 BGH v. 13.1.2010 – XII ZB 12/05 – FamRZ 2010, 365 m. Anm. *Streicher* in FamRBint 2010, 31.

oder sich nicht aus früheren Anträgen ergibt, § 53 S. 1 FamGKG. Die Angabe kann jederzeit berichtigt werden. Ist Gegenstand des Verfahrens nicht eine bestimmte Geldsumme oder ist für den Regelfall kein fester Wert im FamGKG bestimmt, setzt das Gericht sogleich den Verfahrenswert ohne Anhörung der Beteiligten durch Beschluss vorläufig fest, wenn Gebühren, die sich nach dem Verfahrenswert richten, mit der Einreichung des Antrags, der Einspruchs- oder der Rechtsmittelschrift oder mit der Abgabe der entsprechenden Erklärung zu Protokoll fällig sind, § 55 Abs. 1 S. 1 FamGKG.

Einwendungen gegen die Höhe des festgesetzten Werts können nur im Verfahren über die Beschwerde gegen den Beschluss, durch den die Tätigkeit des Gerichts aufgrund dieses Gesetzes von der vorherigen Zahlung von Kosten abhängig gemacht wird, geltend gemacht werden, § 55 Abs. 1 S. 2 FamGKG. 298

In Familiensachen erfolgt eine Wertfestsetzung ganz überwiegend hinsichtlich der Gerichtsgebühren, allerdings hängt die Zulässigkeit der Rechtsmittel vom Prozessstreitwert ab, der in der Praxis jedoch ganz selten festgesetzt wird. Hat das Rechtsmittelgericht den Wert hinsichtlich der Zulässigkeit der Beschwerde festgesetzt, dann gilt dieser auch für die Gerichtsgebühren und die Rechtsanwaltsgebühren, § 54 FamGKG, § 31 Abs. 1 RVG. Nur wenn widersprechende Vorschriften im FamGKG vorhanden sind, bindet die Wertfestsetzung nicht, § 54 S. 1 FamGKG. 299

Ist eine Entscheidung nach § 54 FamGKG nicht ergangen oder nicht bindend, kann eine Festsetzung nach § 55 FamGKG erfolgen, was in den nichtvermögensrechtlichen Angelegenheiten auch regelmäßig spätestens am Schluss des Verfahrens erfolgt, § 55 Abs. 2 FamGKG. Nach § 55 Abs. 3 FamGKG kann das jeweils zuständige Gericht innerhalb von 6 Monaten nach Rechtskraft der Entscheidung oder sonstiger Erledigung der Angelegenheit die Wertfestsetzung noch abändern. 300

Gegen den Beschluss des Familiengerichts, durch den der Verfahrenswert für die Gerichtsgebühren festgesetzt worden ist, ist die Beschwerde statthaft, wenn der Wert des Beschwerdegegenstands 200,00 € übersteigt, § 59 Abs. 1 S. 1 FamGKG. Wegen der grundsätzlichen Bedeutung der zur Entscheidung stehenden Frage kann das Gericht die Beschwerde in dem Beschluss auch zulassen, § 59 Abs. 1 S. 2 FamGKG. Die Beschwerde ist innerhalb von 6 Monaten nach Rechtskraft der Entscheidung in der Hauptsache oder anderweitiger Erledigung des Verfahrens einzulegen, es sei denn, der Wertfestsetzungsbeschluss ist später als 1 Monat vor Ablauf dieser Frist ergangen, dann kann die Beschwerde noch innerhalb eines Monats nach Zustellung bzw. Mitteilung eingelegt werden, § 59 Abs. 1 S. 3, 4 FamGKG. Einer zulässigen und begründeten Beschwerde hat das Gericht abzuhelfen. 301

302 Die Festsetzung ist jedoch nur anfechtbar, wenn es sich um eine endgültige und nicht lediglich eine vorläufige Festsetzung handelt.[385] Das gilt auch, wenn der Verfahrensbevollmächtigte die Festsetzung anfechten will, denn § 32 Abs. 2 RVG eröffnet diesem keine über die Regelungen des FamGKG hinausgehende Beschwerdemöglichkeit.[386]

---

[385] SaarlOLG v. 23.8.2011 – 9 WF 73/11 – FamRZ 2012, 472; BbgOLG v. 12.2.2004 – 9 WF 239/03 – FamRZ 2005, 228.
[386] OLG Celle v. 25.10.2010 – 10 WF 313/10 – FamRZ 2011, 134; OLG Hamm v. 11.3.2005 – 2 WF 49/05 – FamRZ 2005, 1767.

2. Abschnitt: Gerichtskosten

A. Grundsätzliches

Für die im 2. Buch des FamFG zusammengefassten Familiensachen gilt ein einheitliches Kostengesetz – das FamGKG. Dieses erst mit dem FamFG zum 1.9.2009 in Kraft getretene Kostengesetz ist ebenfalls durch das 2. Kostenrechtsmodernisierungsgesetz – KostRMoG[1] geändert worden. Viele Änderungen sind rein redaktioneller Art, so sind Begriffe vereinheitlicht worden und an den Sprachgebrauch des FamFG angepasst (Verfahrenskostenhilfe statt Prozesskostenhilfe; noch als Wortbestandteil für Regelungen in Verfahren, die sich nach der ZPO richten, beibehaltener Begriff „Klage" wird durch andere Begriffe ersetzt). Die bisher vorgesehene entsprechende Anwendung von Vorschriften der KostO ist nun durch eine entsprechende Anwendung des neuen GNotKG[2] ersetzt worden (Abschnitt 1 → Rn. 45 bis 54). 303

Zusätzlich zum FamGKG gilt im Gerichtskostenrecht noch eine den Richter nicht bindende Verwaltungsanweisung, die **Kostenverfügung** vom 1.3.1976, eine bundeseinheitliche Verwaltungsvorschrift des Bundes und der Länder, die in allen Bundesländern durch die jeweiligen Justizministerialblätter – teilweise mit Zusatzbestimmungen – veröffentlich worden ist.[3] 304

Gerichtskosten unterteilen sich in **Gebühren** und **Auslagen,** § 1 S. 1 FamGKG. Unter **Gebühren** versteht man die öffentliche Abgabe aus Anlass einer besonderen Inanspruchnahme des Staates, die nicht in Beziehung zu einem feststehenden oder exakt messbaren Aufwand erhoben werden.[4] Die einzelnen Gebührentatbestände ergeben sich aus Teil 1 des Kostenverzeichnisses (KV), das als Anlage 1 dem FamGKG beigefügt ist. **Auslagen** entstehen für bestimmte Aufwendungen der Justiz und fallen entweder als Barauslagen (z. B. für Zustellungen) oder als Abgeltung eines bestimmten Aufwands (Dokumentenpauschale, Zeugen- und Sachverständigenent- 305

---

1 Art. 5 des Zweiten Gesetzes zur Modernisierung des Kostenrechts (2. Kostenrechtsmodernisierungsgesetz – 2. KostRMoG) vom 23. Juli 2013 – BGBl. I S. 2586 (v. 29.7.2013).
2 Art. 1 des 2. KostRMoG und in Kraft seit dem 1.8.2013.
3 Nachweise und Text siehe *Hartmann*, KostVfg. Rn. 1.
4 *Lappe*, Justizkostenrecht, § 1 Ziff. 3.

schädigung bzw. -vergütung) an.⁵ Die Auslagentatbestände ergeben sich aus Teil 2 des oben genannten Kostenverzeichnisses.

306 Die Einforderung der Kosten erfolgt durch **Justizverwaltungsakt**, durch den der Kostenbeamte den Kostenschuldner auffordert, die Kosten zu zahlen, § 18 Abs. 1 FamGKG, §§ 2, 35 Abs. 2 KostVfg. Im Allgemeinen werden Kosten alsbald nach Fälligkeit angesetzt, § 13 Abs. 1 KostVfg und entweder der Justizkasse zur Einziehung überwiesen oder mit Kostennachricht angefordert, § 4 Abs. 1 KostVfg. Die Aufgaben des **Kostenbeamten** obliegt überwiegend den Beamten des mittleren Justizdienstes, § 1 KostVfg. Dieser ist zuständig für den rechtzeitigen, richtigen und vollständigen **Kostenansatz**. Kostenansatz, damit ist das „ansetzen" der Kosten beim zuständigen Gericht bzw. das Aufstellen einer Kostenrechnung gemeint.⁶

Jede Kostenrechnung und jede anfechtbare Entscheidung hat seit der Einführung einer **Rechtsbehelfsbelehrung** im Zivilprozess ebenfalls eine Belehrung über den statthaften Rechtsbehelf sowie über das Gericht, bei dem dieser Rechtsbehelf einzulegen ist, über dessen Sitz und über die einzuhaltende Form und Frist zu enthalten, § 8a FamGKG.⁷

307 Grundsätzlich werden dann die Kosten durch die entsprechende **Staatskasse/Justizkasse** vom Kostenschuldner eingefordert und nach Zahlung eine Mitteilung zu den Sachakten gegeben, § 29 KostVfg.

Wegen eines **unrichtigen Ansatzes** dürfen Kosten gemäß § 19 Abs. 1 FamGKG nur **nachgefordert** werden, wenn der berichtigte Ansatz dem Zahlungspflichtigen vor Ablauf des nächsten Kalenderjahres nach Absendung der den Rechtszug abschließenden Kostenrechnung mitgeteilt worden ist. Beruht die Nachforderung jedoch auf vorsätzlich oder grob fahrlässig falschen Angaben des Kostenschuldners oder ist der ursprüngliche Kostenansatz unter einem bestimmten Vorbehalt erfolgt, dann gilt das eben Gesagte nicht. Eine längere Frist ist vorgesehen, wenn ein Rechtsbehelfsverfahren eingeleitet wurde, § 19 Abs. 2 FamGKG.

Kosten, die bei richtiger Behandlung der Sache nicht entstanden wären, werden nicht erhoben, § 20 Abs. 1 S. 1 FamGKG. Eine **unrichtige Sachbehandlung** ist bei schwerem Verstoß anzunehmen.⁸ Das Gleiche gilt für Auslagen, die durch eine von Amts wegen veranlasste Verlegung eines Termins oder Vertagung einer Verhandlung entstanden sind.

---

5 *Lappe*, Justizkostenrecht, § 1 Ziff. 4.
6 Zum Inhalt siehe § 27 KostVfg.
7 Eingefügt durch Art. 10 Nr. 2 des Gesetzes zur Einführung einer Rechtsbehelfsbelehrung im Zivilprozess und zur Änderung anderer Vorschriften v. 5.12.2012 (BGBl. I S. 2418) und in Kraft seit dem 1.1.2014.
8 BGH v. 4.5.2005 – XII ZR 217/04 – NJW-RR 2005, 1230.

Für abweisende Entscheidungen sowie bei Zurücknahme eines Antrags kann durch gerichtliche Entscheidung von der **Erhebung** von **Kosten abgesehen** werden, wenn der Antrag auf unverschuldeter Unkenntnis der tatsächlichen oder rechtlichen Verhältnisse beruht, § 20 Abs. 1 S. 3 FamGKG. Kein Verschulden liegt vor, wenn der Antragsteller alles Zumutbare zur Klärung der Verhältnisse unternommen hat.[9]

Vorweg zu erhebende Gebühren und Kostenvorschüsse, von deren Eingang eine Amtshandlung, die Einleitung oder der Fortgang des Verfahrens abhängig ist, werden durch die **Geschäftsstelle** ohne Einschaltung der Justizkasse durch Kostennachricht angefordert, § 31 KostVfg.   308

I. Allgemeine Vorschriften

Im allgemeinen Teil (§§ 1 bis 8 FamGKG) werden u.a. der Geltungsbereich, die Kostenfreiheit, die kostenrechtlichen Folgen von Verweisung, Abgabe, die Verjährung, Verzinsung sowie die Anwendung von Vorschriften über die elektronische Akte bzw. elektronische Dokumente geregelt. Die in § 2 FamGKG geregelte **Kostenfreiheit** für Bund und Länder sowie der Vorbehalt für weitere bundes- und landesrechtliche Befreiungsvorschriften entspricht den Regelungen in § 2 GKG bzw. § 2 GNotKG.   309

Die Gebühren richten sich grundsätzlich nach dem Wert des Verfahrensgegenstands (**Verfahrenswert**), § 3 Abs. 1 FamGKG.[10] Das FamGKG regelt die Gebühren- und Auslagentatbestände abschließend im Kostenverzeichnis (Anlage 1 zum FamGKG); die Gebühren für familiengerichtliche Verfahren sind im Teil 1 des Kostenverzeichnisses geregelt. Dabei gelten die Gebühren als sog. **Pauschgebühren** entweder einen bestimmten Verfahrensabschnitt ab (Verfahrensgebühr) oder aber eine bestimmte Handlung (Aktgebühr).   310

Wenn sich die Gebühren nach dem Streitwert richten (**Wertgebühr**), sind diese aus der Tabelle zu § 28 FamGKG (Anlage 2 zum FamGKG) abzulesen; der Mindestbetrag einer Gebühr beträgt 15,00 €, § 28 Abs. 2 FamGKG. Die Tabelle entspricht der in § 34 GKG, sodass insoweit ein Gleichlauf mit dem GKG und dem RVG sichergestellt ist. Die Tabelle ist degressiv, was bedeutet, dass die Gebühr aus einer Wertsumme geringer ist als die Summe der Gebühren aus den Einzelwerten.   311

Im Rahmen der Regelung der **Verweisung** ist klargestellt, dass die Abgabe der Verweisung gleichgestellt ist, § 6 Abs. 1 S. 2 FamGKG; wird eine Folgesache aus dem Verbund getrennt und als selbstständige Familiensache   312

---
9   Prütting/Helms/*Klüsener*, FamGKG, § 20 Rn. 10.
10   Siehe hierzu ausführlich Abschnitt 1.

fortgeführt, wird sie nur als solches Verfahren behandelt und beim Verbund nicht mehr berücksichtigt, § 6 Abs. 1 S. 3 FamGKG.

Die Regelungen des § 5 GKG über die **Verjährung** und die **Verzinsung** wurden in das familiengerichtliche Verfahren übernommen, d. h. es kommt in der Regel auf die Beendigung des Verfahrens an, bei Vormundschaften und Dauerpflegschaften auf die Fälligkeit der Gebühren, § 7 FamGKG. Wie in § 5a GKG und § 7 GNotKG ordnet auch § 8 FamGKG an, dass die entsprechenden Vorschriften über elektronische Akten und elektronische Dokumente Anwendung finden.

II. Fälligkeit

313   Die entstandenen Kosten können erst geltend gemacht werden, wenn sie auch fällig sind. Mit Ausnahme der Scheidungsfolgesachen und Folgesachen eines Verfahrens über die Aufhebung der Lebenspartnerschaft wird die **Verfahrensgebühr** in Ehesachen und selbstständigen Familienstreitsachen (→ Rn. 9) mit der Einreichung der Antragsschrift, der Einspruchs- oder Rechtsmittelschrift oder mit der Abgabe der entsprechenden Erklärung zu Protokoll fällig, § 9 Abs. 1 FamGKG. Soweit die Gebühr eine **Entscheidung** oder sonstige gerichtliche Handlung voraussetzt, wird sie mit dieser fällig, § 9 Abs. 2 FamGKG.

314   Im **Übrigen** werden die Gebühren und Auslagen fällig, sobald eine unbedingte Entscheidung über die Kosten ergangen, das Verfahren oder der Rechtszug durch Vergleich oder Zurücknahme beendet, das Verfahren sechs Monate ruht oder sechs Monate nicht betrieben worden ist, Verfahren sechs Monate unterbrochen oder sechs Monate ausgesetzt war oder das Verfahren durch anderweitige Erledigung beendet ist, § 11 Abs. 1 FamGKG.

III. Vorschuss bzw. Vorauszahlung

315   Einige Vorschriften stellen sicher, dass der staatliche Anspruch auf Gerichtskosten auch alsbald realisiert werden kann. Für bestimmte Gebühren und Auslagen ist eine Vorauszahlungs- bzw. Vorschusspflicht vorgesehen. **Vorschüsse** sind zu erheben, wenn der Betrag noch nicht fällig ist, wie z. B. der Zeugenauslagenvorschuss nach § 16 Abs. 1 FamGKG. **Vorauszahlungen** sind bei bereits fälligen Gebühren vorgesehen, um den Zahlungspflichtigen nachhaltig zur Zahlung anzuhalten, oft wird die Handlung des Gerichts von der Zahlung der Gebühren abhängig gemacht. Nach dem FamGKG darf ein Vorschuss bzw. eine Vorauszahlung nur in den vom Gesetz vorgesehenen Fällen erhoben werden, § 12 FamGKG. Als Beispiele seien hier die §§ 14, 16, 17 FamGKG genannt.

In **Ehesachen** und **selbstständigen Familienstreitsachen** soll die Antragsschrift erst nach Zahlung der Gebühr für das Verfahren im Allgemeinen zugestellt werden, § 14 Abs. 1 S. 1 FamGKG. Wird der Antrag erweitert, soll vor Zahlung der Gebühr für das Verfahren im Allgemeinen keine gerichtliche Handlung vorgenommen werden; dies gilt auch in der Rechtsmittelinstanz, § 14 Abs. 1 S. 2 FamGKG.

316

Dies gilt gem. § 14 Abs. 2 FamGKG jedoch **nicht** für den **Widerantrag.** Aber auch nicht für **Scheidungsfolgesachen,** da diese ihre Eigenschaft als Versorgungsausgleichssachen, Unterhaltssachen, Ehewohnungs- und Haushaltssachen sowie Güterrechtssachen nicht verlieren und somit nicht zu den Ehesachen zählen, was eine ausdrückliche Regelung erfordert hätte.[11]

317

Im Übrigen soll in Verfahren, in denen der Antragsteller die Kosten schuldet, vor Zahlung der Gebühr für das Verfahren im Allgemeinen keine gerichtliche Handlung vorgenommen werden, § 14 Abs. 3 FamGKG. Die **Antragshaftung** ist in § 21 FamGKG geregelt und sieht vor, dass bei Verfahren, die nur auf Antrag eingeleitet werden, derjenige die Kosten schuldet, der das Verfahren des Rechtszugs beantragt hat. Das gilt aber nicht in Gewaltschutzsachen, bei Anordnungen welche die Kindesrückgabe oder die Umgangsregelung nach dem IntFamRVG betreffen, nicht in Verfahren auf Antrag eines Minderjährigen in Verfahren, die seine Person betreffen und für den Verfahrensbeistand, § 21 Abs. 1 S. 2 FamGKG.

318

In einem familiengerichtlichen Verfahren auf Übertragung der **elterlichen Sorge** (§ 1671 BGB) kann die Vornahme von gerichtlichen Handlungen von der Zahlung eines Gerichtskostenvorschusses abhängig gemacht werden, wenn es sich um ein selbstständiges FG-Verfahren handelt, das auf Antrag eines Elternteils eingeleitet wird, somit die Antragstellerhaftung nach § 21 Abs. 1 FamGKG nicht ausgeschlossen ist.[12]

Da in § 14 FamGKG, mit Ausnahme der Antragserweiterung nicht das **Rechtsmittelverfahren** genannt ist, gilt in einem solchen Fall die Vorauszahlungspflicht nicht. Allerdings sind die Gebühren für das Verfahren im Allgemeinen gem. § 9 Abs. 1 FamGKG mit Einreichung der Rechtsmittelschrift fällig, sodass die Gebühr durch den Kostenbeamten anzufordern ist, dies geschieht in der Praxis durch die jeweilige Justizkasse (Sollstellung).

319

Bevor der Kostenbeamte eine Vorauszahlung anfordert, soll er jedoch prüfen, ob nicht evtl. von der Anforderung abgesehen werden kann.[13] **Ausnahmen von der Abhängigmachung** sind gem. § 15 FamGKG vorgese-

320

---

11 Prütting/Helms/*Klüsener,* FamGKG, § 14 Rn. 5.
12 KG v. 25.8.2011 – 16 WF 112 bzw. 113/11 – FamRZ 2012, 239 m. div. N.
13 BbgOLG v. 29.1.2013 – 3 WF 5/13 – FamRZ 2014, 1223.

hen bei Bewilligung von Verfahrenskostenhilfe, Gebührenfreiheit sowie in Fällen, in denen die beabsichtigte Rechtsverfolgung nicht aussichtslos oder mutwillig erscheint und wenn glaubhaft gemacht wird, dass a) dem Antragsteller die alsbaldige Zahlung der Kosten mit Rücksicht auf seine Vermögenslage oder aus sonstigen Gründen Schwierigkeiten bereiten würde, oder b) eine Verzögerung dem Antragsteller einen nicht oder nur schwer zu ersetzenden Schaden bringen würde; zur Glaubhaftmachung soll in diesem Fall die Erklärung des zum Bevollmächtigten Rechtsanwalts genügen.

321 Für **Auslagenvorschüsse** ist inhaltlich das geregelt, was §§ 17, 18 GKG auch regeln, wonach derjenige, der eine Handlung beantragt hat, die mit Auslagen verbunden ist, die voraussichtlich entstehenden Auslagen als Vorschuss zu leisten hat, § 16 Abs. 1 FamGKG.

Bei Handlungen, die **von Amts wegen** vorgenommen werden, kann ein Vorschuss zur Deckung der Auslagen erhoben werden, § 16 Abs. 3 FamGKG. Die Vorschrift besagt aber nicht, wer in diesem Fall vorschusspflichtig ist, sodass das Gericht auch nach pflichtgemäßem Ermessen den Kostenschuldner bestimmen muss.[14] Problematisch kann in diesem Zusammenhang außerdem sein, dass die Vorschrift nicht auch die Abhängigmachung vorsieht, sodass unter Umständen z. B. im Sorgerechtsverfahren die Einholung eines Sachverständigengutachtens nicht von der vorherigen Einzahlung eines Vorschusses abhängig gemacht werden darf.[15]

IV. Kostenschuldner

322 Das FamGKG sieht für Antragsverfahren zunächst als Kostenschuldner vor, wer das Verfahren des Rechtszugs beantragt hat (**Antragsschuldner**), § 21 Abs. 1 S. 1 FamGKG – zu den Ausnahmen siehe → Rn. 318. Die Gebühr für den Abschluss eines gerichtlichen Vergleichs schuldet jeder, der an dem Abschluss beteiligt ist, § 21 Abs. 2 FamGKG.

323 Die Kosten schuldet ferner, wem durch gerichtliche Entscheidung die Kosten des Verfahrens auferlegt sind (**Entscheidungsschuldner**), § 24 Nr. 1 FamGKG oder wer sie durch eine vor Gericht abgegebene oder dem Gericht mitgeteilte Erklärung oder in einem vor Gericht abgeschlossenen oder dem Gericht mitgeteilten Vergleich übernommen hat (**Übernahmeschuldner**); dies gilt auch, wenn bei einem Vergleich ohne Bestimmung über die Kosten diese als von beiden Teilen je zur Hälfte übernommen anzusehen sind, § 24 Nr. 2 FamGKG. Die Kostenhaftung nach § 24 Nr. 1 FamGKG wird auch nicht dadurch beseitigt, dass ein Dritter diese vergleichsweise übernimmt,

---

14 OLG Celle v. 2.5.2012 – 10 WF 93/12 – FamRZ 2013, 241.
15 OLG Celle a. a. O.

da ein entsprechendes Erlöschen nur durch eine andere gerichtliche Entscheidung nicht aber durch einen Vergleich beseitigt werden kann.[16]

Mehrere Kostenschuldner haften als **Gesamtschuldner,** § 26 Abs. 1 FamGKG; dies gilt insbesondere für Antragsschuldner und Entscheidungs- bzw. Übernahmeschuldner. Allerdings haften zuerst die Letztgenannten (Erstschuldner) und danach der Antragsschuldner (Zweitschuldner), § 24 Abs. 2 FamGKG. Die Inanspruchnahme des Zweitschuldners ist durch die Kostenverfügung (§ 8 KostVfg) geregelt. Danach soll der Zweitschuldner erst in Anspruch genommen werden, wenn der Erstschuldner nicht zahlen kann und eine Zwangsvollstreckung in das bewegliche Vermögen erfolglos geblieben oder aussichtslos erscheint, § 8 Abs. 1 KostVfg. Die sogenannte **Mithaft** wird durch den Kostenbeamten regelmäßig schon im Rahmen der Schlusskostenrechnung in Anspruch genommen, denn vom Zweitschuldner (Antragsschuldner) bereits gezahlte Beträge werden – soweit zulässig – auf die Schuld des Gegners verrechnet und nicht durch die Justizkasse zurückgezahlt. Zum Problem der Mithaft bei Ermäßigung der Verfahrensgebühr → Rn. 385 ff. 324

Streitgenossen haften als Gesamtschuldner, wenn die Kosten nicht durch gerichtliche Entscheidung unter sie verteilt sind. Soweit einen Streitgenossen nur Teile des Streitgegenstands betreffen, beschränkt sich seine Haftung als Gesamtschuldner auf den Betrag, der entstanden wäre, wenn das Verfahren nur diese Teile betroffen hätte, § 27 FamGKG. 325

Kostenschuldner nach dem FamGKG

§ 24 Nr. 1
Entscheidungsschuldner

§ 24 Nr. 2
Übernahmeschuldner

§ 21 Abs. 1 S. 1
Antragsteller der Instanz =
Antragsschuldner

§ 16
Beteiligte haften für Auslagen für
von ihnen benannte Zeugen und
Sachverständige

Erstschuldner
(Streitgenossen sind Gesamtschuldner,
§ 27 FamGKG)

Gesamtschuldner,
§ 26 Abs. 1 FamGKG

Zweitschuldner

---

16 OLG Hamm v. 11.4.2014 – 6 WF 366/13 – juris.

V. Kostenerstattung hinsichtlich der Gerichtskosten

326 Hat das Gericht eine Entscheidung über die Kostentragung getroffen, was nach den §§ 80 ff. FamFG oder auch nach §§ 91 ff. ZPO i. V. m. § 113 Abs. 1 FamFG zu geschehen hat, dann sind die bereits gezahlten Gerichtskosten davon auch erfasst, es sei denn sie sind ausdrücklich von der Erstattung ausgenommen, was nach § 81 Abs. 1 S. 2 FamFG möglich ist. Ergeht eine Entscheidung zur Hauptsache ohne dass etwas zur Kostentragung gesagt ist, dann ergibt sich auch keine Kostenerstattungspflicht für einen der Beteiligten.[17] Im Übrigen siehe → Rn. 13 ff.

---

17 *von König* in Jansen, FGG, § 13a Rn. 25; *Zimmermann*, FamFG, Rn. 207, 213.

B. Ehe- und Lebenspartnerschaftssachen einschließlich aller Folgesachen

I. Ehesachen

1. Erster Rechtszug

Für die Gerichtskosten gilt der **Hauptabschnitt 1** des KV FamGKG wonach zunächst eine **2,0** Verfahrensgebühr nach **KV 1110** für das **Verfahren im Allgemeinen** anfällt. Die pauschale Verfahrensgebühr ist um 1,0 niedriger als in sonstigen bürgerlichen Rechtsstreitigkeiten, damit wird das fortgeführt, was auch schon zuvor im GKG galt, nämlich dass in Ehesachen geringere Gebühren anfallen, um die finanzielle Belastung zu vermindern.[18] Die Bundesregierung hat einer vom Bundesrat vorgeschlagenen Anpassung der Gebühren an das Niveau in sonstigen bürgerlichen Rechtsstreitigkeiten nicht zugestimmt, da sie den Zugang zum Recht in einer für die Bürger sowohl persönlich wie wirtschaftlich einschneidenden Situation nicht erschweren wollte.[19] Da § 5 FamGKG für Lebenspartnerschaftssachen die entsprechende Anwendung von Vorschriften in Ehesachen anordnet, müssen diese im Hauptabschnitt 1 nicht mehr extra genannt werden.[20] Zum Wert in Ehe- und Lebenspartnerschaftssachen → Rn. 61 ff., 223. Die Verfahrensgebühr ist mit der Antragstellung fällig, § 9 Abs. 1 FamGKG und eine Vorauszahlung notwendig nach § 14 Abs. 1 S. 1 FamGKG. Kostenschuldner ist der Antragsteller, § 21 Abs. 1 S. 1 FamGKG.

327

Beispiel:

Ehesache

Antragstellerin reicht am 4. November d. J. beim FamG den Scheidungsantrag ein, der Verfahrenswert wird auf 20.000,00 € festgesetzt.

Gerichtskosten für das Scheidungsverfahren

2,0 Verfahrensgebühr, §§ 3 Abs. 1, 2; 28 KV 1110 FamGKG

Verfahrenswert

20.000,00 €, § 43 Abs. 1, 2 FamGKG

Verfahrensgebühr

690,00 €

Kostenschuldner

Antragstellerin, § 21 Abs. 1 S. 1 FamGKG

---

18 *Meyer*, GKG, 10. Auflage 2008, KV 1310 Rn. 92.
19 Siehe BT-Drs. 16/6308 S. 395, 396 und 424.
20 So die Gesetzesbegründung BT-Drs. 16/6308 S. 309.

2. Ermäßigungstatbestände

328 Unter Umständen ermäßigt sich die 2,0 Verfahrensgebühr auf eine **0,5 Verfahrensgebühr** nach KV 1111 FamGKG und zwar bei Beendigung des Verfahrens hinsichtlich der Ehesache oder einer Folgesache durch

1. Zurücknahme des Antrags
    a) vor dem Schluss der mündlichen Verhandlung,
    b) in den Fällen des § 128 Abs. 2 ZPO vor dem Zeitpunkt, der dem Schluss der mündlichen Verhandlung entspricht,
    c) im Fall des § 331 Abs. 3 ZPO vor Ablauf des Tages, an dem die Endentscheidung der Geschäftsstelle übermittelt wird,
2. Anerkenntnis- oder Verzichtsentscheidung oder Endentscheidung, die nach § 38 Abs. 4 Nr. 2 und 3 FamFG keine Begründung enthält oder nur deshalb eine Begründung enthält, weil zu erwarten ist, dass der Beschluss im Ausland geltend gemacht wird (§ 38 Abs. 5 Nr. 4 FamFG), mit Ausnahme der Endentscheidung in einer Scheidungssache,
3. gerichtlichen Vergleich oder
4. Erledigung in der Hauptsache, wenn keine Entscheidung über die Kosten ergeht oder die Entscheidung einer zuvor mitgeteilten Einigung über die Kostentragung oder einer Kostenübernahmeerklärung folgt,

es sei denn, dass bereits eine andere Endentscheidung als eine der in Nr. 2 genannten Entscheidungen vorausgegangen ist.

Die Gebühr ermäßigt sich auch, wenn mehrere Ermäßigungstatbestände erfüllt sind, KV 1111 Abs. 3 FamGKG.

Beispiel:

Fortführung des obigen Beispiels (Rn. 327):

Zurücknahme des Antrags

Nachdem das Gericht Termin zur mündlichen Verhandlung anberaumt hat, nimmt die Antragstellerin den Scheidungsantrag zurück. Der Termin wird aufgehoben, auf Antrag des Antragsgegners werden der Antragstellerin die Kosten des Verfahrens auferlegt, §§ 113 Abs. 1, 150 Abs. 2 S. 1 FamFG.

Gerichtskosten nach Antragsrücknahme

Zurücknahme des Antrages vor Schluss der mündlichen Verhandlung erfüllt den Ermäßigungstatbestand KV 1111 Nr. 1a) FamGKG.

0,5 Verfahrensgebühr, §§ 3 Abs. 1, 2; 28 KV 1111 Nr. 1a) FamGKG

Verfahrenswert

20.000,00 €, § 43 Abs. 1, 2 FamGKG

Verfahrensgebühr
172,50 €

Kostenschuldner
Antragstellerin, § 24 Nr. 1 FamGKG

Antragstellerin hat bereits gezahlt	690,00 €
Abzüglich	<u>172,50 €</u>
Zurückzuzahlen an Antragstellerin	517,50 €

Zahlt der Kostenschuldner die angeforderte Verfahrensgebühr nicht voraus, setzt der Kostenbeamte nach Ablauf einer Frist von 6 Monaten nur den Betrag an, der angefallen wäre, wenn der Antrag zurückgenommen worden wäre, es wird dann eine 0,5 Verfahrensgebühr berechnet und der Betrag der Justizkasse zur Einziehung übermittelt, § 32 Abs. 4 KostVfg.

3. Rechtsmittelverfahren

Auch in der Rechtsmittelinstanz (→ Rn. 244 ff.) gilt das Pauschalgebührensystem, wonach zunächst eine hohe Verfahrensgebühr anfällt, die sich dann bei bestimmtem Ausgang des Verfahrens ermäßigt. 329

a) Beschwerde gegen die Endentscheidung

Die Struktur entspricht dem zivilprozessualen Berufungsverfahren, denn neben der **3,0 Verfahrensgebühr** für das Verfahren im Allgemeinen nach **KV 1120 FamGKG** kommen noch zwei Ermäßigungstatbestände infrage (KV 1121 und 1122). Zur Wertberechnung siehe → Rn. 257 ff. 330

Beispiel:

Beschwerde in Ehesache

Die Ehe der Parteien wird gemäß dem Antrag des Mannes geschieden. Der Wert wird durch das FamG auf 20.000,00 € festgesetzt. Die Frau legt ordnungsgemäß Beschwerde ein.

Gerichtskosten

3,0 Verfahrensgebühr, §§ 3 Abs. 1, 2; 28 KV 1120 FamGKG

Mit Einreichung der Rechtsmittelschrift ist die Gebühr KV 1120 fällig, § 9 Abs. 1 FamGKG. Vorauszahlung ist nicht vorgesehen, fällige Beträge werden zum Soll gestellt.

Verfahrenswert

20.000,00 €, § 40 Abs. 1 S. 1 FamGKG

Verfahrensgebühr
1.035,00 €

Kostenschuldner
Beschwerdeführerin, § 21 Abs. 1 S. 1 FamGKG

331 Bei Beendigung des gesamten Verfahrens durch Zurücknahme des Rechtsmittels oder des Antrags, bevor die Schrift zur Begründung der Beschwerde bei Gericht eingegangen ist, ermäßigt sich die 3,0 Verfahrensgebühr auf **0,5 nach KV 1121 FamGKG**. Erledigungserklärungen stehen der Zurücknahme gleich, wenn keine Entscheidung über die Kosten ergeht oder die Entscheidung einer zuvor mitgeteilten Einigung über die Kostentragung oder einer Kostenübernahmeerklärung folgt.

332 Ist KV 1121 nicht erfüllt und wird das Verfahren beendet durch

1. Zurücknahme der Beschwerde oder des Antrags

   a) vor dem Schluss der mündlichen Verhandlung oder,

   b) falls eine mündliche Verhandlung nicht stattfindet, vor Ablauf des Tages, an dem die Endentscheidung der Geschäftsstelle übermittelt wird,

2. Anerkenntnis- oder Verzichtsentscheidung,

3. gerichtlichen Vergleich oder

4. Erledigung in der Hauptsache, wenn keine Entscheidung über die Kosten ergeht oder die Entscheidung einer zuvor mitgeteilten Einigung über die Kostentragung oder einer Kostenübernahmeerklärung folgt,

es sei denn, dass bereits eine andere als eine der in Nr. 2 genannten Endentscheidungen vorausgegangen ist, ermäßigt sich die Gebühr auf **1,0 nach KV 1122 FamGKG**.

Die Gebühr ermäßigt sich auch, wenn mehrere Ermäßigungstatbestände erfüllt sind, KV 1122 Abs. 2 FamGKG.

Beispiel:

Fortführung des obigen Beispiels (Rn. 330):

Zurücknahme der Beschwerde

Im Termin zur mündlichen Verhandlung über die Beschwerde nimmt die Rechtsmittelführerin das Rechtsmittel zurück.

Gerichtskosten

Zurücknahme des Rechtsmittels vor Schluss der mündlichen Verhandlung erfüllt den Ermäßigungstatbestand KV 1122 Nr. 1a) FamGKG.

1,0 Verfahrensgebühr, §§ 3 Abs. 1, 2; 28 KV 1122 Nr. 1a) FamGKG

Verfahrenswert
20.000,00 €, § 40 Abs. 1 S. 1 FamGKG

Verfahrensgebühr
345,00 €

Kostenschuldner
Beschwerdeführerin, § 24 Nr. 1 FamGKG

Beschwerdeführerin hat bereits gezahlt	1.035,00 €
Abzüglich	345,00 €
Zurückzuzahlen an Beschwerdeführerin	690,00 €

b) Rechtsbeschwerde

Auf das zu KV 1120 bis 1122 Gesagte kann Bezug genommen werden. Die Verfahrensgebühr im Allgemeinen beträgt **4,0 KV 1130 FamGKG**; der Ermäßigungstatbestand KV 1131 entspricht inhaltlich KV 1121 (→ Rn. 332), allerdings wird die Gebühr auf 1,0 ermäßigt. KV 1132 ist inhaltsgleich mit KV 1122 Ziffer 1b) (→ Rn. 332), allerdings wird die Gebühr auf 2,0 ermäßigt. 333

c) Zulassung der Sprungrechtsbeschwerde

Für das durch § 75 FamFG neu eingeführte Verfahren auf Zulassung der Sprungrechtsbeschwerde (→ Rn. 255) wird eine Gerichtsgebühr nur erhoben, wenn das Rechtsbeschwerdegericht den Antrag auf Zulassung ablehnt, da im Zulassungsverfahren das Rechtsbeschwerdegericht einen nicht nur unerheblichen Prüfungsaufwand entfalten muss.[21] 334

Nach **KV 1140 FamGKG** wird im Falle der **Ablehnung des Antrags** eine 1,0 Gebühr erhoben. Diese Gebühr wird auch bei Rücknahme des Antrags nicht ermäßigt, da es sich um einen relativ geringen Gebührensatz handelt. 335

II. Verbundverfahren

Für **Scheidungssachen** sowie für Verfahren über die Aufhebung der Lebenspartnerschaft und deren jeweilige **Folgesachen** gelten die Gebührentatbestände des FamGKG nach KV 1110, 1111 ff. ebenfalls. Zum Wert im Verbundverfahren siehe → Rn. 194 ff. Die Verfahrensgebühr ist mit der 336

---
21 So die Gesetzesbegründung BT-Drs. 16/6308 S. 310.

Antragstellung fällig, § 9 Abs. 1 FamGKG und eine **Vorauszahlung** notwendig nach § 14 Abs. 1 S. 1 FamGKG, allerdings nicht für Scheidungsfolgesachen und für Folgesachen eines Verfahrens über die Aufhebung der Lebenspartnerschaft. Dieser zuvor in §§ 6 Abs. 2; 12 Abs. 2 Nr. 2, 3 GKG geregelte Umstand ist vom Gesetzgeber nicht direkt in das FamGKG übernommen worden, da die Folgesachen ihre Eigenschaft als Versorgungsausgleichssachen, Unterhaltssachen usw. nicht verlieren und sich nach dem Wortlaut des § 14 Abs. 1 S. 1 FamGKG die Vorauszahlungspflicht nur auf Ehesachen und selbstständige Familienstreitsachen bezieht.[22] Die Kosten für die Folgesachen werden am Ende des Rechtszugs abgerechnet.

Beispiel:

Verbundverfahren

Antragstellerin beantragt die Scheidung und für den Fall der Scheidung,

1. die Übertragung der elterlichen Sorge für die gemeinsamen zwei Töchter auf sie sowie
2. zu entscheiden, dass der Antragsgegner für die Kinder monatlichen Unterhalt von je 300,00 € zu zahlen hat.

Das Gericht setzt den Verfahrenswert für die Ehesache auf 23.500,00 € fest.

Das Verfahren über den Versorgungsausgleich wird von Amts wegen durchgeführt.

Ehemann und Ehefrau haben beide jeweils Anrechte aus der gesetzlichen Rentenversicherung sowie eine Riesterrente. Das Nettoeinkommen des Ehemannes beträgt mtl. 2.800,00 € und das der Ehefrau 1.900,00 €.

Gerichtskosten

Für die Scheidung hat eine Vorauszahlung der fälligen Gebühr zu erfolgen, § 14 Abs. 1 S. 1 FamGKG. Folgesachen bleiben zunächst unberücksichtigt.

2,0 Verfahrensgebühr, §§ 3 Abs. 1, 2; 28 KV 1110 FamGKG

Verfahrenswert

23.500,00 €, § 43 Abs. 1, 2 FamGKG

Verfahrensgebühr

742,00 €

Kostenschuldner

Antragstellerin, § 21 Abs. 1 S. 1 FamGKG

337 Mit Erlass der Verbundentscheidung gem. § 142 Abs. 1 FamFG wird gleichzeitig die Kostenentscheidung getroffen und damit werden gem. § 11 Abs. 1 Nr. 1 FamGKG sämtliche Gerichtskosten fällig, die dann in einer

---

22 So die Gesetzesbegründung BT-Drs. 16/6308 S. 302.

Schlusskostenrechnung zusammen abgerechnet werden. Letzteres gilt auch bei Beendigung der Folgesachen in der Instanz durch Vergleich, Zurücknahme oder anderweitige Erledigung, § 14 Abs. 6 KostVfg.

Beispiel:

Fortführung des obigen Beispiels (Rn. 336):
Entscheidung im Verbundverfahren
Die Verbundendentscheidung wird antragsgemäß erlassen; die Kosten werden gegeneinander aufgehoben, § 150 Abs. 1 FamFG, d.h. die Gerichtskosten werden geteilt und jeder trägt seine außergerichtlichen Kosten selbst. Antragstellerin und Antragsgegner sind nun Entscheidungsschuldner für die Gerichtskosten nach § 24 Nr. 1 FamGKG (→ Rn. 324, 325).

Verfahrenswert: 39.340,00 €, § 44 Abs. 1 FamGKG

23.500,00 € Wertfestsetzung für die Scheidung (§ 55 Abs. 1 FamGKG) zzgl.

3.000,00 € Regelung der elterlichen Sorge (20 % des Wertes der Ehesache unabhängig von der Anzahl der Kinder, § 44 Abs. 2 FamGKG = 4.700,00 € jedoch höchstens 3.000,00 €) zzgl.

7.200,00 € Kindesunterhalt (§ 51 Abs. 1 S. 1 FamGKG) sowie

5.640,00 € für den Versorgungsausgleich berechnet nach dem 3-monatigen Nettoeinkommen von 14.100,00 €, davon 10 % für jedes Anrecht (§ 50 Abs. 1 FamGKG).

Schlusskostenrechnung
2,0 Verfahrensgebühr, §§ 3 Abs. 1, 2; 28 KV 1110 FamGKG aus dem Wert von 39.340,00 € = 952,00 €

	Betrag in €	Mithaft und gesetzliche Grundlage
2,0 Verfahrensgebühr	952,00	Antragstellerin, § 21 Abs. 1 S. 1 FamGKG
Antragstellerin zahlt ½ gem. § 24 Nr. 1 FamGKG Bereits gezahlt Zu viel	476,00 742,00 266,00	266,00 können wegen § 26 Abs. 1 FamGKG beim Antragsgegner verrechnet werden
Antragsgegner zahlt ½ gem. § 24 Nr. 1 FamGKG Von der Antragstellerin zu verrechnen. Rest muss der Antragsgegner zahlen	476,00 266,00 210,00	

1. Ermäßigung der Verfahrensgebühr

Wegen der Besonderheiten im Verbundverfahren ist allerdings eine vollständige Übertragung des Pauschalsystems nicht vorgesehen, eine Ermäßigung soll nicht davon abhängig sein, dass das gesamte Verbundverfahren beendet wird, zumal für die Scheidung als Tatbestand u.U. nur die Rücknahme infrage kommt, da alles andere nicht zur Disposition der Ehegatten steht. Deshalb ist eine Endentscheidung in einer Scheidungssache auch vom Ermäßigungstatbestand KV 1111 Nr. 2 FamGKG ausgenommen. Damit auch hinsichtlich der Folgesachen ein Anreiz zur gütlichen Einigung vorhanden ist, ist die Ermäßigung auch hinsichtlich einzelner Folgesachen vorgesehen. Das ist insbesondere für die güterrechtlichen Verfahren von Bedeutung, da es sich hierbei häufig um hohe Streitwerte handelt.

339 **KV 1111 FamGKG** (→ Rn. 328) sieht bei Beendigung des Verfahrens hinsichtlich der Ehesache oder einer Folgesache eine **Ermäßigung** der Gebühr auf 0,5 vor. Damit werden im Wesentlichen die Regelungen der Nr. 1311 KV GKG a. F. übernommen, allerdings wurde der Wortlaut dahingehend geändert, dass jetzt nicht mehr die Beendigung „des gesamten Verfahrens oder einer Folgesache" Voraussetzung der Ermäßigung ist, sondern die Beendigung der Ehesache oder einer Folgesache ausreichend sind. Dabei ist jedoch davon auszugehen, dass die Ermäßigung nur eintritt, wenn die gesamte Ehesache oder die gesamte Folgesache durch einen Ermäßigungstatbestand beendet wird und nicht nur ein Teil des jeweiligen Verfahrens.[23]

340 Damit ist auch der vormalige Streit in der Rechtsprechung, ob eine Ermäßigung für das Scheidungsverfahren eintritt, wenn die Parteien auf Rechtsmittel sowie auf die Darstellung des Tatbestandes und der Entscheidungsgründe verzichten, hinsichtlich der Folgesachen jedoch kein Ermäßigungstatbestand erfüllt ist, erledigt sein. Zu Recht wurde hierbei die Auffassung vertreten, dass eine Ermäßigung entweder eine Gesamterledigung **oder** die Beendigung einer oder mehrerer Folgesachen voraussetzt,[24] eine erweiternde Auslegung des Ermäßigungstatbestandes war von den Vertretern dieser Auffassung bei den bereits allgemein niedrigen Gebührensätzen in Familiensachen für nicht gerechtfertigt angesehen worden.

341 Wird im Verbund nicht das gesamte Verfahren beendet, ist auf die beendete Ehesache und auf eine oder mehrere beendete Folgesachen § 44 FamGKG anzuwenden und die Gebühr nur insoweit zu ermäßigen (KV 1111 Abs. 1 FamGKG). Die Vorschrift ordnet an, dass die Gebühren nach dem zusammengerechneten Wert der Gegenstände zu berechnen sind. Die

---

23 Prütting/Helms/*Klüsener*, FamGKG, KV 1111 Rn. 10.
24 PfälzOLG v. 17.10.2005 – 6 WF 178/05 – NJW 2006, 2564; KG v. 1.8.2006 – 19 WF 63/06 – FamRZ 2007, 300 = NJW 2007, 90; OLG Stuttgart v. 3.2.2006 – 8 WF 7/06 – FamRZ 2006, 719; SchlHOLG v. 7.12.2006 – 15 WF 355/06 – SchlHA 2007, 203; a.A. OLG Frankfurt v. 19.1.2006 – 6 WF 185/05 – FamRZ 2006, 1560; OLG Nürnberg v. 27.10.2005 – 7 WF 1307/05 – AGS 2007, 530.

Ermäßigung ist also nur nach dem Wert der zusammengerechneten beendeten Verfahrenswerte zu ermitteln; dann gilt es allerdings auch noch § 30 Abs. 3 FamGKG zu beachten, da für mindestens ein Verfahren ja keine Ermäßigung erfolgt. Sind für Teile des Gegenstands verschiedene Gebührensätze anzuwenden, sind die Gebühren für die Teile gesondert zu berechnen; die aus dem Gesamtbetrag der Wertteile nach dem höchsten Gebührensatz berechnete Gebühr darf jedoch nicht überschritten werden, § 30 Abs. 3 FamGKG.

Beispiel:

Verbundverfahren – Ermäßigung für eine Folgesache

Sachverhalt wie beim Beispiel zuvor (Rn. 336).

Die Antragstellerin zahlt 742,00 € Gerichtskosten voraus.

Im Termin schließen die Parteien einen ordnungsgemäßen Vergleich, in dem sich der Antragsgegner zur Zahlung von Kindesunterhalt i. H. v. je 250,00 € verpflichtet. Durch Verbundentscheidung wird über die Scheidung, die elterliche Sorge und den Versorgungsausgleich entschieden. Die Kosten auch hinsichtlich des gerichtlichen Vergleichs werden gegeneinander aufgehoben.

Antragstellerin und Antragsgegner sind nun Übernahmeschuldner für die Gerichtskosten nach § 24 Nr. 2 FamGKG (→ Rn. 324, 325).

Gerichtskosten

Abschluss eines gerichtlichen Vergleichs über eine Folgesache ist Ermäßigungstatbestand nach KV 1111 Nr. 3 FamGKG.

Verfahrenswert

Verbund 32.140,00 €, § 44 Abs. 1 FamGKG,

da nun 7.200,00 € für den Kindesunterhalt aus den 39.340,00 € (s. Berechnung Rn. 337) herauszurechnen sind, da hierfür die Ermäßigung eingetreten ist.

Schlusskostenrechnung

2,0 Verfahrensgebühr, §§ 3 Abs. 1, 2; 28 KV 1110 FamGKG aus dem Wert von 32.149,00 € = 882,00 €

0,5 Verfahrensgebühr, §§ Abs. 1, 2, 28 KV 1111 Nr. 3 FamGKG aus dem Wert von 7.200,00 € = 101,50 €

	Betrag in €	Mithaft und gesetzliche Grundlage
2,0 Verfahrensgebühr	882,00	Antragstellerin, § 21 Abs. 1 S. 1 FamGKG
0,5 Verfahrensgebühr	101,50	Antragstellerin, § 21 Abs. 1 S. 1 FamGKG
Insgesamt unter Beachtung von § 30 Abs. 1 FamGKG[25]	952,00	
Antragstellerin zahlt ½ gem. § 24 Nr. 2 FamGKG Bereits gezahlt Zu viel	476,00 742,00 266,00	266,00 können wegen § 26 Abs. 1 FamGKG beim Antragsgegner verrechnet werden
Antragsgegner zahlt ½ gem. § 24 Nr. 2 FamGKG Von der Antragstellerin zu verrechnen.	476,00 266,00 210,00	Rest muss der Antragsgegner zahlen

342 Bei diesem Beispiel ist die Summe der Einzelgebühren höher als die Gebühr aus dem zusammengerechneten Wert. Wie sieht es aber aus, wenn der Verfahrenswert der Ermäßigungstatbestände höher ausfällt?

Beispiel:

Verbundverfahren – Ermäßigung mehrerer Folgesachen

Sachverhalt wie beim Beispiel zuvor (Rn. 336).

Im Termin schließen die Parteien einen ordnungsgemäßen Vergleich, in dem sich der Antragsgegner zur Zahlung von Kindesunterhalt i. H. v. je 250,00 € verpflichtet. Der Antrag auf Regelung der elterlichen Sorge wird zurückgenommen und durch Verbundentscheidung wird nur noch über die Scheidung und den Versorgungsausgleich entschieden. Die Kosten auch hinsichtlich des gerichtlichen Vergleichs werden gegeneinander aufgehoben.

Gerichtskosten

Abschluss eines gerichtlichen Vergleichs über eine Folgesache ist Ermäßigungstatbestand nach KV 1111 Nr. 3 FamGKG; Rücknahme des Antrags auf Regelung der elterlichen Sorge erfüllt den Ermäßigungstatbestand KV 1111 Nr. 1a FamGKG.

Verfahrenswert

Verbund 29.140,00 €, § 44 Abs. 1 FamGKG,

---

[25] Unter Berücksichtigung von § 30 Abs. 3 GKG, wonach eine 2,0 Gebühr aus dem zusammengerechneten Streitwert von 39.340,00 € einen Betrag von 952,00 € ergeben würde, sodass die beiden Einzelgebühren höher sind.

Ehe- und Lebenspartnerschaftssachen einschließlich aller Folgesachen

da nun 7.200,00 € für den Kindesunterhalt sowie 3.000,00 € für die Kindschaftssache aus den 39.340,00 € herauszurechnen sind, da hierfür die Ermäßigung eingetreten ist.

Schlusskostenrechnung

2,0 Verfahrensgebühr,§§ 3 Abs. 1, 2; 28 KV 1110 FamGKG aus 29.140,00 € = 812,00 €

0,5 Verfahrensgebühr, §§ 3 Abs. 1, 2, 28 KV 1111 Nr. 3 FamGKG aus 10.200,00 € = 133,40 €

	Betrag in €	Mithaft und gesetzliche Grundlage
2,0 Verfahrensgebühr	812,00	Antragstellerin, § 21 Abs. 1 S. 1 FamGKG
0,5 Verfahrensgebühr	133,50	Antragstellerin, § 21 Abs. 1 S. 1 FamGKG
Insgesamt unter Beachtung von § 30 Abs. 1 FamGKG[26]	945,50	
Antragstellerin zahlt ½ gem. § 24 Nr. 2 FamGKG Bereits gezahlt Zu viel	472,75 742,00 269,25	269,25 € können wegen § 26 Abs. 1 FamGKG beim Antragsgegner verrechnet werden
Antragsgegner zahlt ½ gem. § 24 Nr. 2 FamGKG Von der Antragstellerin zu verrechnen.	472,75 269,25 203,50	Rest muss der Antragsgegner zahlen

Die Rücknahme der Ehesache führt immer dann zur Erledigung der Folgesachen, wenn diese nicht als selbstständige Familiensachen fortgeführt werden (zur Abtrennung → Rn. 207 ff. sowie Rn. 429 ff.).

2. Vergleichsgebühr

Der Abschluss eines **gerichtlichen Vergleichs** (→ Rn. 11) ohne vorausgegangene Endentscheidung stellt nach KV 1111 Nr. 3 FamGKG einen **Ermäßigungstatbestand** dar. Voraussetzung ist jedoch, dass es sich um einen materiell-rechtlichen Vergleich nach § 779 BGB handelt, d. h. es muss ein gegenseitiges Nachgeben der Parteien sowohl hinsichtlich des sachlichen Anspruchs als auch hinsichtlich des Prozessrechtsverhältnisses vorliegen.[26] Da es sich um einen gerichtlichen Vergleich handeln muss, muss dieser entweder ordnungsgemäß protokolliert (§ 36 Abs. 2 FamFG, §§ 160 Abs. 3

343

---

26 BGH v. 28.6.1961 – V ZR 29/60 – BGHZ 35, 309 = NJW 1961, 1817.

Nr. 1, 162, 163 ZPO) oder durch Beschluss festgestellt sein (§ 36 Abs. 3 FamFG, § 278 Abs. 6 ZPO).

344 Im Kostenansatzverfahren hat der Kostenbeamte einen gerichtlichen Vergleich immer als solchen zu bewerten, auch wenn er zu Unrecht als Vergleich bezeichnet wird, weil z. B. das gegenseitige Nachgeben fehlt. Es ist nicht Aufgabe des Kostenbeamten zu prüfen, ob es sich um einen materiell-rechtlichen Vergleich handelt, wenn das Gericht die Einigung als Vergleich bezeichnet und ordnungsgemäß protokolliert hat.[27]

345 Eine **Vergleichsgebühr** nach **KV 1500 FamGKG** entsteht jedoch nur, soweit ein Vergleich über nicht gerichtlich anhängige Gegenstände geschlossen wird.[28] Das bedeutet, dass der Vergleich entweder lediglich nicht anhängige Ansprüche erfasst oder aber der Wert des Vergleichsgegenstandes den Verfahrensgegenstand übersteigt. Für die im Verfahren anhängigen Ansprüche ist der Vergleichsschluss mit der ermäßigten Verfahrensgebühr abgedeckt. Werden also nur die anhängigen Ansprüche des Verfahrens oder anderweitig anhängige Ansprüche verglichen, entsteht keine Vergleichsgebühr. Werden nicht anhängige Ansprüche auch nur mitverglichen (**Mehrvergleich**), entsteht hinsichtlich dieses Streitwertes die 0,25 Vergleichsgebühr nach KV 1500. Im Verhältnis zur Verfahrensgebühr im Allgemeinen ist nach der Änderung durch das 2. KostRMoG nun § 30 Abs. 3 FamGKG entsprechend anzuwenden. Die Gebühr für den Abschluss eines gerichtlichen Vergleichs schuldet jeder, der an dem Abschluss beteiligt ist, § 21 Abs. 2 FamGKG.

346 Im Verbundverfahren werden bisweilen nicht anhängige Folgesachen mitverglichen, sodass hierfür dann eine Vergleichsgebühr entsteht.

Beispiel:

Verbundverfahren – Variante Mehrvergleich

Antragstellerin beantragt die Scheidung und für den Fall der Scheidung,

1. die Übertragung der elterlichen Sorge für die gemeinsamen zwei Töchter auf sie sowie
2. den Antragsgegner zu verurteilen, für die Kinder monatlichen Unterhalt von je 300,00 € zu zahlen.

Das Gericht setzt den Verfahrenswert für die Ehesache auf 23.500,00 € fest.

Das Verfahren über den Versorgungsausgleich wird von Amts wegen durchgeführt.

Ehemann und Ehefrau haben beide jeweils Anrechte aus der gesetzlichen Rentenversicherung sowie eine Riesterrente. Nettoeinkommen des Ehemannes = mtl. 2.800,00 € und das der Ehefrau = 1.900,00 €.

---

27 Binz/*Zimmermann*, KV GKG 1900 Rn. 3.
28 Wortlaut der Norm durch Art. 5 Nr. 11 des 2. KostRMoG geändert.

Zur Berechnung des Verfahrenswertes siehe Beispielfall → Rn. 337.

Im Termin schließen die Parteien einen ordnungsgemäßen Vergleich, in dem sich der Antragsgegner zur Zahlung von Kindesunterhalt i. H. v. je 250,00 € verpflichtet. Im Gegenzug räumt ihm die Antragstellerin ein großzügiges (genau bezeichnetes) Umgangsrecht mit den Kindern ein. Daraufhin nimmt die Antragstellerin den Antrag auf Sorgeregelung zurück.

Durch Verbundentscheidung wird über die Scheidung und den Versorgungsausgleich entschieden. Die Kosten auch hinsichtlich des gerichtlichen Vergleichs werden gegeneinander aufgehoben.

Gerichtskosten

Abschluss eines gerichtlichen Vergleichs über eine Folgesache ist Ermäßigungstatbestand nach KV 1111 Nr. 3 FamGKG und Rücknahme des Antrags auf Sorgerechtsregelung nach KV 1111 Nr. 1a FamGKG.

Antragstellerin hat wiederum 742,00 € vorausgezahlt.

Verfahrenswert

Verbund 29.140,00 €, § 44 Abs. 1 FamGKG,

da wiederum 7.200,00 € für den Kindesunterhalt sowie 3.000,00 € für die Kindschaftssache aus den 39.340,00 € herauszurechnen sind, da hierfür die Ermäßigung eingetreten ist.

Allerdings ist hier zu berücksichtigen, dass in dem Vergleich auch nichtrechtshängige Ansprüche mit verglichen wurden, denn die Umgangsregelung war bisher nicht anhängig.

Der Wert beträgt ebenfalls 3.000 €, § 44 Abs. 2 FamGKG.

Schlusskostenrechnung

2,0 Verfahrensgebühr, §§ 3 Abs. 1, 2; 28 KV 1110 FamGKG aus 29.140,00 € = 812,00 €

0,5 Verfahrensgebühr, §§ 3 Abs. 1, 2, 28 KV 1111 Nr. 3 FamGKG aus 10.200,00 € = 133,40 €

0,25 Vergleichsgebühr, §§ 3 Abs. 1, 2, 28 KV 1500 FamGKG aus 3.000,00 € = 32,40 €

	Betrag in €	Mithaft und gesetzliche Grundlage
2,0 Verfahrensgebühr	812,00	Antragstellerin, § 21 Abs. 1 S. 1 FamGKG
0,5 Verfahrensgebühr	133,50	Antragstellerin, § 21 Abs. 1 S. 1 FamGKG
0,25 Vergleichsgebühr	32,40	Antragstellerin und Antragsgegner, § 21 Abs. 2 FamGKG
Insgesamt unter Beachtung von § 30 Abs. 1 FamGKG[30]	977,70	
Antragstellerin zahlt ½ gem. § 24 Nr. 2 FamGKG Bereits gezahlt Zu viel	488,50 742,00 253,50	253,50 € können wegen § 26 Abs. 1 FamGKG beim Antragsgegner verrechnet werden
Antragsgegner zahlt ½ gem. § 24 Nr. 2 FamGKG Von der Antragstellerin zu verrechnen.	488,50 253,50 235,00	Rest muss der Antragsgegner zahlen

347 Der Verfahrenswert der nichtanhängigen **Umgangsregelung** wurde in diesem Fall ebenfalls nach § 44 Abs. 3 FamGKG ermittelt, obwohl es sich nicht um eine anhängige Folgesache handelt. Bei isolierter Geltendmachung von Umgangsregelungen im Rahmen einer Kindschaftssache würde der Verfahrenswert nach § 45 Abs. 1 FamGKG zu ermitteln sein und ebenfalls 3.000,00 € betragen. Wie sähe es aber aus, wenn der Wert der Kindschaftssache im Falle eines Verbundverfahrens geringer als mit 3.000,00 € anzusetzen ist? Gilt dann der geringere Verfahrenswert auch für die nicht anhängigen Ansprüche? Ich meine ja, da es sich um einen Scheidungsfolgenvergleich handelt und auch nach § 45 Abs. 3 FamGKG die Festsetzung eines niedrigeren Betrages möglich ist. Damit es in so einem Fall nicht zu Problemen bei der Wertfeststellung kommt, sollte das Gericht den Verfahrenswert der nicht anhängigen Ansprüche jedoch festsetzen.

3. Rechtsmittelverfahren

348 Für das Rechtsmittelverfahren gilt zunächst einmal das oben unter → Rn. 329 ff. Gesagte. Auch in der Rechtsmittelinstanz führt nicht nur die Beendigung des gesamten Verfahrens, sondern auch die Beendigung einer oder mehrerer Folgesachen zu einer Ermäßigung der Verfahrensgebühr, sodass für jede Folgesache die Gebührenermäßigung zu prüfen ist. Das gilt auch für den Fall der Rechtsbeschwerde.

---

29 Unter Berücksichtigung von § 30 Abs. 3 GKG, wonach eine 2,0 Gebühr aus dem zusammengerechneten Streitwert von 39.340,00 € zuzüglich 3.000,00 € nicht anhängige Ansprüche = 42.340,00 € einen Betrag von 1.022,00 € ergeben würde.

C. Hauptsacheverfahren in selbstständigen Familienstreitsachen

Selbstständige Familienstreitsachen sind zum einen **Unterhaltssachen** nach § 231 Abs. 1 FamFG (→ Rn. 112), zum anderen auch **Güterrechtssachen** gem. § 261 Abs. 1 FamFG, d. h. Verfahren, die Ansprüche aus dem ehelichen Güterrecht betreffen, auch wenn Dritte am Verfahren beteiligt sind (§ 112 Nr. 2 FamFG → Rn. 161, 162), aber auch die im Katalog des § 266 Abs. 1 FamFG (→ Rn. 178) aufgeführten **sonstigen Familiensachen**. 349

Das FamGKG regelt die Familienstreitsachen im **Hauptabschnitt 2**. Dort finden sich im Abschnitt 1 die Vorschriften für das vereinfachte Verfahren über den Unterhalt Minderjähriger und im Abschnitt 2 die Vorschriften für Verfahren im Übrigen. 350

I. Vereinfachtes Unterhaltsfestsetzungsverfahren

Ein minderjähriges Kind,[30] das **nicht** mit dem in Anspruch genommenen Unterhaltsschuldner in einem Haushalt lebt und eine **dynamisierte** Unterhaltsrente verlangt, kann sich des vereinfachten Verfahrens nach §§ 249 ff. FamFG bedienen. Nach § 249 Abs. 1 FamFG kann Unterhalt im vereinfachten Verfahren festgesetzt werden, soweit der Unterhalt vor Berücksichtigung der Leistungen nach §§ 1612b, 1612c BGB das **1,2-fache des Mindestunterhalts** nach § 1612a Abs. 1 BGB nicht übersteigt.[31] Der Betrag kann also auch geringer sein.[32] Übersteigt der Unterhalt das 1,2-fache des Mindestunterhalts, kann bis zu dieser Grenze der Unterhalt im vereinfachten Verfahren tituliert werden, der darüber hinausgehende Rest muss jedoch im „normalen" Unterhaltsverfahren geltend gemacht werden; der Antragsteller hat die Wahl, ob er im vereinfachten Verfahren oder mit streitigem Antrag vorgehen will.[33] Bei teils vereinfachtem und teils streitigem Verfahren handelt es sich um zwei selbstständige Verfahren, die kostenrechtlich auch getrennt zu betrachten sind. Im Übrigen siehe → Rn. 150 ff. 351

---

30 Nicht das gleichgestellte nicht verheiratete Kind bis zum 21. Lebensjahr gem. § 1603 Abs. 2 BGB; siehe auch *Georg*, Rpfleger 2004, 429.
31 Nach bis zum 31.12.2007 geltendem Recht konnte im vereinfachten Verfahren dynamischer Unterhalt nach der Regelbetrag-VO von nicht mehr als 150 % des Regelbetrages vor Anrechnung der nach §§ 1612b, 1612c BGB zu berücksichtigenden Leistungen festgesetzt werden.
32 MüKoFamFG/*Macco*, § 249 Rn. 4.
33 MüKoFamFG/*Macco*, § 249 Rn. 5.

352 Zur Berechnung des **Verfahrenswertes** siehe → Rn. 136. Auch im vereinfachten Verfahren zählt der Monat der Einreichung des Antrags zum Rückstand im Sinne von § 51 Abs. 2 FamGKG.[34]

1. Erster Rechtszug

353 Die Gebührenregelungen für das vereinfachte Verfahren über den Unterhalt Minderjähriger finden sich im **Abschnitt 1** des Hauptabschnitts 2 des KV FamGKG.

354 Nach **KV 1210 FamGKG** gilt für die **Entscheidung** über einen Antrag auf Festsetzung von Unterhalt nach § 249 Abs. 1 FamFG mit Ausnahme einer Festsetzung nach § 254 S. 2 FamFG (→ Rn. 154) ein Gebührensatz von **0,5**. Hierbei handelt es sich um eine Wertgebühr; die Gebühr wird fällig gem. § 9 Abs. 2 FamGKG mit Entscheidung, der Kostenschuldner ist gem. § 24 Nr. 1 FamGKG der Entscheidungsschuldner. Es handelt sich um eine Aktgebühr, sie entsteht auch, wenn der Antrag gem. § 250 Abs. 2 FamFG zurückgewiesen wird.

Beispiel:
Vereinfachtes Verfahren auf Festsetzung von Unterhalt
8-jähriges Kind verlangt Unterhalt in Höhe von 110 % des Mindestunterhalts der jeweils geltenden Altersstufe gem. § 1612a BGB, abzüglich des hälftigen Kindergeldes für das erste Kind. Antrag wird am 3.1.2015 anhängig.

Verfahrenswert: 4.017,00 €
Es gilt § 51 Abs. 1 S. 2 FamGKG, wobei zur Berechnung des Jahresbetrages allerdings der tatsächliche Zahlbetrag zu ermitteln ist.
110 % von 364,00 €, dem Mindestunterhalt der 2. Altersstufe = 400,40 €; gem. § 1612a Abs. 2 S. 2 BGB auf volle Euro zu runden = 401,00 € abzüglich 92,00 € hälftiges Kindergeld (184,00 € Kindergeld für das erste Kind) = 309,00 €, was einen Jahresbetrag von 3.708,00 € ergibt. Hinzuzurechnen ist 1 Monat Rückstand für Januar 2015, § 51 Abs. 2 FamGKG.

Gerichtskosten
0,5 Entscheidungsgebühr, §§ 3 Abs. 1, 2; 28 KV 1210 FamGKG

Gebühr
73,00 €

Kostenschuldner
Antragsgegner gem. § 24 Nr. 1 FamGKG als Entscheidungs- bzw. Erstschuldner. Die Gebühr wird erst mit der Entscheidung fällig, § 9 Abs. 2 FamGKG.

---
34 BbgOLG v. 20.8.2002 – 10 WF 42/02 – FamRZ 2004, 962.

Das antragstellende Kind ist nicht von der Zweitschuldnerhaftung befreit, da es sich um eine vermögensrechtliche Angelegenheit handelt, § 21 Abs. 1 S. 2 Nr. 3 FamGKG ist nicht einschlägig.

Ausgenommen ist lediglich die **Teilfestsetzung** nach § 254 S. 2 FamFG, ein Teilfestsetzungsbeschluss enthält keine Kostenentscheidung und keine Kostenfestsetzung, eine Gebühr hierfür ist nicht vorgesehen, da diese Festsetzung weniger als Entscheidung sondern mehr als Beurkundung zu bewerten ist. 355

Wird der **Antrag** jedoch **zurückgenommen,** bevor über ihn entschieden ist, fällt eine Gebühr nicht an. Maßgeblicher Zeitpunkt ist das Wirksamwerden der Entscheidung, d. h. Herausgabe an die Beteiligten und nicht die Unterzeichnung. 356

Erhebt der Antragsgegner jedoch Einwendungen und sind diese nicht zurückzuweisen oder als zulässig anzusehen, wird auf Antrag jeder Partei aus dem vereinfachten Verfahren ein **streitiges Verfahren,** § 255 FamFG. Der ursprüngliche Antrag gilt dann als „Klage"antrag, die Einwendungen gelten als Erwiderung. Für das streitige Verfahren gelten die Gebührentatbestände des Abschnitts 2 für die Verfahren im Übrigen nach KV 1220 ff. FamGKG. Eine **Anrechnung** für Gerichtskosten ist nicht vorgesehen, was auch nicht nötig ist, da diese erst durch die Entscheidung entstehen und fällig würden; oder aber es liegt ein Fall des § 254 S. 2 FamFG vor. 357

2. Beschwerde gegen die Endentscheidung

Gegen die Festsetzung im vereinfachten Verfahren findet die Beschwerde gem. § 256 FamFG i. V. m. § 11 Abs. 1 RPflG statt. Mit der Beschwerde können nur die in § 252 Abs. 1 FamFG (→ Rn. 154) bezeichneten Einwendungen, die Zulässigkeit von Einwendungen nach § 252 Abs. 2 FamFG sowie die Unrichtigkeit der Kostenentscheidung oder Kostenfestsetzung, sofern diese nach allgemeinen Grundsätzen anfechtbar sind, geltend gemacht werden. Auf Einwendungen nach § 252 Abs. 2 FamFG, die nicht erhoben waren, bevor der Festsetzungsbeschluss verfügt war, kann die Beschwerde nicht gestützt werden. Für das Beschwerdeverfahren gelten jedoch nicht die Regelungen der ZPO, sondern die des FamFG, denn § 113 Abs. 1 FamFG ordnet nur an, dass die allgemeinen Vorschriften der ZPO und die Vorschriften über das landgerichtliche Verfahren in Familienstreitsachen gelten, nicht aber die hinsichtlich der Rechtsmittel. Im Übrigen siehe → Rn. 244 ff. 358

Im Falle der **Beschwerde** fällt eine **1,0** Verfahrensgebühr für das Verfahren über die Beschwerde nach § 256 FamFG gem. **KV 1211 FamGKG** an. Zur Wertberechnung siehe → Rn. 257. 359

360 Da auch in diesen Verfahren bei **Rücknahme der Beschwerde** vor Erlass der Endentscheidung eine erhebliche Verfahrenserleichterung für das Gericht eintritt, ist wie in anderen Beschwerdeverfahren für diesen Fall ein **Ermäßigungstatbestand** vorhanden. Deshalb ermäßigt sich die Verfahrensgebühr nach KV 1212 FamGKG auf 0,5, wenn die Zurücknahme der Beschwerde vor Ablauf des Tages geschieht, an dem die Endentscheidung der Geschäftsstelle übermittelt wird, wenn die Entscheidung nicht bereits durch Vorlesen der Entscheidungsformel gem. § 41 Abs. 2 FamFG bekannt gegeben worden ist, KV 1212 Abs. 1 FamGKG.

361 Eine Entscheidung über die Kosten steht der Ermäßigung nicht entgegen, wenn die Entscheidung einer zuvor mitgeteilten Einigung über die Kostentragung oder einer Kostenübernahmeerklärung folgt, KV 1212 Abs. 2 FamGKG.

3. Rechtsbeschwerde und Zulassung der Sprungrechtsbeschwerde

362 Im Falle der **Rechtsbeschwerde** (→ Rn. 250 ff.) fällt für das Verfahren im Allgemeinen eine **1,5 Verfahrensgebühr** nach **KV 1213 FamGKG** an.

363 Diese **ermäßigt** sich bei ganz frühem Ausgang des Rechtsmittelverfahrens auf einen Satz von 0,5, wenn das gesamte Verfahren durch Zurücknahme der Rechtsbeschwerde oder des Antrags endet, bevor die Schrift zur Begründung der Rechtsbeschwerde bei Gericht eingegangen ist, **KV 1214 FamGKG**.

364 Erfolgt die Zurücknahme vor Ablauf des Tages, an dem die Endentscheidung der Geschäftsstelle übermittelt wird, wenn nicht KV 1214 erfüllt ist, dann ermäßigt sich die Gebühr auf einen Satz von 1,0 nach **KV 1215 FamGKG**.

365 Für das durch § 75 FamFG neu eingeführte Verfahren auf Zulassung der **Sprungrechtsbeschwerde** (→ Rn. 255) wird eine Gerichtsgebühr nur erhoben, wenn das Rechtsbeschwerdegericht den Antrag auf Zulassung ablehnt, da das Rechtsbeschwerdegericht im Zulassungsverfahren einen nicht nur unerheblichen Prüfungsaufwand entfalten muss.[35] Die Gebühr wird nach **KV 1216 FamGKG** mit einem Satz von 0,5 erhoben.

4. Abänderung eines Titels

366 Ein § 655 ZPO a. F. entsprechendes Verfahren auf **Abänderung des Vollstreckungstitels** bei Veränderung des Kindergeldes oder einer vergleichbaren Leistung ist nach dem FamFG **nicht mehr vorgesehen** (→

---

35 So die Gesetzesbegründung BT-Drs. 16/6308 S. 310.

Rn. 152), sodass die entsprechenden Regelungen des GKG nicht übernommen worden sind.

§ 655 ZPO a. F. sah für Veränderungen bei diesen anzurechnenden Leistungen eine Änderung bzw. Anpassung ebenfalls im vereinfachten Verfahren vor. Auch für dieses Verfahren war funktionell der Rechtspfleger (§§ 3 Nr. 3a, 20 Nr. 10b RPflG) zuständig. Das Verfahren galt für alle Vollstreckungstitel, die auf wiederkehrende Unterhaltsleistungen zugunsten Minderjähriger gerichtet und bei denen entsprechende Leistungen anzurechnen sind.   367

Eine Abänderung ist nun nur noch im normalen Unterhaltsverfahren nach § 238 FamFG möglich, für das die kostenrechtlichen Vorschriften des Abschnitts 2 für Verfahren im Übrigen gelten.   368

II. Verfahren im Übrigen

Für die übrigen **Familienstreitsachen** (→ Rn. 349) gelten die gebührenrechtlichen Tatbestände des Abschnitts 2.   369

1. Erster Rechtszug

Wie schon nach GKG fällt zunächst eine **3,0 Verfahrensgebühr** nach **KV 1220 FamGKG** für das Verfahren im Allgemeinen an. Die Verfahrensgebühr ist mit der Antragstellung fällig, § 9 Abs. 1 FamGKG und eine Vorauszahlung notwendig nach § 14 Abs. 1 S. 1 FamGKG.   370

Beispiel:

Unterhaltsantrag

Unterhaltsberechtigter Sohn verlangt Abänderung des bereits titulierten monatlichen Unterhalts von 300,00 € auf 400,00 €.

Gerichtskosten

3,0 Verfahrensgebühr, §§ 3 Abs. 1, 2; 28 KV 1220 FamGKG

Vorauszahlung der fälligen Gebühr hat zu erfolgen, §§ 9 Abs. 1, 14 Abs. 1 S. 1 FamGKG.

Verfahrenswert

1.200,00 € = 12 × 100,00 €, § 51 Abs. 1 S. 1 FamGKG.

Verfahrensgebühr

213,00 €

Kostenschuldner

Antragsteller, § 21 Abs. 1 S. 1 FamGKG

a) Vorausgegangenes Mahnverfahren

371 Fällige Unterhaltsbeträge könnte der Berechtigte auch im gerichtlichen **Mahnverfahren** nach §§ 688 ff. ZPO geltend machen. Das kommt in der Praxis zwar nicht so häufig vor, da keine zukünftigen Unterhaltsbeträge tituliert werden können, soll hier aber doch hinsichtlich der Gerichtskosten kurz erwähnt werden.

372 Hinsichtlich des Mahnverfahrens, für das die Vorschriften der ZPO entsprechend anzuwenden sind (§ 113 Abs. 2 FamFG), enthält das FamGKG keine Gebührenvorschriften, weil auch das Mahnverfahren in Familiensachen von den zentralen Mahngerichten erledigt werden soll und damit nach dem GKG abzurechnen ist. Hierdurch soll auch vermieden werden, dass besondere Vordrucke für das Mahnverfahren in Familiensachen vorgehalten werden müssen.

373 Für die Gerichtskosten des Mahnverfahrens gilt der Hauptabschnitt 1 des **KV GKG**.[36] Mit Eingang des Antrags auf Erlass des Mahnbescheids bei Gericht entsteht eine 0,5 Verfahrensgebühr nach KV 1100 GKG; die Gebühr beträgt jedoch mindestens 32,00 €. Die Verfahrensgebühr ist mit Antragstellung gem. § 6 Abs. 1 Nr. 1 GKG fällig, Antragsschuldner ist gem. § 22 Abs. 1 S. 1 GKG der Antragsteller. Der Erlass des Mahnbescheids ist abhängig von der Vorauszahlung der Verfahrensgebühr, § 12 Abs. 3 S. 1 GKG, allerdings bei maschineller Bearbeitung ist das erst bei Erlass des Vollstreckungsbescheids Voraussetzung, § 12 Abs. 3 S. 2 GKG.

374 Wird gegen den Mahnbescheid **Widerspruch** erhoben, so soll das Verfahren erst an das Prozessgericht abgegeben werden, wenn die Gebühr für das Verfahren im Allgemeinen (z. B. KV 1210 GKG oder auch KV 1220 FamGKG) gezahlt ist, wobei die Gebühr nach KV 1100 GKG in Höhe des in das Streitverfahren übergegangenen **Streitgegenstandes** anzurechnen ist, § 12 Abs. 3 S. 3 GKG.

> **Beispiel:**
>
> **Mahnverfahren**
>
> Augustin beantragt den Erlass eines Mahnbescheids gegen seinen Vater wegen einer fälligen Unterhaltsforderung in Höhe von 1.000,00 €. Das Mahnverfahren wird maschinell bearbeitet.
>
> **Gerichtskosten**
>
> 0,5 Verfahrensgebühr, KV 1100 GKG
> Wert: 1.000,00 €, § 48 Abs. 1 GKG
> Gebühr: 32,00 €

---

36 Ausführlich *von König*, Zivilprozess- und Kostenrecht, Rn. 845 ff.

Bei dem Streitwert würde die Gebühr eigentlich 26,50 € betragen, aber hier fällt dann die Mindestgebühr von 32,00 € an.

Mit Einreichung des Antrags ist die Gebühr fällig, § 6 Abs. 1 Nr. 1 GKG. Vorauszahlung ist im maschinellen Verfahren zu diesem Zeitpunkt nicht vorgesehen, § 12 Abs. 3 S. 2 GKG. Die fälligen Beträge werden gegen Augustin zum Soll gestellt.

Der Vater erhebt fristgerecht Widerspruch wegen eines Teilbetrages von 750,00 €.

Daraufhin beantragt Augustin die Durchführung des Streitverfahrens.

Gerichtskosten nach Erhebung des Widerspruchs

3,0 Verfahrensgebühr, §§ 3 I, II; 28 KV 1220 FamGKG

Verfahrenswert

750,00 €

Verfahrensgebühr

159,00 €

Kostenschuldner

Antragsteller, § 21 Abs. 1 S. 1 FamGKG

Anzurechnen aus dem vorausgegangenen Mahnverfahren eine 0,5 Gebühr KV 1100 aus dem Wert von 750,00 € = 26,50 €

Antragsteller hat zu zahlen	159,00 €
Anzurechnen	26,50 €
Restbetrag	132,50 €

Auch das **FamGKG** schreibt die **Anrechnung** vor, denn die Anmerkung zu KV 1220 FamGKG stellt klar, dass die Gebühr für das Verfahren im Allgemeinen mit dem Eingang der Akten beim Familiengericht entsteht, an das der Rechtsstreit nach Erhebung des Widerspruchs oder Einlegung des Einspruchs abgegeben wird und dass in diesem Fall eine Gebühr KV 1100 des GKG nach dem Wert des Verfahrensgegenstands angerechnet wird, der in das Streitverfahren übergegangen ist.

375

Wird kein Widerspruch erhoben, kann der Antragsteller nach Ablauf der Widerspruchsfrist den Antrag auf Erlass des **Vollstreckungsbescheids** stellen, § 699 ZPO. Auf der Grundlage des Mahnbescheids erhält er dann den Vollstreckungstitel. Wird gegen einen bereits erlassenen Vollstreckungsbescheid **Einspruch** eingelegt, so wird das streitige Verfahren von Amts wegen durchgeführt, § 700 Abs. 3 i. V. m. § 697 Abs. 1 ZPO.

376

Es wird ebenfalls die 3,0 Verfahrensgebühr nach KV 1220 FamGKG unter Anrechnung der 0,5 Gebühr nach KV 1100 GKG fällig. Gemäß § 12 Abs. 1 S. 2 GKG bzw. § 21 Abs. 1 S. 2 FamGKG haftet für die Verfahrensgebühr derjenige, der den Vollstreckungsbefehl beantragt hat, d. h. der Antragsteller.

377

b) Widerantrag

378 Unabhängig davon, ob dem Streitverfahren ein Mahnverfahren vorausgegangen ist oder ob es gleich durch Einreichung eines entsprechenden Hauptantrages eingeleitet wurde, gelten die folgenden Ausführungen gleichermaßen. Zum Antrag- und Widerantrag siehe → Rn. 137 ff.

379 Im Falle eines **Widerantrags** ist zwar keine Vorauszahlung zu leisten, § 14 Abs. 2 FamGKG, jedoch ist auch für den Widerantrag die Gebühr fällig, § 9 Abs. 1 S. 1 FamGKG und fällige Beträge sind durch den Kostenbeamten per Sollstellung anzufordern. Kostenschuldner ist nun der den Widerantrag einreichende Antragsgegner, dem in diesem Fall die Degression der Gebührentabelle zu Gute kommt, da die 3,0 Gebühr KV 1220 nun lediglich nach dem neu ermittelten Verfahrenswert berechnet wird und die schon gezahlte Gebühr des Antragstellers auch zu verrechnen ist.

Beispiel:

Unterhaltsantrag und Widerantrag

Fortführung des obigen Beispiels (Rn. 370). Auf den Antrag des Sohnes auf Erhöhung des Unterhalts von 300,00 € auf 400,00 € verlangt der Vater im Wege des Widerantrags Ermäßigung auf 150,00 €, da sich der Sohn seinen Lohn aus einem Ausbildungsverhältnis anrechnen lassen müsse.

Gerichtskosten

3,0 Verfahrensgebühr, §§ 3 Abs. 1, 2; 28 KV 1220 FamGKG

Verfahrensgebühr ist fällig mit Einreichung des Widerantrags, § 9 Abs. 1 FamGKG, Vorauszahlung nicht notwendig, 14 Abs. 2 FamGKG. Die fälligen Beträge werden gegen den Antragsgegner zum Soll gestellt.

Neuer Verfahrenswert

3.000,00 €, § 39 Abs. 1 S. 1 FamGKG

Antrag: 12 x 100,00 € = 1.200,00 € (§ 51 Abs. 1 S. 1 FamGKG); Widerantrag: 12 x 150,00 € = 1.800,00 € (§ 51 Abs. 1 S. 1 FamGKG). Zusammenrechnung hat zu erfolgen, da nicht identischer Gegenstand.

Kostenschuldner

Antragsteller, § 21 Abs. 1 S. 1 FamGKG

Kostenrechnung

	Betrag in €	Mithaft und gesetzliche Grundlage
3,0 Gebühr	324,00	Sohn aus 1.200,00 €, § 21 I 1 FamGKG und Vater für Widerantrag aus 1.800,00 € jeweils für den Betrag der 3,0 Verfahrensgebühr
Antragsteller hat gezahlt	213,00	3,0 Gebühr aus 1.200,00 €
Restbetrag ist vom Antragsgegner zu zahlen	111,00	

2. Ermäßigungstatbestände

Unter bestimmten Voraussetzungen ermäßigt sich die 3,0 Verfahrensgebühr KV 1220 des Streitverfahrens nach **KV 1221** FamGKG auf **1,0**; damit entsprechen die Gebührenregelungen des Abschnittes denen im GKG unter KV 1210, 1211 geregelten Tatbeständen. 380

Die Ermäßigung tritt ein, bei Beendigung des gesamten Verfahrens durch 381

1. Zurücknahme des Antrags

   a) vor dem Schluss der mündlichen Verhandlung,

   b) in den Fällen des § 128 Abs. 2 ZPO vor dem Zeitpunkt, der dem Schluss der mündlichen Verhandlung entspricht,

   c) im Fall des § 331 Abs. 3 ZPO vor Ablauf des Tages, an dem die Endentscheidung der Geschäftsstelle übermittelt wird, wenn keine Entscheidung nach § 269 Abs. 3 S. 3 ZPO über die Kosten ergeht oder die Entscheidung einer zuvor mitgeteilten Einigung über die Kostentragung oder einer Kostenübernahmeerklärung folgt,

2. Anerkenntnis- oder Verzichtsentscheidung oder Endentscheidung, die nach § 38 Abs. 4 Nr. 2 oder 3 FamFG keine Begründung enthält oder nur deshalb eine Begründung enthält, weil zu erwarten ist, dass der Beschluss im Ausland geltend gemacht wird (§ 38 Abs. 5 Nr. 4 FamFG),

3. gerichtlichen Vergleich oder

4. Erledigung in der Hauptsache, wenn keine Entscheidung über die Kosten ergeht oder die Entscheidung einer zuvor mitgeteilten Einigung über die Kostentragung oder einer Kostenübernahmeerklärung folgt,

es sei denn, dass bereits eine andere Endentscheidung als eine der in Nr. 2 genannten Entscheidungen vorausgegangen ist. Eine Versäumnisentscheidung lässt die Ermäßigung scheitern.

382 Die Gebühr ermäßigt sich auch, wenn mehrere Ermäßigungstatbestände erfüllt sind, KV 1221 Abs. 3 FamGKG.

383 Die Zurücknahme des Antrags auf Durchführung des streitigen Verfahrens (§ 696 Abs. 1 ZPO), des Widerspruchs gegen den Mahnbescheid oder des Einspruchs gegen den Vollstreckungsbescheid stehen gem. KV 1221 Abs. 1 FamGKG der Zurücknahme des Antrags gleich.

Beispiel:

Unterhaltsverfahren

Antragstellerin reicht am 4. November Antrag auf monatlichen nachehelichen Unterhalt von 400,00 € ein.

Gerichtskosten

3,0 Verfahrensgebühr, §§ 3 Abs. 1, 2; 28 KV 1220 FamGKG

Vorauszahlung der fälligen Gebühr hat zu erfolgen, §§ 9 Abs. 1, 14 Abs. 1 S. 1 FamGKG.

Verfahrenswert

5.200,00 € = 12 × 400,00 € = 4.800,00 € (§ 51 Abs. 1 S. 1 FamGKG) für die Zeit von Dezember des Jahres bis November des Folgejahres zuzüglich 400,00 € Rückstand (§ 51 Abs. 2 S. 1 FamGKG) für die bei Einreichung fälligen Beträge für November.

Verfahrensgebühr

495,00 €

Kostenschuldner

Antragstellerin, § 21 Abs. 1 S. 1 FamGKG

Fortführung des Verfahrens

Die Beteiligten erklären übereinstimmend die Hauptsache für erledigt, da sich zwischenzeitlich der Antragsgegner außergerichtlich zur Zahlung des geforderten Unterhalts verpflichtet hat.

Das Gericht entscheidet durch Beschluss, dass der Antragsgegner die Kosten des Verfahrens zu tragen hat.

Gerichtskosten nach Beendigung des Verfahrens

3,0 Verfahrensgebühr KV 1220 FamGKG bleibt bestehen.

Erledigungserklärungen erfüllen nur den Ermäßigungstatbestand, wenn das Gericht nicht mehr über die Kosten zu entscheiden hat.

384 Im Ausgangsfall scheitert die Ermäßigung an dem Umstand, dass bei der übereinstimmenden Erledigungserklärung das Gericht nicht von der

Arbeit entlastet wird, nach der Sachlage des Verfahrens eine Kostenentscheidung zu treffen, § 91a ZPO. Das ist aber nach dem Wortlaut des Gesetzes (KV 1221 Nr. 4 FamGKG) gerade Voraussetzung. Die Beteiligten können die Hauptsache übereinstimmend für erledigt erklären und einer von beiden den Kostenantrag des anderen anerkennen oder einen gerichtlichen Vergleich über die Kostentragung schließen,[37] eine außergerichtliche Kostenvereinbarung reicht dann aus, wenn das Gericht gar nicht mehr über die Kosten zu entscheiden hat, weil die Beteiligten dieses ausdrücklich erklären.[38] Sowohl Anerkenntnisentscheidung als auch gerichtlicher Vergleich sind wiederum Ermäßigungstatbestände (KV 1221 Nr. 2, 3 FamGKG), wobei die Gebühr sich auch ermäßigt, wenn mehrere Ermäßigungstatbestände erfüllt sind; wichtig ist nur, dass das gesamte Verfahren durch einen oder mehrere Ermäßigungstatbestände erledigt wird.

Beispiel:

Unterhaltsverfahren

Variante des obigen Beispiels (Rn. 383). Die Beteiligten erklären übereinstimmend die Hauptsache für erledigt und bitten das Gericht um Feststellung in Form eines Beschlusses, dass die Kosten des Verfahrens gegeneinander aufgehoben werden sollen, da sich die Beteiligten hierauf ebenfalls außergerichtlich geeinigt haben.

Gerichtskosten nach Beendigung des Verfahrens

1,0 Verfahrensgebühr,§§ 3 Abs. 1, 2; 28 KV 1221 Nr. 4 FamGKG

Da nun die Kostenentscheidung einer mitgeteilten Einigung folgt, ist der Ermäßigungstatbestand erfüllt.

Schlusskostenrechnung

	Betrag in €	Mithaft und gesetzliche Grundlage
1,0 Gebühr	165,00	Antragstellerin, § 21 I 1 FamGKG
Antragstellerin zahlt ½ gem. § 24 Nr. 1 FamGKG Bereits gezahlt Zu viel	82,50 495,00 412,50	412,50 können wegen § 26 Abs. 1 FamGKG beim Antragsgegner verrechnet werden
Antragsgegner zahlt ½ gem. § 24 Nr. 1 FamGKG Von der Antragstellerin zu verrechnen. Rest erhält die Antragstellerin zurück	82,50 412,50 330,00	

---

37 Binz/*Zimmermann*, GKG, KV 1211 Rn. 34, 35.
38 Binz/*Zimmermann*, GKG, KV 1211 Rn. 33.

a) Haftung des Antragsschuldners bei ermäßigter Gebühr

385 Erst bei Beendigung des Verfahrens wird deutlich, ob und welcher Ermäßigungstatbestand einschlägig ist. Sind dann der Antragsschuldner nach § 21 Abs. 1 S. 1 FamGKG und der Entscheidungs- bzw. Übernahmeschuldner nach § 24 Nr. 1, 2 FamGKG nicht identisch, haften beide als Gesamtschuldner, § 26 Abs. 1 FamGKG. Allerdings haften zuerst Entscheidungs- bzw. Übernahmeschuldner (Erstschuldner) und danach der Antragsschuldner (Zweitschuldner), § 8 KostVfg. Beim Aufstellen der Schlusskostenrechnung hat der Kostenbeamte eventuell vorhandene Zweitschuldner (Antragsschuldner) zu bezeichnen und gezahlte Beträge – soweit zulässig, d.h. im Rahmen der Mithaft – auf die Schuld des Gegners zu verrechnen. Eine Rückzahlung durch die Justizkasse erfolgt nicht, der Antragsschuldner kann sich die Beträge von der Gegenseite erstatten lassen.[39]

386 Strittig ist in einem solchen Fall die Frage, ob bei Ermäßigung der Gebühr die Mithaft des Antragsschuldners aus der ursprünglichen 3,0 Gebühr oder aus der ermäßigten 1,0 Gebühr ermittelt wird. Dieses ist von praktischer Bedeutung, da bei Verrechnung nur eines Teils der eingezahlten Gebühr auf die Schuld des Gegners der Rest dann an den Antragsteller zurückzuzahlen und der fehlende Betrag dann vom unterlegenen Gegner einzufordern ist. Nachfolgende Fallvariante soll dieses deutlich machen.

Beispiel:

Verrechnung der Zahlung der Antragstellerin

Fallvariante zu obigem Beispiel (Rn. 383). Der Verfahrenswert beträgt wie zuvor 5.200,00 €. Die Antragstellerin hat 495,00 € an Gerichtskosten eingezahlt.

Im Verfahren hat das Gericht ein Sachverständigengutachten eingeholt. Die Antragstellerin zahlt einen Auslagenvorschuss i. H. v. 800,00 € ein. Der Sachverständige erhält eine Vergütung in Höhe von 913,00 € nach dem JVEG.[40]

Im Termin zur mündlichen Verhandlung erklären die Parteien die Hauptsache übereinstimmend für erledigt und schließen hinsichtlich der Kostentragung einen Vergleich, in dem der Antragsgegner die Kosten des Verfahrens übernimmt.

Gerichtskosten nach Beendigung des Verfahrens

Hier sind zwei Ermäßigungstatbestände erfüllt, hinsichtlich der Hauptsache KV 1221 Nr. 4 FamGKG und bzgl. der Kostenregelung KV 1221 Nr. 3 FamGKG. Die Ermäßigung tritt auch ein, wenn mehrere Ermäßigungstatbestände erfüllt sind.

---

39 Im Kostenfestsetzungsverfahren sind die Beträge als Kosten des Rechtsstreits zu berücksichtigen, § 91 Abs. 1 S. 1 ZPO.
40 Gesetz über die Vergütung von Sachverständigen, Dolmetscherinnen, Dolmetschern, Übersetzerinnen, und Übersetzern sowie die Entschädigung von ehrenamtlichen Richterinnen, ehrenamtlichen Richtern, Zeuginnen, Zeugen und Dritten (Justizvergütungs- und -entschädigungsgesetz – JVEG) gem. Art. 2 KostRMoG.

Schlusskostenrechnung

1,0 Verfahrensgebühr, §§ 3 Abs. 1, 2; 28 KV 1221 Nr. 3, 4 FamGKG aus dem Wert von 5.200,00 €

	Betrag in €	Mithaft und gesetzliche Grundlage
1,0 Verfahrensgebühr	165,00	Antragstellerin, § 21 I 1 FamGKG
Auslagen für den Sachverständigen, § 3 Abs. 2 KV 2005 FamGKG	913,00	Antragstellerin, §§ 16, 17 FamGKG
Insgesamt	1.078,00	
Erstschuldner: Antragsgegner gem. § 24 Nr. 2 FamGKG	1.078,00	**Problem:** Zweitschuldnerhaftung (Mithaft) der Antragstellerin bezüglich der 3,0 oder bzgl. der 1,0 Gebühr?

Problem der Zweitschuldnerhaftung

Die Antragstellerin hat folgende Beträge eingezahlt

495,00 € Vorauszahlung 3,0 Verfahrensgebühr
800,00 € Vorschuss auf die Sachverständigenauslagen
1.295,00 €

Geht man davon aus, dass die Haftung hinsichtlich der 3,0 Verfahrensgebühr auch weiterhin besteht, dann kann der gesamte Betrag auf die Schuld des Antragsgegners verrechnet werden, da die Zweitschuldnerhaft (Mithaft) der Antragstellerin sogar noch höher ist, nämlich

495,00 € 3,0 Verfahrensgebühr
913,00 € gezahlte Sachverständigenauslagen
1.408,00 €.

Vertritt man die Auffassung, dass die Haftung nun nur noch in Höhe einer 1,0 Verfahrensgebühr besteht, dann darf auch nur dieser Betrag verrechnet werden. Die Zweitschuldnerhaftung würde dann zwar rechnerisch genauso hoch wie die tatsächlichen Gerichtskosten sein:

165,00 € 1,0 Verfahrensgebühr
913,00 € gezahlte Sachverständigenauslagen
1.078,00 €.

Zur Verrechnung offen sind aber nur

165,00 € 1,0 Verfahrensgebühr und
800,00 € Vorschusszahlung
965,00 €.

Von dem gezahlten Betrag von 1.295,00 € müsste ein Betrag von 330,00 € an die Antragstellerin zurückgezahlt werden. Dann müsste der Restbetrag von 113,00 € aber von dem Antragsgegner wieder angefordert werden.

387 Richtigerweise ist die 3,0 Gebühr zu verrechnen, da die Gebühr bei Erfüllung des Ermäßigungstatbestandes nicht wegfällt, sondern lediglich auf 1,0 „ermäßigt" wird, sodass die ursprüngliche Haftung nach § 21 Abs. 1 S. 1 FamGKG der Antragstellerseite in voller Höhe erhalten bleibt.

b) Vergleichsgebühr

388 Zum Anfall der Vergleichsgebühr gilt zunächst einmal das unter → Rn. 343 Gesagte. Der Abschluss des Vergleichs hat keine Auswirkung auf den Verfahrenswert für die Verfahrensgebühr, nur wenn bisher nicht rechtshängige Ansprüche mitverglichen werden, fällt als extra Aktgebühr noch die 0,25 Vergleichsgebühr nach KV 1500 FamGKG an.

3. Rechtsmittelverfahren

389 Für die Verfahren im Übrigen gelten hinsichtlich der Rechtsmittelverfahren die Gebührentatbestände der **Nr. 1222 bis 1229 KV FamGKG,** die im Wesentlichen den Tatbeständen des GKG entsprechen.

a) Beschwerde gegen Endentscheidung

390 Neben der **4,0** Verfahrensgebühr für das **Beschwerdeverfahren** im Allgemeinen nach **KV 1222 FamGKG** kommen noch die Ermäßigungstatbestände der Nr. 1223 und 1224 infrage. Mit Einreichung der Beschwerdeschrift wird die 4,0 Gebühr KV 1222 fällig, § 9 Abs. 1 S. 1 FamGKG.

Beispiel:

Beschwerde gegen Unterhaltsentscheidung

Antragstellerin reicht am 4. November Antrag auf monatlichen nachehelichen Unterhalt von 400,00 € ein. Antragsgegner beantragt Abweisung und erhebt Widerantrag dahingehend, dass festgestellt werden soll, dass kein Unterhaltsanspruch besteht. Der Unterhaltsantrag wird abgewiesen, da dem Widerantrag stattzugeben war. Antragstellerin legt ordnungsgemäß Beschwerde ein.

Gerichtskosten
4,0 Verfahrensgebühr, §§ 3 Abs. 1, 2; 28 KV 1222 FamGKG

Verfahrenswert
5.200,00 €, §§ 40 Abs. 1 S. 1, 39 Abs. 1 S. 3 FamGKG

Unterhaltsantrag = Jahresbetrag, § 51 Abs. 1 S. 1 FamGKG (Dezember d. J. bis November d. Folgejahres) zzgl. 400,00 € Rückstand, § 51 Abs. 2 S. 1 FamGKG. Widerantrag betrifft denselben Gegenstand, da die beiderseitigen Ansprüche sich dergestalt ausschließen, dass Zuerkennung des einen Anspruchs die Aberkennung des anderen Anspruchs bewirkt, § 39 Abs. 1 S. 3 FamGKG.

Verfahrensgebühr
660,00 €

Kostenschuldner
Beschwerdeführerin, § 21 Abs. 1 S. 1 FamGKG
Mit Einreichung der Rechtsmittelschrift ist die Gebühr KV 1222 fällig, § 6 Abs. 1 Nr. 1 GKG. Vorauszahlung ist durch das GKG nicht vorgesehen, fällige Beträge werden zum Soll gestellt.

Bei Beendigung des gesamten Verfahrens durch Zurücknahme der Beschwerde oder des Antrags, bevor die Schrift zur Begründung der Beschwerde bei Gericht eingegangen ist **ermäßigt** sich die Gebühr KV 1222 auf **1,0** nach **KV 1223 FamGKG.** Erledigungserklärungen stehen der Zurücknahme gleich, wenn keine Entscheidung über die Kosten ergeht oder die Entscheidung einer zuvor mitgeteilten Einigung über die Kostentragung oder einer Kostenübernahmeerklärung folgt. 391

Wenn nicht KV 1223 FamGKG anzuwenden ist, kommt der Ermäßigungstatbestand **KV 1224 FamGKG** infrage, danach ermäßigt sich die Gebühr auf **2,0**, wenn das gesamte Verfahren durch 392

1. Zurücknahme der Beschwerde oder des Antrags

    a) vor dem Schluss der mündlichen Verhandlung oder,

    b) falls eine mündliche Verhandlung nicht stattfindet, vor Ablauf des Tages, an dem die Endentscheidung der Geschäftsstelle übermittelt wird,

2. Anerkenntnis- oder Verzichtsentscheidung,

3. gerichtlichen Vergleich oder

4. Erledigung in der Hauptsache, wenn keine Entscheidung über die Kosten ergeht oder die Entscheidung einer zuvor mitgeteilten Einigung die Kostentragung oder einer Kostenübernahmeerklärung,

es sei denn, dass bereits eine andere Endentscheidung als eine der in Nr. 2 genannten Entscheidungen vorausgegangen ist, beendet wird.

Die Gebühr ermäßigt sich auch, wenn mehrere Ermäßigungstatbestände erfüllt sind.

Beispiel:

Beschwerde gegen Unterhaltsentscheidung – Variante
Sachverhalt wie beim Beispiel zuvor (Rn. 390).

Die Beschwerde wird jedoch vor dem Schluss der mündlichen Verhandlung zurückgenommen. Kosten trägt die Beschwerdeführerin.

Die 4,0 Verfahrensgebühr in Höhe von 660,00 € ist bereits gezahlt.

Gerichtskosten

2,0 Verfahrensgebühr, §§ 3 Abs. 1, 2; 28 KV 1224 Nr. 1a) FamGKG, da der Ermäßigungstatbestand nach KV 1224 Nr. 1a) erfüllt ist.

Verfahrensgebühr
330,00 €

Kostenschuldner

Beschwerdeführerin, § 24 Nr. 1 FamGKG

Antragstellerin hat bereits gezahlt	660,00 €
Abzüglich	330,00 €
Zurückzuzahlen an Beschwerdeführerin	330,00 €

b) Rechtsbeschwerde gegen die Endentscheidung

393 Für das **Rechtsbeschwerdeverfahren** wird zunächst eine **5,0 Verfahrensgebühr** nach **KV 1225 FamGKG** fällig; diese ermäßigt sich unter den gleichen Voraussetzungen wie bei der Beschwerde (KV 1223) nach KV 1226 FamGKG auf 1,0 (→ Rn. 391). KV 1227 FamGKG entspricht KV 1224 Nr. 1 b) (→ Rn. 392) und sieht eine Ermäßigung auf 3,0 vor.

c) Zulassung der Sprungrechtsbeschwerde

394 Der Unterabschnitt 4 des KV FamGKG bestimmt die Gebühren in den Fällen der Zulassung der Sprungrechtsbeschwerde. Auch hier werden keine Gebühren erhoben, wenn und soweit die Anträge Erfolg haben, da dann die Gebühren nach KV 1225 bis 1227 FamGKG anfallen. Haben die Anträge nur teilweise Erfolg, sind die Gebühren nach dem Teilstreitwert zu ermitteln.

395 Wird der Antrag auf Zulassung der **Sprungrechtsbeschwerde** abgelehnt, fällt soweit die Ablehnung reicht eine 1,5 Gebühr nach KV 1228 FamGKG an.

396 Soweit der Antrag zurückgenommen oder das Verfahren durch anderweitige Erledigung beendet wird, fällt eine 1,0 Gebühr nach KV 1229 FamGKG an. Die Ermäßigung resultiert daraus, dass das Gericht in diesem Fall keine weitere Tätigkeit entfalten muss. Nur wenn und soweit die Sprungrevision zugelassen wird, entsteht keine Gebühr.

D. Hauptsacheverfahren in selbstständigen Familiensachen der freiwilligen Gerichtsbarkeit

Für Hauptsacheverfahren der freiwilligen Gerichtsbarkeit galt bis zu deren Aufhebung[41] grundsätzlich die Kostenordnung (KostO). Mit Inkrafttreten des FamGKG waren die Hauptsacheverfahren in selbstständigen Familiensachen der freiwilligen Gerichtsbarkeit bereits ausgenommen worden, da für diese seit dem 1.9.2009 das FamGKG gilt.

397

Durch das 2. KostRMoG wurde die Kostenordnung durch ein modernes Gerichts- und Notarkostengesetz (GNotKG)[42] ersetzt.[43] Auch dieses Kostengesetz folgt nun dem üblichen Aufbau – vorweg der Paragrafenteil und dem sich anschließend ein Kostenverzeichnis, dabei wurde das Gerichts- und Notarkostengesetz unterteilt in Gerichtsgebühren (Teil 1) und Notargebühren (Teil 2). Soweit dies sachgerecht ist, sind auch in diesem Gesetz – entsprechend der Regelungstechnik des FamGKG – die Gebühren als Verfahrensgebühren ausgestaltet. Das schließt ein, dass im Wesentlichen – außer in Grundbuch- sowie in Register- und Nachlasssachen – die gleiche Gebührentabelle wie im FamGKG und GKG gilt (§ 34, Tabelle A). Für Grundbuch-, Register- und Nachlasssachen bleibt es bei einer erheblich stärker degressiv ausgestalteten Tabelle (§ 34, Tabelle B), die Wertstufen sind jedoch den Tabellen des GKG und des FamGKG angepasst. Das GNotKG gilt ausdrücklich nicht in den Fällen, in denen das FamGKG gilt, § 1 Abs. 3 GNotKG.

398

FG-Verfahren sind häufig Amtsverfahren;[44] indes hat die Entwicklung dazu geführt, dass die Zahl der Fälle, in denen das Verfahren nur auf Antrag eingeleitet wird, durchaus überwiegt.[45] In Familiensachen sind beide Verfahrensarten vertreten.

399

Die Gerichtsgebühren für **selbstständige Familiensachen der freiwilligen Gerichtsbarkeit** sind im Hauptabschnitt 3 des FamGKG geregelt. Der Abschnitt 1 befasst sich mit den Kindschaftssachen (→ Rn. 69) und der Abschnitt 2 mit den übrigen Familiensachen der freiwilligen Gerichtsbarkeit, nämlich Abstammungssachen, Adoptionssachen, Ehewohnungs- und Haushaltssachen, Gewaltschutzsachen, Versorgungsausgleichssachen

400

---

41 Durch Art. 45 Nr. 1 des zweiten Gesetzes zur Modernisierung des Kostenrechts (2. Kostenrechtsmodernisierungsgesetz – 2. KostRMoG) vom 23. Juli 2013 – BGBl. I S. 2586 (v. 29.7.2013).
42 Gesetz über die Kosten der freiwilligen Gerichtsbarkeit für Gerichte und Notare (Gerichts- und Notarkostengesetz – GNnotKG) gem. Art. 1 des 2. KostRMoG.
43 So die Gesetzesbegründung in der BT-Drs. 17/11471 v. 14.11.2012 S. 1.
44 Siehe hierzu *von König/von Schuckmann* in Jansen, FGG, Vorbem. §§ 8 ff. Rn. 4, 7.
45 Siehe Auflistung bei *von König/von Schuckmann* in Jansen, FGG, Vorbem. §§ 8 ff. Rn. 8.

sowie Unterhalts-, Güterrechts- und sonstige Familiensachen, die keine Familienstreitsachen sind.

I. Kindschaftssachen

401 Kindschaftssachen sind die in § 151 FamFG definierten und dem Familiengericht zugewiesenen Verfahren, welche die elterliche Sorge, das Umgangsrecht, die Kindesherausgabe, die Vormundschaft, die Pflegschaft oder die gerichtliche Bestellung eines sonstigen Vertreters für einen Minderjährigen oder für eine Leibesfrucht, die Genehmigung der freiheitsentziehenden Unterbringung eines Minderjährigen (§§ 1631b, 1800 und 1915 BGB), die Anordnung der freiheitsentziehenden Unterbringung eines Minderjährigen nach den Landesgesetzen über die Unterbringung psychisch Kranker oder die Aufgaben nach dem Jugendgerichtsgesetz betreffen.

1. Gebührenfreie Verfahren

402 Nach Abs. 1 der Vorbemerkung 1.3.1 KV FamGKG werden für einige Verfahren keine Gebühren erhoben. So geregelt für die **Pflegschaft für eine Leibesfrucht** (§ 1912 BGB), weil gem. § 22 S. 1 FamGKG grundsätzlich der Minderjährige für die Kosten bei einer Dauerpflegschaft haftet oder bei einer Einzelpflegschaft in der Regel ihm die Kosten aufzuerlegen sein werden, wenn die Pflegschaft nicht seine Person betrifft. Die Leibesfrucht kann jedoch nicht zum Kostenschuldner bestimmt werden.[46]

403 Auch für **Unterbringungsmaßnahmen** gegen Minderjährige bleibt es bei der Gebührenfreiheit.[47] Gebührenfrei sind auch Verfahren, welche Aufgaben nach dem **Jugendgerichtsgesetz** (JGG) betreffen, wie z.B. die Auswahl und Anordnung von Erziehungsmaßregeln durch Überlassungen durch den Jugendrichter, § 53 JGG oder die Bestellung eines Pflegers nach § 67 Abs. 4 S. 3 JGG, da das Jugendgericht die Erziehungsmaßregeln, ohne weitere Gebühren auszulösen, auch selbständig auswählen und anordnen kann.

404 Nach Abs. 2 der Vorbemerkung ist eine **Kostenerhebung** von einem **minderjährigen Kind** ausgeschlossen, wenn dessen Vermögen nach Abzug der Verbindlichkeiten nicht mehr als 25.000,00 € beträgt. Dabei bleibt ein angemessenes Hausgrundstück, das von dem Minderjährigen oder seinen Eltern allein oder zusammen mit Angehörigen ganz oder teilweise bewohnt

---

46 Gesetzesbegründung BT-Drs. 16/6308 S. 311.
47 So war es auch in § 128b KostO geregelt.

wird und nach ihrem Tod von ihren Angehörigen bewohnt werden soll, außer Betracht.[48]

2. Gebühren in Kindschaftssachen

Für die Verfahren, für die das Gesetz die Erhebung von Gebühren vorsieht, wird in der Regel eine **0,5 Verfahrensgebühr** nach **KV 1310 FamGKG** erhoben. In der Praxis häufig vorkommend sind Verfahren die elterliche Sorge sowie die Umgangsregelung betreffend. Die Gebühr entsteht unabhängig von der Zahl der Minderjährigen nur einmal, wenn ein Verfahren mehrere Minderjährige betrifft. Eine ausdrückliche Regelung ist entbehrlich, weil die Gebühr in jedem Verfahren hinsichtlich eines jeden Teils des Verfahrensgegenstandes nur einmal entsteht, § 29 FamGKG.[49] Für bestimmte Kindschaftssachen ist in § 45 Abs. 2 FamGKG ausdrücklich bestimmt, dass eine Kindschaftssache auch dann als ein Gegenstand zu bewerten ist, wenn sie mehrere Kinder betrifft.

405

Auch für das Verfahren des nichtehelichen Vaters auf (teilweise) Übertragung der elterlichen Sorge nach dem Beschluss des BVerfG vom 21. Juli 2010[50] entstehen Gebühren und Auslagen nach dem FamGKG.[51]

Zum Verfahrenswert → Rn. 71 ff.

Beispiel:

Elterliche Sorge und Umgangsregelung

Die Mutter beansprucht die alleinige elterliche Sorge für die beiden gemeinsamen Kinder des getrennt lebenden Ehepaares, weil eine Kommunikation der Eltern über die Belange der Kinder nicht möglich sei und die Kinder ihren Lebensmittelpunkt in ihrem Haushalt hätten. Der Vater widerspricht dem Antrag.

Das Gericht überträgt der Mutter die elterliche Sorge, da dies nach Auffassung des Gerichts dem Wohl der Kinder am besten entspricht und gewährt dem Vater ein umfassendes genau bezeichnetes Umgangsrecht mit den Kindern.

Die Kosten werden gegeneinander aufgehoben.

Gerichtskosten

0,5 Verfahrensgebühr, §§ 3 Abs. 1, 2; 28 KV 1310 FamGKG

Verfahrenswert

6.000,00 €, §§ 45 Abs. 1, 33 Abs. 1 S. 1 FamGKG

---

48 Dieses entspricht der schon zuvor geltenden Regelung in §§ 92 Abs. 1 S. 1, 93 S. 5, 95 Abs. 1 S. 2 KostO.
49 So die Gesetzesbegründung BT-Drs. 16/6308 S. 311.
50 1 BvR 420/09, BVerfGE 127, 132.
51 KG v. 12.1.2012 – 19 WF 276/11 – FamRZ 2012, 1164.

Die Werte mehrerer Verfahrensgegenstände sind zusammenzurechnen. Die Anzahl der Kinder ist nicht werterhöhend zu berücksichtigen, § 45 Abs. 2 FamGKG.

Verfahrensgebühr

82,50 €

Kostenschuldner

Antragstellerin und Antragsgegner je zu ½ gemäß der gerichtlichen Bestimmung, § 24 Nr. 1 FamGKG (je 41,25 €). Antragstellerin haftet als Zweitschuldnerin für die gesamte Summe, § 21 Abs. 1 S. 1 FamGKG.

Gebühren werden in diesem Fall nach § 11 FamGKG fällig, d. h. mit Erlass der Kostenentscheidung, die in Familiensachen nach § 81 Abs. 1 S. 3 FamFG zu erfolgen hat.

406 Die Gebühr entsteht nicht für Verfahren, die in den Rahmen einer Vormundschaft oder Pflegschaft fallen; ebenso wird neben der Gebühr für das Verfahren, in dem eine Umgangspflegschaft angeordnet wird, keine besondere Gebühr für die Umgangspflegschaft mehr erhoben, KV 1310 Abs. 1, 2 FamGKG.

407 Ebenfalls Familiensache ist das in § 165 FamFG geregelte **Vermittlungsverfahren,** welches der gerichtlichen Entscheidung über den Umgang gleichgestellt ist,[52] sodass auch hierfür eine Gebühr nach KV 1310 FamGKG anfällt.

408 Als nicht praktikabel hat der Gesetzgeber die Einführung von Verfahrensgebühren bei **Vormundschaften** und **Dauerpflegschaften** angesehen.[53] In diesen Verfahren geht die gerichtliche Tätigkeit über den Erlass einer Endentscheidung zeitlich weit hinaus, da auch nach der Bestellung des Vormunds oder Pflegers weitere Tätigkeiten des Gerichts erforderlich sind. Daher sieht auch das FamGKG wie das bisherige Recht (§ 92 KostO a. F.) **Jahresgebühren** vor, die sich nach dem Vermögen des von der Maßnahme betroffenen Minderjährigen bemisst, es sei denn, die Dauerpflegschaft hat nicht unmittelbar das Vermögen zum Gegenstand. Dabei soll nur das Vermögen berücksichtigt werden, das über der Vermögensfreigrenze liegt, d. h. die Gebühr in Höhe von 5,00 € je angefangene 5.000,00 € Vermögen, mindestens 50,00 €, wird nur für das einen Betrag von 25.000,00 € übersteigende Vermögen ohne Berücksichtigung des selbst oder von Angehörigen bewohnten Hausgrundstücks erhoben – **KV 1311 FamGKG.**

KV 1311 Abs. 2 FamGKG ordnet an, dass für das bei Anordnung der Maßnahme oder bei der ersten Tätigkeit des Familiengerichts nach Eintritt der Vormundschaft laufende und das folgende Kalenderjahr nur eine Jah-

---

52 Siehe Gesetzesbegründung BT-Drs. 16/6308 S. 242.
53 Gesetzesbegründung BT-Drs. 16/6308 S. 311.

resgebühr erhoben wird. Dabei handelt es sich jeweils um Kalenderjahresgebühren, die bei Beginn der Vormundschaft für das erste unvollständige und das darauffolgende vollständige Jahr zusammen erhoben wird.

Erstreckt sich eine Maßnahme auf **mehrere Minderjährige,** wird die Gebühr für jeden Minderjährigen besonders erhoben, KV 1311 Abs. 3 FamGKG.

Bei der Gebührenberechnung ist jedoch das gerichtliche Verfahren, das schließlich zur Entscheidung über den Eintritt einer Vormundschaft führt, von dem eigentlichen Vormundschaftsverfahren zu trennen.

Beispiel:

Entziehung der elterlichen Sorge

Die elterliche Sorge für das Kind steht der Mutter allein zu, da der Vater des Kindes verstorben ist, §§ 1626, 1680 Abs. 1 BGB. Das FamG entzieht der Mutter die elterliche Sorge im Rahmen eines Verfahrens gem. § 1666 BGB und ordnet die Vormundschaft unter gleichzeitiger Bestellung der Schwester des verstorbenen Vaters zum Vormund für das Kind an. Das Kind hat kein eigenes Vermögen.

Es fallen grundsätzlich sowohl Gerichtskosten für das Sorgerechtsverfahren als auch für die Vormundschaft an.

Verfahrenswert Sorgeregelung

3.000,00 €, § 45 Abs. 1 FamGKG

Wie hoch ist der Verfahrenswert für die Vormundschaft? Die für die Vormundschaft anfallende Jahresgebühr KV 1311 wird nach dem Vermögen des Kindes berechnet, jedoch nur soweit es nach Abzug der Verbindlichkeiten die Summe von 25.000,00 € (→ Rn. 406) übersteigt. Alles darunter liegende bleibt gebührenfrei. Da das Kind kein eigenes Vermögen hat, fällt auch keine Verfahrensgebühr für die Vormundschaft an.

Gerichtskosten Sorgeregelung

0,5 Verfahrensgebühr, §§ 3 Abs. 1, 2; 28 KV 1310 FamGKG

Verfahrensgebühr

54,00 €

Kostenschuldner

Derjenige, den das Gericht nach § 81 Abs. 1 S. 3 FamFG bestimmt.

Geht eine Pflegschaft in eine Vormundschaft über, handelt es sich jedoch um ein einheitliches Verfahren, KV 1311 Abs. 4 FamGKG. 409

Die Jahresgebühr für jedes Kalenderjahr bei einer **Dauerpflegschaft,** die nicht unmittelbar das Vermögen oder Teile des Vermögens zum Gegenstand hat beträgt nach **KV 1312 FamGKG** 200,00 € höchstens jedoch eine Gebühr nach KV 1311. 410

Die Verfahrensgebühr bei einer **Pflegschaft für einzelne Rechtshandlungen** (z. B. Ergänzungspflegschaften) beträgt nach KV 1313 FamGKG ebenfalls 0,5 höchstens jedoch eine Gebühr nach KV 1311. Zum Verfahrenswert → Rn. 74 ff.

Nach Abs. 1 zu KV 1313 FamGKG ist bei einer Pflegschaft für **mehrere Minderjährige** die Gebühr nur einmal aus dem zusammengerechneten Wert zu erheben, allerdings sind Minderjährige, von denen nach Vorbemerkung 1.3.1 Abs. 2 FamGKG (→ Rn. 404) keine Gebühr zu erheben ist, nicht zu berücksichtigen. Höchstgebühr ist die Summe der für alle zu berücksichtigenden Minderjährigen jeweils maßgebenden Gebühr KV 1311 FamGKG.

Die Gebühr wird nicht erhoben, wenn für den Minderjährigen eine Vormundschaft oder eine Dauerpflegschaft besteht, die sich auf denselben Gegenstand bezieht, KV 1313 Abs. 3 FamGKG.

3. Rechtsmittelverfahren

411 Auch in Kindschaftssachen folgen die gebührenrechtlichen Vorschriften für das Rechtsmittelverfahren den dem GKG nachempfundenen Regelungen. Die Gebührentatbestände finden sich in KV 1314 bis 1319 FamGKG.

a) Beschwerde gegen Endentscheidung

412 Für das **Beschwerdeverfahren** im Allgemeinen wird eine **1,0 Verfahrensgebühr** nach **KV 1314 FamGKG** erhoben. Die Gebühr ermäßigt sich auf 0,5 nach KV 1315 FamGKG, wenn das gesamte Verfahren ohne Endentscheidung endet.

413 In Abs. 1 der Anmerkung zu **KV 1315 FamGKG** wird die Zurücknahme der Beschwerde vor Ablauf des Tages, an dem die Endentscheidung der Geschäftsstelle übermittelt wird, wenn die Entscheidung nicht bereits durch Vorlesen der Entscheidungsformel bekannt gegeben worden ist, gesondert geregelt, weil sonst im Fall der schriftlichen Entscheidung nicht klar wäre, welches der letztmögliche Zeitpunkt für die Rücknahme ist. Außerdem steht eine Entscheidung über die Kosten der Ermäßigung nicht entgegen, wenn diese einer zuvor mitgeteilten Einigung über die Kostentragung oder einer Kostenübernahmeerklärung folgt, Anm. Abs. 2 KV 1315. Gleiches gilt auch für die Billigung eines gerichtlichen Vergleichs gemäß § 156 Abs. 2 FamFG, Anm. Abs. 3 KV 1315.[54]

---

54 Eingefügt durch Art. 5 Abs. 2 Nr. 7 des 2. KostRMoG.

Hat das Gericht nicht inhaltlich über die Kosten zu befinden, tritt die Ermäßigung also auch ein. Allerdings hat die nach Beschwerdebegründung gegenüber dem Gericht erklärte Rücknahme der Beschwerde in Familiensachen der freiwilligen Gerichtsbarkeit nur dann die Gebührenermäßigung nach KV 1315 FamGKG zur Folge, wenn sie mit der **Erklärung** verbunden ist, die **Kosten des Beschwerdeverfahrens zu übernehmen**. Ist das Gericht beispielsweise in Familiensachen verpflichtet, über die Kosten in einer isolierten Kostenentscheidung (§§ 83, 81, 84 FamFG) zu entscheiden, stellt diese Kostenentscheidung ebenfalls eine Endentscheidung gem. § 38 Abs. 1 S. 1 FamFG dar, die dazu führt, dass der Ermäßigungstatbestand nicht erfüllt ist.[55]

b) Rechtsbeschwerde gegen die Endentscheidung

Für das **Rechtsbeschwerdeverfahren** wird zunächst eine **1,5 Verfahrensgebühr** nach **KV 1316 FamGKG** fällig; diese **ermäßigt** sich nach KV 1317 FamGKG, wenn das gesamte Verfahren durch Zurücknahme der Rechtsbeschwerde oder des Antrags, bevor die Schrift zur Begründung der Beschwerde bei Gericht eingegangen ist, beendet wird auf eine Gebühr von 0,5 oder bei Beendigung des gesamten Verfahrens durch Zurücknahme der Rechtsbeschwerde oder des Antrags vor Ablauf des Tages, an dem die Endentscheidung der Geschäftsstelle übermittelt wird – wenn nicht Nummer 1317 erfüllt ist – auf einen Gebührensatz von 1,0 nach **KV 1318 FamGKG**.

414

c) Zulassung der Sprungrechtsbeschwerde

Für das durch § 75 FamFG neu eingeführte Verfahren auf Zulassung der Sprungrechtsbeschwerde (→ Rn. 255) wird eine Gerichtsgebühr nur erhoben, wenn das Rechtsbeschwerdegericht den Antrag auf Zulassung ablehnt, da im Zulassungsverfahren das Rechtsbeschwerdegericht einen nicht nur unerheblichen Prüfungsaufwand entfalten muss.[56]

415

Nach **KV 1319 FamGKG** wird im Falle der **Ablehnung des Antrags** eine **0,5 Gebühr** erhoben. Diese Gebühr wird auch bei Rücknahme des Antrags nicht ermäßigt, da es sich um einen relativ geringen Gebührensatz handelt.

---

55 OLG Celle v. 20.4.2012 – 10 UF 46/12 – FamRZ 2012, 1969.
56 So die Gesetzesbegründung BT-Drs. 16/6308 S. 310.

II. Übrige Familiensachen der freiwilligen Gerichtsbarkeit

416 Im Hauptabschnitt 3 Abschnitt 2 finden sich die gebührenrechtlichen Regelungen für die übrigen Familiensachen der freiwilligen Gerichtsbarkeit, nämlich für Abstammungssachen, Adoptionssachen (soweit sie einen Volljährigen betreffen), Ehewohnungs- und Haushaltssachen, Gewaltschutzsachen, Versorgungsausgleichssachen sowie Unterhalts-, Güterrechts- und sonstige Familiensachen, die keine Familienstreitsachen sind. Nicht genannt werden Adoptionsverfahren, welche die Annahme eines Minderjährigen als Kind betreffen. Diese sind – wie schon nach bisherigem Recht – gebührenfrei.

Nach Vorbemerkung 1.3.2 Abs. 2 KV FamGKG fällt in Adoptionssachen, die einen Volljährigen betreffen, nur eine Gebühr an, da für die gegebenenfalls notwendige Ersetzung einer Einwilligung keine weitere Gebühr erhoben wird.

1. Verfahrensgebühr und deren Ermäßigung

417 Für das **Verfahren im Allgemeinen** wird eine **2,0 Gebühr** nach **KV 1320 FamGKG** erhoben. Damit sind die Gebühren für einige Verfahren geringer als nach altem Recht. So wurde bisher für Abstammungssachen (zuvor Kindschaftssachen nach § 640 Abs. 2 ZPO a. F.) wie für jeden Zivilprozess eine 3,0 Verfahrensgebühr nach KV 1210 GKG erhoben. Nun gilt der Gebührensatz von 2,0 nach KV 1320 FamGKG. Zur Wertberechnung siehe → Rn. 83.

> **Beispiel:**
>
> **Abstammungssache**
>
> Vaterschaftsfeststellungsverfahren des am 5.1.2015 geborenen Kindes. Der Antrag wurde durch den rechtlichen Vater gestellt.
>
> **Gerichtskosten**
>
> 2,0 Verfahrensgebühr, §§ 3 Abs. 1, 2; 28 KV 1320 FamGKG
>
> **Verfahrenswert**
>
> 2.000,00 €, § 47 Abs. 1 FamGKG.
>
> **Verfahrensgebühr**
>
> 178,00 €
>
> **Kostenschuldner**
>
> Antragsteller, § 21 Abs. 1 S. 1 FamGKG

Bei Vorliegen eines Ermäßigungstatbestandes ermäßigt sich die Gebühr **418**
für das Verfahren im Allgemeinen auf einen Satz von 0,5 nach KV 1321
FamGKG.

Als **Ermäßigungstatbestand** kommt infrage, die Beendigung des gesamten Verfahrens

– ohne Endentscheidung,

– durch Zurücknahme des Antrags vor Ablauf des Tages, an dem die Endentscheidung der Geschäftsstelle übermittelt wird, wenn die Entscheidung nicht bereits durch Vorlesen der Entscheidungsformel bekannt gegeben worden ist, oder

– wenn die Endentscheidung keine Begründung enthält oder nur deshalb eine Begründung enthält, weil zu erwarten ist, dass der Beschluss im Ausland geltend gemacht wird (§ 38 Abs. 5 Nr. 4 FamFG).

Die Gebühr ermäßigt sich auch, wenn mehrere Ermäßigungstatbestände erfüllt sind, Anm. Abs. 2 zu VV 1321 FamGKG.

Beispiel:

Abstammungssache (Fortsetzung)
Fortsetzung des obigen Beispiels (Rn. 417). Der antragstellende rechtliche Vater nimmt den Antrag vor Abfassen einer Endentscheidung zurück, da ein Sachverständigengutachten seine Vaterschaft belegt.
Der Antragsteller hatte zuvor einen Auslagenvorschuss i. H. v. 800,00 € eingezahlt, der Sachverständige erhält eine Vergütung in Höhe von 913,00 € nach dem JVEG.[57]
Die Kosten werden dem Antragsteller auferlegt, §§ 83, 81 Abs. 1 S. 3 FamFG.

Gerichtskosten
0,5 Verfahrensgebühr, §§ 3 Abs. 1, 2; 28 KV 1321 Nr. 2 FamGKG

Verfahrenswert
2.000,00 €, § 47 Abs. 1 FamGKG.

Verfahrensgebühr
44,50 €

---

57 Gesetz über die Vergütung von Sachverständigen, Dolmetscherinnen, Dolmetschern, Übersetzerinnen, und Übersetzern sowie die Entschädigung von ehrenamtlichen Richterinnen, ehrenamtlichen Richtern, Zeuginnen, Zeugen und Dritten (Justizvergütungs- und -entschädigungsgesetz – JVEG) gem. Art. 2 KostRMoG.

	Betrag in €	Mithaft und gesetzliche Grundlage
0,5 Verfahrensgebühr	44,50	Antragsteller haftet sowohl gem. § 21 Abs. 1 S. 1 als auch § 24 Nr. 1 FamGKG
Auslagen für Sachverständigen, § 3 Abs. 2 KV 2005 FamGKG	913,00	Antragsteller, §§ 16, 17 sowie § 24 Nr. 1 FamGKG
Insgesamt	957,50	
Erstschuldner: Antragsteller gem. § 24 Nr. 2 FamGKG bereits gezahlt 2,0 KV 1320 und Vorschuss	178,00 800,00 978,00	
Zurückzuzahlen	20,50	

2. Versorgungsausgleichssachen

419 In den Verfahren der freiwilligen Gerichtsbarkeit, in denen vor Inkrafttreten des FamGKG die KostO galt, änderte sich die Gebührenstruktur durch das neue Kostenrecht erheblich. In einigen vermögensrechtlichen Verfahren kam es zu einer Erhöhung der Gebühren, was der Gesetzgeber aber wegen des erheblichen gerichtlichen Aufwands dieser Verfahren (insbesondere bei Versorgungsausgleich und bei güterrechtlichen Verfahren) für vertretbar gehalten hatte.[58] Außerdem waren die Gebührentabellen des GKG und des FamGKG mit denen der KostO nicht identisch; was an unterschiedlichen Wertstufen und an verschieden hohen Gebühren lag. Dieses Missverhältnis ist nun aber durch das GNotKG ausgeglichen (→ Rn. 398).

420 Auch in Versorgungsausgleichssachen wird für das **Verfahren im Allgemeinen** eine **2,0 Gebühr** nach **KV 1320 FamGKG** erhoben. Gemäß § 50 Abs. 1 FamGKG beträgt in Versorgungsausgleichssachen der **Verfahrenswert** für jedes Anrecht 10 Prozent, bei Ausgleichsansprüchen nach der Scheidung für jedes Anrecht 20 Prozent des in drei Monaten erzielten Nettoeinkommens der Ehegatten. Der Wert nach Satz 1 beträgt insgesamt mindestens 1.000,00 €. Im Übrigen siehe → Rn. 108.

---

58 Gesetzesbegründung BT-Drs. 16/6308 S. 313.

Hauptsacheverfahren in selbstst. Familiensachen der freiw. Gerichtsbarkeit

Beispiel:

Versorgungsausgleich

Die Versorgungsanstalt beantragt beim FamG die nachträgliche Durchführung des öffentlich-rechtlichen Versorgungsausgleichs. Unter Abänderung seiner früheren Entscheidung überträgt das FamG daraufhin durch Beschluss vom Rentenversicherungskonto des Ehemannes Anwartschaften auf das Rentenversicherungskonto der Ehefrau. Die Gerichtskosten werden der Versorgungsanstalt auferlegt.

Das Nettoeinkommen des Ehemannes beträgt mtl. 2.800,00 € und das der Ehefrau 1.900,00 €.

Gerichtskosten

2,0 Verfahrensgebühr, §§ 3 Abs. 1, 2; 28 KV 1320 FamGKG

Verfahrenswert: 2.820,00 €, § 50 Abs. 1 FamGKG

Das in 3 Monaten erzielte Nettoeinkommen beträgt 14.100,00 €, davon 20 % für jedes Anrecht ergibt einen Betrag von 2.820,00 €.

Verfahrensgebühr

216,00 €

Kostenschuldner

Derjenige, den das Gericht nach § 81 Abs. 1 S. 3 FamFG bestimmt.

3. Ehewohnungs- und Haushaltssachen

Bei Ehewohnungs- und Haushaltssachen[59] wird unterschieden, ob es sich um eine Entscheidung während des Getrenntlebens nach §§ 1361a, 1361b BGB handelt oder nach der Scheidung. Es gelten gemäß § 48 FamGKG **feste Werte,** die nur insoweit unterschiedlich sind, als für Regelungen während des Bestehens der Ehe geringfügig niedrigere Beträge gelten – siehe → Rn. 97 ff.

421

Beispiel:

Ehewohnungs- und Haushaltssache

Die Antragstellerin beantragt während des Getrenntlebens die Zuweisung der Wohnung und die Aufteilung der Haushaltsgegenstände. Die Miete beträgt 600,00 € im Monat und der Verkehrswert der Haushaltsgegenstände wird mit 5.000,00 € angegeben. Das Gericht entscheidet im Sinne der Antragstellerin durch Beschluss. Die Kosten werden dem Antragsgegner auferlegt.

---

[59] Zur Umbenennung der bisher als Wohnungszuweisungs- und Hausratssachen bezeichneten Angelegenheiten siehe → Rn. 96.

Gerichtskosten

2,0 Verfahrensgebühr, §§ 3 Abs. 1, 2; 28 KV 1320 FamGKG

Verfahrenswert: 5.000,00 €, §§ 48 Abs. 1, 2; 33 Abs. 1 S. 1 FamGKG

Für die Ehewohnungssache gilt der Wert von 3.000,00 € und für die Haushaltssache 2.000,00 €, § 48 Abs. 1, 2 FamGKG. Zusammenrechnung ergibt sich aus § 33 Abs. 1 S. 1 FamGKG.

Verfahrensgebühr

292,00 €

Kostenschuldner

Derjenige, den das Gericht nach § 81 Abs. 1 S. 3 FamFG bestimmt.

4. Gewaltschutzsachen

422   Das GewSchG regelt die Befugnisse der Zivilgerichte bei vorsätzlicher oder widerrechtlicher Verletzung des Körpers, der Gesundheit oder der Freiheit einer Person sowie bei einer unzumutbaren Belästigung. Soweit es sich um vorbeugenden Opferschutz handelt, waren auch nach bisherigem Recht Gewaltschutzsachen FG-Sachen, ansonsten Zivilprozesse.

Auch in diesem Fall wird eine **2,0 Verfahrensgebühr** für das Verfahren im Allgemeinen nach **KV 1320** FamGKG erhoben, die sich bei Vorliegen eines Ermäßigungstatbestandes auf 0,5 nach KV 1321 FamGKG ermäßigt. Der **Verfahrenswert** ist ebenfalls ein Festwert, der in § 49 FamGKG geregelt ist – siehe im Übrigen → Rn. 103, 104.

Eine Besonderheit ist hinsichtlich des **Kostenschuldners** zu vermerken, denn obwohl es sich um ein Antragsverfahren handelt, findet § 21 Abs. 1 S. 1 FamGKG im ersten Rechtszug keine Anwendung, § 21 Abs. 1 S. 2 Nr. 1 FamGKG. Hier ist Kostenschuldner immer derjenige, der durch das Gericht dazu bestimmt ist (oder die Kosten freiwillig übernimmt), was in der Regel der Antragsgegner sein wird, der dann als Entscheidungsschuldner nach § 24 Nr. 1 FamGKG haftet.

5. Güterrechtssachen

423   Die in § 261 Abs. 2 FamFG genannten güterrechtlichen Angelegenheiten sind nach wie vor im Verfahren der freiwilligen Gerichtsbarkeit zu entscheiden → Rn. 163, 170.

Bei isolierter Geltendmachung der **Stundung der Ausgleichsforderung** (§ 1382 Abs. 1 BGB), der **Sicherheitsleistung** für die gestundete Forderung (§ 1382 Abs. 3 BGB), der **Aufhebung oder Änderung** der Stundungs- und Sicherheitsleistung (§ 1382 Abs. 6 BGB) sowie Übertragung von **Vermö-**

gensgegenständen (§ 1383 Abs. 1 BGB) handelt es sich immer um ein eigenes Geschäft, sodass unter Umständen eine Zusammenrechnung der Werte zu erfolgen hat. Der **Verfahrenswert** bestimmt sich zum Teil nach § 36 FamGKG bzw. nach § 52 FamGKG und für die oben Genannten Tatbestände nach § 42 FamGKG – siehe im Übrigen → Rn. 171 ff.

Auch für diese Verfahren fällt eine **2,0 Verfahrensgebühr nach KV 1320 FamGKG** für das Verfahren im Allgemeinen an, die Gebühr ermäßigt sich bei Vorliegen der entsprechenden Ermäßigungstatbestände auf 0,5 nach KV 1321 FamGKG.

6. Beschwerde und Rechtsbeschwerde gegen Endentscheidung

Für das Rechtsmittelverfahren gelten Verfahrensgebühren und Ermäßigungstatbestände, die im gleichen Verhältnis zu den Gebühren des Verfahrens im ersten Rechtszug und deren Ermäßigung stehen. 424

Für das **Beschwerdeverfahren** im Allgemeinen wird eine **3,0 Verfahrensgebühr** nach **KV 1322 FamGKG** erhoben. Die Gebühr **ermäßigt** sich auf 0,5 nach KV 1323 FamGKG, wenn das gesamte Verfahren durch Zurücknahme der Beschwerde oder des Antrags endet, bevor die Schrift zur Begründung der Beschwerde bei Gericht eingegangen ist. 425

Ein weiterer Ermäßigungstatbestand ist in **KV 1324 FamGKG** geregelt, wonach die Gebühr sich auf einen Satz von 1,0 ermäßigt, wenn KV 1323 nicht erfüllt ist und das **gesamte Verfahren ohne Endentscheidung** beendet wird. In Abs. 1 der Anmerkung zu KV 1324 FamGKG wird die Zurücknahme der Beschwerde vor Ablauf des Tages, an dem die Endentscheidung der Geschäftsstelle übermittelt wird, wenn die Entscheidung nicht bereits durch Vorlesen der Entscheidungsformel bekannt gegeben worden ist, gesondert geregelt, weil sonst im Fall der schriftlichen Entscheidung nicht klar wäre, welches der letztmögliche Zeitpunkt für die Rücknahme ist. Außerdem steht eine Entscheidung über die Kosten der Ermäßigung nicht entgegen, wenn diese einer zuvor mitgeteilten Einigung über die Kostentragung oder einer Kostenübernahmeerklärung folgt, Anm. Abs. 2 KV 1324 FamGKG. 426

Im Gegensatz zu KV 1323 FamGKG verlangt dieser Ermäßigungstatbestand die Beendigung des gesamten Verfahrens ohne Endentscheidung, was zur Folge hat, dass auch eine isolierte Kostenentscheidung gem. § 83 FamFG eine Endentscheidung nach § 38 Abs. 1 FamFG darstellt. Im Falle der Rücknahme der Beschwerde ohne Kostenübernahmeerklärung ist der Ermäßigungstatbestand nicht erfüllt → Rn. 413.[60]

---
60 OLG Celle v. 20.4.2012 – 10 UF 46/12 – FamRZ 2012, 1969.

a) Rechtsbeschwerde gegen die Endentscheidung

427 Für das **Rechtsbeschwerdeverfahren** wird zunächst eine 4,0 **Verfahrensgebühr** nach **KV 1325 FamGKG** fällig; diese ermäßigt sich nach **KV 1326 FamGKG**, wenn das gesamte Verfahren durch Zurücknahme der Rechtsbeschwerde oder des Antrags beendet wird, bevor die Schrift zur Begründung der Beschwerde bei Gericht eingegangen ist, auf eine Gebühr von 1,0 oder bei Beendigung des gesamten Verfahrens durch Zurücknahme der Rechtsbeschwerde oder des Antrags vor Ablauf des Tages, an dem die Endentscheidung der Geschäftsstelle übermittelt wird – wenn nicht Nummer 1326 erfüllt ist – auf einen Gebührensatz von 2,0 nach **KV 1327 FamGKG**.

b) Zulassung der Sprungrechtsbeschwerde

428 Für das durch § 75 FamFG eingeführte Verfahren auf Zulassung der Sprungrechtsbeschwerde (→ Rn. 255) wird eine Gerichtsgebühr nur erhoben, wenn das Rechtsbeschwerdegericht den Antrag auf Zulassung ablehnt, da im Zulassungsverfahren das Rechtsbeschwerdegericht einen nicht nur unerheblichen Prüfungsaufwand entfalten muss.[61]

Nach **KV 1328 FamGKG** wird im Falle der **Ablehnung des Antrags** eine 1,0 Gebühr erhoben. Diese Gebühr wird auch bei Rücknahme des Antrags nicht ermäßigt, da es sich um einen relativ geringen Gebührensatz handelt.

III. Abtrennung von Folgesachen aus dem Verbund

429 Im Falle der Abtrennung bleiben die **meisten Folgesachen**, wie Versorgungsausgleichs-, Unterhalts-, Ehewohnung- und Haushaltssachen sowie Güterrechtssachen gemäß § 137 Abs. 2 FamFG **weiterhin Folgesachen**; sind mehrere Folgesachen abgetrennt, bleibt unter ihnen der Verbund bestehen, § 137 Abs. 5 S. 1 FamFG → Rn. 217 ff.

Zwar ergehen zeitlich versetzte Teilentscheidungen, aber diese sind immer noch Bestandteil eines Verfahrens.[62] Bei Vorabentscheidung über die Scheidung und die nicht abgetrennten Folgesachen ergeht eine Kostenentscheidung nach § 150 FamFG. Wird über die abgetrennte Folgesache gesondert entschieden, enthält auch diese Teilentscheidung eine Kostenentscheidung nach den Regeln des Verbundes, § 150 Abs. 5 S. 1 FamFG. Auch

---

61 So die Gesetzesbegründung BT-Drs. 16/6308 S. 310.
62 Prütting/*Helms*, § 140 Rn. 39.

der gebührenrechtliche Verbund bleibt erhalten, sodass es bei der Zusammenrechnung der Verfahrenswerte bleibt.

In der Regel werden die Gebühren dann zusammen mit dem Scheidungsverfahren abgerechnet, obwohl insoweit schon verschiedene Fälligkeiten infrage kommen. Bei Vorabentscheidung über die Scheidung und die nicht abgetrennten Folgesachen ergibt sich die Fälligkeit endgültig daraus, dass eine Kostenentscheidung ergangen ist, § 11 Abs. 1 Nr. 1 FamGKG.

430

Beispiel:
Abtrennung des Versorgungsausgleichsverfahrens

Antragstellerin beantragt die Scheidung und für den Fall der Scheidung,

1. die Übertragung der elterlichen Sorge für die gemeinsamen zwei Töchter auf sie sowie

2. zu entscheiden, dass der Antragsgegner für die Kinder monatlichen Unterhalt von je 300,00 € zu zahlen hat.

Das Verfahren über den Versorgungsausgleich wird von Amts wegen durchgeführt.

Ehemann und Ehefrau haben beide jeweils Anrechte aus der gesetzlichen Rentenversicherung sowie eine Riesterrente. Das Nettoeinkommen des Ehemannes beträgt mtl. 2.800,00 € und das der Ehefrau 1.900,00 €.

Das Gericht setzt den Wert der Ehesache auf 23.500,00 € fest.

Die Antragstellerin hat für die Scheidung eine Vorauszahlung der fälligen 2,0 Verfahrensgebühr in Höhe von 742,00 € geleistet, § 14 Abs. 1 S. 1, § 21 Abs. 1 S. 1 FamGKG.

Die Folgesachen bleiben zunächst unberücksichtigt.

Nach durchgeführter mündlicher Verhandlung trennt das Gericht den Versorgungsausgleich auf Antrag der Ehegatten vom Verbund ab.

Es folgt eine Endentscheidung über den restlichen Verbund, die Kosten werden gegeneinander aufgehoben, § 150 FamFG.

Verfahrenswert: 39.340,00 €, § 44 Abs. 1 FamGKG

23.500,00 € Wertfestsetzung für die Scheidung (§ 55 Abs. 1 FamGKG) zzgl.

3.000,00 € Regelung der elterlichen Sorge (20% des Wertes der Ehesache unabhängig von der Anzahl der Kinder, § 44 Abs. 2 FamGKG = 4.700,00 € jedoch höchstens 3.000,00 €) zzgl.

7.200,00 € Kindesunterhalt (§ 51 Abs. 1 S. 1 FamGKG) sowie

5.640,00 € für den Versorgungsausgleich berechnet nach dem 3-monatigen Nettoeinkommen von 14.100,00 €, davon 10% für jedes Anrecht (§ 50 Abs. 1 FamGKG).

1. Schlusskostenrechnung für den (restlichen) Verbund

2,0 Verfahrensgebühr, §§ 3 Abs. 1, 2; 28 KV 1110 FamGKG aus dem Wert von 33.700,00 €, da der Wert für den Versorgungsausgleich zunächst herauszurechnen ist.

	Betrag in €	Mithaft und gesetzliche Grundlage
2,0 Gebühr	882,00	Antragstellerin, § 21 I 1 FamGKG
Antragstellerin zahlt ½ gem. § 24 Nr. 1 FamGKG Bereits gezahlt Zu viel	441,00 742,00 301,00	301,00 können wegen § 26 Abs. 1 FamGKG beim Antragsgegner verrechnet werden
Antragsgegner zahlt ½ gem. § 24 Nr. 1 FamGKG Von der Antragstellerin zu verrechnen.	441,00 301,00 140,00	Rest muss der Antragsgegner zahlen

Die Entscheidung über den Versorgungsausgleich folgt erst später, auch deren Kostenentscheidung besagt, dass die Kosten gegeneinander aufgehoben werden. Jetzt sind alle Kosten fällig, § 11 Abs. 1 Nr. 1 FamGKG. Da der Verbund nicht aufgelöst ist, muss jetzt die Differenz zur zuvor erstellen Kostenrechnung ermittelt werden.

Fortführung des obigen Beispiels:

2. Schlusskostenrechnung nach Entscheidung über den Versorgungsausgleich

2,0 Verfahrensgebühr, §§ 3 Abs. 1, 2; 28 KV 1110 FamGKG aus dem Wert von 39.340,00 €, da nun der gesamte Verfahrenswert zugrunde zu legen ist.

Der Antragsgegner hat inzwischen die restlichen 140,00 € eingezahlt.

	Betrag in €	Mithaft und gesetzliche Grundlage
2,0 Gebühr	952,00	Antragstellerin, § 21 I 1 FamGKG
Antragstellerin zahlt ½ gem. § 24 Nr. 1 FamGKG Bereits gezahlt Zu viel	476,00 742,00 266,00	266,00 können wegen § 26 Abs. 1 FamGKG beim Antragsgegner verrechnet werden
Antragsgegner zahlt ½ gem. § 24 Nr. 1 FamGKG Bereits gezahlt Von der Antragstellerin zu verrechnen.	476,00 140,00 266,00 70,00	gemäß 1. Kostenrechnung Rest muss der Antragsgegner zahlen

Würde lediglich eine 2,0 Gebühr aus dem Wert von 5.640,00 € ermittelt, dann ergäbe das einen Betrag von 330,00 €.

Im Unterschied dazu werden **Kindschaftssachen** nach einer Abtrennung stets als **selbstständige Familiensache** weitergeführt, § 137 Abs. 5 S. 2 FamFG. Insoweit handelt es sich um echte Abtrennungen und diese selbstständigen Familiensachen sind gebührenrechtlich vom Rest des Verbundes getrennt zu betrachten. Für diese gelten hinsichtlich der Kostenentscheidung die für das jeweilige Verfahren einschlägigen Kostenvorschriften.[63]

431

Allerdings ist nach § 6 Abs. 2 FamGKG das frühere Verfahren als Teil der selbstständigen Familiensache zu behandeln, wenn eine Folgesache als selbstständige Familiensache fortgeführt wird. Dabei soll die selbstständige Familiensache so behandelt werden, als sei sie nie im Verbund gewesen.[64] Bei der Gebührenberechnung des Scheidungsverfahrens hat sie unberücksichtigt zu bleiben.

432

Hinsichtlich des Verfahrenswertes bleibt zu überlegen, ob sich der Wert in diesem Fall weiterhin nach § 44 FamGKG (→ Rn. 202 ff.) oder aber nach § 45 FamGKG (→ Rn. 71) berechnet. Folgt man der Gesetzesbegründung auch hier, dann ist die selbstständige Kindschaftssache so zu behandeln, als sei sie nie im Verbund gewesen und dann kommt auch nur die Bewertung nach § 45 FamGKG in Frage. In der Praxis spielt das nur eine Rolle, wenn der Wert der Ehesache mit einem sehr geringen Betrag angesetzt wird. Das kommt bisweilen vor, wenn nicht alle zu berücksichtigenden Kriterien der Wertermittlung in Ehesachen ausgeschöpft werden, weil die Richter nur an das 3-monatige Einkommen der Eheleute denken, nicht aber an die nach § 43 Abs. 1 FamGKG (→ Rn. 61 ff.) zu berücksichtigende weiteren Umstände.

433

---

63 Prütting/*Helms*, § 150 Rn. 17.
64 Gesetzesbegründung BT-Drs. 16/6308 S. 301.

E. Einstweiliger Rechtsschutz

434 Die Gebühren für familienrechtliche Verfahren des einstweiligen Rechtsschutzes (einstweilige Anordnung sowie in Familienstreitsachen der Arrest) sind im Hauptabschnitt 4 des KV FamGKG geregelt. Mit Inkrafttreten des FamFG ist das Institut der einstweiligen Anordnung in allen Familiensachen und in den Verfahren der freiwilligen Gerichtsbarkeit eingeführt worden und zwar unabhängig von einem Hauptsacheverfahren → Rn. 224 ff.

Für alle Verfahren des einstweiligen Rechtsschutzes sieht das FamGKG nun eine **einheitliche** und einfach zu handhabende **Gebührenstruktur** vor und zwar ohne Unterscheidung, ob es sich um eine einstweilige Anordnung oder um einen Arrest handelt.[65] In **Kindschaftssachen** gelten allerdings wegen der besonderen Fürsorgepflicht des Staates gegenüber Kindern deutlich niedrigere Gebührensätze, sodass sich der Hauptabschnitt 4 in 2 Abschnitte teilt, den Abschnitt 1 für einstweiligen Anordnungen in Kindschaftssachen und Abschnitt 2 für die übrigen einstweiligen Anordnungen.

Nach Vorbemerkung 1.4 KV FamGKG fallen für ein Verfahren über **Aufhebung** oder **Änderung** der im einstweiligen Rechtsschutzverfahren ergangenen Entscheidung keine erneuten Gebühren an. Die Gebühr für das Verfahren über den Erlass der einstweiligen Anordnung oder die Anordnung des Arrestes soll ein sich eventuell anschließendes Verfahren über die Abänderung oder Aufhebung umfassen.[66]

I. Einstweilige Anordnung in Kindschaftssachen

435 Für eine einstweilige Anordnung in Kindschaftssachen gem. § 151 FamFG (→ Rn. 69) wird unabhängig vom Ausgang des Verfahrens eine **0,3 Verfahrensgebühr** nach **KV 1410 FamGKG** erhoben. Zum Verfahrenswert siehe unter → Rn. 232 ff.

Die Gebühr entsteht nicht für Verfahren im Rahmen einer Vormundschaft oder Pflegschaft, denn in diesen Fällen soll die einstweilige Anordnung mit der Jahresgebühr abgegolten sein.

---

65 Siehe im Übrigen die Gesetzesbegründung BT-Drs. 16/6308 S. 313, 314.
66 So die Gesetzesbegründung BT-Drs. 16/6308 S. 314.

Beispiel:

Einstweilige Anordnung Kindschaftssache

Die von ihrem Ehemann getrenntlebende Ehefrau beantragt, ihr im Wege der einstweiligen Anordnung die alleinige elterliche Sorge für die beiden gemeinsamen Kinder zu übertragen und dem Vater dafür ein Umgangsrecht zu gewähren.

Das Gericht regelt die elterliche Sorge antragsgemäß, da dies nach Auffassung des Gerichts dem Wohl der Kinder am besten entspricht und gewährt dem Vater ein großzügiges genau beschriebenes Umgangsrecht mit den Kindern.

Die Kosten werden gegeneinander aufgehoben, §§ 51 Abs. 4, 81 Abs. 1 FamFG.

Gerichtskosten

0,3 Verfahrensgebühr, §§ 3 Abs. 1, 2; 28 KV 1410 FamGKG

Verfahrenswert

3.000,00 €, §§ 41, 45 Abs. 1, 33 Abs. 1 FamGKG.

Umgangsregelung und Regelung der elterlichen Sorge sind unterschiedliche Verfahrensgegenstände, deren Werte zusammen zu rechnen sind.

Verfahrensgebühr

32,40 €

Kostenschuldner und Fälligkeit

Gebühren werden mit der Entscheidung fällig, § 11 Abs. 1 Nr. 1 FamGKG. Kostenschuldner ist derjenige, den das Gericht bestimmt, §§ 51 Abs. 4, 81 Abs. 1 FamFG. Im vorliegenden Fall Antragstellerin und Antragsgegner je zu ½.

Im Falle der **Beschwerde** gegen die einstweilige Anordnung wird eine 0,5 Verfahrensgebühr nach **KV 1411 FamGKG** erhoben. Selbst diese Gebühr kann sich bei Beendigung des gesamten Verfahrens ohne Endentscheidung auf einen Satz von 0,3 nach KV 1412 FamGKG **ermäßigen**. Wenn die Entscheidung nicht durch Vorlesen der Entscheidungsformel bekannt gegeben worden ist, ermäßigt sich die Gebühr auch im Fall der Zurücknahme der Beschwerde vor Ablauf des Tages, an dem die Endentscheidung der Geschäftsstelle übermittelt wird, KV 1412 Abs. 1 FamGKG. Eine Entscheidung über die Kosten steht der Ermäßigung nicht entgegen, wenn die Entscheidung einer zuvor mitgeteilten Einigung über die Kostentragung oder einer Kostenübernahmeerklärung folgt, KV 1412 Abs. 2 FamGKG. Im Falle der Rücknahme der Beschwerde ohne Kostenübernahmeerklärung ist der Ermäßigungstatbestand nicht erfüllt → Rn. 413.[67]

436

---

67 OLG Celle v. 20.4.2012 – 10 UF 46/12 – FamRZ 2012, 1969.

II. Einstweilige Anordnung in den übrigen Familiensachen und Arrest

1. Erster Rechtszug

437 In Familienstreitsachen (→ Rn. 9) und Abstammungssachen, Adoptionssachen, Ehewohnungs- und Haushaltssachen, Gewaltschutzsachen, Versorgungsausgleichssachen sowie Unterhalts-, Güterrechts- und sonstigen Familiensachen, die keine Familienstreitsachen sind, gilt nach Vorbemerkung 1.4.2 KV FamGKG bezüglich der einstweiligen Anordnung und des Arrestes der Abschnitt 2.

Nach **KV 1420** FamGKG wird für das Verfahren im Allgemeinen zunächst eine **1,5 Verfahrensgebühr** erhoben. Zum Verfahrenswert siehe → Rn. 232 ff.

Beispiel:

Einstweilige Anordnung

Antragstellerin reicht Scheidungsantrag ein. Gleichzeitig beantragt sie, im Wege der einstweiligen Anordnung eine Entscheidung über monatlichen Trennungsunterhalt von 400,00 € sowie die Herausgabe von persönlichen Sachen (Kleidung, Schmuck). Das Gericht gibt beiden Anträgen statt, der Wert für die Herausgabe wird auf 3.000,00 € festgesetzt.

Die Kosten werden gegeneinander aufgehoben.

Gerichtskosten

1,5 Verfahrensgebühr, §§ 3 Abs. 1, 2; 28 KV 1420 FamGKG

Verfahrenswert

5.400,00 €, §§ 41, 42, 51 Abs. 1 FamGKG.

Bei Unterhaltsforderungen gilt nach § 51 Abs. 1 FamGKG der Jahreswert des geforderten Unterhalts, im Falle der einstweiligen Anordnung beträgt der Wert die Hälfte d.h. der sechsmonatige Betrag des geforderten Unterhalts, § 41 FamGKG = 2.400,00 €.

Für die Herausgabe enthält das Gesetz keine Bewertungsregeln, sodass der Wert nach §§ 41, 42 FamGKG zu schätzen ist. Beide Werte sind zusammenzurechnen, § 33 Abs. 1 FamGKG.

Verfahrensgebühr

247,50 €

Kostenschuldner

Antragstellerin und Antragsgegner je zu ½

Bei Beendigung des gesamten Verfahrens ohne Endentscheidung er- 438
mäßigt sich die Gebühr auf einen Satz von 0,5 nach **KV 1421 FamGKG**.
Die Gebühr ermäßigt sich auch im Falle der Zurücknahme des Antrags vor
Ablauf des Tages, an dem die Endentscheidung der Geschäftsstelle übermittelt wird, wenn die Entscheidung nicht durch Vorlesen der Entscheidungsformel bekannt gegeben worden ist, KV 1421 Abs. 1 FamGKG. Eine
Entscheidung über die Kosten steht der Ermäßigung nicht entgegen, wenn
diese einer zuvor mitgeteilten Einigung über die Kostentragung oder einer
Kostenübernahmeregelung folgt, KV 1421 Abs. 2 FamGKG.

2. Beschwerde gegen Endentscheidung

Für das **Beschwerdeverfahren** – soweit eine Beschwerde statthaft ist → 439
Rn. 245 – im Allgemeinen wird eine 2,0 Verfahrensgebühr nach **KV 1422**
FamGKG erhoben. Die Gebühr ermäßigt sich auf 0,5 nach **KV 1423 Fam-**
GKG, wenn das gesamte Verfahren durch Zurücknahme der Beschwerde
oder des Antrags endet, bevor die Schrift zur Begründung der Beschwerde
bei Gericht eingegangen ist.

Ein weiterer Ermäßigungstatbestand ist in **KV 1424 FamGKG** geregelt, 440
wonach die Gebühr sich auf einen Satz von 1,0 ermäßigt, wenn KV 1423
nicht erfüllt ist und das gesamte Verfahren ohne Endentscheidung beendet
wird. In Abs. 1 der Anmerkung zu **KV 1324 FamGKG** wird die Zurücknahme der Beschwerde vor Ablauf des Tages, an dem die Endentscheidung
der Geschäftsstelle übermittelt wird, wenn die Entscheidung nicht bereits
durch Vorlesen der Entscheidungsformel bekannt gegeben worden ist, gesondert geregelt, weil sonst im Fall der schriftlichen Entscheidung nicht
klar wäre, welches der letztmögliche Zeitpunkt für die Rücknahme ist. Außerdem steht eine Entscheidung über die Kosten der Ermäßigung nicht
entgegen, wenn diese einer zuvor mitgeteilten Einigung über die Kostentragung oder einer Kostenübernahmeerklärung folgt, Anm. Abs. 2 KV 1424
FamGKG. Im Falle der Rücknahme der Beschwerde ohne Kostenübernahmeerklärung ist der Ermäßigungstatbestand nicht erfüllt → Rn. 413.[68]

---

68 OLG Celle v. 20.4.2012 – 10 UF 46/12 – FamRZ 2012, 1969.

F. Vollstreckung familiengerichtlicher Entscheidungen

441 Das FamGKG gilt in Familiensachen nur, wenn es sich um die Vollstreckung durch das Familiengericht handelt, § 1 Abs. 1 S. 1 FamGKG. Dementsprechend sieht die Vorbemerkung zum Hauptabschnitt 6 des Kostenverzeichnisses zum FamGKG auch vor, dass die dort genannten Gebührentatbestände nur für die Vollstreckung nach den Vorschriften des FamFG gelten, soweit das Familiengericht zuständig ist. Für Vollstreckungshandlungen nach den Vorschriften der ZPO durch das Vollstreckungs- oder Arrestgericht werden Gebühren nach dem GKG erhoben. Letzteres wird auch durch eine entsprechende Änderung des § 1 GKG deutlich.[69] Zur Vollstreckung siehe im Übrigen → Rn. 263 ff.

I. Zwangsvollstreckung nach der ZPO

442 Für die **Vollstreckung** in Ehesachen und Familienstreitsachen (→ Rn. 272 ff.) sowie der Entscheidungen im Bereich der freiwilligen Gerichtsbarkeit, die nach den Vorschriften der ZPO vollzogen werden (→ Rn. 269), gilt Teil 2 Hauptabschnitt 1 **KV GKG** mit den dort genannten Nr. 2110 bis 2116 für den ersten Rechtszug.[70] Es fallen **Festgebühren** an, die in der Regel 20,00 € betragen. So wird nach KV 2110 GKG für das Verfahren über den Antrag auf Erteilung einer weiteren **vollstreckbaren Ausfertigung** (§ 733 ZPO); nach KV 2111 GKG für das Verfahren über Anträge auf **gerichtliche Handlungen der Zwangsvollstreckung** gemäß § 829 Abs. 1, §§ 835, 839, 846 bis 848, 857, 858, 886 bis 888 oder § 890 ZPO; nach KV 2112 GKG für Verfahren über den Antrag auf **Vollstreckungsschutz** nach § 765a ZPO und nach KV 2113 GKG für Verfahren über den Antrag auf **Erlass eines Haftbefehls** nach § 802g Abs. 1 ZPO jeweils eine Festgebühr von 20,00 € erhoben. Ein Verfahren über den Antrag auf Abnahme der **eidesstattlichen Versicherung** nach § 889 ZPO löst nach KV 2114 GKG jedoch eine Gebühr von 35,00 € aus.[71]

Jeder Antrag – soweit er nicht denselben Anspruch und denselben Gegenstand betrifft – löst eine neue Gebühr aus.[72] **Kostenschuldner** ist zunächst einmal der jeweilige Antragsteller der Vollstreckungsmaßnahme, § 22 GKG. Bei Vollstreckungskosten schuldet der Vollstreckungsschuldner

---

[69] Durch Art. 47 Abs. 1 Nr. 2 a) FGG-RG.
[70] Ausführlich *von König*, in: Keller, Handbuch Zwangsvollstreckung, Kap. 9 Rn. 75 ff.
[71] KV 2115 und KV 2116 sind weggefallen, da die Vermögensauskunft zur Zuständigkeit des Gerichtsvollziehers gehört.
[72] Binz/*Zimmermann*, GKG, KV 2110 Rn. 2.

jedoch nach § 29 Nr. 4 GKG die notwendigen Kosten der Zwangsvollstreckung.[73]

Im Abschnitt 2 sind die Gebühren in **Beschwerde- und Rechtsbeschwerdeverfahren** in Zwangsvollstreckungsverfahren geregelt, danach fallen immer Festgebühren an, wenn für die Vollstreckungsmaßnahme auch Festgebühren anfallen. Nach KV 2121 GKG werden Gebühren für ein Beschwerdeverfahren nur erhoben, wenn es nicht nach anderen Vorschriften gebührenfrei ist und die Beschwerde dann entweder verworfen oder zurückgewiesen wird. Die Gebühr beträgt 30,00 €. Wird die Beschwerde nur teilweise verworfen oder zurückgewiesen, kann das Gericht die Gebühr nach billigem Ermessen auf die Hälfte ermäßigen oder bestimmen, dass eine Gebühr nicht zu erheben ist. 443

Für die Rechtsbeschwerde gilt eine identische Bestimmung, die Festgebühr beträgt dann allerdings 60,00 € nach KV 2124 GKG. 444

II. Vollstreckungshandlungen zwecks Herausgabe von Personen und von Umgangsregelungen

Für die Vollstreckung von Entscheidungen in Angelegenheiten der freiwilligen Gerichtsbarkeit, welche die Herausgabe von Personen und die Regelung des Umgangs betreffen, gelten die Vorschriften des FamFG (→ Rn. 265 ff.) und damit auch die Gebührentatbestände des Hauptabschnitts 6 des KV FamGKG. Die in **KV 1600 bis 1603 FamGKG** vorhandenen Gebühren für Vollstreckungshandlungen des Familiengerichts orientieren sich der Höhe nach an den durch das GKG für vergleichbare Maßnahmen der Zwangsvollstreckung – einschließlich der Erteilung einer weiteren vollstreckbaren Ausfertigung – vorgesehen Gebühren, d. h. auch hier werden Festgebühren von in der Regel 20,00 € erhoben. 445

Nach **KV 1600 FamGKG** fällt für ein Verfahren über den Antrag auf Erteilung einer **weiteren vollstreckbaren Ausfertigung** (§ 733 ZPO) somit eine Festgebühr von 20,00 € an. Die Gebühr wird für jede weitere vollstreckbare Ausfertigung gesondert erhoben. Sind wegen desselben Anspruchs in einem Mahnverfahren gegen mehrere Personen gesonderte Vollstreckungsbescheide erlassen worden und werden hiervon gleichzeitig mehrere weitere vollstreckbare Ausfertigungen beantragt, wird die Gebühr nur einmal erhoben.

---

73 *von König*, in: Keller, Handbuch Zwangsvollstreckung, Kap. 9 Rn. 63.

Die Anordnung der **Vornahme einer vertretbaren Handlung** durch einen Dritten lässt ebenfalls eine Festgebühr von 20,00 € nach **KV 1601 FamGKG** entstehen.

Kostenschuldner sind jeweils der Antragsteller, § 21 Abs. 1 FamGKG sowie der Vollstreckungsschuldner, es sei denn es handelt sich um einen Minderjährigen in Verfahren, die seine Person betreffen, § 24 Nr. 4 FamGKG; Vorauszahlung ist notwendig, § 14 Abs. 3 FamGKG.

Für die **Anordnung von Zwangs- oder Ordnungsmitteln** innerhalb der Vollstreckung wird je Anordnung eine Festgebühr von 20,00 € erhoben, **KV 1602 FamGKG**. Mehrere Anordnungen gelten als eine Anordnung, wenn sie dieselbe Verpflichtung betreffen. Hat der Verpflichtete eine Handlung wiederholt vorzunehmen oder zu unterlassen, löst die Anordnung eines Ordnungsmittels gegen jeden Verstoß eine besondere Gebühr aus. Verstößt zum Beispiel ein Elternteil gegen eine gerichtlich festgelegte Umgangsregelung und wird deshalb ein Ordnungsgeld festgesetzt, fällt hierfür eine Gebühr an; bei wiederholtem Verstoß beim nächsten Umgangstermin in gleicher Weise gegen die Regelung wird erneut ein Ordnungsgeld festgesetzt, dann fällt auch die Gebühr nochmals an.

446 Nach § 90 Abs. 1 FamFG kann das Gericht durch ausdrücklichen Beschluss zur Vollstreckung **unmittelbaren Zwang** anordnen, wenn die Festsetzung von Ordnungsmitteln erfolglos geblieben ist; die Festsetzung von Ordnungsmitteln keinen Erfolg verspricht oder eine alsbaldige Vollstreckung der Entscheidung unbedingt geboten ist (→ Rn. 267). Daneben fallen dann noch die Kosten für das **Vollstreckungsorgan** an.[74] Die Kosten fallen nach § 92 Abs. 2 FamFG, § 13 Nr. 2 GvKostG dem Verpflichteten kraft Gesetzes zur Last. Die Gebühren des Gerichtsvollziehers gelten als Auslagen des gerichtlichen Verfahrens, wenn der Auftrag vom Gericht erteilt ist (§ 13 Abs. 3 GvKostG). Es können folgende Gebühren anfallen: für die Wegnahme von Personen 52,00 € nach KVGv Nr. 230, daneben kann noch ein Zeitzuschlag nach Nr. 500 erhoben werden sowie für die zwangsweise Vorführung 39,00 € nach KVGv Nr. 270.

447 Findet der Vollziehungsbeamte die herauszugebende Person nicht vor, bedeutet dies, dass die Vollziehung durch Anwendung **unmittelbaren Zwangs fruchtlos** verlaufen ist. In diesem Fall kann das Gericht den Verpflichteten zur Leistung der **eidesstattlichen Versicherung** anhalten (§ 94 S. 1 FamFG → Rn. 268); er hat dann an Eides statt zu versichern, dass er nicht weiß, wo die herauszugebende Person sich aufhält (§ 883 Abs. 2 ZPO). Für eine solche Handlung fällt gem. **KV 1603 FamGKG** eine Festgebühr von 35,00 € an. Die Gebühr entsteht mit der Anordnung des Ge-

---

74 *von König*, in: Keller, Handbuch Zwangsvollstreckung, Kap. 9 Rn. 210 ff.

richts, dass der Verpflichtete eine eidesstattliche Versicherung abzugeben hat, oder mit dem Eingang des Antrags des Berechtigten.

Die **Vollstreckung des Zwangs- oder Ordnungsgeldes** und der Kosten des Verfahrens ist Justizverwaltungssache; daneben ist für eine Vollstreckung durch die Partei kein Raum. Sie richtet sich, soweit gesetzlich nichts anderes bestimmt ist, nach der Justizbeitreibungsordnung (§ 1 Abs. 1 Nr. 3, Abs. 2 JBeitrO) und der Einforderungs- und Beitreibungsanordnung (EBAO) (§ 1 Abs. 1 Nr. 3 EBAO). Werden zusammen mit einem Anspruch die Kosten des Verfahrens beigetrieben, so gelten auch für die Kosten die Vorschriften über die Vollstreckung dieses Anspruchs (§ 1 Abs. 4 JBeitrO). An die Stelle des Gerichtsvollziehers tritt der Vollziehungsbeamte (§ 6 Abs. 3 JBeitrO), für diesen gelten die Vorschriften des GvKostG sinngemäß (§ 11 Abs. 2 JBeitrO).

448

III. Vollstreckung verfahrensleitender Anordnungen

Zur Durchsetzung verfahrensleitender Handlungen stehen dem Gericht gem. § 35 FamFG (→ Rn. 275 ff.) verschiedene **Zwangsmittel** zur Verfügung. Bei diesen Zwangsmaßnahmen handelt es sich nicht um Vollstreckungshandlungen, sondern um Maßnahmen mit verfahrensleitendem Charakter, deshalb findet sich der Gebührentatbestand auch nicht im Hauptabschnitt 6 des KV FamGKG, sondern bei den besonderen Gebühren im Hauptabschnitt 5. Je **Anordnung** wird eine Gebühr in Höhe von 20,00 € nach **KV 1502 FamGKG** erhoben. Erfasst werden nicht nur die Anordnung von Zwangsgeld oder von Zwangshaft, sondern auch Maßnahmen nach § 35 Abs. 4 FamFG. Ist nach dieser Vorschrift die Verpflichtung zur Herausgabe oder Vorlage einer Sache oder zur Vornahme einer vertretbaren Handlung zu vollstrecken, so kann das Gericht, soweit ein Gesetz nicht etwas anderes bestimmt, durch Beschluss neben oder anstelle einer Maßnahme nach § 35 Abs. 1, 2 FamFG auch die in §§ 883, 886, 887 ZPO vorgesehenen Maßnahmen anordnen. Die §§ 891 und 892 gelten entsprechend.

449

G. Verfahren mit Auslandsbezug

450 Im Hauptabschnitt 7 des KV FamGKG (Nr. 1710 bis 1713) sind alle Gebühren für Verfahren mit Auslandsbezug geregelt, die vor das Familiengericht gehören (siehe → Rn. 288 ff.), ferner das Verfahren über den Antrag nach § 107 Abs. 5, 6 und 8 FamFG vor dem OLG (→ Rn. 286), wenn z. B. die Landesjustizverwaltung einen Antrag auf Vollstreckbarkeitserklärung abgelehnt hat und nun das zuständige OLG zur Entscheidung angerufen wird.

Die Gebühren für die Feststellung der Landesjustizverwaltung, dass die Voraussetzungen für die Anerkennung einer ausländischen Entscheidung vorliegen oder nicht vorliegen (→ Rn. 285, 286) sind im Justizverwaltungskostengesetz (JVKostG)[75] enthalten. Danach wird eine Gebühr zwischen 15,00 € bis 305,00 € nach KV 1331 JVKostG berechnet. Das gilt auch, wenn die Entscheidung durch das OLG oder in der Rechtsbeschwerdeinstanz aufgehoben wird, Anm. zu KV 1331 JVKostG. Zur Bestimmung der Höhe der Gebühr hat die Verwaltungsbehörde insbesondere die Bedeutung der Angelegenheit für die Beteiligten, Umfang und Schwierigkeit der Amtshandlung sowie die Einkommens- und Vermögensverhältnisse des Kostenschuldners zu berücksichtigen, § 4 Abs. 2 JVKostG. Wird die Maßnahme abgelehnt oder der Antrag zurückgenommen, kann dem Antragsteller eine Gebühr bis zur Hälfte der Vornahmegebühr auferlegt werden, bei Rahmengebühren allerdings nicht weniger als den Mindestbetrag, § 4 Abs. 3 JVKostG.

I. Erster Rechtszug

451 Nach **KV 1710 FamGKG** fällt für Verfahren über Anträge auf

1. Erlass einer gerichtlichen Anordnung auf Rückgabe des Kindes oder über das Recht zum persönlichen Umgang nach dem IntFamRVG,
2. Vollstreckbarerklärung ausländischer Titel,
3. Feststellung, ob die ausländische Entscheidung anzuerkennen ist, einschließlich der Anordnungen nach § 33 IntFamRVG zur Wiederherstellung des Sorgeverhältnisses,
4. Erteilung der Vollstreckungsklausel zu ausländischen Titeln und
5. Aufhebung oder Abänderung von Entscheidungen in den in den Nummern 2 bis 4 genannten Verfahren eine **Festgebühr** von **240,00 €** an.

---

[75] Art. 2 des Zweiten Kostenrechtsmodernisierungsgesetzes.

Die Gebühr entsteht bereits mit Antragseingang bei Gericht und kann bei Beendigung des gesamten Verfahrens durch Zurücknahme des Antrags vor Ablauf des Tages, an dem die Endentscheidung der Geschäftsstelle übermittelt wird, wenn die Entscheidung nicht bereits durch Vorlesen der Entscheidungsformel bekannt gegeben worden ist, sich allenfalls auf eine Festgebühr von 90,00 € **ermäßigen**, siehe KV 1715 FamGKG.

Geht es um ein Verfahren über den Antrag auf Ausstellung einer **Bescheinigung** nach § 56 AVAG oder § 48 IntFamRVG wird gem. KV 1711 FamGKG eine Festgebühr von 15,00 € erhoben. Für ein Verfahren über den Antrag auf Ausstellung einer **Bestätigung** inländischer Titel als europäische Vollstreckungstitel nach § 1079 ZPO fällt eine Gebühr von 20,00 € an, KV 1712 FamGKG. KV 1713 FamGKG regelt, dass für Verfahren nach § 3 Abs. 2 des Gesetzes zur Ausführung des Vertrags zwischen der Bundesrepublik Deutschland und der Republik Österreich vom 6.6.1959 über die gegenseitige **Anerkennung** und Vollstreckung von gerichtlichen Entscheidungen, Vergleichen und öffentlichen Urkunden in Zivil- und Handelssachen sowie nach § 34 Abs. 1 AUG ebenfalls eine Festgebühr erhoben wird und zwar in Höhe von 60,00 €. 452

Nach **KV 1714 FamGKG** wird für Verfahren über einen Antrag nach § 107 Abs. 5, 6 und 8, § 108 Abs. 2 FamFG (→ Rn. 450) nur eine Gebühr erhoben, wenn der Antrag **zurückgewiesen** wird, die Gebühr beträgt dann ebenfalls 240,00 € und ermäßigt sich bei Beendigung des gesamten Verfahrens durch Zurücknahme des Antrags vor Ablauf des Tages, an dem die Endentscheidung der Geschäftsstelle übermittelt wird, wenn die Entscheidung nicht bereits durch Vorlesen der Entscheidungsformel bekannt gegeben worden ist auf 90,00 €, KV 1715 FamGKG. 453

II. Beschwerde und Rechtsbeschwerde gegen Endentscheidung

Für ein Verfahren über die **Beschwerde oder Rechtsbeschwerde** in den in KV 1710, 1713 und 1714 FamGKG genannten Verfahren fällt eine Festgebühr von **360,00 €** an, **KV 1720 FamGKG**. 454

Bei Beendigung des gesamten Verfahrens durch **Zurücknahme der Beschwerde,** der Rechtsbeschwerde oder des Antrags, bevor die Schrift zur Begründung der Beschwerde bei Gericht eingegangen ist **ermäßigt** sich diese Gebühr gem. KV 1721 FamGKG auf einen Satz von 90,00 €.

Als **weiterer Ermäßigungstatbestand** bestimmt KV 1722 FamGKG, dass bei Beendigung des gesamten Verfahrens ohne Endentscheidung, wenn nicht KV 1721 erfüllt ist, sich die Gebühr auf 180,00 € ermäßigt.

von König

Wenn die Entscheidung nicht durch Vorlesen der Entscheidungsformel bekannt gegeben worden ist, ermäßigt sich die Gebühr auch im Fall der Zurücknahme der Beschwerde oder der Rechtsbeschwerde vor Ablauf des Tages, an dem die Endentscheidung der Geschäftsstelle übermittelt wird, KV 1722 Abs. 1 FamGKG; wobei eine Entscheidung über die Kosten der Ermäßigung nicht entgegensteht, wenn die Entscheidung einer zuvor mitgeteilten Einigung über die Kostentragung oder einer Kostenübernahmeerklärung folgt, KV 1722 Abs. 2 FamGKG.

KV 1723 FamGKG regelt die Verfahren über die Beschwerde in den in den Nummern 1711 und 1712 genannten Verfahren, in Verfahren nach § 245 FamFG oder in Verfahren über die Berichtigung oder den Widerruf einer Bestätigung nach § 1079 ZPO; wobei nur ein Gebühr von 60,00 € anfällt, wenn die Beschwerde verworfen oder zurückgewiesen wird.

3. Abschnitt: Rechtsanwaltskosten

A. Allgemeines

Der **Rechtsanwalt** übt als **unabhängiges Organ** der Rechtspflege einen **freien Beruf** aus, wobei er der berufene Vertreter und unabhängige Berater in allen Rechtsangelegenheiten ist. Dieses alles ist jedoch geprägt durch **amtliche Zulassung** und Vereidigung, **gesetzliche Normierung** des Pflichtenkreises und standesrechtliche Regelungen bis hin zur Disziplinargerichtsbarkeit durch Standesgenossen und Richter. Die gesetzlichen Regelungen finden sich in der Bundesrechtsanwaltsordnung – BRAO. Das Rechtsverhältnis des Rechtsanwalts zum Mandanten ist ein privatrechtliches, das durch das BGB, die BRAO und das RVG geregelt ist. Der Rechtsanwalt wird grundsätzlich aufgrund eines **bürgerlich-rechtlichen Vertrages** für seinen Auftraggeber tätig. Es handelt sich hierbei um einen **Dienstvertrag** gemäß §§ 611 ff. BGB.[1] Der Vertrag ist grundsätzlich formfrei, er kann auch mündlich oder stillschweigend abgeschlossen werden.[2] Gegenstand eines Dienstvertrages können gemäß § 611 Abs. 2 BGB Dienste jeder Art sein. Beim Rechtsanwalt kommt es immer auf den Einzelfall an. Haben Rechtsanwalt und Mandant einen **Dauerberatungsvertrag** abgeschlossen, dann liegt ein echter Dienstvertrag vor. Vertritt der Anwalt den Mandanten aber nur in einer Sache, dann handelt es sich um eine besondere Art des Dienstvertrages, nämlich um einen sogenannten **Geschäftsbesorgungsvertrag** gemäß § 675 BGB. Geschäftsbesorgung bedeutet eine Tätigkeit im fremden Interesse – hier die rechtliche Vertretung –, die Tätigkeit ist gerichtet auf solche Geschäfte, die eigentlich der Mandant selbst in Wahrnehmung seiner Vermögensinteressen zu besorgen hätte, die ihm aber ein anderer gegen Vergütung abnimmt. Der Auftraggeber hat gemäß § 653 Abs. 2 BGB die taxmäßige **Vergütung** zu zahlen, eine solche Taxe stellt das RVG dar, nach dem die Vergütung des Rechtsanwalts berechnet wird.

455

Das RVG nennt den Vertrag „Auftrag" und den Vertragspartner „Auftraggeber". Damit ist allerdings nicht der unentgeltliche Auftrag i. S. v.

456

---

1 *Bischof* in Bischof/Jungbauer, RVG § 1 Rn. 21; Gerold/Schmidt/*Müller-Rabe*, § 1 Rn. 80; NK-GK/*H.Schneider*, RVG, § 1 Rn. 4; Riedel/Sußbauer/*Pankatz*, RVG § 1 Rn. 126; *Lappe*, Justizkostenrecht, § 18 A I 1.
2 Ausführlich *Bischof* in Bischof/Jungbauer, RVG § 1 Rn. 26 ff.

§ 662 BGB gemeint, denn die Tätigkeit des Rechtsanwalts ist gerade auf Vergütung ausgerichtet, weil es sich um eine Berufstätigkeit handelt. Der Umfang des Auftrags richtet sich zunächst einmal nach dem jeweiligen Vertragsverhältnis. Dieser Vertrag ist jederzeit beidseitig fristlos kündbar, §§ 627, 628 BGB. Das **Vertragsverhältnis** zwischen dem Auftraggeber und dem Rechtsanwalt unterliegt grundsätzlich den Regeln des Schuldrechts und somit auch der Vertragsfreiheit, woran auch das Anwaltsrecht nichts ändert, allerdings wird durch das RVG die Vertragsfreiheit reglementiert.[3] Das RVG gilt kraft Gesetzes – also ohne Vereinbarung – für die Tätigkeiten eines deutschen Rechtsanwalts, der Rechtsanwalt kann für seine Tätigkeit die Vergütung verlangen, die nach dem RVG vorgesehen ist. Das Gesetz lässt es aber unter bestimmten Voraussetzungen auch zu, dass der Rechtsanwalt und sein Mandant eine Vergütungsvereinbarung treffen können, §§ 3a, 4, 4a RVG – siehe im Übrigen → Rn. 600 ff.

I. Auftragserteilung

457   Spätestens bei Einforderung seiner Vergütung wird es für den Rechtsanwalt wichtig, im Zweifel einen Nachweis über den erteilten Auftrag führen zu können. Häufig wird der Auftrag nicht schriftlich, sondern nur mündlich erteilt und lässt sich in der Praxis deshalb nur schwer nachweisen. Die unterzeichnete Prozess- oder Verfahrensvollmacht reicht hierfür nicht aus, ist sie doch lediglich ein Indiz dafür, dass überhaupt ein Auftrag erteilt worden ist, nicht aber über welchen Inhalt.[4] *Schneider* rät deshalb, dass der Rechtsanwalt dem Mandanten grds. eine schriftliche Mandatsbestätigung erteilen soll, die den Umfang der Auftragserteilung deutlich macht.[5] Vor Mandatsannahme hat der Rechtsanwalt den Auftraggeber nach § 49b Abs. 5 BRAO außerdem darauf hinzuweisen, dass sich seine Gebühren nach dem Gegenstandswert berechnen. Zumindest auf Nachfrage hat er auch Auskunft über die voraussichtlich entstehende Vergütung zu erteilen. Bei begründetem Anlass ist der Rechtsanwalt auch verpflichtet, auf die Möglichkeiten der Beratungshilfe oder der Prozess- und Verfahrenskostenhilfe hinzuweisen. Auch diese Hinweise sollten in der Mandatsbestätigung enthalten sein, um im Falle eines Honorarprozesses einen entsprechenden Nachweis führen zu können. In Familiensachen ist der Auftrag nicht immer von Anfang an klar umrissen, so kann beispielsweise ein Mandat für die Vertretung in einem Ehescheidungsverfahren sehr schnell zu einem Scheidungsverbund werden, wenn noch weitere Familiensachen hinzukommen.

---

3 *Lappe*, Justizkostenrecht, § 18 B I.
4 Gerold/Schmidt/*Müller-Rabe*, § 1 Rn. 83 sowie VV Vorb. 3 Rn. 12.
5 *Schneider* in Hansens/Schneider, Rn. 4.

II. Die gesetzliche Vergütung

Das RVG definiert die Vergütung als **Gebühren und Auslagen**, § 1 Abs. 1 S. 1 RVG. Die Gebühren richten sich grundsätzlich nach dem Wert der anwaltlichen Tätigkeit (**Gegenstandswert**), § 2 Abs. 1 RVG. Das RVG gilt jedoch nicht für eine Tätigkeit als Vormund, Betreuer, Pfleger, Verfahrenspfleger, Verfahrensbeistand (→ Rn. 70), Testamentsvollstrecker, Insolvenzverwalter, Sachverwalter, Mitglied des Gläubigerausschusses, Nachlassverwalter, Zwangsverwalter, Treuhänder oder Schiedsrichter oder für eine ähnliche Tätigkeit, § 1 Abs. 2 RVG. Nachfolgend sollen deshalb auch lediglich die Gebühren und Auslagen erörtert werden, die der Rechtsanwalt bei der Vertretung in Familiensachen erhält. Die Gebühren- und Auslagentatbestände des RVG sind dann ähnlich wie im Gerichtskostenrecht abschließend im Vergütungsverzeichnis (VV) der Anlage 1 zum RVG geregelt. In Zivilsachen[6] berechnen sich die Gebühren für das gerichtliche Verfahren nach Teil 3 des VV RVG. Daneben kann der Rechtsanwalt auch Gebühren für außergerichtliche Vertretung erhalten, diese sind in Teil 2 des VV RVG geregelt. Gebühren sind das Entgelt für die anwaltliche Leistung, die auch die allgemeinen Geschäftskosten abdecken.[7] Wenn sich die Gebühren nach dem Gegenstandswert richten (**Wertgebühr**), sind diese grundsätzlich aus der Tabelle zu § 13 RVG (Anlage 2 zum RVG)[8] abzulesen; der Mindestbetrag einer Gebühr beträgt 15,00 €,[9] § 13 Abs. 2 RVG. Die Tabellenwertstufen entsprechen denen im FamGKG und im GKG, sodass insoweit ein Gleichlauf sichergestellt ist. Auch diese Tabelle ist degressiv, was bedeutet, dass die Gebühr aus einer Wertsumme geringer ist als die Summe der Gebühren aus den Einzelwerten.

458

1. Der Gegenstandswert

Die Berechnung des Gegenstandswertes ist in §§ 22 ff. RVG geregelt. Die **Wertvorschriften** enthalten zunächst grundsätzliche und allgemeine Regelungen (§§ 22, 23 RVG) und dann die speziellen Vorschriften für bestimmte Verfahren oder Verfahrenskonstellationen. Soweit sich die Gerichtsgebühren nach dem Wert richten, bestimmt sich der Gegenstandswert im gerichtlichen Verfahren nach den für die Gerichtsgebühren geltenden Wertvorschriften, § 23 Abs. 1 S. 1 RVG. Wenn in Familiensachen sich

459

---

6 § 13 GVG i. d. F. des Art. 22 Nr. 2 FGG-RG definiert Zivilsachen nun als „bürgerliche Rechtsstreitigkeiten, Familiensachen und die Angelegenheiten der freiwilligen Gerichtsbarkeit".
7 *Lappe*, Justizkostenrecht, § 1.
8 Die einzelnen Gebührenbeträge wurden durch Art. 8 Abs. 1 Nr. 5 a) durch das 2. KostRMoG erheblich angehoben.
9 Geändert durch Art. 8 Abs. 1 Nr. 5 b) 2. KostRMoG.

die Gebühren nach dem Wert richten, dann gilt dieser Wert auch für die Rechtsanwaltsgebühren, sodass mit der Ermittlung des Verfahrenswertes in der Regel auch der Gegenstandswert feststeht. In Verfahren, in denen Kosten nach dem GKG oder dem FamGKG erhoben werden, sind die Wertvorschriften des jeweiligen Kostengesetzes entsprechend anzuwenden, wenn für das Verfahren keine Gerichtsgebühr oder eine Festgebühr bestimmt ist, § 23 Abs. 1 S. 2 RVG.[10] Dies gilt sogar entsprechend für Tätigkeiten außerhalb eines gerichtlichen Verfahrens, wenn der Gegenstand der Tätigkeit auch Gegenstand eines gerichtlichen Verfahrens sein könnte, § 23 Abs. 1 S. 3 RVG. Zur Wertberechnung in Familiensachen siehe deshalb die **Ausführungen des 1. Abschnitts** (Rn. 1 ff.).

2. Die Gebühren

a) Wert- bzw. Rahmengebühren

460   Das Gesetz unterscheidet zwischen Wertgebühren und Rahmengebühren. **Wertgebühren** berechnen sich nach dem Gegenstandswert, dem (Streit-)Wert des Gegenstands der anwaltlichen Tätigkeit. **Rahmengebühren** erscheinen in zwei Arten, nämlich als **Betragsrahmengebühren** und als **Gebührensatzrahmen**. Rahmengebühren sind Gebühren, für die das Gesetz nur die untere und die obere Grenze gezogen hat. Bei den Betragsrahmengebühren bestimmt das RVG einen Mindest- und einen Höchstbetrag der Gebühr, so überwiegend bei den Gebühren für die Tätigkeit in Straf- und Bußgeldsachen nach Teil 4 des VV, aber auch im sozialgerichtlichen Verfahren. Beim **Gebührensatzrahmen** bestimmt das Gesetz den unteren und den oberen Gebührensatz; im Grunde handelt es sich auch um Wertgebühren, allerdings bestimmt der Rechtsanwalt den tatsächlichen Gebührensatz. Typische Rahmengebühr dieser Art ist die Geschäftsgebühr nach VV 2300 (0,5 bis 2,5). Der Rechtsanwalt hat unter **Berücksichtigung aller Umstände** des Einzelfalls, **insbesondere** der Bedeutung der Angelegenheit, des Umfangs und der Schwierigkeit der anwaltlichen Tätigkeit sowie der Vermögens- und Einkommensverhältnisse des Auftraggebers die Gebühr nach **billigem Ermessen** zu bestimmen, § 14 Abs. 1 RVG. Nachstehend soll ein kurzer Überblick über die in Familiensachen infrage kommenden Gebühren gegeben werden, während später auf diese im Einzelnen eingegangen wird.

---

10   Abs. 1 S. 2 neu gefasst durch Art. 47 Abs. 6 Nr. 10 FGG-RG.

Allgemeines

b) Die Beratungsgebühr

Für einen mündlichen oder schriftlichen **Rat** oder eine **Auskunft** (Beratung), die nicht mit einer anderen gebührenpflichtigen Tätigkeit zusammenhängen, für die Ausarbeitung eines schriftlichen Gutachtens und für die Tätigkeit als Mediator (ausführlich → Rn. 744 ff.) soll der Rechtsanwalt auf eine **Gebührenvereinbarung** hinwirken, soweit in Teil 2 Abschnitt 1 des VV RVG keine Gebühren bestimmt sind, § 34 Abs. 1 S. 1 RVG.[11] Wenn keine Vereinbarung getroffen worden ist, erhält der Rechtsanwalt Gebühren nach den Vorschriften des bürgerlichen Rechts, ist in diesem Fall der Auftraggeber Verbraucher (§ 13 BGB), beträgt die Gebühr für die Beratung oder für die Ausarbeitung eines schriftlichen Gutachtens jeweils höchstens 250,00 €; § 34 Abs. 1 S. 2, 3 RVG. Für ein **erstes Beratungsgespräch** beträgt die Gebühr sogar höchstens 190,00 €.

461

Nach § 34 Abs. 2 RVG ist, wenn nichts anderes vereinbart ist, die Gebühr für die Beratung auf eine Gebühr für eine sonstige Tätigkeit, die mit der Beratung zusammenhängt, anzurechnen.

462

c) Die Geschäftsgebühr

Für die **außergerichtliche Vertretung** erhält der Rechtsanwalt Gebühren nach Teil 2 des VV RVG. Für das Betreiben des Geschäfts einschließlich der Information erhält er eine **Geschäftsgebühr** nach VV 2300 mit einem Gebührensatzrahmen von 0,5 bis 2,5 – wobei eine Gebühr von mehr als 1,3 nur gefordert werden kann, wenn die Tätigkeit umfangreich und schwierig war. Daneben kann er Auslagen geltend machen. Üblicherweise wird der Rechtsanwalt eine 1,3 Gebühr fordern, wenn er ohne Probleme die Erstattung durch Dritte erlangen möchte.

463

d) Die Verfahrensgebühr

Mit dem 2. KostRMoG hat der Gesetzgeber klargestellt, dass die Gebühren des Teils 3 des VV RVG nur der Rechtsanwalt erhält, der einen unbedingten Auftrag als Prozess- oder Verfahrensbevollmächtigter hat.[12] Damit wird auch in Kauf genommen, dass u. U. der bereits mit unbedingtem Verfahrensauftrag versehene Verfahrensbevollmächtigte des Antragstellers für eine Besprechung mit der Gegenseite vor Antragseinreichung eine Terminsgebühr für eine Besprechung erhält, während der Vertreter der

464

---

11 Ausführlich auch zu den Motiven des Gesetzgebers hinsichtlich der Einführung der Vorschrift siehe *Bischof* in Bischof/Jungbauer, RVG § 34 Rn. 1 ff.
12 Art. 8 Abs. 2 Nr. 26 a) 2. KostRMoG.

von König

Gegenseite mangels eines unbedingten Verfahrensauftrags seine Gebühren voll nach Teil 2 des VV RVG abrechnen muss.[13]

Der zum Verfahrens- bzw. Prozessbevollmächtigten bestellte Rechtsanwalt erhält demnach nach Vorbem. Teil 3 Abs. 2 VV RVG für das Betreiben des Geschäfts einschließlich der Information eine **Verfahrensgebühr.** Hierbei handelt es sich um eine Pauschgebühr, die als Betriebsgebühr alle Tätigkeiten des Rechtsanwalts bei der Führung eines Rechtsstreits bzw. gerichtlichen Verfahrens abdeckt, sofern nicht im Gesetz eine andere Vergütung bestimmt ist.[14] Bei jeder die Verfahrensgebühr auslösenden Handlung entsteht sie erneut, darf aber wegen § 15 Abs. 2 RVG nur einmal pro Instanz verlangt werden, sodass über ihre Höhe der **höchste Gegenstandswert** während der Tätigkeit entscheidet. Die Verfahrensgebühr ist für die einzelnen Tätigkeiten des Rechtsanwalts oder auch in den weiteren Instanzen auch unterschiedlich hoch. In der ersten Instanz erhält der Rechtsanwalt z. B. eine **1,3 Verfahrensgebühr** nach VV 3100 und in der Beschwerdeinstanz eine 1,6 Verfahrensgebühr nach VV 3200. Häufig wird dieser ursprüngliche Gebührentatbestand durch einen weiteren – wie z. B. VV 3101 – ergänzt, wonach die Verfahrensgebühr unter bestimmten Voraussetzungen lediglich nach einem verringerten **Gebührensatz** anfällt, wenn nämlich der **Auftrag endet,** bevor der Rechtsanwalt die Klage, den ein Verfahren einleitenden Antrag oder einen Schriftsatz, der Sachanträge, Sachvortrag, die Zurücknahme der Klage oder die Zurücknahme des Antrags enthält, eingereicht oder bevor er einen gerichtlichen Termin wahrgenommen hat (VV 3101 Nr. 1). Der Rechtsanwalt muss wenigstens eine der genannten Handlungen vorgenommen haben, bevor der Auftrag endet, um die volle d. h. 1,3 Verfahrensgebühr zu erhalten. Der den Antragsteller vertretende Rechtsanwalt hat sich die 1,3 Verfahrensgebühr verdient, wenn er den Scheidungsantrag bei Gericht eingereicht hat.

e) Erhöhung bei mehreren Auftraggebern

465   Hat der **Rechtsanwalt mehrere Auftraggeber,** erhält er Gebühren und Auslagen grundsätzlich nur einmal, § 7 Abs. 1 RVG. Das Vergütungsrecht berücksichtigt jedoch, dass die Tätigkeit für mehrere Auftraggeber regelmäßig mit zusätzlichem Aufwand verbunden ist, durch die **Erhöhung der Verfahrens- bzw. Geschäftsgebühr** für jeden weiteren Auftraggeber, wenn der Rechtsanwalt für mehrere Auftraggeber in **derselben Angelegenheit wegen desselben Gegenstandes** tätig wird, § 7 Abs. 1 RVG i. V. m. VV 1008.[15] Die Verfahrens- oder Geschäftsgebühr erhöht sich für jede weitere

---
13 So aber die Begründung des RegEntwurfs zum 2. KostRMoG (S. 430).
14 Gerold/Schmidt/*Müller-Rabe,* VV Vorb. 3 Rn. 14 ff.
15 Ausführlich *von König,* Zivilprozess- und Kostenrecht, Rn. 575 ff.

von König

Person um 0,3 oder 30% bei Festgebühren, bei Betragsrahmengebühren erhöhen sich der Mindest- und Höchstbetrag um 30%.

Bei **Wertgebühren** ist Voraussetzung für die Erhöhung, dass **alle drei Kriterien** erfüllt sind, denn wenn zwar eine Mehrheit von Auftraggebern vorliegt, es aber an der Gegenstandsgleichheit fehlt, kann die Erhöhung nicht verlangt werden. In diesem Fall liegen mehrere Gegenstände vor, welche zusammen zu rechnen sind, § 22 Abs. 1 RVG. Die Gebühren werden dann aus dem zusammengerechneten Wert entnommen. 466

f) Die Terminsgebühr

Der Rechtsanwalt erhält nach Vorbem. Teil 3 Abs. 3 VV RVG für die Vertretung in einem Gerichtstermin eine **Terminsgebühr**.[16] Sie entsteht sowohl **für die** Wahrnehmung von **gerichtlichen Terminen** als auch für die Wahrnehmung von außergerichtlichen Terminen und Besprechungen, wenn nichts anderes bestimmt ist, Vorb. 3 Abs. 3 S. 1 VV RVG.[17] Für die Wahrnehmung eines **Verkündungstermins** erhält der Rechtsanwalt **keine** Terminsgebühr, Vorb. 3 Abs. 3 S. 2 VV RVG. Der durch das 2. KostRMoG neu gefasste Abs. 3 soll bewirken, dass künftig auch Anhörungstermine unter die Regelung für die Terminsgebühr fallen und es soll klargestellt werden, dass die Terminsgebühr für die Mitwirkung an auf die Vermeidung oder Erledigung des Verfahrens gerichtete außergerichtliche Besprechungen unabhängig davon entsteht, ob für das gerichtliche Verfahren eine mündliche Verhandlung vorgeschrieben ist oder nicht. Das hat insbesondere in Familiensachen und in Verfahren von Angelegenheiten der freiwilligen Gerichtsbarkeit zu unterschiedlichen Entscheidungen in der Rechtsprechung geführt. 467

Die Gebühr für **außergerichtliche Termine** und Besprechungen entsteht zum einen für die Wahrnehmung eines von einem gerichtlich bestellten Sachverständigen anberaumten Termin und zum anderen für die Mitwirkung an **Besprechungen**, die auf die Vermeidung oder Erledigung des Verfahrens gerichtet sind; dies gilt jedoch nicht für Besprechungen mit dem eigenen Auftraggeber, Vorb. 3 Abs. 3 S. 4 Nr. 1 und Nr. 2 VV RVG.

Mit dieser Regelung wollte der Gesetzgeber ursprünglich die außergerichtliche Streiterledigung fördern, da die Terminsgebühr auch dann anfällt, wenn der Rechtsanwalt „nach Erteilung eines Klageauftrags" an einer auf Vermeidung oder Erledigung des Verfahrens gerichteten Besprechung

---

16 Siehe auch *von König*, RpflStud 2006, 73.
17 Vorb. 3 Abs. 3 VV RVG wurde durch Art. 8 Abs. 2 Nr. 26 b) des 2. KostRMoG neu gefasst.

mitwirkt.[18] Durch das 2. KostRMoG wurde nun klargestellt, was nach allgemeiner Auffassung sowieso schon galt, nämlich dass die Gebühr nur entsteht, wenn dem Rechtsanwalt ein unbedingter Prozess- oder Verfahrensauftrag für ein Verfahren erteilt ist, in dem überhaupt eine Terminsgebühr entstehen kann;[19] es kommt aber nicht darauf an, ob das Verfahren bereits anhängig ist.[20]

468 Die Terminsgebühr kann nach VV 3104 Abs. 1 Nr. 1 RVG auch anfallen, wenn in einem Verfahren, für das mündliche Verhandlung vorgeschrieben ist, im Einverständnis mit den Parteien oder Beteiligten oder gemäß § 307 ZPO oder § 495a ZPO **ohne mündliche Verhandlung entschieden** oder in einem solchen Verfahren ein schriftlicher Vergleich geschlossen wird. VV 3104 sieht für bestimmte Verfahrenskonstellationen den Anfall einer Terminsgebühr vor, obwohl kein Termin wahrgenommen wurde.

Auch die Terminsgebühr kann in jedem Rechtszug nur einmal entstehen, § 15 Abs. 2 RVG, d. h. wenn der Rechtsanwalt **mehrere Termine oder Besprechungen** wahrnimmt, erhält er insgesamt die Terminsgebühr nur einmal. Die Terminsgebühr ist eine Aktgebühr, die Gebühr bemisst sich nach dem Gegenstand der anwaltlichen Tätigkeit, § 2 Abs. 1 RVG. Hat sich bis zur Wahrnehmung des Termins der Verfahrensgegenstand verringert, hat das zwar keinen Einfluss auf die Verfahrensgebühr, wohl aber auf die Höhe der Terminsgebühr.

g) Die Zusatzgebühr für besonders umfangreiche Beweisaufnahmen

469 Insbesondere wegen des Wegfalls der Beweisgebühr nach der BRAGO und dem damit verbundenen Gebührenverlust hat der Gesetzgeber nun durch das 2. KostRMoG die 0,3 **Zusatzgebühr** nach VV 1010 RVG eingeführt.[21] Die Gebühr fällt jedoch nur an, wenn drei gerichtliche Termine stattfinden, in denen Sachverständige oder Zeugen vernommen werden, um eine mögliche „Gebührenschinderei" der Rechtsanwälte zu verhindern.[22] Hierbei handelt es sich tatsächlich um eine zusätzliche Terminsgebühr und nicht um eine Erhöhung der Terminsgebühr[23] und zwar ausgehend von dem Wert der Beweisaufnahme. Nur für Betragsrahmengebühren sieht das Gesetz eine Erhöhung des Mindest- bzw. Höchstbetrages der Terminsge-

---

18 So die Gesetzesbegründung BT-Drucks. 15/1971 S. 148; auf S. 209 ist dann allerdings etwas ungenau von „seiner Bestellung zum Verfahrens- oder Prozessbevollmächtigten" die Rede.
19 Gerold/Schmidt/*Müller-Rabe*, VV Vorb. 3 Rn. 14 m. w. N.
20 BGH v. 8.2.2007 – IX ZR 215/05 – FamRZ 2007, 721.
21 Art. 8 Abs. 2 Nr. 7 des 2. KostRMoG.
22 Siehe insbesondere die kritischen Bemerkungen von *Bräuer* in Bischof/Jungbauer, VV 1010 Rn. 5.
23 So aber Riedel/Sußbauer/*Schütz*, VV 2300 Rn. 8.

bühr vor, um daraus dann die entsprechende Gebühr zu ermitteln. Außerdem muss es sich um besonders umfangreiche Beweisaufnahmen handeln, sodass die Gebühr nicht bereits dann entsteht, wenn 3 Beweistermine mit Zeugen oder Sachverständigen stattgefunden haben.[24]

In Familiensachen wird der Anfall der Gebühr eher selten sein, allerdings immer dort, wo auch medizinische Sachverständige und Zeugen gehört werden – beispielsweise in Abstammungssachen –, besteht die Möglichkeit.

h) Die Einigungsgebühr

Die **Einigungsgebühr** nach VV 1000 RVG entsteht für die Mitwirkung beim Abschluss eines Vertrages, durch den u. a. der Streit oder die Ungewissheit über ein Rechtsverhältnis beseitigt wird, wobei ein einseitiges Anerkenntnis oder ein einseitiger Verzicht für den zusätzlichen Anfall einer Einigungsgebühr nicht ausreichen.[25] Der Vertrag kann stillschweigend geschlossen werden und ist auch nicht formbedürftig, es sei denn, dieses ist aus materiell-rechtlichen Gründen besonders vorgeschrieben.[26] Die Einigungsgebühr soll jegliche vertragliche Beilegung eines Streits der Parteien honorieren, es kommt deswegen nicht mehr auf einen Vergleich im Sinne von § 779 BGB, sondern nur noch auf eine Einigung an.[27] Für die Mitwirkung bei einem unter einer aufschiebenden Bedingung oder unter dem Vorbehalt des **Widerrufs** geschlossenen Vertrag entsteht die Gebühr, wenn die Bedingung eingetreten ist oder der Vertrag nicht mehr widerrufen werden kann, VV 1000 Abs. 3 RVG.

470

Die Einigungsgebühr entsteht nach VV 1000 Abs. 5 RVG jedoch nicht in **Ehesachen** und in **Lebenspartnerschaftssachen** gem. § 269 Abs. 1 Nr. 1, 2 FamFG. Wird ein Vertrag, insbesondere über Unterhalt, im Hinblick auf die in zuvor genannten Verfahren geschlossen, bleibt der Wert dieser Verfahren bei der Berechnung der Gebühr außer Betracht. In **Kindschaftssachen** kann nach nun geltendem Recht auch die Einigungsgebühr entstehen, wenn die Beteiligten nicht vertraglich über den Gegenstand der Einigung verfügen können. Letzteres war zuvor strittig.[28]

471

---

24 Nicht zu folgen dem Berechnungsbeispiel von *Mayer* bei Gerold/Schmidt, VV 1010 Rn. 1.
25 BGH v. 10.10.2006 – VI ZR 280/05 – Rpfleger 2007, 168.
26 BGH v. 28.3.2006 – VIII ZB 29/05 – NJW 2006, 1523 = Rpfleger 2006, 436.
27 *Bischof* in Bischof/Jungbauer, VV 1000 Rn. 2; Gerold/Schmidt/*Müller-Rabe*, VV 1000 Rn. 5, 55.
28 Siehe hierzu *Bischof* in Bischof/Jungbauer, VV 1000 Rn. 47.

i) Die Aussöhnungsgebühr

472   Als Ausgleich dafür, dass in **Ehesachen und Lebenspartnerschaftssachen** eine Einigungsgebühr nicht anfallen kann, sieht das Gesetz unter VV 1001 RVG den Anfall einer Aussöhnungsgebühr vor, wenn der ernsthafte Wille eines Ehegatten, eine Scheidungssache oder ein Verfahren auf Aufhebung der Ehe anhängig zu machen, hervorgetreten ist und die Ehegatten die eheliche Lebensgemeinschaft fortsetzen oder wieder aufnehmen und der Rechtsanwalt bei der Aussöhnung mitgewirkt hat. Unter Mitwirkung ist zu verstehen, wenn der Rechtsanwalt die Aussöhnungsbereitschaft weckt oder auch fördert.[29]

3. Abgeltungsbereich der Gebühren

473   Die Gebühren gelten die **gesamte Tätigkeit** des Rechtsanwalts vom Auftrag bis zur Erledigung einer Angelegenheit ab, § 15 Abs. 1 RVG. Der Rechtsanwalt kann die Gebühren in derselben Angelegenheit nur einmal fordern, § 15 Abs. 2 RVG, dieses aber für **jeden Rechtszug** getrennt, da das Verfahren über ein Rechtsmittel und der vorausgegangene Rechtszug verschiedene Angelegenheiten darstellen, § 17 Nr. 1 RVG. Unter Angelegenheit versteht das Gesetz nicht unbedingt den Auftrag, denn der kann auch mehrere Angelegenheiten beinhalten. Abzugrenzen sind insoweit die Begriffe „**Angelegenheit**" und „**Gegenstand**". Unter Angelegenheit versteht man den Vorgang, der den äußeren Rahmen der Wahrnehmung der Rechtsposition gibt und unter Gegenstand, das Recht oder Rechtsverhältnis, auf das sich die auftragsgemäße Tätigkeit bezieht.[30] Für viele Verfahren ist die Abgrenzung in den §§ 16 ff. RVG vorgeschrieben.

474   So regelt § 16 RVG, wann es sich um **dieselbe Angelegenheit** handelt. Für Familiensachen ist hier insbesondere die Regelung in Nr. 4 wichtig,[31] wonach eine Scheidungssache oder ein Verfahren über die Aufhebung einer Lebenspartnerschaft und die Folgesachen (→ Rn. 190 ff., 219 ff.) dieselbe Angelegenheit darstellen. Dieselbe Angelegenheit liegt aber auch nach Nr. 2 für das Verfahren über die Bewilligung von Prozesskostenhilfe und das Verfahren, für das die Prozesskostenhilfe gewährt werden soll vor. Dieselbe Angelegenheit sind ebenfalls das Verfahren auf Erlass einer einstweiligen Anordnung (→ Rn. 224 ff.) oder eines Arrestes und jedes Verfahren auf deren Abänderung oder Aufhebung, § 16 Nr. 5 RVG. Gleiches gilt für das Rechtsmittelverfahren (→ Rn. 244 ff.) und das Verfahren auf Zulassung dieses Rechtsmittels, § 16 Nr. 11 RVG.

---

29 *Jungbauer* in Bischof/Jungbauer, VV 1001 Rn. 16 ff.
30 *Bischof* in Bischof/Jungbauer, RVG § 15 Rn. 3, 4.
31 § 16 Nr. 4 geändert durch Art. 47 Abs. 6 Nr. 5 FGG-RG.

Allgemeines

Demgegenüber steht § 17 RVG, welcher bestimmt, wann es sich um **475** **verschiedene Angelegenheiten** handelt, mit der Folge, dass der Rechtsanwalt hier die Gebühren für beide Verfahren erhält, allerdings werden bisweilen einzelne Gebühren aufeinander angerechnet. Verschiedene Angelegenheiten sind z. B. das Rechtsmittelverfahren und der vorausgegangene Rechtszug, § 17 Nr. 1 RVG; das Mahnverfahren (→ Rn. 190) und das darauffolgende streitige Verfahren, § 17 Nr. 2 RVG oder das vereinfachte Verfahren über den Unterhalt Minderjähriger (→ Rn. 150 ff.) und das streitige Verfahren, § 17 Nr. 3 RVG sowie das Verfahren der Hauptsache und ein Verfahren über einen Antrag auf Erlass einer einstweiligen Verfügung oder einer einstweiligen Anordnung (Nr. 4b).[32] Aber auch das Vermittlungsverfahren nach § 165 FamFG und ein sich anschließendes gerichtliches Verfahren sind verschiedene Angelegenheiten, § 17 Nr. 8 RVG.

In § 18 RVG sind dann noch Angelegenheiten abschließend aufgezählt, **476** die grundsätzlich selbstständige Angelegenheiten bilden sollen und zwar unabhängig davon, ob sie mit anderen in Zusammenhang stehen.[33] Die bisher unter Nr. 1 aufgeführten Verfahren über einstweilige Anordnungen in Familiensachen (→ Rn. 224 ff.) finden sich nun in § 17 Nr. 4b RVG. **Besondere Angelegenheiten** sind aber nach wie vor jede Vollstreckungsmaßnahme zusammen mit den durch diese vorbereiteten weiteren Vollstreckungshandlungen bis zur Befriedigung des Gläubigers (§ 18 Abs. 1 Nr. 1 RVG).[34] Eine besondere Angelegenheit ist aber auch das Verfahren zur Anordnung von Zwangsmaßnahmen durch Beschluss nach § 35 FamFG (→ Rn. 449), § 18 Abs. 1 Nr. 21 RVG. Entsprechendes gilt für die Vollziehung eines Arrestes und die Vollstreckung nach dem FamFG, § 18 Abs. 2 RVG.

4. Die Auslagen

Der Rechtsanwalt hat Anspruch auf Ersatz bestimmter Auslagen, diese **477** sind im VV Teil 7 geregelt. Ausgenommen sind jedoch die allgemeinen Geschäftskosten, die dem Rechtsanwalt unabhängig vom besonderen Auftrag entstanden sind (Büroaufwand jeder Art, Formulare, Bücher, Zeitschriften), denn diese sind durch die Gebühren abgegolten, VV Vorbemerkung Teil 7 Abs. 1 RVG). Zu den gesondert zu ersetzenden Auslagen gehören die gem. VV 7000 ff. geregelten Positionen wie z.B. die Umsatzsteuer VV 7008, Post- und Telekommunikationsentgelte VV 7001, 7002, Dokumentenpauschale VV 7000, Reisekosten für eine Geschäftsreise VV 7003 bis 7006.[35]

---

32 § 17 Nr. 4 b geändert durch Art. 47 Abs. 6 Nr. 6 FGG-RG.
33 Gerold/Schmidt/*Müller-Rabe*, § 18 RVG Rn. 1.
34 § 18 RVG geändert durch Art. 47 Abs. 6 Nr. 7 FGG-RG.
35 Siehe im Übrigen *von König*, Zivilprozess- und Kostenrecht, Rn. 169 ff.

von König

III. Fälligkeit der Vergütung

478 Das Entstehen eines Gebührenanspruchs bedeutet noch nicht dessen **Fälligkeit**. Der Gebührenanspruch entsteht, sobald der Anwalt die gebührenpflichtige Tätigkeit vorgenommen hat, fällig wird die Vergütung jedoch erst, wenn die in § 8 Abs. 1 RVG genannten Voraussetzungen erfüllt sind. Danach wird die Vergütung fällig, wenn der Auftrag erledigt oder die Angelegenheit beendigt ist, § 8 Abs. 1 S. 1 RVG. Die Erledigung des Auftrages tritt bei Kündigung des Vertrages entweder durch den Rechtsanwalt oder den Auftraggeber ein. Auch der Tod des Rechtsanwalts oder das Erlöschen der Zulassung führt zur Erledigung des Auftrags.[36] Die Angelegenheit ist beendet, sobald der Auftrag erfüllt ist.[37] Ist der Rechtsanwalt in einem **gerichtlichen Verfahren** tätig, wird die Vergütung auch fällig, wenn eine **Kostenentscheidung** ergeht, der **Rechtszug beendet wird** oder das **Verfahren** länger als drei Monate **ruht**, § 8 Abs. 1 S. 2 RVG. Die Fälligkeit der Vergütung bewirkt u.a. das Recht des Rechtsanwalts auf Einforderung seiner Vergütung, allerdings auch die Verpflichtung, eine ordnungsgemäße Abrechnung (§ 10 RVG) zu erteilen; außerdem bewirkt sie den Beginn der **Verjährung**. Nach § 195 BGB unterliegen die Vergütungsansprüche der regelmäßigen Verjährung von 3 Jahren. Sie beginnt mit dem Schluss des Jahres, in dem der Anspruch entstanden ist und der Gläubiger von den den Anspruch begründenden Tatsachen Kenntnis erhalten hat.[38]

479 Der Rechtsanwalt kann jedoch von seinem Auftraggeber einen angemessenen **Vorschuss** erheben, § 9 RVG. Die Höhe des Vorschusses muss angemessen sein, deshalb ist die Höhe nach oben begrenzt und darf die voraussichtlich entstehenden Gebühren und Auslagen nicht wesentlich überschreiten.[39]

IV. Erstattung der Rechtsanwaltskosten

480 Bezüglich der Erstattungsfähigkeit von Anwaltskosten ist in **Ehesachen** und **Familienstreitsachen** gem. § 113 FamFG die Vorschrift des § 91 Abs. 2 S. 1 Halbs. 1 ZPO einschlägig, wonach die Gebühren und Auslagen des Rechtsanwalts zu erstatten sind. Nur hinsichtlich dessen **Reisekosten** kommt es unter Umständen auf deren Notwendigkeit an (siehe

---

36 Gerold/Schmidt/*Mayer*, § 8 RVG Rn. 10.
37 Gerold/Schmidt/*Mayer*, § 8 RVG Rn. 10.
38 Gerold/Schmidt/*Mayer*, § 8 RVG Rn. 33.
39 *Klüsener* in Bischof/Jungbauer, RVG § 9 Rn. 24, 25.

auch → Rn. 13 ff.).⁴⁰ Reisekosten eines Rechtsanwalts, der im Bezirk des Prozessgerichts niedergelassen ist, sind ohne Prüfung der Notwendigkeit zu erstatten, denn nur, wenn der Rechtsanwalt nicht im Bezirk des Prozessgerichts niedergelassen ist, kommt es darauf an, ob die Reisekosten notwendig waren, § 91 Abs. 2 S. 1 Halbs. 2 ZPO. Das bedeutet im Umkehrschluss, dass die Reisekosten bis zur Grenze des Gerichtsbezirks ohne weiteres erstattungsfähig sind.⁴¹ Nach Auffassung des BGH⁴² beurteilt sich die Frage der Notwendigkeit danach, ob eine „verständige und wirtschaftlich vernünftige Partei die die Kosten auslösende Maßnahme zum Zeitpunkt der Aufwendung als sachdienlich" ansehen durfte.⁴³ Im Regelfall soll die Beauftragung eines in der Nähe des Wohn- oder Geschäftsortes ansässigen Rechtsanwalts eine solche Maßnahme darstellen. Eine mögliche **Ausnahme** besteht nur, wenn schon bei Beauftragung feststeht, dass ein eingehendes Mandantengespräch für die Prozessführung nicht erforderlich sein wird. Dies kommt nach Auffassung des BGH insbesondere bei gewerblichen Unternehmen mit eigener Rechtsabteilung in Betracht, welche die Sache bearbeitet hat.⁴⁴ Außerdem kann es zumutbar sein, dass die Partei nur einen Anwalt am Prozessort bestellt, wenn bei einem in tatsächlicher Hinsicht überschaubaren Streit um eine Geldforderung die Gegenseite versichert habe, nicht leistungsfähig zu sein und gegenüber einer Klage keine Einwendungen erheben zu wollen;⁴⁵ dieser Fall wird in der Praxis eher die Ausnahme sein.

Allerdings soll der Beteiligte einen Verfahrensbevollmächtigten am Ort des Gerichts beauftragen, wenn dieser sich ständig am Ort des Verfahrensgerichts aufhält und dort einen Zweitwohnsitz unterhält, weil er sich zum Zwecke seiner Berufsausübung werktäglich dort aufhält.⁴⁶

---

40 Ausführliche Darstellung der umfangreichen Rechtsprechung findet sich bei *Bräuer* in Bischof/Jungbauer, Einleitung zu Nr. 7003 – 7006 VV RVG.
41 AG Marbach v. 6.11.2013 – 3 C 32/12 – Rpfleger 2014, 289.
42 BGH v. 16.10.2002 – VIII ZB 30/02 – Rpfleger 2003, 98 ff. = NJW 2003, 898 = AGS 2003, 97 m. Anm. *Madert.*
43 BGH, Beschl. v. 26.2.2014 – XII ZB 499/11 – juris; BGH v. 10.7.2012 – VIII ZB 106/11 – Rpfleger 2012, 652 in Fortführung von BGH v. 16.10.2002 – VIII ZB 30/02 – Rpfleger 2003, 98 ff. = NJW 2003, 898 = AGS 2003, 97 m. Anm. *Madert.*
44 BGH v. 10.4.2003 – I ZB 36/02 – NJW 2003, 2027 = JurBüro 2003, 370 m. Anm. *Enders* = Rpfleger 2003, 471; BGH v. 16.10.2002 – VIII ZB 30/02 – Rpfleger 2003, 98 ff. = NJW 2003, 898 = AGS 2003, 97 m. Anm. *Madert;* OLG Bamberg v. 10.7.2013 – 1 W 28/13 – JurBüro 2014, 28.
45 BGH v. 16.10.2002 – VIII ZB 30/02 – Rpfleger 2003, 98 ff. = NJW 2003, 898 = AGS 2003, 97 m. Anm. *Madert.*
46 OLG Celle v. 3.6.2013 – 17 WF 107/13 – FamRZ 2013, 1307.

Auch der Rechtsanwalt, der sich vor einem auswärtigen Prozessgericht selbst vertritt, hat Anspruch auf Erstattung von Reisekosten.[47]

Klagt oder wird eine Partei im **eigenen Gerichtsstand** verklagt, dann sind Mehrkosten, die durch einen auswärtigen Rechtsanwalt entstehen, nicht notwendig und erstattungsfähig, auch wenn der Rechtsanwalt vorprozessual bereits tätig war.[48]

In aller Regel wird eine Partei einen in der Nähe ihres Wohn- oder Geschäftsortes ansässigen Rechtsanwalt aufsuchen; aber selbst die Kosten eines an einem **dritten Ort** ansässigen Prozessbevollmächtigten werden als notwendig angesehen, wenn eine sachgerechte Information nur in einem persönlichen mündlichen Gespräch erfolgen kann; jedoch sind die Reisekosten dann nur bis zur Höhe der fiktiven Reisekosten eines am Wohn- oder Geschäftsort der Partei ansässigen Rechtsanwalts erstattungsfähig.[49] Diese Grundsätze gelten für die erste und zweite Instanz gleichermaßen.[50]

481 Für die **gewöhnlichen Familiensachen** erklärt § 80 S. 2 FamFG zwar § 91 Abs. 1 S. 2 ZPO allgemein für entsprechend anwendbar, wonach die Kostenerstattung auch die Entschädigung des Gegners für die durch notwendige Reisen oder durch die notwendige Wahrnehmung von Terminen entstandene Zeitversäumnis umfasst; wobei die für die Entschädigung von Zeugen geltenden Vorschriften des JVEG entsprechend anzuwenden sind. Nicht übernommen ist jedoch – wie schon in § 13a FGG – die Regelung des § 91 Abs. 2 ZPO hinsichtlich der Erstattung der Gebühren und Auslagen des Rechtsanwalts. Das bedeutet, dass **Gebühren und Auslagen des Rechtsanwalts** des obsiegenden Beteiligten im Gegensatz zum Zivilprozess nicht schlechthin, sondern nur nach Lage des Falles erstattungsfähig sind, nämlich soweit sie zur Durchführung des Verfahrens **notwendig** sind.[51] Über die Notwendigkeit der Hinzuziehung eines Rechtsanwalts ist dann wie auch über die Erstattungsfähigkeit der sonstigen Kosten des Verfahrens im **Kostenfestsetzungsverfahren**[52] zu entscheiden. Besonderheiten der Erstattungsfähigkeit einzelner Positionen der Anwaltsvergütung werden jeweils bei den nachfolgenden Ausführungen mit erörtert.

---

47 BGH v. 11.2.2003 – VIII ZB 92/02 – NJW 2003, 1534 = Rpfleger 2003, 321.
48 BGH v. 12.12.2002 – I ZB 29/02 – Rpfleger 2003, 214 = NJW 2003, 901.
49 BGH v. 20.12.2011 – XI ZB 13/11 – Rpfleger 2012, 312; BGH v. 18.12.2003 – I ZB 21/03 – Rpfleger 2004, 316 = NJW-RR 2004, 855; OLG Düsseldorf v. 14.6.2012 – 10 W 3/12 – juris.
50 BGH v. 6.5.2004 – I ZB 27/03 – Rpfleger 2004, 587.
51 Hierzu *von König* in Jansen, FGG, § 13a Rn. 42.
52 Ausführlich *von König*, Zivilprozess- und Kostenrecht, Rn. 592 ff.

B. Außergerichtliche Tätigkeit in Familiensachen

I. Beratung

Häufig beginnt das Mandatsverhältnis zwischen dem Rechtsanwalt und dem Auftraggeber dadurch, dass der Mandant den Rechtsanwalt aufsucht, um sich zunächst einmal einen **Rechtsrat** zu holen. Der Ausgang dieses Beratungsgesprächs wird dann vielleicht auch ausschlaggebend sein, ob es zu einem Prozess- bzw. Verfahrensauftrag kommt.

482

1. Gegenstand und Höhe der Beratungsgebühr

Wird der Rechtsanwalt vorgerichtlich im Rahmen eines **Beratungsauftrages** tätig, erhält er dafür Gebühren nach **§ 34 RVG**.[53] Dabei hat sich die Tätigkeit des Rechtsanwalts nur auf die Erteilung eines Rechtsrats oder einer Auskunft zu beschränken, d. h. es darf sich **nicht** um eine sogenannte **begleitende Beratung** handeln, die im Zusammenhang mit einem gebührenpflichtigen Geschäft des Teils 2 oder 3 des VV RVG steht. Für Letztere wird die Beratung mit der Geschäfts- bzw. Verfahrensgebühr abgegolten. **Abgrenzungskriterium** ist hierbei, ob der Rechtsanwalt nach außen hin tätig werden soll, denn wenn er mit dem Gegner korrespondieren oder auch bei Gerichts außer bei einer Behörde vorstellig werden soll, dann ist der eingeschränkte Bereich der Beratung überschritten. Inhaltlich geht es also immer nur um einen Informationsaustausch zwischen dem Rechtsanwalt und dem Mandanten.[54]

483

Vorrangig geht die gesetzliche Regelung davon aus, dass der Rechtsanwalt auf eine **Gebührenvereinbarung** hinwirken soll, § 34 Abs. 1 S. 1 RVG und erst in zweiter Linie die feststehende Beratungsgebühr verlangen soll, § 34 Abs. 1 S. 2 RVG. Die Höhe der Vergütung ist frei vereinbar und hat ihre Grenze allenfalls in der Sittenwidrigkeit der vereinbarten Vergütung.[55] Eine Formvorschrift enthält § 34 RVG nicht, sodass die Vereinbarung auch mündlich getroffen werden kann, was bei sofortiger Zahlung durch den Mandanten auch üblich ist. Aus Gründen der Beweisbarkeit sollte die Schriftform gewählt werden, wobei nach allgemeiner Meinung § 3a RVG keine Anwendung findet, da es im Verhältnis zur frei aushandelbaren Gebührenvereinbarung für die in § 34 RVG genannten Tätigkeiten keine

484

---

53 Bis zum 30.6.2006 galten für die Beratung die VV 2100 bis 2103 RVG a. F. Danach entstand eine 0,1 bis 1,0 Beratungsgebühr nach VV 2100, für Verbraucher galt auch schon die Kappungsgrenze von 190,00 € VV 2102 und als Gutachtengebühr sah VV 2103 „eine angemessene Gebühr" vor.
54 *Bischof* in Bischof/Jungbauer, RVG § 34 Rn. 10; Gerold/Schmidt/*Mayer*, § 34 Rn. 14.
55 Ausführlich *Bischof* in Bischof/Jungbauer, RVG § 34 Rn. 13, 32.

gesetzliche Vergütung mehr gibt, welche als Vergleichsmaßstab benutzt werden kann.⁵⁶

485 **Bei Fehlen einer wirksamen Vereinbarung** bemisst sich die Vergütung – falls im Teil 2 des VV RVG keine spezielle Regelung vorhanden ist – ganz allgemein nach den Vorschriften des bürgerlichen Rechts, d. h. für die Beratung gilt § 612 Abs. 2 BGB und für die Gutachtenerstellung gelten § 632 Abs. 2 i. V. m. §§ 315, 316 BGB (Werkvertrag). Allerdings gilt dieses nicht, wenn der Mandant Verbraucher ist (→ Rn. 486). Da diese Vorschriften keine eigene Bewertung beinhalten, sondern nur ganz allgemein auf eine „taxmäßige Vergütung" abstellen, wäre denkbar, die Höhe der Gebühr nach den zuvor geltenden Regelungen VV 2100 ff. a. F. zu ermitteln. Danach entstand z. B. für eine übliche Beratung eine 0,1 bis 1,0 Gebühr – ausgehend vom jeweiligen Gegenstandswert und für eine Gutachtenerstellung sollte eine „angemessene Gebühr" zu zahlen sein. Diese Auffassung wird jedoch überwiegend abgelehnt;⁵⁷ gefordert wird dafür, dass unter Berücksichtigung des Einzelfalles eine orts- und branchenübliche Vergütung zu zahlen ist. Möglich wäre auch eine Berechnung nach Stunden mit einem Stundensatz zwischen 150,00 bis 600,00 €. Dabei sind die Durchschnittswerte unter Berücksichtigung der besonderen Kriterien der §§ 4, 14 RVG zu bestimmen.

486 Wenn **keine Gebührenvereinbarung** getroffen wurde und der **Mandant Verbraucher** i. S. d. § 13 BGB ist, kann für einen mündlichen Rat oder eine Auskunft (Beratung), die nicht mit einer anderen gebührenrechtlichen Tätigkeit zusammenhängt, aber auch für die Ausarbeitung eines schriftlichen Gutachtens und für die Tätigkeit als Mediator, der Rechtsanwalt grundsätzlich höchstens 250,00 € verlangen; wenn es sich um eine **Erst**beratung handelt, beträgt die Gebühr höchstens 190,00 €.⁵⁸ Die Auslagenpauschale VV 7002 kann zumindest dann nicht gefordert werden, wenn mit der Beratung diese Art von Auslagen nicht entsteht, was wohl bei einer mündlichen Beratung der Fall ist. Zu berücksichtigen ist aber die Umsatzsteuer nach VV 7008.

487 Kommen mehrere Auftraggeber und erbitten einen Rat – z. B. die Eheleute oder auch die Lebenspartner – so stellt sich die Frage, ob VV 1008 RVG einschlägig sein könnte. Nach VV 1008 wird bei **mehreren Auftraggebern** aber nur die Verfahrens- oder Geschäftsgebühr erhöht, sodass

---

56 *Bischof* in Bischof/Jungbauer, RVG § 34 Rn. 31.
57 *Bischof* in Bischof/Jungbauer, RVG § 34 Rn. 46 ff.; Gerold/Schmidt/*Mayer*, § 34 Rn. 47; siehe ausführlich *Kilian*, MDR 2008, 780 ff.
58 Zur Frage, ob in Familiensachen § 13 BGB überhaupt einschlägig ist, siehe *Schneider*, ZFE 2005, 118 ff.

nach dem eindeutigen Wortlaut der Norm eine Erhöhung nicht infrage kommt.[59]

2. Anrechnung der Beratungsgebühr

Nach § 34 Abs. 2 RVG ist jegliche Form der **Beratungsgebühr** (vereinbarte oder Festgebühr) auf eine Gebühr für eine sonstige Tätigkeit, die mit der Beratung zusammenhängt, anzurechnen. Die **Anrechnung** hat jedoch nur zu erfolgen, wenn es sich um eine Gebühr für die Beratung handelt und nicht, wenn es sich um die Vergütung für eine Gutachtenerstellung oder für die Tätigkeit als Mediator geht. Die Anrechnung erfolgt nach dem Wortlaut der Vorschrift auch nur hinsichtlich der Gebühr und bezieht sich nicht auf die Auslagen. Allerdings kann eine von der gesetzlichen Anrechnungsregelung abweichende Vereinbarung getroffen werden, d. h. es kann die Anrechnung auch ausgeschlossen werden.[60] Anzurechnen ist die Beratungsgebühr auf diejenige Gebühr des Rechtsanwalts, die normalerweise auch eine Beratung abgilt. Das sind 488

- die Geschäftsgebühr für die außergerichtliche Vertretung VV 2300
- die Verfahrensgebühr für die gerichtliche Vertretung z. B. VV 3100.

Beispiel:

Beratung wegen Unterhalt

Unterhaltsberechtigter Sohn lässt sich erstmals hinsichtlich der Geltendmachung von Unterhaltsansprüchen gegen seine Eltern beraten. Die Eltern haben bisher freiwillig einen monatlichen Unterhalt von 400,00 € gezahlt und wollen dieses in Zukunft nicht mehr tun, da der Sohn den Studiengang gewechselt hat.

Verfahrenswert: 4.800,00 €

12 × 400,00 €, §§ 23 Abs. 1 S. 1 RVG, 51 Abs. 1 S. 1 FamGKG.

Der Rechtsanwalt erhält folgende Vergütung:

Beratungsgebühr, § 34 Abs. 1 S. 2 RVG	190,00 €
19 % Umsatzsteuer VV 7008 RVG	36,10 €
Vergütung	226,10 €

Kurze Zeit später erteilt der Sohn dem Rechtsanwalt den Verfahrensauftrag und dieser reicht Antrag beim FamG ein. Nach Zustellung der Antragsschrift wird das streitige Verfahren durchgeführt. Nach Durchführung einer Güteverhandlung erkennen die Eltern den Anspruch an.

---

59 AG Neumünster v. 28.4.2011 – 32 C 1273/10 – AGS 2011, 475; *Bischof* in Bischof/Jungbauer, RVG § 34 Rn. 65 m. N. zur Gegenmeinung.
60 *Bischof* in Bischof/Jungbauer, RVG § 43 Rn. 67.

Anrechnung der Beratungsgebühr

Für das außergerichtliche und das gerichtliche Unterhaltsverfahren kann der Rechtsanwalt folgende Vergütung unter Anrechnung der Beratungsgebühr berechnen:

1,3 Verfahrensgebühr §§ 2, 13 VV 3100 RVG	393,90 €
Anrechnung der Beratungsgebühr	190,00 €
= restliche Verfahrensgebühr	203,90 €
1,2 Terminsgebühr, §§ 2, 13 VV 3104 RVG	363,60 €
Auslagenpauschale VV 7002 RVG	20,00 €
Insgesamt	587,50 €
19 % Umsatzsteuer VV 7008 RVG	111,63 €
Vergütung	699,13 €
Zuzüglich der oben errechneten Vergütung	226,10 €
Ergibt Gesamtvergütung	925,23 €

489 Eine **vereinbarte Beratungsgebühr** ist in gleicher Weise auf die Geschäfts- bzw. Verfahrensgebühr anzurechnen. Nicht anzurechnen jedoch auf eine Termins- oder Einigungsgebühr. Wenn die Anrechnung ganz oder teilweise durch Vereinbarung ausgeschlossen wird, dann wird entweder nur der Teilbetrag oder aber gar nichts angerechnet. Insbesondere für diesen Fall sollte der Rechtsanwalt aus Gründen der Nachweisbarkeit die schriftliche Vereinbarung wählen.

3. Auswirkungen der Anrechnung auf das Kostenfestsetzungsverfahren

490 Wie bei der Anrechnung der Geschäftsgebühr führt auch die Anrechnung der Beratungsgebühr zu einer Verringerung der später entstehenden Geschäfts- oder Verfahrensgebühr und nicht zur Verringerung der Beratungsgebühr.[61] Das führt dazu, dass die Beratungsgebühr auch in Kostenfestsetzungsverfahren unter Umständen anzurechnen ist, was allerdings nur zu erfolgen hat, wenn die Beratungsgebühr in demselben Rechtsstreit gerichtlich geltend gemacht worden ist und zuerkannt oder auch aberkannt wurde oder unstreitig vom Gegner bereits gezahlt worden ist. Allein auf Vortrag des Erstattungspflichtigen wird man eine Anrechnung nicht vornehmen können, denn dieser weiß in der Regel ja nicht, ob nicht etwa durch eine Vereinbarung die Anrechnung nicht ausgeschlossen worden ist (→ Rn. 486).

---

61 BGH v. 7.3.2007 – VIII ZR 86/06 – Rpfleger 2007, 505 = NJW 2007, 2049.

4. Berücksichtigung der sogenannten prozessbegleitenden Beratung

Bei Verfahren ohne Anwaltszwang (→ Rn. 60) kommt es bisweilen vor, dass sich ein Beteiligter vor Gericht zwar selbst vertritt, aber zur rechtlichen Absicherung sich durch einen Rechtsanwalt prozessbegleitend beraten lässt. Es stellt sich dann die Frage, ob die Partei im Rahmen der **Kostenfestsetzung** die **Beratungsgebühr** festgesetzt erhalten kann. Eine Festsetzung kommt nur in Betracht, wenn die aufgewandten Kosten prozessbezogen sind, denn nur dann können diese außergerichtlichen Kosten überhaupt Kosten i. S. v. § 91 ZPO sein. Wenn die Beratung im Laufe des Prozesses stattgefunden hat, spricht nichts dagegen, diese auch zu berücksichtigen.

491

Hat die Beratung jedoch vorher stattgefunden, dann muss die Beratung unmittelbar in Bezug zu dem konkreten Rechtsstreit stehen (wie z. B. bei vorprozessualen Privatgutachtenkosten). Da in diesem Fall nur notwendige Kosten zu erstatten sind, kommt es darauf an, ob die Kosten für die Beratung notwendig gewesen sind. Das LG Berlin sieht die vereinbarte Beratungsgebühr in Höhe der Gebühren und Auslagen eines Prozessbevollmächtigten als erstattungsfähig an, wenn die Partei aufgrund dieser Beratung Schriftsätze selbst anfertigt und bei Gericht einreicht.[62]

492

II. Vertretung

Bleibt es nicht nur bei der reinen Beratung, sondern soll der Rechtsanwalt auch nach außen hin tätig werden, z. B. durch Kontaktaufnahme mit dem Gegner, dann handelt es sich um eine außergerichtliche Vertretung. Dieses ist immer der Fall, wenn die Vertretung außerhalb eines gerichtlichen Verfahrens stattfindet.[63]

493

1. Die Geschäftsgebühr

Für die **außergerichtliche Vertretung** erhält der Rechtsanwalt Gebühren nach Teil 2 des VV RVG. Für das Betreiben des Geschäfts einschließlich der Information erhält der Rechtsanwalt eine **Geschäftsgebühr nach VV 2300** mit einem Gebührensatzrahmen von 0,5 bis 2,5 – wobei eine Gebühr von mehr als 1,3 nur gefordert werden kann, wenn die Tätigkeit umfangreich und schwierig war. Grundsätzlich hat der Rechtsanwalt bei

494

---

62 LG Berlin v. 6.2.2008 – 82 T 287/07 – RVGreport 2008, 268 (*Hansens*) = AGS 2008, 515; a.A. OLG Rostock v. 17.4.2008 – 5 W 77/08 – RVGreport 2008, 269 (*Hansens*) = AGS 2008, 314.
63 *Jungbauer* in Bischof/Jungbauer, VV 2300 Rn. 2; Gerold/Schmidt/*Mayer*, VV 2300 Rn. 1; Riedel/Sußbauer/*H. Schneider*, VV Vorb. 2.3 Rn. 1.

Rahmengebühren die tatsächlich zu erhebende Gebühr unter **Berücksichtigung aller Umstände** des Einzelfalls, **insbesondere** der Bedeutung der Angelegenheit, des Umfangs und der Schwierigkeit der anwaltlichen Tätigkeit sowie der Vermögens- und Einkommensverhältnisse des Auftraggebers die Gebühr nach **billigem Ermessen** zu bestimmen, § 14 Abs. 1 RVG. Das würde bei einem „millionenschweren" Mandanten zwar im Hinblick auf die Vermögens- und Einkommensverhältnisse einen Gebührensatz über dem gesetzlich vorgesehenen Satz von 1,3 erlauben, fehlt es aber an einer umfangreichen und schwierigen Tätigkeit,[64] dann bleibt es bei dem Satz von 1,3 Geschäftsgebühr, was auch üblicherweise zugrunde gelegt wird.[65] Daneben kann der Rechtsanwalt auch Auslagen geltend machen, aber keine weiteren Gebühren.

495 Beschränkt sich die Tätigkeit des Rechtsanwalt lediglich darauf, ein **Schreiben einfacher Art** zu verfassen, d. h. das Schreiben enthält weder schwierige rechtliche Ausführungen noch größere sachliche Auseinandersetzungen, dann beträgt die Geschäftsgebühr 2300 nur 0,3 nach VV 2301[66] RVG.

2. Anrechnung der Geschäftsgebühr

496 Nach Vorbem. 3 Abs. 4 VV RVG ist die Geschäftsgebühr zur Hälfte, höchstens jedoch mit 0,75 auf die Verfahrensgebühr des gerichtlichen Verfahrens anzurechnen und zwar nach Auffassung des BGH dergestalt, dass nicht die bereits entstandene Geschäftsgebühr, sondern die im anschließenden gerichtlichen Verfahren anfallende Verfahrensgebühr zu ermäßigen ist.[67] Diese Entscheidung des BGH hat zwar große Zustimmung gefunden, gleichzeitig aber eine wahre Flut an umstrittener Rechtsprechung insbesondere durch den BGH selbst zur **Anrechnung der Geschäftsgebühr** für die vorgerichtliche Vertretung des Rechtsanwalts ausgelöst, die in der Literatur auf heftigste bekämpft worden ist.[68] Zu loben ist hier der 1. Zivilsenat des KG, der bis zum Schluss an seiner Auffassung festgehalten hat.[69] Der Gesetzgeber hat sich schließlich gezwungen gesehen, den bisher im Gesetz

---

64 Zur Problematik des Schwierigkeitsgrades von Familiensachen siehe *Schneider*, ZFE 2005, 156; aber auch *Jungbauer* in Bischof/Jungbauer, VV 2300 Rn. 88 ff.
65 Ausführliche Auflistung von Rechtsprechung siehe bei *Jungbauer* in Bischof/Jungbauer, VV 2300 Rn. 93 ff.
66 Die bisherige Nr. 2301 ist aufgehoben und die Nr. 2302 ist dann 2301 geworden gem. Art. 8 Abs. 2 Nr. 12 und 13 des 2. KostRMoG.
67 BGH v. 7.3.2007 – VIII ZR 86/06 – JurBüro 2007, 357= FamRZ 2007, 1013.
68 Siehe die chronologische Darstellung bei *Jungbauer* in Bischof/Jungbauer, § 15a Rn. 4 ff.; siehe auch *Hansens*, RVGreport 2009, 161.
69 KG v. 4.11.2008 – 1 W 395/08 – NJW-RR 2009, 53 = AGS 2009, 53 m. w. N.

nicht definierten Begriff der Anrechnung gesetzlich zu erläutern und hat dem RVG den § 15a eingefügt.[70]

Mit dieser gesetzlichen Regelung der Anrechnung zunächst im Innenverhältnis (Abs. 1) sowie dann im Außenverhältnis (Abs. 2) sollen unerwünschte Auswirkungen der Anrechnung zum Nachteil des Auftraggebers vermieden und auch der Gesetzeszweck gewahrt werden, nämlich dass der Rechtsanwalt für eine Tätigkeit nicht doppelt honoriert wird.[71] § 15a Abs. 1 RVG macht deutlich, dass eine Anrechnung von Gebühr zu Gebühr zu erfolgen hat, sodass die Anrechnung einer zuvor vereinbarten Vergütung für die außergerichtliche Vertretung nicht infrage kommt, da keine vorgerichtliche Geschäftsgebühr entstanden ist, insbesondere aber scheidet die Anrechnung einer fiktiven Geschäftsgebühr aus.[72] 497

§ 15a Abs. 1 RVG regelt die Anrechnung im **Innenverhältnis** zwischen Rechtsanwalt und Mandant. Eine Anrechnung findet statt, sofern derselbe Gegenstand betroffen ist sowie ein zeitlicher und personeller Zusammenhang existiert, d.h. die gerichtliche Geltendmachung des Gegenstands darf nicht übermäßig lange nach der außergerichtlichen Vertretung liegen und es muss sich auch um Parteienidentität und denselben Rechtsanwalt handeln.[73] **Beide Gebühren** bleiben grundsätzlich **unangetastet** und der Rechtsanwalt hat die Wahl, welche Gebühr er fordert, ihm ist lediglich verwehrt, insgesamt mehr als den Betrag zu verlangen, der sich aus der Summe der beiden Gebühren nach Abzug des anzurechnenden Betrages ergibt.[74] § 15 Abs. 2 RVG betrifft die Anrechnung im **Verhältnis zu Dritten**, wobei Dritte auch die gegnerische Rechtsschutzversicherung oder aber die gegnerische Haftpflichtversicherung sein können (zur Staatskasse siehe → Rn. 677ff.).[75] Da die Gebühren unangetastet bleiben, muss im Falle der Kostenfestsetzung die volle Verfahrensgebühr festgesetzt werden, wenn dieses beantragt ist, auch wenn eine Geschäftsgebühr entstanden sein sollte. Sichergestellt werden muss nur, dass nicht mehr als die Summe der beiden Gebühren nach Abzug der Anrechnung tituliert wird, daher kann sich ein Dritter auf die Anrechnung berufen, wenn beide Gebühren im glei- 498

---

70 Art. 7 Abs. 4) Nr. 3 des Gesetzes zur Modernisierung von Verfahren im anwaltlichen und notariellen Berufsrecht, zur Errichtung einer Schlichtungsstelle der Rechtsanwaltschaft sowie zur Änderung sonstiger Vorschriften vom 30.7.2009 (BGBl. I S. 2449).
71 So die Begründung des Rechtsausschusses BT-Drs. 16/12717 S. 2, 68.
72 KG v. 5.2.2009 – 2 W 228/08 – AGS 2009, 213 m. Anm. *N. Schneider*; OLG Stuttgart v. 21.4.2009 – 8 WF 32/09 – FamRZ 2009, 1346 = AGS 2009, 214; HansOLG Bremen v. 20.2.2009 – 2 W 13/09 – OLGR Bremen 2009, 321 = AGS 2009, 215 m. Anm. *Schons*.
73 Ausführlich mit div. Berechnungsbeispielen *Jungbauer* in Bischof/Jungbauer, VV 2300 Rn. 206ff. sowie *Jungbauer*, RVG § 15a Rn. 29ff.
74 Begründung des Rechtsausschusses BT-Drs. 16/12717 S. 68.
75 *Jungbauer* in Bischof/Jungbauer, RVG § 15a Rn. 35.

chen (Kostenfestsetzungs-)verfahren gegen ihn geltend gemacht werden. Es handelt sich aber nicht um das gleiche Verfahren, wenn die Geschäftsgebühr im Hauptsacheverfahren als Nebenforderung geltend gemacht wurde und dann im Kostenfestsetzungsverfahren die volle Verfahrensgebühr in Ansatz gebracht wird, da das Kostenfestsetzungsverfahren ein selbstständiges, jedoch zur Instanz gehörendes Nachverfahren ist. Etwas anderes gilt, wenn eine der Gebühren bereits gegen den Dritten tituliert oder von ihm gezahlt worden ist.[76]

Beispiel:

Vertretung wegen Unterhalt

Der Rechtsanwalt vertritt die getrennt lebende Ehefrau bei der außergerichtlichen Geltendmachung ihres Trennungsunterhalts von 500,00 € monatlich.

Gegenstandswert: 6.000,00 €

12 × 500,00 €, §§ 23 Abs. 1 S. 1 RVG, 51 Abs. 1 S. 1 FamGKG.

Rechtsanwaltsvergütung für die außergerichtliche Vertretung

1,3 Geschäftsgebühr, §§ 2, 13 VV 2300 RVG	460,20 €
Auslagenpauschale VV 7002 RVG	20,00 €
Insgesamt	480,20 €
19 % Umsatzsteuer VV 7008 RVG	91,24 €
Vergütung	571,44 €

Da der Ehemann auf die außergerichtliche Geltendmachung des Unterhalts nicht reagiert und sich weder zahlungs- noch einigungsbereit zeigt, wird Antrag auf Durchführung des gerichtlichen Unterhaltsverfahrens gestellt.

Das Verfahren endet nach mündlicher Verhandlung durch eine Endentscheidung. Die Kosten des Verfahrens werden dem Antragsgegner auferlegt.

Rechtsanwaltsvergütung für die gerichtliche Vertretung unter Anrechnung der Geschäftsgebühr

1,3 Verfahrensgebühr, §§ 2, 13 VV 3100 RVG Abzüglich 0,65 Geschäftsgebühr VV 2300 = restliche Verfahrensgebühr	460,20 € 230,10 € **230,10 €**
1,2 Terminsgebühr, §§ 2, 13 VV 3104 RVG	424,80 €
Auslagenpauschale VV 7002 RVG	20,00 €
Insgesamt	674,90 €
19 % Umsatzsteuer VV 7008 RVG	128,23 €
Vergütung	803,13 €

---

76 BT-Drs. 16/12717 S. 68.

Vertritt der Rechtsanwalt **mehrere Auftraggeber** in derselben Angelegenheit wegen desselben Gegenstands, wird auch die Geschäftsgebühr nach VV 1008 pro weiterem Auftraggeber erhöht. In Literatur und Rechtsprechung bestand Streit,[77] wie bei einer erhöhten Geschäfts- und Verfahrensgebühr die Anrechnung zu erfolgen hat. So wurde die Auffassung vertreten, dass die Erhöhung nicht zu berücksichtigen sei oder aber die Erhöhung einer besonderen Behandlung bedarf, wobei dann die Hälfte der jeweiligen Erhöhung pro Auftraggeber – also 0,15 – Berücksichtigung finden soll. Die überwiegende Meinung ging jedoch davon aus, dass die erhöhte Geschäftsgebühr auf die erhöhte Verfahrensgebühr anzurechnen ist, dabei aber auch nur mit einem Höchstsatz von 0,75. Begründet wird diese Auffassung damit, dass die Erhöhung eben keine eigenständige Gebühr darstellt, sondern dem Wortlaut der Norm entsprechend die jeweilige Geschäfts- bzw. Verfahrensgebühr erhöht wird.[78] Klärung soll nun die durch das 2. KostRMoG eingefügte Anmerkung Abs. 4) zu VV 1008 RVG bringen.[79] Danach soll im Fall der Anmerkung zu den Gebühren 2300 und 2302 sich der Gebührensatz oder Betrag dieser Gebühren entsprechend erhöhen. Klartext: Angerechnet wird die Hälfte der erhöhten Geschäftsgebühr, maximal aber 0,75.

499

Beispiel:

Anrechnung bei erhöhter Verfahrensgebühr

Der Rechtsanwalt vertritt vier Auftraggeber sowohl außergerichtlich als auch im folgenden gerichtlichen Verfahren.

Der Gegenstandswert beträgt 7.000,00 €.

Die erhöhte Geschäftsgebühr berechnet sich nach einem Gebührensatz von 2,2 (1,3 plus 0,9 für 3 weitere Auftraggeber) und ergibt eine Summe von 891,00 € zzgl. Auslagen.

Die erhöhte Verfahrensgebühr entsteht in gleicher Höhe, allerdings ist nun lediglich eine 0,75 Geschäftsgebühr anzurechnen.

Das ergibt folgende Berechnung:

2,2 Verfahrensgebühr, §§ 2, 13 VV 3100, 1008 RVG	891,00 €
Abzüglich 0,75 Geschäftsgebühr VV 2300	303,75 €
= restliche Verfahrensgebühr	587,25 €

Bei identischen Gegenständen ist eine Anrechnung so vorzunehmen, wie oben dargestellt. Was ist aber, wenn die außergerichtliche Vertretung

500

---

77 Ausführlich *Jungbauer* in Bischof/Jungbauer, VV 2300 Rn. 239 ff.
78 Siehe hierzu KG v. 29.7.2008 – 1 W 73/08 – KGR Berlin 2008, 669 = Rpfleger 2008, 669.
79 Art. 8 Abs. 2 Nr. 5 des 2. KostRMoG.

sich auf Scheidung und nachehelichen Unterhalt bezog, die gerichtliche Vertretung dann aber nur die Scheidung betrifft, da der Unterhalt zuvor außergerichtlich anerkannt worden ist? In diesem Fall liegen **keine identischen Gegenstände** vor, denn der Gegenstandswert des gerichtlichen Verfahrens ist geringer als der der außergerichtlichen Vertretung. Oder der Gegenstandswert des gerichtlichen Verfahrens ist höher als der Wert der außergerichtlichen Vertretung, weil in das Verbundverfahren noch weitere Familiensachen aufgenommen werden. Ganz überwiegend wird in beiden Fällen die Auffassung vertreten, dass eine Anrechnung aus dem Wert, der in das gerichtliche Verfahren übergegangen ist, zu erfolgen hat,[80] während ganz vereinzelt auch die Meinung vertreten wird, dass die Gegenstandswerte ins Verhältnis zu setzen sind.[81]

Zur Bewertung der Ehesache siehe → Rn. 61 ff. und bei Ehegattenunterhalt siehe → Rn. 119 ff.

Außergerichtliche Vertretung

Gegenstandswert: 26.000,00 €
Der Wert der Ehesache soll mit 20.000,00 € angesetzt werden, §§ 23 Abs. 1 S. 1 RVG, 43 Abs. 1, 2 FamGKG. Für den geforderten Unterhalt von 500,00 € monatlich ergibt sich folgende Berechnung: 12 × 500,00 € = 6.000,00 €, §§ 23 Abs. 1 S. 1 RVG, 51 Abs. 1 S. 1 FamGKG. Beide Werte sind zusammenzurechnen, §§ 22 Abs. 1 S. 1 RVG.

Rechtsanwaltsvergütung für die außergerichtliche Vertretung

1,3 Geschäftsgebühr, §§ 2, 13 VV 2300 RVG	1.121,90 €
Auslagenpauschale VV 7002 RVG	20,00 €
Insgesamt	1.141,90 €
19 % Umsatzsteuer VV 7008 RVG	216,96 €
Vergütung	1.358,86 €

Anrechnung der Geschäftsgebühr – geringerer Wert des gerichtlichen Verfahrens

Gegenstandswert: 20.000,00 €
Nur die Ehesache wird gerichtlich anhängig.

---

80 KG v. 13.1.2009 – 1 W 496/08 – KGR Berlin 2009, 268 = AGS 2009, 168 m. Anm. *N. Schneider*; *Jungbauer* in Bischof/Jungbauer, VV 2300 Rn. 212.
81 Nachweis bei *Jungbauer* in Bischof/Jungbauer, VV 2300 Rn. 212.

1,3 Verfahrensgebühr VV 3100 aus 20.000,00 € Abzüglich 0,65 Geschäftsgebühr VV 2300 ebenfalls aus 20.000,00 € = restliche Verfahrensgebühr	964,60 € 482,30 € **482,30 €**
1,2 Terminsgebühr, §§ 2, 13 VV 3104 RVG	890,40 €
Auslagenpauschale VV 7002 RVG	20,00 €
Insgesamt	1.392,70 €
19 % Umsatzsteuer VV 7008 RVG	264,61 €
Vergütung	1.657,31 €

Ist der **Gebührensatz** des gerichtlichen Verfahrens **niedriger** als die hälftige Geschäftsgebühr, dann erfolgt die Anrechnung auch höchstens bis zur Höhe der geringeren Verfahrensgebühr.

501

Beispiel:
Niedrigerer Gebührensatz für gerichtliches Verfahren
Rechtsanwalt vertritt die Mandantin außergerichtlich bei der Geltendmachung eines Unterhaltsrückstandes in Höhe von 6.000,00 €.
Gegenstandswert: 6.000,00 €

Rechtsanwaltsvergütung für die außergerichtliche Vertretung

1,3 Geschäftsgebühr, §§ 2, 13 VV 2300 RVG	460,20 €
Auslagenpauschale VV 7002 RVG	20,00 €
Insgesamt	480,20 €
19 % Umsatzsteuer VV 7008 RVG	91,24 €
Vergütung	571,44 €

Der Rechtsanwalt erhält Verfahrensauftrag, der Auftrag erledigt sich jedoch, bevor er die Antragsschrift bei Gericht einreichen konnte (→ Rn. 464). Damit ist der Gebührentatbestand VV 3101 Nr. 1 RVG erfüllt, die Verfahrensgebühr entsteht mit einem Gebührensatz von 0,8.

Anrechnung der Geschäftsgebühr bei niedrigerem Gebührensatz für gerichtliches Verfahren

0,8 Verfahrensgebühr VV 3101 Nr. 1 RVG Abzüglich 0,65 Geschäftsgebühr VV 2300 = restliche Verfahrensgebühr	283,20 € 230,10 € 53,10 €
Auslagenpauschale VV 7002 RVG[82]	20,00 €
Insgesamt	73,10 €
19 % Umsatzsteuer VV 7008 RVG	13,89 €
Vergütung	86,99 €

Variante:

Der Anspruch soll im gerichtlichen Mahnverfahren geltend gemacht werden und erledigt sich jedoch, bevor der verfahrenseinleitende Antrag oder einen Schriftsatz, der Sachanträge, Sachvortrag oder die Zurücknahme des Antrags enthält, eingereicht wurde. Damit wird nur eine 0,5 Verfahrensgebühr nach VV 3306 RVG fällig.

Anrechnung bei Gebührensatz von weniger als der Hälfte der Geschäftsgebühr

0,5 Verfahrensgebühr VV 3306 Abzüglich 0,65 Geschäftsgebühr VV 2300 = restliche Verfahrensgebühr	177,00 € 230,10 € 0,00 €
Auslagenpauschale VV 7002 RVG	20,00 €
Insgesamt	20,00 €
19 % Umsatzsteuer VV 7008 RVG	3,80 €
Vergütung	23,80 €

In diesem Fall kann nicht mehr angerechnet werden, als die 0,5 Verfahrensgebühr auch ausmacht, da die Anrechnung nicht hinsichtlich anderer Gebühren oder der Auslagen erfolgt.

3. Berücksichtigung der Anrechnung in der Kostenfestsetzung

502   Vor der Einführung des § 15a RVG war höchst strittig, ob die Anrechnung einer außergerichtlich entstandenen Gebühr grundsätzlich und somit auch im **Kostenfestsetzungsverfahren** zu erfolgen hat. Nach der Rechtsprechung des BGH[83] sollte die **Anrechnung stets** erfolgen; das sollte sogar

---

82 Pauschale beträgt 20 % der Gebühren höchstens 20,00 €, die Verfahrensgebühr vor Anrechnung ist hierbei ausschlaggebend, sodass 20,00 € Pauschale zu berücksichtigen sind.

83 BGH v. 22.1.2008 – VIII ZB 57/07 – AGS 2008, 158 = RVGreport 2008, 148 m. Anm. *Hansens* = NJW 2008, 1323; BGH v. 30.4.2008 – III ZB 8/08 – FamRZ 2008, 1346

gelten, wenn zugunsten der erstattungsberechtigten Partei gar kein materiell-rechtlicher Erstattungsanspruch gegen den im Prozess unterlegenen Gegner vorhanden war, die Geschäftsgebühr nicht geltend gemacht wurde oder sie auch nicht tituliert war und sie nicht vom Gegner bezahlt worden war.[84] Die Neuregelung stellt dieses in § 15a RVG nun genauso klar, wie die Frage, in welcher Höhe die Gebühren entstehen und ob auch Dritte sich auf die Anrechnung berufen können.

Im Kostenfestsetzungsverfahren ist die Anrechnung nach zutreffender Auffassung nur zu berücksichtigen, wenn bereits eine Titulierung erfolgt ist und somit eine **doppelte Titulierung verhindert** werden soll oder wenn der Erstattungsgegner die Geschäftsgebühr unstreitig gezahlt hat. Diese Auffassung hatte zumindest der 1. Zivilsenat des KG bis zum Schluss noch vertreten,[85] nachdem die meisten Obergerichte schließlich sich der Meinung des BGH gebeugt hatten. Der Gesetzgeber hat dem KG nun Recht gegeben und die Anrechnung entsprechend gesetzlich geregelt.

503

= Rpfleger 2008, 533 = RVGreport 2008, 271; ausführliche Zusammenstellung bei *Jungbauer* in Bischof/Jungbauer, RVG § 15a Rn. 6 ff.

84 Bis zum Schluss anderer Auffassung das KG, das weiterhin die Rechtsbeschwerde zuließ und sich der BGH-Rechtsprechung verweigerte – so z. B. KG v. 31.3.2008 – 1 W 111/08 – KGR Berlin 2008, 216 = RVGreport 2008, 192 (*Hansens*) = AGS 2008, 216 sowie KG v. 4.11.2008 – 1 W 395/08 – KGR Berlin 2009, 135 = AGS 2009, 53 = NJW-RR 2009, 427.

85 KG v. 4.11.2008 – 1 W 395/08 – KGR Berlin 2009, 135 = AGS 2009, 53 = NJW-RR 2009, 427.

C. Gerichtliche Vertretung in Familiensachen

I. Ehesachen und Verbundverfahren

1. Ehesachen

504 Die Ehesachen (→ Rn. 59) gehören zu den Familiensachen gem. § 111 Nr. 1 FamFG und damit zu den Zivilsachen nach § 13 GVG.[86] Die Gebühren des Rechtsanwalts in Zivilsachen berechnen sich für das gerichtliche Verfahren nach Teil 3 des VV RVG, wobei es keine Unterscheidung mehr zwischen streitigen Familiensachen oder Verfahren der freiwilligen Gerichtsbarkeit gibt.[87] Zur Wertberechnung in Ehesachen siehe → Rn. 61 ff.

Beispiel:

Ehesache (Ausgangsfall)

Antragstellerin – vertr. durch Rechtsanwalt – reicht beim FamG den Scheidungsantrag ein, dieser enthält auch den Hinweis, dass ein Versorgungsausgleich nicht durchzuführen ist, da die Ehe weniger als 3 Jahre bestand und ein entsprechender Antrag deshalb nicht gestellt wird, § 3 Abs. 3 VersAusglG. Aus der Ehe ist eine gemeinsame Tochter hervorgegangen.

Für den Antragsgegner meldet sich ebenfalls ein Rechtsanwalt.

Nach mündlicher Verhandlung, für die das Gericht das persönliche Erscheinen der Ehegatten angeordnet hatte (§ 128 Abs. 1 FamFG) und in der auch die elterliche Sorge hinsichtlich des Kindes erörtert wurde (§ 128 Abs. 2 FamFG), wird die Ehe durch Endentscheidung antragsgemäß geschieden; die Kosten werden gegeneinander aufgehoben, § 150 Abs. 1 FamFG.

Der Verfahrenswert für die Scheidung wird auf 20.000,00 € festgesetzt.

Gem. § 23 Abs. 1 S. 1 bzw. § 33 Abs. 1 RVG gilt der Wert auch für die Berechnung der Rechtsanwaltsgebühren.

Gebühren und Auslagen nach RVG	Gegenstandswert in €	Beträge in €
1,3 Verfahrensgebühr, §§ 2, 13 VV 3100	20.000,00	964,60
1,2 Terminsgebühr, §§ 2, 13 VV 3104	20.000,00	890,40
Auslagenpauschale VV 7002		20,00
Insgesamt		1.875,00
19% Umsatzsteuer VV 7008		356,25
Vergütung		2.231,25

---

[86] In der Fassung des Art. 22 Nr. 2 FGG-RG.
[87] Siehe hierzu *Groß*, FPR 2012, 263 ff.

Für das Betreiben des Geschäfts hat sich der Rechtsanwalt eine 1,3 **Verfahrensgebühr** nach VV 3100 verdient. Die Wahrnehmung des gerichtlichen Termins hat zusätzlich die 1,2 **Terminsgebühr** nach VV 3104 ausgelöst. Beide Gebühren wurden nach dem Gegenstandswert der Scheidung berechnet. Es stellt sich jetzt die Frage, ob die **Erörterung** der **elterlichen Sorge** nach § 128 Abs. 2 FamFG (früher § 613 Abs. 1 S. 2 ZPO a. F.) Einfluss auf den Gegenstandswert oder auf die Gebühren hat. Da die elterliche Sorge nicht anhängig ist, kommt eine Erhöhung des Gegenstandswertes nicht in Betracht.[88] Auch der Anfall einer Terminsgebühr kommt nicht infrage, da die Erörterung von nicht anhängigen Gegenständen nicht so ohne Weiteres eine Terminsgebühr entstehen lässt. Hier müssten dann schon Einigungsverhandlungen geführt werden oder die Besprechung müsste auf die Vermeidung oder Erledigung eines Sorgerechtsverfahrens gerichtet sein (→ Rn. 469), was aber im Falle der Anhörung nach § 128 Abs. 2 FamFG nicht erfüllt ist.

505

Bei bestimmter Verfahrenslage könnte es aber zu einer **Verringerung der Terminsgebühr** kommen. Nach VV 3105 RVG entsteht eine (nur) 0,5 Terminsgebühr für die Wahrnehmung nur eines Termins, in dem eine Partei oder ein Beteiligter nicht erschienen oder nicht ordnungsgemäß vertreten ist und lediglich ein Antrag auf Versäumnisurteil, Versäumnisentscheidung oder zur Prozess- oder Sachleitung gestellt wird.

506

Beispiel:

Säumnis der Antragstellerin

Fortführung obigen Falles (Rn. 504). Im Termin zur mündlichen Verhandlung erscheinen weder die Antragstellerin noch deren Rechtsanwalt. Der Antragsgegner und sein Rechtsanwalt sind ordnungsgemäß erschienen. Das Gericht erlässt auf Antrag des Erschienenen eine Versäumnisentscheidung des Inhalts, dass der Scheidungsantrag als zurückgenommen gilt.

Kann der Rechtsanwalt des Antragsgegners eine 1,2 oder eine 0,5 Terminsgebühr geltend machen?

Die Folgen der **Säumnis des Antragstellers** sind in § 130 Abs. 1 FamFG geregelt. Für diese Konstellation ist die bislang nach § 632 Abs. 4 ZPO a. F. nur für Feststellungsverfahren geltende Regelung für alle Ehesachen übernommen worden, wonach eine Versäumnisentscheidung dahin zu erlassen ist, dass der **Antrag als zurückgenommen gilt.** Da in Ehesachen ein erhöhtes Interesse an einer materiell richtigen Entscheidung besteht, soll allein aufgrund des Umstands der Säumnis keine grundsätzlich

507

---

[88] KG v. 25.9.2003 – 19 WF 265/03 – KGR Berlin 2004, 344 = FamRZ 2004, 1739; OLG Köln v. 17.6.2003 – 4 WF 64/03 – FamRZ 2004, 1739; siehe auch *Müller-Rabe*, FamRZ 2000, 137 ff.

der materiellen Rechtskraft fähige Entscheidung ergehen.[89] Nach jetzt geltendem Recht kommt es in der ersten Instanz unter keinen Umständen zu einer Versäumnisentscheidung nach §§ 330, 331 ZPO.[90] Da die Gegenseite nicht erschienen und auch nicht ordnungsgemäß vertreten war, erhält der Antragsgegner-Vertreter nur die 0,5 Terminsgebühr VV 3105 RVG.

Zu einem anderen Ergebnis muss man jedoch kommen, wenn **beide** Beteiligte und deren **Verfahrensbevollmächtigte erschienen** sind, aber auf einen rechtlichen Hinweis des Gerichts teilt der Antragsteller-Vertreter mit, dass er heute nicht auftrete. Beide Rechtsanwälte erhalten in diesem Fall die 1,2 Terminsgebühr nach VV 3104, da nach VV 3105 Abs. 3 RVG ausdrücklich § 333 ZPO für nicht anwendbar erklärt ist. Gleiches gilt, wenn beide Rechtsanwälte anwesend sind und einer stellt lediglich einen Antrag auf **Vertagung**. Nur wenn der Gegner nicht anwesend oder nicht anwaltlich vertreten wäre, dann würde der anwesende Rechtsanwalt im Falle eines Prozess- oder Sachleitungsantrags nur die 0,5 Terminsgebühr nach VV 3105 erhalten.[91]

Beispiel:

Einverständliche Scheidung

Antragstellerin – vertr. durch Rechtsanwalt – reicht beim FamG den Scheidungsantrag ein, dieser enthält auch den Hinweis, dass ein Versorgungsausgleich nicht durchzuführen ist, da die Ehe weniger als 3 Jahre bestand und ein entsprechender Antrag deshalb nicht gestellt wird, § 3 Abs. 3 VersAusglG. Außerdem wird mitgeteilt, dass der Ehemann der Scheidung zustimmen wird. Aus der Ehe sind keine gemeinsamen Kinder hervorgegangen.

In der mündlichen Verhandlung, für die das Gericht das persönliche Erscheinen der Ehegatten angeordnet hatte (§ 128 Abs. 1 FamFG) stimmt der Antragsgegner – der nicht anwaltlich vertreten ist – der Scheidung zu. Die Ehe wird durch Endentscheidung antragsgemäß geschieden; die Kosten werden gegeneinander aufgehoben, § 150 Abs. 1 FamFG.

508   Im Falle der **einverständlichen Scheidung** ist in der Regel nur der Antragsteller anwaltlich vertreten, da es der Vertretung durch einen Rechtsanwalt nicht bedarf für die Zustimmung zur Scheidung und zur Rücknahme des Scheidungsantrags und für den Widerruf der Zustimmung zur Scheidung, § 114 Abs. 4 Nr. 3 FamFG. Gem. § 134 Abs. 1 FamFG kann die Zustimmung zur Scheidung und zur Rücknahme des Scheidungsantrags auch zur Niederschrift der Geschäftsstelle oder in der mündlichen Verhandlung zur Niederschrift des Gerichts erklärt werden. Diese Regelung ist in ihrem

---

89 So die Gesetzesbegründung BT-Drs. 16/6308 S. 228.
90 MüKoFamFG/*Hilbig-Lugani*, § 130 Rn. 3.
91 Zum Gegenstandswert in diesem Fall siehe *Bischof* in Bischof/Jungbauer, VV 3105 Rn. 31 ff. (voller Gegenstandswert).

Geltungsbereich über die bisherige einverständliche Scheidung hinaus sogar auf **alle Scheidungsverfahren** ausgedehnt worden, um den Ehegatten eine Möglichkeit der Reduzierung der Verfahrenskosten zu geben, indem der Antragsgegner der Scheidung zu Protokoll der Geschäftsstelle oder in der mündlichen Verhandlung zustimmt.[92] Nach neuem Recht ist eine Regelung über bestimmte Scheidungsfolgen nicht mehr Voraussetzung für das Eingreifen der unwiderlegbaren Vermutung für das Scheitern der Ehe gem. § 1566 Abs. 1 BGB. Das FamG kann in Fällen, in denen die Ehegatten seit mindestens einem Jahr getrennt leben und beide der Scheidung zustimmen, ohne aber eine Regelung über die Scheidungsfolgen getroffen zu haben, kraft dieser Vermutung das Scheitern der Ehe feststellen und die Scheidung aussprechen. Im vorliegenden Beispiel handelt es sich **nicht** um einen **Fall der Säumnis** der Gegenseite, sodass der Gebührentatbestand VV 3105 RVG nicht einschlägig ist und der Rechtsanwalt des Antragstellers die 1,2 Terminsgebühr nach VV 3104 RVG verlangen kann.

Die Einigungsgebühr entsteht nach VV 1000 Abs. 5 RVG ausdrücklich nicht in **Ehesachen** und in **Lebenspartnerschaftssachen** gem. § 269 Abs. 1 Nr. 1, 2 FamFG, da die Eheleute über diesen Verfahrensgegenstand nicht disponieren können. Allerdings kann der Antrag im Falle einer Aussöhnung wieder zurückgenommen werden. In diesem Fall kann unter bestimmten Voraussetzungen der Rechtsanwalt eine **Aussöhnungsgebühr** nach VV 1001 RVG erhalten. Voraussetzung ist, dass der ernsthafte Wille eines Ehegatten hervorgetreten ist, ein Scheidungsverfahren anhängig zu machen. Dabei ist die Anhängigkeit jedoch nicht erforderlich, denn der ernsthafte Wille kann bereits vor Einreichung des Antrags bei Gericht vorhanden sein. Dafür ist es ausreichend, dass ein Ehegatte dieses seinem Rechtsanwalt gegenüber verlautbart hat.[93] Weitere Voraussetzung ist jedoch, dass sie die eheliche Lebensgemeinschaft wieder fortsetzen, wovon man ausgeht, wenn der Scheidungsantrag zurückgenommen wird und die Eheleute wieder zusammenleben. Hoch sind jedoch die Anforderungen der Rechtsprechung für die weitere Voraussetzung für den Anfall der Gebühr – die **Mitwirkung des Rechtsanwalts** bei der Aussöhnung. Der Rechtsanwalt muss sich nämlich erfolgreich durch Beratung bemüht haben, die Aussöhnung herbeizuführen. Dabei reicht eine allgemeine Tätigkeit des Rechtsanwalts zum Zeitpunkt der Aussöhnung nicht aus, wie z. B. die rein verfahrenstechnische Umsetzung der Aussöhnung durch Rücknahme des Scheidungsantrags. Wohl aber ausreichend ist die Förderung der Versöhnungsbereitschaft des Auftraggebers durch entsprechende Beratung.[94]

---

92 So die Gesetzesbegründung BT-Drs. 16/6308 S. 228/229; siehe auch MüKoFamFG/*Heiter*, § 134 Rn. 12.
93 *Jungbauer* in Bischof/Jungbauer, VV 1001 Rn. 12.
94 *Jungbauer* in Bischof/Jungbauer, VV 1001 Rn. 21.

510 Die **Höhe der Aussöhnungsgebühr** ist zum einen abhängig vom Wert der Ehesache, denn nur dafür kann die Aussöhnungsgebühr entstehen und dann auch davon, ob die Ehesache bereits anhängig ist oder nicht. Nur bei nicht anhängiger Ehesache kann die Aussöhnungsgebühr mit einem Gebührensatz von 1,5 nach VV 1001 neben der Geschäftsgebühr VV 2300 RVG entstehen. Ist die Ehesache schon anhängig, dann beträgt der Gebührensatz in der ersten Instanz 1,0 nach VV 1003 und in der zweiten Instanz 1,3 nach VV 1004.

2. Rechtsmittelverfahren in Ehesachen

511 Nach altem Recht war die Gebührenberechnung in Rechtsmittelverfahren genauso unübersichtlich wie das Rechtsmittelsystem in Familiensachen. Im ZPO-Verfahren galten die Rechtsmittel der Beschwerde, Berufung und Revision und in FGG-Verfahren die befristete Beschwerde. Nun gilt für alle Familiensachen einschließlich Ehesachen und der Familienstreitsachen das Rechtsmittelsystem des FamFG (§§ 58 bis 75), allerdings u.U. durch im Gesetz enthaltene Sondervorschriften (z. B. §§ 117, 184 FamFG) ergänzt.[95] Das FamFG kennt nur das Rechtsmittel der Beschwerde, der Rechtsbeschwerde und der Sprungrechtsbeschwerde (→ Rn. 244 ff.). Dementsprechend wurden auch die Gebührentatbestände des VV RVG angepasst. Zum Gegenstandswert in Rechtsmittelverfahren siehe → Rn. 256 ff.

a) Beschwerde gegen die Endentscheidung

512 Die Gebührentatbestände u.a. für die Beschwerden finden sich im Abschnitt 2 des Teils 3 des VV RVG,[96] wobei nach Vorbem. 3.2.1 Nr. 2b) die Nr. 3200 bis 3203 VV RVG in Verfahren über Beschwerden gegen die Endentscheidungen wegen des Hauptgegenstandes[97] in Familiensachen und in den Angelegenheiten der freiwilligen Gerichtsbarkeit zur Anwendung kommen. Die Gebührensystematik ist ähnlich wie in der ersten Instanz: Für das Betreiben des Geschäfts erhält der Rechtsanwalt eine **1,6 Verfahrensgebühr VV 3200** und bei bestimmter sehr früher Beendigung des Verfahrens hat die Verfahrensgebühr nur einen Gebührensatz von 1,1 (→ Rn. 464) nach VV 3201 RVG. Die **Terminsgebühr** nach VV 3202 ist mit einem Satz von 1,2 genauso hoch wie in der ersten Instanz, die Anmerkung zu VV 3104 gilt auch entsprechend. VV 3203 sieht ebenfalls wie VV 3105 eine 0,5 Terminsgebühr für die Wahrnehmung nur eines Termins vor, in dem eine Partei oder ein Beteiligter, im Berufungsverfahren der Berufungskläger, im Beschwerdeverfahren der Beschwerdeführer, nicht

---

95 Ausführlich *Zimmermann,* FamFG, Rn. 144 ff.
96 Ausdrücklich nicht anwendbar ist der Abschnitt 5 – siehe Vorbem. 3.5 VV RVG.
97 Eingefügt durch Art. 8 Abs. 2 Nr. 33 des 2. KostRMoG.

erschienen oder nicht ordnungsgemäß vertreten ist und lediglich ein Antrag auf Versäumnisurteil, Versäumnisentscheidung oder zur Prozess- oder Sachleitung gestellt wird.

Beispiel:

Beschwerde in Ehesache
Die Ehe der Parteien wird gemäß dem Antrag des Mannes durch Endentscheidung geschieden. Der Verfahrenswert wird durch das FamG auf 20.000,00 € festgesetzt.
Die Frau berät sich mit ihrem Anwalt darüber, ob die Einlegung der Beschwerde Erfolg haben könnte. Nach Prüfung rät der Rechtsanwalt von der Einlegung des Rechtsmittels ab.

Die Prüfung der Erfolgsaussicht eines Rechtsmittels stellt grundsätzlich eine neue Angelegenheit gem. § 17 Nr. 1 RVG dar. Hinsichtlich der Gebühren kommt es jedoch darauf an, welchen Auftrag der Rechtsanwalt von seinem Mandanten erhalten hat. Für jeden Rat im Zusammenhang mit der Prüfung der **Erfolgsaussicht eines Rechtsmittels** kann der Rechtsanwalt grundsätzlich eine Gebühr nach **VV 2100 RVG** erheben. Die Gebühr ist eine Rahmengebühr, deren Satzspanne von 0,5 bis 1,0 geht. War der Anwalt bisher noch nicht für den Mandanten tätig und soll er ohne Vertretungsauftrag für das Rechtsmittelverfahren die Erfolgsaussicht prüfen, ist das ebenso ein Fall von VV 2100 RVG, wie die oben geschilderte Ausgangslage, wonach der Auftrag lediglich in der Prüfung der Erfolgsaussicht besteht.[98] War er schon in erster Instanz tätig und hat den Auftrag, das Rechtsmittel einzulegen und wird nun nach der Erfolgsaussicht gefragt, dann gehört diese Tätigkeit schon zum Rechtsmittelzug, sodass er die Gebühren nach VV 3200 ff. verlangen kann.[99] Aus dem Gebührensatzrahmen von 0,5 bis 1,0 ergibt sich eine Mittelgebühr von 0,75. Die jeweilige Gebührenhöhe bestimmt sich nach § 14 RVG (→ Rn. 494).

513

Rechtsanwaltsvergütung für die Prüfung der Erfolgsaussicht

Gebühren und Auslagen nach RVG	Gegenstandswert in €	Beträge in €
0,75 Prüfungsgebühr, §§ 2, 13 VV 2100	20.000,00	556,50
Auslagenpauschale VV 7002		20,00
Insgesamt		576,50
19% Umsatzsteuer VV 7008		109,54
Vergütung		686,04

---

98 *Jungbauer* in Bischof/Jungbauer, VV 2100 Rn. 4.
99 *Jungbauer* in Bischof/Jungbauer, VV 2100 Rn. 5.

514 Nach der Anm. zu VV 2100 ist die **Prüfungsgebühr** auf eine Gebühr für das Rechtsmittelverfahren **anzurechnen**. Damit kann nach allgemeiner Meinung aber nur die Verfahrensgebühr des Rechtsmittelverfahrens gemeint sein, denn eine Anrechnung auf Termins- oder sonstige Gebühren widerspräche dem üblichen Anrechnungssystem.[100]

Variante:
Auf Anraten des Rechtsanwalts wird ordnungsgemäß Beschwerde eingelegt. Die Beschwerde wird jedoch nach mündlicher Verhandlung durch Endentscheidung als unbegründet zurückgewiesen. Die Kosten des Verfahrens werden der Beschwerdeführerin auferlegt.

Rechtsanwaltsvergütung für das Beschwerdeverfahren unter Anrechnung der Prüfungsgebühr

Gebühren und Auslagen nach RVG	Gegenstandswert in €	Beträge in €
1,6 Verfahrensgebühr, §§ 2, 13 VV 3200	20.000,00	1.187,20
Abzüglich 0,75 Prüfungsgebühr VV 2100		556,50
= restliche Verfahrensgebühr		**630,70**
1,2 Terminsgebühr, §§ 2, 13 VV 3202		890,40
Auslagenpauschale VV 7002		20,00
Insgesamt		1.541,10
19 % Umsatzsteuer VV 7008		292,81
Vergütung		1.833,91

Weitere Variante ohne Anrechnung der Prüfungsgebühr:
Die Beschwerde wird zunächst ohne Sachantrag lediglich zur Fristwahrung eingelegt. Der Rechtsanwalt stellt eine begl. Abschrift der Schrift dem Rechtsanwalt der Gegenseite zu. Der gegnerische Rechtsanwalt beantragt daraufhin die Zurückweisung der Beschwerde. Vor Ablauf der Frist zur Begründung der Beschwerde gem. § 117 Abs. 1 FamFG nimmt der Beschwerdeführer das Rechtsmittel zurück. Welche Vergütung können beide Rechtsanwälte verlangen?

Rechtsanwaltsvergütung bei Rücknahme der Beschwerde
Endet das Rechtsmittelverfahren, ohne dass Rechtsmittelanträge eingereicht werden, ist die Beschwer für die Wertberechnung maßgebend, § 23 Abs. 1 S. 1 RVG, § 40 Abs. 1 S. 2 FamGKG.

---

100 *Jungbauer* in Bischof/Jungbauer, VV 2100 Rn. 32; Gerold/Schmidt/*Mayer*, VV 2100 Rn. 6.

Rechtsanwalt des Rechtsmittelführers

Gebühren und Auslagen nach RVG	Gegenstandswert in €	Beträge in €
1,6 Verfahrensgebühr, §§ 2, 13 VV 3200	20.000,00	1.187,20
Auslagenpauschale VV 7002		20,00
Insgesamt		1.207,20
19% Umsatzsteuer VV 7008		229,37
Vergütung		1.436,57

Hier stellt sich die Frage, ob der Rechtsanwalt des Gegners auch bereits eine 1,6 Verfahrensgebühr nach VV 3200 erhält. Er hat einen **Abweisungsantrag** eingereicht, obwohl der Beschwerdeführer seine Beschwerde noch gar nicht begründet hatte, deshalb kann er nur eine 1,1 Verfahrensgebühr VV 3201 Nr. 1 berechnen;[101] anders sieht es nur aus, wenn der Abweisungsantrag zwar verfrüht gestellt wird, später dann aber die Beschwerde ordnungsgemäß begründet wird.[102] Auch hinsichtlich der Erstattungsfähigkeit kommt es nicht auf die zeitliche Reihenfolge der jeweiligen Anträge an, deshalb kommt es auch nicht darauf an, wie das Verfahren später in der Hauptsache ausgeht.[103]

515

Rechtsanwalt des Antragsgegners

Gebühren und Auslagen nach RVG	Gegenstandswert in €	Beträge in €
1,1 Verfahrensgebühr, §§ 2, 13 VV 3201 Nr. 1	20.000,00	816,20
Auslagenpauschale VV 7002		20,00
Insgesamt		836,20
19% Umsatzsteuer VV 7008		158,88
Vergütung		995,08

b) Rechtsbeschwerden in Ehesachen

Gegen Beschwerdeentscheidungen ist die zulassungsabhängige **Rechtsbeschwerde** zum BGH gem. §§ 70 ff. FamFG statthaft (→ Rn. 250 ff.). Die Vertretungserfordernisse vor dem BGH sind in § 10 Abs. 4 FamFG geregelt, danach müssen sich die Beteiligten durch einen beim **Bundesgerichtshof zugelassenen Anwalt** vertreten lassen (§ 10 Abs. 4 S. 1). Daraus folgt, dass

516

---
101 BGH v. 3.7.2007 VI ZB 21/06 – FamRZ 2007, 1735 = Rpfleger 2007, 683; KG v. 10.7.2008 – 1 W 164/08 – KGR Berlin 2008, 970 AGS 2009, 196.
102 BGH v. 1.4.2009 – XII ZB 12/07 – FamRZ 2009, 1047 = NJW 2009, 2220.
103 BGH v. 23.10.2013 – V ZB 143/12 – FamRZ 2014, 196 = NJW-RR 2014, 185.

nach Vorbem. 3.2.2 Nr. 1a)[104] VV RVG in Verfahren über Rechtsbeschwerden in Familiensachen die Gebührentatbestände Nr. 3208 bis 3211 VV RVG gelten, denn dieser Unterabschnitt gilt für Rechtsbeschwerden in den in der Vorbem. 3.2.1 Nr. 2 genannten Fällen (→ Rn. 512). Auch hier ist die Gebührensystematik mit der der zweiten Instanz vergleichbar. Für das Betreiben des Geschäfts erhält der beim BGH zugelassene Rechtsanwalt eine **2,3 Verfahrensgebühr VV 3208** und bei bestimmter sehr früher Beendigung des Verfahrens hat die Verfahrensgebühr nur einen Gebührensatz von 1,8 nach VV 3209 RVG. Die **Terminsgebühr** nach VV 3210 ist mit einem Satz von 1,5 höher als in der ersten sowie zweiten Instanz, die Anmerkung zu VV 3104 gilt aber auch entsprechend. VV 3212 sieht ebenfalls wie VV 3105 bzw. 3203 eine geringere – nämlich 0,8 Terminsgebühr – für die Wahrnehmung nur eines Termins vor, in dem der Revisionskläger oder der Rechtsbeschwerdeführer nicht ordnungsgemäß vertreten ist und lediglich ein Antrag auf Versäumnisurteil, Versäumnisentscheidung oder zur Prozess- oder Sachleitung gestellt wird.

517 Bei dem durch § 75 FamFG neu eingeführten Verfahren auf Zulassung der **Sprungrechtsbeschwerde** (→ Rn. 255) handelt es sich nach § 16 Nr. 11 RVG[105] um dieselbe Angelegenheit mit dem Rechtsmittelverfahren, sodass der Rechtsanwalt dafür keine gesonderte Vergütung erhält. Für das Verfahrens über Zulassung eines Rechtsmittels gilt nach Vorbem. 3.2 Abs. 1 ebenfalls der Abschnitt 2 des Teils 3 VV RVG, sodass ggf. dieselben Gebühren anfallen wie im Verfahren über die Rechtsbeschwerde.

c) Zurückverweisung

518 Nach § 69 Abs. 1 FamFG hat das **Beschwerdegericht** in der Sache **selbst zu entscheiden,** es darf aber unter Aufhebung des angefochtenen Beschlusses die Sache an das Gericht des ersten Rechtszuges zurückverweisen, wenn dieses in der Sache noch nicht entschieden hat oder das Verfahren an einem wesentlichen Mangel leidet und zur Entscheidung noch umfangreiche oder aufwändige Beweiserhebung notwendig wäre und ein Beteiligter die **Zurückverweisung** beantragt.[106]

519 Soweit die **Rechtsbeschwerde** begründet ist, ist der angefochtene Beschluss aufzuheben, § 74 Abs. 5 FamFG. Der BGH entscheidet gem. § 74 Abs. 6 FamFG in der Sache selbst, wenn diese zur Endentscheidung reif ist. Andernfalls verweist er die Sache unter Aufhebung des angefochtenen Beschlusses und des Verfahrens zur anderweitigen Behandlung und Entscheidung an das Beschwerdegericht oder, wenn dies aus besonderen Gründen

---
104 Neu gefasst durch Art. 8 Abs. 2 Nr. 38 des 2. KostRMoG.
105 Vormals Nr. 13 – geändert durch Art. 47 Abs. 6 Nr. 5e) FGG-RG.
106 Ausführlich siehe MüKoFamFG/*Ansgar Fischer*, § 69 Rn. 36 ff.

geboten erscheint, an das Gericht des ersten Rechtszugs zurück. Das Gericht, an das die Sache zurückverwiesen ist, hat die rechtliche Beurteilung, die der Aufhebung zugrunde liegt, auch seiner Entscheidung zugrunde zu legen.

Nach § 21 Abs. 1 RVG ist im Falle der **Zurückverweisung** das weitere Verfahren vor Gericht für den Rechtsanwalt ein neuer Rechtszug mit der Folge, dass die Gebühren erneut entstehen. Allerdings ist hier die **Anrechnungsvorschrift** der Vorbem. 3 Abs. 6 VV RVG zu beachten, wonach die Verfahrensgebühr für das Ausgangsverfahren auf die Verfahrensgebühr des nachfolgenden Verfahrens nach Zurückverweisung anzurechnen ist. Wird das gesamte Verfahren zurückverwiesen, dann wird auch die Verfahrensgebühr aus dem vollen Gegenstandswert angerechnet; bei teilweiser Zurückverweisung ist nur eine Gebühr aus dem zurückverwiesenen Gegenstandswert zu berücksichtigen. Wegen der Berechnung siehe die vergleichbare Situation bei Anrechnung der Geschäftsgebühr → Rn. 499. 520

§ 21 Abs. 1 RVG ist jedoch nicht einschlägig, wenn seit dem Abschluss des erstinstanzlichen Verfahrens und der Zurückverweisung mehr als 2 Kalenderjahre vergangen sind, weil dann § 15 Abs. 5 S. 2 RVG gilt, wonach die weitere Tätigkeit als neue Angelegenheit anzusehen ist und die Anrechnung von Gebühren entfällt.[107]

3. Verbundverfahren

a) Erster Rechtszug

Scheidungssachen sowie Verfahren über die Aufhebung der Lebenspartnerschaft und deren jeweilige **Folgesachen** gelten für den Rechtsanwalt als dieselbe Angelegenheit, § 16 Nr. 4 RVG. Daraus folgt, dass der Rechtsanwalt die Gebühren nur einmal aus dem zusammengerechneten Gegenstandswert verlangen kann, § 15 Abs. 2 RVG.[108] Zum Wert im Verbundverfahren siehe → Rn. 194 ff. 521

Beispiel:

Verbundverfahren (Ausgangsfall)

Antragstellerin – vertr. durch einen Rechtsanwalt – beantragt die Scheidung und für den Fall der Scheidung,

1. die Übertragung der elterlichen Sorge für die gemeinsamen zwei Töchter auf sie sowie

---

107 *Jungbauer* in Bischof/Jungbauer, RVG, § 21 Rn. 42.
108 Siehe auch *von König*, FPR 2012, 267.

2. zu entscheiden, dass der Antragsgegner für die Kinder monatlichen Unterhalt von je 300,00 € zu zahlen hat.

Das Gericht setzt den Verfahrenswert für die Ehesache auf 23.500,00 € fest.

Das Verfahren über den Versorgungsausgleich wird von Amts wegen durchgeführt. Der Antrag enthält auch Sachvortrag zum Versorgungsausgleich. Ehemann und Ehefrau haben beide jeweils Anrechte aus der gesetzlichen Rentenversicherung sowie eine Riesterrente. Das Nettoeinkommen des Ehemannes beträgt mtl. 2.800,00 €, das der Ehefrau 1.900,00 €.

Die Verbundendentscheidung wird nach mündlicher Verhandlung antragsgemäß erlassen; die Kosten werden gegeneinander aufgehoben, § 150 Abs. 1 FamFG.

Gegenstandswert: 39.340,00 €, § 23 Abs. 1 S. 1 RVG i. V. m. § 44 Abs. 1 FamGKG

23.500,00 € Wertfestsetzung für die Scheidung (§ 32 Abs. 1 RVG) zzgl.

3.000,00 € Regelung der elterlichen Sorge (20 % des Wertes der Ehesache unabhängig von der Anzahl der Kinder, § 44 Abs. 2 FamGKG = 4.700,00 € jedoch höchstens 3.000,00 €) zzgl.

7.200,00 € Kindesunterhalt (§ 51 Abs. 1 S. 1 FamGKG) sowie

5.640,00 € für den Versorgungsausgleich berechnet nach dem 3-monatigen Nettoeinkommen von 14.100,00 €, davon 10 % für jedes Anrecht (§ 50 Abs. 1 FamGKG).

Gebühren und Auslagen nach RVG	Gegenstandswert in €	Beträge in €
1,3 Verfahrensgebühr, §§ 2, 13 VV 3100	39.340,00	1.316,90
1,2 Terminsgebühr, §§ 2, 13 VV 3104	39.340,00	1.215,60
Auslagenpauschale VV 7002		20,00
Insgesamt		2.525,50
19 % Umsatzsteuer VV 7008		484,98
Vergütung		3.037,48

522 Nach dem obigen Beispiel erhält der Rechtsanwalt sämtliche Gebühren aus dem Gesamtgegenstandswert. Allerdings kann es auch vorkommen, dass einzelne **Gebühren** nur aus einem **Teil des Gegenstandswertes** anfallen. Das ist insbesondere dann der Fall, wenn es sich um Aktgebühren wie die Terminsgebühr oder um Erfolgsgebühren wie die Einigungsgebühr handelt und diese Gebühren nur für die Ehesache oder für eine Folgesache anfallen. Dann erhält der Rechtsanwalt die Gebühr nur nach dem entsprechenden Gegenstand der anwaltlichen Tätigkeit, § 2 Abs. 1 RVG.

Beispiel:

Verbundverfahren – gerichtlicher Vergleich über Folgesache

Sachverhalt wie beim Beispiel (Rn. 521) zuvor.

Im Termin schließen die Beteiligten einen ordnungsgemäßen Vergleich, in dem sich der Antragsgegner zur Zahlung von Kindesunterhalt i. H. v. je 250,00 € verpflichtet.

Durch Verbundentscheidung wird über die Scheidung, die elterliche Sorge und den Versorgungsausgleich entschieden. Die Kosten auch hinsichtlich des gerichtlichen Vergleichs werden gegeneinander aufgehoben.

Gebühren und Auslagen nach RVG	Gegenstandswert in €	Beträge in €
1,3 Verfahrensgebühr, §§ 2, 13 VV 3100	39.340,00	1.316,90
1,2 Terminsgebühr, §§ 2, 13 VV 3104	39.340,00	1.215,60
1,0 Einigungsgebühr, §§ 2, 13 VV 1000, 1003	7.200,00	456,00
Auslagenpauschale VV 7002		20,00
Insgesamt		3.008,50
19 % Umsatzsteuer VV 7008		571,62
Vergütung		3.580,12

Die **Einigungsgebühr** entsteht für die Mitwirkung beim Abschluss eines Vertrages, durch den der Streit oder die Ungewissheit der Parteien über ein Rechtsverhältnis beseitigt wird, es sei denn, der Vertrag beschränkt sich ausschließlich auf ein Anerkenntnis oder einen Verzicht, VV 1000 Abs. 1 RVG. Die Voraussetzung ist durch einen gerichtlichen Vergleich (→ Rn. 11) grundsätzlich erfüllt. Zwar kann in Ehesachen keine Einigungsgebühr entstehen (→ Rn. 471), sehr wohl aber in Folgesachen, wie sich ausdrücklich aus VV 1000 Abs. 5 RVG ergibt. Hierin ist zwar nur der Unterhalt genannt, aber die Formulierung macht deutlich, dass es sich lediglich um ein Beispiel handelt. Der hier vorliegende Vergleich betrifft den geforderten Unterhalt, sodass eine Einigungsgebühr VV 1000, 1003 nach dem Wert des Unterhaltsanspruchs anfällt. Da es sich um anhängige Ansprüche handelt, beträgt der Gebührensatz aber nur 1,0 und nicht 1,5. 523

Wie sieht es aber aus, wenn zusätzlich **nicht anhängige Ansprüche** mit verglichen werden, was in Familiensachen recht häufig der Fall ist. 524

Beispiel:

Verbundverfahren – Variante Mehrvergleich

Sachverhalt wie im Ausgangsfall (Rn. 521).

Im Termin schließen die Parteien nach langer Erörterung einen ordnungsgemäßen Vergleich, in dem sich der Antragsgegner zur Zahlung von Kindesunterhalt i. H. v. je 250,00 € verpflichtet. Im Gegenzug räumt ihm die Antragstellerin ein großzügiges (genau bezeichnetes) Umgangsrecht mit den Kindern ein. Daraufhin nimmt die Antragstellerin den Antrag auf Sorgeregelung zurück.

Außerdem einigen sich die Beteiligten darüber, dass der Antragsgegner den von beiden Eheleuten überwiegend für familiäre Zwecke genutzten Pkw erhalten soll. Die Antragstellerin verpflichtet sich, das Fahrzeug herauszugeben.

Durch Verbundentscheidung wird über die Scheidung und den Versorgungsausgleich entschieden. Die Kosten auch hinsichtlich des gerichtlichen Vergleichs werden gegeneinander aufgehoben.

Gegenstandswert

Anhängige Ansprüche: 39.340,00 €, § 23 Abs. 1 S. 1 RVG i. V. m. § 44 Abs. 1 FamGKG

Nicht anhängige Ansprüche: 6.000,00 €, § 23 Abs. 1 S. 1 RVG i. V. m. § 44 Abs. 1 FamGKG

Hier ist zu berücksichtigen, dass in dem Vergleich auch nichtrechtshängige Ansprüche mit verglichen wurden, denn die Umgangsregelung und die Haushaltssache waren bisher nicht anhängig. Der Wert beträgt jeweils 3.000,00 €, § 44 Abs. 2 FamGKG. Die Haushaltssache[109] wird nach § 48 Abs. 2 FamGKG ebenfalls mit 3.000,00 € bewertet, da es sich um eine endgültige Regelung handelt. Beide Werte sind zusammenzurechnen, § 44 FamGKG findet laut Anm. I zu KV Nr. 1111 FamGKG Anwendung.

Gebühren und Auslagen nach RVG	Gegenstandswert in €	Beträge in €
1,3 Verfahrensgebühr, §§ 2, 13 VV 3100	39.340,00	1.316,90
0,8 Verfahrensgebühr, §§ 2, 13 VV 3101 Nr. 2	6.000,00	283,20
gem. § 15 Abs. 3 gekürzt	45.340,00	1.511,90
1,2 Terminsgebühr, §§ 2, 13 VV 3104	45.340,00	1.395,60
1,0 Einigungsgebühr, §§ 2, 13 VV 1000, 1003	7.200,00	456,00
1,5 Einigungsgebühr, §§ 2, 13 VV 1000	6.000,00	531,00
gem. § 15 Abs. 3 gekürzt	13.200,00	975,00
Auslagenpauschale VV 7002		20,00
Insgesamt		3.902,50
19 % Umsatzsteuer VV 7008		741,48
Vergütung		4.643,98

---

[109] Von beiden Ehegatten überwiegend für familiäre Zwecke genutzte Pkw stellen Hausrat dar – SaarlOLG v. 19.8.2009 – 9 W 257/09 – OLGR Saarbrücken 2009, 953; OLG Düsseldorf v. 23.10.2006 – 2 UF 97/06 – FamRZ 2007, 1325 = NJW 2007, 1001; KG v. 17.1.2003 – 13 UF 439/02 – FamRZ 2003, 1927.

Werden nicht anhängige Ansprüche mit verglichen, dann erhält der 525
Rechtsanwalt dafür nicht nur eine Einigungsgebühr, sondern auch die sog.
Differenzverfahrensgebühr nach VV 3101 Nr. 2 RVG.[110] Die Neufassung durch das 2. KostRMoG hat nur das klargestellt, was die meisten Kostenrechtler zuvor schon meinten, nämlich dass für einen sogenannten Mehrvergleich, d. h. für das Mitvergleichen von nicht anhängigen Ansprüchen lediglich eine 0,8 Verfahrensgebühr neben der 1,5 Einigungsgebühr nach Nr. 1000 VV RVG für diese Ansprüche entsteht.[111] Diese entsteht im obigen Sachverhalt aber nur nach einem Gebührensatz von 0,8 aus dem Gegenstandswert des Umgangsrechts (→ Rn. 202 ff.) sowie der Haushaltssache (→ Rn. 97 ff.). Da für das Verbundverfahren eine 1,3 Verfahrensgebühr nach VV 3100 entstanden ist, muss in diesem Fall § 15 Abs. 3 RVG beachtet werden, da für Teile des Gegenstands unterschiedliche Gebührensätze angefallen sind. Dabei sind zunächst die Einzelgebühren nach den jeweiligen Werten und Gebührensätzen zu ermitteln und dann mit der Gebühr aus dem Gesamtwert und dem höchstens Gebührensatz zu vergleichen. Nur der geringere Betrag ist dann zu erheben. Bei der Verfahrensgebühr ergibt der Abgleich nach § 15 Abs. 3 RVG eine Kürzung auf die 1,3 Gebühr aus dem zusammengerechneten Wert von 45.340,00 €.

Der nun vorliegende **Vergleich** betrifft den geforderten Unterhalt, die 526
Haushaltssache und das Umgangsrecht, sodass zu überlegen ist, ob auch alle Gegenstände für die Berechnung der **Einigungsgebühr** zugrunde zu legen sind, § 2 Abs. 1 RVG. Bei einigen familienrechtlichen Angelegenheiten ist es zumindest fraglich, ob die Beteiligten über den Gegenstand des Verfahrens selbst verfügen können und somit überhaupt in der Lage sind, einen die Einigungsgebühr auslösenden wirksamen Vertrag zu schließen. Nach altem Recht war umstritten, ob für eine **Umgangsregelung** oder auch für eine Einigung hinsichtlich der Regelung der **elterlichen Sorge** eine Einigungsgebühr überhaupt anfallen kann, da die Regelung über dieses Elternrecht weder eine endgültige noch eine verbindliche sein kann. Die h. M. in der Rechtsprechung war jedoch davon ausgegangen, dass eine Einigungsgebühr anfallen kann, wenn eine vergleichsweise Regelung getroffen wird.[112] Lediglich bei Verfahren nach § 1666 BGB (Entziehung der elterlichen Sorge wegen Kindeswohlgefährdung) lehnt die Rechtsprechung den Anfall der Gebühr ab, das es sich insoweit um die Ausübung des staat-

---

110 Wortlaut durch Art. 8 Abs.2 Nr. 27 b des 2. KostRMoG neu gefasst.
111 Ausführlich *Bischof* in Bischof/Jungbauer, VV 3101 Rn. 38 ff; Gerold/Schmidt/*Müller-Rabe*, VV 3101 Rn. 96; nun auch NK-GK/*Winkler*, RVG, VV 3101 Rn. 11 ff.; siehe auch *von König*, Zivilprozess- und Kostenrecht, Rn. 384 ff.
112 Siehe hierzu Gerold/Schmidt/*Müller-Rabe*, 18. Auflage 2008, VV 1000 Rn. 66 ff.

lichen Wächteramtes handele und eine Einigung der Beteiligten keine Bindung für das Gericht entfalte.[113]

Dieser Auffassung hat sich der Gesetzgeber angeschlossen und in VV 1000 Abs. 5 S. 3 RVG klargestellt, dass in **Kindschaftssachen** auch für die Mitwirkung an einer Vereinbarung, über deren Gegenstand nicht vertraglich verfügt werden, in entsprechender Anwendung von VV 1000 Abs. 1 eine Einigungsgebühr anfallen kann.[114] Die Einigungsgebühr entsteht entweder in Höhe eines 1,5 Gebührensatzes, wenn es sich um nicht anhängige Ansprüche handelt oder aber nach VV 1003 in Höhe einer 1,0 Gebühr, wenn der Gegenstand gerichtlich anhängig ist. Betrifft der Vergleich sowohl anhängige als auch nicht anhängige Ansprüche, ist wieder § 15 Abs. 3 RVG einschlägig. Bei obigem Beispiel ergibt der Abgleich nach § 15 Abs. 3 RVG, dass eine 1,5 Einigungsgebühr aus dem zusammengerechneten Wert von 13.200,00 € mit einem Betrag von 975,00 € geringer ist als die beiden Einzelgebührenbeträge.

527   Auch in **Versorgungsausgleichssachen** kann eine Einigungsgebühr anfallen.[115] Haben beide Beteiligte Versorgungsanwartschaften erworben, ist nach neuem Recht ein Verzicht auf die Durchführung des Versorgungsausgleichs wechselseitig, sodass der an der Vereinbarung mitwirkende Rechtsanwalt eine Einigungsgebühr erhält.[116] Das gilt auch, wenn noch nicht sämtliche Auskünfte der Versorgungsträger vorliegen.[117]

528   Die **1,2 Terminsgebühr** VV 3104 RVG entsteht zunächst einmal mit Wahrnehmung eines gerichtlichen Termins gem. Vorbem. 3 Abs. 3 S. 1 VV RVG. Durch die Teilnahme an der mündlichen Verhandlung ist die Gebühr entstanden. Fraglich ist jedoch, nach welchem Gegenstandswert, denn auch hier ist wieder zu überlegen, ob auch der Wert für die **Umgangsregelung** und die **Haushaltssache** zu berücksichtigen ist. Es stellt sich zunächst die Frage, ob die **Protokollierung** gemäß VV 3104 Abs. 3 RVG eine **Terminsgebühr ausschließt,** denn beschränkt sich die Tätigkeit des Rechtsanwalts allein darauf, einen Vergleich zu Protokoll zu geben, fällt keine Terminsgebühr an. Voraussetzung ist hierfür, dass es sich um nirgendwo anhängige Ansprüche handelt und eine anderweitig ohne Mitwirkung des Verfahrensbevollmächtigten geschlossene Vereinbarung nur noch

---

113 OLG Stuttgart v. 23.3.2011 – 8 WF 27/11 – FamRZ 2011, 1814 = Rpfleger 2011, 463; OLG Celle v. 10.6.2010 – 12 WF 90/10 – FamRZ 2011, 246 = NJW 2010, 2962; OLG Koblenz v. 26.4.2010 – 11 WF 312/10 – FamRZ 2011, 245.
114 Eingefügt durch Art. 47 Abs. 4 b) FGG-RG.
115 Gerold/Schmidt/*Müller-Rabe*, VV 1000 Rn. 73.
116 OLG Hamm v. 28.7.2011 – 6 WF 100/11 – AGS 2012, 137; OLG Karlsruhe v. 6.10.2011 – 2 WF 155/11 – FamRZ 2012, 395; KG v. 12.10.2009 – 19 WF 90/09 – FamRZ 2011, 242.
117 OLG Oldenburg v. 16.12.2010 – 13 WF 155/10 – FamRZ 2011, 996.

protokolliert wird.[118] Nach der Gesetzesbegründung sollte das Entstehen der Terminsgebühr für diesen Fall ausgeschlossen werden, weil der Rechtsanwalt auch nach der BRAGO hierfür keine Erörterungs- bzw. Verhandlungsgebühr erhielt.[119] Da nach geltendem Recht die Terminsgebühr auch für nicht anhängige Ansprüche entstehen kann, ist die Ausschlussregelung eher selten einschlägig, denn wenn auch nur ein paar Worte zur Klärung des Inhalts der Einigung gewechselt werden, hat sich der Rechtsanwalt die Terminsgebühr verdient.[120]

Da die Terminsgebühr nämlich für die Mitwirkung an auf die Vermeidung oder Erledigung des Verfahrens gerichtete **Besprechungen** – ob mit oder ohne Beteiligung des Gerichts ist unerheblich – entsteht, muss dieses für den vorliegenden Fall wohl bejaht werden. Durch die vor Abschluss des Vergleichs erfolgte Erörterung im Termin sind die Voraussetzungen erfüllt. Vom ebenfalls notwendigen Prozess- bzw. Verfahrensauftrag kann bei persönlicher Anwesenheit der Beteiligten im Termin ausgegangen werden. In diesem Fall sind die Werte zusammenzurechnen, § 22 Abs. 1 RVG und dann die 1,2 Terminsgebühr aus dem zusammengerechneten Wert zu ermitteln, § 15 Abs. 2 S. 1 RVG. 529

b) Abtrennung von Folgesachen

Für den Fall der Abtrennung von Folgesachen hat sich die Rechtslage geändert, siehe → Rn. 207 ff. sowie Rn. 429 ff. Die Rechtsfolgen der Abtrennung sind in § 137 Abs. 5 FamFG geregelt, wonach die **Eigenschaft als Folgesache** (mit Ausnahme einer Abtrennung von Kindschaftsfolgesachen) für die meisten Folgesachen auch nach einer Abtrennung **fortbesteht,** denn die in § 137 Abs. 2 FamFG genannten Angelegenheiten (Versorgungsausgleich, Unterhalt, Ehewohnungs- und Haushaltssachen sowie Güterrechtssachen) sind weiterhin Folgesachen. Sind mehrere Folgesachen abgetrennt, bleibt unter ihnen der Verbund bestehen, § 137 Abs. 5 S. 1 FamFG. Damit gilt in diesem Fall auch § 16 Nr. 4 RVG fort, sodass die Abtrennung für den Rechtsanwalt keine gebührenrechtlichen Auswirkungen hat. Er kann und muss die Berechnung weiterhin nach dem zusammengerechneten Gegenstandswert vornehmen.[121] 530

Allerdings können unterschiedliche Fälligkeiten auftreten, wenn beispielsweise der Versorgungsausgleich abgetrennt wird, damit über den rest-

---

118 Gerold/Schmidt/*Müller-Rabe,* VV 3104 Rn. 136 ff.; *Bischof* in Bischof/Jungbauer, VV 3104 Rn. 104 ff.
119 Siehe Gesetzesbegründung BT-Drs. 15/1971 S. 212.
120 Gerold/Schmidt/*Müller-Rabe,* VV 3104 Rn. 139; *Bischof* in Bischof/Jungbauer, VV 3104 Rn. 105, 108.
121 Gerold/Schmidt/*Müller-Rabe,* VV 3100 Rn. 69 ff.

lichen Verbund vorab entschieden werden kann. Der Rechtsanwalt wird seine Abrechnung dann nach der **Differenzmethode** vornehmen, da zwischen den Entscheidungen ein längerer Zeitraum liegen kann.

Beispiel:

Verbundverfahren – Abtrennung Versorgungsausgleich[122]
Sachverhalt wie im Ausgangsfall (Rn. 521).

Nach durchgeführter mündlicher Verhandlung wird das Versorgungsausgleichsverfahren auf Antrag der Ehegatten vom übrigen Verbund abgetrennt. Zunächst folgt eine Endentscheidung über den Verbund und Monate später eine solche über den Versorgungsausgleich.

Gegenstandswert

Verbund: 39.340,00 €, § 23 Abs. 1 S. 1 RVG i. V. m. § 44 Abs. 1 FamGKG

Darin enthalten der Versorgungsausgleich: 5.640,00 € – restlicher Verbund somit 33.700,00 €

1. **Abrechnung des Verbundes ohne Versorgungsausgleich**

Gebühren und Auslagen nach RVG	Gegenstandswert in €	Beträge in €
1,3 Verfahrensgebühr, §§ 2, 13 VV 3100	33.700,00	1.219,40
1,2 Terminsgebühr, §§ 2, 13 VV 3104	33.700,00	1.125,60
Auslagenpauschale VV 7002		20,00
Insgesamt		2.365,00
19% Umsatzsteuer VV 7008		449,35
Vergütung		2.814,35

Schließlich ergibt sich folgende Schlussabrechnung nach vollständiger Beendigung des Verfahrens.

2. **Abrechnung des Verbundes mit Versorgungsausgleich**

Gebühren und Auslagen nach RVG	Gegenstandswert in €	Beträge in €
1,3 Verfahrensgebühr, §§ 2, 13 VV 3100	39.340,00	1.316,90
1,2 Terminsgebühr, §§ 2, 13 VV 3104	39.340,00	1.215,60
Auslagenpauschale VV 7002		20,00
Insgesamt		2.552,50
19% Umsatzsteuer VV 7008		484,98
Vergütung		3.037,48
Bei 1. Abrechnung gezahlt		2.814,35
Restbetrag		223,13

---

122 Hinsichtlich fortgeführter Versorgungsausgleichssachen in Übergangsfällen siehe *von König*, FPR 2012, 267 (270/271).

Etwas anderes gilt jedoch für **Kindschaftsfolgesachen,** denn für diese wird **abweichend** angeordnet, dass sie nach einer Abtrennung stets **als selbstständige Familiensachen** weitergeführt werden, § 137 Abs. 5 S. 2 FamFG. Diese selbstständigen Familiensachen sind gebührenrechtlich vom Rest des Verbundes getrennt zu betrachten, denn die Anwaltsgebühren entstehen für den Zeitraum der Abtrennung u.U. noch einmal bzw. erstmals je nach dem Ausgang der Verfahren. Insofern gilt § 16 Nr. 4 RVG nicht mehr; man spricht deshalb auch von echten Abtrennungen, denn die Abtrennungen führen dazu, dass für den Rechtsanwalt (mindestens) zwei Angelegenheiten entstehen.[123] Allerdings ordnet § 21 Abs. 3 RVG an, dass die bisherige Kindschaftsfolgesache und das selbstständige fortgeführte Verfahren dieselbe Angelegenheit darstellen. Die Vorschrift korrespondiert mit § 6 Abs. 2 FamGKG.[124] Siehe auch → Rn. 432, 433. Die selbstständige Kindschaftssache soll nach der Abtrennung so behandelt werden, als sei sie nie im Verbund gewesen.[125] Verbund und selbstständige Kindschaftssache sind getrennt abzurechnen, ein Wahlrecht – wie früher einmal – besteht nicht. Folgt man der Gesetzesbegründung bis zum Ende, dann muss auch der Gegenstandswert neu berechnet werden und zwar nach § 45 FamGKG i. V. m. § 23 Abs. 1 S. 1 RVG. Allerdings hat der Rechtsanwalt die Gebührenanteile, die bereits im Verbundverfahren für die entsprechende Folgesache entstanden sind, nach dem Gegenstandswert der Folgesache herauszurechnen und dieser Betrag ist dann von der Abrechnung für das selbstständige Verfahren abzuziehen.[126]

531

Beispiel:

Verbundverfahren – Abtrennung Kindschaftsfolgesache

Antragstellerin – vertr. durch Rechtsanwalt – beantragt die Scheidung und für den Fall der Scheidung,

1. die Übertragung der elterlichen Sorge für die gemeinsame Tochter auf sie sowie
2. zu entscheiden, dass der Antragsgegner für das Kind monatlichen Unterhalt von 300,00 € zu zahlen hat.

---

123 Nach altem Recht konnte der Rechtsanwalt wählen, ob er einmal nach dem Gesamtgegenstandswert abrechnet oder aber zwei getrennte Abrechnungen nach den unterschiedlichen Gegenständen vornimmt – siehe insoweit AnwK-RVG/*Mock/N. Schneider/Wahlen*, RVG, 4. Auflage 2008, § 16 Rn. 53; Gerold/Schmidt/*Müller-Rabe*, RVG, 18. Auflage 2008, VV 3101 Rn. 110.
124 So ausdrücklich die Gesetzesbegründung – BT-Drs. 16/6308 S. 340.
125 Gesetzesbegründung BT-Drs. 16/6308 S. 301.
126 OLG Hamm v. 14.2.2013 – 6 WF 9/13 – AGS 2013, 387; PfälzOLG v. 7.5.2012 – 6 WF 55/12 – FamRZ 2012, 1413; zum Versorgungsausgleichsverfahren in Übergangsfällen siehe BGH v. 16.2.2011 – XII ZB 261/10 – FamRZ 2011, 635 m. w. N.

Das Gericht setzt den Verfahrenswert für die Ehesache auf 12.000,00 € fest.

Das Verfahren über den Versorgungsausgleich wird von Amts wegen durchgeführt. Ehemann und Ehefrau haben beide jeweils Anrechte aus der gesetzlichen Rentenversicherung sowie eine Riesterrente. Das Nettoeinkommen des Ehemannes beträgt mtl. 2.800,00 €, das der Ehefrau 1.900,00 €.

Gegenstandswert Verbund

23.640,00 €, § 23 Abs. 1 S. 1 RVG i. V. m. § 44 Abs. 1 FamGKG

12.000,00 € Wertfestsetzung Scheidung (§ 32 Abs. 1 RVG) zzgl.

2.400,00 € Regelung der elterlichen Sorge (20% des Wertes der Ehesache, § 44 Abs. 2 FamGKG)

3.600,00 € Kindesunterhalt (§ 51 Abs. 1 S. 1 FamGKG) sowie

5.640,00 € für den Versorgungsausgleich berechnet nach dem 3-monatigen Nettoeinkommen von 14.100,00 €, davon 10% für jedes Anrecht (§ 50 Abs. 1 FamGKG).

Nach durchgeführter mündlicher Verhandlung trennt das Gericht die Kindschaftssache nach § 140 Abs. 2 S. 1 FamFG vom Verbund ab, da die weiteren Folgesachen und das Scheidungsverfahren noch nicht entscheidungsreif sind und die Abtrennung aber dem Kindeswohl entspricht. Es folgt eine Endentscheidung in der Kindschaftssache und später eine Endentscheidung über den Verbund.

Bei einer **Abrechnung des Verbundes einschließlich der Kindschaftsfolgesache** entstehen folgende Gebühren und Auslagen:

Gebühren und Auslagen nach RVG	Gegenstandswert in €	Beträge in €
1,3 Verfahrensgebühr, §§ 2, 13 VV 3100	23.640,00	1.024,40
1,2 Terminsgebühr, §§ 2, 13 VV 3104	23.640,00	945,60
Auslagenpauschale VV 7002		20,00
Insgesamt		1.990,00
19% Umsatzsteuer VV 7008		378,10
Vergütung		2.368,10

Abrechnung ohne Kindschaftssache (Wert: 2.400,00 €) zur Ermittlung des Gebührenanteils für die Sorgerechtssache:

Gebühren und Auslagen nach RVG	Gegenstandswert in €	Beträge in €
1,3 Verfahrensgebühr, §§ 2, 13 VV 3100	21.240,00	964,60
1,2 Terminsgebühr, §§ 2, 13 VV 3104	21.240,00	890,40
Auslagenpauschale VV 7002		20,00
Insgesamt		1.875,00
19% Umsatzsteuer VV 7008		356,25
Vergütung		2.231,25
Differenz zur obigen Abrechnung		136,85

Abrechnung Kindschaftssache
Gegenstandswert: 3.000,00 €, § 45 Abs. 1 FamGKG i. V. m. § 23 Abs. 1 S. 1 RVG

Gebühren und Auslagen nach RVG	Gegenstandswert in €	Beträge in €
1,3 Verfahrensgebühr, §§ 2, 13 VV 3100	3.000,00	261,30
1,2 Terminsgebühr, §§ 2, 13 VV 3104	3.000,00	241,20
Auslagenpauschale VV 7002		20,00
Insgesamt		522,50
19 % Umsatzsteuer VV 7008		99,28
Vergütung		621,78
Abzüglich des zu verrechnenden Betrages		136,85
Restvergütung		484,93

Damit für die abgetrennte Folgesache im selbstständigen Verfahren eine **Terminsgebühr** entsteht, muss der gebührenrechtliche Tatbestand noch einmal nach der Abtrennung erfüllt sein,[127] d.h. es muss nach der Abtrennung ein gerichtlicher Termin oder aber eine Besprechung mit der Gegenseite mit dem Ziel der Erledigung des Verfahrens stattgefunden haben.

c) Rechtsmittel im Verbund

Für das **Rechtsmittelverfahren** gilt grundsätzlich das unter → Rn. 511 ff. Gesagte. Auch im Verbundverfahren erhält der Rechtsanwalt seine Gebühren aus den zuvor erörterten gebührenrechtlichen Tatbeständen für Beschwerden (Abschnitt 2 des Teils 3 des VV RVG, Nr. 3200 bis 3203 VV RVG) sowie für Rechtsbeschwerden in Familiensachen nach den Gebührentatbestände Nr. 3208 bis 3211 VV RVG, die wegen der Vertretungserfordernisse vor dem BGH gem. § 10 Abs. 4 FamFG gelten, weil sich die Beteiligten durch einen beim **Bundesgerichtshof zugelassenen Anwalt** vertreten lassen müssen.

532

Werden nur **Teile des Verbundverfahrens** angegriffen, weil die Eheleute z. B. mit der Scheidung einverstanden sind, einer jedoch nicht mit der Entscheidung über eine Folgesache, dann sind die Gebühren nur aus dem entsprechenden Gegenstandswert zu ermitteln, denn hier gilt dann der Antrag des Rechtsmittelführers zur Verfahrenswertbestimmung, § 23 Abs. 1 S. 1 RVG, § 40 Abs. 1 FamGKG.

533

---

127 BbgOLG v. 10.4.2012 – 9 WF 87/12 – JurBüro 2012, 586.

d) Besonderheit bei Zurückverweisung im Verbundverfahren

534 Wird ein Verfahren durch das Rechtsmittelgericht an die untere Instanz zurückverwiesen, gilt das Verfahren nach der Zurückverweisung als neuer Rechtszug für den Rechtsanwalt, § 21 Abs. 1 RVG. Der Rechtsanwalt erhält somit die Gebühren mehrfach, allerdings ist die vor der **Zurückverweisung** angefallene Verfahrensgebühr anzurechnen, Vorbem. 3 Abs. 6 VV RVG, → Rn. 520.

535 Wird jedoch im Verbundverfahren eine Entscheidung aufgehoben, durch die der Scheidungsantrag abgewiesen wurde, soll das Rechtsmittelgericht gem. § 146 Abs. 1 FamFG die Sache zur Wiederherstellung des Verbundes an das Gericht zurückverweisen, das die Abweisung ausgesprochen hat, wenn dort eine Folgesache zur Entscheidung ansteht. In begründeten Ausnahmefällen kann das Gericht von einer Zurückverweisung auch absehen, was beispielsweise der Fall ist, wenn die anstehende Folgesache durch Abtrennung vom Verbund (→ Rn. 207 ff.) ohnehin bereits gelöst war oder dass die Folgesache durch eine Vereinbarung oder in sonstiger Weise ohne größeren Verfahrensaufwand vor dem Rechtsmittelgericht zum Abschluss gebracht werden kann.

In diesem Fall gilt nicht § 21 Abs. 1 RVG, sondern die **spezielle Regelung** des **§ 21 Abs. 2 RVG**, wonach in den Fällen des § 146 FamFG auch in Verbindung mit § 270 FamFG das weitere Verfahren vor dem Familiengericht mit dem früheren Verfahren einen Rechtszug bilden. Der Rechtsanwalt erhält daher die Gebühren für das Verfahren vor dem FamG nur einmal, es sei denn auch hier tritt der Fall ein, dass seit dem Abschluss des erstinstanzlichen Verfahrens und der Zurückverweisung mehr als 2 Kalenderjahre vergangen sind, weil dann § 15 Abs. 5 S. 2 RVG gilt, wonach die weitere Tätigkeit als neue Angelegenheit anzusehen ist und die Anrechnung von Gebühren entfällt.[128]

---

128 *Jungbauer* in Bischof/Jungbauer, RVG § 21 Rn. 38.

D. Hauptsacheverfahren in selbstständigen Familienstreitsachen

Selbstständige Familienstreitsachen sind zum einen **Unterhaltsachen** nach § 231 Abs. 1 FamFG (→ Rn. 112), zum anderen auch **Güterrechtssachen** gem. § 261 Abs. 1 FamFG, d. h. Verfahren, die Ansprüche aus dem ehelichen Güterrecht betreffen, auch wenn Dritte am Verfahren beteiligt sind (§ 112 Nr. 2 FamFG → Rn. 161, 162), aber auch die im Katalog des § 266 Abs. 1 FamFG (→ Rn. 178) aufgeführten **sonstigen Familiensachen.**

536

Für die Berechnung der Gebühren in streitigen Familiensachen gilt ebenfalls für das gerichtliche Verfahren der Teil 3 des VV RVG. An dieser Stelle soll deshalb überwiegend auf die Abweichungen zu den Ehesachen eingegangen werden.

537

I. Vereinfachtes Unterhaltsfestsetzungsverfahren

Ein minderjähriges Kind, das **nicht** mit dem in Anspruch genommenen Unterhaltsschuldner in einem Haushalt lebt und eine **dynamisierte** Unterhaltsrente verlangt, kann diese im vereinfachten Verfahrens nach §§ 249 ff. FamFG geltend machen, soweit der Unterhalt vor Berücksichtigung der Leistungen nach §§ 1612b, 1612c BGB das **1,2-fache des Mindestunterhalts** nach § 1612a Abs. 1 BGB nicht übersteigt. Im Übrigen siehe → Rn. 150 ff.

538

1. Festsetzungsverfahren

Nach § 17 Nr. 3 RVG sind das vereinfachte Verfahren über den Unterhalt Minderjähriger und das (evtl. folgende) streitige Verfahren (→ Rn. 357) verschiedene Angelegenheiten. Der Rechtsanwalt kann für die Vertretung im vereinfachten Unterhaltsfestsetzungsverfahren zunächst eine 1,3 **Verfahrensgebühr** nach VV 3100 verlangen. Fraglich ist, ob auch eine Terminsgebühr entstehen kann. Das vereinfachte Unterhaltsfestsetzungsverfahren ist ein schriftliches Verfahren mit Vordruckzwang. Eine mündliche Verhandlung ist zwar nicht vorgeschrieben, aber die **Terminsgebühr** kann auch anfallen, wenn ausnahmsweise ein gerichtlicher Termin stattfindet (→ Rn. 467) oder aber für eine Besprechung des Rechtsanwalts mit der Gegenseite mit dem Ziel der Erledigung bzw. Vermeidung des Verfahrens (→ Rn. 469). Voraussetzung ist wieder, dass dem Rechtsanwalt ein unbedingter Verfahrensauftrag für ein Verfahren erteilt ist, in dem überhaupt eine Terminsgebühr entstehen kann.[129] Hierbei kommt es aber nicht darauf

539

---
129 Gerold/Schmidt/*Müller-Rabe*, VV Vorb. 3 Rn. 138.

an, dass eine mündliche Verhandlung vorgeschrieben ist.[130] Der Anfall der Terminsgebühr ist hier vergleichbar mit der im Mahnverfahren und wird auch gestützt durch die Anrechnungsvorschrift aus VV 3104 Abs. 4 RVG.

540 Zur Berechnung des **Verfahrens- bzw. Gegenstandswertes** siehe → Rn. 136. Auch im vereinfachten Verfahren zählt der Monat der Einreichung des Antrags zum Rückstand im Sinne von § 51 Abs. 2 FamGKG.[131]

Beispiel:

Vereinfachtes Verfahren auf Festsetzung von Unterhalt

Rechtsanwalt vertritt ein 8-jähriges Kind – ges. vertr. d. d. Mutter – und verlangt vom Vater Unterhalt in Höhe von 110 % des Mindestunterhalts der jeweils geltenden Altersstufe gem. § 1612a BGB, abzüglich des hälftigen Kindergeldes für das erste Kind. Antrag wird am 3.1.2015 anhängig. Nach Zustellung des Antrags meldet sich der Antragsgegner telefonisch bei dem Rechtsanwalt, um mit diesem die Möglichkeiten einer gütlichen Regelung zu erörtern, da er nicht die volle Summe zahlen kann.

Gegenstandswert: 4.017,00 €

Es gilt § 23 Abs. 1 S. 1 RVG i. V. m. § 51 Abs. 1 S. 2 FamGKG, wobei zur Berechnung des Jahresbetrages allerdings der tatsächliche Zahlbetrag zu ermitteln ist.
110 % von 364,00 €, dem Mindestunterhalt der 2. Altersstufe = 400,40 €; gem. § 1612a Abs. 2 S. 2 BGB auf volle Euro zu runden = 401,– € abzüglich 92,00 € hälftiges Kindergeld (184,00 € Kindergeld für das erste Kind) = 309,00 €, was einen Jahresbetrag von 3.708,00 € ergibt. Hinzuzurechnen ist 1 Monat Rückstand für Januar 2015, § 51 Abs. 2 FamGKG = 4.017,00 €.

Rechtsanwaltsvergütung für vereinfachtes Unterhaltsverfahren

Gebühren und Auslagen nach RVG	Gegenstandswert in €	Beträge in €
1,3 Verfahrensgebühr, §§ 2, 13 VV 3100	4.017,00	393,90
1,2 Terminsgebühr, §§ 2, 13 VV 3104	4.017,00	363,60
Auslagenpauschale VV 7002		20,00
Insgesamt		777,50
19 % Umsatzsteuer VV 7008		147,73
Vergütung		925,23

541 Erhebt der Antragsgegner jedoch Einwendungen und sind diese nicht zurückzuweisen oder als zulässig anzusehen, wird auf Antrag eines der Beteiligten aus dem vereinfachten Verfahren ein **streitiges Verfahren**, § 255

---
130 So aber das BbgOLG v. 29.10.2008 – 9 WF 173/08 – FamRZ 2009, 1089 = AGS 2009, 107 m. abl. Anm. *Onderka* und *N. Schneider*.
131 BbgOLG v. 20.8.2002 – 10 WF 42/02 – FamRZ 2004, 962.

FamFG. Der ursprüngliche Antrag gilt dann als Streitantrag, die Einwendungen gelten als Erwiderung. Der Rechtsanwalt kann für beide Verfahren die Gebühren verlangen, hinsichtlich der Verfahrensgebühr ordnet Anm. Abs. 1 zu VV 3100 an, dass die Verfahrensgebühr für ein vereinfachtes Unterhaltsverfahren auf die Verfahrensgebühr **anzurechnen** ist, die in dem nachfolgenden Rechtsstreit entsteht und dasselbe ergibt sich hinsichtlich der Terminsgebühr aus VV 3104 Abs. 4 RVG. Damit ist sichergestellt, dass ein vorgeschobenes vereinfachtes Verfahren über den Unterhalt Minderjähriger keine höheren Gebührenansprüche des Rechtsanwalts auslöst. Die Anrechnung gilt aber nicht für die Auslagen.

2. Rechtsmittel im vereinfachten Unterhaltsfestsetzungsverfahren

Gegen die Festsetzung im vereinfachten Verfahren findet die **Beschwerde** gem. § 256 FamFG i. V. m. § 11 Abs. 1 RPflG statt (→ Rn. 358, 154). Für das Beschwerdeverfahren gelten jedoch nicht die Regelungen der ZPO, sondern die des FamFG, denn § 113 Abs. 1 FamFG ordnet nur an, dass die allgemeinen Vorschriften der ZPO und die Vorschriften über das landgerichtliche Verfahren in Familienstreitsachen gelten, nicht aber die hinsichtlich der Rechtsmittel. Im Übrigen siehe → Rn. 244 ff.

542

Die **Gebührentatbestände** für die Beschwerden gegen Endentscheidungen in Familiensachen finden sich im Abschnitt 2 des Teils 3 des VV RVG, wobei nach Vorbem. 3.2.1 Nr. 2b) die Nr. 3200 bis 3203 VV RVG zur Anwendung kommen. Siehe im Übrigen → Rn. 512. Im Falle der **Rechtsbeschwerde** (→ Rn. 250 ff.) sowie der Zulassung der Sprungrechtsbeschwerde gilt das unter → Rn. 516, 517 Gesagte.

543

II. Weitere Familienstreitsachen

In **Familienstreitsachen** finden gem. § 113 Abs. 1 FamFG bestimmte Vorschriften des FamFG (§§ 2 bis 37, 40 bis 45, 46 S. 1, 2 sowie §§ 47 und 48, 76 bis 96) keine Anwendung; dafür gelten die Allgemeinen Vorschriften der ZPO und die Vorschriften der ZPO über das landgerichtliche Verfahren mit Ausnahme von § 227 Abs. 3 ZPO. Zulässig ist außerdem u.a. das Mahnverfahren, § 113 Abs. 2 FamFG; sodass an dieser Stelle auch darauf kurz eingegangen wird.

544

1. Vorausgegangenes Mahnverfahren

Fällige Unterhaltsbeträge könnte der Berechtigte auch im gerichtlichen **Mahnverfahren** nach §§ 688 ff. ZPO geltend machen.[132] Das kommt in

545

---
132 Siehe auch *von König*, Zivilprozess- und Kostenrecht, Rn. 844 ff.

von König

der Praxis zwar nicht so häufig vor, da keine zukünftigen Unterhaltsbeträge tituliert werden können, soll hier aber doch bezüglich der Anrechnung der Anwaltsgebühren kurz erläutert werden.

546 Hinsichtlich des **Mahnverfahrens**, für das die Vorschriften der ZPO entsprechend anzuwenden sind (§ 113 Abs. 2 FamFG), enthält das FamGKG keine Gebührenvorschriften, weil auch das Mahnverfahren in Familiensachen von den zentralen Mahngerichten erledigt werden soll und damit nach dem GKG abzurechnen ist. Hierdurch soll auch vermieden werden, dass besondere Vordrucke für das Mahnverfahren in Familiensachen vorgehalten werden müssen.

547 Der **Rechtsanwalt** erhält für die Vertretung des Antragstellers eine 1,0 **Verfahrensgebühr** nach VV 3305 RVG. Diese Gebühr wird auf eine Verfahrensgebühr angerechnet, die der Rechtsanwalt im nachfolgenden streitigen Verfahren erhält, denn Mahnverfahren und streitiges Verfahren sind nach § 17 Nr. 2 RVG verschiedene Angelegenheiten. Bei Beendigung des Auftrags bevor der Rechtsanwalt den verfahrenseinleitenden Antrag gestellt hat, beträgt die Gebühr nur 0,5 nach VV 3306. Außerdem erhält der Rechtsanwalt die Entgelte für Post- und Telekommunikationsdienstleistungen (VV 7001 bzw. VV 7002) sowie die auf die Vergütung entfallende Umsatzsteuer (VV 7008).

Durch Einfügung der Vorbemerkung 3.3.2 ist klargestellt,[133] dass der Rechtsanwalt im Mahnverfahren auch eine **Terminsgebühr** verdienen kann, denn danach bestimmt sich die Terminsgebühr auch in diesem Fall nach Abschnitt 1. Da im Mahnverfahren kein gerichtlicher Termin stattfindet, kann es sich lediglich um eine Terminsgebühr für eine **Besprechung** handeln (→ Rn. 469, 539). Nach Anm. Abs. 4 zu VV 3104 RVG wird die Terminsgebühr auf eine solche des nachfolgenden streitigen Verfahrens angerechnet.

Bei Vorhandensein der entsprechenden gebührenrechtlichen Tatbestände (→ Rn. 470) kann auch eine **Einigungsgebühr** nach VV 1000, 1003 RVG anfallen.

Beispiel:

Mahnverfahren

Augustin – vertr. durch Rechtsanwalt – beantragt den Erlass eines Mahnbescheids gegen seinen Vater wegen einer fälligen Unterhaltsforderung in Höhe von 1.500,00 €. Das Mahnverfahren wird maschinell bearbeitet. Der Mahnantrag ent-

---

133 Eingefügt mit Wirkung vom 1.1.2005 durch das AnhörungsrügenG v. 14.12.2004 – BGBl. I S. 3220.

hält auch einen Antrag, dass im Falle des Widerspruchs das streitige Verfahren durchgeführt werden soll.

Gegenstandswert

1.500,00 €, § 23 Abs. 1 S. 1 RVG, § 35 FamGKG.

Rechtsanwaltsvergütung für das Mahnverfahren

Gebühren und Auslagen nach RVG	Gegenstandswert in €	Beträge in €
1,0 Verfahrensgebühr, §§ 2, 13 VV 3305	1.500,00	115,00
Auslagenpauschale VV 7002		20,00
Insgesamt		135,00
19 % Umsatzsteuer VV 7008		25,65
Vergütung		160,65

Der Vater erhebt fristgerecht Widerspruch wegen eines Teilbetrages von 1.000,00 €. Nach Zahlung der weiteren Gerichtskosten wird die Sache an das FamG abgegeben. Dort wird nach streitiger Verhandlung eine Endentscheidung erlassen. Die Kosten werden dem Antragsgegner auferlegt.

Welche Vergütung kann der Antragsteller-Vertreter verlangen?

Rechtsanwaltsvergütung für das Unterhaltsverfahren unter Anrechnung der Mahnverfahrensgebühr

Gebühren und Auslagen nach RVG	Gegenstandswert in €	Beträge in €
1,3 Verfahrensgebühr, §§ 2, 13 VV 3100	1.000,00	104,00
Anzurechnen 1,0 Mahnverfahrensgebühr aus 1.000 €	1.000,00	80,00
Restliche Verfahrensgebühr		24,00
1,2 Terminsgebühr, §§ 2, 13 VV 3104	1.000,00	96,00
Auslagenpauschale VV 7002		20,00
Insgesamt		140,00
19 % Umsatzsteuer VV 7008		26,60
Vergütung		166,60

Wird kein Widerspruch erhoben, kann der Antragsteller nach Ablauf der Widerspruchsfrist den Antrag auf Erlass des **Vollstreckungsbescheids** stellen, § 699 ZPO. Auf der Grundlage des Mahnbescheids erhält er dann den Vollstreckungstitel. Der Anwalt des Antragstellers kann für die Vertretung im Verfahren über den Antrag auf Erlass des Vollstreckungsbescheids eine 0,5 **Verfahrensgebühr** nach VV 3308 RVG verlangen, wenn innerhalb der Widerspruchsfrist kein Widerspruch erhoben worden ist.

548

549 Wird gegen einen bereits erlassenen Vollstreckungsbescheid **Einspruch** eingelegt, so wird das streitige Verfahren von Amts wegen durchgeführt, § 700 Abs. 3 i. V. m. § 697 Abs. 1 ZPO. Zu den Gebühren und Auslagen des Rechtsanwalts und evtl. Anrechnung von Gebühren siehe → Rn. 547.

2. Säumnisverfahren

550 Erscheint ein Beteiligter zu einem ordnungsgemäß anberaumten Termin **nicht oder stellt er keine Sachanträge, d. h. er verhandelt nicht,** dann ist er säumig gem. § 333 ZPO. Auf Antrag des erschienenen Beteiligten kann dann eine **Versäumnisentscheidung** ergehen, §§ 330, 331 ZPO.

551 Die Beendigung des Verfahrens durch Versäumnisentscheidung hat unter Umständen Einfluss auf die Höhe der **Rechtsanwaltsgebühren.** Nimmt der Rechtsanwalt nämlich einen Termin wahr, in dem ein Beteiligter nicht erschienen oder nicht ordnungsgemäß vertreten ist oder lediglich ein Antrag auf Versäumnisentscheidung oder zur Prozess- oder Sachleitung gestellt wird, dann entsteht die Terminsgebühr nur nach einem Gebührensatz von 0,5 gemäß VV 3105 RVG. Gleiches gilt, wenn im schriftlichen Vorverfahren eine Versäumnisentscheidung ergeht, VV 3105 Abs. 1 Nr. 2 RVG. Im Übrigen siehe → Rn. 506 ff.

Beispiel:

Versäumnisentscheidung

Antragstellerin – vertr. durch Rechtsanwalt – verlangt von ihrem ehemaligen Verlobten die Herausgabe bestimmter persönlicher Sachen, die sich noch im Besitz des Antragsgegners befinden. Antrag wird zugestellt und der Antragsgegner gleichzeitig ordnungsgemäß zum Termin geladen. Im Termin zur mündlichen Verhandlung erscheint nur der Rechtsanwalt der Antragstellerin, für den Antragsgegner niemand. Antragsteller-Vertr. beantragt den Erlass einer Versäumnisentscheidung, die antragsgemäß erlassen wird.

Gegenstandswert
800,00 €, § 23 Abs. 1 S. 1 RVG, § 42 Abs. 1 FamGKG

Gebühren und Auslagen nach RVG	Gegenstandswert in €	Beträge in €
1,3 Verfahrensgebühr, §§ 2, 13 VV 3100	800,00	104,00
0,5 Terminsgebühr, §§ 2, 13 VV 3105	800,00	40,00
Auslagenpauschale VV 7002		20,00
Insgesamt		124,40
19 % Umsatzsteuer VV 7008		23,64
Vergütung		148,04

3. Schriftliches Verfahren

Im Verfahren nach der ZPO gilt der Grundsatz der Mündlichkeit, der in § 128 Abs. 1 ZPO seinen Ausdruck gefunden hat, aber u.a. durch § 128 Abs. 2 ZPO wieder ausgehöhlt worden ist. Mit Zustimmung der Parteien – abgesehen von § 496a ZPO – kann es nämlich zu einem vollständig schriftlich geführten Verfahren kommen. In diesem Fall soll der Rechtsanwalt keine Gebühreneinbuße erhalten. Die **Verfahrensgebühr** erhält er für das Betreiben des Geschäfts, sodass diese spätestens mit Einreichen des Klageantrags beim FamG entstanden ist.

552

Beispiel:

Anerkenntnis im schriftlichen Verfahren

Antragstellerin – vertr. durch Rechtsanwalt – verlangt von ihrem ehemaligen Verlobten die Herausgabe bestimmter persönlicher Sachen, die sich noch im Besitz des Antragsgegners befinden.

Da beide Beteiligte zustimmen, wird die Durchführung des schriftlichen Verfahrens angeordnet.

Antragsgegner erkennt den Anspruch an und es ergeht Anerkenntnisentscheidung im schriftlichen Verfahren.

Die **Terminsgebühr** entsteht grundsätzlich für die Vertretung in einem gerichtlichen Termin (Verhandlungs-, Erörterungs- oder Beweisaufnahmetermin) gem. Vorbem. 3 Abs. 3 S. 1 VV RVG; ein solcher findet aber im schriftlichen Verfahren gerade nicht statt. Für diese Verfahrenskonstellation gilt VV 3104 Abs. 1 Nr. 1 RVG, wonach die 1,2 Terminsgebühr auch entsteht, wenn in einem Verfahren, für das mündliche Verhandlung vorgeschrieben ist, im Einverständnis mit den Parteien oder gemäß § 307 oder § 495a ZPO ohne mündliche Verhandlung entschieden wird. Voraussetzung ist jedoch nicht nur das schriftliche Verfahren, sondern der Abschluss dieses Verfahrens durch Endentscheidung im schriftlichen Verfahren, obwohl in diesem Verfahren Mündlichkeit herrscht. Das ist im Verfahren nach § 307 ZPO gerade nicht der Fall, weil eine Anerkenntnisentscheidung ohne mündliche Verhandlung ergehen kann; VV 3104 Abs. 1 Nr. 1 nennt diesen Ausnahmefall aber gerade besonders, sodass eine Terminsgebühr auch für den anerkannten Anspruch entsteht. Die Regelung gilt auch, wenn in einem Verfahren, für das die mündliche Verhandlung vorgeschrieben ist, ein Vergleich nach § 278 Abs. 6 ZPO durch feststellenden Beschluss geschlossen wird.[134]

553

---

134 Gerold/Schmidt/*Müller-Rabe*, VV 3104 Rn. 67, 68.

4. Mehrvergleich

554 Der Rechtsanwalt erhält die Gebühren nach dem entsprechenden Gegenstand der anwaltlichen Tätigkeit, § 2 Abs. 1 RVG, deshalb muss u.U. für die einzelnen Gebühren auch jeweils der Gegenstandswert ermittelt werden. Werden in einem Vergleich (→ Rn. 11) auch nicht anhängige Ansprüche mit verglichen, erhält der Rechtsanwalt neben der Einigungsgebühr auch die **Differenzverfahrensgebühr** nach VV 3101 Nr. 2 RVG,[135] nach einem Gebührensatz von 0,8 aus dem Gegenstandswert des nicht anhängigen Anspruchs. Hinsichtlich beider Gebühren muss in diesem Fall § 15 Abs. 3 RVG beachtet werden, da für Teile des Gegenstands unterschiedliche Gebührensätze angefallen sind (→ Rn. 525 ff.). Die **1,2 Terminsgebühr** VV 3104 RVG entsteht nach dem Wert der noch anhängigen Ansprüche für die Wahrnehmung der Güteverhandlung gem. Vorbem. 3 Abs. 3 VV RVG. Für die nicht anhängigen Ansprüche fällt eine Terminsgebühr für eine Besprechung an; wobei beide Werte zusammenzurechnen sind, § 22 Abs. 1 RVG und dann die 1,2 Terminsgebühr aus dem zusammengerechneten Wert zu ermitteln ist, § 15 Abs. 2 RVG (→ Rn. 528, 529).

Beispiel:

Mehrvergleich bei Unterhaltsentscheidung

Antragstellerin – vertr. durch Rechtsanwalt – reicht am 4. November Antrag auf monatlichen nachehelichen Unterhalt von 400,00 € ein. Antragsgegner – vertr. d. Rechtsanwalt – beantragt Abweisung und erhebt Widerantrag dahingehend, dass festgestellt werden soll, dass kein Unterhaltsanspruch besteht.

Vor Durchführung des Termins zur Güteverhandlung wird der Widerantrag zurückgenommen. Im Termin schließen die Beteiligten einen Vergleich folgenden Inhalts: Der Antragsgegner verpflichtet sich zur Zahlung von monatlich 300,00 € Unterhalt; dafür verpflichtet sich die Antragstellerin, die noch in ihrem Besitz befindliche elektrische Eisenbahn im Wert von 2.000,00 € an den Antragsgegner herauszugeben.

Verfahrenswert

5.200,00 €, § 23 Abs. 1 S. 1 RVG, §§ 40 Abs. 1 S. 1, 39 Abs. 1 S. 3 FamGKG

Unterhaltsantrag: Jahresbetrag, § 51 Abs. 1 S. 1 FamGKG (Dezember d. J. bis November d. Folgejahres) zzgl. 400,00 € Rückstand, § 51 Abs. 2 S. 1 FamGKG.

Widerantrag betrifft denselben Gegenstand, da die beiderseitigen Ansprüche sich dergestalt ausschließen, dass Zuerkennung des einen Anspruchs die Aberkennung des anderen Anspruchs bewirkt, § 39 Abs. 1 S. 3 FamGKG.

Wert der **nicht anhängigen Ansprüche: 2.000,00 €**, § 23 Abs. 1 S. 1 RVG, § 42 Abs. 1 FamGKG

---

135 Ausführlich *Bischof* in Bischof/Jungbauer, VV 3101 Rn. 6, 38 ff.; siehe auch *von König*, Zivilprozess- und Kostenrecht, Rn. 384 ff.

Gebühren und Auslagen nach RVG	Gegenstandswert in €	Beträge in €
1,3 Verfahrensgebühr, §§ 2, 13 VV 3100	5.200,00	460,20
0,8 Verfahrensgebühr, §§ 2, 13 VV 3101 Nr. 2	2.000,00	120,00
§ 15 Abs. 3 berücksichtigt, 1,3 aus 7.200,00 € = 592,80€		
1,2 Terminsgebühr, §§ 2, 13 VV 3104	7.200,00	547,20
1,0 Einigungsgebühr, §§ 2, 13 VV 1000, 1003	5.200,00	354,00
1,5 Einigungsgebühr, §§ 2, 13 VV 1000[136]	2.000,00	225,00
Auslagenpauschale VV 7002		20,00
Insgesamt		1.726,40
19 % Umsatzsteuer VV 7008		328,07
Vergütung		2.054,42

5. Mehrere Auftraggeber

Vertritt der Rechtsanwalt in einer Angelegenheit mehrere Auftraggeber, kann er unter bestimmten Voraussetzungen eine **Erhöhung** der Verfahrensgebühr nach § 7 Abs. 1, VV 1008 RVG geltend machen. Nach Nr. 1008 Abs. 1 VV RVG erhöht sich die Verfahrensgebühr bei Wertgebühren um 0,3 pro weiterem Auftraggeber, wenn der Rechtsanwalt für mehrere Auftraggeber in derselben Angelegenheit und wegen desselben Gegenstandes tätig wird. Um mehrere Auftraggeber handelt es sich immer, wenn mehrere rechtsfähige Personen den Rechtsanwalt beauftragt haben. Dieses kommt in Familiensachen bisweilen schon vor. Der Rechtsanwalt muss diese Personen in derselben Angelegenheit vertreten, was immer der Fall ist, wenn es sich um dasselbe Verfahren handelt. Von Gegenstandsgleichheit kann immer ausgegangen werden, wenn die Mandanten gesamtschuldnerisch in Anspruch genommen oder wenn sie Gesamtgläubiger sind. Die Erhöhung wird dann nach dem Betrag berechnet, an dem die Personen gemeinschaftlich beteiligt sind, Nr. 1008 Abs. 2 VV RVG.

555

Beispiel:

Mehrere Auftraggeber

Volljährige Tochter – vertr. durch Rechtsanwalt – reicht am 17. Januar Antrag auf monatlichen Unterhalt von 500,00 € gegen beide Eltern ein, diese werden gesamt-

---

136 Bei der Einigungsgebühr ist wiederum § 15 Abs. 3 RVG beachtet worden, 1,5 Gebühr aus 7.200,00 € ergibt 684,00 €.

schuldnerisch in Anspruch genommen. Antragsgegner – vertr. d. Rechtsanwalt – beantragen Abweisung des Antrags.

Welche Verfahrensgebühr kann der Rechtsanwalt der Eltern verlangen?

Verfahrenswert

6.500,00 €, § 23 Abs. 1 S. 1 RVG, § 51 Abs. 1 S. 1; Abs. 2 S. 1 FamGKG
Jahresbetrag (Februar d. J. bis Januar d. Folgejahres) zzgl. 500,00 € Rückstand.

1,6 Verfahrensgebühr, §§ 2, 13 VV 3100, 1008 RVG	Wert: 6.500,00 €	648,00 €

Es sind alle Voraussetzungen für die Erhöhung erfüllt, sodass der Rechtsanwalt eine 1,6 Verfahrensgebühr verlangen kann.

Wie sieht es aber im nächsten Fall aus?

Beispiel:

Mehrere Auftraggeber
Zwei minderjährige Kinder ges. vertr. durch die Mutter – vertr. durch Rechtsanwalt – verlangen Unterhalt vom Vater. Die Ehe der Eltern ist geschieden. Der Vater soll für eine Tochter 250,00 € und für die zweite Tochter 300,00 € zahlen.

In diesem Fall kann keine Erhöhung gefordert werden, da es an der Gegenstandsgleichheit fehlt. Der Rechtsanwalt vertritt zwar zwei Auftraggeber in derselben Angelegenheit, aber nicht wegen desselben Gegenstands, da jedes Kind den eigenen Unterhaltsanspruch verlangt. In diesem Fall erhält der Rechtsanwalt die Verfahrensgebühr lediglich aus dem zusammengerechneten Gegenstandswert.

6. Rechtsmittelverfahren

556   Im Rechtsmittelverfahren sowie im Verfahren über die Zulassung eines Rechtsmittels gilt der Abschnitt 2 des Teils 3 des VV RVG. Insoweit wird auf die Ausführungen zu → Rn. 511 bis 517 verwiesen.

E. Hauptsacheverfahren in selbstständigen Familiensachen der freiwilligen Gerichtsbarkeit

Für Hauptsacheverfahren der freiwilligen Gerichtsbarkeit gilt ebenfalls Teil 3 des VV RVG, da das RVG keine Unterscheidung zwischen Verfahren der freiwilligen Gerichtsbarkeit und den bürgerlichen Rechtsstreitigkeiten macht. 557

I. Kindschaftssachen

Im Gegensatz zum alten Recht sind Kindschaftssachen dem Familiengericht zugewiesene Verfahren, welche die elterliche Sorge, das Umgangsrecht, die Kindesherausgabe, die Vormundschaft, die Pflegschaft oder die gerichtliche Bestellung eines sonstigen Vertreters für einen Minderjährigen oder für eine Leibesfrucht, die Genehmigung der freiheitsentziehenden Unterbringung eines Minderjährigen (§§ 1631b, 1800 und 1915 BGB), die Anordnung der freiheitsentziehenden Unterbringung eines Minderjährigen nach den Landesgesetzen über die Unterbringung psychisch Kranker oder die Aufgaben nach dem Jugendgerichtsgesetz betreffen, § 151 FamFG. 558

1. Gebühren in bestimmten Kindschaftssachen

Der Begriff der „bestimmten Kindschaftssachen" ist dem FamGKG entnommen, denn hierbei handelt es sich um Verfahren, welche 559

- die Übertragung oder Entziehung der elterlichen Sorge oder eines Teils der elterlichen Sorge,

- das Umgangsrecht einschließlich der Umgangspflegschaft oder

- die Kindesherausgabe betreffen, § 45 Abs. 1 FamGKG.

Deren Verfahrens- bzw. Gegenstandswert beträgt gem. § 45 Abs. 1 FamGKG, § 23 Abs. 1 S. 1 RVG grundsätzlich einheitlich 3.000,00 € (→ Rn. 71).

Der Rechtsanwalt erhält bei der Vertretung zunächst die **1,3 Verfahrensgebühr** nach VV 3100 RVG, die sich im Falle vorzeitiger Beendigung des Auftrages u.U. auf 0,8 nach VV 3101 Nr. 1 RVG ermäßigt. Außerdem kann der Rechtsanwalt auch eine **1,2 Terminsgebühr** nach VV 3104 RVG verlangen, wenn er seinen Mandanten in einem gerichtlichen Termin vertreten hat. Bei Kindschaftssachen, die den Aufenthalt des Kindes, das Umgangsrecht oder die Kindesherausgabe betreffen sowie bei Verfahren wegen Gefährdung des Kindeswohls findet eine gerichtliche Erörterung der Sache mit den Beteiligten in einem Termin statt, § 155 Abs. 2 S. 1 FamFG. Bei 560

Verfahren wegen Gefährdung des Kindeswohls hat das Gericht sogar das persönliche Erscheinen der Eltern anzuordnen, § 157 Abs. 2 FamFG. In diesen Fällen verdient sich der Rechtsanwalt die Terminsgebühr für die Wahrnehmung des Termins.

Beispiel:

Elterliche Sorge und Umgangsregelung

Die Mutter – vertr. d. Rechtsanwalt – beansprucht die alleinige elterliche Sorge für die beiden gemeinsamen Kinder des getrennt lebenden Ehepaares, weil eine Kommunikation der Eltern über die Belange der Kinder nicht möglich sei und die Kinder ihren Lebensmittelpunkt in ihrem Haushalt hätten. Der Vater widerspricht dem Antrag.

Das Gericht erörtert die Angelegenheit mit den Eltern in einem Termin. Durch Beschluss wird der Mutter die elterliche Sorge übertragen, da dies nach Auffassung des Gerichts dem Wohl der Kinder am besten entspricht. Dem Vater gewährt das Gericht ein umfassendes genau bezeichnetes Umgangsrecht mit den Kindern.

Die Kosten werden gegeneinander aufgehoben.

Verfahrenswert

6.000,00 €, § 23 Abs. 1 S. 1 RVG, §§ 45 Abs. 1, 33 Abs. 1 S. 1 FamGKG

Die Werte mehrerer Verfahrensgegenstände sind zusammenzurechnen. Die Anzahl der Kinder ist nicht werterhöhend zu berücksichtigen, § 45 Abs. 2 FamGKG.

Gebühren und Auslagen nach RVG	Gegenstandswert in €	Beträge in €
1,3 Verfahrensgebühr, §§ 2, 13 VV 3100	6.000,00	460,20
1,2 Terminsgebühr, §§ 2, 13 VV 3104	6.000,00	424,80
Auslagenpauschale VV 7002		20,00
Insgesamt		905,00
19% Umsatzsteuer VV 7008		171,95
Vergütung		1.076,95

561 Es stellt sich jedoch die Frage, ob eine **Terminsgebühr** nach VV 3104 Abs. 1 Nr. 1 RVG anfällt, wenn im **Sorgerechtsverfahren** ohne Termin im **schriftlichen Verfahren** entschieden wird. Im Verfahren der freiwilligen Gerichtsbarkeit war nach bisherigem Recht weder der Mündlichkeitsgrundsatz noch das Schriftlichkeitsprinzip als Verfahrensgrundsatz vorgeschrieben. Einzelne Vorschriften sahen zwar die mündliche Erörterung oder Verhandlung mit den Beteiligten vor,[137] damit galt aber nicht der Mündlichkeitsgrundsatz des Zivilprozesses in dem Sinne, dass bei obligatorischer mündlicher Verhandlung das Gericht als Prozessstoff nur das in der

---

137 Ausführlich *von König/von Schuckmann* in Jansen, FGG, Vor §§ 8 bis 18 Rn. 27.

mündlichen Verhandlung Vorgetragene berücksichtigen darf.[138] Auch in diesen Fällen war Entscheidungsgrundlage nicht nur das von den Beteiligten mündlich Vorgebrachte, sondern der gesamte Akteninhalt.[139] Mit dieser Begründung wurde eine analoge Anwendung des Gebührentatbestandes VV 3104 Abs. 1 Nr. 1 RVG überwiegend abgelehnt[140] und nur hinsichtlich des WEG-Verfahrens (§ 44 WEG) der Anfall der Terminsgebühr bejaht.[141] Das wird man auch nach neuem Recht nicht anders sehen können. Zwar kann das Gericht nach § 32 Abs. 1 S. 1 FamFG die Sache mit den Beteiligten in einem Termin erörtern; doch stellt diese Vorschrift lediglich klar, dass das Gericht in jedem Verfahren grundsätzlich die Möglichkeit hat, die Sache mit den Beteiligten in einem Termin mündlich zu erörtern, sofern es dies für sachdienlich hält, d. h. es hat nach pflichtgemäßem Ermessen zwischen mündlichem und schriftlichem Verfahren zu wählen. Jedoch wird durch diese Vorschrift **nicht der Mündlichkeitsgrundsatz** in das FamFG-Verfahren eingeführt. Auch in den Verfahren, in denen obligatorisch oder optional eine Erörterung der Sache im Termin stattfindet, ist Entscheidungsgrundlage nicht nur das, was im Termin von den Beteiligten vorgebracht wurde, sondern der gesamte Akteninhalt.[142]

Auch der Anfall einer **Einigungsgebühr** nach VV 1000 RVG war nach bisherigem Recht strittig. Zwar unterliegt die Sorgerechtsregelung nicht der Verfügungsbefugnis der Eltern, hatte der Rechtsanwalt jedoch bei einer Beilegung eines zuvor bestehenden Streits um das Sorgerecht mitgewirkt, wurde der Anfall der Einigungsgebühr bejaht.[143] Dem ist der Gesetzgeber gefolgt, denn Abs. 5 zu VV 1000 sieht ausdrücklich vor, dass in **Kindschaftssachen** auch für die Mitwirkung an einer Vereinbarung, über deren Gegenstand nicht vertraglich verfügt werden kann, in entsprechender Anwendung von Abs. 1 S. 1 VV 1000 RVG eine Einigungsgebühr anfallen kann. Es ist also lediglich zu prüfen, ob eine entsprechende Einigung

562

---

138 BGH v. 21.11.1996 – IX ZR 264/95 – NJW 1997, 397 m. w. N.
139 BayObLG v. 7.12.1993 – 1Z BR 99/93, 114/93 – NJW-RR 1994, 1225 m. w. N.
140 BGH v. 24.7.2003 – V ZB 12/03 – NJW 2003, 3133; OLG Oldenburg v. 31.3.2009 – 13 WF 63/09 – AGS 2009, 219; OLG Düsseldorf v. 5.2.2009 – 10 WF 31/08 – OLGR Düsseldorf 2009, 364; OLG Stuttgart v. 14.7.2006 – 8 WF 96/06 – FamRZ 2007, 233 = AGS 2007, 503; AnwK-RVG/*Onderka/N. Schneider*, 4. Auflage 2008, VV 3104 Rn. 12; Gerold/Schmidt/*Müller-Rabe*, 18. Auflage 2008, VV 3104 Rn. 32; **a.A.** SchlHOLG v. 30.3.2007 – 15 WF 41/07 – AGS 2007, 502.
141 BGH v. 9.3.2006 – V ZB 164/05 – NJW 2006, 2495; auf eben diese Entscheidung stützte sich der 19. Zivilsenat des KG in seiner Entscheidung v. 30.10.2008 – 19 WF 194/08 – FamRZ 2009, 720 für ein Verfahren nach der HausratsVO.
142 So die Gesetzesbegründung BT-Drs. 16/6308 S. 190/191.
143 OLG Stuttgart v. 3.7.2007 – 8 WF 92/07 – FamRZ 2007, 1832; PfälzOLG v. 14.12.2005 – 2 WF 220/05 – FamRZ 2006, 637; OLG Nürnberg v. 2.12.2004 – 7 WF 3907/04 – FamRZ 2005, 741; OLG Koblenz v. 11.3.2005 – 7 WF 105/05 – FamRZ 2005, 1846.

vorhanden ist, bei deren Abschluss der Rechtsanwalt mitgewirkt hat. Das könnte beispielsweise der Fall sein, wenn sich die Elternteile in einem **Sorgerechtsverfahren** mit dem Hauptantrag der Übertragung der Alleinsorge auf die Kindesmutter darauf verständigt, die elterliche Sorge des Vaters ruhen lassen zu wollen;[144] stimmt der eine Elternteil auf den Antrag des anderen Elternteils der Übertragung des Sorgerechts für das gemeinsame Kind auf den anderen Elternteil schriftsätzlich zu, löst dies aber noch **keine Einigungsgebühr** aus.[145] In einem Sorgerechtsverfahren, das die **Entziehung des Sorgerechts** wegen Kindeswohlgefährdung gemäß § 1666 BGB zum Gegenstand hat, entfaltet eine Übereinkunft der Verfahrensbeteiligten keine bindende Wirkung für das Gericht und führt demgemäß auch nicht zwangsläufig zur Beendigung des Verfahrens und lässt somit auch keine Einigungsgebühr entstehen.[146]

Wegen des Mitvergleichens nicht anhängiger Ansprüche siehe → Rn. 554.

563 Das Gericht soll nach § 156 Abs. 1 FamFG in Kindschaftssachen, welche die elterliche Sorge bei Trennung und Scheidung, den Aufenthalt des Kindes, das **Umgangsrecht** oder die Herausgabe des Kindes betreffen, in jeder Lage des Verfahrens auf ein Einvernehmen der Beteiligten hinwirken, wenn dies dem Kindeswohl nicht widerspricht. Die Vorschrift regelt den Vergleich in Umgangsverfahren und enthält eine gesetzliche Definition des **gerichtlich gebilligten Vergleichs,** der – ebenso wie eine gerichtliche Entscheidung – einen Vollstreckungstitel darstellt (§ 86 Abs. 1 Nr. 2 FamFG). Erzielen die Beteiligten nämlich Einvernehmen über den Umgang oder die Herausgabe des Kindes, ist die einvernehmliche Regelung als Vergleich aufzunehmen, wenn das Gericht diese billigt (gerichtlich gebilligter Vergleich). Das Gericht billigt die Umgangsregelung, wenn sie dem Kindeswohl nicht widerspricht. Die Regelung ist angelehnt an den bisherigen § 52a Abs. 4 S. 3 FGG, erstreckt sich aber auf alle formell am Verfahren Beteiligten. Damit bedarf es auch einer Zustimmung des Kindes und ggf. des Jugendamts oder des Verfahrensbeistands. Das Gericht billigt die Umgangsregelung, wenn die Vereinbarung der Beteiligten dem Kindeswohl nicht widerspricht. Die Regelung erweitert den Anwendungsbereich des § 36 FamFG (→ Rn. 11) auf das Umgangsrecht, das nicht zur Disposition der Beteiligten steht.[147]

---

144 OLG Oldenburg v. 26.5.2014 – 11 WF 85/14 – FamRZ 2014, 1938.
145 OLG Hamm v. 1.10.2012 – 6 WF 46/12 – NJW-RR 2013, 318 = FamRZ 2013, 728.
146 OlG Celle v. 10.6.2010 – 12 WF 90/10 – NJW 2010, 2962 = FamRZ 2011, 246; OLG Koblenz v. 24.1.2006 – 7 WF 27/06 – FamRZ 2006, 720; a. A. Gerold/Schmidt/*Müller-Rabe,* VV 1000 Rn. 67.
147 So die Gesetzesbegründung BT-Drs. 16/6308 S. 237.

Entgegen der sonst üblichen Regelungstechnik hat der Gesetzgeber die Voraussetzungen für das Entstehen der **Einigungsgebühr** in diesem Fall nicht bei VV 1000 RVG angesiedelt, sondern in der Anmerkung zu VV 1003, weil ein gerichtlich gebilligter Vergleich nur in einer laufenden Kindschaftssache hinsichtlich des Umgangsrechts geschlossen werden kann.[148] Nach VV 1003 Abs. 3 RVG entsteht in Kindschaftssachen die Gebühr auch für die Mitwirkung am Abschluss eines **gerichtlich gebilligten Vergleichs** (§ 156 Abs. 2 FamFG) und an einer Vereinbarung, über deren Gegenstand nicht vertraglich verfügt werden kann, wenn hierdurch eine gerichtliche Entscheidung entbehrlich wird oder wenn die Entscheidung der getroffenen Vereinbarung folgt.

564

Ebenfalls Familiensache ist das in § 165 FamFG geregelte **Vermittlungsverfahren**, das auf Antrag eines Elternteils eingeleitet werden kann, wenn geltend gemacht wird, dass der andere Elternteil die Durchführung einer gerichtlichen Entscheidung oder eines gerichtlich gebilligten Vergleichs über den **Umgang** mit dem gemeinschaftlichen Kind vereitelt oder erschwert. Diese Fälle werden der gerichtlichen Entscheidung über den Umgang gleichgestellt,[149] sodass der Rechtsanwalt hierfür ebenfalls die Gebühren wie für ein Umgangsverfahren erhalten kann. Nach § 17 Nr. 8 RVG sind das Vermittlungsverfahren und ein sich anschließendes gerichtliches Verfahren jedoch verschiedene Angelegenheiten, sodass folgerichtig die Verfahrensgebühr für das Vermittlungsverfahren nach § 165 FamFG auf die Verfahrensgebühr des nachfolgenden gerichtlichen Verfahrens anzurechnen ist, VV 3100 Abs. 3 RVG.

565

2. Weitere Kindschaftssachen

Bei den weiteren Kindschaftssachen (→ Rn. 558) handelt es sich um Verfahren unterschiedlichster Art, von der auf längere Dauer zu führenden Vormundschaft oder auch Pflegschaft bis hin zu Genehmigungen für einzelne Rechtshandlungen der Beteiligten. Wegen der Berechnung des Gegenstandswertes siehe → Rn. 73 ff. Obwohl in Familiensachen nicht mehr zwischen Verfahren der freiwilligen Gerichtsbarkeit und anderen Verfahren unterschieden wird und grundsätzlich alle Familiensachen gebührenrechtlich gleich behandelt werden, gilt dieses z. B. **nicht** für solche Verfahren, die lediglich die Erteilung einer Genehmigung oder die Zustimmung des Familiengerichts zum Gegenstand haben.

566

Nach VV 3101 Nr. 3 RVG erhält der Rechtsanwalt nur eine **0,8 Verfahrensgebühr** soweit in einer Familiensache, die nur die **Erteilung einer Genehmigung oder die Zustimmung des FamG** zum Gegenstand hat,

567

---

148 BT-Drs. 16/6308 S. 341.
149 Siehe Gesetzesbegründung BT-Drs. 16/6308 S. 242.

oder wenn in einem Verfahren der **freiwilligen Gerichtsbarkeit** lediglich ein Antrag gestellt und eine Entscheidung entgegengenommen wird. Zur Wertberechnung siehe → Rn. 43, 56, 73 ff.

Beispiel:

Genehmigung zum Betrieb eines Erwerbsgeschäfts

Die Eltern des 17-jährigen Mike sind Inhaber eines kleinen Fuhrgeschäfts. Nachdem der Vater durch einen Unfall verstorben ist, ermächtigt die Mutter den 17-Jährigen zum Betrieb des Erwerbsgeschäfts, § 112 Abs. 1 BGB. Die hierfür notwendige Genehmigung des FamG holt der Rechtsanwalt, der auch die betriebliche rechtliche Vertretung wahrnimmt, beim zuständigen FamG ein.

Das mitgeteilte Betriebsvermögen beträgt 100.000,00 €.

Gegenstandswert

10.000,00 €, § 23 Abs. 1 S. 1 RVG, §§ 36 Abs.1 , 42 FamGKG

Der Verfahrenswert bemisst sich nach § 36 Abs. 1 FamGKG, d. h. nach den entsprechenden Vorschriften des GNotKG; da eine solche nicht vorhanden ist, gilt § 42 FamGKG. Der Wert ist zu schätzen. Ausgangswert ist das Betriebsvermögen, allerdings wegen der kurzen Laufzeit wurde nur ein Bruchteil angesetzt (1/10).

Gebühren und Auslagen nach RVG	Gegenstandswert in €	Beträge in €
0,8 Verfahrensgebühr, §§ 2, 13 VV 3101 Nr. 3	10.000,00	446,40
Auslagenpauschale VV 7002		20,00
Insgesamt		466,40
19 % Umsatzsteuer VV 7008		88,62
Vergütung		555,02

568 Kindschaftssachen sind aber auch Verfahren, die nach § 151 Nr. 6 FamFG die Genehmigung der freiheitsentziehenden **Unterbringung eines Minderjährigen** (§§ 1631b, 1800 und 1915 BGB) oder nach § 151 Nr. 7 FamFG die Anordnung der freiheitsentziehenden Unterbringung eines Minderjährigen nach den Landesgesetzen über die Unterbringung psychisch Kranker betreffen. Für das Betreiben des Geschäfts in Freiheitsentziehungssachen nach § 415 FamFG, in Unterbringungssachen nach § 312 FamFG und bei Unterbringungsmaßnahmen nach § 151 Nr. 6 und 7 FamFG erhält der Rechtsanwalt eine **Betragsrahmengebühr** nach VV 6300 RVG als Verfahrensgebühr. Der Rahmen liegt zwischen 40,00 bis 470,00 € – zur Ermittlung der Gebühr siehe → Rn. 460. Damit sind alle Tätigkeiten des Rechtsanwalts entgolten, lediglich eine Terminsgebühr für die Teilnahme an gerichtlichen Terminen könnte in derselben Höhe noch zusätzlich nach VV 6301 RVG entstehen. Da in beiden Fällen die Anhörung des Betroffenen vorgesehen ist, §§ 167 Abs. 1, 312 Nr. 1, 312 Nr. 3, 319 FamFG wird eine Terminsgebühr auch in der Regel entstehen. Die Gebühren entstehen für jeden Rechtszug gesondert, Anm. zu VV 6300 sowie § 15 Abs. 2 RVG.

3. Rechtsmittelverfahren

Auch in Kindschaftssachen gilt für das Rechtsmittelverfahren sowie im Verfahren über die Zulassung eines Rechtsmittels der Abschnitt 2 des Teils 3 des VV RVG. Insoweit wird auf die Ausführungen zu → Rn. 511 bis 517 verwiesen. 569

Durch das 2. KostRMoG[150] wurde dem Gebührentatbestand VV 3201 RVG der Begriff der „**eingeschränkten Tätigkeit**" hinzugefügt. Danach liegt für den Rechtsanwalt eine eingeschränkte Tätigkeit nach VV 3201 Abs. 2 RVG vor, wenn sich seine Tätigkeit in einer Familiensache, die nur die Erteilung einer Genehmigung oder die Zustimmung des FamG zum Gegenstand hat, oder in einer Angelegenheit der freiwilligen Gerichtsbarkeit auf die Einlegung und Begründung des Rechtsmittels und die Entgegennahme der Rechtsmittelentscheidung beschränkt. In diesem Fall erhält der Rechtsanwalt nur eine Verfahrensgebühr mit einem Gebührensatz von 1,0 → siehe auch Rn. 567.

II. Übrige Familiensachen der freiwilligen Gerichtsbarkeit

Bei den übrigen Familiensachen der freiwilligen Gerichtsbarkeit handelt es sich um Abstammungssachen, Adoptionssachen (soweit sie einen Volljährigen betreffen), Ehewohnungs- und Haushaltssachen, Gewaltschutzsachen, Versorgungsausgleichssachen sowie Unterhalts-, Güterrechts- und sonstige Familiensachen, die keine Familienstreitsachen sind. Nachfolgend soll nur auf einige in der Praxis häufiger vorkommende Angelegenheiten eingegangen werden. 570

Abstammungssachen waren nach bisherigem Recht die Kindschaftssachen nach § 640 Abs. 2 ZPO a. F., aber auch das Verfahren nach § 1600e Abs. 2 BGB,[151] welches auch schon bisher im FGG-Verfahren zu entscheiden war. Nun sind sämtliche Abstammungssachen Verfahren der freiwilligen Gerichtsbarkeit → Rn. 79 ff. Zur Wertberechnung siehe → Rn. 83. 571

---

150 Art. 8 Abs. 2 Nr. 34 a) und b) cc).
151 Aufgehoben durch Art. 50 Nr. 25 FGG-RG.

572 **Versorgungsausgleichssachen** sind nach § 217 FamFG Verfahren, die dem Versorgungsausgleich dienen, auch hierbei handelt es sich um Verfahren der freiwilligen Gerichtsbarkeit.[152] Zur Wertberechnung siehe → Rn. 108 ff.

573 **Ehewohnungs- und Haushaltssachen** können im Falle der Scheidung oder auch schon bei Getrenntleben der Ehegatten notwendig sein, § 200 FamFG. Zur Wertberechnung siehe → Rn. 97.

574 Zu den Angelegenheiten der freiwilligen Gerichtsbarkeit gehören nun auch alle **Gewaltschutzsachen** nach § 210 FamFG (Verfahren nach §§ 1 und 2 des GewSchG). Dabei handelt es sich um unterschiedliche Tatbestände, häufig geht es aber auch um Wohnungszuweisung oder das Verbot die gemeinsame Wohnung zu betreten → Rn. 102. Zur Wertberechnung siehe → Rn. 103.

575 Die in § 261 Abs. 2 FamFG genannten **güterrechtlichen Angelegenheiten** sind nach wie vor im Verfahren der freiwilligen Gerichtsbarkeit zu entscheiden → Rn. 163, 170. Dabei kann es sich z. B. um die isolierte Geltendmachung der Stundung der Ausgleichsforderung (§ 1382 Abs. 1 BGB), der Sicherheitsleistung für die gestundete Forderung (§ 1382 Abs. 3 BGB), der Aufhebung oder Änderung der Stundungs- und Sicherheitsleistung (§ 1382 Abs. 6 BGB) sowie Übertragung von Vermögensgegenständen (§ 1383 Abs. 1 BGB) handeln.

576 Auch in all diesen Verfahren erhält der Rechtsanwalt bei der Vertretung zunächst die **1,3 Verfahrensgebühr** nach VV 3100 RVG, die sich im Falle vorzeitiger Beendigung des Auftrages u.U. auf 0,8 nach VV 3101 Nr. 1 RVG ermäßigt. Außerdem kann der Rechtsanwalt auch eine **1,2 Terminsgebühr** nach VV 3104 RVG verlangen, wenn er seinen Mandanten in einem gerichtlichen Termin vertreten hat. Dass ein solcher stattfinden kann, ergibt sich aus § 32 Abs. 1 S. 1 FamFG, wonach das Gericht die Sache mit den Beteiligten in einem Termin erörtern kann; doch stellt § 32 Abs. 1 S. 1 FamFG lediglich klar, dass das Gericht in jedem Verfahren grundsätzlich die Möglichkeit hat, die Sache mit den Beteiligten in einem Termin mündlich zu erörtern, sofern es dies für sachdienlich hält, d. h. es hat nach pflichtgemäßem Ermessen zwischen mündlichem und schriftlichem Verfahren zu wählen. Für einige Verfahren ergibt sich darüber hinaus diese Möglichkeit noch aus den speziellen Regelungen, so ordnet § 175 FamFG für **Abstammungssachen** an, dass das Gericht vor Beweisaufnahme über die Abstammung die Angelegenheit mit den Beteiligten erörtern soll. Auch für **Versorgungsausgleichssachen** soll das Gericht die Angelegenheit mit den Ehegatten in einem Termin erörtern, § 222 FamFG. In **Ehewohnungs- und Haushaltssachen** soll das Gericht die Angelegen-

---
152 *Borth*, FamRZ 2009, 157 ff.

heit mit den Ehegatten in einem Termin erörtern und soll das persönliche Erscheinen der Ehegatten anordnen, § 207 FamFG.

Es gilt aber auch hier das unter → Rn. 561 zum fehlenden Grundsatz der Mündlichkeit Gesagte, sodass bei Entscheidung ohne Termin – auch nicht in entsprechender Anwendung von VV 3104 Abs. 1 Nr. 1 RVG – auch **keine Terminsgebühr** entsteht. Da auch § 221 Abs. 1 FamFG keine mündliche Verhandlung vorschreibt, entsteht die Terminsgebühr nach VV 3104 Abs. 1 Nr. 1 RVG im Versorgungsausgleichsverfahren ebenfalls nicht, wenn das Familiengericht ohne Durchführung eines Erörterungstermins entscheidet.[153]

577

Die Frage, ob in den oben genannten Angelegenheiten eine **Einigungsgebühr** nach VV 1000, 1003 RVG anfallen kann, muss unterschiedlich beantwortet werden. Umstritten war nach altem Recht der Anfall in **Versorgungsausgleichssachen,** wenn es um einen Verzicht der Eheleute auf Durchführung des Versorgungsausgleichs ging, da allenfalls die im Versorgungsausgleich begünstigte Partei auf den ihr zustehenden Ausgleich verzichtete, während der Verzicht des anderen Teils als inhaltsleer angesehen wurde.[154] Nach jetzt geltendem Recht ist ein Verzicht auf die Durchführung des Versorgungsausgleichs, wenn beide Beteiligte Versorgungsanwartschaften erworben haben, immer wechselseitig, da jeweils ein Ausgleich der beiderseitigen Anrechte vorzunehmen ist.[155] Den mitwirkenden Rechtsanwälten steht daher eine Einigungsgebühr zu. Das gilt auch, wenn sich die Beteiligten über eine **wesentlich Grundlage** für die Durchführung des Versorgungsausgleichs (z. B. Berechnung der Startgutschriften) endgültig einigen. Der Gegenstandswert der Einigungsgebühr richtet sich in diesem Fall nach dem Wert des Teilvergleichs.[156]

578

Schließen die Beteiligten eine Vereinbarung über die **Wohnungsnutzung** und/oder über **Haushaltsgegenstände,** dann fällt eine Einigungsgebühr an, wenn der Rechtsanwalt an der Einigung mitgewirkt hat. Gleiches gilt auch für die **güterrechtlichen** Angelegenheiten.

In **Abstammungssachen** wird eine Einigung, die zum Anfall einer Einigungsgebühr führt, eher die Ausnahme sein. Denkbar wäre jedoch die Vaterschaftsanerkennung im Prozess gem. § 180 FamFG (entspricht inhaltlich § 641c ZPO a. F.) und daraufhin erklärter Klageantragsverzicht.

---

153 HansOLG Bremen v. 3.9.2012 – 5 WF 112/12 – MDR 2012, 1315.
154 Siehe zum alten Recht: OLG Stuttgart NJW 2007, 1072 = FamRZ 2007, 232; OLG Karlsruhe NJW 2007, 1072 = FamRZ 2007, 843; AnwK-RVG/*N. Schneider,* 4. Auflage 2008, VV 1000 Rn. 107 ff.; *Bischof* in Bischof, 3. Auflage 2009, VV 1000 Rn. 93.
155 OLG Düsseldorf v. 6.11.2012 – 10 WF 15/12 – FamRZ 2013, 1422 m. w. N.; OLG München v. 12.1.2012 – 11 WF 2265/11 – JurBüro 2012, 1931.
156 OLG Hamm v. 2.7.2012 – 6 WF 127/12 – FamRZ 2013, 397.

Bei Mitwirkung des Rechtsanwalts stünde diesem eine Einigungsgebühr VV 1000, 1003 RVG zu. In Abstammungssachen gilt ein Verbindungsverbot, § 179 Abs. 2 FamFG; jedoch lässt das Gesetz als Ausnahme hiervon zu, dass mit einem Verfahren auf Feststellung der Vaterschaft eine Unterhaltssache über Mindestunterhalt (→ Rn. 123 ff.) verbunden werden kann, § 179 Abs. 1 S. 2 FamFG, § 237 Abs. 3 FamFG. Über diesen Unterhaltsanspruch kann auch ein gerichtlicher Vergleich geschlossen werden, sodass insoweit die Einigungsgebühr entsteht.

Beispiel:

Abstammungssache verbunden mit Unterhalt

Vaterschaftsfeststellungssache des am 5.1.2015 geborenen Kindes verbunden mit dem Antrag, dass für den Fall der Feststellung Mindestunterhalt in Höhe der ersten Altersstufe von 317,00 € unter Anrechnung des hälftigen Kindergeldes von 92,00 € zu zahlen ist. Das Verfahren wird am 3.5.2015 anhängig. Beide Beteiligte werden durch Rechtsanwälte vertreten.

Nach durchgeführter Erörterung im Termin erkennt der Vater die Vaterschaft formgerecht an. Bezüglich des Unterhalts schließen die Beteiligten einen gerichtlichen Vergleich, in dem sich der Vater zur Zahlung von Unterhalt verpflichtet, allerdings einigt man sich auf 90 % des Mindestunterhalts der ersten Altersstufe, da der Vater nur insoweit leistungsfähig ist.

Gegenstandswert

3.825,00 €, § 23 Abs. 1 S. 1 RVG, §§ 51 Abs. 1 S. 2, 47 Abs. 1, 33 Abs. 1 FamGKG

Der bereinigte Mindestunterhalt beträgt 225,00 € × 12 = 2.700,00 € (§ 51 Abs. 1 S. 2 FamGKG) zzgl. 1.125,00 € Rückstand für 5 Monate (§ 51 Abs. 2 S. 1 GKG). Der Verfahrenswert der Abstammungssache (2.000,00 €, § 47 Abs. 1 FamGKG) ist der geringere Wert (§ 33 Abs. 1 FamGKG), sodass der Wert des Unterhalts ausschlaggebend ist. Zeitpunkt der Wertberechnung: Einreichung des Antrags, § 34 S. 1 FamGKG.

Gebühren und Auslagen nach RVG	Gegenstandswert in €	Beträge in €
1,3 Verfahrensgebühr, §§ 2, 13 VV 3100	3.825,00	327,60
1,2 Terminsgebühr, §§ 2, 13 VV 3104	3.825,00	302,40
1,0 Einigungsgebühr, §§ 2, 13 VV 1000, 1003	3.825,00	252,00
Auslagenpauschale VV 7002		20,00
Insgesamt		902,00
19 % Umsatzsteuer VV 7008		171,38
Vergütung		1.073,38

579 Auch in den übrigen Familiensachen der freiwilligen Gerichtsbarkeit gilt für das **Rechtsmittelverfahren** sowie im Verfahren über die Zulassung

eines Rechtsmittels der Abschnitt 2 des Teils 3 des VV RVG. Insoweit wird auf die Ausführungen zu → Rn. 511 bis 517 sowie bezüglich der eingeschränkten Tätigkeit auf → Rn. 560 verwiesen.

F. Einstweiliger Rechtsschutz

580 Zu den Verfahren des einstweiligen Rechtsschutzes gehören die **einstweilige Anordnung** sowie in Familienstreitsachen auch der **Arrest**. Mit Inkrafttreten des FamFG ist das Institut der einstweiligen Anordnung in allen Familiensachen und in den Verfahren der freiwilligen Gerichtsbarkeit eingeführt worden und zwar unabhängig von einem Hauptsacheverfahren → Rn. 224 ff.

581 Für den **Rechtsanwalt** sind nach § 17 Nr. 4a RVG das Verfahren in der **Hauptsache** und ein Verfahren über einen Antrag auf Anordnung eines **Arrests** sowie nach § 17 Nr. 4b RVG das **Hauptsacheverfahren** und ein Verfahren auf Erlass einer **einstweiligen Anordnung verschiedene Angelegenheiten,** sodass er die Gebühren jeweils gesondert verlangen kann. Dabei ist jedes Verfahren auf Anordnung eines Arrestes oder einer einstweiligen Anordnung ein eigenes Verfahren, jedoch sieht § 16 Nr. 5 eine Besonderheit für Verfahren über **Aufhebung** oder **Änderung** der im einstweiligen Rechtsschutzverfahren ergangenen Entscheidung vor, denn Aufhebungs- bzw. Änderungsverfahren stellen dieselbe Angelegenheit mit dem Anordnungsverfahren dar, sodass hierfür keine neuen Gebühren anfallen.

Die in § 17 Nr. 4d RVG enthaltene Regelung betrifft gerade nicht das Verhältnis der jeweiligen Entscheidung des einstweiligen Rechtsschutzes sondern das Verhältnis von Hauptsache und Eilverfahren.[157]

582 Nach § 51 Abs. 1 FamFG bedarf es in Antragsverfahren (der Hauptsache) auch hinsichtlich der einstweiligen Anordnung eines Antrags; d. h. im Amtsverfahren kann das Gericht auch ohne Antrag eine einstweilige Anordnung erlassen. Im Antragsverfahren erhält der Rechtsanwalt bei der Vertretung im Anordnungsverfahren die **1,3 Verfahrensgebühr** nach VV 3100 RVG, die sich im Falle vorzeitiger Beendigung des Auftrages u.U. auf 0,8 nach VV 3101 Nr. 1 RVG ermäßigt. Nimmt er aber im Amtsverfahren nur die einstweilige Anordnung entgegen, bespricht sie mit dem Mandanten und veranlasst sonst nichts Weiteres, dann erhält er auch nur die reduzierte 0,8 Verfahrensgebühr VV 3101 Nr. 1, 3 RVG. Zur Wertberechnung auch hinsichtlich der unterschiedlichen Gegenstände einer einstweiligen Anordnung → Rn. 232 ff.

583 Außerdem kann der Rechtsanwalt auch eine **1,2 Terminsgebühr** nach VV 3104 RVG verlangen, wenn er für seinen Mandanten einen gerichtlichen Termin wahrgenommen hat. In Verfahren des einstweiligen Rechtsschutzes ist die Anberaumung eines gerichtlichen Termins nicht die Regel, sondern die Entscheidung kann ohne mündliche Verhandlung ergehen,

---

157 *Bräuer/Bischof* in Bischof/Jungbauer, § 17 Rn. 17a.

§ 51 Abs. 2 S. 2 FamFG. Eine Abweichung gilt im **Unterhaltsverfahren**, denn hier kann das Gericht gem. § 246 Abs. 1 FamFG durch einstweilige Anordnung auf Antrag die Verpflichtung zur Zahlung von Unterhalt oder zur Zahlung eines Kostenvorschusses für ein gerichtliches Verfahren regeln. Diese Entscheidung ergeht aufgrund mündlicher Verhandlung, wenn dies zur Aufklärung des Sachverhalts oder für eine gütliche Beilegung des Verfahrens geboten erscheint, § 246 Abs. 2 FamFG. Allerdings fällt **keine Terminsgebühr** nach VV 3104 Abs. 1 Nr. 1 RVG an, wenn im Verfahren auf Erlass einer einstweiligen Anordnung zum Kindesunterhalt ohne mündliche Verhandlung durch Anerkenntnisbeschluss entschieden wird und zuvor keine Mitwirkung an einer Besprechung, die auf die Vermeidung oder Erledigung des Verfahrens gerichtet war, stattgefunden hat.[158]

Hinsichtlich der Problematik, ob eine entsprechende Anwendung von VV 3104 Abs. 1 Nr. 1 RVG infrage kommt, gilt auch hier das unter → Rn. 561 Gesagte.

584

Ist das Rechtsmittelgericht für den Erlass einer einstweiligen Anordnung zuständig, weil diese im Rahmen des Rechtsmittelverfahrens der Hauptsache erlassen wird, dann gelten auch die Gebührentatbestände des Teils 3 Abschnitt 1 und nicht etwa die des Abschnitts 2 – Vorbem. 3.2 Abs. 2 S. 2 VV RVG.

585

> **Beispiel:**
>
> **Einstweilige Anordnung Kindschaftssache**
>
> Die von ihrem Ehemann getrennt lebende Ehefrau beantragt, ihr im Wege der einstweiligen Anordnung die alleinige elterliche Sorge für die beiden gemeinsamen Kinder zu übertragen und dem Vater dafür ein Umgangsrecht zu gewähren. Beide Beteiligte sind anwaltlich vertreten.
>
> Das Gericht regelt die elterliche Sorge nach mündlicher Verhandlung antragsgemäß, da dies nach Auffassung des Gerichts dem Wohl der Kinder am besten entspricht und gewährt dem Vater ein großzügiges genau beschriebenes Umgangsrecht mit den Kindern.
>
> Die Kosten werden gegeneinander aufgehoben, §§ 51 Abs. 4, 81 Abs. 1 FamFG.
>
> **Gegenstandswert**
>
> 3.000,00 €, § 23 Abs. 1 S. 1 RVG, §§ 41, 45 Abs. 1, 33 Abs. 1 FamGKG.
>
> Umgangsregelung und Regelung der elterlichen Sorge sind unterschiedliche Verfahrensgegenstände, deren Werte zusammen zu rechnen sind, da sie in einem Verfahren geltend gemacht werden.

---

158 OLG Köln v. 27.4.2012 – 4 WF 22/12 – JurBüro 2012, 653.

Gebühren und Auslagen nach RVG	Gegenstandswert in €	Beträge in €
1,3 Verfahrensgebühr, §§ 2, 13 VV 3100	3.000,00	261,30
1,2 Terminsgebühr, §§ 2, 13 VV 3104	3.000,00	241,20
Auslagenpauschale VV 7002		20,00
Insgesamt		522,50
19 % Umsatzsteuer VV 7008		99,28
Vergütung		621,78

586 Nach § 57 S. 1 FamFG sind Entscheidungen in Verfahren der einstweiligen Anordnung in Familiensachen **nicht anfechtbar,** stattdessen steht es den Beteiligten offen, das Hauptverfahren einleiten zu lassen. Nur ausnahmsweise soll eine einstweilige Anordnung anfechtbar sein, wenn das Gericht des ersten Rechtszugs aufgrund mündlicher Erörterung über die elterliche Sorge für ein Kind, über die Herausgabe des Kindes an den anderen Elternteil, über einen Antrag auf Verbleiben eines Kindes bei einer Pflege- oder Bezugsperson, über einen Antrag nach den §§ 1 und 2 des GewSchG oder in einer Wohnungszuweisungssache über einen Antrag auf Zuweisung der Wohnung entschieden oder den Ausschluss des Umgangs mit einem Elternteil angeordnet hat. Gegen einen Beschluss im Verfahren über die Anordnung, Abänderung oder Aufhebung einer einstweiligen Anordnung oder eines Arrests findet die Rechtsbeschwerde nicht statt, § 70 Abs. 3 FamFG.

587 Sollte nach einer der Ausnahmetatbestände ausnahmsweise die **Beschwerde** statthaft sein, ist auch nach jetzigem Recht nicht klar, **welche Gebühren** der Rechtsanwalt für das Beschwerdeverfahren verlangen kann. Die Gebührentatbestände für Verfahren über Beschwerden gegen **Endentscheidungen wegen des Hauptgegenstands** in Familiensachen sind im Teil 3 Abschnitt 2 Unterabschnitt 1 VV RVG (Nr. 3200 ff.) geregelt, wonach der Rechtsanwalt z. B. eine 1,6 Verfahrensgebühr erhält, während für die dort nicht genannten Beschwerden der Abschnitt 5 VV RVG gilt (Nr. 3500 ff.) mit einer 0,5 Verfahrensgebühr. Da der Gesetzgeber im Unterabschnitt 2 im Fall der Rechtsbeschwerde angeordnet hat (Vorbem. 3.2.2 Nr. 1a), dass dieser Unterabschnitt in Verfahren über Rechtsbeschwerden, in den in der Vorbem. 3.2.1 Nr. 2 genannten Fällen gilt, also auch in Familiensachen, kommt es auf die Unterscheidung wohl an.

588 Für die Anwendung des Abschnitts 2 Unterabschnitt 1 VV RVG ist es fraglich, ob die **einstweilige Anordnung** eine **Endentscheidung** darstellt. § 38 Abs. 1 FamFG definiert die Endentscheidung dergestalt, dass das Gericht durch Beschluss zu entscheiden hat, soweit durch die Entscheidung der Verfahrensgegenstand ganz oder teilweise erledigt wird. Im Zuge der

Regelung der einstweiligen Anordnung (§§ 49 bis 57 FamFG) benutzt der Gesetzgeber lediglich in § 57 S. 1 FamFG das Wort „Entscheidung", indem angeordnet wird, dass diese im Verfahren der einstweiligen Anordnung nicht anfechtbar ist; der Ausschluss der Rechtsbeschwerde in § 70 Abs. 4 FamFG betrifft dann wieder „einen Beschluss im Verfahren über die Anordnung, Abänderung oder Aufhebung einer einstweiligen Anordnung". In der gerichtlichen Praxis wird die einstweilige Anordnung in der Regel auch in Form eines Beschlusses gefasst, was aber auch für Nebenentscheidungen gilt. Andererseits handelt es sich nach nun geltendem Recht um ein **selbstständiges Verfahren,** § 51 Abs. 3 FamFG, das auch eine eigene Kostenentscheidung nach den allgemeinen Regeln des FamFG beinhalten soll, § 51 Abs. 4 FamFG und die Einleitung eines Hauptsacheverfahren nicht mehr nötig macht. Hinzu kommt, dass für das Gerichtsgebührenrecht für einstweilige Anordnungen, mit Ausnahme derjenigen in Kindschaftssachen, die Beendigung des gesamten Verfahrens ohne Endentscheidung nach KV 1421 FamGKG einen Ermäßigungstatbestand darstellt → Rn. 437. Dieses gilt für einstweilige Anordnungen und Arreste gleichermaßen.[159] Welche Entscheidung sollte hier mit „Endentscheidung" gemeint sein, wenn nicht die einstweilige Anordnung selbst.

Geht man davon aus, dass es sich um eine Endentscheidung handelt, was m.E. die richtige Auffassung ist,[160] erhält der Rechtsanwalt folgende Vergütung:

Beispiel:

Beschwerde gegen einstweilige Anordnung

Die Antragstellerin – vertr. durch Rechtsanwalt – beantragt gestützt auf §§ 1, 2 GewSchG eine einstweilige Anordnung, ihr die Ehewohnung zur alleinigen Nutzung zu überlassen und dem Antragsgegner zu verbieten, die Wohnung zu betreten und sich der Antragstellerin und der Wohnung weiter als bis auf 500 m zu nähern. Das FamG erlässt eine entsprechende einstweilige Anordnung. Der Antragsgegner – vertr. durch Rechtsanwalt – legt fristgemäß Beschwerde gegen die Entscheidung ein. Das Beschwerdegericht beraumt Termin zur mündlichen Verhandlung an.

Wie hoch ist die Vergütung des Rechtsanwalts im Beschwerdeverfahren?

Gegenstandswert
2.500,00 €, § 23 Abs. 1 S. 1 RVG, §§ 41, 49 Abs. 1, 33 Abs. 1 FamGKG.
Der Wert für Maßnahmen nach § 1 GewSchG beträgt 1.000,00 € und der für § 2 GewSchG 1.500,00 €.

---

159 So die Gesetzesbegründung BT-Drs. 16/6308 S. 313.
160 So nun auch Gerold/Schmidt/*Müller-Rabe*, VV Vorb. 3.2.1 Rn. 29.

Gebühren und Auslagen nach RVG	Gegenstandswert in €	Beträge in €
1,6 Verfahrensgebühr, §§ 2, 13 VV 3200	2.500,00	321,60
1,2 Terminsgebühr, §§ 2, 13 VV 3202	2.500,00	241,20
Auslagenpauschale VV 7002		20,00
Insgesamt		582,80
19 % Umsatzsteuer VV 7008		110,73
Vergütung		693,53

Stellt man darauf ab, dass der Abschnitt 5 für sonstige Beschwerden einschlägig ist, dann ergibt sich nur die nachfolgende Vergütung:

Gebühren und Auslagen nach RVG	Gegenstandswert in €	Beträge in €
0,5 Verfahrensgebühr, §§ 2, 13 VV 3500	2.500,00	100,50
0,5 Terminsgebühr, §§ 2, 13 VV 3513	2.500,00	100,50
Auslagenpauschale VV 7002		20,00
Insgesamt		221,00
19 % Umsatzsteuer VV 7008		41,99
Vergütung		262,99

G. Vollstreckung familiengerichtlicher Entscheidungen

Die Gebührentatbestände des Rechtsanwalts für Tätigkeiten in der Vollstreckung (→ Rn. 263 ff.) und Vollziehung sind ebenfalls im Teil 3 des VV RVG geregelt und dort im Abschnitt 3 Unterabschnitt 3 zu finden, denn dieser Unterabschnitt gilt nach Vorbem. 3.3.3 für die Zwangsvollstreckung, die Vollstreckung, Verfahren des Verwaltungszwangs und die Vollziehung eines Arrestes oder einer einstweiligen Verfügung.

589

Nach § 18 Abs. 1 Nr. 1 RVG ist **jede Vollstreckungsmaßnahme** zusammen mit den durch diese vorbereiteten weiteren Vollstreckungshandlungen bis zur Befriedigung des Gläubigers eine besondere Angelegenheit.[161] Das gilt auch für die weiteren in § 18 genannten Tatbestände, wie z. B. jede Vollziehungsmaßnahme bei der Vollziehung eines Arrestes; das Verfahren über den Antrag auf Erteilung einer weiteren vollstreckbaren Ausfertigung (§ 733 ZPO); die Anträge nach den §§ 765a, 851a oder 851b ZPO und jedes Verfahren auf Änderung oder Aufhebung der getroffenen Anordnungen sowie über Anträge nach § 1084 Absatz 1, § 1096 oder § 1109 ZPO und nach § 31 AUG; Anträge auf Zulassung der Austauschpfändung gem. § 811a ZPO oder Anträge nach § 825 ZPO; das Verfahren auf Abnahme der Vermögensauskunft gem. §§ 802f und 802g ZPO oder das Verfahren zur Anordnung von Zwangsmaßnahmen durch Beschluss nach § 35 FamFG. Nach Abs. 2 von § 18 RVG gilt dieses entsprechend für die Vollziehung eines Arrestes und die Vollstreckung nach dem FamFG.

590

Soweit im Gesetz nichts Besonderes geregelt ist, erhält der Rechtsanwalt für jede Vollstreckungsmaßnahme eine **0,3 Verfahrensgebühr nach VV 3309 RVG**. Eine Ermäßigung der Gebühr sieht das Gesetz nicht vor. Wenn die Voraussetzungen erfüllt sind, ist auch die Verfahrensgebühr für die Vollstreckung pro weiterem Auftraggeber nach VV 1008 RVG zu erhöhen (→ Rn. 465 ff.; 555). Häufig wird es jedoch an der Gegenstandsgleichheit fehlen, sodass eine Erhöhung aus diesem Grund nicht infrage kommt.[162] Die Berechnung des Gegenstandswertes ergibt sich grundsätzlich aus § 25 RVG – siehe im Übrigen → Rn. 280 ff.

591

Für die Teilnahme an einem gerichtlichen Termin entweder vor dem Richter oder dem Rechtspfleger oder einem Termin zur Abgabe der Vermögensauskunft, die überwiegend durch den Gerichtsvollzieher abgenommen wird, erhält der Rechtsanwalt eine **0,3 Terminsgebühr** nach VV 3310 RVG. Die Terminsgebühr entsteht in Vollstreckungssachen ausdrücklich

592

---

161 Ausführlich *von König*, in: Keller, Handbuch Zwangsvollstreckungsrecht, Kap. 9 Rn. 324 ff.
162 *von König*, in: Keller, Handbuch Zwangsvollstreckungsrecht, Kap. 9 Rn. 329, 363 ff.

nur für die Teilnahme an einem gerichtlichen Termin, einem Termin zur Abgabe der Vermögensauskunft und zur Abnahme der eidesstattlichen Versicherung, sodass insoweit eine Terminsgebühr wegen einer auf die Erledigung des Verfahrens gerichteten Besprechung entfällt.[163]

593 Auch in Vollstreckungssachen kann nach heute einhelliger Meinung eine **Einigungsgebühr** nach VV 1000 RVG anfallen.[164] Dieses ist insbesondere im Falle einer Ratenzahlungsvereinbarung mit dem Schuldner der Fall, die ausdrücklich durch den Gesetzgeber als Beispiel genannt wurde.[165] Außerdem wurde durch das 2. KostRMoG[166] der Gebührentatbestand für den Anfall der Einigungsgebühr neu gefasst, sodass nun neben den Tatbestandsmerkmalen der Beseitigung des Streits und der Ungewissheit über ein Rechtsverhältnis, auch die Erfüllung des Anspruchs bei gleichzeitigem vorläufigen Verzicht auf die gerichtliche Geltendmachung und, wenn bereits ein zur Zwangsvollstreckung geeigneter Titel vorliegt, bei gleichzeitigem vorläufigem Verzicht auf die Vollstreckungsmaßnahmen im Rahmen einer Zahlungsvereinbarung, die Einigungsgebühr anfällt. Damit ist der Gesetzgeber der überwiegenden Meinung gefolgt.

594 Die vorläufige **Einstellung, Beschränkung oder Aufhebung** der Zwangsvollstreckung sowie die gem. § 93 FamFG mögliche einstweilige Einstellung oder Beschränkung der Vollstreckung und die Anordnung, dass Vollstreckungsmaßnahmen aufzuheben sind, gehören für den Rechtsanwalt im Hinblick auf seine Vergütung zum vorangegangenen Erkenntnisverfahren, § 19 Nr. 11, 12 RVG. Nur wenn eine **abgesonderte mündliche Verhandlung** hierüber stattfindet, erhält der Rechtsanwalt eine 0,5 Verfahrensgebühr nach VV 3328 RVG. Diese Verfahrensgebühr entsteht auch erst, wenn die Verhandlung stattfindet und nicht bereits durch Einreichen eines entsprechenden Antrags; sie entsteht auch nicht, wenn in einer mündlichen Verhandlung im Hauptsacheverfahren über einen Antrag auf Einstellung verhandelt und entschieden wird. Eine zusätzliche **Terminsgebühr** entsteht für den Rechtsanwalt dann ebenfalls nach VV 3332 RVG, diese hat ebenfalls einen Gebührensatz von 0,5 und entsteht für die Wahrnehmung des Termins.

595 Für **Beschwerden** in Zwangsvollstreckungssachen mit Ausnahme derjenigen mit Auslandsbezug gelten die Gebühren des Abschnitts 5 nämlich VV 3500 ff. Danach entsteht eine 0,5 **Verfahrensgebühr** VV 3500 RVG für Verfahren über die Beschwerde und die Erinnerung, soweit nicht im Abschnitt 5 etwas anderes geregelt ist. Jedes Beschwerdeverfahren ist

---

163 *Hartmann*, RVG VV 3310 Rn. 50.
164 *Hartmann*, RVG VV 1000 Rn. 47.
165 *von König*, in: Keller, Handbuch Zwangsvollstreckungsrecht, Kap. 9 Rn. 378 ff.
166 Art. 8 Abs. 2 Nr. 2 Abs. 1.

dabei eine eigene Angelegenheit, § 18 Abs. 1 Nr. 3 RVG mit Ausnahme des Kostenfestsetzungsverfahrens und des Kostenansatzverfahrens, § 16 Nr. 10 RVG. Findet im Beschwerdeverfahren ein Termin statt, dann erhält der Rechtsanwalt auch eine **Terminsgebühr** mit dem Gebührensatz von 0,5 nach VV 3513 RVG. Sogar der Anfall einer Einigungsgebühr nach VV 1000, 1003 RVG wäre möglich, wenn die Voraussetzungen erfüllt sind.

H. Verfahren mit Auslandsbezug

596 Zur Anerkennung und Vollstreckbarkeitserklärung ausländischer Titel und der entsprechenden Ausführungsgesetze siehe → Rn. 284 ff. Zur Wertberechnung → Rn. 296 ff.

597 Ist der Rechtsanwalt nur mit dem **Anerkennungsverfahren** bei der **Justizverwaltung** betraut, dann erhält er die Geschäftsgebühr für außergerichtliche Vertretung nach VV 2300 RVG → Rn. 463, 494. Überprüft das **OLG** eine solche Entscheidung der Justizverwaltung (→ Rn. 286), erhält der Rechtsanwalt die Gebühren nach VV 3100 ff. RVG, da diese Ebene die erste Befassung des Gerichts darstellt.[167] Eine zuvor in derselben Angelegenheit entstandene Geschäftsgebühr ist nach Vorbem. Teil 3 Abs. 4 RVG anzurechnen (→ Rn. 496). Gegen die Entscheidung des OLG ist nach neuem Recht die **Rechtsbeschwerde** zum BGH statthaft (→ Rn. 286). Aus der Vorbem. 3.2.2 zu Teil 3 Abschnitt 2 Unterabschnitt 2 VV RVG ist ersichtlich, dass dieser Unterabschnitt auch anzuwenden ist in Verfahren über Rechtsbeschwerden in Verfahren über Anträge auf Vollstreckbarkeitserklärung ausländischer Titel oder auf Erteilung der Vollstreckungsklausel zu ausländischen Titeln sowie Anträge auf Aufhebung oder Abänderung der Vollstreckbarerklärung oder der Vollstreckungsklausel (Vorbem. 3.2.2 Nr. 1a VV RVG). Der Rechtsanwalt erhält die Gebühren VV 3208 bis 3211 RVG; siehe im Übrigen → Rn. 516.

598 Finden hinsichtlich des Verfahrens auf Anerkennung und Vollstreckbarkeitserklärung das **AVAG** oder das **IntFamRVG** Anwendung (Rn. 290 ff.), dann ist Folgendes zu beachten: Für den im Zwangsvollstreckungsverfahren tätigen Rechtsanwalt gehört das Verfahren bzgl. der Anerkennung und/oder Vollstreckbarkeitserklärung grundsätzlich zum Rechtszug, § 19 Nr. 13 RVG.[168] Nur wenn der Rechtsanwalt noch nicht im Erkenntnisverfahren tätig war, was bei einer ausländischen Entscheidung wohl nicht so häufig vorkommen wird, sowie auch noch nicht im Vollstreckungsverfahren tätig war, erhält er für das Klauselerteilungsverfahren als vorbereitende Maßnahme der Vollstreckung eine 0,3 Verfahrensgebühr nach VV 3309 RVG.[169]

599 Im Falle der **Beschwerde** gegen die Entscheidung gilt Teil 3 Abschnitt 2 Unterabschnitt 1 VV RVG, denn Vorbem. 3.2.1 Nr. 2a) VV RVG sieht vor, dass dieser Abschnitt auch in Verfahren über Beschwerden gegen die den Rechtszug beendenden Entscheidungen über Anträge auf Vollstreckbarkeitserklärung ausländischer Titel oder auf Erteilung der Vollstreckungs-

---

167 Gerold/Schmidt/*Müller-Rabe*, Vorb. 3.2.1. Rn. 23.
168 Gerold/Schmidt/*Müller-Rabe*, RVG, VV 3309 Rn. 310; Vorb. 3.2.1. Rn. 23 ff.
169 Gerold/Schmidt/*Müller-Rabe*, RVG, VV 3309 Rn. 402.

klausel zu ausländischen Titeln sowie Anträge auf Aufhebung oder Abänderung der Vollstreckbarerklärung oder der Vollstreckungsklausel gilt. Der Rechtsanwalt erhält also die Gebühren nach VV 3200 ff.; für den Fall der **Rechtsbeschwerde** gilt das unter → Rn. 597 Gesagte entsprechend.

I. Vergütungsvereinbarungen in Familiensachen

I. Allgemeines

600 Die grundsätzlichen gesetzlichen Regelungen zur **Vergütungsvereinbarung** finden sich in § 3a RVG.[170] Danach bedarf diese der **Textform** (§ 126b BGB), d. h. lesbar abgegebene Schriftzeichen wie z. B. Computerdateien, E-Mail oder SMS, aus der auch die Urheberschaft des Erklärenden hervorgeht.[171] Die Vereinbarung muss als Vergütungsvereinbarung oder in vergleichbarer Weise bezeichnet sein und darf nicht in der Vollmacht enthalten sein. Außerdem hat die Vergütungsvereinbarung nach § 3a Abs. 1 S. 3 RVG einen Hinweis zu enthalten, dass bestimmte Dritte (Gegner, Staatskasse) im Falle der Kostenerstattung nur die gesetzliche Vergütung zu erstatten haben. Nur für die Vereinbarung nach § 34 RVG gilt diese Vorschrift ausdrücklich nicht – siehe insoweit → Rn. 484. Ansonsten gelten die Formvorschriften für jegliche Vereinbarung einer Vergütung und nicht nur für die höhere Vergütung.[172] § 3a RVG regelt die Form der Vergütungsvereinbarung, die **inhaltliche Vereinbarung** unterliegt der Vertragsfreiheit zwischen dem Rechtsanwalt und dessen Auftraggeber. Hierbei sollte zunächst eine genaue **Leistungsbeschreibung** erfolgen, damit klar umrissen ist, welche Tätigkeiten von der Vergütungsvereinbarung erfasst sind. Gerade in Familiensachen ist eine solche Vereinbarung nicht immer einfach, da verschiedene Gegenstände zu regeln sind.[173] Diese sollten genau bezeichnet werden und dabei auch vereinbart werden, ob nur die außergerichtliche Vertretung oder auch die gerichtliche Vertretung enthalten sein soll und ob bei Letzterer auch die einstweiligen Anordnungen sowie die Rechtsmittelverfahren berücksichtigt sind. Wichtig ist es auch, auf die fehlende Erstattungsfähigkeit hinzuweisen. Außerdem sollte darauf geachtet werden, dass die Vereinbarung auch etwas zu den Auslagen enthält, denn fehlt dieses, gelten sie im Zweifel als nicht vereinbart und können nicht in Rechnung gestellt werden.

601 Häufig wird ein Honorar vereinbart, bei dem der Rechtsanwalt einen bestimmten **Stundensatz** für die geleisteten Stunden erhält.[174] Dabei kann auch vorher schon festgelegt werden, welche Höchstzahl an Stunden zu vergüten sind. Denkbar ist auch ein Pauschalhonorar für eine bestimmte Tätigkeit oder aber eine Kombination aus beiden Varianten. Wird eine

---

170 Ausführlich *Bischof* in Bischof/Jungbauer, § 3a; Gerold/Schmidt/*Mayer*, § 3a.
171 *Bischof* in Bischof/Jungbauer, RVG, § 3a Rn. 12, 13.
172 *Bischof* in Bischof/Jungbauer, RVG, § 3a Rn. 17.
173 Siehe *Krause*, FamRB 2008, 318 ff.
174 Ausführlich *Bischof* in Bischof/Jungbauer, RVG, § 3a Rn. 33 sowie Gerold/Schmidt/*Mayer*, § 3a Rn. 29 ff.

Vergütungsvereinbarung nach Stundensätzen vorgenommen, sollte auch vereinbart werden, in welchen Zeitintervallen abgerechnet wird, sodass der Rechtsanwalt auch angefangene Stunden abrechnen kann.[175]

In **außergerichtlichen Angelegenheiten** kann der Rechtsanwalt auch eine **niedrigere** als die gesetzliche **Vergütung** vereinbaren, diese muss jedoch in einem angemessenen Verhältnis zu Leistung, Verantwortung und Haftungsrisiko stehen, § 4 Abs. 1 RVG.[176] Es können in diesem Fall Vergütungen jeglicher Art niedriger vereinbart werden, z. B. als Pauschalhonorar, Zeithonorar oder auch als Bruchteil der gesetzlichen Vergütung. 602

II. Zulässigkeitsvoraussetzungen für das Erfolgshonorar

Das Urteil des BVerfG v. 12.12.2006[177] hatte den Gesetzgeber dazu verpflichtet, das ausnahmslose Verbot der Vereinbarung eines anwaltlichen Erfolgshonorars zu beseitigen. Mit dem Gesetz zur Neuregelung des Verbots der Vereinbarung von Erfolgshonoraren[178] hat der Gesetzgeber das Urteil insofern umgesetzt, als dass nach § 49b Abs. 2 S. 1 BRAO nach wie vor die Vereinbarung von **Erfolgshonoraren unzulässig** ist, es sei denn, das RVG bestimmt etwas anderes. **Spezielle Regelungen** finden sich nun in den §§ 3a, 4, 4a RVG. Unzulässig sind nach wie vor Vereinbarungen, durch die der Rechtsanwalt die Prozessfinanzierung übernimmt (Gerichtskosten, Verwaltungskosten oder Kosten anderer Beteiligter), § 49b Abs. 2 S. 2 BRAO. Allerdings ist es erlaubt, eine Vereinbarung zu treffen, dass lediglich die gesetzlichen Gebühren ohne weitere Bedingungen erhöht werden, da insoweit kein Erfolgshonorar vorliegt, § 49b Abs. 2 S. 3 BRAO. Gleiches gilt, wenn lediglich vereinbart wird, die Höhe gesetzlichen Gebühren zu verändern. 603

Die gesetzliche Ausnahme vom Verbot der Vereinbarung eines **Erfolgshonorars** i. S. v. § 49b BRAO findet sich in § 4a RVG.[179] Danach ist eine solche Vereinbarung nur für den **Einzelfall zulässig** und nur, wenn der Auftraggeber aufgrund seiner wirtschaftlichen Verhältnisse ansonsten von der Rechtsverfolgung abgehalten würde. In gerichtlichen Verfahren darf für den Fall des Misserfolgs vorgesehen sein, dass keine oder eine geringere als die gesetzliche Vergütung zu zahlen ist, wenn für den Erfolgsfall eine angemessene Erhöhung der gesetzlichen Vergütung vereinbart ist, § 4a Abs. 1 RVG. Die Vereinbarung muss nach § 4a Abs. 2 RVG als Vergleichs- 604

---
175 *Bischof* in Bischof/Jungbauer, § 3a Rn. 35.
176 Siehe *Bischof* in Bischof/Jungbauer, RVG, § 4.
177 BVerfG v. 12.12.2006 – 1 BvR 2576/04 – FamRZ 2007, 615 = NJW 2007, 979.
178 Vom 12.6.2008 – BGBl. I S. 1000.
179 Siehe auch *Henke*, AGS 2008, 265.

maßstab eine Angabe der voraussichtlichen gesetzlichen Vergütung oder ggf. auf die erfolgsunabhängige vertragliche Vergütung enthalten sowie die Angabe unter welcher Bedingung die jeweilige Vergütung verdient sein soll. Außerdem sind die wesentlichen Gründe anzugeben, die für die Bemessung des Erfolgshonorars bestimmend sein sollen, § 4a Abs. 3 RVG.[180]

605 Ist eine vereinbarte Vergütung unter Berücksichtigung aller Umstände unangemessen hoch, kann sie im Rechtsstreit auf den angemessenen Betrag bis zur Höhe der gesetzlichen Vergütung herabgesetzt werden, § 3a Abs. 2 S. 1 RVG.

III. Grenzen der Vergütungsvereinbarung

606 Nach § 3a Abs. 3 RVG ist eine Vereinbarung nichtig, nach der ein im Wege der **Prozesskostenhilfe** beigeordneter Rechtsanwalt für die von der Beiordnung erfasste Tätigkeit eine höhere als die gesetzliche Vergütung erhalten soll. Aber auch eine Vereinbarung in Höhe der gesetzlichen Vergütung ist nicht vollziehbar, solange die Prozesskostenhilfebewilligung gilt, da nach § 122 Abs. 1 Nr. 3 ZPO der Rechtsanwalt von seinem Mandanten keine Vergütung verlangen kann. Lediglich nach Widerruf der Bewilligung könnte die ansonsten wirksame Vereinbarung greifen. Nach § 3a Abs. 4 RVG bleibt § 8 BerHG unberührt, d. h. auch im Bereich der Beratungshilfe sind Vergütungsvereinbarungen nichtig.[181]

---

180 Ausführliche Erläuterungen und Muster zu Vereinbarungen siehe bei *Bischof* in Bischof/Jungbauer, RVG, § 4a.
181 *Bischof* in Bischof/Jungbauer, RVG, § 3a Rn. 51.

von König

4. Abschnitt:
Besonderheiten bei Verfahrenskostenhilfe und Beratungshilfe

A. Allgemeines

Bei typischem Verfahrensverlauf betragen die Kosten nicht selten über 40% der streitigen Forderung. Nicht jeder ist in der Lage, die Kosten der Prozess- bzw. Verfahrensführung aufzubringen. Das Gesetz sieht für diesen Fall als Fürsorgeleistung des Staates[1] die Möglichkeit der Gewährung von **Prozess- bzw. Verfahrenskostenhilfe**, (§§ 114 ff. ZPO, §§ 76 ff. FamFG) vor. Die Bewilligung von Prozess- bzw. Verfahrenskostenhilfe bedeutet im Grunde genommen Vorfinanzierung der Prozess- bzw. Verfahrenskosten durch den Staat, allerdings besteht in der Regel eine Rückzahlungspflicht.

607

Prozess- bzw. Verfahrenskostenhilfe wird grundsätzlich für Verfahren vor deutschen Gerichten gewährt.[2] Außerhalb eines gerichtlichen Verfahrens bietet das BerHG[3] Hilfe an, allerdings wird **Beratungshilfe** für Rechtsberatung gewährt und nicht für Vertretung.[4] Die Abgrenzung ist nicht immer leicht,[5] es ist jedoch der Auffassung zu folgen, dass sie dort endet, wo Prozess- bzw. Verfahrenskostenhilfe beginnt.[6]

Durch das Gesetz zur Änderung des Prozesskostenhilfe- und Beratungshilferechts vom 31. August 2013[7] wurden die entsprechenden gesetzlichen Vorschriften mit Wirkung vom 1.1.2014 grundlegend geändert. Nach dem Willen des Gesetzgebers[8] sollte hierdurch die Prozess- und Verfahrenskostenhilfe (PKH/VKH) sowie die Beratungshilfe effizienter gestaltet werden.

608

---

1 BVerfG v. 14.4.1959 – 1 BvR 12/58, 1 BvR 291/58 – BVerfGE 9, 256; BVerfG v. 3.7.1973 – 1 BvR 153/69 – BVerfGE 35, 348.
2 Zur grenzüberschreitenden Prozesskostenhilfe nach EG-Recht siehe *Zimmermann*, PKH, Rn. 14 ff.
3 BeratungshilfeG v. 18.6.1980 (BGBl. I S. 689).
4 *Zimmermann*, PKH, Rn. 3.
5 Siehe ausführlich *Groß*, BerH/PKH/VKH, § 1 BerHG Rn. 16 ff.
6 AG Gummersbach v. 22.12.1989 – 4 UR II 294/89 – Rpfleger 1990, 263; *Zimmermann*, PKH, Rn. 3.
7 BGBl. I S. 3533.
8 So die Gesetzesbegründung der Bundesregierung zum Entwurf eines Gesetzes zur Änderung des Prozesskostenhilfe- und Beratungshilferechts v. 14.11.2012 – BT-Drs. 17/11472 S. 1.

Gleichzeitig sollte dem Wunsch der Länder nachgekommen werden, die in den Jahren zuvor gestiegenen Ausgaben der Länderhaushalte für Prozesskostenhilfe und Beratungshilfe zu begrenzen. Allerdings war dabei auch sicherzustellen, dass der Zugang zum Recht gerichtlich wie außergerichtlich unabhängig von Einkünften und Vermögen weiterhin allen Bürgern möglich ist. Im Zuge des Gesetzgebungsverfahrens durchlief der Gesetzentwurf verschiedene Ausschüsse (federführend der Rechtsausschuss, Ausschuss für Arbeit und Sozialpolitik, Finanzausschuss, Ausschuss für Familie und Senioren), die in ihren Beschussempfehlungen diverse Änderungen und Streichungen vorgeschlagen hatten, was dann zu einer abgespeckten Fassung des Gesetzes führte.[9] Hiergegen hatte der Bundesrat den Vermittlungsausschuss angerufen, um zu erreichen, dass das Gesamtentlastungsvolumen der Länder durch entsprechende Änderungen des Gesetzes wesentlich erhöht wird.[10] Der Vermittlungsausschuss hat dann jedoch das vom Deutschen Bundestag beschlossene Gesetz bestätigt.[11]

---

9 Siehe die Beschlussempfehlung und den Bericht des Rechtsausschusses v. 15.5.2013 – BT-Drs. 17/13538. Diese enthält auch eine Zusammenstellung der Regelungen des Entwurfs und der Beschlussempfehlungen.
10 BT-Drs. 17/13880 v. 11.6.2013.
11 So der Einigungsvorschlag des Vermittlungsausschusses v. 26.6.2013 – BR-Drs. 542/13. Zu den Änderungen im Einzelnen siehe *von König*, RpflStud 2013, 176.

B. Verfahrenskostenhilfe

I. Anwendungsbereich

Bis zum Inkrafttreten des FamFG galten die Vorschriften über die Prozesskostenhilfe (§§ 114 ff. ZPO) für alle Arten zivilprozessualer Streitigkeiten, auch für Familiensachen nach der ZPO und für die Zwangsvollstreckung. Für alle bundesrechtlichen Angelegenheiten der freiwilligen Gerichtsbarkeit waren sie gem. § 14 FGG entsprechend anzuwenden.[12] 609

Jetzt regelt das FamFG in §§ 76 bis 78 die Verfahrenskostenhilfe für den Bereich der Familiensachen, in dem dieser Teil der Allgemeinen Vorschriften gilt, d. h. für alle **gewöhnlichen Familiensachen** mit Ausnahme der Ehesachen und der Familienstreitsachen (→ Rn. 8).[13] 610

Nach § 113 Abs. 1 FamFG findet für **Ehesachen und Familienstreitsachen** das FamFG in Bezug auf §§ 2 bis 37, 40 bis 45, 46 S. 1, 2, §§ 47, 48, 76 bis 96 keine Anwendung und dafür gelten die allgemeinen Vorschriften der ZPO, d. h. in diesen Fällen gelten auch nicht die Vorschriften über die Verfahrenskostenhilfe des FamFG, sondern die Vorschriften über die Prozesskostenhilfe nach §§ 114 ff. ZPO. Allerdings mit der Besonderheit, dass das FamFG das Wort „Prozess" nicht benutzt, sondern auch insoweit von „Verfahren" spricht, sodass der Begriff der Verfahrenskostenhilfe für beide Bereiche der korrekte ist.[14] 611

Aber auch das neue Recht sieht weitgehend eine entsprechende Anwendung der §§ 114 ff. ZPO vor und nur an ganz wenigen Stellen gelten eigene Regelungen, dieses betrifft insbesondere die Anwaltsbeiordnung, denn hier gilt § 78 FamFG und nicht § 121 ZPO.

Die Bewilligung von Verfahrenskostenhilfe hat insbesondere in Ehe- und Familienstreitsachen eine große praktische Bedeutung. Nicht selten kommt es vor, dass in Eheverfahren und damit verbundenen Familiensachen beiden Beteiligten Verfahrenskostenhilfe bewilligt wird. Da in diesen Fällen die gesetzlichen Regelungen der ZPO direkt Anwendung finden, kann hier uneingeschränkt auf die bisherige Rechtsprechung und Literatur zurückgegriffen werden, lediglich die Bezeichnung ist auszutauschen. Aber auch hinsichtlich der gewöhnlichen Familiensachen gilt nichts anderes, 612

---
12 Siehe hierzu *von König* in Jansen, FGG, Anmerkungen zu § 14.
13 Siehe auch *Götsche*, FamRZ 2009, 383 ff.; *Vogel*, FPR 2009, 381.
14 Was der Gesetzgeber mit der Klarstellung §§ 149, 242 FamFG aufgrund des Art. 8 des Gesetzes zur Modernisierung von Verfahren im anwaltlichen und notariellen Berufsrecht, zur Errichtung einer Schlichtungsstelle der Rechtsanwaltschaft sowie zur Änderung sonstiger Vorschriften vom 30.7.2009 (BGBl. I. S. 2449) auch berücksichtigt hat.

denn auch hier hat der Gesetzgeber trotz ursprünglich anderer Pläne[15] ganz überwiegend die entsprechende Anwendung dieser Vorschriften angeordnet, worauf im Nachfolgenden einzugehen sein wird.[16]

II. Bewilligungsvoraussetzungen

613 In familienrechtlichen Angelegenheiten kann Verfahrenskostenhilfe gewährt werden; wobei es unwichtig ist, ob es sich um Antragsverfahren oder um Amtsverfahren handelt, der Umstand, dass in einem Verfahren der Untersuchungsgrundsatz gilt, ist kein Grund die Bewilligung zu versagen.[17]

Für das Verfahrenskostenhilfeverfahren selbst darf keine Verfahrenskostenhilfe bewilligt werden;[18] das soll auch im Falle eines nach § 118 Abs. 1 S. 3 ZPO geschlossenen Vergleichs gelten[19] – siehe im Übrigen → Rn. 631, 704. Auch für ein entsprechendes Beschwerdeverfahren[20] soll keine Verfahrenskostenhilfe gewährt werden, allerdings mit Ausnahme der zugelassenen Rechtsbeschwerde, da diese durch einen beim Rechtsbeschwerdegericht zugelassenen Rechtsanwalt eingelegt werden muss.[21]

614 Die Bewilligungsvoraussetzungen finden sich in § 76 FamFG sowie in § 114 ZPO, wobei § 76 Abs. 1 FamFG ganz allgemein auf die Vorschriften der ZPO verweist. Verfahrenskostenhilfe wird einem **Beteiligten**[22] gemäß § 114 ZPO auf Antrag bewilligt, wenn sowohl persönliche – **subjektive** – als auch auf das Verfahren bezogene – **objektive** – **Voraussetzungen** erfüllt sind. Grundsätzlich kann nur am Verfahren beteiligten Personen Verfahrenskostenhilfe bewilligt werden, nach §§ 76 Abs. 1 FamFG, 114 ff. ZPO

---

15 Siehe insoweit den Referentenentwurf eines Gesetzes zur Reform des Verfahrens in Familiensachen und in den Angelegenheiten der freiwilligen Gerichtsbarkeit (FGG-Reformgesetz) vom Juni 2005 in der ergänzten Fassung v. 14.2.2006 sowie den Gesetzentwurf v. 7.9.2007 – BT-Drs. 16/6308.
16 Siehe auch *von König*, RpflStud 2012, 71.
17 BVerfG v. 18.6.1957 – 1 BvR 41/57 – BVerfGE 7, 53.
18 BVerfG v. 2.7.2012 – 2 BvR 2377/10 – NJW 2012, 3293; BVerfG v. 22.8.1990 – 5 ER 640/90 – Rpfleger 1991, 63; BGH v. 30.8.1984 – VIII ZR 298/83 – BGHZ 91, 311 m. w. N. = MDR 1984, 931 m. krit. Anm. *Waldner* = Rpfleger 1985, 38; OLG Köln v. 21.8.1997 – 14 WF 77/97 – FamRZ 1997, 1545; *Groß*, BerH/PKH/VKH, § 114 ZPO Rn. 20; *Zöller/Geimer*, ZPO, § 114 Rn. 3; *Zimmermann*, PKH, Rn. 12.
19 BGH v. 8.6.2004 – VI ZB 49/03 – Rpfleger 2004, 637 = FamRZ 2004, 1708 mit Anm. *Krause* in FamRZ 2005, 862, a.A. *Groß*, BerH/PKH/VKH, § 114 ZPO Rn. 21.
20 BayObLG v. 9.7.1987 – BReg 3 Z 91/87 – FamRZ 1988, 210; SaarlOLG v. 25.5.2010 – 6 WF 57/10 – juris; OLG Köln v. 21.8.1997 – 14 WF 77/97 – FamRZ 1997, 1545; OLG Karlsruhe v. 10.12.1993 – 2 WF 172/92 – JurBüro 1994, 606 m. w. N.
21 BGH v. 23.6.2010 – XII ZB 82/10 – FamRZ 2010, 1425; BGH v. 31.7.2003 – III ZB 7/03 – NJW-RR 2003, 1438.
22 Siehe hierzu *Götsche*, FamRZ 2009, 383.

ist das nur der bedürftige Beteiligte selbst, der eigene Rechte geltend zu machen beabsichtigt.[23] Für eine rein fremdnützige Verfahrensbeteiligung ist die Gewährung von Verfahrenskostenhilfe hingegen nicht möglich.[24] Das gilt auch im Kindschaftsverfahren, sodass Eltern in einem Verfahren auf Wechsel des Vormunds/Pflegers die Beteiligtenstellung fehlt und ihnen somit auch keine Verfahrenskostenhilfe bewilligt werden kann.[25] Vereinzelt wird aber auch die gegenteilige Auffassung vertreten, danach soll in ganz besonderen Fällen weiteren vom Gericht hinzugezogenen Personen unabhängig von ihrer Beteiligtenstellung Verfahrenskostenhilfe zu gewähren sein, so z.B. der Großmutter für ein ihr Enkelkind betreffendes Sorgerechtsverfahren oder dem leiblichen Vater des Kindes innerhalb eines solchen Verfahrens wegen dessen verwandtschaftlicher Beziehungen.[26]

Für einen wirksamen Antrag auf Verfahrenskostenhilfe ist die **Verfahrens- bzw. Prozessfähigkeit** des Antragstellers Voraussetzung. Bestehen daran nicht ausräumbare Zweifel, ist das Gesuch bereits mangels wirksamen Antrages und nicht erst wegen fehlender Erfolgsaussichten abzulehnen.[27] Nach dem **Tod des Beteiligten** kommt eine Bewilligung jedoch nicht mehr in Betracht.[28]

1. Subjektive Voraussetzungen

Die **subjektiven** Voraussetzungen betreffen die wirtschaftliche Leistungskraft des Antragstellers, denn das Gesetz knüpft die Bewilligung daran, dass der Beteiligte nach seinen **persönlichen und wirtschaftlichen Verhältnissen** die Kosten der Prozessführung nicht oder nur zum Teil oder in Raten aufbringen kann, § 114 ZPO. Die persönlichen und wirtschaftlichen Verhältnisse sind bei Antragstellung darzulegen. Ausschlaggebend sind Familienstand, Einkommens- und Vermögensverhältnisse des Antragstellers, im Ergebnis soll der unvermögende Antragsteller grundsätzlich Raten auf die Verfahrenskosten zahlen; bei sehr niedrigem Einkommen entfallen diese jedoch.[29] Hat der Antragsteller einen durchsetzbaren Anspruch auf **Prozesskostenvorschuss**,[30] dann ist dieses bei der Entscheidung zu berücksichtigen,[31] da dieser Vermögen darstellt, welches

615

---

23 BGH v. 22.10.2014 – XII ZB 125/14 – FamRZ 2015, 81.
24 BGH a.a.O.
25 OLG Frankfurt v. 18.2.2011 – 4 WF 5/11 – juris.
26 OLG Hamm v. 16.5.2011 – 8 WF 122/11 – NJW–RR 2012, 6.
27 OLG Hamm v. 10.6.2014 – 11 SchH 27/12 – MDR 2014, 1044.
28 OLG Celle v. 30.12.2011 – 10 WF 393/11 – juris.
29 Zur Bedürftigkeitsprüfung siehe *Haferanke*, FPR 2009, 386.
30 BGH v. 7.2.2001 – XII ZB 2/01 – FamRZ 2001, 1363; ausführlich *Heistermann*, FPR 2009, 403.
31 BGH v. 4.8.2004 – XII ZA 6/04 – FamRZ 2004, 1633.

die Bedürftigkeit insoweit beseitigt.[32] So haben insbesondere minderjährige, unverheiratete Kinder vorrangig die Eltern wegen des Prozesskostenvorschusses in Anspruch zu nehmen,[33] aber auch volljährige Kinder können diesen Anspruch haben, wenn sie noch in der Ausbildung stehen und noch keine selbstständige Lebensstellung haben.[34] Ein Rechtsanwalt, der zum Ergänzungspfleger eines Minderjährigen bestellt worden ist, ist in einer Kindschaftssache zwar Beteiligter, allerdings ist bei der Bewilligung auf die wirtschaftlichen Verhältnisse des Kindes und nicht des Ergänzungspflegers abzustellen.[35] Das gilt auch für die gerichtliche Geltendmachung der von einem **Sozialhilfeträger** rückübertragenen Unterhaltsansprüche, denn in diesem Fall steht dem Leistungsberechtigten ein Anspruch auf Prozesskostenvorschuss gegen den Sozialhilfeträger zu.[36] Allerdings kann dem Beteiligten Verfahrenskostenhilfe verweigert werden, wenn er in Kenntnis eines bevorstehenden Verfahrens seine Bedürftigkeit mutwillig herbeiführt,[37] was z. B. der Fall ist, wenn er den Anspruch nicht rechtzeitig geltend macht, sodass die Forderung dann nicht mehr geschuldet wird.[38]

2. Objektive Voraussetzungen

616   Weitere Voraussetzung ist, dass die beabsichtigte Rechtsverfolgung oder -verteidigung **Aussicht auf Erfolg** bietet und **nicht mutwillig** erscheint, § 114 ZPO. Nach dem ursprünglichen Gesetzentwurf sollte gem. § 76 Abs. 2[39] in Amtsverfahren ein Beteiligter auf Antrag Verfahrenskostenhilfe erhalten, „wenn seine Rechte durch den Ausgang des Verfahrens beeinträchtigt werden können und die beabsichtigte Rechtsverfolgung oder Rechtsverteidigung nicht offensichtlich ohne Aussicht auf Erfolg ist und nicht mutwillig erscheint". Diese Regelung ist aber nicht in Kraft getreten, sondern der Gesetzgeber hat keine Differenzierung zwischen Amts- und Antragsverfahren vorgenommen.

Durch das Gesetz zur Änderung des Prozesskostenhilferechts und der Beratungshilfe (PKH-Reform → Rn. 608) ist dem § 114 ZPO ein Abs. 2 hinzugefügt worden, in dem die Definition des Merkmals Mutwilligkeit

---

32 OLG Celle v. 15.9.2011 – 14 W 28/11 – juris; OLG München v. 12.2.1996 – 12 WF 570/96 – FamRZ 1996, 1021.
33 BGH v. 4.8.2004 – XII ZA 6/04 – FamRZ 2004, 1633; BGH v. 23.3.2005 – XII ZB 13/05 – FamRZ 2005, 883.
34 BGH v. 23.3.2005 – XII ZB 13/05 – FamRZ 2005, 883.
35 SchlHOLG v. 23.11.2011 – 12 UF 89/11 – juris.
36 BGH NJW 2008, 1950.
37 BGH v. 8.1.1959 – II ZR 195/57 – NJW 1959, 884.
38 PfälzOLG v. 18.3.2011 – 6 WF 53/11 – FamFR 2011, 283, siehe auch Anm. 3 von *Friederici*, jurisPR-FamR 25/2011.
39 BT-Drs. 16/6308 S. 27.

der bisherigen Rechtsprechung entsprechend klargestellt wird, wodurch dessen eigenständige Bedeutung betont werden soll.[40] Auch einer bedürftigen Partei soll es danach zuzumuten sein, dass die Prozessaussichten vernünftig abgewogen und das Kostenrisiko berücksichtigt werden.

Nach § 114 Abs. 2 ZPO ist die Rechtsverfolgung oder Rechtsverteidigung mutwillig, wenn eine Partei, die keine Prozesskostenhilfe beansprucht, bei verständiger Würdigung aller Umstände von der Rechtsverfolgung oder Rechtsverteidigung absehen würde, obwohl eine hinreichende Aussicht auf Erfolg besteht. Keine Voraussetzung soll nach wie vor der Wert des Streitgegenstandes sein, sodass auch bei geringen Streitwerten weiterhin die Bewilligung von VKH möglich ist.

Die **objektiven** Voraussetzungen liegen vor, wenn eine Prüfung der **Erfolgsaussichten** der beabsichtigten Rechtsverfolgung oder -verteidigung ergibt, dass das Vorbringen des Antragstellers in tatsächlicher und rechtlicher Hinsicht für zutreffend oder zumindest vertretbar anzusehen ist. Bei summarischer Prüfung der Sach- und Rechtslage muss eine gewisse Wahrscheinlichkeit dafür bestehen, dass der Antragsteller mit seinem Begehren Erfolg haben wird. Die **Anforderungen** an die rechtlichen und tatsächlichen Erfolgsaussichten dürfen jedoch **nicht überspannt** werden,[41] d. h. es darf keine vorweggenommene Entscheidung in der Hauptsache erfolgen.[42] Hinreichende Erfolgsaussicht kann bei gegnerischen Beteiligten gleichzeitig bestehen; im Scheidungsverfahren ist sie schon anzunehmen, wenn der Gegner ein vorgesehenes Ziel verfolgt bzw. seine Lage verbessern will.[43] Das gilt auch im **Amtsverfahren** der freiwilligen Gerichtsbarkeit.[44] Im Sorgerechtsverfahren ist diese grundsätzlich bereits dann gegeben, wenn das Familiengericht aufgrund des eingeleiteten Verfahrens den Sachverhalt zu ermitteln hat und ggf. eine Regelung treffen muss und sich nicht darauf beschränken kann, den Antrag ohne Weiteres, also ohne jede Ermittlung und ohne jede Anhörung zurückzuweisen.[45] Insofern ist einer Beteiligten (Großmutter) Verfahrenskostenhilfe zur Verfahrensbeteiligung zu gewähren, wenn sie berechtigt ist, auf Eingriffe in das Sorgerecht oder die Gestaltung des Umgangsrechts Einfluss zu nehmen.[46]

617

---

40 So die Gesetzesbegründung – BT-Drs. 17/11472 S. 29.
41 BVerfG v. 24.6.2010 – 1 BvR 3332/08 – AGS 2010, 494; BVerfG v. 13.3.1990 – 2 BvR 94/88 – BVerfGE 81, 347.
42 *Groß*, BerH/PKH/VKH, § 114 ZPO Rn. 35 m. w. N.
43 Ausführlich *Zimmermann*, PKH, Rn. 188.
44 OLG Nürnberg v. 23.3.2001 – 11 WF 697/01 – FamRZ 2002, 109.
45 SaarlOLG v. 15.12.2011 – 9 WF 113/11 – juris; OLG Karlsruhe v. 6.5.2011 – 5 WF 79/11 – FamRZ 2011, 1528.
46 OLG Köln v. 17.6.1991 – 27 WF 69/91 – FamRZ 1992, 199.

618 Die Rechtsverfolgung ist als **mutwillig**[47] anzusehen, wenn mit Rücksicht auf die für die zwangsweise Beitreibung des Anspruchs bestehenden Aussichten eine nicht Verfahrenskostenhilfe beanspruchende Partei von einer Prozessführung absehen oder nur einen Teil des Anspruchs geltend machen würde.[48] Als mutwillige Rechtsverfolgung wird z. B. angesehen, wenn es einen außergerichtlichen oder billigeren Weg zur Interessenverfolgung gibt[49] oder wenn die Klage gegen völlig mittellose Personen geführt wird.[50] Im familienrechtlichen Verfahren ist umstritten, ob es mutwillig ist, wenn eine Folgesache ohne anerkennenswerte Gründe außerhalb des Verbundes geltend gemacht wird,[51] allerdings ist sie danach nicht mutwillig, wenn zuvor die berechtigte Hoffnung auf eine außergerichtliche Einigung bestand.[52] Der BGH[53] geht nicht grundsätzlich davon aus, dass die Geltendmachung einer zivilprozessualen Folgesache (also heute einer Familienstreitsache) außerhalb des Verbundes mutwillig ist, da bei der Bewilligung nicht auf die insgesamt anfallenden Kosten abzustellen sei, sondern darauf, ob eine nicht bedürftige Partei aus Kostengesichtspunkten von einer isolierten Geltendmachung der Folgesache in der Regel absehen würde. Eine kostenbewusste vermögende Partei wäre aber in erster Linie auf die allein sie treffenden Kosten bedacht.

In **Ehesachen** wird als mutwillig angesehen, wenn ein Scheidungsantrag 2 Monate nach Eingehung einer Scheinehe gestellt wird,[54] aber auch der erneute Antrag nach Rücknahme des früheren Antrags.[55]

In **Umgangs- und Sorgerechtssachen** ist in diesem Zusammenhang umstritten, ob nicht zuvor das Jugendamt zur Vermittlung eingeschaltet werden muss. So wird die Auffassung vertreten, dass Verfahrenskostenhilfe wegen Mutwilligkeit zu versagen ist, wenn nicht zuvor das Jugendamt zur

---

47 Beispiele für Mutwillen siehe bei *Zimmermann*, PKH, Rn. 195 ff. sowie bei *Zöller/Geimer*, ZPO, § 114 Rn. 30 ff.
48 BGH v. 10.3.2005 – XII ZB 20/04 – FamRZ 2005, 786; *Zöller/Geimer*, ZPO, § 114 Rn. 30; *Zimmermann*, PKH, Rn. 193.
49 *Zöller/Geimer*, ZPO, § 114 Rn. 31.
50 OLG Koblenz v. 3.2.2000 – 8 W 68/00 – JurBüro 2001, 99; OLG Hamm v. 10.11.1998 – 29 W 118/98 – NJW-RR 1999, 1737.
51 Ausführlich hierzu *Zimmermann*, PKH, Rn. 198.
52 SchlHOLG v. 25.9.2002 – 8 WWF 135/02 – FamRZ 2003, 317.
53 BGH v. 10.3.2005 – XII ZB 20/04 – FamRZ 2005, 786 m. div. Nachweisen auch zur Gegenmeinung, siehe auch Anm. *Viefhues* in FamRZ 2005, 881; a.A. ThürOLG v. 18.1.1999 – WF 159/58 –FamRZ 2000,100.
54 BbgOLG v. 30.6.1990 – 10 WF 94/05 – FamRZ 2006, 133; OLG Hamm v. 1.10.1982 – 4 WF 453/82 – FamRZ 1982, 1073.
55 OLG Hamm v. 9.8.1990 – 5 WF 284/90 – FamRZ 1990, 1375; OLG Karlsruhe v. 22.6.89 – 16 WF 83/89 – FamRZ 1989, 1314.

Vermittlung einer außergerichtlichen Lösung eingeschaltet wird[56] oder wenn aufgrund der objektiven Umstände eine überwiegende Wahrscheinlichkeit dafür besteht, dass die Vermittlung des Jugendamtes innerhalb einer angemessenen Zeit zum Erfolg geführt hätte.[57] Es wird aber auch vertreten, dass allein die Nichtanrufung des Jugendamtes eine solche Annahme nicht rechtfertige und allein aus diesem Grund die Verfahrenskostenhilfe nicht zu versagen sei.[58]

Erhält ein Unterhaltsberechtigter **Sozialhilfe** in bedarfsdeckender Höhe, so wird die eigene Geltendmachung seines Unterhaltsanspruchs als mutwillig angesehen.[59] Gleiches gilt, wenn der Unterhaltsverpflichtete freiwillig und stets pünktlich und ohne Vorbehalt gezahlt hat[60] oder aber es liegt bereits ein Titel vor, den die Mutter im Rahmen ihrer Prozessstandschaft (§ 1629 Abs. 3 BGB) erwirkt hat und das Kind will jetzt selbst Antrag erheben.[61]

Es liegt aber **keine mutwillige** Rechtsverfolgung vor, wenn sich der in Frage kommende Kindesvater nicht darauf einlässt, die Vaterschaft ohne Klärung der leiblichen Abstammung anzuerkennen und darauf besteht, das gerichtliche Verfahren zur **Feststellung der Vaterschaft** gem. § 1600d BGB durchzuführen.[62] Der am Verfahren auf Feststellung der Vaterschaft beteiligten Mutter kann Verfahrenskostenhilfe nicht als mutwillig mit der Begründung versagt werden, dass die Vertretung des Kindes durch das Jugendamt als Beistand kostengünstiger sei.[63]

3. Einzusetzendes Einkommen und Vermögen

Gemäß § 115 ZPO hat die Partei ihr Einkommen und Vermögen einzusetzen bevor eine Bewilligung in Betracht kommt. Als Maßstab dafür, ob die Partei überhaupt Verfahrenskostenhilfe erhält und ob diese dann „voll" gewährt wird, d.h. ohne Raten aus dem Einkommen oder Vermögen oder nicht, dienen Vorschriften des Sozialhilferechts.[64] Das Gericht hat die Ein-

619

---

56 OLG Rostock v. 8.3.2011 – 10 WF 23/11 – MDR 2011, 790; AG Bochum v. 20.12.2002 – 59 F 335/02 – FamRZ 2003, 772.
57 SchlHOLG v. 9.6.2011 – 10 WF 86/11 – FamRZ 2011, 1881.
58 OLG Stuttgart v. 1.3.2011 – 11 WF 38/11 – FamRZ 2011, 1160; OLG Hamm v. 14.3.2011 – FamRZ 2011, 1669.
59 SaarlOLG v. 14.12.1993 – 6 WF 84/93 – FamRZ 1994, 636 m. w. N.; siehe zu Unterhalt und Sozialhilfebezug bei *Zimmermann*, PKH, Rn. 212 ff.
60 OLG Hamm v. 20.12.2006 – 2 WF 269/06 – NJW 2007, 1758.
61 SchlHOLG v. 8.6.1984 – 10 WF 160/84 – SchlHA 1984, 164.
62 HansOLG v. 4.2.2011 – 12 WF 267/10 – NJW-RR 2011, 1227.
63 OLG Celle v. 17.11.2011 – 15 WF 230/11 – NJW 2012, 466.
64 Das Sozialhilferecht erfuhr zum 1.1.2005 eine umfassende Reform, denn das BSHG wurde durch Art. 68 Abs. 1 Nr. 1 des Gesetzes zur Einordnung des Sozialhilferechts

kommensverhältnisse festzustellen und die Raten zu ermitteln.[65] Die bis zum 31.12.2013 gemäß § 115 Abs. 2 ZPO a. F. geltende Tabellenstruktur trug der Vorgabe des BVerfG Geltung, wonach der Partei wenigstens das Existenzminimum zu belassen ist.[66]

Mit der PKH-Reform wurde die Tabelle zu § 115 Abs. 2 ZPO abgeschafft, sodass für nach dem 1.1.2014 beantragte PKH/VKH eine andere Feststellung gilt. Nun hat der Prozess- bzw. Verfahrenskostenhilfeempfänger grundsätzlich die Hälfte des einzusetzenden Einkommens als Rate zu zahlen. Damit wollte der Gesetzgeber die Ungerechtigkeiten bei der Ermittlung des einzusetzenden Einkommens nach bisherigem Recht beseitigen.

a) Einkommen

620 Zum Einkommen zählen alle **Einkünfte** in Geld oder Geldeswert,[67] § 115 Abs. 1 S. 2 ZPO, aus jeglicher nicht selbstständiger oder selbstständiger Arbeit; Renten, Einkünfte aus Kapitalvermögen, aus Vermietung und Verpachtung, Unterhalt, Sozialleistungen (Wohngeld, Arbeitslosengeld, Arbeitslosengeld II). Kindergeld ist grundsätzlich auch Einkommen, da es im Sozialhilferecht zum Einkommen zählt,[68] es zählt zum Einkommen der Person, an die es gezahlt wird, was auch dem Einkommensbegriff des § 82 Abs. 1 SGB XII folgt. Dagegen sind Erziehungsgeld und die Kindererziehungsleistung nach §§ 294 ff. SGB VI nicht bei der Berechnung des Einkommens zu berücksichtigen.[69]

621 Vom Einkommen sind gem. § 115 Abs. 1 S. 3 Nr. 1a ZPO i. V. m. § 82 Abs. 2 SGB XII die darauf zu zahlenden Steuern, die gesetzlichen Beiträge zur Kranken-, Renten-, Pflege- und Arbeitslosenversicherung; angemessene Versicherungsbeiträge für Gebäude- und Hausratversicherung sowie private Unfall- und Krankenversicherungen abzuziehen. Nach § 115 Abs. 1 S. 3 Nr. 1b und 2a, b ZPO haben dem Antragsteller bestimmte **Freibeträge** zu verbleiben, die sich nach den entsprechenden Regelsätzen des Sozialhilferechts richten.

---

in das Sozialgesetzbuch v. 27.12.2003 (BGBl. I S. 3022) aufgehoben und das Sozialgesetzbuch (SGB) wurde um ein Zwölftes Buch (XII) – Sozialhilfe – erweitert (Art. 1 des Gesetzes v. 27.12.2003 – BGBl. I S. 3022).

65 Siehe hierzu Prüfungsreihenfolge, Rechenweg und Berechnungsbeispiele bei *Zimmermann*, PKH, Rn. 318 ff.

66 BVerfG v. 8.7.1992 – 2 BvL 14/92 – BVerfGE 87, 104; BVerfG v. 29.5.1990 – 1 BvL 20/84, 26/84, 4/86 – BVerfGE 82, 60.

67 Zum Begriff es Einkommens siehe *Groß*, BerH/PKH/VKH, ZPO, § 115 Rn. 8 ff.; *Zöller/Geimer*, ZPO § 115 Rn. 3 ff. sowie *Zimmermann*, PKH, Rn. 43 ff.

68 BGH v. 26.1.2005 – XII ZB 234/03 – FamRZ 2005, 605 = NJW 2005, 2393 m. w. N.; *Zimmermann*, PKH, Rn. 62 mit Nachweisen auch zur gegenteiligen Meinung.

69 *Zimmermann*, PKH, Rn. 55.

Maßgeblich sind die Beträge, die zum Zeitpunkt der Bewilligung der Verfahrenskostenhilfe gelten. Das Bundesministerium der Justiz gibt bei jeder Neufestsetzung oder jeder Fortschreibung die maßgebenden Beträge im Bundesgesetzblatt bekannt.[70]

Außerdem sind die tatsächlichen Kosten für **Heizung und Unterkunft** zu berücksichtigen.[71] 622

Nach § 115 Abs. 1 S. 3 Nr. 4 ZPO können dann noch weitere Beträge in Abzug gebracht werden, soweit es sich um eine **besondere**, d. h. nicht alltäglich vorkommende **Belastung** handelt und ein entsprechender Abzug auch angemessen ist. Insbesondere bezüglich der Angemessenheit liegt eine Vielzahl von Rechtsprechung vor.[72]

Von dem nach den Abzügen unter Berücksichtigung der Freibeträge verbleibenden Einkommen sind dann unabhängig von der Zahl der Rechtszüge höchstens **48 Monatsraten** aufzubringen, § 115 Abs. 2 S. 4 ZPO. Nachdem durch die PKH-Reform ab 1.1.2014 die Tabelle zu § 115 ZPO abgeschafft ist, ergibt sich die Ratenhöhe auch nicht mehr aus dieser. § 115 Abs. 2 ZPO ordnet nach nun geltendem Recht an, dass von dem nach den Abzügen verbleibenden Teil des monatlichen Einkommens (einzusetzendes Einkommen) **Monatsraten** in Höhe der **Hälfte** des **einzusetzenden Einkommens** festzusetzen sind. Dabei ist auf volle Euro abzurunden und wenn eine Monatsrate weniger als 10,00 € beträgt, ist von der Festsetzung von Monatsraten abzusehen. Bei einem einzusetzenden Einkommen von mehr als 600,00 € beträgt die Monatsrate 300,00 € zuzüglich des Teils des einzusetzenden Einkommens, der 600,00 € übersteigt. 623

---

70 Die ab dem 1. Januar 2015 maßgebenden Beträge, die nach § 115 Absatz 1 Satz 3 Nummer 1 Buchstabe b und Nummer 2 der Zivilprozessordnung vom Einkommen der Partei abzusetzen sind, betragen
1. für Parteien, die ein Einkommen aus Erwerbstätigkeit erzielen (§ 115 Absatz 1 Satz 3 Nummer 1 Buchstabe b der Zivilprozessordnung), 210 Euro,
2. für die Partei und ihren Ehegatten oder ihren Lebenspartner (§ 115 Absatz 1 Satz 3 Nummer 2 Buchstabe a der Zivilprozessordnung), 462 Euro,
3. für jede weitere Person, der die Partei aufgrund gesetzlicher Unterhaltspflicht Unterhalt leistet, in Abhängigkeit von ihrem Alter (§ 115 Absatz 1 Satz 3 Nummer 2 Buchstabe b der Zivilprozessordnung):
  a) Erwachsene 370 Euro,
  b) Jugendliche vom Beginn des 15. bis zur Vollendung des 18. Lebensjahres 349 Euro,
  c) Kinder vom Beginn des siebten bis zur Vollendung des 14. Lebensjahres 306 Euro,
  d) Kinder bis zur Vollendung des sechsten Lebensjahres 268 Euro (Prozesskostenhilfebekanntmachung 2015 – PKHB 2015 – v. 9.12.2014 –BGBl. I S. 2007).
71 *Zimmermann*, PKH, Rn. 102 ff.; Zöller/*Geimer*, ZPO, § 115 Rn. 34.
72 Siehe *Groß*, BerH/PKH/VKH, § 115 ZPO Rn. 62 ff.; *Zimmermann*, PKH, Rn. 110 ff.

von König

Für die Ermittlung des einzusetzenden Einkommens ist alles wie bisher, d. h. vom Bruttoeinkommen werden alle nach § 115 Abs. 1 S. 3 ZPO abzuziehenden Beträge abgesetzt. Bleibt dem Antragsteller dann beispielsweise eine Summe von 390,00 €, so hat er davon die Hälfte als Rate einzusetzen – hier 195,00 €.

Nach bisherigem Recht hätte er nach der Tabelle zu § 115 Abs. 2 ZPO in diesem Fall (einzusetzendes Einkommen bis 400,00 €) lediglich eine Rate von 135,00 € zu zahlen gehabt.

Mit der Neuregelung sollte zugleich die Obergrenze für die zu zahlenden Raten von 48 auf 72 angehoben werden.[73] Damit sollte der Charakter der Prozesskostenhilfe als zinsloser Justizkredit verdeutlicht werden. Diese Regelung haben die Ausschüsse jedoch kassiert und es bleibt bei den bisherigen 48 Raten.

b) Vermögen

624 Nach § 115 Abs. 3 ZPO hat die Partei ihr Vermögen einzusetzen, soweit dieses zumutbar ist.[74] Zum Vermögen gehören alle beweglichen und unbeweglichen Sachen sowie Forderungen und sonstige Vermögensrechte. Verwertbare Vermögensbestandteile sind alle geldwerten beweglichen und unbeweglichen Sachen wie z. B. wertvolle Einrichtungsgegenstände, Schmuck, Kraftfahrzeuge, Grundbesitz, Sparguthaben, Wertpapiere.[75] Ansprüche gegen Dritte auf Übernahme der Prozesskosten oder Prozesskostenvorschüsse sind ebenfalls Vermögen;[76] im Familienrecht insbesondere zu beachten die Vorschusspflicht gegen Eltern, Kinder und Ehegatten (§§ 1360a, 1610 BGB).[77]

625 Das Vermögen muss nicht eingesetzt werden, wenn es zurzeit nicht verwertbar ist, da nicht zu einem annehmbaren Preis veräußerbar oder zweckgebunden (Sparguthaben mit fester Laufzeit, Bausparverträge, Lebensversicherungen).[78] **Unverwertbar** sind kleinere Barbeträge[79] (Schongrenze

---

73 Siehe Gesetzesentwurf Art. 1 Nr. 3 b) BT-Drs. 17/11472 S. 7, 30.
74 Der Vermögensbegriff wird wiederum in entsprechender Anwendung der Vorschriften des Bundessozialhilferechts geklärt – hierbei ist § 90 SGB XII mit der dazu erlassenen DurchführungsVO i. d. F. v. 27.12.2003 (BGBl. I S. 3022, 3060) zu beachten, abgedruckt bei *Groß*, BerH/PKH/VKH, Anh. 3.
75 Siehe hierzu Beispiele bei *Groß*, BerH/PKH/VKH, § 115 ZPO Rn. 111 ff.; *Zimmermann*, PKH, Rn. 138 ff.; *Zöller/Geimer*, ZPO, § 115 Rn. 49 ff.
76 *Bißmaier*, FamRZ 2002, 863; *Wax*, FamRZ 1985, 10.
77 KG v. 21.10.2002 – 18 WF 323/02 – FamRZ 2003, 773; *Groß*, BerH/PKH/VKH, § 155 ZPO Rn. 90 ff.; *Zöller/Geimer*, ZPO, § 115 Rn. 66 ff.
78 *Groß*, BerH/PKH/VKH, § 115 ZPO Rn. 107; *Nickel*, FPR 2009, 391.
79 In der VO § 90 Abs. 2 Nr. 9 SGB XII geregelt – abgedruckt in Anhang 3 bei *Groß*, BerH/PKH/VKH.

derzeit für den Antragsteller 2.600,00 € zzgl. 256,00 € für jeden Unterhaltsberechtigten) sowie selbstgenutzte Grundstücke, Eigentumswohnungen, Familien- und Erbstücke sowie angemessener Hausrat.

Verfahrenskostenhilfe wird **nicht bewilligt,** wenn die Kosten der Prozessführung der Partei **vier** Monatsraten und die aus dem Vermögen aufzubringenden Teilbeträge voraussichtlich nicht übersteigen, § 115 Abs. 4 ZPO. 626

III. Bewilligungsverfahren

1. Der Antrag

Verfahrenskostenhilfe wird nur auf Antrag bewilligt, § 76 Abs. 1 FamFG, § 114 ZPO. Der Regelung zur Prozesskostenhilfe entsprechend kann auch die Verfahrenskostenhilfe für die jeweilige Instanz von der Partei persönlich beantragt werden, es besteht insoweit **kein Anwaltszwang,**[80] der Antrag muss eigenhändig unterschrieben sein, da es sich um einen bestimmenden Schriftsatz handelt.[81] Der Antrag ist schriftlich oder zu Protokoll der Geschäftsstelle einzulegen und zwar beim Prozessgericht oder bei jedem Amtsgericht, § 76 Abs. 1 FamFG, § 117 Abs. 1 S. 1 i. V. m. § 129a ZPO, § 25 Abs. 2 FamFG. 627

Das Streitverhältnis muss unter Angabe der Beweismittel dargelegt werden, § 117 Abs. 1 S. 2 ZPO, d. h. es müssen die objektiven Bewilligungsvoraussetzungen präsentiert werden. Zudem hat die Partei ihre wirtschaftlichen und persönlichen Verhältnisse offen legen. Es herrscht **Vordruckzwang,** sodass der Antragsteller den amtlichen Vordruck verwenden muss, § 76 Abs. 1 FamFG, § 117 Abs. 3, 4 ZPO.[82] Eine **Ausnahme** vom Vordruckzwang gilt für Parteien kraft Amtes, juristische Personen und parteifähige Vereinigungen, § 1 Abs. 2 PKHFV.

Sind **minderjährige Kinder** Beteiligte in Abstammungs- oder in Unterhaltsverfahren gilt die **vereinfachte Erklärung** nach § 2 PKHFV, wonach der Vordruck nicht zu benutzen ist, wenn das Kind weder über Einkommen noch über Vermögen verfügt.

Mit Wirkung vom 1.1.2014 ist § 117 Abs. 3 ein Satz angefügt, der klarstellt, dass die Formulare die nach § 120a Abs. 2 S. 4 ZPO erforderliche

---

80 BGH v. 23.6.2010 – XII ZB 82/10 – NJW-RR 2010, 1297 = FamRZ 2010, 1425.
81 *Groß,* BerH/PKH/VKH, § 117 ZPO Rn. 2.
82 Verordnung zur Verwendung eines Formulars für die Erklärung über die persönlichen und wirtschaftlichen Verhältnisse bei Prozess- und Verfahrenskostenhilfe (Prozesskostenhilfeformularverordnung – PKHFV) v. 6.1.2014 – BGBl. I S. 34 – in Kraft getreten am 22.1.2014. Gleichzeitig wurde die PKHVV v. 17.10.1994 aufgehoben.

Belehrung enthalten müssen, wonach der Antragsteller nach einer Bewilligung von PKH wesentliche Verbesserungen seiner wirtschaftlichen Verhältnisse und die Änderung seiner Anschrift dem Gericht mitteilen muss. Auch aus diesem Grund sind die Formulare geändert worden.

628 Die Unterlagen über die persönlichen und wirtschaftlichen Verhältnisse dürfen aus Datenschutzgründen grundsätzlich nur mit Genehmigung des Antragstellers dem Gegner zugänglich gemacht werden, §§ 117 Abs. 2 S. 2, 127 Abs. 1 S. 3 ZPO. Eine Zuleitung **ohne Zustimmung** des Antragstellers sieht das Gesetz nun nach dem geänderten § 117 Abs. 2 S. 2 und S. 3, 4 ZPO[83] für die Fälle vor, dass zwischen den Parteien ein materiell-rechtlicher Auskunftsanspruch über Einkünfte und Vermögen besteht. Verwandte in gerader Linie sind gemäß § 1605 BGB, getrennt lebende Ehegatten gemäß § 1361 Abs. 4 S. 4 i. V. m. § 1605 BGB und geschiedene Ehegatten gemäß § 1580 BGB zur Auskunft über Einkünfte und Vermögen verpflichtet. Wegen des vorhandenen zivilrechtlichen Anspruchs auf Kenntnis erschien es dem Gesetzgeber aus Gründen der Verfahrensökonomie hinnehmbar, den Gegner sogleich in das Verfahren einzubeziehen, um etwaige Unrichtigkeiten in der Erklärung so früh wie möglich korrigieren zu können.[84] Allerdings ist dem Antragsteller vor der Übermittlung Gelegenheit zur Stellungnahme zu geben und er ist über die Übermittlung zu unterrichten.

629 Der **Vordruckzwang gilt** auch in der **Rechtsmittelinstanz**, eine Bezugnahme auf den in der vorherigen Instanz abgegebenen Vordruck ist möglich, wenn sich die Verhältnisse nicht geändert haben und dieses ausdrücklich erklärt wird.[85] Der Vordruck muss innerhalb der Rechtsmittelfrist eingereicht werden.[86] Wird nicht der Vordruck benutzt, ist der Antrag mangels genügender Substantiierung – nach erfolglosem Hinweis – zurückzuweisen.[87]

2. Prüfungsverfahren

630 Am Verfahren beteiligt sind das Gericht und der Antragsteller,[88] nicht aber der Gegner; diesem ist zwar Gelegenheit zur Stellungnahme zu geben, dadurch wird er jedoch nicht Verfahrensbeteiligter[89] und ist auch nicht

---

83 Durch Art. 29 Nr. 6 FGG-RG.
84 So die Gesetzesbegründung BT-Drs. 16/6308 S. 325.
85 BGH v. 7.10.2004 – V ZA 8/04 – FamRZ 2004, 1961; BGH v. 9.1.1997 – IX ZR 61/94 – NJW 1997, 1077.
86 BGH v. 19.5.2004 – XII ZA 11/03 – FamRZ 2004, 1548; v. 26.9.2002 – I ZB 20/02 – FamRZ 2003, 89; v. 13.1.1993 – XII ZA 21/92 – FamRZ 1993, 688.
87 *Groß*, BerH/PKH/VKH, § 119 ZPO Rn. 41, 42.
88 BGH v. 15.11.1983 – VI ZR 100/83 – NJW 1984, 740 = Rpfleger 1984, 114.
89 Zöller/*Geimer*, ZPO, § 118 Rn. 1.

verpflichtet, im Bewilligungsverfahren Stellung zu nehmen.[90] Nach § 77 Abs. 1 FamFG kann das Gericht vor der Bewilligung der Verfahrenskostenhilfe den übrigen Beteiligten Gelegenheit zur Stellungnahme geben. In Antragsverfahren ist dem Antragsgegner vor der Bewilligung Gelegenheit zur Stellungnahme zu geben, wenn dies nicht aus besonderen Gründen unzweckmäßig erscheint, § 77 Abs. 1 S. 2 FamFG, § 118 Abs. 1 S. 1 ZPO.

Gegenstand der Anhörung sind nach der Änderung des § 118 Abs. 1 S. 1 ZPO[91] nicht nur die objektiven Bewilligungsvoraussetzungen, sondern **auch die persönlichen oder wirtschaftlichen** Voraussetzungen. Damit soll klargestellt werden, dass der Gegner nicht nur zum Streitgegenstand gehört wird. Dem Gegner sind zwar grundsätzlich die Unterlagen nicht zugänglich zu machen, aber dieser weiß ja, dass PKH beantragt ist und kann sich u. U. allgemein dazu äußern. In § 118 Abs. 2 S. 1 ZPO ist nun gesetzlich verankert, dass zur Glaubhaftmachung der Angaben das Gericht vom Antragsteller die Abgabe einer eidesstattlichen Versicherung fordern kann.

Die Anhörung kann formlos schriftlich oder mündlich erfolgen. Der Gegner muss nicht Stellung nehmen.[92]

Das Gericht kann die Parteien zur mündlichen Erörterung laden, wenn eine **Einigung** zu erwarten ist (§ 118 Abs. 1 S. 3 ZPO), wobei es im Ermessen des Gerichts liegt, ob geladen wird oder nicht.[93] Der im Verfahrenskostenhilfeverfahren zu Protokoll des Richters oder Rechtspflegers geschlossene Vergleich ist Vollstreckungstitel nach § 794 Abs. 1 Nr. 1 ZPO. Im Übrigen siehe → Rn. 704.

631

3. Die Bewilligung

Verfahrenskostenhilfe muss für **jeden Rechtszug** besonders beantragt und bewilligt werden, § 76 Abs. 1 FamFG, § 119 Abs. 1 S. 1 ZPO. Die Verfahrenskostenhilfe für den ersten Rechtszug gilt auch für das Kostenfestsetzungsverfahren.[94] Die Bewilligung von Verfahrenskostenhilfe für die Vollstreckung in das bewegliche Vermögen umfasst alle Vollstreckungshandlungen im Bezirk des Vollstreckungsgerichts einschließlich des Verfahrens auf Abgabe der Versicherung an Eides statt, § 77 Abs. 2 FamFG; in Familienstreitsachen und in Ehesachen gilt dasselbe gem. § 119 Abs. 2 ZPO.

632

---

90 OLG Köln v. 30.8.2010 – 11 W 57/10 – AGS 2010, 611.
91 Durch Art. 1 Nr. 6 des Gesetzes zur Änderung des Prozesskostenhilfe- und Beratungshilferechts v. 31.8.2013 – BGBl. I S. 3533.
92 OLG Köln a. a. O.
93 *Zimmermann*, PKH, Rn. 490 m. w. N. auch zur gegenteiligen Auffassung.
94 Zöller/*Geimer*, ZPO, § 119 Rn. 15.

633 In Ehesachen erstreckt sich die Bewilligung für die **Scheidung** gem. § 149 FamFG auch auf die Folgesache **Versorgungsausgleich**, sofern nicht eine Erstreckung ausdrücklich ausgeschlossen ist; ansonsten ist für jede Folgesache ein getrennter Antrag notwendig, da nach dem eindeutigen Wortlaut der Norm dieses nicht auf andere Folgesachen auszuweiten ist.[95] Jedes eingelegte Rechtsmittel – so auch die Beschwerde – eröffnet einen neuen Rechtszug. Die Prüfung der Erfolgsaussichten eines Rechtsmittels gehört nicht zum abgeschlossenen Rechtszug, der Rechtsmittelrechtszug beginnt jedoch erst mit Einlegung eines solchen; für die außergerichtliche Tätigkeit des Rechtsanwalts „zwischen den Instanzen" nämlich für die Prüfung der Erfolgsaussicht eines Rechtsmittels kann Verfahrenskostenhilfe nicht bewilligt werden.[96] Für die höhere Instanz besteht keine Erleichterung hinsichtlich des Nachweises der wirtschaftlichen und persönlichen Voraussetzungen; allerdings bietet § 119 Abs. 1 S. 2 ZPO Erleichterungen für den Fall, dass der Gegner das Rechtsmittel eingelegt hat. In diesem Fall entfällt die Prüfung der Erfolgsaussichten und Mutwilligkeit, da der Antragsteller in der Vorinstanz obsiegt hat, die Rechtsprechung macht nur Ausnahmen, wenn das Rechtsmittel infolge einer Gesetzesänderung[97] begründet ist; sich die Sachlage eindeutig geändert hat[98] oder die Entscheidung offensichtlich falsch ist.

634 Die Entscheidung hat grundsätzlich zügig und wenn möglich auch vor dem Termin in der Hauptsache zu erfolgen.[99] Das ist schon verfassungsrechtlich geboten, da bei einer Entscheidung im Nachhinein Erkenntnisse aus dem Hauptsacheverfahren in die Entscheidung über die Verfahrenskostenhilfe mit einfließen könnten.[100] Die Bewilligung erfolgt gem. § 127 Abs. 1 S. 1 ZPO ohne mündliche Verhandlung durch Beschluss, Raten oder Teilbeträge aus dem Vermögen sind darin festzusetzen, § 120 Abs. 1 ZPO. Das Gesetz sieht keine Regelung vor, wann mit der Ratenzahlung zu beginnen ist. Aus diesem Grunde muss der Beschluss eine Aussage darüber enthalten, ab wann die Partei die Raten zu zahlen hat. In der Regel wird das sofort der Fall sein.[101] Wird für verschiedene Instanzen Verfahrenskosten-

---

95 *Prütting/Helms*, FamFG § 149 Rn. 5. Zur Problematik der als selbstständige Folgesache fortgeführten Altfälle gem. Art. 111 Abs. 4 FFG-RG siehe BGH v. 16.2.2011 – XII ZB 261/10 – FamRZ 2011, 635 mit Nachweisen für beide Auffassungen.
96 BGH v. 25.4.2007 – XII ZB 179/06 – Rpfleger 2007, 476.
97 OLG Celle v. 12.7.1977 – 10 UF 50/77 – FamRZ 1977, 648.
98 BGH v. 14.12.1988 – IVb ZB 177/88 – FamRZ 1989, 265 = NJW-RR 1989, 702; BGH v. 11.1.1962 – VII ZR 239/60 – BGHZ 36,280 ; OLG Hamm v. 7.12.1993 – 8 UF 255/93 – FamRZ 1995, 747 m.w.N. ; OLG Koblenz v. 18.11.1985 – 15 UF 1205/85 – FamRZ 1986, 81.
99 SchlHOLG v. 4.7.2011- 10 WF 82/11 – SchlHA 2012, 25 = FamRZ 2011, 1971.
100 SaarlOLG v. 21.2.2011 – 6 WF 140/10 – NJW 2011, 1460.
101 *Groß*, BerH/PKH/VKH, § 120 ZPO Rn. 9, 10.

hilfe bewilligt, ist bei Bewilligung mit Raten darauf zu achten, dass unabhängig von der Anzahl der Rechtszüge die Höchstzahl von 48 Raten nicht überschritten werden darf (§ 115 Abs. 2 ZPO).

Nach § 120 Abs. 3 Nr. 1 ZPO soll das Gericht die vorläufige Einstellung der Ratenzahlungen bestimmen, wenn die Zahlungen der Partei die voraussichtlich entstehenden Kosten decken.[102] Damit soll nach Auffassung des Gesetzgebers klargestellt werden, dass auch künftige oder noch nicht zur Zahlung fällige Kosten zu berücksichtigen sind.[103] Bisher wurde die Auffassung vertreten, dass die gezahlten Raten die bisher entstandenen Kosten decken müssen, was einen übermäßigen Überwachungsaufwand durch das Gericht verursacht.

635

4. Beiordnung eines Rechtsanwalts

Unter welchen Umständen der Partei ein Rechtsanwalt beizuordnen ist, ergibt sich sowohl aus § 78 FamFG als aus § 121 ZPO. In gewöhnlichen Familiensachen verdrängt § 78 FamFG die ZPO-Vorschrift, während in Ehe- und Familienstreitsachen § 121 ZPO einschlägig ist. Dabei sind die Regelungen nicht grundlegend unterschiedlich, wie ein Vergleich zeigen wird. In Ehesachen und Folgesachen sowie in selbstständigen Familienstreitsachen gilt **Anwaltszwang**, § 114 Abs. 1 FamFG. Dieser gilt jedoch für bestimmte Verfahren (einstweilige Anordnungen, Verfahrenskostenhilfe) oder für das als Beistand fungierende Jugendamt nicht, § 114 Abs. 4 FamFG.

636

In den Angelegenheiten der freiwilligen Gerichtsbarkeit besteht in erster und zweiter Instanz **kein Anwaltszwang**, lediglich im Rechtsbeschwerdeverfahren vor dem BGH müssen sich die Beteiligten unter Umständen durch einen beim BGH zugelassenen Rechtsanwalt vertreten lassen, § 10 Abs. 4 FamFG.

a) Bei Anwaltszwang

Handelt es sich um ein Verfahren mit **Anwaltszwang**, so wird dem Beteiligten ein zur Vertretung bereiter Anwalt seiner Wahl beigeordnet, § 78 Abs. 1 FamFG, § 121 Abs. 1 ZPO. Hierauf hat der Beteiligte einen Rechtsanspruch. Häufig stellt bereits der Wahlanwalt im Namen des Mandanten den Verfahrenskostenhilfeantrag und beantragt die Beiordnung. Die **Beiordnung** begründet für den Rechtsanwalt die öffentlich-rechtliche Pflicht zur Übernahme der Vertretung (§ 48 Abs. 1 Nr. 1 BRAO). Es kann sowohl ein einzelner Rechtsanwalt als auch eine Rechtsanwalts-GmbH bei-

637

---
102 Geändert durch Art. 1 Nr. 7 PKH-ReformG.
103 So die Gesetzesbegründung BT-Drs. 17/11472 S. 32, 33.

geordnet werden. Auch die Beiordnung einer Rechtsanwaltssozietät[104] ist möglich, nur nicht die Beiordnung mehrerer Rechtsanwälte.[105]

638 Ist in einer Scheidungssache der **Antragsgegner** nicht anwaltlich vertreten, hat das Gericht ihm für die Scheidungssache und eine Kindschaftssache als Folgesache von Amts wegen, also unter Umständen auch gegen seinen Willen,[106] zur Wahrnehmung seiner Rechte im ersten Rechtszug einen Rechtsanwalt beizuordnen, wenn diese Maßnahme nach der freien Überzeugung des Gerichts zum Schutz des Beteiligten unabweisbar erscheint; § 138 Abs. 1 FamFG. Die Beiordnung kann bezüglich der Scheidungssache selbst und einer Kindschaftsfolgesache erfolgen, wobei nicht mehr wie bisher auf einen bestimmten Antrag abgestellt wird. Der beigeordnete Rechtsanwalt hat allerdings nur die Stellung eines Beistands und ist nicht Verfahrensbevollmächtigter. Er kann daher auch keine wirksamen Verfahrenshandlungen für den Antragsgegner vornehmen.

b) Ohne Anwaltszwang

639 Für Verfahren ohne Anwaltszwang gilt in gewöhnlichen Familiensachen nun § 78 Abs. 2 FamFG. Danach wird dem Beteiligten auf seinen Antrag ein zur Vertretung bereiter Rechtsanwalt seiner Wahl beigeordnet, wenn wegen der **Schwierigkeit** der **Sach- und Rechtslage** die Vertretung durch einen **Rechtsanwalt erforderlich** erscheint. Nach Meinung des Gesetzgebers[107] soll die Erforderlichkeit einer Anwaltsbeiordnung nach objektiven Kriterien zu beurteilen sein, wobei ausschlaggebend ausschließlich die Schwierigkeit der Sach- und Rechtslage sei, insbesondere die Schwere des Eingriffs soll aber kein Kriterium sein. Diese engen Voraussetzungen für die Beiordnung seien bewusst gewählt, da zumindest in Betreuungs- und Unterbringungssachen die Bestellung eines Verfahrenspflegers grundsätzlich den Vorrang haben soll.[108] Die bisher dazu ergangene **Rechtsprechung** geht überwiegend davon aus, dass aus verfassungsrechtlichen Erwägungen das Vorliegen einer schwierigen Sach- und Rechtslage nicht allein anhand objektiver, sondern auch mittels subjektiver Kriterien im Einzelfall zu beurteilen ist.

---

104 BGH v. 17.9.2008 – IV ZR 343/07 – NJW 2009, 440 = Rpfleger 2009, 87.
105 *Zimmermann*, PKH, Rn. 325.
106 Prütting/*Helms*, FamFG § 138 Rn. 1.
107 Siehe Gesetzesbegründung des Entwurfs eines Gesetzes zur Reform des Verfahrens in Familiensachen und in den Angelegenheiten der freiwilligen Gerichtsbarkeit (FGG-Reformgesetz – FGG-RG) v. 7. 9. 2007 – BT-Drs. 16/6308 S. 213/214.
108 So die Gesetzesbegründung S. 214 unter Hinweis auf §§ 276, 317 FamFG.

So wird die Beiordnung in **Sorgerechtsverfahren** teilweise grundsätzlich oder bei Einvernehmen zwischen den Eltern verneint;[109] aber auch bejaht, da Sorgerechtsentscheidungen gravierend in den Lebens- und Rechtskreis der Beteiligten eingreifen,[110] ebenfalls bejaht wird die Beiordnung bei mangelnden Sprachkenntnissen,[111] bei möglicher Kindeswohlgefährdung,[112] wenn die Trennung des Kindes von der Familie Gegenstand des Verfahrens ist,[113] oder wenn es um die Abänderung einer Sorgerechtsentscheidung geht, bei der in Teilbereiche der elterlichen Sorge in unterschiedlichem Ausmaß durch gerichtliche Bestimmung und elterliche Vereinbarung regulierend eingegriffen wurde[114] sowie bei fehlgeschlagenen Vermittlungsbemühungen des Jugendamtes.[115]

640

In **Umgangsverfahren** sieht es im Ergebnis ähnlich aus, denn auch hier wird bei einfach gelagerten Fällen ohne tatsächliche und rechtliche Schwierigkeiten die Beiordnung genauso abgelehnt,[116] wie bei gleichem intellektuellen Stand der Eltern und fehlender anwaltlicher Vertretung,[117] d. h. auch der Grundsatz der Waffengleichheit soll nicht ausschlaggebend sein.[118] Eine schwierige Sachlage wird angenommen, wenn längere Zeit kein Kontakt stattgefunden hat und bei der Ausübung des Umgangs eine Kindeswohlgefährdung im Raum steht,[119] bei langjährigem unvermittelbarem Streit der Eltern,[120] aber auch bei mangelnden Sprachkenntnissen.[121]

Die Beiordnung für die Durchführung eines **Vermittlungsverfahrens** gem. § 165 FamFG erfordert im Einzelfall ein rechtlich und tatsächlich schwieriges Verfahren,[122] was nicht schon darin zu sehen ist, dass die Betei-

---

109 KG v. 14.1.2010 – 19 WF 136/09 – FamRZ 2010, 1460; OLG Rostock v. 23.12.2009 – 10 WF 248/09 – NJW-RR 2010, 1154; HansOLG v. 27.12.2010 – 10 WF 148/10 – MDR 2011, 300; OLG Celle v. 28.4.2011 – 10 WF 127/11 – MDR 2011, 1006.
110 OLG Stuttgart, Beschl. v. 1.3.2011 – 11 WF 38/11 – FamRZ 2011, 1160.
111 OLG Celle v. 11.11.2009 – 17 WF 131/09 – FamRZ 2010, 582 = NJW 2010, 1008; SchlHOLG v. 10.12.2009 – 10 WF 199/09 – FamRZ 2010, 826; a.A. KG v. 14.1.2010 – 19 WF 136/09 – FamRZ 2010, 1460.
112 OLG Bamberg v. 4.12.2013 – 7 WF 309/13 – FamRZ 2014, 1041; SchlHOLG v. 28.10.2011 – 10 WF 185/11 – juris; SaarlOLG v. 10.2.2012 – 6 WF 8/12 – juris.
113 OLG Celle v. 11.4.2011 – 10 WF 91/11 – NJW-RR 2011, 942.
114 KG v. 12.7.2011 – 17 WF 172/11 – NJW–RR 2012, 132.
115 OLG Düsseldorf v. 10.12.2009 – 8 WF 204/09 – FamRZ 2010, 580 = NJW 2010, 1211.
116 BbgOLG v. 22.6.2010 – 9 WF 4/10 – FamRZ 2010, 2009; OLG Hamm v. 3.2.2010 – 6 WF 363/09 – FamRZ 2010, 186.
117 HansOLG v. 28.1.2010 – 12 WF 254/09 – MDR 2010, 701.
118 OLG Celle v. 25.7.2011 – 10 WF 220/11 – MDR 2011, 1178.
119 SchlHOLG v. 23.2.2011 – 10 WF 29/11 – SchlHA 2011, 340 = FamRZ 2011, 1241.
120 PfälzOLG v. 28.12.2009 –2 WF 237/09– FamRZ 2010, 1002 = NJW 2010, 1212.
121 HansOLG v. 23.3.2010 – 10 WF 91/09 – FamRZ 2010, 1459.
122 PfälzOLG v. 2.1.2015 – 2 WF 297/14 – juris.

ligten miteinander zerstritten sind, da diese Tatsache zunächst lediglich die Durchführung des Vermittlungsverfahrens erforderlich macht.[123]

Im **Vaterschaftsfeststellungsverfahren** ist die Beiordnung wegen der existenziellen Bedeutung von Abstammungssachen grundsätzlich geboten,[124] aber auch wegen der regelmäßig vorzunehmenden Einholung eines rechtsmedizinischen Sachverständigengutachtens[125] und der damit verbundenen Beweisaufnahme.[126]

Die Beiordnung wird jedoch abgelehnt, wenn keine entgegengesetzten Interessen verfolgt werden.[127] Dies gilt insbesondere, wenn das Kind durch das Jugendamt vertreten wird.[128] Auch im Verfahren auf **Anfechtung der Vaterschaft** wird eine Beiordnung grundsätzlich abgelehnt.[129]

In **Gewaltschutzsachen** wird eine Beiordnung bejaht, wenn der Beteiligte seine Rechte nicht eigenständig wahrnehmen und sich nicht ausreichend schriftlich äußern kann,[130] wenn eine besondere Beratung und Aufklärung erforderlich ist[131] oder wenn aus Sicht des Beteiligten die Sach- und Rechtslage schwierig ist, was bei massiven Einschnitten in die Persönlichkeitssphäre der Fall sein soll.[132]

Auch der Grundsatz der **Waffengleichheit** wird bejaht, da eine verfassungskonforme Auslegung dieses gebiete.[133] Nur im Verfahren der einstweiligen Anordnung wird die Beiordnung abgelehnt, auch wenn andere Beteiligte vertreten sind.[134] Im Unterhaltsverfahren zur Bestimmung des Kindergeldberechtigten nach § 64 Abs. 2 S. 3 EStG i. V. m. § 231 Abs. 2

---

123 Ausführlich OLG Hamm v. 15.6.2011 – 8 WF 148/11 – juris; OLG Karlsruhe v. 8.7.2010 – 2 WF 77/10 – Rpfleger 2010, 674.
124 OLG Frankfurt v. 17.12.2009 – 5 WF 267/09 – juris; a. A. OLG Stuttgart v. 8.4.2011 – 15 WF 65/11 – FamRZ 2011, 1610.
125 OLG Hamm v. 12.3.2010 – 12 WF 42/10 – FamRZ 2010, 1363; OLG Koblenz v. 3.1.2011 – 13 WF 1144/10 – FamRZ 2011, 914; a. A. OLG Oldenburg v. 5.1.2011 – 11 WF 243/10 – NJW 2011, 941.
126 OLG Dresden v. 30.6.2010 – 24 WF 558/10 – FamRZ 2010, 2007.
127 OLG Stuttgart v. 8.4.2011 – 15 WF 65/11 – FamRZ 2011, 1610; OLG Dresden v. 30.6.2010 – 24 WF 558/10 – FamRZ 2010, 2007; SchlHOLG v. 13.10.2010 – 13 WF 134/10 – SchlHA 2011, 171 = FamRZ 2011.
128 BbgOLG v. 24.2.2011 – 10 WF 265/10 – FamRZ 2011, 1311.
129 SaarlOLG v. 21.12.2009 – 6 WF 128/09 – FamRZ 2010, 1001; a. A. BbgOLG v. 10.10.2013 – 3 WF 116/13 – FamRZ 2014, 586.
130 PfälzOLG v. 9.11.2009 – 2 WF 211/09 – FamRZ 2010, 579.
131 BbgOLG v. 25.3.2010 – 10 WF 40/10 – FamRZ 2010, 1689.
132 OLG Karlsruhe v. 26.5.2010 – 16 WF 65/10 – FamRZ 2010, 2003.
133 OLG Celle v. 13.1.2010 – 17 WF 149/09 – FamRZ 2010, 1267; HansOLG Bremen v. 7.4.2010 – 4 WF 47/10 – FamRZ 2010, 1362.
134 BbgOLG v. 13.11.2013 – 9 WF 269/14 – juris; OLG Celle v. 1.7.2010 – 10 WF 215/10 – FamRZ 2010, 2005; OLG Celle v. 30.6.2011 – 10 WF 176/11 – juris.

von König

FamFG ist die Vertretung durch einen Rechtsanwalt nicht vorgeschrieben und regelmäßig nicht erforderlich.[135]

Der **XII. Zivilsenat des BGH**[136] hat sich dieser differenzierenden Auffassung angeschlossen.[137] Er hat in seiner Grundsatzentscheidung bestätigt, dass die verfassungsrechtlich gebotene **einzelfallbezogene Prüfung** eine Herausbildung von grundsätzlichen Regeln nicht zulasse. Sowohl eine schwierige Sachlage als auch eine schwierige Rechtslage, d. h. jeder der genannten Umstände allein könne die Beiordnung eines Rechtsanwalts erforderlich machen. Nach der eindeutigen Rechtsprechung des BVerfG[138] sei es entscheidend, ob ein bemittelter Rechtsuchender in der Lage des Unbemittelten vernünftigerweise einen Rechtsanwalt mit der Wahrnehmung seiner Interessen beauftragt hätte. Die Erforderlichkeit zur Beiordnung eines Rechtsanwalts beurteile sich demnach auch nach den subjektiven Fähigkeiten des betroffenen Beteiligten. Die Gesetzesbegründung erwähne solche subjektiven Kriterien für die Beurteilung der Erforderlichkeit einer Anwaltsbeiordnung zwar nicht ausdrücklich; sie schließe diese aber auch nicht aus.

641

Selbst hinsichtlich des Grundsatzes der **Waffengleichheit** schloss sich der BGH der bejahenden Auffassung dergestalt an, dass dieses kein allein entscheidender Gesichtspunkt für die Beiordnung eines Rechtsanwalts sein könne, die anwaltliche Vertretung anderer Beteiligter gleichwohl ein Kriterium für die Erforderlichkeit zur Beiordnung eines Rechtsanwalts wegen der Schwierigkeit der Sach- oder Rechtslage sein könne.

Die Entscheidung des BGH erleichtert den Rechtsanwendern nicht die Entscheidung im Einzelfall, da generalisierende Regeln nicht aufgestellt werden. Allerdings hilft ein Blick in die umfangreiche Rechtsprechung, die auf die sowohl objektiven als auch subjektiven Kriterien abstellt.

c) Beiordnung eines auswärtigen Rechtsanwalts

Sowohl § 78 Abs. 3 FamFG als auch § 121 Abs. 3 ZPO ordnen an, dass ein nicht im Bezirk des Verfahrensgerichts niedergelassener Rechtsanwalt nur beigeordnet werden darf, wenn dadurch keine **besonderen** bzw. **weiteren Kosten** entstehen. In § 78 Abs. 3 FamFG wird die Formulierung „keine besonderen Kosten" verwandt, während in § 121 Abs. 3 ZPO davon die Rede ist, dass „weitere Kosten" nicht entstehen dürfen. Aus der Geset-

642

---
135 OLG Celle v. 19.4.2011 – 10 WF 109/11 – Rpfleger 2011, 502.
136 BGH v. 23.6.2010 – XII ZB 232/09 – BGHZ 186, 70 = FamRZ 2010, 1427 = Rpfleger 2010, 598.
137 Siehe auch *Büte*, FPR 2011, 17.
138 BVerfG v. 17.2.1997 – 1 BvR 1440/96 – NJW 1997, 2103; Beschl. v. 22.6.2007 – 1 BvR 681/07 – NJW-RR 2007, 1713; Beschl. v. 6.5.2009 – 1 BvR 439/08 – juris.

zesbegründung[139] zu § 78 Abs. 3 FamFG ist ersichtlich, dass die Absätze 3 bis 5 inhaltlich § 121 Abs. 3 bis 5 ZPO entsprechen und nur aus Gründen der Klarstellung in das FamFG übernommen worden sind, sodass man wohl davon ausgehen kann, dass inhaltlich kein Unterschied zwischen den Formulierungen bestehen soll.

643 Vor Änderung des § 121 Abs. 3 ZPO[140] entsprach die Vorschrift auch dem geltenden Recht der Zulassung zur Rechtsanwaltschaft, da sie auf die Zulassung beim Prozessgericht abstellte. Dem Grundgedanken der Vorschrift, unnötige Reisekosten zu vermeiden, wurde in der Rechtsprechung (nach altem Recht) dadurch Rechnung getragen, dass der Rechtsanwalt zu den „Bedingungen eines ortsansässigen Rechtsanwalts" beigeordnet wurde.[141] Da der Vergütungsanspruch des Rechtsanwalts gegen die Staatskasse vom Umfang der Beiordnung abhängt (§ 48 Abs. 1 RVG), folgte die Beiordnung in diesem Fall der einschränkenden Vorschrift des § 121 Abs. 3 ZPO. In Rechtsprechung und Literatur war umstritten, ob ein Gericht die Einschränkung ohne Nachfrage beim betroffenen Rechtsanwalt anordnen durfte,[142] nach Auffassung des BGH soll ein Beiordnungsantrag eines nicht beim Prozessgericht zugelassenen Rechtsanwalts regelmäßig ein konkludentes Einverständnis mit einer entsprechenden Einschränkung enthalten,[143] weil bei einem Rechtsanwalt die Kenntnis des Mehrkostenverbots des § 121 Abs. 3 ZPO vorauszusetzen sei und er damit rechnen müsse, dass seinem Antrag nur im gesetzlich zulässigen Umfang stattgegeben werde. Beschwert ist durch die einschränkende Entscheidung lediglich der Rechtsanwalt und nicht die Partei, dem beigeordneten Rechtsanwalt wird in solchen Fällen ein eigenes Beschwerderecht zugestanden.[144]

644 Die nun sowohl in § 78 Abs. 3 FamFG als auch in § 121 Abs. 3 ZPO gewählte Formulierung „im Bezirk des Verfahrensgerichts niedergelassener Rechtsanwalt" hat zur Folge, dass grundsätzlich für den im Bezirk des Gerichts aber nicht direkt am Gerichtsort residierenden Rechtsanwalt durchaus Reisekosten entstehen können, die auch durch die Staatskasse zu erstat-

---

139 BT-Drs. 16/6308 S. 214.
140 Durch Art. 4 Nr. 2 d. Gesetzes zur Stärkung der Selbstverwaltung der Rechtsanwaltschaft v. 26.3.2007 – BGBl. I S. 358 – in Kraft getreten am 1.6.2007.
141 BGH v. 23.3.2006 – IX ZB 130/05 – WM 2006, 1298; BGH v. 23.6.2004 – XII ZB 61/04 – BGHZ 159, 370 = FamRZ 2004, 1362 = NJW 2004, 2749.
142 Zum Meinungsstand siehe Baumbach/*Hartmann*, ZPO, 64. Aufl. 2006, § 121 Rn. 62; MünchKommZPO/*Wax*, 2. Aufl. 2000, § 121 Rn. 11; Zöller/*Philippi*, ZPO, 25. Aufl. 2005, § 121 Rn. 13.
143 BGH v. 10.10.2006 – XI ZB 1/06 – NJW 2006, 3783 = Rpfleger 2007, 83; a. A. HansOLG v. 17.7.2006 – 9 W 45/06 – Rpfleger 2006, 661.
144 OLG Stuttgart v. 2.3.2007 – 16 WF 49/07 – FamRZ 2007, 1111 m. w. N.

ten sind.[145] Die einschränkende Regelung des § 126 Abs. 2 S. 2 BRAGO, wonach Mehrkosten nicht vergütet wurden, die dadurch entstanden waren, dass der Rechtsanwalt seinen Wohnsitz oder seine Kanzlei nicht an dem Ort hat, an dem sich das Prozessgericht befindet, wurde nicht in das RVG übernommen. Nun kommt es nach § 46 Abs. 1 RVG darauf an, ob die Reisekosten zur sachgemäßen Durchführung der Angelegenheit erforderlich waren.

Gleich geblieben ist jedoch der Grundgedanke der Vorschrift, wonach die Staatskasse nicht mit unnötigen Reisekosten belastet werden soll. Aus diesem Grund soll das Gericht, wenn ein nicht im Bezirk des Gerichts niedergelassener Rechtsanwalt seine Beiordnung beantragt, bereits im Zuge des Bewilligungsverfahrens prüfen, welche Reisekosten entstehen könnten, wenn ein im Bezirk residierender Rechtsanwalt beigeordnet werden würde.[146] Insoweit ist eine Kostenschätzung vorzunehmen, die im Wesentlichen davon ausgehen sollte, die größte Entfernung zwischen dem Gerichtsort und dem Gerichtsbezirk zu ermitteln, denn das wären auf jeden Fall die Reisekosten, die einem im Bezirk residierenden Rechtsanwalt zustehen könnten. Nur wenn die Entfernung zwischen dem Kanzleisitz und dem Gerichtsort größer ist, muss eine Einschränkung der Beiordnung vorgenommen werden. Diese sollte dann aber mit dem Wortlaut des Gesetzes übereinstimmen und nur die Kosten ausschließen, welche die Kosten eines im Bezirk des Verfahrensgerichts niedergelassenen Rechtsanwalts übersteigen. Eine Beiordnung „zu den Bedingungen eines ortsansässigen Rechtsanwalts" widerspricht dem Wortlaut des Gesetzes und bedeutet eine zu starke Einschränkung der Beiordnung.[147] Selbst diese Einschränkung kann im Einzelfall gegen den Grundsatz eines fairen Verfahrens verstoßen, wenn über den Antrag trotz bereits vorliegender Bewilligungsreife erst im oder nach dem Verhandlungstermin entschieden wird und vorab kein rechtzeitiger Hinweis auf eine etwaige Einschränkung der Beiordnung erfolgt ist.[148]

Wird ein im Bezirk des Prozessgerichts niedergelassener Rechtsanwalt nur „zu den Bedingungen eines ortsansässigen Anwalts" beigeordnet, so ist diese Einschränkung für das Festsetzungsverfahren jedoch bindend,[149] genauso wie die schrankenlose Beiordnung.[150] Reisekosten des nicht im Be-

---

145 *Groß*, BerH/PKH/VKH, § 121 ZPO Rn. 44; Gerold/Schmidt/*Müller-Rabe*, RVG, § 46 Rn. 5.
146 OLG Düsseldorf v. 27.2.2014 – 1 WF 13/14 – juris; *Groß*, BerH/PKH/VKH, § 121 ZPO Rn. 46; Zöller/*Geimer*, ZPO, § 121 Rn. 13a ff.
147 OLG Celle v. 28.4.2011 – 10 WF 123/11 – FamRZ 2011, 1745; siehe auch *von König*, RpflStud 2011, 150; OLG Brandenburg v. 21.6.2010 – 9 WF 92/10 – juris.
148 OLG Celle v. 28.2.2012 – 10 WF 37/12 – juris.
149 OLG Düsseldorf v. 8.1.2008 – 10 WF 28/07 – Rpfleger 2008, 316.
150 KG v. 11.11.2010 – 19 WF 180/10 – AGS 2010, 612 = MDR 2011, 327.

zirk niedergelassenen Rechtsanwalts lassen sich dadurch vermeiden, dass der Rechtsanwalt auf die Erstattung von Reisekosten verzichtet.[151]

Sieht das Gericht allerdings die Voraussetzungen für die Beiordnung eines **Verkehrsanwalts** als gegeben an, sind die Kosten des Verfahrensbevollmächtigten zuzüglich der Kosten des Verkehrsanwalts mit denen eines auswärtigen Anwalts zu vergleichen, sodass die uneingeschränkte Beiordnung eines auswärtigen Anwalts erfolgen kann, wenn diese Lösung die kostengünstigere ist.[152]

d) Beiordnung eines Beweis- bzw. Verkehrsanwalts

645 Wenn ein Rechtsanwalt im Rahmen der Verfahrenskostenhilfebewilligung beigeordnet ist, dann kann unter den Voraussetzungen des § 78 Abs. 4 FamFG, § 121 Abs. 4 ZPO auch ein Beweisanwalt oder aber ein Verkehrsanwalt beigeordnet werden. Die Beiordnung eines Unterbevollmächtigten ist nach dieser Vorschrift nicht möglich.[153] Es ist ein gesonderter Antrag auf Beiordnung notwendig, in dem die Partei die besonderen Umstände darlegen muss.

646 Besondere Umstände für die Beiordnung eines **Beweisanwalts** sind Schwierigkeiten in der Sach- und Rechtslage und höhere Kosten einer Reise des beigeordneten Rechtsanwalts.[154] In Ehesachen liegt ein besonderer Umstand für die Beiordnung vor, wenn es um die Wahrnehmung eines Anhörungstermins vor dem ersuchten Richter in Bezug auf die elterliche Sorge geht.[155]

647 Die Beauftragung eines **Verkehrsanwalts** wird als notwendig angesehen, wenn dem Beteiligten eine Informationsreise zum Rechtsanwalt wegen Alter, Körperbehinderung, Krankheit oder sozialer und wirtschaftlicher Bindung unzumutbar erscheint, die Rechtslage besonders schwierig oder die Kosten des Verkehrsanwalts nur unwesentlich höher als die einer Informationsreise sind.[156] Wegen der existenziellen Bedeutung von Ehesachen wird dem beteiligten Ehegatten zumeist ein Verkehrsanwalt beizuordnen

---

151 Zöller/*Geimer*, ZPO, § 121 Rn. 13b.
152 BGH v. 23.6.2004 – XII ZB 61/04 – BGHZ 159, 370 = FamRZ 2004, 1362 = NJW 2004, 2749; BbgOLG v. 8.1.2013 – 3 WF 130/12 – FamRZ 2014, 230.
153 Zöller/*Geimer*, ZPO, § 121 Rn. 2.
154 *Groß*, BerH/PKH/VKH, § 121 ZPO Rn. 55.
155 BGHZ 159, 370 = FamRZ 2004, 1362 = NJW 2004, 2749; OLG Köln FamRZ 1991, 349.
156 *Groß*, BerH/PKH/VKH, § 121 ZPO Rn. 58 ff.; Zöller/*Geimer*, ZPO, § 121 Rn. 20 m.w.N.

sein,[157] auch wenn die Sache einfach ist und ein schriftlicher Kontakt zumutbar sein könnte.[158] Im Sorgerechtsverfahren wird dieses auch bei großer Entfernung zum Verfahrensgericht so gesehen.[159] Wird im Abstammungsverfahren das Kind durch das Jugendamt als Ergänzungspfleger vertreten, so bedarf es für auswärtige Termine keiner Beiordnung eines Rechtsanwalts, vielmehr kann einem Vertreter des für das auswärtige Gericht zuständigen Jugendamtes Terminsvollmacht erteilt werden.[160]

IV. Wirkungen der Verfahrenskostenhilfe

Die Bewilligung von Verfahrenskostenhilfe hat nicht nur persönliche Wirkungen für den Beteiligten, sondern entfaltet u.U. auch Wirkungen für den Gegner, auf jeden Fall aber auf den beigeordneten Rechtsanwalt, § 122 ZPO. Sie treten kraft Gesetzes ein und können durch das Gericht nicht beschränkt, erweitert oder unter Bedingungen gestellt werden.[161]

648

1. Wirkung für den Beteiligten bei bewilligter Verfahrenskostenhilfe

Der Beteiligte ist von der Zahlung rückständiger oder noch entstehender **Gerichtskosten** und **Gerichtsvollzieherkosten** befreit, § 122 Abs. 1 Nr. 1a ZPO. Er muss bei Verfahrenskostenhilfe mit Ratenzahlung **lediglich** die festgesetzten **Raten** zahlen. Es dürfen auch keine Vorschüsse oder Vorauszahlungen erhoben werden, § 15 Nr. 1 FamGKG. Haften z. B. im isolierten Umgangsregelungsverfahren beide Elternteile gesamtschuldnerisch, dann wirkt die Bewilligung nur für den Elternteil, dem Verfahrenskostenhilfe bewilligt wurde, während der andere in Anspruch genommen werden kann.

649

Zudem untersagt § 26 Abs. 3 FamGKG die Antragshaftung (Zweitschuldnerhaftung) und damit die gesamtschuldnerische Inspruchnahme des reichen Antragstellers, wenn dem Antragsgegner als Entscheidungsschuldner Verfahrenskostenhilfe bewilligt ist, bereits gezahlte Beträge sind zurückzuzahlen, § 26 Abs. 3 S. 1 FamGKG.

---

157 OLG Bamberg v. 8.1.1990 – 7 WF 140/89 – FamRZ 1990, 644 m. w. N.; OLG Brandenburg 9.9.1997 – 10 WF 87/97 – FamRZ 1998, 1301; a.A. OLG Karlsruhe v. 6.4.1998 – 2 WF 35/98 – FamRZ 1999, 304.
158 OLG Karlsruhe v. 23.9.2003 – 20 WF 178/02 – FamRZ 2004, 1298.
159 OLG Karlsruhe v. 31.1.2013 – 16 WF 22/13 – FamRZ 2013, 1596; siehe aber auch OLG Celle. 18.7.2011 – 10 WF 209/11 – juris.
160 ThürOLG v. 9.8.1995 – 7 W 312/95 – FamRZ 1996, 418.
161 *Groß*, BerH/PKH/VKH, § 122 ZPO Rn. 3.

In der Vergangenheit bestand Streit, wie zu verfahren ist, wenn die Beteiligten sich in einem gerichtlichen **Vergleich** über die **Kostentragung geeinigt** haben und einem Beteiligten oder gar beiden Beteiligten Verfahrenskostenhilfe bewilligt ist. Dabei ging es stets um die Frage, ob im Falle bewilligter VKH vom Übernahmeschuldner die Kosten erhoben werden können oder ob der Schutz des § 122 ZPO hier eine Haftung ausschließt, was vielfach vertreten wurde.[162] Es wurde jedoch auch die gegenteilige Auffassung vertreten, die dann auf den Wortlaut des § 31 Abs. 3 GKG (§ 26 Abs. 3 FamGKG) abstellte, wonach nur der Entscheidungsschuldner und nicht der Übernahmeschuldner erfasst ist.[163] Im Wesentlichen wurde hierbei auf die Möglichkeit des Missbrauchs abgestellt, nämlich die Gefahr, dass die Parteien zulasten der Landeskasse eine Kostenregelung treffen können, es sei denn, dafür bestanden keine Anzeichen, weil der Vergleichsabschluss und somit auch die Kostenregelung einer Empfehlung des Gerichts folgte.[164]

Dieser Streit ist größtenteils durch die Anfügung des Abs. 4 in § 26 FamGKG (bzw. in § 31 GKG) behoben,[165] wonach Abs. 3 **entsprechende Anwendung** findet, soweit ein Übernahmeschuldner (§ 24 Nr. 2 FamGKG) die Kosten in einem vor Gericht abgeschlossenen, gegenüber dem Gericht angenommenen oder in einem gerichtlich gebilligten Vergleich übernommen hat; der Vergleich einschließlich der Verteilung der Kosten, bei einem gerichtlich gebilligten Vergleich allein die Verteilung der Kosten, von dem Gericht vorgeschlagen worden ist und das Gericht in seinem Vergleichsvorschlag ausdrücklich festgestellt hat, dass die Kostenregelung der sonst zu erwartenden Kostenentscheidung entspricht. Der Gesetzgeber wollte mit der Neuregelung klarstellen, dass bei Vorliegen aller Voraussetzungen auch die VKH-Partei und der Gegner in den Genuss der Schutzwirkung kommen, um so die Vergleichsbereitschaft zu fördern.[166]

650 Die Bewilligung der Verfahrenskostenhilfe hat auf die Verpflichtung, die dem Gegner entstandenen Kosten zu erstatten, keinen Einfluss, § 123 ZPO.[167] Die Vorschrift stellt klar, dass eine etwaige **Erstattungspflicht**

---

162 Nachweise aufgelistet in der Entscheidung des AG Bad Segeberg v. 23.4.2014 – 17 C 211/13 – juris.
163 Siehe beispielsweise OLG Naumburg v. 27.6.2013 – 10 W 25/13 – NJW-RR 2014, 189 m. w. N.
164 OLG Celle v. 13.4.2012 – 10 UF 153/11 – FamRZ 2013, 63; KG v. 14.2.2012 – 5 W 11/12 – NJW-RR 2012, 1021.
165 Art. 5 Nr. 13 des 2. KostRMoG.
166 Siehe die Gesetzesbegründung BT-Drs. 17/11471 S. 244 zu § 31 GKG und S. 251 zu § 26 FamGKG.
167 Ausführlich *Groß*, BerH/PKH/VKH, § 123 ZPO.

dem **Gegner** gegenüber nicht durch die eigene Verfahrenskostenhilfebewilligung berührt wird.

2. Wirkung für den Gegner

§ 122 Abs. 2 ZPO sieht unterschiedliche Wirkungen im Hinblick auf den Gegner vor, und zwar je nachdem, ob dem Antragsteller oder dem Antragsgegner die Verfahrenskostenhilfe bewilligt worden ist. Ist dem **Antragsteller volle Verfahrenskostenhilfe** bewilligt, d.h. eine Bewilligung ohne Anordnung von Ratenzahlung vorgenommen worden, so hat auch der Antragsgegner vorerst keine auf ihn entfallenden Vorauszahlungen oder Vorschüsse (z. B. für Zeugenauslagen) zu leisten. Die einstweilige Befreiung endet jedoch, sobald der Gegner rechtskräftig in die Kosten verurteilt worden ist, § 125 ZPO.   651

Ist dem **Antragsgegner** die Verfahrenskostenhilfe bewilligt, so hat dieses allerdings keinen Einfluss auf die Zahlungsverpflichtung des Antragstellers.   652

3. Wirkung für den Rechtsanwalt

Der Rechtsanwalt darf gegen seinen Mandanten keine Ansprüche auf Vergütung geltend machen, § 122 Abs. 1 Nr. 3 ZPO, da er durch die Beiordnung einen **Vergütungsanspruch** gegen die **Staatskasse**[168] gem. §§ 45 ff. RVG erhält.   653

Nach § 126 Abs. 1 ZPO ist der für den Beteiligten bestellte Rechtsanwalt jedoch berechtigt, seine Vergütung von dem in die Verfahrenskosten verurteilten Gegner im eigenen Namen beizutreiben, was er immer tun wird, wenn er dadurch mehr erhalten kann als aus der Staatskasse. Das **Beitreibungsrecht aus § 126 ZPO** umfasst auch die Wahlanwaltsgebühren nach § 13 RVG, denn das Beitreibungsrecht und der Kostenerstattungsanspruch des Mandanten stehen selbstständig nebeneinander,[169] sodass sich der Rechtsanwalt entweder seine gesamte Regelvergütung (Wahlanwaltsvergütung) gegen den Gegner festsetzen lassen kann oder er beantragt die Zahlung der VKH-Vergütung aus der Staatskasse und setzt die Differenz bis zur Regelvergütung (Wahlanwaltsvergütung) gegen den Gegner durch. Letzteres gilt nur, soweit er nicht aus der Staatskasse vergütet worden ist und der Anspruch deshalb insoweit nach § 59 RVG der Staatskasse zusteht.[170]   654

---

168 Vor Gerichten des Bundes aus der Bundeskasse und vor Gerichten eines Landes aus der jeweiligen Landeskasse.
169 BGH v. 22.6.1994 – XII ZR 39/93 – NJW 1994, 3292.
170 Zöller/*Geimer*, ZPO, § 126 Rn. 21.

655 Die hilfsbedürftige Partei kann über ihren Kostenerstattungsanspruch nicht mit Wirkung gegenüber dem Anwalt verfügen, insoweit wird häufig von „Verstrickung" gesprochen.[171] Eine Einrede aus der Person der Partei ist nicht zulässig, § 126 Abs. 2 S. 1 ZPO,[172] so ist es nicht beachtlich, wenn der Gegner einwendet, er habe bereits an den Mandanten gezahlt bzw. dieser habe ihm die Kosten erlassen oder er habe aufgerechnet. Die in der Rechtsprechung streitige Frage, ob die **Sperrwirkung** des § 126 Abs. 2 S. 1 ZPO auch gilt, wenn der Erstattungspflichtige die Aufrechnung erklärt hat bevor der Rechtsanwalt seine Forderung im eigenen Namen geltend gemacht hat, hat der BGH dahingehend gelöst, dass er zu Recht die Auffassung vertritt, dass die Sperrwirkung erst entfällt, wenn der beigeordnete Rechtsanwalt die Erstattungsforderung nicht mehr im eigenen Namen geltend machen könne.[173] Zulässig sind jedoch Einwendungen gegen die Höhe und das Entstehen der Gebühren sowie gegen die Entstehung des Kostenerstattungsanspruchs, ausnahmsweise steht dem Rechtsanwalt das eigene Beitreibungsrecht nicht zu, wenn sein Mandant gegenüber dem Gegner durch Vereinbarung schon vor Erlass der Kostenentscheidung auf die Kostenerstattung verzichtet hat, sodass ein Kostenerstattungsanspruch gar nicht erst zur Entstehung gelangt.[174] Unbeschadet des Rechts des beigeordneten Rechtsanwalts aus § 126 ZPO können die Kosten auch auf den Namen des erstattungsberechtigten Mandanten festgesetzt werden.[175] Dadurch wird der beigeordnete Rechtsanwalt allerdings nicht gehindert, eine Neufestsetzung (ggf. unter Einziehung des schon erteilten Kostenfestsetzungsbeschlusses) auf seinen Namen zu beantragen.[176]

V. Vergütungsanspruch des beigeordneten Rechtsanwalts

656 Der beigeordnete Rechtsanwalt erlangt durch die gerichtliche Beiordnung einen öffentlich-rechtlichen Vergütungsanspruch gegen die Staatskasse, allerdings besteht kein Vertragsverhältnis zum Staat.[177] Gleichzeitig

---

171 *Zimmermann*, PKH, Rn. 656 hält den Begriff für unpassend, da es sich nicht um eine Sachpfändung handelt; aber auch der Wortlaut des Gesetzes lässt seiner Meinung nach zu wünschen übrig, denn auch die Beschränkung auf „Einreden" sei unzutreffend.
172 Die Vorschrift ist verfassungskonform – BGH v. 18.10.1990 – IX ZR 246/89 – NJW-RR 1991, 254.
173 BGH v. 14.2.2007 – XII ZB 112/06 – RVGreport 2007, 351 (*Hansens*); siehe auch *Groß*, BerH/PKH/VKH, § 126 ZPO Rn. 16.
174 BGH v. 11.10.2006 – XII ZR 285/02 – RVGreport 2007, 111 (*Hansens*) = FamRZ 2007, 123.
175 *Zöller/Geimer*, ZPO, § 126 Rn. 7, 10.
176 *Zöller/Geimer*, ZPO, § 126 Rn. 13 m. w. N.
177 *Groß*, BerH/PKV/VKH, § 45 RVG Rn. 2.

wird der Anwalt verpflichtet, einen Mandatsvertrag mit dem Verfahrenskostenhilfeberechtigten abzuschließen, § 48 Abs. 1 Nr. 1 BRAO.

1. Umfang des Anspruchs

Der **Umfang des Anspruchs** ergibt sich aus der **Beiordnung** gemäß dem Beschluss, durch den der Rechtsanwalt beigeordnet worden ist, § 48 Abs. 1 RVG. Ist dem Mandanten nur **teilweise** Verfahrenskostenhilfe bewilligt, so ist auch die Beiordnung nur auf diesen Teil bezogen, daraus folgt, dass insbesondere bei Änderungsantrag oder -erweiterung,[178] Widerantrag mit Ausnahme eines solchen in einer Ehesache oder einer entsprechenden Lebenspartnerschaftssache nach § 269 Abs. 1 Nr. 1, 2 FamFG gesondert Verfahrenskostenhilfe beantragt und bewilligt werden muss. 657

Auch für die **Einigung** über **nicht anhängige Ansprüche** muss grundsätzlich gesondert Verfahrenskostenhilfe beantragt und auch um entsprechende Beiordnung nachgesucht werden.[179] Wird beispielsweise für ein güterrechtliches Hauptsacheverfahren oder ein Gewaltschutzverfahren VKH bewilligt, erstreckt sich diese nicht automatisch auf einen Mehrvergleich über nicht anhängige Ansprüche.[180]

Die **Bewilligung** der Verfahrenskostenhilfe für die **Scheidungssache** erstreckt sich kraft Gesetzes auf die von Amts wegen anhängige **Folgesache Versorgungsausgleich,** § 149 FamFG, allerdings enthält das Gesetz keine Erstreckung der Beiordnung für diesen Fall, der Bewilligungsbeschluss sollte deshalb eine entsprechende Beiordnung enthalten.[181] Für die anderen Folgesachen muss um Verfahrenskostenhilfe nachgesucht und extra bewilligt werden.[182] So umfasst die Bewilligung und Beiordnung für ein isoliertes Sorgerechtsverfahren nicht automatisch eine Umgangsregelung.[183] 658

Die **Beiordnung** in einer **Ehesache** oder einer Lebenspartnerschaftssache nach § 269 Abs. 1 Nr. 1 und 2 FamFG **erstreckt** sich gem. § 48 Abs. 3 RVG jedoch auf den Abschluss eines Vertrages i. S. d. VV 1000 RVG (**Scheidungsvereinbarung**), der den gegenseitigen Ehegattenunterhalt, Kindesunterhalt, die Sorge für die Person der gemeinschaftlichen 659

---

178 Gerold/Schmidt/*Müller-Rabe*, RVG, § 48 Rn. 42; *Klüsener* in Bischof/Jungbauer, RVG § 48 Rn. 6.
179 *Klüsener* in Bischof/Jungbauer, RVG, § 48 Rn. 8.
180 OLG Köln v. 2.10.2014 – 12 WF 130/14 – juris; OLG Dresden v. 7.2.2014 – 23 WF 1209/13 – FamRZ 2014, 1879; OLG Koblenz v. 15.10.2014 – 13 WF 923/14 – juris; OLG Koblenz v. 19.5.2014 – 13 WF 369/14 – FamRZ 2014, 1877.
181 Gerold/Schmidt/*Müller-Rabe*, RVG, § 48 Rn. 8.
182 Gerold/Schmidt/*Müller-Rabe*, RVG, § 48 Rn. 8; *Klüsener* in Bischof/Jungbauer, RVG, § 48 Rn. 32.
183 KG v. 3.6.2009 – 19 WF 40/09 – FamRZ 2010, 1586.

minderjährigen Kinder, die Regelung des Umgangs mit einem Kind,[184] die Rechtsverhältnisse an der Ehewohnung und den Haushaltsgegenständen und die Ansprüche aus dem ehelichen Güterrecht betrifft. Der Katalog ist abschließend und kann nicht erweitert werden.[185] Die gesetzlich vorgesehene Erstreckung soll lediglich eine Einigung in den genannten Fällen erleichtern und fördern.

Für die **entsprechenden Verfahren** muss **Verfahrenskostenhilfe getrennt beantragt** und bewilligt werden. Nach dem Wortlaut des Gesetzes reicht es aus, dass eine entsprechende Vereinbarung getroffen worden ist, dabei ist es nicht erforderlich, dass diese vor Gericht geschlossen wird.[186] Die gesetzliche Erstreckung bedeutet auch, dass der Rechtsanwalt einen Anspruch hinsichtlich dieser Gebühren gegen die Staatskasse hat (hierzu siehe → Rn. 685).

Andere Angelegenheiten, die mit dem Hauptverfahren nur zusammenhängen, sind nicht von der Beiordnung erfasst und benötigen eine ausdrückliche Bewilligung und Beiordnung, § 48 Abs. 5 RVG. Dies gilt insbesondere für die in § 48 Abs. 5 S. 2 RVG aufgelisteten Angelegenheiten (Zwangsvollstreckung, Arrest und einstweilige Anordnung, Widerantrag usw.).

2. Wertgebühren und Auslagen aus der Staatskasse

660   Die einzelnen Gebühren und Auslagen entstehen wie beim Wahlanwalt auch für den beigeordneten Rechtsanwalt (siehe Abschnitt 3, → Rn. 460 ff.). Durch das 2. KostRMoG ist hinsichtlich der **Wertberechnung** § 23a RVG eingefügt worden,[187] der die Bewertung im PKH/VKH-Verfahren zum Inhalt hat. Danach bestimmt sich im Verfahren über die Bewilligung der Prozess- bzw. Verfahrenskostenhilfe oder die Aufhebung der Bewilligung nach § 124 Nr. 1 ZPO der Gegenstandswert nach dem für die Hauptsache maßgebenden Wert; im Übrigen ist er nach dem Kosteninteresse nach billigem Ermessen zu bestimmen. Abs. 2 besagt ausdrücklich, dass dieser Wert und der Wert für das Verfahren, für das die PKH/VKH beantragt worden ist, nicht zusammengerechnet werden.

Bis zu einem Gegenstandswert von **4.000,00 €**[188] weichen die **Gebühren** des beigeordneten Rechtsanwalts nicht einmal von denen eines

---

184 Wobei unklar bleibt, ob es sich um gemeinschaftliche Kinder handeln muss oder nicht.
185 Gerold/Schmidt/*Müller-Rabe*, RVG, § 48 Rn. 17.
186 Gerold/Schmidt/*Müller-Rabe*, RVG, § 48 Rn. 28; *Klüsener* in Bischof/Jungbauer, RVG, § 48 Rn. 35.
187 Art. 8 Nr. 13 des 2. KostRMoG.
188 Betrag von 3.000,00 € auf 4.000,00 € angehoben durch Art. 8 Nr. 26 des 2. KostRMoG.

Wahlanwalts ab. Aus der Staatskasse werden jedoch bei einem Gegenstandswert von über 4.000,00 € nur noch Gebühren in Höhe der Tabelle zu § 49 RVG erstattet. Ab einem Gegenstandswert von über 30.000,00 € sind die Gebühren dann „eingefroren", d. h. die 1,0 Gebühr beträgt unabhängig vom Gegenstandswert 447,00 €.

Die Wertgebühren des § 49 RVG sind jedoch keine festen Größen, sondern nur der Maßstab für den jeweils nach dem Vergütungsverzeichnis zu gewährenden Gebührensatz der einzelnen Gebühr, das gilt auch für die (Fest)gebühr der letzten Wertstufe. **661**

Beispiel:
Bei einem Gegenstandswert von 40.000,00 € erhält der Rechtsanwalt eine 1,3 Verfahrensgebühr nach VV 3100 in Höhe von 581,10 €. Für die Zwangsvollstreckung erhält er in diesem Fall eine 0,3 Verfahrensgebühr nach VV 3309 in Höhe von 134,10 €.

Vom Grundsatz her hat der beigeordnete Rechtsanwalt auch Anspruch auf Ersatz seiner **Auslagen** nach Teil 7 des VV RVG.[189] § 46 Abs. 1 RVG ordnet jedoch an, dass Auslagen und insbesondere Reisekosten nicht vergütet werden, wenn sie zur **sachgemäßen Durchführung** der Angelegenheit nicht erforderlich waren. Die Erforderlichkeit bestimmt sich nach den Verhältnissen zum Zeitpunkt der entsprechenden Aufwendung, wobei kleinliche Nachprüfung unangebracht sein soll, da lediglich der Missbrauch verhindert werden soll.[190] Wenn jedoch das Gericht des Rechtszugs auf Antrag des Rechtsanwalts vor Antritt der Reise feststellt, dass eine Reise erforderlich ist, ist diese Feststellung für das Festsetzungsverfahren (§ 55) bindend, § 46 Abs. 2 RVG, mit der Folge, dass die Reisekosten aus der Staatskasse zu zahlen sind, die Höhe der Kosten kann dort aber noch überprüft werden. **662**

Die Auslagen für Post- und Telekommunikationsdienstleistungen (VV 7001, 7002) und die auf die Vergütung zu leistende Umsatzsteuer (VV 7008) werden in der Regel als erforderlich angesehen und durch die Staatskasse vergütet. Hinsichtlich der Pauschale VV 7002 RVG wurde durch die Reform klargestellt, dass bei der Berechnung die Gebühren aus der Staatskasse maßgebend sind[191] und nicht die Regelgebühren nach § 13 RVG. **663**

---

189 Gerold/Schmidt/*Müller-Rabe*, RVG, § 46 Rn. 2; *Klüsener* in Bischof/Jungbauer, RVG § 46 Rn. 3.
190 *Zimmermann*, PKH, Rn. 610.
191 Art. 14 Nr. 7b) des Gesetzes zur Änderung des Prozesskostenhilfe- und Beratungshilferechts v. 31.8.2013 – BGBl. I S. 3533.

Beispiel:

Verfahrenskostenhilfe mit Raten
Antrag wegen einer güterrechtlichen Forderung in Höhe von 10.500,00 €, Antragsteller hat VKH mit Raten à 45,00 € unter Beiordnung seines Rechtsanwalts erhalten. Er zahlt ab Bewilligung. Bei Beendigung des Verfahrens hat er bereits 12 Raten gezahlt. Nach durchgeführter mündlicher Verhandlung endet das Verfahren durch Endentscheidung. Der Antrag wird abgewiesen und die Kosten hat der Antragsteller zu tragen.

Der beigeordnete Rechtsanwalt beantragt Zahlung der Vergütung aus der Staatskasse.

Gebühren und Auslagen nach dem RVG	Gegenstandswert in €	Vergütung, §§ 45, 49 RVG
1,3 Verfahrensgebühr § 2 Abs. 1, 2; VV 3100	10.500,00	417,30 €
1,2 Terminsgebühr § 2 Abs. 1, 2; VV 3104	10.500,00	385,20 €
Auslagenpauschale VV 7002		20,00 €
Insgesamt		822,50 €
Umsatzsteuer VV 7008		156,28 €
Insgesamt		978,78 €

Ergebnis:
Der Rechtsanwalt erhält aus der Staatskasse 978,78 € als gesetzliche Vergütung.

3. Festsetzung der aus der Staatskasse zu zahlenden Vergütung

a) Zuständigkeiten und Beteiligte

664 Auf **Antrag** des beigeordneten Rechtsanwalts erfolgt eine Festsetzung der gesetzlichen Vergütung aus der Staatskasse, § 55 Abs. 1 RVG. Der Antrag ist **formfrei**, die Benutzung von Formularen wird als zweckmäßig angesehen, was in der Praxis auch die Regel ist.[192] Am Verfahren ist allein der Rechtsanwalt beteiligt, der Prozessgegner sowie der Mandant haben mit diesem Verfahren nichts zu tun.

665 Sachlich und örtlich ist in Zivilsachen grundsätzlich das Gericht **des Rechtszuges** für die Festsetzung **zuständig**, § 55 Abs. 2 S. 1 RVG. Nur wenn das Verfahren bereits rechtskräftig oder auf sonstige Weise beendet ist, ist das Gericht des 1. Rechtszuges zuständig, § 55 Abs. 1 S. 1 RVG. Die funktionelle Zuständigkeit liegt beim **Urkundsbeamten der Geschäftsstelle** (des gehobenen Dienstes), § 55 Abs. 2 RVG und nicht beim Rechtspfleger.

---
192 Muster abgedruckt bei *von König*, Zivilprozess- und Kostenrecht, Anh. IV.

b) Grundlagen der Entscheidung des Urkundsbeamten

Anders als im Kostenfestsetzungsverfahren setzt das Verfahren keine Kostengrundentscheidung voraus. Die Vergütung muss jedoch fällig sein, denn ansonsten würde die Regelung des § 47 RVG keinen Sinn machen, wonach der Rechtsanwalt für die entstandenen Gebühren und die entstandenen und voraussichtlich entstehenden Auslagen aus der Staatskasse einen angemessenen Vorschuss verlangen kann. Der Rechtsanwalt hat den Ansatz glaubhaft zu machen, hinsichtlich der Auslagen genügt anwaltliche Versicherung, § 55 Abs. 5 S. 1 RVG, § 104 Abs. 2 ZPO. Nicht notwendig ist die Erklärung zur Vorsteuerabzugsberechtigung, § 104 Abs. 2 S. 3 ZPO, da es nicht wirklich um die Erstattung durch einen Dritten geht. Die Staatskasse zahlt in diesem Fall anstelle des Auftraggebers. Für das entsprechende Verfahren nach § 11 RVG hat der Gesetzgeber diese Vorschrift auch ausdrücklich ausgenommen, § 11 Abs. 2 S. 3 RVG. Nichts anderes kann hier gelten. Es ist jedoch eine Erklärung beizufügen, ob und ggf. welche Zahlungen vom Auftraggeber oder von Dritten vorgenommen wurden, § 55 Abs. 5 S. 2 RVG.

666

Der UdG prüft, ob die Antragsvoraussetzungen gegeben sind, der Antrag also zulässig ist. An die gerichtlichen Bewilligungs- und Beiordnungsentscheidungen ist er gebunden. Im Einzelnen hat er nun die gesetzliche Vergütung auf Entstehen und Erstattungsfähigkeit zu prüfen. Auch der UdG kann innerhalb des begehrten Gesamtbetrages eine Auswechselung von Einzelposten vornehmen, um eine sachgerechte Anweisung zu veranlassen.[193]

667

c) Inhalt der Entscheidung

Die Entscheidung ergeht durch **Beschluss.** Eine Verzinsung findet nicht statt, denn § 55 Abs. 5 RVG verweist nur auf § 104 Abs. 2 ZPO und nicht auf § 104 Abs. 1 ZPO. Wird antragsgemäß entschieden, ist nach allg. M. eine Begründung entbehrlich.[194] Es ist auch nicht üblich, die Entscheidung dem Rechtsanwalt bekannt zu geben, sondern die Anweisung der Vergütung wird sofort vorgenommen. Wird nicht antragsgemäß entschieden, so muss wenigstens eine kurze Begründung vorgenommen werden, um dem Antragsteller die Möglichkeit der Überprüfung zu gewährleisten.

668

---

193 Gerold/Schmidt/*Müller-Rabe*, RVG, § 55 Rn. 27.
194 Gerold/Schmidt/*Müller-Rabe*, RVG, § 55 Rn. 59.

d) Rechtsbehelfe gegen die Entscheidung des UdG

669   Gegen die Entscheidung können der **Rechtsanwalt** und die **Staatskasse Erinnerung** gem. § 56 Abs. 1 RVG einlegen. Die Erinnerung ist nicht an eine Frist gebunden[195] und kann schriftlich oder zu Protokoll der Geschäftsstelle eingelegt werden. Der Urkundsbeamte der Geschäftsstelle hat zunächst zu prüfen, ob er der Erinnerung abhelfen kann. Ist das nicht der Fall, entscheidet gem. § 56 Abs. 1 RVG das Gericht des Rechtszuges. Gegen diese Entscheidung ist die Beschwerde zulässig, wenn der Beschwerdegegenstand 200,00 € übersteigt, § 56 Abs. 2 i. V. m. § 33 Abs. 3 bis 8 RVG oder das Erstgericht sie wegen der grundsätzlichen Bedeutung der zur Entscheidung stehenden Frage in dem Beschluss zugelassen hat, § 56 Abs. 2 S. 1 i. V. m. § 33 Abs. 3 S. 2 RVG. Die Beschwerde ist binnen einer Frist von 2 Wochen nach Zustellung der Erinnerungsentscheidung beim Erstgericht einzulegen, § 56 Abs. 2 S. 1 i. V. m. § 33 Abs. 3 S. 3, Abs. 7 RVG. Eine Beschwerde an einen Obersten Gerichtshof des Bundes ist ausgeschlossen, § 56 Abs. 2 S. 1 i. V. m. § 33 Abs. 4 S. 3 RVG.

4. Die weitere Vergütung aus der Staatskasse

670   Der beigeordnete Rechtsanwalt kann während des Bestehens und im Umfang der Verfahrenskostenhilfe keine Ansprüche gegen seinen Mandanten geltend machen, § 122 Abs. 1 Nr. 3 ZPO. Stattdessen steht ihm ein Vergütungsanspruch gegen die Staatskasse zu.

671   Der Rechtsanwalt hat unter bestimmten Voraussetzungen einen Anspruch gegen die **Staatskasse** auf eine **weitere Vergütung** gem. § 50 RVG bis zur Höhe seiner Regelvergütung, wenn der Beteiligte an die Staatskasse Raten zu zahlen hat (höchstens 48 Raten) und diese Zahlungen die evtl. zu zahlenden Gerichtskosten und die Vergütung aus der Staatskasse übersteigen.

672   Die weitere Vergütung kann erst festgesetzt werden, wenn das Verfahren durch rechtskräftige Entscheidung beendet ist und die Zahlungen des Beteiligten die oben genannten Kosten decken, § 50 Abs. 1 RVG. Der Antrag soll jedoch unverzüglich bei Gericht eingereicht werden, damit der UdG die Höhe feststellen und evtl. zu leistende weitere Raten ermitteln kann, § 50 Abs. 2 RVG. Die Auszahlung erfolgt jedoch erst nach Zahlung durch den Beteiligten. Hat ein Rechtsanwalt einen Antrag auf Festsetzung nach § 50 RVG nicht gestellt, kann der UdG ihn auffordern, binnen einer Frist von 1 Monat diesen einzureichen, § 55 Abs. 6 RVG. Kommt der beigeordnete Rechtsanwalt der an ihn gerichteten Aufforderung des Gerichts zur Vorlage seiner Abrechnung nicht fristgemäß nach, so erlischt neben

---
195 Ausführlich hierzu *Hansens*, RVGreport 2005, 2.

dem Anspruch auf die weitere Vergütung auch derjenige auf die Vergütung nach § 49 RVG.[196]

Beispiel:

Weitere Vergütung aus der Staatskasse
Fortführung des obigen Beispiels (Rn. 663). Auf entsprechenden Hinweis des UdG beantragt der Rechtsanwalt auch die Zahlung einer weiteren Vergütung aus der Staatskasse gem. § 50 RVG.
Er stellt folgende Berechnung auf – **Gegenstandswert 10.500,00 €**:

Gebühren und Auslagen nach dem RVG	Vergütung, §§ 45, 49 RVG	Regelvergütung, § 13 RVG	Differenz
1,3 Verfahrensgebühr § 2 Abs. 1, 2; VV 3100	417,30 €	785,20 €	367,90 €
1,2 Terminsgebühr § 2 Abs. 1, 2; VV 3104	385,20 €	724,80 €	339,60 €
Auslagenpauschale VV 7002	20,00 €	20,00 €	--
Insgesamt	822,50 €	1.530,00 €	707,50 €
Umsatzsteuer VV 7008	156,28 €	290,70 €	134,42 €
Insgesamt	978,78 €	1.820,70 €	841,92 €

Der Rechtsanwalt erhält aus der Staatskasse sofort 978,78 € als gesetzliche VKH-Vergütung; die weitere Vergütung bis zur Höhe der Regelvergütung (Wahlanwaltsvergütung) i. H. v. 841,92 € kann er erhalten, wenn der Mandant mit seinen höchstens 48 Raten dieses auch noch „anspart".

Ob und ggf. in welcher **Höhe** der Rechtsanwalt die **weitere Vergütung** aus der Staatskasse erhalten kann, hängt aber nicht nur davon ab, dass der Mandant Raten zahlt, sondern auch wie hoch der von ihm zu zahlende Ratenbetrag ist und welche Kosten davon zu tilgen sind. Nach § 50 Abs. 1 S. 1 RVG sind die gezahlten Beträge des Beteiligten in folgender Reihenfolge zu verrechnen: Zuerst auf die Gerichtskosten (falls der Beteiligte sie tragen muss), dann auf die gesetzliche VKH-Vergütung des Rechtsanwalts, die dieser aus der Staatskasse sofort erhält und schließlich auf die weitere Vergütung des Rechtsanwalts. Reichen die 48 Raten des Beteiligten nicht aus, erhält der Rechtsanwalt auch nur die tatsächlich einziehbaren Beträge ausgezahlt. Falls dann noch Beträge offen sein sollten, könnte der Rechtsanwalt allenfalls nach § 126 ZPO (→ Rn. 654, 655) vorgehen, was aber nur

673

---
196 PfälzOLG v. 21.6.2013 – 2 WF 266/12 – Rpfleger 2013, 625; v. 8.7.1998 – 2 WF 21/98 – Rpfleger 1998, 434 = JurBüro 1998, 591.

möglich ist, wenn der Mandant einen Kostenerstattungsanspruch gegen den Gegner hat.

Beispiel:

Ermittlung der weiteren Vergütung und Verrechnung der Raten
Fortführung des obigen Beispiels (Rn. 672). Da der Mandant auch die Gerichtskosten zu tragen hat, hat der UdG gem. § 50 Abs. 1 S. 1 RVG die gezahlten Raten in folgender Reihenfolge zu verrechnen: Gerichtskosten i. H. v. 801,00 € (3,0 Verfahrensgebühr KV 1220 FamGKG), gesetzliche VKH- Vergütung i. H. v. 978,78 € und schließlich die weitere Vergütung des Rechtsanwalts i. H. v. 841,92 €.

Insgesamt hat der VKH-Berechtigte höchstens 48 Raten à 45,00 € zu zahlen, das ergibt einen Betrag von 2.160,00 €.

Höchstbetrag – 48 Raten	2.160,00 €
Abzüglich Gerichtskosten	801,00 €
Abzüglich VKH-Vergütung	978,78 €
Restbetrag für weitere Vergütung	380,22 €

Damit ist klargestellt, dass der RA nicht die volle Differenz aus der Staatskasse erhalten kann.

Derzeit sind 12 Raten à 45,00 € gezahlt = 540,00 €.

Bei der Verrechnung der Raten in der Reihenfolge gem. § 50 RVG ist dann wie folgt zu verfahren:

Bisherige Ratenzahlung (12 Raten)	540,00 €
Abzüglich Gerichtskosten	801,00 €
Noch offener Restbetrag an Gerichtskosten	261,00 €
Zuzüglich VKH-Vergütung	978,78 €
Ergibt insoweit noch einen Restbetrag von	1.239,78 €
Zu tilgen mit weiteren 27 Raten à 45,00 € sowie einer Restrate	1.215,00 € 24,78 €

Damit sind dann 39 Raten zuzüglich 24,78 € berücksichtigt. Die noch offenen 8 Raten ergeben einen Betrag von 360,00 € und die Differenz zwischen 45,00 € und 24,78 € beträgt 20,22 €, sodass der RA die oben ermittelte Summe von 380,22 € als weitere Vergütung aus der Staatskasse erhalten könnte.

VI. Höhe der aus der Staatskasse zu zahlenden Gebühren

1. Verfahrensgebühr

Ab einem Gegenstandswert von über **4.000,00 €** gilt für die Bemessung der Wertgebühren die Tabelle zu § 49 RVG, deren Beträge teilweise erheblich geringer sind als die der Tabelle zu § 13 RVG, da ab einem Gegenstandswert von über 30.000,00 € eine 1,0 Gebühr schließlich immer 447,00 € beträgt. Nur zum Vergleich: Eine 1,0 Gebühr derselben Wertstufe der Tabelle zu § 13 RVG beträgt 938,00 €. Die so gebildete Gebühr kann jedoch überschritten werden, wenn die Voraussetzungen für eine Erhöhung der **Verfahrensgebühr** nach § 7 Abs. 1 RVG, VV 1008 RVG erfüllt sind. Vertritt der Rechtsanwalt mehrere Auftraggeber wegen desselben Gegenstands in derselben Angelegenheit, dann erhöht sich die Verfahrensgebühr um 0,3 je weiterem Auftraggeber, mehrere **Erhöhungen** dürfen einen Gebührensatz von 2,0 nicht überschreiten.

Beispiel:
Beigeordneter Rechtsanwalt vertritt vier Auftraggeber wegen einer Forderung von 40.000,00 €. Die Voraussetzungen für die Erhöhung sind erfüllt, d. h. die 1,3 Verfahrensgebühr nach VV 3100 wird um 0,9 erhöht auf 2,2. Sie beträgt dann 983,40 €.

Eine **Gesetzeslücke** ist jedoch vorhanden, wenn es sich **nicht um denselben Gegenstand** handelt und somit eine Erhöhung nach VV 1008 RVG nicht infrage kommt. Normalerweise erhält der Rechtsanwalt in einem solchen Fall einen Ausgleich darüber, dass die unterschiedlichen Gegenstände zusammengerechnet werden, § 22 Abs. 1 RVG. Wegen der Begrenzung der Tabelle zu § 49 RVG tritt dieser Ausgleich für den beigeordneten Rechtsanwalt aber u.U. nicht ein. Diese Lücke hat der BGH[197] wegen des Grundsatzes der Gleichbehandlung durch entsprechende Anwendung der Regelung hinsichtlich des Mehrvertretungszuschlags geschlossen.

675

Beispiel:
Beigeordneter Rechtsanwalt vertritt zwei Auftraggeber in demselben Rechtsstreit, den ersten wegen einer Forderung von 31.000,00 €, den zweiten wegen 40.000,00 €. Es liegt keine Gegenstandsgleichheit vor, sodass eine Zusammenrechnung vorzunehmen wäre, die aber an der Höchstgrenze der Tabelle zu § 49 RVG scheitert. Für diesen Fall soll dann VV 1008 RVG entsprechend angewandt werden, wonach eine Erhöhung der 1,3 Verfahrensgebühr um 0,3 aus dem Höchstwert von 30.000,00 € vorzunehmen ist.

Liegt nur einer der Werte über 30.000,00 €, dann ist die Erhöhung aus der Addition der Werte vorzunehmen, die den Betrag von 30.000,00 € übersteigen.

Beispiel:
Beigeordneter Rechtsanwalt vertritt drei Auftraggeber in demselben Rechtsstreit, den ersten wegen einer Forderung von 31.000,00 €, den zweiten wegen 5.000,00

---

197 BGH v. 11.6.1981 – VI ZR 27/78 – NJW 1981, 2757 (allerdings für den wortgleichen § 6 Abs. 1 S. 2 BRAGO).

und den dritten wegen 10.000,00 €. Es liegt keine Gegenstandsgleichheit vor. Es fällt eine 1,3 Verfahrensgebühr aus 30.000,00 € und eine 0,6 Erhöhung aus 16.000,00 €.

2. Anrechnung der Geschäftsgebühr

676 Das Problem der **Anrechnung der Geschäftsgebühr** (→ Rn. 496 ff.) stellt sich auch für den im Wege der Verfahrenshilfe beigeordneten Rechtsanwalt. Nach dem nun geänderten § 55 Abs. 5 RVG[198] hat der Antrag die Erklärung zu enthalten, ob und welche Zahlungen der Rechtsanwalt bis zum Tag der Antragstellung erhalten hat. Bei Zahlungen auf eine anzurechnende Gebühr sind diese Zahlungen, der Satz oder der Betrag der Gebühr und bei Wertgebühren auch der zugrunde gelegte Wert anzugeben. Zahlungen, die der Rechtsanwalt nach der Antragstellung erhalten hat, hat er unverzüglich anzuzeigen. Damit hat der Gesetzgeber auch in diesem Fall das Problem hinsichtlich der Anrechnung zu Recht entgegen der überwiegenden Meinung der Rechtsprechung geklärt, denn die **allgemeinen Vorschriften zur Anrechnung** gelten auch für die Vergütung des Rechtsanwalts, der im Wege der Prozess- bzw. Verfahrenskostenhilfe beigeordnet ist. Die nun geforderten ausführlichen Angaben über Zahlungen, Satz und Höhe der Gebühr geben dem UdG die Möglichkeit zu ermitteln, in welchem Umfang die Zahlungen nach § 58 Abs. 1 und 2 RVG auf die anzurechnende Gebühr als Zahlung auf die festzusetzende Gebühr zu behandeln sind.[199]

677 Ein großer Teil der Rechtsprechung hatte nämlich auch im Falle der Prozess- bzw. Verfahrenskostenhilfe ganz einfach formelhaft die verfehlte Rechtsprechung des BGH[200] zur Anrechnung der Geschäftsgebühr übernommen. So wurde vorherrschend ohne weitere Begründung die Anrechnung durch die Staatskasse zulasten des Rechtsanwalts befürwortet,[201] auch wenn nicht klar war, dass überhaupt eine solche entstanden war; sie nicht abgerechnet wurde oder wegen der mangelnden Leistungsfähigkeit nicht realisiert werden konnte. Nur einige wenige Gerichte waren der Auffassung, sie sei nur zu berücksichtigen, wenn der Mandant dem Rechtsanwalt die Geschäftsgebühr gezahlt habe[202] oder sie sei gar nicht zu berücksichtigen.[203]

---

198 Art. 7 Abs. 4) Nr. 6 des Gesetzes zur Modernisierung von Verfahren im anwaltlichen und notariellen Berufsrecht, zur Errichtung einer Schlichtungsstelle der Rechtsanwaltschaft sowie zur Änderung sonstiger Vorschriften vom 30.7.2009 (BGBl. I S. 2449).
199 So die Begründung des Rechtsausschusses BT-Drs. 16/12717 S. 68/69.
200 Dem Leitsatz des Beschl. v. 22.1.2008 – VIII ZB 57/07 – NJW 2008, 1323 = AGS 2008, 158 folgend.
201 Bis sich die Gebühren in Luft auflösen, wie *Schons* in seiner Besprechung zu OLG Düsseldorf AGS 2009, 120 zu Recht feststellt.
202 OLG Stuttgart v. 15.1.2008 – 8 WF 5/08 – RVGreport 2008, 106 (*Hansens*) = FamRZ 2008, 1013; VG Berlin v. 23.1.2008 – 35 KE 39.07, 20X 119.05 – RVGreport 2008, 220.
203 OLG Frankfurt v. 6.3.2012 – 1 WF 58/12 – juris; OLG Frankfurt v. 27.4.2006 – 6 WF 32/06 – JurBüro 2007, 149.

Damit ist klargestellt, dass **keine Anrechnung** zu erfolgen hat, wenn 678
der Rechtsanwalt gar **keine Geschäftsgebühr** erhalten hat, denn für die
Geschäftsgebühr besteht hinsichtlich des beigeordneten Rechtsanwalts
kein Vergütungsanspruch gegen die Staatskasse und deshalb kann sein
Anspruch gegen die Staatskasse auch nicht gekürzt werden;[204] zudem sind
nach neuem Recht **nur erhaltene Zahlungen** anzugeben.

Hat er jedoch vom Mandanten zuvor die **Geschäftsgebühr erhalten**, 679
dann hat eine Anrechnung zu erfolgen, wenn dieselbe Angelegenheit betroffen ist, denn der beigeordnete Rechtsanwalt soll nicht besser gestellt werden
als der Wahlanwalt.[205] Allerdings hat die Anrechnung auch so zu erfolgen,
wie es die gesetzliche Anrechnungsvorschrift des § 15a Abs. 1 RVG (→
Rn. 496) vorsieht, denn danach kann der Rechtsanwalt grundsätzlich beide
Gebühren fordern, jedoch nicht mehr als den um den Anrechnungsbetrag
verminderten Gesamtbetrag der beiden Gebühren. Bei Gebühren bis zu
einem Gegenstandswert von 4.000,00 € ist das nicht problematisch, erfolgt
die Anrechnung doch genauso wie üblich sofern derselbe Gegenstand betroffen ist (→ Rn. 498). Ab einem Gegenstandswert von **über** 4.000,00 €
sind jedoch die Gebühren aus der Staatskasse niedriger als die Gebühren
des Wahlanwalts → Rn. 659 ff., was dazu führen kann, dass von der Verfahrensgebühr des beigeordneten Rechtsanwalts nichts mehr übrig bleibt,
wie folgende **Rechnung** verdeutlichen soll.

Beispiel:

Rechtsanwaltsvergütung für die außergerichtliche Vertretung
Gegenstandswert: 25.000,00 €

1,3 Geschäftsgebühr, §§ 2, 13 VV 2300 RVG	1.024,40 €
Auslagenpauschale VV 7002 RVG	20,00 €
Insgesamt	1.044,40 €
19% Umsatzsteuer VV 7008 RVG	198,44 €
Vergütung	1.242,84 €

Die anzurechnende 0,65 Geschäftsgebühr ergibt einen Betrag von **512,20 €**.

---

204 OLG Celle v. 7.11.2013 – 2 W 235/13 – juris; OLG Frankfurt v. 20.3.2012 – 4 WF
204/11 – FamRZ 2013, 323; *Jungbauer* in Bischof/Jungbauer, RVG § 15a Rn. 49, 50;
Zimmermann, PKH, Rn. 600.
205 OLG Celle a. a. O.

VKH-Vergütung des beigeordneten Rechtsanwalts aus der Staatskasse
Gegenstandswert: 25.000,00 €

1,3 Verfahrensgebühr, §§ 2, 49 VV 3100 RVG	490,10 €
Abzüglich 0,65 Geschäftsgebühr VV 2300 RVG	512,20 €
= restliche Verfahrensgebühr	**0,00 €**
1,2 Terminsgebühr, §§ 2, 49 VV 3104 RVG	452,40 €
Auslagenpauschale VV 7002 RVG	20,00 €
Insgesamt	472,40 €
19 % Umsatzsteuer VV 7008 RVG	89,76 €
Vergütung	562,16 €

680 Deshalb wurde schon vor der Gesetzesänderung in einem solchen Fall überwiegend die Auffassung vertreten, diese Zahlung wie einen Vorschuss des Mandanten zu behandeln, der nach § 58 Abs. 2 RVG zunächst auf die Differenz zwischen Regel- und VKH-Vergütung zu verrechnen ist.[206] Da die Gesetzesbegründung zu § 55 Abs. 5 RVG ausdrücklich auf § 58 Abs. 2 RVG Bezug nimmt (→ Rn. 676), konnte auch in Zukunft nichts anderes gelten.[207] Zur Verdeutlichung:

Regelvergütung (Wahlanwaltsvergütung)

1,3 Verfahrensgebühr, §§ 2, 13 VV 3100 RVG	Wert: 25.000,00 €	1.024,40 €
1,2 Terminsgebühr, §§ 2, 13 VV 3104 RVG	Wert: 25.000,00 €	945,60 €
Auslagenpauschale VV 7002 RVG		20,00 €
Insgesamt		1.990,00 €
19 % Umsatzsteuer VV 7008 RVG		378,10 €
Vergütung		2.368,10 €

VKH-Vergütung des beigeordneten Rechtsanwalts aus der Staatskasse

1,3 Verfahrensgebühr, §§ 2, 49 VV 3100 RVG	Wert: 25.000,00 €	490,10 €
1,2 Terminsgebühr, §§ 2, 49 VV 3104 RVG		452,40 €
Auslagenpauschale VV 7002 RVG		20,00 €
Insgesamt		962,50 €
19 % Umsatzsteuer VV 7008 RVG		182,88 €
Vergütung		1.145,38 €

---

206 KG v. 13.1.2009 – 1 W 496/00, NJOZ 2009, 1255 = AGS 2009, 168 m. Anm. *Schneider*; siehe Nachweise bei *Jungbauer* in Bischof, RVG, 3. Auflage 2009, VV 2300 Rn. 198.
207 OLG Braunschweig v. 22.3.2011 – 2 W 18/11 – FamRZ 2011, 1683; PfälzOLG v. 11.5.2010 – 2 WF 33/10 – FamRZ 2011, 138; OLG München v. 10.12.2009 – 11 W 2649/09 – Rpfleger 2010, 273 = FamRZ 2010, 63; KG v. 13.1.2009 – 1 W 496/08 – KGR Berlin 2009, 268–269 = JurBüro 2009, 187.

Die Differenz zwischen den beiden Vergütungen beträgt 1.222,72 € und auf diesen Betrag ist die anzurechnende Geschäftsgebühr von 512,20 € zu verrechnen, sodass der Rechtsanwalt aus der Landeskasse die volle VKH-Vergütung erhält.

Allerdings ergibt sich hierbei das Problem, dass eine Anrechnung eigentlich ja nur zwischen der Geschäfts- und der Verfahrensgebühr erfolgen darf, während die Differenzvergütung auch aus der Differenz zwischen anderen Gebühren entsteht. Diese Systemwidrigkeit ist jedoch hinzunehmen, da die Geschäftsgebühr nur angerechnet wird, wenn sie gezahlt worden ist und diese dann wie eine Vorschusszahlung zu verrechnen ist. 681

3. Einigungsgebühr und Terminsgebühr

Besonderheiten sind hinsichtlich der **Einigungsgebühr** vorhanden, denn in Ehesachen und entsprechenden Lebenspartnerschaftssachen kann eine solche Gebühr nicht entstehen, da diese Verfahren nicht zur Disposition der Partner stehen. Hier bietet die Aussöhnungsgebühr eine teilweise Abhilfe. In anderen Familiensachen kann jedoch bei Abschluss eines entsprechenden Vertrages eine Einigungsgebühr entstehen. Siehe hierzu → Rn. 509 ff., 526 ff. 682

Im Falle der Verfahrenskostenhilfe gilt es die **Anmerkung zu VV 1003 RVG** zu beachten, wonach schon dann nur eine 1,0 Einigungsgebühr entsteht, wenn ein Verfahren über die Prozess- bzw. Verfahrenskostenhilfe anhängig ist. **Anhängigkeit** bedeutet, dass der Gegenstand durch Klage- oder sonstigen Antrag zur gerichtlichen Entscheidung gestellt sein muss.[208] Hinsichtlich der Art des gerichtlichen Verfahrens macht das Gesetz grundsätzlich keine Einschränkungen, nur das gerichtliche selbstständige Beweisverfahren ist ausgeschlossen, d. h. in einem solchen Fall bleibt es bei der 1,5 Einigungsgebühr. Das Prozess- bzw. Verfahrenskostenhilfeverfahren ist sogar ausdrücklich erwähnt, sodass klargestellt ist, dass in diesem Fall nur eine 1,0 Einigungsgebühr entsteht. 683

Ausnahmen hiervon sieht das Gesetz jedoch vor, soweit lediglich Verfahrenskostenhilfe für die gerichtliche Protokollierung des Vergleichs beantragt wird oder sich die Beiordnung auf den Abschluss eines Vertrags im Sinne der Nr. 1000 erstreckt, § 48 Abs. 3 RVG. Im **ersten Fall,** d. h. bei Bewilligung lediglich für die **gerichtliche Protokollierung** eines **Vergleichs** entsteht eine 1,5 Einigungsgebühr nach VV 1000 RVG nur, wenn VKH für einen Vergleich bewilligt wird, ohne dass die zu vergleichende Hauptsache oder ein entsprechendes Verfahrenskostenhilfeverfahren über 684

---
208 Gerold/Schmidt/*Müller-Rabe*, VV 1003 Rn. 12.

den Gegenstand anhängig ist.[209] Dieses trifft auch zu, wenn ein Hauptsacheverfahren anhängig ist und der Vergleich nicht anhängige Ansprüche erfasst und nur insoweit VKH für die Protokollierung beantragt wird.

Beispiel:
Beigeordneter Rechtsanwalt vertritt seine Mandantin in einer Abstammungssache. Unter gleichzeitiger Bewilligung von VKH wird ein gerichtlicher Vergleich protokolliert, in dem sich der Gegner zur Leistung von Unterhalt verpflichtet. Die Einigungsgebühr beträgt 1,5 und nicht 1,0.[210]

685 Die **zweite Ausnahme** behandelt die Folgen der **gesetzlichen Erstreckung** gem. § 48 Abs. 3 RVG (→ Rn. 658). Ist für eine **Scheidungsvereinbarung**, die den gegenseitigen Ehegattenunterhalt, Kindesunterhalt, die Sorge für die Person der gemeinschaftlichen minderjährigen Kinder, die Regelung des Umgangs mit einem Kind, die Rechtsverhältnisse an der Ehewohnung und dem Hausrat und die Ansprüche aus dem ehelichen Güterrecht betrifft, **kein Hauptverfahren** und auch kein Verfahrenskostenhilfebewilligungsverfahren anhängig, beträgt die Gebühr ebenfalls 1,5.

Beispiel:
Beigeordneter Rechtsanwalt vertritt seine Mandantin in einer Scheidungssache. Für das Eheverfahren und das Versorgungsausgleichsverfahren ist VKH bewilligt. Im Termin wird ein Vergleich über Ehegattenunterhalt geschlossen. Die Beiordnung erstreckt sich kraft Gesetzes auf den Abschluss des Vergleichs, die Einigungsgebühr beträgt jedoch 1,5.[211]

686 Neben der Einigungsgebühr entsteht dem Rechtsanwalt in diesem Fall auch eine **Terminsgebühr**. Für die anhängigen Ansprüche entsteht diese durch die Wahrnehmung des Termins, Vorbem. 3 Abs. 3 VV RVG. Für die **nicht anhängigen Ansprüche** kann dieses jedoch nicht gelten, denn die reine Protokollierung reicht für den Anfall der Terminsgebühr nicht aus (siehe insoweit → Rn. 528). Es kommt nur die Möglichkeit des Anfalls für eine auf die Vermeidung eines gerichtlichen Verfahrens gerichteten Besprechung infrage (siehe → Rn. 529), sodass eine Terminsgebühr aus dem zusammengerechneten Wert entsteht.

In diesem Zusammenhang entsteht dem Rechtsanwalt dann aber aus dem Wert der nicht anhängigen Ansprüche auch noch die **Differenzverfahrensgebühr** nach VV 3101 Nr. 2 RVG (siehe → Rn. 525) unter Berücksichtigung von § 15 Abs. 3 RVG.

---

209 Gerold/Schmid/*Müller-Rabe*, VV 1003 Rn. 44; Zimmermann, PKH, Rn. 503.
210 *Zimmermann*, PKH, Rn. 503 m.N. zu beiden Auffassungen.
211 Gerold/Schmidt/*Müller-Rabe*, VV 1003 Rn. 42; Zimmermann, PKH, Rn. 503 (auch mit Nachweisen zur Gegenmeinung).

Ein **strittiges Problem** wurde im Zuge des 2. KostRMoG durch die 687
Neufassung des § 48 Abs. 3 S. 1 RVG gelöst,[212] denn die gesetzlich vorgesehene Erstreckung der Beiordnung in einer Ehesache stellte in der bisherigen Formulierung nicht klar, ob nur die Einigungsgebühr aus der Staatskasse zu erstatten ist, oder ob alle durch die Einigung und den Abschluss des Vertrags entstehenden Gebühren, also auch die Differenzverfahrens- und die höhere Terminsgebühr aus der Staatskasse zu erstatten sind. Die nun gewählte Formulierung, dass sich dieses „**auf alle mit der Herbeiführung der Einigung erforderlichen Tätigkeiten**" erstreckt, macht deutlich, dass die oben genannten Gebühren alle aus der Staatskasse zu zahlen sind.[213]

VII. Gesetzlicher Forderungsübergang

Erhält der beigeordnete Rechtsanwalt seine Vergütung aus der Staatskasse, dann gehen Ansprüche, die er wegen seiner Vergütung auch gegen bestimmte Dritte hat, insoweit auf die Staatskasse über, § 59 Abs. 1 RVG. Der Rechtsanwalt könnte einen Anspruch gegen den unterlegenen Gegner gem. § 126 ZPO haben oder auch gegen die eigene Mandantschaft, wenn die Bewilligung nachträglich widerrufen wird, § 124 ZPO. 688

Die Vorschrift hat den Zweck, einen Ausgleichsanspruch des Staates für aufgewendete Sozialleistungen durch Inanspruchnahme eines Dritten, der u.U. ersatzpflichtig ist, zu gewähren. Die Staatskasse erhält insoweit eine Art Rückgriffsanspruch gegen den Dritten.[214] Gegenstand dieses Anspruchs ist der Anspruch des Rechtsanwalts gegen den Mandanten oder im Falle des § 126 ZPO auch gegen den erstattungspflichtigen Gegner.

Mit der Befriedigung des Rechtsanwalts aus der Staatskasse gehen die 689
dem Rechtsanwalt zustehenden Ansprüche gegen die eigene Mandantschaft oder den Gegner kraft Gesetzes auf die Staatskasse über, d.h. erst mit Zahlung und nicht schon mit der Anweisung.[215] Zum Nachteil des Rechtsanwalts darf der Übergang nicht geltend gemacht werden, § 59 Abs. 1 S. 2 RVG, d.h. deckt der Betrag aus der Staatskasse nicht alle Ansprüche des Rechtsanwalts, darf dieser zunächst die weiteren Möglichkeiten (z.B. nach § 126 ZPO) ausschöpfen.

---

212 Art. 8 Nr. 25 b) des 2. KostRMoG.
213 OLG Celle v. 8.5.2014 – 15 UF 166/13 – FamRZ 2014, 1878; *Klüsener* in Bischof/Jungbauer, RVG, § 48 Rn. 35; Gerold/Schmidt/*Müller-Rabe*, RVG, § 48 Rn. 8.
214 *Bräuer* in Bischof/Jungbauer, RVG, § 59 Rn. 1; Gerold/Schmidt/*Müller-Rabe*, RVG, § 59 Rn. 1.
215 *Bräuer* in Bischof/Jungbauer, RVG, § 59 Rn. 4.

1. Anspruch gegen den Mandanten

690 Dieser Anspruch besteht in Höhe der Regelvergütung (Wahlanwaltsvergütung) des Rechtsanwalts, die dieser aber nicht geltend machen darf, solange die Verfahrenskostenhilfe bewilligt ist, § 122 Abs. 1 Nr. 3 ZPO. Auch die Staatskasse kann diesen Anspruch nur geltend machen, wenn die Verfahrenskostenhilfebewilligung aufgehoben ist, § 124 ZPO oder im Rahmen der durch das Gericht festgelegten Ratenzahlungen.

2. Anspruch gegen den Gegner

691 Hierbei handelt es sich um den **Kostenerstattungsanspruch**, den der Beteiligte erhält, wenn er im Rechtsstreit voll oder auch teilweise obsiegt, denn dann hat der unterlegene Gegner die notwendigen Kosten des Rechtsstreits ganz oder teilweise zu erstatten, §§ 91 ff. ZPO. Bezüglich des Kostenerstattungsanspruchs seines Mandanten gegen den Verfahrensgegner hat der Rechtsanwalt ein eigenes Beitreibungsrecht aus § 126 ZPO, d. h. er kann im eigenen Namen diesen Anspruch im Kostenfestsetzungsverfahren gegen den Gegner geltend machen (siehe → Rn. 654, 655). Der Übergang auf die Staatskasse ist jedoch nur möglich, wenn der Rechtsanwalt diesen Anspruch auch selbst geltend macht, denn die Staatskasse kann nicht aus eigenem Recht diesen Anspruch beitreiben.

Beispiel:

Gesetzlicher Forderungsübergang

Antragsteller macht einen Unterhaltsrückstand von 8.000,00 € gegen den Antragsgegner geltend. Beide Beteiligte sind anwaltlich vertreten. Der Antragsteller hat ratenfreie VKH unter BeiO seines RA erhalten.

Antragsteller obsiegt nach durchgeführter mündlicher Verhandlung. Die Kosten des Verfahrens hat der Antragsgegner zu tragen.

Der beigeordnete RA macht folgende Vergütung gegen die Staatskasse geltend:

Gegenstandswert: 8.000,00 €

1,3 Verfahrensgebühr, §§ 2, 49 VV 3100 RVG	373,10 €
1,2 Terminsgebühr, §§ 2, 49 VV 3104 RVG	344,40 €
Auslagenpauschale VV 7002 RVG	20,00 €
Insgesamt	737,50 €
19% Umsatzsteuer VV 7008 RVG	140,13 €
Vergütung	877,63 €

Die Staatskasse zahlt an ihn die VKH-Vergütung in Höhe von 877,63 €. Insoweit geht der Anspruch auf die Staatskasse gem. § 59 RVG über.

Im Wege der Kostenfestsetzung nach § 126 ZPO macht der RA gegen den unterlegenen Gegner die Regelvergütung (Wahlanwaltsvergütung) geltend.

Gegenstandswert: 8.000,00 €

1,3 Verfahrensgebühr, §§ 2, 13 VV 3100 RVG	592,80 €
1,2 Terminsgebühr, §§ 2, 13 VV 3104 RVG	547,20 €
Auslagenpauschale VV 7002 RVG	20,00 €
Insgesamt	1.160,00 €
19 % Umsatzsteuer VV 7008 RVG	220,40 €
Vergütung	1.380,40 €

Im Kostenfestsetzungsbeschluss nach § 126 ZPO (wie auch nach §§ 103, 104 ZPO) müsste nun eigentlich der Erstattungsanspruch in Höhe von 1.380,40 € festgesetzt werden. Dann würde der RA jedoch eine höhere Summe erhalten als der Wahlanwalt, da er ja schon die VKH-Vergütung erhalten hat.

Der Kostenfestsetzungsbeschluss zugunsten des RA darf deshalb nur den Betrag von 502,77 € ausweisen, nämlich die Differenz zwischen der Regelvergütung von 1.380,40 € und der VKH-Vergütung von 877,63 €.

Die Feststellung des Forderungsübergangs erfolgt dann für den Teil des Anspruchs, der die Wahlanwaltsvergütung übersteigt, das ist hier der Betrag in Höhe der VKH-Vergütung von 877,63 €. Dieser Betrag würde nun von der Staatskasse wie eine normale Kostenforderung mittels einer Gerichtskostenrechnung vom unterlegenen Gegner eingefordert werden.

Berechnung bei gequotelter Kostenentscheidung

Sachverhalt wie zuvor, Antragsteller obsiegt jedoch nicht vollständig. Nach der Kostenentscheidung des Gerichts trägt der Antragsteller 1/5 und der Antragsgegner 4/5 der Kosten.

VKH-Vergütung und Regelvergütungen sind wie oben berechnet entstanden.

Ausgleichung:

Kosten Antragsteller (VKH)	1.380,40 €
Kosten Antragsgegner	1.380,40 €
Insgesamt	2.760,80 €
Davon trägt Antragsteller 1/5	552,16 €
die eigenen Kosten betragen	1.380,40 €
Erstattungsbetrag der VKH-Partei (Antragsteller)	828,24 €

Auch dieser Betrag kann nicht zugunsten des RA festgesetzt werden, da er dann einschließlich der VKH-Vergütung von 877,63 € insgesamt 1.705,87 € erhalten würde, während die Regelvergütung 1.380,40 € beträgt. Es bleibt bei 502,77 €, während ein Betrag von 325,47 € auf die Staatskasse übergeht.

VIII. Änderung oder Aufhebung der Bewilligung

692 Durch das Gesetz zur Änderung des Prozesskostenhilfe- und Beratungshilferechts[216] wurden die Vorschriften für die Änderung oder Aufhebung der Bewilligung teilweise neu geregelt bzw. neu gefasst.

Die Änderung der Bewilligung ist nun in einer eigenen Vorschrift geregelt, nämlich in § 120a ZPO. Von den ursprünglichen Änderungen des Entwurfs ist bei dieser Vorschrift am meisten übrig geblieben und konnte fast unverändert die Ausschüsse passieren. Die Änderung machte es notwendig, dass evtl. Verweisungen in anderen Normen korrigiert werden mussten (z. B. § 124 Abs. 1 Nr. 2 ZPO).

Die **Aufhebung** der Bewilligung ist wie zuvor in § 124 ZPO geregelt, allerdings wurde auch diese Vorschrift ergänzt und bestimmte Voraussetzungen klargestellt. Die **Folgen der Aufhebung** sind für den Beteiligten gravierend, denn sie lässt alle Vergünstigungen des § 122 ZPO entfallen (siehe → Rn. 648 ff.). Die Staatskasse kann sämtliche fälligen Beträge fordern und der Rechtsanwalt ist nicht mehr gehindert, seine Vergütung auch von dem Mandanten zu verlangen.

1. Änderung der Bewilligung

693 Nach § 120a Abs. 1 ZPO soll die Entscheidung über die zu **leistenden Zahlungen geändert** werden, wenn sich die für die PKH/VKH maßgebenden persönlichen oder wirtschaftlichen **Verhältnisse wesentlich verändert** haben. Um zu verdeutlichen, dass dem Gericht bei Vorliegen der Voraussetzungen für eine Änderung in der Regel **kein Ermessensspielraum** eingeräumt ist, wurde die Vorschrift im Gegensatz zum bisherigen Recht (§ 120 Abs. 4 ZPO a. F.) nunmehr als Soll-Vorschrift ausgestaltet.[217] Außerdem wird klargestellt, dass das Gericht jederzeit und ohne Anlass eine Erklärung der Partei verlangen kann, § 120a Abs. 1 S. 3 ZPO.

Neu ist auch die Regelung in § 120a Abs. 2 ZPO, wonach die **Partei verpflichtet** ist, auch **wesentliche Verbesserungen** ihrer Einkommens- und Vermögensverhältnisse dem Gericht unverzüglich mitzuteilen. Da die PKH/VKH eine besondere Form der Sozialhilfe darstellt, kann hier nichts anderes gelten als im Sozialhilferecht. Bezieht die Partei ein laufendes monatliches Einkommen, ist eine **Einkommensverbesserung** nur **wesentlich**, wenn die Differenz zu dem bisher zu Grunde gelegten Bruttoeinkommen nicht nur einmalig **100,00 € übersteigt**. Durch die Einführung der Wertgrenze von über 100,00 € wird deutlich gemacht, was als wesentliche

---
216 Vom 31.8.2013 – BGBl. I S. 3533.
217 So die Gesetzesbegründung BT-Drs. 17/11472 S. 33.

Verbesserung anzusehen ist, sodass nicht jede kleine Änderung mitzuteilen ist. Die Grenze gilt auch, wenn sich das Einkommen ändert, weil abzugsfähige Belastungen entfallen. Auch dieses hat die Partei mitzuteilen.

§ 120a Abs. 3 ZPO stellt klar, dass auch das **durch den Prozess Erlangte** zur Prozessfinanzierung einzusetzen ist. Dieses soll das Gericht nach rechtskräftigem Abschluss des Verfahrens überprüfen, was vermutlich in der Regel nur aufseiten des Klägers infrage kommt. Wenn aufgrund eines rechtskräftigen Urteils oder eines Vergleichs größere Geldzahlungen an die Partei fließen, dann soll sie auch an den Prozesskosten beteiligt werden. Hierbei sind dann wieder die Freibeträge nach § 115 und das evtl. Schonvermögen nach § 115 Abs. 3 S. 2 ZPO zu berücksichtigen, sodass nicht alles verwendet werden muss.

694

Auch für die Erklärung über die Änderung auch bei der Überprüfung muss die Partei das **amtliche Formular** benutzen, § 120a Abs. 4 ZPO, was in der Vergangenheit nicht unstrittig war.[218]

2. Aufhebung der Bewilligung

Die **Aufhebung der Bewilligung** ist in § 124 ZPO geregelt. Nach dem bisherigen Wortlaut des Abs. 1 S. 1 der Norm „kann" das Gericht unter bestimmten Voraussetzungen die Bewilligung aufheben.[219] Die Rechtsprechung ist hinsichtlich der Bedeutung des Wortes „kann" nicht einig und deshalb hat der Gesetzgeber klarstellend die Vorschrift dergestalt abgeändert, dass das Wort „kann" durch das Wort „soll" ersetzt worden ist. Nach Auffassung des Gesetzgebers ist grundsätzlich bei Vorliegen der tatbestandlichen Voraussetzungen des § 124 ZPO **kein Ermessensspielraum** für das Gericht gegeben.[220] Durch die Veränderung als **Soll-Vorschrift** soll jedoch in besonders gelagerten Einzelfällen, bei denen eine Aufhebung zu unangemessenen Ergebnisses führen könnte, eine andere Entscheidung möglich sein.

695

Nach § 124 Nr. 1 ZPO **soll** die Bewilligung aufgehoben werden, wenn die Partei durch **unrichtige Darstellung des Streitverhältnisses** die für die Bewilligung maßgebenden Voraussetzungen vorgetäuscht hat. Diese Alternative betrifft die objektiven Bewilligungsvoraussetzungen und liegt vor, wenn z. B. falsche Tatsachen vorgetragen oder Tatsachen verschwiegen werden. Diese unrichtige Darstellung muss aber zumindest mit bedingtem Vorsatz vorgenommen worden sein, denn subjektiv ist Täuschungsvorsatz erforderlich.[221]

---

218 Siehe hierzu Zöller/*Philippi*, ZPO 27. Auflage 2009, § 120 Rn. 28a m. w. N.
219 § 124 ZPO geändert durch Art. 1 Nr. 9 PKH-ReformG.
220 Siehe insoweit die Begründung in BT-Drs. 17/11472 S. 34.
221 Zöller/*Geimer*, ZPO, § 124 Rn. 6; *Zimmermann*, PKH, Rn. 458.

696 Aufhebungsgrund soll jedoch auch sein, wenn die Partei absichtlich oder aus grober Nachlässigkeit **unrichtige Angaben** über die **persönlichen oder wirtschaftlichen** Verhältnisse gemacht oder wenn die Partei bei einer Erklärung, die auf Verlangen des Gerichts erfolgt, diese nicht oder ungenügend abgibt, § 124 Abs. 1 Nr. 2 ZPO.

Die subjektiven Bewilligungsvoraussetzungen werden anhand der Angaben im Vordruck nach § 117 Abs. 3, 4 ZPO geprüft. Stellt sich heraus, dass hier absichtlich oder aus grober Nachlässigkeit unrichtige Angaben gemacht worden sind, z. B. verschwiegenes Vermögen, soll die Bewilligung widerrufen werden.

697 Das Gericht soll die Bewilligung der Verfahrenskostenhilfe auch aufheben, wenn die persönlichen und wirtschaftlichen **Voraussetzungen nicht vorgelegen haben,** § 124 Nr. 3 ZPO. In diesem Fall ist eine Aufhebung allerdings ausgeschlossen, wenn seit der rechtskräftigen Entscheidung oder sonstigen Beendigung des Verfahrens vier Jahre vergangen sind. Im Unterschied zu Nr. 2 kommt hier in Betracht, dass das Gericht irriger Weise die Verfahrenskostenhilfe bewilligt hat, obwohl die Voraussetzungen nicht vorgelegen haben. Auf ein Verschulden der Partei kommt es hier nicht an.[222] Bei Konkurrenz von Nr. 2 und Nr. 3 gebührt Nr. 2 der Vorrang, da hier die Aufhebungssperre von 4 Jahren nicht gilt.[223]

Neu eingefügt ist die Regelung, wonach das Gericht die Bewilligung auch aufheben soll, wenn die Partei entgegen § 120a Abs. 2 S. 1 bis 3 dem Gericht **wesentliche Verbesserungen** ihrer Einkommens- und Vermögensverhältnisse oder Änderungen ihrer Anschrift absichtlich oder aus grober Nachlässigkeit unrichtig oder **nicht unverzüglich mitgeteilt hat,** § 124 Abs. 1 Nr. 4 ZPO.

698 Schließlich ist noch Aufhebungsgrund, wenn der Berechtigte länger als 3 Monate mit der Zahlung einer **Monatsrate** oder mit der Zahlung eines sonstigen Betrages in **Rückstand** ist, § 124 Nr. 4 ZPO. Auch in diesem Fall hat das Gericht zu entscheiden, ob die Bewilligung aufgehoben werden soll, wobei grundsätzlich kein Ermessensspielraum vorhanden ist (siehe → Rn. 695). Dem Grunde nach reicht das alleinige Vorhandensein von Rückständen nach der nun geltenden Regelung zur Aufhebung der Entscheidung. Allenfalls die Frage, ob ein Verschulden der Partei vorliegen muss, kann hier unter Umständen zu einem anderen Ergebnis führen. Zur bisherigen Rechtslage vertrat die h. M. die Auffassung, mit Rückstand sei auch schuldhafter Verzug gemeint.[224] Daraus folgt, dass die Bewilligung der Ver-

---

222 Zöller/Geimer, ZPO, § 124 Rn. 12.
223 Zöller/*Geimer*, ZPO, § 124 Rn. 14.
224 *Kalthoener/Büttner*, Prozesskostenhilfe und Beratungshilfe, 4. Auflage 2005, Rn. 849; Zimmermann, PKH, 3. Auflage 2007, Rn. 481 jew. m.div.N.; a.A. Zöller/*Philippi*, ZPO, 27. Auflage 2009, § 124 Rn. 19.

fahrenskostenhilfe nicht aufgehoben werden darf, wenn die Nichtzahlung der Raten nicht auf einem Verschulden des Bedürftigen beruht.[225] Es ist der Auffassung zu folgen, dass das Verschulden nicht zu prüfen ist, da nach dem Wortlaut der Norm lediglich der Rückstand ausreicht und nicht von Verzug die Rede ist.[226] Ist die VKH wegen Ratenzahlungspflichtverletzung einmal aufgehoben, kann sich der Beteiligte später nicht darauf berufen, dass er nun keine Raten mehr zahlen könne, da seine wirtschaftlichen Verhältnisse sich verschlechtert haben.[227]

IX. Teilweise Bewilligung

Eine teilweise Bewilligung von Verfahrenskostenhilfe kann dadurch zustande kommen, dass das Gericht bei Geltendmachung von mehreren Ansprüchen nur für einen Teil der Ansprüche die Verfahrenskostenhilfe bewilligt, weil für den Rest vielleicht die objektiven Voraussetzungen nicht vorliegen oder aber auch, weil bei einer Erweiterung des Antrags bzw. bei einem Widerantrag kein entsprechender Bewilligungsantrag gestellt wurde. 699

Beispiel:
Teilweise Verfahrenskostenhilfe mit Raten
Antrag wegen einer güterrechtlichen Forderung in Höhe von 13.000,00 €, Antragstellerin hat VKH mit Raten à 45,00 € unter Beiordnung ihres Rechtsanwalts erhalten. Sie zahlt ab Bewilligung die Raten. Später folgt eine Erweiterung des Antrags um 7.000,00 € auf 20.000,00 €. Ein Antrag auf Bewilligung von VKH wird nicht gestellt.

In diesem Fall ist ausschlaggebend, dass der **Rechtsanwalt** seine Vergütung aus der Staatskasse nur nach dem **Umfang der Beiordnung** erhält, § 48 Abs. 1 RVG. Vertritt er den Beteiligten auch hinsichtlich des Restanspruchs, hat er den Mandanten zu belehren, dass seine über die Beiordnung hinausgehende Tätigkeit von diesem zu vergüten ist. Die Vergütung berechnet sich richtigerweise in so einem Fall nach der Differenz zwischen der Regelvergütung (Wahlanwaltsvergütung) für den gesamten Auftrag und der Regelvergütung bezüglich des beigeordneten Teils.[228] 700

---

225 BGH v. 9.1.1997 – IX ZR 61/94 – Rpfleger 1997, 265.
226 Zöller/*Geimer*, ZPO, § 124 Rn. 18; a.A. BGH v. 9.1.1997 – IX ZR 61/94 – Rpfleger 1997, 265.
227 OLG Koblenz v. 21.7.2014 – 13 WF 669/14 – juris.
228 Gerold/Schmidt/*Müller-Rabe*, VV 3335 Rn. 69 ff.; *Zimmermann*, PKH, Rn. 581.

von König

Beispiel:
Fortführung des obigen Beispiels (Rn. 699). Nach Beendigung des Verfahrens beantragt der beigeordnete Rechtsanwalt Zahlung der Vergütung aus der Staatskasse. Außerdem stellt sich die Frage, welche Vergütung er von seiner Mandantin verlangen kann.

Gebühren und Auslagen nach dem RVG	Vergütung §§ 45, 49 RVG	Regelvergütung §§ 13, 50 RVG	Regelvergütung § 13 RVG	Differenz zw. Regelvergütung aus 13.000,00 € und 20.000,00 €
	Wert: 13.000,00 €		Wert: 20.000,00 €	
1,3 Verfahrensgebühr, § 2 Abs. 1, 2; VV 3100	417,30 €	785,20 €	964,40 €	179,40 €
1,2 Terminsgebühr, § 2 Abs. 1, 2; VV 3104	385,20 €	724,80 €	890,40 €	165,60 €
Auslagenpauschale VV 7002	20,00 €	20,00 €	20,00 €	---
Insgesamt	822,50 €	1.530,00 €	1.875,00 €	345,00 €
Umsatzsteuer VV 7008	156,28 €	290,70 €	356,25 €	65,55 €
Insgesamt	978,78 €	1.820,70 €	2.231,25 €	410,55 €
	Aus der Staatskasse zu zahlen	Diff. evtl. als weitere Vergütung auch aus der Staatskasse zu zahlen, da Beteiligte Raten zahlt		Differenzbetrag, den die Mandantin zahlen muss, da nicht von der VKH erfasst.

701 Nicht zu folgen ist der Auffassung, die von der Mandantin geschuldete Vergütung sei nach dem Wert zu berechnen für den VKH nicht bewilligt ist (hier 7.000,00 €) und dann aber unter Berücksichtigung der VKH-Vergütung (hier 978,78 €) ein Abgleich nach § 15 Abs. 3 RVG mit der Vergütung aus dem Gesamtwert (hier 20.000,00 €) vorzunehmen, da sie mit § 122 Abs. 1 Nr. 3 ZPO nicht vereinbar ist und die VKH-Berechtigte auch schlechter stellt, was nachfolgende Berechnung deutlich machen soll.

Folgende Berechnung wäre aufzustellen:

Es würden Gebühren und Auslagen für den von der VKH nicht erfassten Betrag entstehen.

Gebühren und Auslagen nach dem RVG	Regelvergütung aus 7.000,00 €
1,3 Verfahrensgebühr § 2 Abs. 1, 2; VV 3100	526,50 €
1,2 Terminsgebühr § 2 Abs. 1, 2; VV 3104	486,00 €
Auslagenpauschale VV 7002	20,00 €
Insgesamt	1.032,50 €
Umsatzsteuer VV 7008	196,18 €
Insgesamt	1.228,68 €

Im Beispielfall könnte der Rechtsanwalt danach von seiner Mandantin die oben berechneten 1.228,68 € verlangen, da insgesamt der Betrag von 2.231,25 € auch nicht überschritten wird, wenn er zusätzlich die Vergütung aus der Staatskasse i. H. v. 978,78 € verlangt. Hinsichtlich der weiteren Vergütung soll insoweit ein Wahlrecht des Rechtsanwalts bestehen. Diese Auffassung widerspricht aber gerade § 122 Abs. 1 Nr. 3 ZPO, da der Rechtsanwalt insoweit in den Bereich der Vergütung kommt, den er nicht geltend machen darf. 702

X. Kosten des Bewilligungsverfahrens

Das Bewilligungsverfahren ist **gerichtsgebührenfrei**, d. h. es fallen auf jeden Fall keine Gerichtsgebühren an. Lediglich für die Zustellung von Dokumenten könnten Zustellungsauslagen nach KV 2002 FamGKG anfallen. 703

Allerdings erhält der **Rechtsanwalt** unter Umständen eine Vergütung für seine Tätigkeit. Hierbei kommt es darauf an, ob die Hauptsache anhängig ist/wird oder nicht. Ist die **Hauptsache anhängig** oder wird diese später anhängig, dann sind das VKH-Verfahren und das Verfahren, für das die Verfahrenskostenhilfe beantragt ist, **dieselbe Angelegenheit**, § 16 Nr. 2 RVG; der Rechtsanwalt kann keine Extravergütung fordern. Ist das nicht der Fall, kann der Rechtsanwalt für seine Tätigkeit eine Vergütung nach Teil 3 Abschnitt 3 Unterabschnitt 6 des VV RVG fordern.

Die **Wertberechnung** erfolgt nach § 23a RVG,[229] wonach sich der Gegenstandswert grundsätzlich nach dem für die Hauptsache maßgebenden Wert berechnet; im Übrigen ist er nach dem Kosteninteresse nach billigem

---
229 Eingefügt durch Art. 8 Nr. 13 des 2. KostRMoG.

Ermessen zu bestimmen. Gemäß § 23a Abs. 2 RVG sind dieser Wert und der Wert für das Verfahren, für das die PKH/VKH beantragt worden ist, nicht zusammenzurechnen.

704 Wenn **keine Hauptsache anhängig** ist oder wird, erhält der Rechtsanwalt eine **Verfahrensgebühr** nach **VV 3335 RVG** in einem Verfahren über die Bewilligung, Änderung oder Aufhebung der Bewilligung. Die Höhe der Verfahrensgebühr ist abhängig von der Verfahrensgebühr für das Verfahren, für das die Verfahrenskostenhilfe beantragt wird, d.h. sie hat die gleiche Höhe, ist aber auf einen Gebührensatz von höchstens 1,0 begrenzt[230] und kann nun auch geringer sein als 1,0 (z. B. im Vollstreckungsverfahren 0,3 nach VV 3309). **Endet der Auftrag** bevor der Rechtsanwalt den das Verfahren einleitenden Antrag oder einen Schriftsatz, der Sachanträge, Sachvortrag oder die Zurücknahme des Antrags enthält, eingereicht hat oder bevor er für seine Partei einen gerichtlichen Termin wahrgenommen hat oder soweit lediglich beantragt ist, eine **Einigung der Parteien** zu Protokoll zu nehmen, so beträgt die Gebühr 0,5 nach VV 3337 RVG. Der Ermäßigungstatbestand wurde nicht angepasst, was zumindest bei geringeren Gebühren zu Diskrepanzen führen kann.

705 Für das **Verfahrenskostenhilfeverfahren** selbst kann **keine VKH** bewilligt werden (→ Rn. 613). Dieser Grundsatz gilt auch dann, wenn das Gericht die Beteiligten gem. § 118 Abs. 1 S. 3 ZPO (→ Rn. 631) zur mündlichen Erörterung lädt, um zu prüfen, ob aus Zweckmäßigkeitsgründen im VKH-Verfahren eine **gütliche Einigung** erfolgen kann. Kommt es zu einer solchen Einigung in der noch gar nicht anhängigen Hauptsache, kann einem Beteiligten (oder auch beiden) im Erörterungstermin für den **Vergleich selbst**, aber nicht für das gesamte VKH-Verfahren Verfahrenskostenhilfe bewilligt werden.[231] Der BGH begründet seine Auffassung damit, dass der Vergleich eine Entscheidung über die Hauptsache darstellt und damit der Grundsatz, dass für das Bewilligungsverfahren keine VKH zu bewilligen ist, nicht gesprengt wird. Folgt man der Auffassung des BGH, dann ist in einem solchen Fall auch nur die 1,0 **Einigungsgebühr** nach VV 1000, 1003 RVG aus der Staatskasse zu erstatten.[232] Dass es sich lediglich um eine 1,0 Einigungsgebühr handelt und nicht um eine 1,5 Einigungsgebühr, ergibt sich schon aus der Anmerkung zu VV 1003 RVG,

---

230 Nr. 3335 VV RVG geändert durch Art. 20 Nr. 7 l) des Zweiten Gesetzes zur Modernisierung der Justiz (2. Justizmodernisierungsgesetz) v. 22.12.2006 – BGBl. I S. 3416 mit Wirkung vom 31.12.2006.
231 BGH v. 8.6.2004 – VI ZB 49/03 – Rpfleger 2004, 637 = FamRZ 2004, 1708 mit Anm. *Krause* in FamRZ 2005, 862, a.A. *Groß*, BerH/PKH/VKH, § 114 ZPO Rn. 21; *Zimmermann*, PKH, Rn. 494 ff., welcher der Auffassung ist, dass für das gesamte Bewilligungsverfahren PKH zu bewilligen sei.
232 Gerold/Schmidt/*Müller-Rabe*, RVG, VV 3335 Rn. 31 ff.

wonach sich die Gebühr auch ermäßigt, wenn ein Prozesskostenhilfeverfahren anhängig ist, das den Gegenstand der Einigung betrifft. Nur wenn es sich um nicht erfasste, nirgendwo anhängige Ansprüche handelt, die in die Einigung mit einbezogen werden, erhält der Rechtsanwalt hierfür eine 1,5 Einigungsgebühr nach VV 1000 RVG. Die ebenfalls entstandene **Verfahrensgebühr** sowie eine evtl. entstandene **Terminsgebühr** sind **nicht** aus der **Staatskasse** zu zahlen.[233] Wurde für den Mehrvergleich ebenfalls VKH bewilligt, gilt das entsprechend, d. h. lediglich die Einigungsgebühr und nicht die Differenzverfahrensgebühr und die Terminsgebühr sind in diesem Fall aus der Staatskasse zu zahlen.

Hat das Gericht jedoch versehentlich Verfahrenskostenhilfe auch für das Bewilligungsverfahren bewilligt, kann diese Entscheidung wegen des Verschlechterungsverbotes auch nicht im Beschwerdeverfahren geändert werden.[234]

Bleibt zu überlegen, ob der Rechtsanwalt überhaupt eine **Terminsgebühr** erhalten kann. Im Verfahren über die Prozess- bzw. Verfahrenskostenhilfe bestimmt sich die Terminsgebühr nach den für dasjenige Verfahren geltenden Vorschriften, für das PKH/VKH beantragt wird, Vorbem. 3.3.6 VV RVG.[235] Das bedeutet, die Terminsgebühr kann nicht höher sein als die Terminsgebühr im Bezugsverfahren.[236]

706

Wenn im VKH-Bewilligungsverfahren ein **Erörterungstermin** (z. B. im Fall von § 118 Abs. 1 S. 3 ZPO) anberaumt wird, dann fällt auch eine Terminsgebühr an, denn nach Vorbem. 3 Abs. 3 RVG entsteht diese grundsätzlich für die Wahrnehmung von gerichtlichen Terminen und das wäre hier erfüllt. Hierfür braucht es auch nicht dem Umweg über VV 3104 Abs. 1 RVG, der wegen der fehlenden vorgeschriebenen Mündlichkeit außerdem nicht einschlägig ist – auch nicht bei schriftlichem Vergleich nach § 278 Abs. 6 ZPO.[237]

Nicht anders ist die Lage zu betrachten, wenn die beantragte Verfahrenskostenhilfe beispielsweise ohne Erörterungstermin schriftlich zurückgewiesen wird. In diesem Fall kann ebenfalls nicht VV 3104 Abs. 1 RVG angewandt werden, da es im VKH-Bewilligungsverfahren an der ausdrücklich vorgeschriebenen Mündlichkeit fehlt.

---

[233] BGH v. 8.6.2004 – VI ZB 49/03 – Rpfleger 2004, 637 = FamRZ 2004, 1708 mit Anm. *Krause* in FamRZ 2005, 862.
[234] BbgOLG v. 15.1.2013 – 3 WF 1/13 – juris m. w. N.
[235] Eingefügt durch Art. 8 Nr. 45 des 2. KostRMoG.
[236] Gerold/Schmidt/*Müller-Rabe*, VV 3335 Rn. 52.
[237] KG v. 3.7.2007 – 1 W 261/07 – KGR Berlin 2007, 1019 = RVGreport 2007, 458 m. zu Recht abl. Anm. *Hansens*.

Beispiel:

VKH für Einigung im Bewilligungsverfahren[238]

Im Bewilligungsverfahren wegen einer güterrechtlichen Forderung i. H. v. 10.500,00 € findet ein Erörterungstermin gem. § 118 Abs. 1 S. 3 ZPO statt. In die Einigung einbezogen wird auch eine Regelung über strittigen Hausrat. Der Wert wird hinsichtlich des Hausrats auf 5.000,00 € festgesetzt. Das Gericht bewilligt VKH unter Beiordnung des Rechtsanwalts nur für die Einigung und nicht für das Bewilligungsverfahren.

Der Rechtsanwalt kann folgende **Gebühren** nach der Tabelle zu § 49 RVG aus der **Staatskasse** verlangen:

Gegenstandswert:

10.500,00 € gem. § 23a RVG,

5.000,00 € gem. § 32 Abs. 1 RVG

1,0 Einigungsgebühr, §§ 2, 49; VV 1000, 1003 RVG	10.500,00 €	321,00 €
1,5 Einigungsgebühr, §§ 2, 49; VV 1000 RVG	5.000,00	385,50 €
Gemäß § 15 Abs. 3 RVG Einzelgebühren gekürzt auf	1,5 Gebühr aus 15.500,00 €	502,50 €

Von seinem **Mandanten** kann der Rechtsanwalt folgende **Gebühren** nach der Tabelle zu § 13 RVG verlangen, da keine VKH für das Bewilligungsverfahren vorgenommen wurde:

1,0 Verfahrensgebühr, §§ 2, 13; VV 3335 RVG	10.500,00 €	604,00 €
0,5 Verfahrensgebühr, §§ 2, 13; VV 3337 Nr. 2 RVG	5.000,00 €	151,50 €
Gemäß § 15 Abs. 3 RVG gekürzt auf	1,0 Gebühr aus 15.500,00 €	650,00 €
Gemäß § 15 Abs. 3 RVG Einzelgebühren gekürzt auf		385,50 €
Terminsgebühr, §§ 2, 13; VV 3104 RVG	15.500,00 €	780,00 €

XI. Rechtsmittel im Verfahrenskostenhilfeverfahren

707 Ein Beschluss, der im Verfahrenskostenhilfeverfahren ergeht, ist gem. § 76 Abs. 2 FamFG mit der sofortigen Beschwerde in entsprechender Anwendung der §§ 567 bis 572, 127 Abs. 2 bis 4 ZPO anfechtbar. Damit sind die Rechtsmittelvorschriften des FamFG (§§ 58 ff.) nicht einschlägig. In Ehe- und Familienstreitsachen gilt § 76 FamFG nicht, § 113 Abs. 1 S. 1 FamFG, d. h. hier gelten die ZPO-Vorschriften direkt.

---

[238] Weitere Beispiele siehe bei *Zimmermann*, PKH, Rn. 496 ff.

Die Verweisung auf § 567 ZPO bedeutet zunächst, dass lediglich die erstinstanzlichen Entscheidungen, aber nicht die der zweiten Instanz anfechtbar sind, § 567 Abs. 1 ZPO. Entscheidungen hinsichtlich der Verfahrenskostenhilfe in der Beschwerdeinstanz sind somit unanfechtbar.[239] Zu einer weiteren Beschränkung der Beschwerde führt die Verweisung auf § 127 Abs. 2 bis 4 ZPO, wonach die Beschwerde nur stattfindet, wenn der Streitwert der Hauptsache den in § 511 ZPO genannten Beschwerdewert von 600,00 € übersteigt, § 127 Abs. 2 S. 2 ZPO. Damit soll verhindert werden, dass Verfahrenskostenhilfeentscheidungen in eine Instanz gelangen, in welche die Hauptsache nicht gelangen kann.[240] Dieses gilt jedoch nicht, wenn das Gericht die Ablehnung ausschließlich auf das Fehlen der subjektiven Voraussetzungen stützt, § 127 Abs. 2 S. 2 ZPO.

Die Beschwerdefrist beträgt 1 Monat und beginnt mit der Bekanntgabe des Beschlusses, §§ 569 Abs. 1 S. 1, 127 Abs. 2 S. 3 ZPO. Das erkennende Gericht hat gem. § 572 Abs. 1 ZPO zunächst zu prüfen, ob die Beschwerde begründet ist und ihr dann ggf. abzuhelfen. Vor der Abhilfe ist rechtliches Gehör zu gewähren. Wird nicht oder nur teilweise abgeholfen, ist die Sache dem Beschwerdegericht vorzulegen.

Da § 76 Abs. 2 FamFG nicht auf die Vorschriften der Rechtsbeschwerde nach § 574 ZPO verweist, wird teilweise davon ausgegangen, dass diese auch nicht vorgesehen ist, hier soll dann die Gegenvorstellung möglich sein.[241] Nicht zu folgen ist der Auffassung, die Rechtsbeschwerde könne über § 70 Abs. 2 Nr. 1 und 2 FamFG zugelassen werden,[242] wenn eine Zulassung durch das Beschwerdegericht erfolgt, dann allenfalls über § 574 ZPO,[243] da sich auch die Modalitäten der Anfechtung von Entscheidungen in Verfahrenskostenhilfesachen nach der ZPO richten.[244] Ist die Rechtsbeschwerde zugelassen, dann kann sie nur wirksam durch einen beim BGH zugelassenen Rechtsanwalt eingelegt werden.[245]

Am Verfahren auf Bewilligung von Verfahrenskostenhilfe sind nur der Antragsteller und das Gericht beteiligt, aber nicht der Gegner oder die Staatskasse. Letztere darf nur überprüfen, ob zu Unrecht die Anordnung von Ratenzahlungen oder Zahlungen aus dem Vermögen unterblieben

---

239 Keidel/*Zimmermann*, FamFG, § 76 Rn. 53; MüKoFamFG/*Viefhues*, § 76 Rn. 137.
240 OLG Hamm v. 19.12.2014 – 14 WF 224/14 – juris; Keidel/*Zimmermann*, FamFG, § 76 Rn. 53; MüKoFamFG/*Viefhues*, § 76 Rn. 132.
241 *Vogel*, FPR 2009, 381.
242 So aber BGH v. 23.6.2010 – XII ZB 82/10 – NJW-RR 2010, 1297 = FamRZ 2010, 1425.
243 BGH v. 4.3.2010 – V ZB 222/09 – BGHZ 184, 323 = FGPrax 2010, 154.
244 BGH v. 4.3.2010 – V ZB 222/09 – BGHZ 184, 323 = FGPrax 2010,154; siehe auch Keidel/*Zimmermann*, FamFG, § 76 Rn. 60.
245 BGH v. 23.6.2010 – XII ZB 82/10 – NJW-RR 2010, 1297 = FamRZ 2010, 1425.

ist.²⁴⁶ Aus diesem Grund steht der Staatskasse auch nur das eingeschränkte Beschwerderecht gem. § 127 Abs. 3 ZPO zu, sie kann im Rahmen der Beschwerde nur verlangen, dass Zahlungen angeordnet werden sollen. Die Staatskasse wird durch den Bezirksrevisor vertreten, vor dem BGH ist dieser nur vertretungsberechtigt, wenn er die Befähigung zum Richteramt hat, § 10 Abs. 4 FamFG.

Die Beiordnung eines Rechtsanwalts kann allenfalls insoweit eingeschränkt werden, als dass der Bevollmächtigte zu den Bedingungen eines im Bezirk des Verfahrensgerichts ansässigen Rechtsanwalts beigeordnet wird, andernfalls hat der Rechtsanwalt ein eigenes Beschwerderecht.²⁴⁷

---

246 *Zimmermann*, PKH, Rn. 698; Zöller/*Geimer*, ZPO, § 127 Rn. 16.
247 OLG Celle v. 28.4.2011 – 10 WF 123/11 – FamRZ 2011, 1745; a.A. *Zimmermann*, PKH, Rn. 694.

C. Beratungshilfe

I. Voraussetzungen der Beratungshilfe

Auch das Beratungshilferecht hat grundlegende Änderungen erfahren.[248] Der ursprünglich schon im Jahre 2008 durch den Bundesrat eingebrachte Gesetzentwurf zur Änderung der Beratungshilfe[249] wurde 2012 unverändert in den Gesetzentwurf zur Änderung der Prozesskostenhilfe eingestellt.[250] Die wichtigsten Änderungen lassen sich wie folgt zusammenfassen:[251]

- Definition des Begriffes Mutwillen
- Klarstellung der Voraussetzungen
- Einführung der Beratungsperson
- Änderungen des Bewilligungsverfahrens
- Aufhebungsmöglichkeit von Amts wegen
- Neuregelung der Vergütung.

Die Änderungen sollen die Strukturschwächen des Bewilligungsverfahrens beseitigen, die Bewilligungsvoraussetzungen präzisieren, die Kosten der Beratungshilfe auf ein angemessenes Maß zurückführen und zugleich den Zugang zum Recht für den Bürger mit geringem Einkommen weiterhin gewährleisten.

Für die Wahrnehmung von Rechten **außerhalb** eines **gerichtlichen Verfahrens** wird auf Antrag Beratungshilfe gewährt, wenn der Rechtsuchende die erforderlichen Mittel nach seinen persönlichen und wirtschaftlichen Verhältnissen nicht aufbringen kann, nicht andere zumutbare Möglichkeiten für eine Hilfe zur Verfügung stehen und die Inanspruchnahme der Beratungshilfe nicht mutwillig erscheint, § 1 Abs. 1 BerHG. Was unter dem Begriff „**Wahrnehmung von Rechten**" zu verstehen ist, wird durch das Gesetz nicht erläutert. Literatur und Rechtsprechung sind der Auffassung, dass juristische Fragen und rechtlicher Beistand das Schwergewicht der Angelegenheit bilden müssen, darunter sind u.a. bloße Auskünfte, ein

---

248 Art. 2 des Gesetzes zur Änderung des Prozesskostenhilfe und Beratungshilferechts v. 31.8.2013 – BGBl. I S. 3533.
249 Siehe hierzu *Corcilius/Remmert*, Der Entwurf eines Gesetzes zur Änderung der Beratungshilfe, Rpfleger 2008, 613 sowie Rn. 711 bis 713 der Vorauflage.
250 Entwurf eines Gesetzes zur Änderung des Prozesskostenhilfe- und Beratungshilferechts v. 14.11.2012 – BT-Drs.17/11472.
251 Siehe auch *Groß*, BerH/PKH/VKH, Einl. BerHG Rn. 21 ff.

Rat oder sonstige Handlungen zu verstehen, die mit der Wahrnehmung von Rechten in Zusammenhang stehen.[252]

710 **Beratungshilfeberechtigt** ist derjenige, der nach seinen persönlichen und wirtschaftlichen Verhältnissen Prozess- bzw. Verfahrenskostenhilfe ohne Raten erhalten würde, § 1 Abs. 1 Nr. 1, Abs. 2 BerHG. Hierbei kann auf die unter → Rn. 613 ff. genannten Ausführungen Bezug genommen werden, denn wegen des eindeutigen Wortlauts der gesetzlichen Regelung kann in diesem Fall nichts anderes gelten.[253] Allerdings kommt es anders als bei der Prozesskostenhilfe nicht darauf an, dass die Rechtswahrnehmung Aussicht auf Erfolg hat.[254]

711 Beratungshilfe wird nicht gewährt, wenn **andere Möglichkeiten für eine Hilfe** zur Verfügung stehen, deren Inanspruchnahme dem Rechtsuchenden zuzumuten ist, § 1 Abs. 1 Nr. 2 BerHG. Andere Möglichkeiten können sein, die Beratungstätigkeit von Organisationen, Ansprüche auf Beratung im Bereich der öffentlichen Verwaltung aufgrund von Rechtsvorschriften sowie **kommunale Beratungsstellen**.[255] Beratungshilfe ist subsidiäre staatliche Unterstützung und darf nicht bewilligt werden, wenn die angestrebte Beratung auf einem anderen Weg kostenfrei erreichbar ist. Für Ansprüche auf **Kindesunterhalt** ist ein derartiger Weg eröffnet, weil für jeden Unterhaltsberechtigten Beratung durch das **Jugendamt** erfolgen kann;[256] es sei denn es handelt sich um eine komplexe familienrechtliche Angelegenheit in der der Unterhaltsanspruch nur einen Teilaspekt darstellt.[257] Im Rahmen einer Beistandschaft nach § 1712 Nr. 2 BGB kann das Jugendamt auch Unterhaltsansprüche des Kindes geltend machen.[258] Die Ablehnung der Beratungshilfe mit dem Verweis auf eine Behördenberatung verletzt den Antragsteller grundsätzlich nicht in seinen verfassungsmäßigen Rechten.[259]

Eine andere Möglichkeit ist z. B. auch das Bestehen einer **Rechtsschutzversicherung**, die den entsprechenden Beratungsgegenstand erfasst.[260] Das

---

252 *Groß*, BerH/PKH/VKH, § 1 BerHG Rn. 9, 10; siehe auch *Kammeier*, Rpfleger 1998, 501 ff. sowie *Lissner*, Rpfleger 2007, 448 ff.
253 *Groß*, BerH/PKH/VKH, § 1 BerHG Rn. 46, 47.
254 Siehe auch Gesetzesbegründung BT-Drs. 17/11472 S. 20.
255 *Groß*, BerH/PKH/VKH, § 1 BerHG Rn. 58 ff. auch mit div. Beispielen für die unterschiedlichsten Sachgebiete; siehe auch *Jungbauer* in Bischof/Jungbauer, Vorbem. 2.5 VV Rn. 19.
256 AG Halle v. 7.9.2012 – 103 II 20/12 – juris; AG Leverkusen v. 19.3.2012 – 16 II 80/12 BerH – juris; AG Vechta v. 18.10.2011 – 4 II 1355/11 – FamRZ 2012, 571.
257 AG Helmstedt v. 5.7.2010 – 9 II 315/09 – juris.
258 AG Leverkusen v. 26.2.2002 – 16 UR II 254/01 – FamRZ 2002, 1715.
259 BVerfG v. 27.6.2014 – 1 BvR 256/14 u.a. – juris; BVerfG v. 12.6.2007 – 1 BvR 1014/07 – FamRZ 2007, 1963.
260 *Groß*, BerH/PKH/VKH, § 1 BerHG Rn. 53.

soll aber auch der Fall sein, wenn die Mutter des antragstellenden Kindes Rechtsanwältin ist; sie hätte dann im Rahmen ihrer Unterhaltspflicht gemäß §§ 1601, 1612 Abs. 2 BGB die erforderliche Rechtsberatung als Naturalleistung gewähren.[261]

Beratungshilfe ist außerdem nicht zu gewähren, wenn die **Inanspruchnahme der Beratungshilfe mutwillig erscheint**, § 1 Abs. 1 Nr. 3 BerHG.[262] Der Ausschlussgrund der Mutwilligkeit im Beratungshilferecht ist dahingehend geändert worden, dass es nicht mehr auf die Mutwilligkeit der Rechtswahrnehmung, sondern auf die Mutwilligkeit der Inanspruchnahme der Beratungshilfe ankommt. Hierdurch soll verhindert werden, dass eine Beratungsperson auf Kosten der Staatskasse auch dort in Anspruch genommen wird, wo professioneller Rechtsrat nicht geboten erscheint.[263] Der Begriff des Mutwillens war nach bisherigem Recht nicht definiert, nun hat der Gesetzgeber dieses in § 1 Abs. 3 BerHG getan, was mehr Rechtssicherheit und -klarheit schaffen soll. Maßgebend ist danach ein Vergleich zwischen dem bedürftigen Rechtsuchenden und dem verständigen Selbstzahler. Soweit sich ein nicht unter die Beratungshilfe fallender Rechtsuchender in derselben Situation wie der Antragsteller durch eine Beratungsperson beraten oder vertreten lassen würde, soll dies auch dem bedürftigen Rechtsuchenden offenstehen. Hierbei sind die Kenntnisse und Fähigkeiten des Antragstellers sowie seine wirtschaftliche Lage zu berücksichtigen.[264]

712

Zusätzlich zur **Beratung** umfasst die Beratungshilfe auch die **Vertretung**, allerdings nur „soweit erforderlich". Nähere Ausführungen zum Kriterium der Erforderlichkeit waren bisher nicht gesetzlich geregelt. Im Interesse größerer Rechtssicherheit und -klarheit hat der Gesetzgeber nun in § 2 Abs. 1 S. 2 BerHG einen **Maßstab** festgelegt, an dem die **Erforderlichkeit** gemessen werden soll. Danach ist eine **Vertretung erforderlich**, wenn der Rechtsuchende nach der Beratung angesichts des Umfangs, der Schwierigkeit oder der Bedeutung der Rechtsangelegenheit für ihn seine Rechte nicht selbst wahrnehmen kann. Abzustellen ist insbesondere auf die Schul- und sonstige Bildung und diese in Relation zur Komplexität der Angelegenheit zu setzen.[265]

713

---

261 AG Koblenz FamRZ 2005, 532; a.A. *Kalthoener/Büttner*, Rn. 934, mit der Begründung, dies sei abzulehnen, wenn die Beteiligten nicht in einer Wohnung leben.
262 Neu gefasst durch Art. 2 Nr. 1a des Ges. z. Änd. des Prozesskostenhilfe- und Beratungshilferechts.
263 Gesetzesbegründung BT-Drs. 17/11472 S. 36. Siehe auch zum bisherigen Recht bei *Schoreit/Groß*, Beratungshilfe, Prozesskostenhilfe, Verfahrenskostenhilfe, 10. Auflage, § 1 BerHG, Rn. 110
264 Gesetzesbegründung BT-Drs. 17/11472 S. 37.
265 Gesetzesbegründung BT-Drs. 17/11472 S. 37.

II. Beratungsfähige Rechtsgebiete und Formen der Beratungshilfe

714 Nach § 2 Abs. 2 S. 1 BerHG ist nach nun geltendem Recht festgelegt, dass Beratungshilfe in **allen rechtlichen Angelegenheiten** gewährt wird.[266] Keine Beratungshilfe wird gewährt in Angelegenheiten, in denen das Recht anderer Staaten anzuwenden ist, sofern der Sachverhalt keine Beziehung zum Inland aufweist, § 2 Abs. 3 BerHG. Diese Ausnahme gilt gem. § 10 Abs. 2 BerHG jedoch nicht für Streitsachen mit grenzüberschreitendem Bezug nach der Richtlinie 2003/8/EG.[267] Nach § 10 Abs. 1 BerHG wird Beratungshilfe gewährt für die vorprozessuale Rechtsberatung im Hinblick auf eine außergerichtliche Streitbeilegung und für die Unterstützung bei einem PKH-Antrag nach § 1077 ZPO, bis das Ersuchen im Mitgliedstaat des Gerichtsstands eingegangen ist.[268] Das gilt auch für die Übermittlung von Anträgen auf grenzüberschreitende Beratungshilfe, § 10 Abs. 2 BerHG.

715 Die Beratungshilfe wird gewährt durch **Rechtsanwälte** und durch **Rechtsbeistände**, die Mitglied einer Rechtsanwaltskammer sind, § 3 Abs. 1 BerHG. Nach **neuem Recht** können im Umfang ihrer jeweiligen Befugnis zur Rechtsberatung auch **Steuerberater** und **Steuerbevollmächtigte**, **Wirtschaftsprüfer** und vereidigte **Buchprüfer** sowie **Rentenberater** Beratungshilfe gewähren.

Sie kann durch diese **Beratungspersonen**[269] aber auch in Beratungsstellen,[270] die aufgrund einer Vereinbarung mit der Landesjustizverwaltung eingerichtet sind, gewährt werden.

Nach § 3 Abs. 2 BerHG kann die Beratungshilfe auch durch das **Amtsgericht** gewährt werden, soweit dem Anliegen durch eine sofortige Auskunft, einen Hinweis auf andere Möglichkeiten für Hilfe oder die Aufnahme eines Antrags oder einer Erklärung entsprochen werden kann. Zuständig hierfür ist der **Rechtspfleger** gem. § 24a Abs. 1 Nr. 2 RPflG.[271]

---

266 Abs. 2 BerHG geändert durch Art. 2 Nr. 2b des Ges. z. Änd. des Prozesskostenhilfe- u. Beratungshilferechts.
267 Rates vom 27.1.2003 zur Verbesserung des Zugangs zum Recht bei Streitsachen mit grenzüberschreitendem Bezug durch Festlegung gemeinsamer Mindestvorschriften für die Prozesskostenhilfe in derartigen Streitsachen (ABl. EG Nr. L 26 S. 41, ABl. EU Nr. L 32 S. 15).
268 Siehe hierzu *Rellermeyer*, Rpfleger 2005, 61 ff.
269 Lt. Gesetzesbegründung BT-Drs. 17/11472 S. 38 nun der Oberbegriff für die in § 3 genannten Personen.
270 Näheres bei *Groß*, BerH/PKH/VKH, § 3 BerHG Rn. 7 ff.
271 Siehe hierzu *Lappe*, Rpfleger 1985, 94; *Müller-Engelmann*, RpflJB 1988, 342 ff. bzw. Rpfleger 1987, 493.

III. Das Bewilligungsverfahren

1. Der Antrag

Für das Verfahren gelten die Vorschriften des FamFG sinngemäß, soweit nichts anderes bestimmt ist, § 5 BerHG; zudem gelten § 185 Abs. 3 und § 189 Abs. 3 GVG entsprechend,[272] wonach in Familiensachen und in Angelegenheiten der freiwilligen Gerichtsbarkeit es der Zuziehung eines Dolmetschers nicht bedarf, wenn der Richter bzw. der Rechtspfleger der Sprache mächtig ist, in der sich die Beteiligten erklären; gleiches gilt für eine Beeidigung, wenn die Beteiligten darauf verzichten.[273]

716

Es handelt sich um ein Antragsverfahren. Der **Antrag** kann gem. § 4 Abs. 2 S. 1 BerHG mündlich oder schriftlich gestellt werden, dabei ist der Sachverhalt, für den Beratungshilfe beantragt wird, anzugeben. Für den schriftlichen Antrag herrscht **Formularzwang**, § 11 BerHG i. V. m. § 1 Abs. 1 Nr. 1 BerHFV.[274]

Der neu in das Gesetz eingefügte § 4 Abs. 3 BerHG[275] regelt nun in Anlehnung an die Prozess- bzw. Verfahrenskostenhilfe, was dem **Antrag beizufügen ist**, nämlich

1. eine **Erklärung** des Rechtsuchenden über seine persönlichen und wirtschaftlichen Verhältnisse, insbesondere Angaben zu Familienstand, Beruf, Vermögen, Einkommen und Lasten, sowie entsprechende Belege und

2. eine **Versicherung** des Rechtsuchenden, dass ihm in derselben Angelegenheit Beratungshilfe bisher weder gewährt noch durch das Gericht versagt worden ist, und dass in derselben Angelegenheit kein gerichtliches Verfahren anhängig ist oder war.

Dieser Gleichlauf der jeweiligen Regelungen zu den persönlichen und wirtschaftlichen Verhältnissen ist nach Auffassung des Gesetzgebers deshalb angemessen, weil die Bewilligung von Beratungshilfe nach § 1 Abs. 2 BerHG hinsichtlich der persönlichen und wirtschaftlichen Verhältnisse an die ratenzahlungslose Bewilligung von Prozesskostenhilfe gekoppelt ist und somit denselben Voraussetzungen unterliegt.[276]

---

272 § 5 BerHG geändert durch Art. 27 FGG-RG.
273 § 185 Abs. 3 und § 189 Abs. 3 GVG eingefügt durch Art. 22 Nr. 18, 19 FGG-RG.
274 Verordnung zur Verwendung von Formularen im Bereich der Beratungshilfe (Beratungshilfeformularverordnung – BerHFV) v. 2.1.2014 – BGBl. I S. 2. Das Antragsformular ist auf der Homepage der Justizverwaltungen herunterzuladen, siehe z. B. für Berlin: <<http://www.berlin.de/sen/justiz/gerichte/kg/formularserver/beratungshilfe.html>> (Stand: 17.5.2015).
275 Art. 2 Nr. 4 des Ges. z. Änd. des Prozesskostenhilfe- und Beratungshilferechts.
276 Gesetzesbegründung BT-Drs. 17/11472 S. 39.

Das Gericht kann nach § 4 Abs. 4 BerHG verlangen, dass der Rechtsuchende seine **tatsächlichen Angaben glaubhaft** macht, und kann insbesondere auch die Abgabe einer Versicherung an Eides statt fordern. Es kann Erhebungen anstellen, insbesondere die Vorlegung von Urkunden anordnen und Auskünfte einholen. Zeugen und Sachverständige werden nicht vernommen.

Ebenfalls in Übereinstimmung mit dem Prozesskostenhilferecht ist nun geregelt, dass es in das Ermessen des Gerichts gestellt ist, ob es eine **Glaubhaftmachung** der Angaben für erforderlich hält. Die Möglichkeit, zu diesem Zweck auch eine **eidesstattliche Versicherung** zu verlangen, wird ausdrücklich klargestellt. Nach Auffassung des Gesetzgebers kann das Gericht im Rahmen der Glaubhaftmachung den Antragsteller auch laden, um mit ihm mündlich seine persönlichen und wirtschaftlichen Verhältnisse zu erörtern, dieses auch, um langwierigen Schriftverkehr zu vermeiden.[277]

Hat der Rechtsuchende innerhalb einer von dem Gericht gesetzten Frist Angaben über seine persönlichen und wirtschaftlichen Verhältnisse **nicht glaubhaft gemacht** oder bestimmte Fragen nicht oder ungenügend beantwortet, so lehnt das Gericht die Bewilligung von Beratungshilfe ab, § 4 Abs. 5 BerHG. Auch insofern sieht das Gesetz nun einen Gleichlauf mit den Regelungen des Prozesskostenhilferechts vor.

717 Auch in Fällen **nachträglicher Antragstellung** (§ 6 Abs. 2 BerHG) kann die Beratungsperson vor Beginn der Beratungshilfe verlangen, dass der Rechtsuchende seine persönlichen und wirtschaftlichen Verhältnisse belegt und erklärt, dass ihm in derselben Angelegenheit Beratungshilfe bisher weder gewährt noch durch das Gericht versagt worden ist, und dass in derselben Angelegenheit kein gerichtliches Verfahren anhängig ist oder war.

2. Entscheidung durch Berechtigungsschein

718 Entscheidungsbefugt ist das **Gericht**, in dessen Bezirk der Rechtsuchende seinen allgemeinen Gerichtsstand hat, § 4 Abs. 1 S. 1 BerHG, die funktionelle Zuständigkeit liegt beim **Rechtspfleger**, § 24a Abs. 1 Nr. 1 RPflG. Sind die Voraussetzungen für die Gewährung von Beratungshilfe gegeben und wird die Angelegenheit nicht im Bewilligungsverfahren erledigt, stellt der Rechtspfleger dem Rechtsuchenden unter genauer Bezeichnung der Angelegenheit einen **Berechtigungsschein** für Beratungshilfe durch eine **Beratungsperson** (→ Rn. 715) seiner Wahl aus, § 6 Abs. 1 BerHG. Dies geschieht in Form eines Beschlusses, da es sich um ein Ver-

---

277 Gesetzesbegründung BT-Drs. 17/11472 S. 39.

fahren der freiwilligen Gerichtsbarkeit handelt und diese Bezeichnung die nun gesetzlich vorgesehene ist.[278]

Wendet sich der Rechtsuchende wegen Beratungshilfe unmittelbar an eine Beratungsperson, kann der Antrag mit einer Frist von 4 Wochen nach Beginn der Beratungshilfetätigkeit auch nachträglich gestellt werden, § 6 Abs. 2 BerHG. Wird die Frist nicht eingehalten, ist der Antrag zurückzuweisen.[279]

IV. Aufhebung und Anfechtung der Bewilligung

Ebenfalls neu in das Gesetz eingefügt ist die Möglichkeit der **Aufhebung** der Bewilligung, was nach bisherigem Recht nicht möglich war.

719

Nach § 6a Abs. 1 BerHG kann **das Gericht** die Bewilligung von Amts wegen aufheben, wenn die Voraussetzungen für die Beratungshilfe zum Zeitpunkt der Bewilligung nicht vorgelegen haben und seit der Bewilligung nicht mehr als ein Jahr vergangen ist. Damit ist das **anfängliche Fehlen** der **Bewilligungsvoraussetzungen** gemeint und nicht der spätere Wegfall, zudem wird die Aufhebung in das Ermessen des Gerichts gestellt.[280]

Aber auch die **Beratungsperson** kann gem. § 6a Abs. 2 BerHG die **Aufhebung beantragen**, wenn der **Rechtsuchende** aufgrund der Beratung oder Vertretung **etwas erlangt hat** und somit nicht mehr die Voraussetzungen für die Beratungshilfe erfüllt. Nach Anhörung des Rechtsuchenden hebt das Gericht den Beschluss über die Bewilligung auf, wenn sich herausstellt, dass dieser die Voraussetzungen nicht mehr erfüllt. Damit soll der Beratungsperson der Weg zu einer Regelvergütung geebnet werden, aus diesem Grund darf auch noch keine Vergütung aus der Staatskasse beantragt sein und der Rechtsuchende muss auf die Möglichkeit hingewiesen worden sein.

Nach bisherigem Recht regelte § 6 Abs. 2 BerHG a.F. lediglich, dass die Zurückweisung des Antrags mit der Erinnerung anfechtbar war.[281] Der **Rechtsbehelf** ist nun in § 7 BerHG geregelt, danach ist gegen den Beschluss, durch den der Antrag auf Bewilligung von **Beratungshilfe zurückgewiesen** oder durch den die Bewilligung vom Amts wegen oder auf Antrag der Beratungsperson wieder aufgehoben wird, nur die **Erinnerung** statthaft.

720

---

278 Ausführlich siehe *Groß*, BerH/PKH/VKH, § 6 BerHG Rn. 3.
279 *Groß*, BerH/PKH/VKH, § 6 BerHG Rn. 13.
280 Gesetzesbegründung BT-Drs. 17/11472 S. 41.
281 Zum bisherigen Recht siehe Vorauflage Rn. 719, 720.

Die ursprünglich vorgesehene Einführung eines Erinnerungsrechts der Staatskasse ist nicht Gesetz geworden.[282]

Die neue Regelung übernimmt das bisherige Recht und erweitert es auf die Aufhebung nach § 6a BerHG. Gegen die **Versagung oder die Aufhebung** der Beratungshilfe steht dem Rechtsuchenden demnach die unbefristete Erinnerung zu. Da der Rechtspfleger entscheidungsbefugt ist, gilt § 11 RPflG, allerdings sieht § 24a Abs. 2 RPflG den Ausschluss von § 11 Abs. 2 S. 1–4 und Abs. 3 RPflG vor, sodass es sich um eine unbefristete Erinnerung mit Abhilferecht des Rechtspflegers handelt. Bei Nichtabhilfe entscheidet der Richter des AG, bei dem die Beratungshilfe versagt wurde, § 11 Abs. 2 S. 5 RPflG.

V. Die Vergütung der Beratungsperson

721   Die **Vergütung** der **Beratungsperson** richtet sich gemäß § 8 Abs. 1 S. 1 BerHG nach den für die Beratungshilfe geltenden Vorschriften des **RVG**, d. h. auch eine Beratungsperson, die nicht Rechtsanwalt ist, steht insoweit einem Rechtsanwalt gleich.[283]

Im Rahmen der Beratungshilfe entstehen Gebühren ausschließlich nach Teil 2 Abschnitt 5 des VV RVG (2500–2508).[284] Weitere Gebühren können nicht entstehen, wohl aber unter Umständen Auslagen, § 46 Abs. 1 RVG.

Die Bewilligung von **Beratungshilfe bewirkt**, dass die Beratungsperson gegen den Rechtsuchenden keinen Anspruch auf Vergütung mit Ausnahme der Beratungshilfegebühr nach VV 2500 RVG geltend machen kann, dies gilt auch bei nachträglicher Antragstellung bis zur Entscheidung durch das Gericht, § 8 Abs. 2 BerHG.

Nach bisherigem Recht waren Vergütungsvereinbarungen nichtig, § 8 BerHG a. F. Nach nun geltendem Recht sollen **Gebührenvereinbarungen** grundsätzlich möglich sein, nämlich für den Fall der Aufhebung oder der Ablehnung der nachträglichen Bewilligung, kann eine Vergütung nach den allgemeinen Vorschriften verlangt werden (siehe → Rn. 743).[285]

---

282 Siehe insoweit den Gesetzentwurf BT-Drs. 17/11472 S. 10 und die Begründung auf S. 42.
283 Im Folgenden wird den Vorschriften des RVG entsprechend vom Rechtsanwalt die Rede sein, gemeint ist dann aber auch die jeweilige Beratungsperson.
284 Die Festgebühren sind durch Art. 8 Nr. 17 ff. des 2. KostRMoG erhöht worden.
285 So die Gesetzesbegründung BT-Drs. 17/11472 S. 43.

Liegen die Voraussetzungen für die Bewilligung von Beratungshilfe vor, kann der Rechtsanwalt auch ganz auf eine Vergütung verzichten, § 4 Abs. 1 RVG.

1. Die Beratungshilfegebühr

Die einzige Gebühr, die der Rechtsanwalt gem. § 44 S. 2 RVG von dem Rechtsuchenden verlangen kann, ist die **Beratungshilfegebühr** VV 2500 i. H. v. **15,00 €**, die der früheren Schutzgebühr des § 8 Abs. 1 BerHG[286] entspricht. Die Gebühr steht neben der Vergütung aus der Landeskasse,[287] allerdings dürfen daneben keine Auslagen d. h. auch keine Umsatzsteuer erhoben werden.[288] Eine Erhöhung nach VV 1008 kommt schon deshalb nicht in Betracht, weil es sich nicht um eine Verfahrens- oder Geschäftsgebühr handelt. Die Gebühr kann dem Mandanten auch erlassen werden, Anm. S. 2 zu VV 2500.

722

2. Die Entschädigung aus der Landeskasse

Für die Tätigkeit im Rahmen der Beratungshilfe erhält der Rechtsanwalt gem. § 44 S. 1 RVG eine Vergütung (besser: eine **Entschädigung**) aus der Landeskasse, es sei denn, es gelten besondere Vereinbarungen für Beratungsstellen gem. § 3 Abs. 1 BerHG. Der öffentlich-rechtliche Entschädigungsanspruch des Rechtsanwalts gegen die Landeskasse ergibt sich aus den Nr. 2501–2508 VV RVG. Neben den Gebühren erhält der Rechtsanwalt u.U. auch seine **Auslagen** ersetzt.

723

a) Die Gebührentatbestände

Von den unter Nr. 2501–2508 VV RVG genannten **Gebührentatbeständen** sind in familienrechtlichen Angelegenheiten nur die Nr. 2501 (Beratungsgebühr); Nr. 2503 (Geschäftsgebühr) und Nr. 2508 (Einigungs- und Erledigungsgebühr) einschlägig, da die restlichen Gebührentatbestände die Schuldenbereinigung betreffen. Es handelt sich jeweils um **Festgebühren,** die damit unabhängig vom Gegenstandswert und vom Umfang sowie von der Schwierigkeit der anwaltlichen Tätigkeit sind.

724

aa) Die Beratungsgebühr

Die **Beratungsgebühr** nach VV 2501 RVG i. H. v. 35,00 € entsteht für eine Beratung, wenn diese nicht mit einer anderen gebührenpflichtigen Tätigkeit zusammenhängt. Nach dem Wortlaut des Gesetzes erhält

725

---

[286] Aufgehoben durch Art. 4 Abs. 19 Nr. 1 KostRMoG.
[287] Gerold/Schmidt/*Mayer*, RVG, § 44 Rn. 2.
[288] Gerold/Schmidt/*Mayer*, VV 2500–2508 Rn. 28.

der Rechtsanwalt die Gebühr für „eine Beratung". Dieses ist jedoch nicht zahlenmäßig zu verstehen, sondern auch mehrere Besprechungen innerhalb einer Angelegenheit erfüllen diese Voraussetzung.[289]

726 In Familiensachen ist umstritten, wann eine oder mehrere **Angelegenheiten** vorliegen. Insbesondere bei Beratung hinsichtlich der Voraussetzungen für eine Ehescheidung im Zusammenhang mit Unterhalts-, Sorgerechts- bzw. Umgangsfragen sowie sonstiger Familiensachen, die Folgesache sein können, stellt sich dieses Problem.[290] In der **Praxis** wird häufig unter Berufung auf § 16 Nr. 4 RVG von einer Angelegenheit ausgegangen, obwohl die Interessenlage des Verbundverfahrens mit der außergerichtlichen Tätigkeit der Beratungshilfe nicht vergleichbar ist.[291] In der **Rechtsprechung** wird teilweise bei einer außergerichtlichen Beratung betreffend die Folgen von Trennung oder Scheidung gebührenrechtlich von **vier typisierten Komplexen** ausgegangen, die jeweils eine Angelegenheit darstellen. Diese vier Komplexe sind:

die Scheidung als solche,

die Angelegenheiten im Zusammenhang mit dem persönlichen Verhältnis zu den Kindern (Personensorge, Umgangsrecht),

die Angelegenheiten im Zusammenhang mit der Ehewohnung und dem Hausrat sowie

die finanziellen Auswirkungen von Trennung und Scheidung (Unterhaltsansprüche, Güterrecht und Vermögensauseinandersetzung).[292]

Nicht vertretbar ist es jedoch, nur von einer Angelegenheit auszugehen, wenn eine Scheidung nicht in Rede steht, der Rat sich aber auf Familiensachen, die Folgesachen sein könnten, bezieht.[293] So wird die Beratungshilfe für Umgangsrecht und Unterhalt zu Recht als zwei Angelegenheiten angesehen.[294]

727 Strittig ist, ob die Beratungsgebühr bei **mehreren Auftraggebern** nach VV 1008 RVG zu erhöhen ist. Die fehlende Bezeichnung als „Geschäfts- oder Verfahrensgebühr" lässt darauf schließen, dass sie nicht

---

289 Gerold/Schmidt/*Mayer*, VV 2500–2508 Rn. 29.
290 Siehe auch *Groß*, BerH/PKH/VKH, § 44 RVG Rn. 77 ff.
291 *Kammeier*, Rpfleger 1998, 501 ff.
292 OLG Frankfurt v. 12.5.2014 – 20 W 236/13 – juris; SchlHOLG v. 25.4.2013 – 9 W 41/13 – FamRZ 2014, 241; OLG Koblenz v. 23.11.2011 – 4 W 554/11 – juris; LG Darmstadt v. 10.11.2011 – 25 T 66/11 – FamRZ 2012, 812.
293 Ausführlich Gerold/Schmidt/*Mayer*, VV 2500–2508 Rn. 27 sowie Gerold/Schmidt/*Müller-Rabe*, RVG, § 16 Rn. 17 ff.
294 LG Düsseldorf v. 10.1.2007 – 19 T 361/06 – FamRZ 2007, 1113.

erhöht werden darf.[295] Es wird jedoch auch die gegenteilige Auffassung vertreten.[296]

Die Beratungsgebühr ist auf eine Gebühr für eine sonstige Tätigkeit anzurechnen, die mit der Beratung zusammenhängt, Anm. Abs. 2 VV 2501. Die **Anrechnung** hat zu erfolgen, egal ob es sich um eine außergerichtliche oder gerichtliche Tätigkeit handelt. So wird die Gebühr auf die Geschäftsgebühr bei Beratungshilfe (VV 2503 RVG) ebenso angerechnet, wie auf die Verfahrensgebühr des im Wege der Verfahrenskostenhilfe beigeordneten Rechtsanwalts.[297]

728

Beispiel:

Beratungshilfe

Rechtsanwalt hat ein Kind außergerichtlich wegen der Beitreibung eines Unterhaltsanspruchs i. H. v. 200,00 € mtl. im Rahmen der Beratungshilfe beraten.
Es entstehen folgende Gebühren und Auslagen:

Gebühren und Auslagen nach dem RVG	Betrag in €
Beratungsgebühr §§ 2 Abs. 1, 2; 13 VV 2501	35,00 €
Umsatzsteuer VV 7008	6,65 €
Insgesamt	41,65 €

Nachdem eine Einigung gescheitert ist, soll der Rechtsanwalt außergerichtlich tätig werden. Auch hierfür ist Beratungshilfe bewilligt.
Die Beratungsgebühr ist gem. Abs. 2 zu VV 2503 auf die Geschäftsgebühr anzurechnen.
Es ist folgende Berechnung anzustellen:

Gebühren und Auslagen nach dem RVG	Betrag in €
Geschäftsgebühr §§ 2 Abs. 1, 2; 13 VV 2503	85,00 €
Auslagenpauschale VV 7002 (20 %)	17,00 €
Zwischensumme	102,00 €
Anzurechnende Beratungsgebühr	– 35,00 €
Insgesamt	67,00 €
Umsatzsteuer VV 7008	12,73 €
Insgesamt	79,73 €

---

295 KG v. 6.2.2007 – 1 W 243/06 – Rpfleger 2007, 401 = MDR 2007, 805; *Bischof* in Bischof/Jungbauer, VV 1008 Rn. 52; Gerold/Schmidt/*Müller-Rabe*, VV 1008 Rn. 14 im Widerspruch zu Gerold/Schmidt/*Mayer*, VV 2500–2508 Rn. 33 jedoch ohne Begründung.

296 *Jungbauer* in Bischof/Jungbauer, VV 2501 Rn. 18 im Widerspruch zu *Bischof* in Bischof/Jungbauer, VV 1008 Rn. 52.

297 Gerold/Schmidt/*Mayer*, VV 2500–2508 Rn. 31.

bb) Die Geschäftsgebühr

729 Die **Geschäftsgebühr** i. H. v. 85,00 € entsteht für das Betreiben des Geschäfts einschließlich der Information oder die Mitwirkung bei der Gestaltung eines Vertrags, VV 2503 Abs. 1 RVG. Geht die Tätigkeit über eine Beratung hinaus, z. B. durch Aufnahme schriftlicher, telefonischer oder mündlicher Kontakte zur Gegenseite, Führung von Vergleichsverhandlungen, so entsteht die Geschäftsgebühr. Hierbei ist zu berücksichtigen, dass die Ratsgebühr nach VV 2501 und die Geschäftsgebühr nach VV 2503 nicht nebeneinander bestehen können.

730 Bei **mehreren Auftraggebern** wird die Festgebühr von 85,00 € nach VV 1008 RVG um 30% pro weiterem Auftraggeber erhöht. Der Höchstbetrag der **Erhöhung** beträgt 170,00 €, sodass die Höchstsumme der Gebühr 255,00 € betragen kann. Es kommt nur darauf an, dass der Rechtsanwalt mehrere Auftraggeber vertritt, da bei Festgebühren der Tatbestand desselben Gegenstands nicht einschlägig ist, weil es darauf bei der Höhe der Gebühr auch gar nicht ankommt.

731 Nach VV 2503 Abs. 2 RVG ist die Geschäftsgebühr zur Hälfte auf die Gebühren für ein anschließendes gerichtliches oder behördliches Verfahren anzurechnen. **Anrechnung** bedeutet, dass die Gebühren für das anschließende Verfahren zu kürzen sind, die einmal entstandene Geschäftsgebühr bleibt bestehen. Da nicht die Anrechnung auf eine bestimmte Gebühr vorgeschrieben ist, wird sie von den im gerichtlichen Verfahren insgesamt entstandenen Gebühren in Abzug gebracht.[298]

Beispiel:

Anrechnung Geschäftsgebühr für Beratungshilfe auf nachfolgendes Verfahren

Rechtsanwalt hat das Kind zunächst außergerichtlich wegen der Geltendmachung eines Unterhaltsanspruchs i. H. v. 200,00 € mtl. im Rahmen der Beratungshilfe vertreten.

Es entstehen folgende Gebühren und Auslagen:

Gebühren und Auslagen nach dem RVG	Betrag in €
Geschäftsgebühr §§ 2 Abs. 1, 2; 13 VV 2503	85,00 €
Auslagenpauschale VV 7002 (20%)	17,00 €
Insgesamt	102,00 €
Umsatzsteuer VV 7008	19,38 €
Insgesamt	121,38 €

---

[298] Gerold/Schmidt/*Mayer*, VV 2500–2508 Rn. 37.

Da der Vater nicht zahlt, wird Unterhaltsantrag erhoben. Der **Gegenstandswert** beträgt **2.400,00 €** gem. § 51 Abs. 1 S. 1 FamGKG, § 23 Abs. 1 S. 1 RVG. Nach Anm. Abs. 2 VV 2503 ist die Geschäftsgebühr zur Hälfte auf die Gebühren des gerichtlichen Verfahrens anzurechnen.

Es entstehen folgende Gebühren und Auslagen

Gebühren und Auslagen nach dem RVG	Regelvergütung § 13 RVG
1,3 Verfahrensgebühr §§ 2 Abs. 1, 2; 13 VV 3100	261,30 €
1,2 Terminsgebühr §§ 2 Abs. 1, 2; 13 VV 3104	241,20 €
Auslagenpauschale VV 7002	20,00 €
Zwischensumme	522,50 €
Anzurechnende Geschäftsgebühr	− 42,50 €
Insgesamt	480,00 €
Umsatzsteuer VV 7008	91,20 €
Insgesamt	571,20 €

Wird für das anschließende gerichtliche Verfahren Verfahrenskostenhilfe bewilligt, so ist bei der Anrechnung zu beachten, dass eine **Anrechnung auf die VKH-Gebühren** vorzunehmen ist, d. h. auf die Gebühren, die der Rechtsanwalt gem. §§ 12, 45 RVG aus der Landeskasse erhält.[299] Eine Anrechnung auf eine weitere Vergütung soll aber ausgeschlossen sein.[300]

732

Beispiel:

VKH-Bewilligung für Unterhaltsantrag

Fortführung des obigen Beispiels (Rn. 731). Dem Kind ist für das gerichtliche Verfahren VKH bewilligt worden. Der RA würde in diesem Fall aus der Landeskasse keine geringere Vergütung erhalten, da die Auswirkungen der Tabelle zu § 49 RVG erst bei einem Gegenstandswert von über 4.000,00 € eintreten.

Auch hier würde die Geschäftsgebühr anzurechnen sein, sodass der Rechtsanwalt 571,20 € aus der Landeskasse erhält.

Wie sähe es aber aus, wenn der Gegenstandswert z. B. **4.400,00 €** beträgt, weil noch Unterhaltsrückstände für 10 Monate à 200,00 € hinzuzurechnen sind?

---

299 Gerold/Schmidt/*Mayer*, VV 2500–2508 Rn. 37; *Jungbauer* in Bischof/Jungbauer, VV 2503 Rn. 13, jeweils m. w. N.
300 Gerold/Schmidt/*Mayer*, VV 2500–2508 Rn. 37.

Er ist folgende Berechnung aufzustellen:

Gebühren und Auslagen nach dem RVG	Vergütung nach §§ 45, 49 RVG	Regelvergütung § 13 RVG
1,3 Verfahrensgebühr § 2 Abs. 1, 2; VV 3100	334,10 €	393,90 €
1,2 Terminsgebühr § 2 Abs. 1, 2; VV 3104	308,40 €	363,60 €
Auslagenpauschale VV 7002	20,00 €	20,00 €
Insgesamt	662,50 €	777,50 €
Umsatzsteuer VV 7008	125,88 €	147,73 €
Insgesamt	788,38 €	925,23 €

Nach **einer Meinung** soll in diesem Fall die Geschäftsgebühr VV 2503 auf die Differenz zwischen den VKH-Gebühren und den Wahlanwaltsgebühren (Regelgebühren) anzurechnen sein,[301] sodass u.U. für eine Anrechnung auf die VKH-Gebühren kein Raum mehr ist und der Rechtsanwalt dann anrechnungsfrei die PKH-Vergütung aus der Landeskasse erhält.

Gebührenvergleich	Vergütung nach §§ 45, 49 RVG	Regelvergütung § 13 RVG
1,3 Verfahrensgebühr VV 3100	334,10 €	393,90 €
1,2 Terminsgebühr VV 3104	308,40 €	363,60 €
Insgesamt	642,50 €	757,50 €
Differenz		115,00 €
Anzurechnende Geschäftsgebühr		– 42,50 €
Überschuss		72,50 €

Im Beispielfall würde der Rechtsanwalt 788,38 € aus der Landeskasse erhalten, da die Verrechnung voll auf den Differenzbetrag entfällt.

733 Begründet wird diese Auffassung damit, dass in diesem Fall § 58 Abs. 2 RVG entsprechende Anwendung findet, wonach in Angelegenheiten, in denen sich die Gebühren nach Teil 3 des Vergütungsverzeichnisses bestimmen, Vorschüsse und Zahlungen, die der Rechtsanwalt vor oder nach der Beiordnung erhalten habe, zunächst auf die Vergütungen anzurechnen seien, für die ein Anspruch gegen die Staatskasse nicht oder nur unter den Voraussetzungen des § 50 RVG besteht.

734 Die Begründung vermag nicht zu überzeugen, zumal – wie das obige Beispiel zeigt – es im Ergebnis zu Ungleichbehandlungen an sich gleicher

---

[301] *Schneider*, ZFE 2005, 51.

Sachverhalte kommt und zwar jeweils davon ausgehend, ob der Gegenstandswert unter oder über 4.000,00 € liegt. Bei einem Wert von unter 4.000,00 € soll danach auf die aus der Landeskasse zu zahlenden VKH-Gebühren angerechnet werden und bei einem Wert darüber zunächst auf die Differenz zur Regelvergütung (Wahlanwaltsvergütung). Es ist der Auffassung der Vorzug zu geben, wonach auf die VKH-Gebühren anzurechnen ist.[302]

cc) Einigungs- und Erledigungsgebühr

Führt die in VV 2503 bezeichnete Tätigkeit des Rechtsanwalt zu einer Einigung oder Erledigung der Rechtssache, erhält er außerdem eine weitere Festgebühr i. H. v. 150,00 € nach VV 2508 RVG. Nach VV 2508 Abs. 1 RVG sind hierbei die Anmerkungen zu VV 1000 und 1002 anzuwenden, sodass keine Gebühr für die Aussöhnung von Eheleuten vorgesehen ist, da eine Bezugnahme auf VV 1001 fehlt.

735

b) Die Auslagen

Im Grundsatz werden auch Auslagen erstattet, soweit diese zur sachgerechten Durchführung der Angelegenheit erforderlich waren, § 46 Abs. 1 RVG. Dieses sind insbesondere die Umsatzsteuer (VV 7008), die Entgelte für Telekommunikationsdienstleistungen (VV 7001, 7002) und soweit notwendig auch Dokumentenpauschale (VV 7000).

736

Reisekosten (VV 7003 ff.) werden in Beratungshilfesachen nur ausnahmsweise erstattet, da der Rechtsuchende normalerweise Informationsreisen selbst unternehmen muss.[303]

737

In Beratungshilfesachen, in denen sich die Tätigkeit auf die Raterteilung beschränkt, ist keine Auslagenpauschale anzusetzen, wenn keine Auslagen entstanden sind, was allenfalls bei schriftlicher Raterteilung möglich wäre.[304] Ansonsten bemisst sich die Pauschale nach der für die Beratungshilfe anfallenden Festgebühr VV 2503 RVG und nicht nach der fiktiven Gebühr, die dem Rechtsanwalt als Wahlanwalt zustehen würde. Der Gesetzgeber hat dieses klargestellt, indem er mit der Reform dem Auslagentatbestand VV 7002 RVG eine entsprechende Anmerkung (Abs. 2) angefügt hat, wonach die Auslagenpauschale sich nach den aus der Staatskasse zu zahlenden Gebühren richtet.[305]

738

---

302 Gerold/Schmidt/*Mayer*, VV 2500–2508 Rn. 37.
303 *Groß*, BerH/PKH/VKH, § 46 RVG Rn. 7.
304 AG Koblenz v. 6.2.2004 – 40 UR IIa 965/03 – AGS 2004, 158 m. Anm. *Schneider*.
305 Art. 14 Nr. 7 des Ges. z. Änd. des Prozesskostenhilfe- und Beratungshilferechts. Siehe auch die Gesetzesbegründung BT-Drs. 17/11472 S. 50.

3. Festsetzung der Entschädigung

739 Nach § 55 Abs. 4 RVG setzt der Urkundsbeamte der Geschäftsstelle (UdG) auf Antrag des Rechtsanwalts die Entschädigung aus der Landeskasse durch einfachen Beschluss fest. Voraussetzung der Festsetzung ist, dass die Vergütung fällig ist, § 8 Abs. 1 RVG. Der Rechtsanwalt kann bei Beratungshilfe keinen Vorschuss fordern, § 47 Abs. 2 RVG. Zuständig ist der UdG der Geschäftsstelle des Gerichts, das auch für die Bewilligungsentscheidung zuständig ist, § 4 Abs. 1 BerHG.

740 Für den Festsetzungsantrag des Rechtsanwalts gilt ebenfalls Vordruckzwang, da die BerHFV (→ Rn. 716) auch für den Antrag des Rechtsanwalts gilt, § 1 Nr. 2 BerHFV.[306] Der neue Antrag enthält alle notwendigen Aussagen des Rechtsanwalts. Zunächst sind Angaben über den Berechtigten zu machen und der Berechtigungsschein im Original beizufügen. Sodann hat sich der Rechtsanwalt über bis zum Tag der Antragstellung geleistete Zahlungen des Mandanten zu erklären sowie Angaben darüber zu machen, ob der Gegner erstattungspflichtig ist, § 9 BerHG. Wegen evtl. Anrechnungen ist außerdem aufzuzeigen, ob ein behördliches oder gerichtliches Verfahren folgte. Eine entsprechende Kostenberechnung folgt der Versicherung des Rechtsanwalts auf dem amtlichen Formular.[307]

741 Im Festsetzungsverfahren entscheidet der UdG über die Zahl der Angelegenheiten und zwar unabhängig von der Anzahl der erteilten Berechtigungsscheine, über die einzelnen Gebührentatbestände und über die Auslagen; bei unbeschränkt erteiltem Berechtigungsschein ist der UdG frei in seiner Entscheidung, d. h. er prüft, ob die beantragten Gebühren und Auslagen gerechtfertigt sind. Er prüft nicht, ob die Tätigkeit des Rechtsanwalts überhaupt notwendig war.[308]

4. Rechtsbehelfe gegen die Festsetzung

742 Gegen die Entscheidung des Urkundsbeamten der Geschäftsstelle ist die Erinnerung durch die Landeskasse oder den Rechtsanwalt statthaft, § 56 Abs. 1 RVG. Entscheidungsbefugt ist gem. § 56 Abs. 1 S. 3 RVG das nach § 4 Abs. 1 BerHG zuständige Gericht, d.h. auf jeden Fall ein AG.

---

306 BerHFV v. 2.1.2014 – BGBl. I S. 2. Nach Einführung des RVG war das die zuvor geltende BerHVV nicht geändert worden, sodass die Rechtsanwälte nach allgem. Auffassung eigene dem amtlichen Vordruck entsprechende Vordrucke benutzen durften.
307 Der Vordruck ist auf der Homepage der Justizverwaltungen herunterzuladen. Für Berlin siehe: <<http://www.berlin.de/sen/justiz/gerichte/kg/formularserver/beratungshilfe.html>> (Stand: 17.5.2015).
308 *Hansens* in Anm. zu AG Koblenz JurBüro 1995, 200.

Die Erinnerung ist unbefristet[309] und kann schriftlich oder zu Protokoll der Geschäftsstelle eingelegt werden. Allerdings kommt nach einer häufig vertretenen Meinung die Verwirkung infrage, wenn die Staatskasse nicht innerhalb eines Jahres nach rechtskräftigem Abschluss des Verfahrens oder der Rechtsanwalt nicht innerhalb eines Jahres nach Festsetzung der Entschädigung Erinnerung einlegt.[310] Der UdG hat zunächst zu prüfen, ob er der Erinnerung abhelfen kann. Ist das nicht der Fall, entscheidet gem. § 56 Abs. 1 RVG das Gericht des Rechtszuges. Gegen diese Entscheidung ist die Beschwerde zulässig, wenn der Beschwerdegegenstand 200,00 € übersteigt, § 56 Abs. 2 i. V. m. § 33 Abs. 3 bis 8 RVG oder das Erstgericht sie wegen der grundsätzlichen Bedeutung der zur Entscheidung stehenden Frage in dem Beschluss zugelassen hat, § 56 Abs. 2 S. 1 i. V. m. § 33 Abs. 3 S. 2 RVG. Die Beschwerde ist binnen einer Frist von 2 Wochen nach Zustellung der Erinnerungsentscheidung beim Erstgericht einzulegen, § 56 Abs. 2 S. 1 i. V. m. § 33 Abs. 3 S. 3, Abs. 7 RVG. Beschwerdegericht ist das LG, das gilt auch für Familiensachen,[311] daran hat sich auch durch das FamFG nichts geändert, da es sich insoweit nicht um eine Familiensache handelt.[312] Der Ausschluss der Beschwerde an einen Obersten Gerichtshof des Bundes gem. § 56 Abs. 2 S. 1 i. V. m. § 33 Abs. 4 S. 3 RVG ist hier nicht einschlägig, da bei korrekter Gesetzesanwendung das OLG das Gericht für die weitere Beschwerde wäre,[313] welche aber nur auf Zulassung durch das LG statthaft ist.

VI. Anspruch gegen den Gegner

Der Rechtsanwalt bzw. die Beratungsperson kann von dem Rechtsuchenden bis auf die Beratungshilfegebühr (→ Rn. 722) keine Zahlung verlangen. Hat aber der Rechtsuchende einen materiell-rechtlichen Erstattungsanspruch gegen den Gegner, dann geht der Anspruch insoweit auf den Rechtsanwalt bzw. die jeweilige Beratungsperson über, § 9 S. 2 BerHG. Ein Erstattungsanspruch kann z. B. aus Verzug, Vertrag oder auch aus Verwendungsersatz hergeleitet werden.[314] Der Anspruch des Rechtsanwalts besteht in Höhe der gesetzlichen Vergütung nach Teil 2 des VV RVG und ist somit höher als die Vergütung im Rahmen der Beratungshilfe, der

743

---

309 So zu Recht *Hansens*, RVGreport 2005, 2 auch m. N. z. gegenteiligen Auffassung; siehe auch *Uher* in Bischof/Jungbauer, RVG § 55 Rn. 3.
310 *Groß*, BerH/PKH/VKH, § 56 RVG Rn. 3, 5; *Uher* in Bischof/Jungbauer, RVG § 56 Rn. 3.
311 BGH v. 16.5.1984 – IVb ARZ 20/84 – NJW 1985, 2537 = Rpfleger 1984, 371.
312 *Groß*, BerH/PKH/VKH, § 56 RVG Rn. 8.
313 *Hansens*, RVGreport 2005, 2.
314 Gerold/Schmidt/*Mayer*, VV 2500–2508 Rn. 19; *Groß*, BerH/PKH/VKH, § 9 Rn. 2 BerHG.

Gesetzgeber wollte durch diese Regelung den Gegner des Rechtsuchenden nicht begünstigen.[315] Handelt es sich um eine andere Beratungsperson, dann ergibt sich die jeweilige Vergütung aus den entsprechenden berufsständischen Vergütungsregelungen.[316] Allerdings darf der Anspruch gegen den Gegner gem. § 9 S. 3 BerHG nicht zum Nachteil des Rechtsuchenden geltend gemacht werden, das bedeutet, solange der Rechtsuchende noch Ansprüche gegen den Gegner hat, kann der Rechtsanwalt seine Ansprüche nicht geltend machen. Außerdem muss sich der Rechtsanwalt nach § 58 Abs. 1 RVG Zahlungen des erstattungspflichtigen Gegners auf seine aus der Landeskasse zu zahlende Entschädigung anrechnen lassen. Eine Ausnahme hiervon bildet lediglich die Beratungshilfegebühr, da für diese eine Anrechnung nicht vorgesehen ist.[317]

Beispiel:

Vergütung aus der Landeskasse

Rechtsanwalt hat seine Mandantin außergerichtlich wegen eines güterrechtlichen Anspruchs in Höhe von 10.000,00 € im Rahmen der Beratungshilfe vertreten. Da der Antragsgegner Einwände gegen den Anspruch geltend macht, wird Antrag beim FamG eingereicht. Nach durchgeführter mündlicher Verhandlung wird durch Endentscheidung ein Teilbetrag von 7.000,00 € zuerkannt und im Übrigen der Antrag zurückgewiesen. Von den Kosten des Verfahrens haben der Antragsgegner 2/3 und die Antragstellerin 1/3 zu tragen.

Beide Seiten machen außergerichtliche Kosten in gleicher Höhe geltend und der Erstattungsbetrag wird durch Ausgleichung wie folgt ermittelt:

Gebühren und Auslagen nach dem RVG	Wert in €	Betrag in €
1,3 Verfahrensgebühr §§ 2 Abs. 1, 2; 13 VV 3100	10.000,00	725,40
1,2 Terminsgebühr §§ 2 Abs. 1, 2; 13 VV 3104		669,60
Auslagenpauschale VV 7002		20,00
Insgesamt		1.415,00
Umsatzsteuer VV 7008		268,85
Insgesamt		1.683,85
Außergerichtliche Kosten insgesamt für beide RAe		3.367,70
Antragstellerin trägt 1/3		1.122,57
Differenz hat Antragsgegner zu erstatten		561,28

---

315 Gerold/Schmidt/*Mayer*, VV 2500–2508 Rn. 19.
316 *Groß*, BerH/PKH/VKH, § 9 BerHG Rn. 3.
317 Gerold/Schmidt/*Mayer*, VV 2500 – 2508 Rn. 20; *Groß*, BerH/PKH/VKH, § 9 BerHG Rn. 1.

Daneben beantragt der Rechtsanwalt der Antragstellerin die Festsetzung der Vergütung aus der Landeskasse für die Tätigkeit im Rahmen der Beratungshilfe, da die vollen Wahlanwaltskosten nicht durch den Gegner erstattet werden.

Gebühren und Auslagen nach dem RVG	Betrag in €
Geschäftsgebühr §§ 2 Abs. 1, 2; 13 VV 2503	85,00 €
Auslagenpauschale VV 7002	17,00 €
Insgesamt	102,00 €
Umsatzsteuer VV 7008	19,38 €
Insgesamt	121,38 €

Der Antrag wird durch den UdG unter Hinweis auf § 58 Abs. 1 RVG zurückgewiesen. Der Rechtsanwalt legt Rechtsmittel mit der Begründung ein, dass eine Anrechnung der vom Gegner geleisteten Zahlung nur erfolgen dürfe, wenn der Vergütungsanspruch eines Wahlanwalts vollständig erstattet worden sei.

Das OLG hat das zulässige Rechtsmittel mit der Begründung zurückgewiesen, § 58 Abs. 1 RVG diene der Entlastung der Staatskasse und § 9 BerHG begründe keinen Anspruch des Rechtsanwalts darauf, die Vergütung eines Wahlanwalts in voller Höhe zu erhalten, sei es vom Gegner oder aus der Staatskasse. Die vom Gegner zu ersetzenden Kosten werden in jedem Fall auf die aus der Staatskasse zu zahlende Vergütung angerechnet, sodass in diesem Fall dem Rechtsanwalt aus der Staatskasse kein Betrag mehr zustünde.[318]

---

318 OLG Naumburg v. 22.8.2011 – 2 Wx 30/11 – Rpfleger 2012, 155; SaarlOLG v. 24.7.2009 – 5 W 148/09 – juris; OLG Bamberg, Beschl. v. 16.1.2009 – 4 W 171/08 – juris.

5. Abschnitt:
Kosten der Mediation

A. Allgemeines

I. Grundsätze der Mediation*

Hier soll keine umfassende Einführung in die Methode und Praxis der Mediation gegeben werden. Der darzustellende Kostenbeitrag soll aber auch für die Leser verständlich sein, die noch keine näheren Kenntnisse von der Praxis der Mediation haben. Daher scheint wenigstens ein kurzer Überblick über die Grundsätze der Mediation erforderlich.

744

Mediation ist die Einschaltung eines neutralen, allparteilichen Dritten in einen Konflikt, um mit seiner Hilfe eine interessengerechte, einverständliche, durch die Beteiligten **selbst herbeigeführte Lösung** des Konflikts zu erarbeiten[1]. So auch das neue Mediationsgesetz:

745

§ 1 Begriffsbestimmungen

1. Mediation ist ein vertrauliches und strukturiertes Verfahren, bei dem Parteien mit Hilfe eines oder mehrerer Mediatoren freiwillig und eigenverantwortlich eine einvernehmliche Beilegung ihres Konflikts anstreben.

2. ...

Der Mediator als neutraler, allparteilicher Verfahrensleiter hat keine Entscheidungsbefugnis[2].

Die Parteien eines familienrechtlichen Konfliktes sind mehr als in allen anderen Rechtsgebieten miteinander in **emotionale Auseinandersetzungen** verwickelt. Sachliche und persönliche Konflikte sind hier besonders eng miteinander verzahnt. Es liegt in der Natur der Sache, dass die sachlichen Konflikte, die in der Mediation gelöst werden sollen, in ganz spezifischer Weise von den ganz persönlichen Auseinandersetzungen der Konfliktparteien beeinflusst werden.

746

---

[1] Siehe zum Thema „Mediation" auch die Homepage des *Verfassers* unter <<http://www.schiedsgericht-mediation.de>>.
[2] *Koch* in Henssler/Koch, § 1, S. 23.

747 Oft sind **Kinder** betroffen, deren Schicksal davon abhängt, wie ihre Eltern die Auseinandersetzungen in den Griff bekommen. Je besser es den Eltern gelingt, miteinander zu kooperieren, desto besser geht es auch den Kindern[3].

748 Die Anzahl der **Phasen,** in der eine klassische **Mediation** abläuft, wird unterschiedlich dargestellt. Der Verfasser bevorzugt die Einteilung in **5 Phasen**[4].

Die 5 Schritte eines Mediationsverfahrens:

1. **Schritt:** Zusammentreffen der Beteiligten. Erläuterung der **Grundsätze** der Mediation durch den Mediator. Vereinbarung der Regeln sowie der Gebühren und Zahlungsweise.

2. **Schritt:** Die Medianten stellen ihre Sichtweisen des Konflikts dar. Der Mediator visualisiert und **paraphrasiert** („wiederholt rückfragend") die Darstellung der Medianten.

3. **Schritt:** Die hinter den von den Medianten geäußerte Positionen liegende **Interessen** und **Gefühle** werden ergründet.

4. **Schritt:** Kreative Entwicklung von **verschiedensten Lösungsmöglichkeiten.** – Bewertung durch die Medianten selbst. – Ausscheiden von ungeeigneten Lösungsideen. – Suche nach Win-win-Lösungen, von denen alle Medianten profitieren können.

5. **Schritt:** Nach der Einigung auf eine einvernehmliche Lösung, die aus mehreren Unterpunkten bestehen kann, wird die Mediation abgeschlossen durch eine **schriftliche Fixierung,** die dann von den Beteiligten unterzeichnet wird.

II. Besondere Probleme der Kosten der Mediation in Familiensachen

1. Die finanzielle Umstellung

749 Suchen etwa die (Noch-)Ehegatten in ihrer Konfliktnot einen Mediator auf, so haben sie meist noch nicht realisiert, dass der aus 12 Stücken bestehende finanzielle Ehekuchen nach der Trennung nicht mehr vielleicht 7:5 oder 6:6 lautet, sondern dass durch ein getrenntes Wirtschaften und vor allem durch nunmehr zwei Wohnungen der aufgeteilte Kuchen nicht mehr in der Summe aus 12 Stücken, sondern bildlich gesprochen vielleicht nur noch aus maximal 9 Stücken besteht, oder denkt man es andersherum, dass

---

3 *Fischer* in Henssler/Koch, § 13, S. 394, Rn. 1 ff.
4 Ebenso *Horstmeier,* Rn. 1669.

mit dem fortbestehenden Einkommen von 12 Anteilen jetzt praktisch 16 neue Anteile bezahlt werden müssen (z. B. doppelte Miete). Das geht einfach nicht auf. Und dann soll auch noch Geld für Sitzungen beim Mediator abgezweigt werden. Hinzu kommt, dass meist zu jenem Zeitpunkt der Unterhaltsanspruch (mindestens ein Teil davon) noch streitig ist.

2. Die Phasen der Trennung

Zu den Phasen der Trennung ein allgemeiner Hinweis: Der Familienmediator muss sich bewusst sein, dass sich beide Teile selten zur gleichen Zeit trennen wollen[5]. Die Trennung ist ein Entwicklungsprozess, sie wird gemeinhin in **drei Phasen** eingeteilt:

(1) Phase vor der Trennung

(2) Phase der Trennung

(3) Phase nach der Trennung

Gerade in der ersten Phase kann es sein, dass einer der Partner „Gas gibt", während der andere „auf die Bremse tritt"[6]. Der eine möchte also die Mediation schnell hinter sich bringen und alles möglichst schnell regeln, während der andere Teil eher hinhaltend und verzögernd taktiert[7]. Schließlich kann es sein, dass es für beide Partner oder doch wenigstens für einen von beiden noch gar nicht feststeht, ob man sich wirklich trennen will. Hier muss der Mediator sehr feinfühlig vorgehen.

Aber für all diese Fallgestaltungen gilt: Der Mediator darf in Familiensachen nicht mit einem besonders üppigen Entgelt rechnen. Dennoch: Mediation ist, wenn man teilweise davon leben will, kein unbezahltes Ehrenamt.

III. Gebührenabrede an den Anfang

Mediatoren sind meist recht freundliche und umgängliche Menschen. Die Fähigkeit zur Empathie gehört zu ihren notwendigen Charaktereigenschaften als Mediator[8]. Es fällt ihnen daher nicht leicht, in der ersten Informationssitzung gleich über **Geld** zu reden. Die Medianten wollen aber verständlicherweise auch wissen, was sie das Unternehmen der Mediation kostet. Also ist es richtig, dass in der Mediationsausbildung dem künftigen Mediator gesagt wird, dass er zu Beginn seiner Tätigkeit den

---
5 Vgl. *Schröder*, Rn. 227 ff.
6 *Fischer* in Henssler/Koch, § 13 Rn. 10.
7 *Mähler/Mähler* in Haft/Schliefen, § 19 Rn. 26.
8 *Schröder*, Rn. 224.

Medianten die Grundsätze der Mediation erläutern und sodann mit Ihnen eine **Mediationsvereinbarung** abschließen soll. Zu dieser Vereinbarung, die neben den eventuellen Fallbesonderheiten insbesondere die Grundsätze der Freiwilligkeit, Vertraulichkeit, Informiertheit (Offenheit), Eigenverantwortlichkeit, der Beweisverbote und der Allparteilichkeit des Mediators enthalten sollte, gehört auch von **vornherein eine Abrede über das Entgelt des Mediators.** Darüber muss offen und mutig am Anfang gesprochen werden, auch über die Frage, wer von den Medianten für die Vergütung des Mediators aufkommen soll, wenn möglich beide zu je ½, damit auch nicht der **Schein der Parteilichkeit** entsteht. Auf Abweichungen im Einzelfall, insbesondere aufgrund der wirtschaftlichen Verhältnisse in Familiensachen wird später näher eingegangen werden (B.III, → Rn. 769).

B. Die gesetzlichen Vorgaben des RVG für die Mediationsgebühren

Vorbemerkung: § 34 RVG, die Vergütungsvorschrift für die Mediation, gilt auch für Familiensachen[9]. Sie ist seit 2004 unverändert geblieben. 753

I. Die vereinbarte Gebühr

Der Mediator kann sein Entgelt frei vereinbaren. Es macht keinen Unterschied, ob der Mediator Anwalt, Psychologe, Arzt, Steuerberater, Referendar, Richter oder Pensionär ist oder sonst einem Beruf angehört. 754

Für den **Anwaltmediator** gibt es seit dem 1.7.2004 den § 34 RVG, eine spezielle Gebührenregelung, die von der **freien Vereinbarkeit** des Entgelts ausgeht. Damit ist der frühere Streit, ob (außer dem § 34 RVG selbst) weitere Gebührenvorschriften des anwaltlichen Gebührengesetzes (RVG) auf die Mediation Anwendung finden, erledigt und mit einem klaren Nein beantwortet. 755

§ 34 RVG ist eine **abschließende Regelung.** Er lautet: 756

„Für die Tätigkeit als Mediator soll der Rechtsanwalt auf eine Gebührenvereinbarung hinwirken. Wenn keine Vereinbarung getroffen worden ist, bestimmt sich die Gebühr nach den Vorschriften des bürgerlichen Rechts."

Die Gesetzesbegründung[10] bemerkt zum Zweck der Norm: 757

„Wegen der zunehmenden Bedeutung der Tätigkeit und wegen ihrer streitverhütenden und damit justizentlastenden Wirkung soll die Mediation nunmehr auch als Berufstätigkeit des Rechtsanwalts ausdrücklich genannt werden. Allerdings sieht das RVG hierfür keine bestimmten Gebühren vor. Stattdessen soll bestimmt werden, dass der Rechtsanwalt in diesen Fällen auf eine Gebührenvereinbarung hinwirken soll. Es liegt im Wesen der Mediation, dass für den Auftraggeber transparent sein muss, was er dem Anwalt für dessen Tätigkeit schuldet. Dies kann nur über eine Gebührenvereinbarung erreicht werden. Satz 2 soll klarstellen, dass in dem Fall, in dem keine Gebührenvereinbarung getroffen worden ist, sich die Gebühr für die Mediation nach den Vorschriften des bürgerlichen Rechts bestimmt. Insoweit ist § 612 BGB anwendbar."

---

9 *Gerold/Schmidt*, VV Vorb. 3, Rn. 8.
10 BT-Drs. 15/1971 S. 196.

758 Nach dem Wortlaut des Gesetzes und seiner Begründung kann der Anwaltmediator die Gebühr somit mit den Medianten **frei vereinbaren,** die Abrede ist auch an **keine Form** gebunden.[11] Problematisch wird es nur, wenn der Mediator es **unterlässt,** eine Gebührenvereinbarung abzuschließen.

759 Dann kommt die Auffangregelung des § 34 Abs. 1 S. 2 RVG zum Tragen:

„So erhält der Rechtsanwalt Gebühren nach den Vorschriften des **bürgerlichen Rechts.**"

Es gilt dann nach § 612 Abs. 2 BGB die **übliche Vergütung** als vereinbart, das gilt zulasten des Anwaltmediators auch dann, wenn er eine Vergütungsvereinbarung **nicht beweisen** kann[12].

II. Die übliche Gebühr

1. Literaturmeinungen zur Frage der alten und neuen Üblichkeit

760 *Madert*[13] will für die Auslegung der Üblichkeit (Vorschriften des BGB) hinsichtlich der Gebühren für die Beratung und das Gutachten (sie sind neben der Mediation im neuen § 34 RVG geregelt) auf die **bisherigen BRAGO-Bestimmungen** zurückgreifen. Das müsste dann sinngemäß auch für die im § 34 RVG in gleicher Weise geregelte Mediation gelten. Auch *Schneider/Mock*[14] halten noch eine ganze Reihe von Vorschriften des RVG als anwendbar auf die Mediation.

Folgte man diesen Ansichten, so könnte sich der Anwalt, trifft er keine feste Gebührenvereinbarung zu Beginn der Mediation, unter dem Gesichtspunkt, was üblich ist und früher war, im Vergütungsprozess beim Amtsgericht den alten Streit hinsichtlich der rechtlichen Grundlagen der Gebühr des Mediators wieder einhandeln.

2. Früherer gesetzlicher Rechtszustand

761 Im Geltungsbereich der BRAGO war es lebhaft umstritten, ob mangels abweichender einzelvertraglicher Gebührenvereinbarung für den Mediator

---

11 *Bischof* in Bischof, RVG, § 34 Rn. 78.
12 *Bischof* in Bischof, RVG, § 34 Rn. 31, 43.
13 Gerold/Schmidt/*Madert*, RVG, 18. Aufl. 2008, § 34 Rn. 5 ff.
14 *Schneider/Mock,* § 12, Rn. 7–8.

ähnlich dem Schiedsrichter über § 1 Abs. 2 BRAGO die Anwendbarkeit der **BRAGO** schon kraft Gesetzes **ausgeschlossen** war[15].

Die **Gegenmeinung** hat argumentiert, Mediation sei „Anwaltssache" auch im gebührenrechtlichen Sinne[16], sodass die Tätigkeiten des Mediators unter die einzelnen Normen der **BRAGO** zu subsumieren seien[17]. Diese Ansicht wurde ferner vertreten vom OLG Hamm[18]. Das OLG Hamm konnte sich auf die Ansicht des BRAK-Ausschusses Mediation[19] stützen. Das OLG Hamm hat die Mediation als Beratung i. S. v. § 20 BRAGO qualifiziert und demgemäß für eine nach dem 1. Termin abgebrochene Mediation lediglich die **Erstberatungsgebühr** des § 20 Abs. 1 S. 2 BRAGO zugebilligt. *Horst*[20] begründete 2002 seine These der Anwendbarkeit der BRAGO näher u.a. wie folgt:

„Die Mediationstätigkeit ist mit den typischen Tätigkeiten, wie sie in § 1 Abs. 2 BRAGO aufgeführt sind, nicht vergleichbar. Der Mediator ist nicht Sachwalter einer Vermögensmasse, sondern er ist gehalten, durch neutrale Vermittlung eine eigenverantwortliche Einigung der miteinander in Interessenkonflikt befindlichen Parteien zu fördern. Auch mit der Tätigkeit als **Schiedsrichter** ist die Mediation **nicht vergleichbar**. Ein Mediator kann den Streitfall nicht entscheiden und damit einer für die Parteien verbindlichen Regelung zuführen."

In weiterer Konsequenz wandte er dann den § 118 BRAGO an, also:

– Geschäftsgebühr,

– Besprechungsgebühr,

– gegebenenfalls Beweisgebühr,

– gegebenenfalls Vergleichsgebühr.

3. Gefahren bei Unterlassung einer festen Entgeltvereinbarung

Die vorstehend unter B. II.2 (→ Rn. 761–763) näher erörterte höchst umstrittene und abzulehnende Rechtsauffassung könnte unter dem

---

15 Mediation also ein ähnlicher Fall wie die in § 1 Abs. 2 BRAGO beispielhaft aufgezählten Tätigkeiten, so *Bischof,* MDR 2003, 919 und *ders.* in Bischof, RVG, 1. Aufl., § 34 Rn. 2; *Enders,* JurBüro 1998, 57, 58; *Hembach* in Gebauer/Schneider, BRAGO, 1. Aufl., § 1 Rn. 35; *Risse,* Wirtschaftsmediation, 2003, S. 486 Rn. 4 und *Madert,* Die Honorarvereinbarung des Rechtsanwaltes, 2. Aufl., A 4 S. 24.
16 So noch immer *Schneider/Mock,* § 12 Rn. 1.
17 *Horst* in Haft/Schliefen, § 32 Honorar- und Kostenfragen, S. 838 ff., Rn. 19 ff. = BRAGO unmittelbar anwendbar.
18 OLG Hamm MDR 1999, 836 = JurBüro 1999, 589.
19 BRAK-Mitt. 1996, 187.
20 *Horst* in Haft/Schlieffen, 1. Aufl., § 32 Kosten, S. 842, Rn. 19 ff.

Gesichtspunkt der Üblichkeit nach § 612 BGB, weil keine feste Gebühr vereinbart ist, eine Auferstehung feiern. Auch einige Kommentatoren haben sich von diesem alten Gedankengut noch nicht ganz frei gemacht, wie sich aus der Behandlung der **Formfrage** hinsichtlich der ausdrücklichen Gebührenabrede ergibt.[21]

765 Bei richtiger Auslegung des Begriffes „Üblichkeit" stellt sich allerdings das Problem der Weiteranwendung von Gebührenvorschriften der BRAGO oder des RVG zur Auslegung des Begriffes „Üblichkeit" nicht.

4. Ausfüllung des Begriffs Üblichkeit aus der Lebenswirklichkeit

766 Fehlt eine Gebührenvereinbarung, so sind nicht irgendeine oder alle Gebührennormen der BRAGO oder des RVG als bisher üblich anwendbar, sondern nach dem Gesetz die Dienstvertragsnorm des § 612 Abs. 2 BGB. Die Medianten schulden dann die **„übliche Vergütung"**, und das ist nicht das Gebührengefüge des RVG, sondern es sind die im Mediationsverfahren **üblichen Stundensätze** der Region, des Rechtsgebietes und zwar im Bezug auf Anwaltsmediatoren zu ermitteln, nach denen allgemein abgerechnet wird.[22] Bei einer durchschnittlichen **Familienmediation sind das 150,00 bis 200,00 € netto** in der Stunde[23]. Die Skala ist natürlich bei abweichenden Einkommens- und Vermögensverhältnissen der Medianten nach oben offen.

767 *Horst*[24] meint, das „maßgeblichste" Kriterium seien die Honorarsätze, die der **konkret** tätige Mediator üblicherweise in Rechnung stelle. Mit dieser Ansicht dürfte ein Anwaltmediator bei Gericht im Streitfall kaum Erfolg haben.

III. Wer bezahlt den Mediator?

768 Der Grundsatz der Allparteilichkeit legt es nahe, dass beide Medianten möglichst den Mediator in gleicher Höhe bezahlen. Also etwa:

„Der Stundensatz beträgt netto 150,00 €. Beide Medianten haften zwar als Gesamtschuldner in voller Höhe, sie verpflichten sich jedoch beide, den

---

21 Sind §§ 3a ff. RVG etwa weiter anwendbar? – Formvorschrift, Angemessenheitsprüfung – siehe Literatur unter V.2 (→ Rn. 803 ff.).
22 Vgl. *Bischof* in Bischof, RVG, § 34 Rn. 88; *Fuchs* in Bamberger/Roth, 2. Aufl. 2008, § 612 Rn. 12.
23 AG Lübeck, NJW 2007, 3789 = JurBüro 2007, 312.
24 *Horst* in Haft/Schlieffen, Kap. 47, Rn. 62, S. 1159.

Stundensatz von 150,00 € vorab in gleichen Anteilen von je netto 75,00 € an den Mediator zu zahlen."

Wie unter A.III. (→ Rn. 752) bereits erwähnt, ist diese Idealregelung gerade in Familiensachen häufig nicht möglich.[25]

Gegebenenfalls kann hier eine **Freistellungsvereinbarung** oder die Zusage einer späteren Erstattung oder Minderung eines **Ausgleichsanspruchs** helfen, wenn aktuell nur einer der Medianten zahlungsfähig ist. 769

Zu denken ist auch an eine Regelung, dass der besser verdienende Ehemann die ersten vier Sitzungen allein bezahlt und die anschließenden Stunden von beiden Medianten 50 : 50 gezahlt werden. Das hält den anderen Ehegatten dann an, zügig und mit Ernst an einer Konfliktregelung von Anfang an mitzuarbeiten. Denn vier Sitzungen sind schnell herum und er weiß, wenn es länger dauert, muss ich auch zahlen.

Bei einer betrieblichen Mediation im Arbeitsrecht mag hier anderes gelten, es kann etwa die Zahlung der gesamten Vergütung durch den Arbeitgeber vereinbart werden (wegen des Ziels der Erhaltung des Betriebsfriedens). 770

Im Einzelfall können in Familiensachen aber andere Motive für eine Abweichung auftauchen und vorab einvernehmlich beseitigt werden. In einem vom *Verfasser* durchgeführten Fall äußerte eine Mediantin, die das Verfahren nicht eingeleitet hatte, Zweifel am Willen des Partners, zu einem kreativen Ausgleich zu kommen. Sie meinte, er wolle mit einer Mediation nur Zeit gewinnen und meine es nicht ernst. Sie wollte daher zunächst einmal das Verhalten der Gegenseite beobachten. Einvernehmlich wurde daher im ersten Termin folgende Gebührenabrede ausgehandelt: 771

„Das Honorar des Mediators wird auf der Basis eines nach Stundenaufwand zu berechnenden Zeithonorars (250,00 € + 19 % MwSt.) berechnet. Die ersten drei Zeitstunden zahlt der Ehemann. Die weiteren Stunden tragen beide Medianten zu je ½." 772

Angesichts der grundsätzlichen Freiwilligkeit und der damit gegebenen Möglichkeit des **jederzeitigen Widerrufs** des Mediationsauftrages sah die anfangs sehr kritische Partei in dieser bedingten Abrede keine finanzielle Gefahr und unterschrieb.

Gerade das Besprechen des Punktes, wer die Gebühren zahlt und wann das zeitlich möglich ist, kann zwischen den Medianten zu einem ersten wieder sachlichen Gedankenaustausch führen, was insgesamt das Ziel der 773

---

25 Näher zu den Lösungsvorschlägen in Familiensachen: *Fischer* in Henssler/Koch, § 12 Rn. 39.

Mediation ist: **Eigenverantwortlichkeit** und **kreative eigene Problemlösung.**

IV. Form des Mediationsvertrages/Gebührenabrede

1. Beachtung der Form des § 3a RVG – Mündlicher Vertrag

774 Die bisher in den juristischen Mediationslehrbüchern im Hinblick auf die mögliche Formwidrigkeit (Verstoß gegen § 3 BRAGO) aufgestellte Forderung der Isoliertheit der **Gebührenvereinbarung** in einem **gesonderten** Vertrag (siehe näher unter C., → Rn. 861 ff.) ist angesichts des klaren Wortlautes des § 34 RVG nunmehr obsolet, denn die Formvorschrift des § 3a RVG betrifft nur Gebühren, die **im RVG** selbst **der Höhe nach** geregelt sind, nicht aber das nach § 34 vereinbarte **feste Entgelt.**

775 Das Gesetz (§ 34 RVG) ist dahin angelegt, dass der Rechtsanwalt als Mediator auf eine Gebührenvereinbarung hinwirken soll. Es liegt im Wesen der Mediation, dass für den Auftraggeber transparent sein muss, was er dem Anwalt für dessen Tätigkeit schuldet. Da jetzt die Gebührenvorschriften des RVG nicht mehr anwendbar sind, braucht für eine „abweichende" Gebührenabrede daher **nicht** mehr die **Form des § 3a RVG** (Nachfolgenorm zu § 3 BRAGO) beachtet zu werden[26].

776 Grundsätzlich ist daher auch ein **mündlicher Vertrag** wirksam, wenngleich die Schriftform schon aus Gründen der Transparenz und des Beweises eindeutig vorzuziehen ist[27]. Aber auch ein nur mündlich verabredeter Stundensatz kann gelegentlich hilfreich sein. Wenn etwa die Mediation nach einer mündlich schon festen Verabredung abgebrochen wird, ehe der schriftliche bestätigende Vertrag unterzeichnet ist, so lässt sich auf den mündlichen Vertrag die Kostenabrechnung stützen; entweder gilt die mündlich schon vereinbarte Vergütung (meist war nur der Stundensatz oder ein einheitlicher Satz für eine Sitzung verabredet) oder aber mangels Festlegung auf einen Stundensatz gilt mangels Entgeltvereinbarung die übliche Vergütung nach § 612 Abs. 2 BGB.

777 Auch das wäre dann grundsätzlich unschädlich, da für die Mediation Stundensatzabreden ohnehin die Regel sind. Mangels fester Abrede würde man sich dann nur noch darüber streiten, welcher Stundensatz in der **betreffenden Region** für die anstehende **Materie** (hier also das Familien-

---

26 *Bischof* in Bischof, RVG, § 34 Rn. 78 ff., 89; *Greger/Unberath*, MediationsG, § 2 Rn. 220.
27 *Koch* in Hensler/Koch, § 11 Vertragsgestaltungen in der Mediation, S. 324, 332, Rn. 3, 19.

recht) für einen Anwaltmediator angesichts der wirtschaftlichen Verhältnisse der Medianten üblich sei.

2. Anzahl der Verträge

Nach altem Recht (BRAGO) wurde im Hinblick auf die Entscheidung des OLG Hamm[28] und gewichtigen Stimmen in der Literatur, die die BRAGO für anwendbar hielten, in Bezug auf § 3 BRAGO der Abschluss von **3 gesonderten Verträgen** empfohlen, so *Koch*[29] und ferner *Horst*[30] und *Risse*[31]. 778

(1) Ein Vertrag Mediator mit den Medianten,

(2) ein Vertrag unter den Medianten und

(3) eine gesonderte Gebührenvereinbarung zwischen Mediator und den Medianten.

Unter der **Geltung des RVG** reichen nunmehr **zwei Verträge** aus (siehe Beispiel C., → Rn. 861 ff.): Die **Gebührenvereinbarung** kann jetzt in den Mediationsvertrag des **Mediators mit den Medianten** mit aufgenommen werden, da es Formbedenken nach § 3a RVG nicht mehr gibt. Der 2. Vertrag ist dann die Abrede **unter den Medianten** selbst, wie etwa Beweisverbote, Verschwiegenheitspflicht. 779

3. Höhe der Vergütung: Gebühren und Auslagen

a) Unterschied: Gebühren – Auslagen

Die herkömmlichen Gebührengesetze (§ 1 GKG, § 1 RVG) definieren: Kosten (RVG: Vergütung) = Gebühren und Auslagen. 780

Die **anwaltlichen Auslagen** (also Reisekosten, Abwesenheitsgeld, Porto, Telefon, MwSt. usw.) gehören als Auslagen zu dem hier genannten Oberbegriff: **Vergütung**. 781

---

28 OLG Hamm MDR 1999, 836 = JurBüro 1999, 589.
29 *Koch* in Henssler/Koch, § 11 Vertragsgestaltungen in der Mediation, S. 341, Rn. 34 ff, sowie Muster S. 353, Rn. 64 = 3 Verträge.
30 *Horst* in Haft/Schlieffen, § 32 Honorar- und Kostenfragen, S. 838 ff., Rn. 1 ff., 21.
31 *Risse*, § 4 Der Weg zur ersten Mediationssitzung, II Der Mediatorvertrag S. 137 mit Beispiel Rn. 16 sowie § 13 Kosten der Mediation S. 488 mit Beispiel Rn. 9; *Bischof,* MDR 2003, 919.

Als Auslagen gehören zu der Vergütung **der Mediation** ferner: Eine eventuelle Raummiete und, falls erforderlich, Sachverständigenkosten und schließlich bei hohem Haftungsrisiko auch die Versicherungsprämie[32].

Zu diesem Thema (Auslagen) ist nicht viel Tiefgründiges zu sagen. Es sollte ausdrücklich erwähnt werden, damit diese Kosten nicht ungeregelt bleiben oder insoweit Unklarheiten verbleiben.

782   Das Gesetz selbst dringt (für Anwaltsmediatoren) allerdings nur auf den Abschluss einer **Gebührenvereinbarung**. Daraus folgt, auch ohne ausdrückliche Aufnahme der **Auslagen** in die (Gebühren-) Vereinbarung sind Auslagen nach den **Nrn. 7000 ff. VV RVG** dem Mediator zu erstatten[33].

783   Es ließe sich aber vom Empfängerhorizont des Medianten her bei einer Gebührenvereinbarung auf Stundensatzbasis recht überzeugend argumentieren, er, der Mediant, habe mangels abweichenden Hinweises eines Rechtskundigen darauf vertraut, dass mit dem verabredeten Stundensatz alle Auslagen des Mediators wie Telefonkosten, Porto, Reisekosten (ja sogar die vom Mediator aus dem Stundensatz abzuführende MwSt.) abgegolten seien. Im Streitfalle könnte diese **Unklarheit** der Verabredung eventuell zulasten des Anwaltmediators ausgehen, daher sollte die Pflicht zum Auslagenersatz ausdrücklich in der Gebührenvereinbarung angesprochen werden. Der Nichtanwaltmediator sollte auf jeden Fall eine ausdrückliche Auslagenerstattung vereinbaren, weil für ihn die Nrn. 7000 ff. des RVG nicht gelten.[34]

b) Zeithonorar

784   In der bisherigen Mediationspraxis ist die Verabredung eines **Zeithonorars** (Stundensatz, Tagessatz) die Regel. Gelegentlich wird eine Sonderabrede für die Ausarbeitung einer schriftlichen **Abschlussvereinbarung** gemacht, entweder ein fester Betrag, etwa generell 1.000,00 € (so eine in Familiensachen weithin übliche **Bonner Praxis**) oder eine **wertabhängige** Vergleichs- oder Geschäftsgebühr[35]. Da es eine freie Abrede ist, ist es völlig gleich, ob Nr. 1000 oder 2300 VV RVG als Gebührennorm genannt wird.

---

32 *Brieske* in Henssler/Koch, § 12 Haftungs- und Honorarfragen in der Mediation, S. 271 ff. Rn. 68, näher *Bischof* in Bischof, RVG, § 34 Rn. 92.
33 *Teubel/Winkler* in Mayer/Kroiß, RVG, § 34 Rn. 159 für Gutachten; *Onderka* in Schneider/Wolf, RVG, § 34 Rn. 8, 59 für Gutachten; *Greger/Unberath*, MediationsG, § 2 Rn. 234; Bischof in Bischof, RVG, § 34 Rn. 94.
34 *Greger/Unberath*, MediationsG, § 2 Rn. 235.
35 Siehe → Rn. 793 und *Fischer* in Henssler/Koch, § 13 Rn. 40; *Mähler/Mähler* in Haft/Schliefen, § 19 Rn. 77, S. 486, kritisch *Koch* in Henssler/Koch, § 11 Rn. 37 ff., S. 342.

Die Norm kann auch ganz weggelassen werden, wenn etwa vereinbart wird: Eine 1,5 Gebühr aus einem Wert 1 Mio. €.

Die üblichen **Stundensätze** variieren naturgemäß, obwohl die Spanne in durchschnittlichen Familiensachen nur eine kleine Bandbreite von **150,00–250,00 €** einnimmt. Der *Verfasser* weiß allerdings auch von Psychologen, dass sie teilweise Stundensätze von nur 100,00 € verabreden. An solche Stundensätze muss man denken, wenn man, was in Familiensachen gelegentlich ratsam ist, eine **Komediation** mit einem Psychologen durchführt[36].

Für das Spektrum der **Wirtschaftsmediation** liegen die Stundensätze höher: Die Gesellschaft für Wirtschaftsmediation und Konfliktmanagement e. V.[37] schlägt Stundensätze von 150,00 bis 500,00 € oder Tagessätze zwischen 1.250,00 € und 2.250,00 € (+ MwSt. u. Auslagen) vor.

Madert berichtet: Stundensätze für anwaltliche Tätigkeiten auf **anwaltlichem** Gebiet liegen derzeit zwischen 150,00 € und 650,00 €[38]. *Risse*[39] nennt Stundensätze für Wirtschaftsmediatoren zwischen 200,00 und 450,00 € (zuzüglich MwSt. und Auslagen). Nach BRAK-Informationen[40] liegen die bekannt gewordenen Stundensätze zwischen 100,00 € und 600,00 €.[41] *Horst*[42] meint, Stundensätze von 200,00 bis 375,00 € seien für einen produktiven Anwaltmediator notwendig.

Von solch hohen Stundensätzen der Obergrenze muss man sich in den **Regelfällen** der **Familienmediation** verabschieden. Dennoch sollte dieser Aspekt auch hier einmal näher dargestellt werden, denn bei **Familiensachen**, die einhergehen mit hohem **wirtschaftlichen Konfliktstoff**, können die aufgezeigten Grundsätze als Anhaltspunkte dienen.

---

36 *Fischer* in Henssler/Koch, § 13 Rn. 8.
37 http://www.gwmk.org.
38 *Madert*, B 34.
39 *Risse*, § 13 Kosten der Mediation, Rn. 6, S. 486.
40 BRAK-Mitteilungen 2006, S. 11.
41 Zwei Muster einer solchen Mediationsvereinbarung: *Risse*, § 3 Die Mediationsvereinbarung S. 111 u. 112, Rn. 49, 50.
42 *Horst* in Haft/Schliefen, § 47 Rn. 49 S. 1156.

c) Muster Zeitgebühren/Stundenhonorar

788

Vereinbarung

zwischen

A (volle Adresse)   und   B (volle Adresse)

– Medianten –

und

C (volle Adresse)

– Mediator –

1. Für die gesamte Tätigkeit in dem Mediationsverfahren verpflichten sich die Medianten als Gesamtschuldner, ein Honorar von netto **250,00 €** (i.W.: zweihundertfünfzig Euro) für jede Zeitstunde zu zahlen. Ein angemessener Zeitaufwand für die Vorbereitung und Nachbereitung der einzelnen Mediationssitzungen ist ebenfalls zu honorieren. Wartezeiten, wie z. B. bei Behörden, zählen mit.

(Möglicher Zusatz: Es wird schon jetzt ein Mindesthonorar von vier Stunden, unabhängig von der tatsächlichen Dauer des Mediationsverfahrens vereinbart.)

2. Alle Auslagen wie Entgelte für Schreibauslagen, Post- und Telekommunikationsdienstleistungen, Reisekosten, Tage- und Abwesenheitsgelder und dergleichen sowie die Mehrwertsteuer in der jeweils gültigen Höhe werden gesondert berechnet (VV RVG Nr. 7000 bis 7006).

3. Der Mediator wird Aufzeichnungen über die geleistete Arbeitszeit führen und in monatlichen Abständen die geleisteten Stunden in Rechnung stellen. Die Medianten werden die Zeitaufstellungen prüfen, sie als richtig abzeichnen und binnen 6 Werktagen dem Mediator zusenden (Fax genügt).

4. Die Medianten verpflichten sich, einen sofort fälligen Vorschuss von ... € (i.W. ... Euro) zu zahlen.

Mit dem Vorschuss werden die sich aus den Aufstellungen ergebenden Rechnungsbeträge verrechnet. Die Medianten verpflichten sich, sobald der Vorschuss durch die Beträge aus den Rechnungen des Mediators erschöpft ist, sofort einen gleich hohen Vorschuss an den Mediator zu zahlen.

Bischof

5. Die Medianten wurden vom Mediator belehrt, dass sie für das vereinbarte Honorar als Gesamtschuldner haften, auch wenn jeder von ihnen vorab an den Mediator nur je die Hälfte des insgesamt vereinbarten Honorars zahlt.
6. Sollte eine der vorstehenden Vereinbarungen unwirksam sein, gilt statt der unwirksamen Vereinbarung die gesetzliche Regelung; die übrigen Abreden bleiben unberührt.

(Ort, Datum) (Ort, Datum)

(Mediator) (Medianten)

Eine Anmerkung zu den genannten Aufzeichnungen: Manche Mediatoren diktieren sofort am Ende der Sitzung in Gegenwart der Medianten ein **Ergebnisprotokoll**[43]. Der *Verfasser* fertigt das Ergebnisprotokoll im Anschluss an die Sitzung und teilt es den Medianten dann schriftlich mit. Ohne solch ein schriftliches Ergebnis sollte man die Teilsitzung nie beenden. Die Medianten sehen im „Protokoll" den Fortschritt der Mediation in schriftlicher Form vor sich, auch wenn es vom Anfang nur kleine Schritte sind. Ferner ist das Abschlussergebnis das Programm und der Einstieg für die nächste Sitzung.

d) Was kann sonst noch, außer einem Stundenhonorar, vereinbart werden?

Wird der Mediator mit einem Konflikt über einen hohen Streitwert konfrontiert, so wird er versucht sein, statt der üblichen Stundensatzabrede eine streitwertabhängige Vergütungsregelung zu treffen. Sein, wenn auch geringes Haftungsrisiko, wird sich im Regelfall auch an der hohen Streitwertsumme orientieren, ohne dass diesem hohen Haftungsrisiko als Pendant dann (bei einem Stundensatzhonorar) auch ein hohes Gebührenaufkommen gegenübersteht.

Beispiel:
Ein selbst erlebtes Beispiel: Die Ehegatten einer Familien-AG, ein Kind, betreiben eine auch in finanzieller Hinsicht sehr streitige Scheidung, die bei streitiger Auseinandersetzung den Fortbestand des Unternehmens gefährdet hätte. Der von beiden Seiten ins Auge gefasste Mediator hätte gerne wie die beiden „Außenanwälte" nach dem Streitwert abgerechnet, weil seine Aufgabe erklärtermaßen darin

---
43 *Fischer* in Henssler/Koch, § 12 Rn. 41, S. 404 zu den einzelnen Praktiken.

bestand, die AG trotzt der streitigen Ehescheidung im finanziellen Überlebenskampf zu erhalten.

792 Eine Entgeltabsprache kann, wie ausgeführt, natürlich auch **statt an der Zeit am Streitwert** anknüpfen. Der Mediator könnte etwa vertraglich ohne Weiteres vereinbaren, dass für die Mediation (**Wert einvernehmlich festgesetzt auf 3.000.000,00 €**) eine Geschäftsgebühr nach VV RVG Nr. 2300 (mit etwa einem mittleren Umfang von 1,5 Gebühren) anfällt.

793 **Weitere Varianten,** er könnte vereinbaren:

- dass eine Geschäftsgebühr von 2,5 anfällt,

- dass eine zweite Geschäftsgebühr von 2,5 ab einer Verhandlungsdauer von mehr als 20 Stunden anfällt (alleine um einen Anreiz für einen vertretbaren Zeitaufwand zu schaffen),

- dass neben der Geschäftsgebühr von 2,5 entsprechend der Anzahl der Medianten die Erhöhungsgebühr der VV Nr. 1008 von je 0,3 anfällt,

- dass neben der Geschäftgebühr von 2,5 für das Mediationsverfahren für die schriftliche Formulierung der ausgehandelten Abschlussvereinbarung die **Einigungsgebühr** der VV Nr. 1000 1,5 anfällt (oder die Einigungsgebühr auch schon bei einer reinen Anwesenheit des Mediators bei einer abschließenden Einigung [mit schriftlicher Niederlegung] anfällt).[44]

Der letztere Vorschlag knüpft an die üblichen Schritte eines Mediationsverfahrens, wie sie unter A.I. (→ Rn. 748) dargestellt sind, an.

e) Erfolg der Mediation

794 Noch eine kritische **Anmerkung** zum „Erfolg" der Mediation: Juristen neigen dazu, Ziel und Erfolg der Mediation darin zu sehen, dass am Ende eine gemeinsame Vereinbarung zwischen den Medianten getroffen wird. Das ist unrichtig, denn auch in einem **Abbruch** einer Mediation durch einen oder beide Medianten darf der Mediator, wenn es auch schwer fällt, **keinen Misserfolg** des Mediators sehen. Die Medianten können nicht etwa die Zahlung der **Mediationsgebühren verweigern** oder die gezahlten Gebühren mit der These **zurückfordern,** mangels Abschlussvereinbarung sei die Mediation „erfolglos" geblieben. Ein mögliches Ergebnis der Mediation kann nämlich auch in der Feststellung bestehen, dass der Konflikt nicht durch eine Mediation zu lösen ist und daher die Mediation **rechtzeitig** (und nicht etwa verzögert) **abzubrechen** ist. *Fischer*[45] rät daher

---

44 Zulässig, so auch *Horst* in Haft/Schliefen, Kap. 47, Rn. 82 ff. S. 1162.
45 *Fischer* in Henssler/Koch, § 12 Rn. 33.

gerade in Familiensachen zu einer sorgfältigen Prüfung, ob die Sache überhaupt (schon) für ein Mediationsverfahren geeignet ist.

Meist haben die Medianten aber auch bei einer nicht „erfolgreichen" Mediation durch das Verfahren selbst einen großen persönlichen Zugewinn erfahren, dass sie nämlich erleben konnten, wie man wieder untereinander zu einem sachlichen Sprechen und Zuhören gelangen kann. Auch darin kann ein Erfolg der Mediation liegen. Es gibt Fälle, in denen es zwar nicht zu einer abschließenden Lösungsvereinbarung und Neugestaltung kommt, die Medianten sich vielmehr entschließen, den Status Quo zu belassen, weil er doch die bessere Lösung ist, sie aber sich vornehmen, bei künftigen Schwierigkeiten sofort das autonome, klärende Gespräch zu suchen. Diese Sicht eines Erfolges können wir Juristen von den Psychologen, die auch mit gutem Erfolg Mediation betreiben, lernen. Dieses Hinzulernen der Medianten muss von diesen eben auch bezahlt werden. Dennoch geht das Streben nach einer abschließenden Vereinbarung und wenn die Mediation abgebrochen wird, entsteht Frust[46].

Bei der Durchführung der Mediation sind gewisse Prinzipien unverzichtbar[47]:

(1) Freiwilligkeit

(2) Neutralität

(3) Eigenverantwortlichkeit

(4) Informiertheit

(5) Vertraulichkeit.

f) Vor- und Nachbereitungskosten

Ein konfliktträchtiges Thema kann der Ansatz von Zeitstunden für die **Vor- und Nachbereitungen** der Mediationssitzungen werden, falls die Honorierung dieses Punktes nicht ausdrücklich vorbesprochen und im Vertrag geregelt ist.

Neben der reinen Sitzungszeit fallen für den Mediator in aller Regel an:

– Telefonate zur Organisation des ersten Termins.

– Vorbereitung auf ein gerade zu diesen Medianten passendes Einführungsgespräch mit geeigneten Bausteinen für einen Mediationsvertrag.

---

46 *Fischer* in Henssler/Koch, § 13 Rn. 33.
47 *Schröder,* Rn. 27 ff.

- Fertigung eines Gedächtnisprotokolls oder mindestens doch eingehende Notizen und Reflexionen im Anschluss an den Termin.[48]
- Vor dem nächsten Termin: Einlesen in das Zwischenergebnis und die Ziele des nächsten Termins.
- Nachbereitung dieses Termins.

Zeit kostet eben Geld, das kann man dann den Medianten auch erklären und vertraglich regeln, um spätere Konflikte hierüber zu vermeiden[49].

V. Gibt es eine gesetzliche Gebühr, an der die vereinbarte Gebühr des § 34 I 1 RVG für die Mediation zu messen ist? Anwendbarkeit des § 3a Abs. 2 RVG auf die Gebührenvereinbarung – Formbedürftigkeit?

1. Der Sinn des § 34 RVG

797 Die Antwort auf die in der Überschrift gestellte Frage lautet: Nein. Es wäre doch geradezu widersinnig, wenn der Gesetzgeber ausdrücklich die Beratung, das schriftliche Gutachten und die Mediation vom bisher gesetzlich umschriebenen Gebührenrahmen lösen und damit einem **freien Aushandeln** überantworten würde, und dann die Mediatoren (auf solch einen Gedanken kommt nur ein Jurist) gegen den Gesetzeswortlaut und die Motive des Gesetzgebers wieder krampfhaft nach einer begrenzenden Einschränkung suchten, die dann doch die Freiheit der auszuhandelnden Vereinbarung wieder **einschränken** würde. Hier soll nach dem erklärten Willen des Gesetzgebers allein der Markt regulierend wirken.

798 Die Gebührenvereinbarung kann nicht an § 3a Abs. 2 RVG (unangemessen hoch), sondern allenfalls am allgemein geltenden **Sittenwidrigkeitsmaßstab** (§ 138 Abs. 2 BGB) gemessen werden[50].

799 Ehe man aber zum Verdikt der Sittenwidrigkeit kommt, sind zuvor alle Kriterien des § 14 RVG heranzuziehen. Sonstige Sittenwidrigkeitsmerkmale wie etwa der **doppelte Marktpreis** als Grenze sind in diesem Zusammenhang untauglich. Infrage kämen hier nur solche Fälle, in denen das ausgehandelte Stundenhonorar ganz erheblich, ja geradezu unerträglich über der üblichen Spanne von Stundenhonoraren läge. Nach den BRAK-Informationen[51] liegen die bekannt gewordenen anwaltlichen Stundensätze

---

48 *Fischer* in Henssler/Koch, § 13 Rn. 43, S. 405.
49 *Fischer* in Henssler/Koch, § 13 Rn. 41 ff.; *Risse*, § 13 Kosten der Mediation, S. 486, Rn. 6.
50 *Greger/Unberath*, MediationsG, 2012, § 2 Rn. 232.
51 BRAK-Mitteilungen 2006 S. 11.

zwischen 100,00 € und 600,00 €, gehen aber in **internationalen Großsozietäten** auch erheblich darüber hinaus. Wenn also etwa von einer weitgehend in **Deutschland** tätigen **mittleren** Kanzlei ein Stundenhonorar von 1.200,00 € ausgehandelt wäre, so müsste man sich im Einzelfall zunächst einmal die Schwierigkeit der anwaltlichen Tätigkeit, die Bedeutung der Angelegenheit, die **wirtschaftlichen Verhältnisse** des Mandanten und das **Haftungsrisiko** des Anwaltmediators näher ansehen (§ 14 RVG), ehe man zum Sittenwidrigkeitsurteil wegen Wuchers gelangte. Wenn etwa der einige Jahre zurückliegende Konflikt um das Kernkraftwerk Mülheim-Kärlich (Bedeutung der Angelegenheit 9 Milliarden DM, ganz besonders gute wirtschaftliche Verhältnisse des Mandanten und außerordentlich hohes Haftungsrisiko) vorab durch eine Mediation hätte gelöst werden sollen, so ließe sich in einem solchen Fall sicher gegen einen Stundensatz des Mediators von 2.000,00 € überhaupt nichts einwenden.

Andererseits wird bei niedrigem Streitwert ein auskömmliches Honorar sich bei vordergründigem reinem Zahlenvergleich, der den Arbeitsaufwand vernachlässigt, immer in der Nähe der Sittenwidrigkeitsgrenze bewegen. Es müssen also alle Umstände des Einzelfalles, auch über die Kriterien des § 14 RVG hinaus zur Bewertung der Sittenwidrigkeitsfrage herangezogen werden. Dabei scheint es unzulässig, in strenger Anwendung des § 138 BGB nur auf Fakten, die zum Zeitpunkt des Vertragsabschlusses bestanden, abzustellen[52].

800

Richtig scheint mir, ergänzend auch auf die Entwicklungen des Mandats in den Punkten abzustellen, die bei Vertragsschluss schon angelegt waren. Die ersten Stimmen aus der Anwaltschaft (siehe nachfolgend unter 2., → Rn. 803) sehen die Rechtslage zwar grundsätzlich genauso, malen aber den „Teufel an die Wand", indem sie vor Richterwillkür warnen und daher mindestens den sichersten Weg der schriftlichen Form nach den **Formerfordernissen des § 3a RVG** dringend empfehlen.[53] § 3a regelt aber nur die vom Gesetz abweichende Gebührenregelung[54]. § 34 RVG sagt ausdrücklich, dass es für die Mediation keine gesetzliche Gebühr gibt, sondern in erster Linie die ausgehandelte Gebühr.

801

Nach richtiger Ansicht ist **§ 3a RVG** (Gebührenvereinbarung) selbst **insgesamt unanwendbar,** weil es im Verhältnis zur frei auszuhandelnden Gebührenvereinbarung für die Tätigkeiten des § 34 RVG, wie ausgeführt, **keine gesetzliche Vergütung** mehr gibt, an der festgestellt werden könnte, ob sie niedriger oder höher ist, als die gem. § 34 RVG vereinbarte Gebühr. Die nach dem Gesetz, dem § 34 RVG, vorgesehene **gesetzliche Gebühr**

802

---

52 So aber BRAK-Mitteilungen 2006, S. 22.
53 Diese Ansicht vertritt auch *Horst* in Haft/Schliefen, § 47 Rn. 30, S. 1152.
54 *Bischof* in Bischof, RVG, § 34 Rn. 4, 31, 32, 78 ff.

ist, jedenfalls wenn man sich nach dessen Abs. 1 S. 1 einigt, die **vereinbarte Gebühr.**

2. Die ängstlichen Stimmen der Literatur zum Problem

803 *Römermann*[55] fürchtet, auch bei der frei nach § 34 RVG vereinbarten Vergütung werde von der wenig anwaltfreundlichen **Rechtsprechung,** wenn auch unrichtigerweise, eine gerichtliche Angemessenheitsprüfung nach § 4 Abs. 4 RVG, jetzt § 3a RVG, vorgenommen werden. In aller Vorsorge rät *Römermann* daher zur genauen Beachtung der Form des § 4 RVG (jetzt § 3a). Ähnlich ängstlich wirft *N. Schneider*[56] die Frage auf, ob die vereinbarte Vergütung gem. § 4 Abs. 4 RVG (jetzt § 3a) einer **Angemessenheitsprüfung** unterzogen werden könne. Er lässt die Frage letztlich offen.

804 *N. Schneider*[57] untersucht ferner, ob vielleicht die darunter liegende abweichende **gesetzliche Gebühr** die übliche Gebühr des § 612 Abs. 2 BGB sei, die dann anfangs (nach dem 1.7.2006) jedenfalls noch durch die bisherigen Nrn. 2100 ff. VV ausgefüllt werden müsse. In diese Richtung argumentiert auch *Madert*.[58]

Auch das ist unzutreffend. Wenn nach Satz 1 des Absatzes 1 des § 34 RVG eine Gebührenvereinbarung zustande gekommen ist, ist der subsidiäre Satz 2 (**übliche Gebühr,** § 612 BGB) überhaupt nicht anwendbar. Beide Normen (Satz 1 und Satz 2) schließen sich vielmehr gegenseitig aus.

Rick, der in der Vorauflage[59] noch meinte, die vergütungsrechtlichen Rahmenbedingungen für Gebührenvereinbarungen i. S. d. Abs. 1 S. 1 richteten sich grundsätzlich nach § 4 RVG, kommt nunmehr[60] zum zutreffenden Ergebnis, dass Vereinbarungen nach § 34 RVG formlos abgeschlossen werden können. *Horst*[61] meint noch immer irrig, der Anwaltmediator müsse die spezielle Schriftform des § 3a RVG beachten.

805 *Baumgärtel*[62] meint, hinsichtlich den Voraussetzungen einer wirksamen Gebührenvereinbarung werde auf § 3a RVG verwiesen, vom Textformerfordernis in § 3a RVG sei allerdings dann nicht auszugehen, wenn der Auftraggeber im Anschluss die Vergütung begleiche; anders aber *Baumgärtel* an

---

55 *Römermann* in Hartung/Römermann/Schons, RVG, § 34 Rn. 47.
56 *N. Schneider,* Die Vergütungsvereinbarung, 2006, Rn. 1314.
57 *N. Schneider,* Die Vergütungsvereinbarung, 2006, Rn. 1316 ff.
58 Gerold/Schmidt/*Madert,* RVG, 18. Aufl. 2008, § 34 Rn. 106.
59 AnwK-RVG/*Rick,* 3. Aufl. 2006, § 34 Rn. 9.
60 AnwK-RVG/*Rick,* 4. Aufl. 2008, § 34 Rn. 9.
61 *Horst* in Haft/Schliefen, Kap. 47 Rn. 30.
62 *Baumgärtel* in Baumgärtel/Hergenröder/Houben, RVG, 14. Aufl. 2008, § 34 Rn. 17.

anderer Stelle⁶³. Dort sagt er: Die Gebührenvereinbarung unterliege **nicht** der Formvorschrift des § 3a RVG. *Mayer* in *Gerold/Schmidt* kommt jetzt zum richtigen Ergebnis⁶⁴. *Onderka*⁶⁵ meint etwas nebulös, „die Vergütung könne der Anwalt frei im Rahmen der allgemeinen zivil- und berufsrechtlichen Schranken (siehe dazu § 3a Rn. 17) vereinbaren." „Allgemeine zivilrechtliche Schranken" sind in Ordnung, aber der Hinweis auf die Fundstelle „§ 3a" kann zu Missverständnissen Anlass geben.

Abschließend sei zu diesen Bedenken der Literatur bemerkt: Der Gesetzgeber war frei in seiner Entscheidung, er hat sich bewusst im Satz 1 des § 34 RVG für die **Freigabe der Gebührenverabredung,** also auch hinsichtlich der **Form** entschieden. Dann kann die Dritte Gewalt nicht in die Legislative eingreifen, vergleiche dazu näher *Bischof*⁶⁶. 806

VI. Begleitung eines Medianten im Mediationsverfahren durch einen Anwalt („Außenanwalt")

1. „Außenanwälte" in der Mediation

In nicht wenigen Fällen wird die Partei (Mediant) in der Mediation begleitet durch einen Anwalt ihres Vertrauens. Häufig hat gerade dieser den Versuch einer Mediation angestoßen. Solche Beispiele finden sich auch in der Familienmediation⁶⁷. *Koch*⁶⁸ rät, dass nur solche Anwälte den Medianten in einer Mediation begleiten sollten, die grundsätzlich die Methode der Mediation als Konfliktlösungsmöglichkeit bejahen. 807

Die Gebühren des die Mediation begleitenden Anwaltes richten sich **nicht nach § 34 RVG** (also nach einer Vereinbarung oder hilfsweise nach der Üblichkeit § 612 Abs. 2 BGB), sondern es handelt sich dann um „**Vertretungskosten**" nach Nr. 2300 VV RVG.⁶⁹ 808

Auch dann ist die Mediationsvertretung eine Tätigkeit außerhalb eines gerichtlichen Verfahrens, wenn es sich um eine sogenannte **Innenmediation** (gerichtsinterne Mediation) durch einen Richtermediator in einem laufenden Prozess handelt (siehe den Wortlaut des § 278 Abs. 5 S. 2 809

---

63 *Baumgärtel* in Baumgärtel/Hergenröder/Houben, RVG, 14. Aufl. 2008, § 34 Rn. 50.
64 *Gerold/Schmidt*, RVG, § 34 Rn. 43.
65 *Schneider/Wolf*, RVG, § 34 Rn. 72.
66 *Bischof* in Bischof, RVG, § 34 Rn. 32 ff.
67 Vgl. dazu *H.-U.* u. *S. Neuenhahn*, NJW 2005, 1244.
68 *Koch* in Henssler/Koch, § 11 Rn. 11, S. 329.
69 *Bischof* in Bischof, RVG, § 34 Rn. 106; *Horst* in Haft/Schliefen, Kap. 47, Rn. 95 ff., S. 1163; abzulehnen *Madert*, Vergütungsvereinbarung, A Rn. 16.

ZPO[70]). Zur Gebühr im letzteren Falle siehe die Gebührenbeispiele unter B. VIII. 4 ff. (→ Rn. 841 ff.).

810 Die Geschäftsgebühr ist aus dem Geschäftswert mit 0,5 bis 2,5 zu bemessen.

811 Da die anwaltliche Betreuung im Mediationsverfahren spezifische Kenntnisse dieses Verfahrens voraussetzt und auch juristisch anspruchsvoll ist (vom Anwalt wird der schwierige Spagat zwischen zutreffender Rechtsberatung und Förderung der Verständigung gefordert), dürfte, wenn auch die übrigen Kriterien des § 14 Abs. 1 S. 1 RVG im oberen Bereich liegen, in der Regel der Griff nach dem **höchsten Gebührensatz** von 2,5 zulässig sein[71]. Der Außenanwalt muss bei der Begründung des Höchstsatzes von 2,5 aber beachten, welche Sätze sonst in Familiensachen Berücksichtigung finden.

812 Bei der Bemessung dessen, was in Familiensachen als durchschnittlich umfangreich gilt, wird häufig auf die von *Prof. Dr. Hommerich* erstellte Studie über den Zeitaufwand der Rechtsanwälte und Rechtsanwältinnen in Familiensachen Bezug genommen.[72]. Nach dieser Studie ist bei folgendem Zeitaufwand (außergerichtlich und gerichtlich) von einer durchschnittlichen Sache zu sprechen:

- Scheidung (ohne Folgesachen) – 129 Min.
- Folgesachen (ohne Scheidung) – 159 Min.
- Scheidung mit Folgesachen ohne vorherige Beratung – 288 Min.
- Scheidung mit Folgesachen mit vorheriger Beratung – 434 Min.
- isolierte Unterhaltssache – 231 Min.
- isolierte Sorge- und Umgangsrechtssache – 195 Min.
- isoliertes Verfahren Güterrecht – 182 Min.
- isoliertes Verfahren Ehewohnung und Hausrat – 94 Min.
- einstweilige Anordnung Unterhalt – 125 Min.
- einstweilige Anordnung Sorge- und Umgangsrecht – 177 Min.
- einstweilige Anordnung Ehewohnung und Hausrat – 88 Min.

---

70 *Bischof* in Anmerkung zu OLG Braunschweig AGS 2007, 393 und Anmerkung zu OLG Rostock AGS 2007, 343.
71 Vgl. *Risse*, § 12 Die Rolle der Anwälte, S. 481 Rn. 24, noch zum § 118 BRAGO: Höchstgebühr von 10/10 Geschäftsgebühr mit der Chance einer Besprechungsgebühr; § 13 Kosten der Mediation, S. 490, Rn. 12.
72 *Jungbauer* in Bischof, RVG, Nr. 2300 VV Rn. 53.

Rechnet man aus diesen Zeitangaben entsprechende Zeiten, die auf die gerichtliche Tätigkeit entfallen, heraus, erhält man den durchschnittlichen Aufwand für eine außergerichtliche Tätigkeit.

Diese Durchschnittszeiten müssen bei der Vertretung in der Mediation überschritten sein, wenn unter Hinzukommen der Qualifikation für ein Mediationsverfahren der Höchstsatz von 2,5 angesetzt werden soll. Wie immer im Juristenleben: Wenn etwas fundiert begründet wird, hat es die Chance, dass es vor kritischen Augen Bestand hat. 813

Der Außenanwalt kann natürlich auch eine Stundenvergütung vereinbaren[73]. 814

Der **Parteianwalt** (Außenanwalt) haftet wie bei jeder anderen anwaltlichen Tätigkeit mangels anderer Absprache aus PVV (§ 241 Abs. 2 BGB) für fahrlässiges Fehlverhalten[74], die Tätigkeit als Außenanwalt wie als Anwaltmediator ist gemäß der Erklärung der Haftpflichtversicherer durch die Haftpflichtversicherung des Anwaltes gedeckt. 815

2. Vertretung des Mandanten/Medianten bei Gericht im Rahmen des Verfahrens beim Güterichter nach § 278 Abs. 5 ZPO

Die Pilotprojekte der **gerichtsinternen** Mediation, heute Güterichterverfahren (wird die Mediation nach Prozesseinleitung außergerichtlich etwa von Anwaltmediatoren durchgeführt, so nennt man das neuerdings **gerichtsnahe Mediation**[75]) nehmen ständig zu. 816

Reicht der Außenanwalt auftragsgemäß Klage bei Gericht ein, so erfüllt durch seine Tätigkeit gemäß diesem Auftrag die Verfahrensgebühr der Nr. 3100. 817

Kommt es nun, weil der Prozessrichter das Prozessverfahren wegen des Mediationversuchs zum Ruhen bringt (§ 251 ZPO) und die Parteien mit einer gerichtsinternen beim Güterichter (oder gerichtsnahen Meditation) einverstanden sind, zu einem Mediationstermin etwa beim Güterichter, so erhält der Außenanwalt durch diese Terminswahrnehmung nun nach dem 2.KostRMoG (Vorbem. 3.3) i. V. m. dem MediationsG jetzt unmittelbar die **Terminsgebühr** nach Nr. 3104[76], da der Güterichter richterliche Funktionen ausübt. 818

---

73 *Koch* in Henssler/Koch, § 11 Rn. 11, S. 329.
74 *Risse,* § 12 Rn. 26, S. 482.
75 So *H.-U.* und *S. Neuenhahn,* NJW 2005, 1244.
76 *Bischof* in Bischof, RVG, Vorbem. 3 Rn. 33; *Klowait/Gläßer,* Mediationsgesetz, § 278 ZPO, Rn. 7 ff.

819   Die Terminsgebühr erhielte er aber auch wegen einer anderen Modalität der Norm (Nr. 3104 i. V. m. Abs. 3 Vorbem. 3, letzte Alt.): Durch seine Teilnahme an der Besprechung beim Güterichter hat er nämlich „mitgewirkt an auf die **Erledigung** des Verfahrens gerichteten **Besprechungen**", wodurch die Terminsgebühr der Nr. 3104 VV RVG ebenfalls ausgelöst würde.[77] Siehe ferner die Ausführungen unter B.VIII. 4 ff. (→ Rn. 841).

VII. Rechtsberatung der Medianten durch den Mediator – Gebühr?

1. Gibt das anwaltliche Fachwissen einen zusätzlichen Gebührenanspruch?

820   Ob der Anwaltmediator in seinen Sitzungen Rechtsrat erteilen darf, ist lebhaft umstritten. Fragt man Anwälte in der Ausbildung zum Mediator, ob sie Fragen der Medianten nach der Rechtslage beantworten dürfen, so verneinen sie das meist und sind der Ansicht, da halte ich mich lieber, vor allem schon aus berufsrechtlichen Erwägungen raus. Nach den ersten Fallbearbeitungen als Mediator wandelt sich die Sicht der Dinge.

821   Es gibt in der Mediation ja auch den Grundsatz der **Informiertheit,** d. h., beide Parteien versprechen vertraglich (daher auch das Beweisverbot für den Fall eines späteren Rechtsstreits in derselben Sache), sich gegenseitig über alle fallrelevanten Fakten offen zu informieren. Gilt das dann nicht auch für den teilnehmenden Anwaltmediator, jedenfalls mindestens dann, wenn die Parteien ihn nach der **Rechtslage** ausdrücklich fragen. Sie haben ja häufig deshalb gerade ihn als Fachmann und nicht einen Psychologen als Mediator aufgesucht. Dies ist ein nach wie vor heiß umstrittenes Thema in der Literatur zur Mediation.

822   Das OLG Rostock hat sich mit dieser Frage, allerdings unter dem Gesichtspunkt des **Rechtsberatungsgesetzes a. F.** auseinandergesetzt und meint, dass letztlich jede Vertragsgestaltung auch etwas mit Rechtsberatung zu tun habe[78].

823   Das neue Rechtsdienstleistungsgesetz (RDG) sieht das anders. § 2 Abs. 4 lautet:

„Rechtsdienstleistung ist nicht: (…)

4. **die Mediation** und jede vergleichbare Form der alternativen Streitbeilegung, sofern die Tätigkeit nicht durch **rechtliche Regelungsvorschläge** in die Gespräche der Beteiligten eingreift, (…)"

---

77 OLG Hamm NJW 2006, 2499; OLG Koblenz RVGReport 2005, 269; *Bischof* in Bischof, RVG, Vorbemerkung 3 VV Rn. 75a; *Horst* in Haft/Schliefen, Kap. 47 Rn. 97 S. 1164.
78 OLG Rostock ZKM 2001, 193,195 = MDR 2001, 1197.

Wenn der Mediator also nur Regelungsvorschläge der Medianten entgegennimmt, selbst also solche nicht macht, so ist das keine unerlaubte Rechtsberatung.

Die Frage stellt sich auch gebührenrechtlich. Denn für die Katalogtätigkeiten des früheren § 1 Abs. 2 BRAGO = jetzt gleichlautend § 1 Abs. 2 RVG, etwa den Vormund (§ 1835 Abs. 3 BGB), den Insolvenzverwalter, den Liquidator usw. ist es völlig unbestritten[79], dass der Rechtsanwalt, der eine dieser Tätigkeiten ausübt, zunächst einmal die dafür **übliche Vergütung** (etwa als Insolvenzverwalter) erhält. Fordert seine Tätigkeit (etwa als Insolvenzverwalter) dabei typische **volljuristische Fähigkeiten,** so kann der Rechtsanwalt daneben auch noch die Gebühren nach der BRAGO, jetzt dem RVG, fordern. 824

Göttlich/Mümmler/Rehberg/Xanke[80] vertraten die Ansicht, würde im gegeben Falle ein nichtanwaltlicher Mediator rechtlichen Beistand hinzuziehen müssen, um seine Funktion ordnungsgemäß auszuführen, so sei der ratgebende Anwaltmediator wegen seiner **Doppelfunktion** auch nach der BRAGO zu honorieren.[81]

2. Rechtliche Beratung der Medianten

Darf der Anwaltmediator die Medianten rechtlich beraten? *Friedrichsmeier*[82] bejaht das. Dazu bemerkt er[83]: 825

„Wenn man der hier vertretenen Auffassung folgt, dass der Mediator nicht nur für die Kommunikation, sondern auch für den Inhalt der Verhandlung mit verantwortlich ist, so muss dieser schon zu Beginn der Mediation prüfen, ob durch die Zeitabfolge der Mediation Rechtsveränderungen entstehen können und auf mögliche Rechtswahrung hinweisen." Gemeint ist etwa ein Verjährungshinweis.

Henssler[84]: 826

„Bei der Beauftragung eines Rechtsanwalts als Mediator bestimmen die Parteien einvernehmlich dessen Rolle als zur **Objektivität, Neutralität und Unvoreingenommenheit** verpflichteten Mittler ohne eigene Kon-

---
79 BGH MDR 1998, 1435.
80 *Göttlich/Mümmler/Rehberg/Xanke*, BRAGO, 20. Aufl. 2001, „Mediation", 2. Gebührenfragen.
81 In der Neuauflage *Göttlich/Mümmler/Rehberg/Xanke*, RVG, 2004, „Mediation" wird diese These allerdings nicht mehr wiederholt.
82 *Friedrichsmeier* in Haft/Schlieffen, § 34, Der Rechtsanwalt als Mediator, S. 837 ff., Rn.1 ff.
83 *Friedrichsmeier* in Haft/Schlieffen, § 34 Der Rechtsanwalt als Mediator, S. 845, Rn. 37.
84 *Henssler* in Henssler/Koch, § 3 Anwaltliches Berufsrecht und Mediation, S. 109 Rn. 23.

fliktentscheidungskompetenz. Beide Seiten begrenzen die Tätigkeit des Anwalts auf die **Position des Verhandlungsführers der eigenen Konfliktbearbeitung.** Das Ziel der Vermittlung bedingt, dass die Ausgangsinteressen der Parteien mit Hilfe des Mediators in ein gemeinsames Interesse an einer einverständlichen Regelung „mediatisiert" werden. Im Rahmen des Mediationsverfahrens müssen daher zwar notwendig die gegenläufigen, den Konflikt auslösenden Interessen der Parteien erörtert und beraten werden. Die Auseinandersetzung mit dem Interessengegensatz der Parteien führt aber zu **keiner Interessenkollision,** da auch sie durch das übergeordnete gemeinsame Interesse an der gütlichen Konfliktlösung bedingt ist. Wer als Rechtsanwalt von beiden Parteien gemeinsam einen Mediationsauftrag annimmt, ist damit ausschließlich diesem **gemeinsamen Interesse** der Parteien verpflichtet."

827 Ähnlich äußert sich *Risse*[85]:

„Mediatoren, die eine Anwalts- oder Notarzulassung besitzen, müssen beachten, dass es ihnen die neutrale Stellung als Mediator **verbietet, parteilichen Rechtsrat** zu erteilen. Der Hinweis an eine Seite, die versprochene Zahlung doch besser durch eine Gehaltsabtretung sichern zu lassen, verbietet sich daher."

828 *Ulrike Fischer*[86], hat keine Bedenken, dass der Mediator irgendwann mit der Erörterung der **Rechtslage,** allerdings zum richtigen Zeitpunkt, heraustreten müsse. Allerdings warnt sie:

„Der Mediator gerät schnell an die Grenzen seiner Allparteilichkeit." Vergleiche ferner zum Problem *Schröder*[87].

829 Früher war der Verfasser sehr zurückhaltend in dieser Frage. In zahlreichen gemeinsamen Seminaren hat *Ulrike Fischer* ihn davon überzeugt, dass gelegentlich der Mediator gefordert ist, auch zur **Rechtslage** etwas zu sagen. Seit er eine Vielzahl von Baumediationen durchgeführt hat, vertritt er die Ansicht, die Parteien wollen auch über die Rechtslage reden. Das gilt in gleicher Weise in Familiensachen, z.B. wird die Frage gestellt, was sagt die Düsseldorfer Tabelle, u.Ä.

830 *Günther/Hilber*[88] gehen noch einen Schritt weiter. Sie bemerken:

„Fachlich sollte der Mediator sich vor allem auf dem von ihm gewählten Rechtsgebiet sehr gut auskennen. So muss ein Mediator im Wirtschafts-

---
85 *Risse,* § 8 Sachklärung und Erörterung der Rechtslage, S. 302 Rn. 55, bei § 10, Abschluss des Vergleichsvertrags, S. 386 Rn. 9 rät er allerdings zur Zurückhaltung.
86 *Fischer* in Henssler/Koch § 13 Mediation im Familienrecht, S. 410 Rn. 67.
87 *Schröder,* Rn. 99 ff.
88 *Günther/Hilber* in Henssler/Koch, § 22 Mediation im Zivilrecht, S. 522, Rn.108.

recht neben gesellschafts-, arbeits-, handels- und ähnlichen wirtschaftsrechtlichen auch steuerrechtliche und bilanzielle Kenntnisse haben, um qualifiziert bei der Ausarbeitung eines Vergleichsvertrags mitwirken zu können."

Das würde bedeuten, Familienmediation dürfte nur ein Anwaltmediator betreiben, der auch **Fachanwalt** für Familienrecht ist.

Dieser Ansicht kann der *Verfasser* allerdings nicht ganz folgen. Er hatte zwei Familienmediationen zu bearbeiten, bei denen die Trennungsfolgen im engeren Sinne kaum eine Rolle spielten, sehr streitig war die Auseinandersetzung der Familiengesellschaft. Hier standen wirtschaftliche Fragen im Vordergrund.

Einigkeit besteht hinsichtlich der Rechtsfrage aber unter allen Autoren dahin, dass der Mediator seine Mitwirkung jedenfalls dann verweigern muss, wenn die Medianten einen offensichtlich gesetz- oder **formwidrigen Vertrag** mit seiner Anleitung und Hilfe schließen wollen.

831

Die oben daneben aufgeworfene vordergründige Frage, ob der Mediator neben der Vergütung als Mediator auch noch **zusätzlich die Anwaltsgebühren** liquidieren darf, wenn er volljuristischen Rat erteilt, ist dahin zu beantworten: Doppelte Gebühren kann der Anwaltmediator auch bei Erteilung von Rechtsrat, wenn ihm das als Mediator nicht ohnehin verwehrt ist, nicht verlangen. Seine juristische Fachkompetenz wird schon durch einen etwa vom Psychologen meist deutlich abgehobenen Stundensatz dokumentiert.

832

Wollte man dem Mediator für seine Fachkompetenz als Volljurist eine besondere Gebühr zubilligen, so wäre jedenfalls dann die Mediatorgebühr um genau die Höhe der Gebühr für die Zuziehung eines Volljuristen (Nr. 2300 VV RVG) wieder herabzusetzen. Praktisch ausgedrückt: Die Qualifikation als Volljurist steckt bereits in dem höheren **Stundensatz des Anwaltsmediators** (also statt 100,00 € die höhere Summe von 150,00 €– 250,00 €).[89]

---

89 Ähnlich *Horst* in Haft/Schliefen, Kap. 47, Rn. 56 ff. S. 1158.

VIII. Abschlussvereinbarung Vergleich/Titel

1. Anwaltmediator

833 Der Gesetzeswortlaut, der den Anwaltsvergleich regelt, passt nicht auf die Abschlusstätigkeit des Anwaltmediators.

Die ZPO kennt den Anwaltsvergleich (§ 796a ZPO). § 796a ZPO lautet:

„Ein **von Rechtsanwälten** im Namen und mit Vollmacht der von ihnen vertretenen Parteien **abgeschlossener Vergleich** wird auf Antrag einer Partei für vollstreckbar erklärt, wenn sich der Schuldner darin der sofortigen Zwangsvollstreckung unterworfen hat und der Vergleich unter Angabe des Tages seines Zustandekommens bei einem Amtsgericht niedergelegt ist, bei dem eine der Parteien zur Zeit des Vergleichsabschlusses ihren allgemeinen Gerichtsstand hat."

834 Von einer Mindermeinung wird die Ansicht vertreten, dass der **Anwaltmediator selbst** einen **wirksamen Anwaltsvergleich** (mit Gebührenanspruch nach Nr. 1000 VV) protokollieren könne.[90]

Schon allein der Wortlaut des § 796a ZPO scheint das auszuschließen, weil er die Beteiligung **mehrerer** Rechtsanwälte voraussetzt. *Hacke*[91] will das über eine **Doppelvertretung** der beiden Medianten durch den **Anwaltmediator** lösen.

835 Diese Ansicht ist abzulehnen. Ginge es um die anwaltlichen Fähigkeiten als **juristische Protokollperson** – über diese würde auch der Anwaltmediator verfügen –, so müsste der Anwaltsvergleich auch zulässig sein, wenn in einem normalen Streitfall außerhalb der Mediation nur eine der Parteien anwaltlich vertreten wäre. Nach h. M., und dafür spricht auch der Gesetzeswortlaut des § 796a ZPO, müssen aber beide Vergleichspartner des Anwaltsvergleichs durch einen Anwalt vertreten sein. Nach dem Gesetzeswortlaut schließen die Anwälte namens und in Vollmacht der von ihnen vertretenen Parteien den Anwaltsvergleich (§ 796a ZPO). Mit *Risse*[92] ist daher der Abschluss eines Anwaltsvergleichs (§ 796a ZPO) allein durch den Anwaltmediator abzulehnen. Daher stellen sich insoweit für dieses Denkmodell keine weiteren Gebührenfragen.

836 Wie der Gesetzgeber insoweit die ihm gem. der EU-Richtlinie vom 21.5.2008, Art. 6 aufgegebene Regelung der Sicherstellung der Vollstreckbarkeit von grenzüberschreitenden schriftlichen Vereinbarungen umsetzen

---
90 *Hacke*, S. 280.
91 *Hacke*, S. 281.
92 *Risse*, § 10, S. 441, Rn. 103.

wird, darf man mit Spannung erwarten, zumal eine gleiche Regelung für innerstaatliche Mediationen angestrebt wird.

Die Einigungsgebühr der Nr. 1000 VV RVG kann der **Anwaltmediator** (**anders** der Außenanwalt) daher nur liquidieren, wenn er sie vertraglich ausdrücklich mit den Medianten für seine Teilnahme an der Abschlussvereinbarung, die dadurch keine Titelqualität erlangt, vereinbart hat. Einen unmittelbaren gesetzlichen Anspruch nach dem VV RVG (Nr. 1000) kann er durch seine Beteiligung an der abschließenden Einigung, in welcher Form auch immer, nicht erlangen. 837

2. Notarielle Urkunde – Familiengerichtliche Titulierung der Abschlussvereinbarung

Legt einer der Medianten Wert darauf, dass die Abschlussvereinbarung tituliert wird, so bleibt heute etwa die Möglichkeit (falls die Medianten nicht durch Außenanwälte vertreten sind) der notariellen Beurkundung nach § 794 Abs. 1 Nr. 5 ZPO, die natürlich die Notargebühren auslöst. 838

In den hier behandelten Familiensachen kann die Vereinbarung im gerichtlichen Scheidungstermin gerichtlich (als Titel) protokolliert werden[93]. 839

3. Anwaltsvergleich durch Außenanwälte

Werden die Parteien dagegen von „Außenanwälten" in der Mediation begleitet, so können diese zweifellos im Namen und mit Vollmacht der Medianten den Anwaltsvergleich schließen und ihn sodann beim Wohnsitzgericht einer Partei niederlegen. Danach müsste dann noch gem. § 796b ZPO die **Vollstreckbarkeitserklärung** des Gerichts eingeholt werden, das an sich für den titulierten Anspruch zuständig gewesen wäre. 840

4. Gebührenbeispiele

Für diese Handlungen verdienen die „**Außenanwälte**" die folgenden anwaltlichen Gebühren:

(1) *Klage war noch nicht bei* **Gericht eingereicht,** *es war auch noch kein* **Prozessauftrag erteilt** 841

Die **Geschäftsgebühr** nach Nr. 2300 VV RVG (im Regelfall also 1,3 Gebühr, kann aber auch, wie ausgeführt, höher sein bis zu 2,5)   **1,3**

Für die Einigung aus dem Wert (Nr. 1000 VV RVG) die **Einigungsgebühr**   **1,5**

---

93 Schröder, Rn. 60.

842 **(2) Der Außenanwalt hatte zum Zeitpunkt der Einigung schon einen Prozessauftrag**

Dann erfällt für die Teilnahme an der Besprechung mit dem Gegner (auch ohne Beteiligung des Gerichts) zur Vermeidung des gerichtlichen Verfahrens gem. Vorbemerkung 3 Abs. 3 zu Teil 3 VV RVG aus dem Wert des

Prozessauftrages die	**Terminsgebühr 1,2**
und nach Nr. 3101	eine **Verfahrensgebühr 0,8.**
Ferner gem. Nr. 1000	die **Einigungsgebühr 1,5.**

843 **(3) Die Klage war bei der Einigung schon bei Gericht eingereicht**

Für die Einigung aus dem Wert (Nr. 1003 VV RVG)

Einigungsgebühr 1,0.

Da der Außenanwalt die Klage schon eingereicht hatte, erfällt für die Teilnahme an der Besprechung mit dem Gegner (auch ohne Beteiligung des Gerichts) zur **Erledigung** des Verfahrens gem. Vorbemerkung 3 Abs. 3 zu Teil 3 VV RVG aus dem Wert des Prozessauftrages die

Terminsgebühr 1,2

und nach Nr. 3100   eine **Verfahrensgebühr 1,3.**

844 Im Falle oben (1) kann der Außenanwalt die Terminsgebühr (durch **Einigungsbesprechungen**) nicht zusätzlich verdienen. Hat er zunächst nur einen Vertretungsauftrag nach Nr. 2300 (wofür er die unter (1) genannte Geschäftsgebühr Nr. 2300 verdient) und handelt er insoweit schon mit seinem Mediationsauftrag, so **verbietet** ihm die in die Wege geleitete Mediation, solange diese nicht abgebrochen wird, sich einen **Prozessauftrag** erteilen zu lassen und nunmehr Gebühren nach dem 3. Teil zu verdienen (Verfahrensgebühr, Terminsgebühr). Solange die Mediation läuft, kann er nur Gebühren nach dem **2. Teil** verdienen.

845 *(4) Der **Außenanwalt** hat vorprozessual an einer **erfolglose Mediation** teilgenommen und vertritt die Partei anschließend im Rechtsstreit oder einem Schiedsverfahren*

Für die vorprozessuale Mediation fällt dann die **Geschäftsgebühr** nach VV RVG Nr. 2300 in Höhe von 0,5 bis 2,5 an[94], die dann auf die Verfahrensgebühr des anschließenden Rechtsstreits (1,3 Gebühr) zur Hälfte bis zu maximal 0,75 angerechnet wird[95]. Die **Anrechnung** kann natürlich durch eine der Form des § 3a RVG entsprechende Vereinba-

---
94 *Ebert*, Anwaltsvergütung in der Mediation, in FS für Madert, München 2006, S. 67, 69.
95 *Brieske* in Henssler/Koch, § 9 Rn. 77, S. 294.

rung (für den Außenanwalt gelten die Gebührenvorschriften des RVG) **abbedungen** werden.

*(5) Der Außenanwalt vertritt die Partei **im Rechtsstreit** oder einem Schiedsverfahren, nun wird der Rechtsstreit oder ein Schiedsverfahren zur Durchführung einer Außenmediation (Außenmediator) zum Ruhen gebracht.* 846

Für die Vertretung in der Mediation steht dem Außenanwalt (ohne besondere Abrede) keine Geschäftsgebühr nach Nr. 2300 zu. Denn § 19 Abs. 1 Nr. 2 RVG bestimmt: „Zu dem Rechtszug oder dem Verfahren gehören (...) 2. außergerichtliche Verhandlungen."

Hat der Außenanwalt einen Prozessauftrag, so werden grundsätzlich auch die außergerichtlichen Verhandlungen durch die Verfahrensgebühr Nr. 3100 bzw. 3101 abgegolten[96]. Will der Außenanwalt die Gebühr nach Nr. 2300 verdienen, so bedarf auch das einer (der besonderen Form des § 3a entsprechenden) Gebührenvereinbarung. *Ebert*[97] vertritt hier die Ansicht, bei der Mediation (Geschäftsgebühr nach Nr. 2300) handele es sich um eine andere Angelegenheit als das gerichtliche Verfahren selbst. Das ist zwar vertretbar[98]. Will der Außenanwalt sich die Geschäftsgebühr sichern, so kann er dem Wortlaut des § 19 Abs. 1 Nr. 2 RVG mit einer der Form des § 3a RVG entsprechenden **besonderen** Gebührenvereinbarung begegnen. 847

*(6) Der Anwalt vertritt die Partei bei der **außergerichtlichen Geltendmachung** eines Anspruchs. Es kommt zu keinem erfolgreichen Abschluss der Angelegenheit. Nach einiger Zeit schlägt einer der Anwälte statt eines Rechtsstreits ein Mediationsverfahren vor. **Nur eine Partei lässt sich im Mediationsverfahren** anwaltlich vertreten.* 848

Ebert[99] vertritt die Ansicht, dass es sich hier um zwei Angelegenheiten von außergerichtlichen Vertretungen handelt und daher die Geschäftsgebühr VV 2300 zweimal anfällt. Da insoweit eine Anrechnungsvorschrift fehle, finde weder eine teilweise noch eine totale Anrechnung statt. Ein wichtiges Argument von Ebert ist, dass Parteien sich nicht immer im Mediationsverfahren im Anschluss an eine vorangegangene außergerichtliche Vertretung durch einen Anwalt (weiter) vertreten lassen. Der Anwalt benötige einen ausdrücklichen **neuen Auftrag** für das **Mediationsverfahren**. Auch der Rahmen sei verschieden. Nur der innere Zusammenhang sei gegeben. Wenn aber eines der drei Merkmale fehle, handelte es sich um eine **neue Angelegenheit**.

---

96 *Brieske* in Henssler/Koch, § 9 Rn. 80, S. 294.
97 *Ebert*, Anwaltsvergütung in der Mediation, in FS für Madert, München 2006, S. 67, 72.
98 *Bischof* in Anm. zu OLG Braunschweig AGS 2007, 393, 395 unter Nr. 6.
99 *Ebert*, Anwaltsvergütung in der Mediation, in FS für Madert, München 2006, S. 67, 69.

849 Auch hier würde der *Verfasser* – allerdings aus Gründen der Sicherheit – zu einer **ausdrücklichen Gebührenvereinbarung nach § 3a RVG** raten. Durch einen Vertrag nach § 3a RVG können aus einer **Angelegenheit zwei Angelegenheiten** gemacht werden[100].

850 *(7) Außergerichtliche Vertretung, Mediation – beide erfolglos, dann Klage*

Folgt man *Eberts* Ansicht, so fallen hier an:

- Geschäftsgebühr 2300 für die außergerichtliche Vertretung
- Geschäftsgebühr 2300 für die erfolglose Mediation
- Verfahrensgebühr für die Klage.

Anzurechnen ist nunmehr die letzte Geschäftsgebühr (Vorbem. 3 Abs. 4 Satz 2), also die Geschäftsgebühr für die Mediation auf die Verfahrensgebühr zu ½, maximal 0,75.

851 *(8) Vertretung eines Medianten durch den Außenanwalt im Verfahren nach § 796b ZPO, Vollstreckbarerklärung nach § 796a ZPO (also Niederlegung beim AG und Vollstreckbarerklärung des Anwaltsvergleichs durch Beschluss ohne mündliche Verhandlung).*

Nr. 3100 VV RVG – Vollstreckbarerklärung eines Anwaltsvergleichs

Verfahrensgebühr 1,3.

Noch nicht alle Kommentatoren haben bemerkt, dass der Gesetzgeber sein Redaktionsversehen bei Nr. 3327 der Novelle 2004 zwischenzeitlich repariert hat.[101] Es fällt also eine 1,3 Verfahrensgebühr nach Nr. 3100 und nicht nur eine 0,75 Gebühr nach der nicht mehr passenden Sondernorm Nr. 3327 an.

Eine Terminsgebühr fällt nicht an, weil gem. § 796b ZPO nur **nach Anhörung,** also ohne mündliche Verhandlung, über die Vollstreckbarkeit entschieden wird, also ein Sonderfall nach Nr. 3104 Anmerkung 1 Abs. 1 VV RVG nicht vorliegt.

---

100 *Bischof* in Bischof, RVG, 3. Aufl. 2010, § 15 Rn. 37; § 17 Rn. 30 mit Zitat des OLG Düsseldorf OLGR 1993, 160, das in den Entscheidungsgründen den Hinweis auf die Möglichkeit der Schaffung mehrerer Angelegenheiten durch eine dem § 4 – jetzt § 3a – RVG entsprechende Gebührenvereinbarung gibt.

101 Siehe Gerold/Schmidt/*Müller-Rabe,* RVG, 18. Aufl. 2008, Nr. 3100 Rn. 4.

IX. Kann aus dem Vergleich beim Güterichter vollstreckt werden?

Aus § 278 Abs. 6, Abs. 5 S. 2 ZPO folgt nunmehr, dass der Güterichter einen Prozessvergleich abschließen kann. Die früheren Probleme[102] sind damit beseitigt. Entsprechende kausale Anwaltskosten beim Güterichter sind damit festsetzbar und auch vollstreckbar.

852

(Rn. 853–857 in dieser Aufl. nicht belegt.)

X. PKH-Bewilligung für eine Mediation

Die Mediationsrichtlinie der EU vom 21.5.2008[103] bestimmt:

858

(1) Ein Gericht, das mit einer Klage befasst wird, kann ... die Parteien auffordern, die Mediation zur Streitbeilegung in Anspruch zu nehmen. Das Gericht kann die Parteien auch auffordern, an einer Informationsveranstaltung über die Nutzung der Mediation teilzunehmen, wenn solche Veranstaltungen durchgeführt werden und leicht zugänglich sind.

(2) Diese Richtlinie lässt nationale Rechtsvorschriften unberührt, nach denen die Inanspruchnahme der Mediation vor oder nach Einleitung eines Gerichtsverfahrens verpflichtend oder mit Anreizen oder Sanktionen verbunden ist, ...

Offenbar in Umsetzung der Richtlinie auch auf rein nationale Streitigkeiten bestimmt gerade für **Familiensachen** nunmehr § 135 FamFG:

859

(1) Das Gericht kann anordnen, dass die Ehegatten einzeln oder gemeinsam an einem kostenfreien Informationsgespräch über Mediation oder eine sonstige Möglichkeit der **außergerichtlichen** Streitbeilegung anhängiger Folgesachen bei einer von dem Gericht benannten Person oder Stelle teilnehmen. (...)

(4) Das Gericht kann bei seiner Kostenentscheidung berücksichtigen, wenn ein Beteiligter ohne ausreichende Entschuldigung nicht an einem Informationsgespräch gemäß Absatz 1 teilgenommen hat.

Sinn dieser Regelung (Informationsgespräch mit Möglichkeit von Kostensanktionen) kann doch nur sein, dass in Familiensachen die Beteiligten mit sanftem Kostendruck zur Teilnahme am Gespräch und der beabsichtigten Folge, der Teilnahme an einer außergerichtlichen Mediation angehalten werden sollen. *Spangenberg*[104] hat daraus den überzeugenden Schluss

860

---
102 Vgl. Vorauflage dieses Buches (2009), Rn. 852 ff.; vgl. *Klowait/Gläser*, Mediationsgesetz, § 278 Rn. 17.
103 Abl. EU L 136/3.
104 *Spangenberg*, FamRZ 2009, 834.

gezogen, dass damit von Verfassungs wegen[105] für diese vom Gericht angeregte außergerichtliche Mediation (für einen zeitlich überschaubaren Zeitraum) Mediationskostenhilfe gewährt werden müsse, um finanziell Unbemittelten gleiche Chancen wie Bemittelten zu geben.

---

105 BVerfG FamRZ 2008, 2179, 2180.

C. Vertragsbeispiele

I. Mediationsvereinbarung zwischen Medianten und Mediator (Variante 1)

Mediationsvereinbarung

zwischen

den Eheleuten

1. Herr M., ...

2. Frau M. ...

und

3. der Mediatorin Rechtsanwältin ...

Die Mediatorin wird beauftragt, mit den Eheleuten ... eine Trennungs- und Scheidungsberatung nach den Regeln der Mediation durchzuführen. Die Eheleute ... sollen am Ende eine von ihnen selbst verantworteten Entscheidung über alle ihnen wichtigen Rechtsfolgen von Trennung und Scheidung einvernehmlich aushandeln. Die Unterzeichner versprechen eine umfassende gegenseitige Information unter Offenlegung aller Tatsachen und versichern gegenseitig die Vertraulichkeit der Gespräche.

Beweisverbot:

Die Eheleute werden weder während noch nach Abschluss der Mediation die Mediatorin als Zeugin in einem Gerichtsverfahren benennen.

Während der Durchführung der Mediation sollen gerichtliche Verfahren nicht anhängig gemacht werden.

Die Eheleute sind bisher im Mediationsverfahren nicht anwaltlich vertreten.

Sie sollten spätestens vor Abschluss eines das Verfahren beendenden Vertrages jeweils eine Außenberatung durch eigene Rechtsanwälte einholen.

Die Eheleute versprechen, ein Stundenhonorar von 150,00 € zuzüglich derzeit 19 % MwSt. an die Mediatorin zu zahlen. Sie haften als Gesamtschuldner. Jeder Mediant zahlt 50 %. Vor- und Nacharbeiten der Mediatorin werden ebenfalls berechnet.

Die Eheleute haften ferner als Gesamtschuldner für eventuelle weitere Auslagen der Mediatorin nach Nr. 7000 ff. VV RVG.

Für den Fall, dass es zum Abschluss einer das Verfahren beendenden Vereinbarung kommt und diese von der Mediatorin rechtlich gestaltet wird, schulden die Eheleute als Gesamtschuldner eine am Geschäftswert der Vereinbarung orientierte 1,5 Gebühr nach der Gebührentabelle des RVG.

Über die Höhe dieser Gebühr wird die Mediatorin die Eheleute zuvor informieren, damit Sie entscheiden können, ob eine derartige Vereinbarung anwaltlich formuliert werden soll.

(Ort, Datum)   (Ort, Datum)

(Mediatorin)   (Medianten)

II. Mediationsvereinbarung zwischen Medianten und Mediator (Variante 2)

862

Mediationsvereinbarung

zwischen

1. Frau M., …

2. Herr M., …

– einerseits – im Folgenden kurz Medianten genannt

und

Rechtsanwalt und Mediator Dr. Michel ….

– andererseits – im Folgenden kurz Mediator genannt.

1. Die Medianten beauftragen den Mediator zur Durchführung des Mediationsverfahrens, dessen Ziel die von den Medianten selbst erarbeitete **einvernehmliche Regelung** ihres familienrechtlichen Konfliktes ist.

2. **Das Mediationsverfahren** ist abgeschlossen, sobald eine einvernehmliche Regelung in einer Abschlussvereinbarung schriftlich fixiert ist, unterzeichnet von den Medianten und dem Mediator.

3. Wie die Abschlussvereinbarung selbst unterliegt auch das Mediationsverfahren **der freien Regelung** durch die Medianten. Sie sind insbesondere gegenüber dem Mediator und untereinander zur jederzeitigen Beendigung der Mediation berechtigt.
4. Der Mediator wird nicht im Interesse eines, sondern aller Medianten tätig. Er ist während und nach Abschluss der Mediation zu vollständigem Stillschweigen allen Dritten gegenüber und zur Zeugnisverweigerung verpflichtet.
5. Der Mediator darf im Einverständnis aller Medianten mit einzelnen Medianten „Vieraugengespräche" führen. Er darf Informationen, die er in solchen Einzelsitzungen mit nur einer Partei erfahren hat, einer anderen Partei oder Dritten nur mit ausdrücklicher Zustimmung des Informationsgebers zugänglich machen. Dabei muss der Mediator klären, ob, in welchem Umfang und wem gegenüber er von den Informationen Gebrauch machen darf.

   Unabhängig davon sollten die Medianten sich intensiv bemühen, möglichst alle ihnen bekannten Tatsachen in der Mediationssitzung offen zu legen.
6. Das Honorar des Mediators wird auf der Basis eines nach Stundenaufwand zu berechnenden Zeithonorars (250,00 € + 19 % MwSt.), berechnet.

   (Eventueller Zusatz: „Sollte das Mediationsverfahren durch eine einvernehmliche Abschlussvereinbarung enden, so erhält der Mediator für die Mitwirkung bei der Ausarbeitung der Abschlussvereinbarung eine **Einigungsgebühr 1,5** gemäß Rechtsanwaltsvergütungsgesetz VV Nr. 1000 aus dem Gesamtwert aller Einigungspunkte.")
7. Ihre Rechte und Pflichten untereinander zur Durchführung dieses Mediationsverfahrens vereinbaren die Medianten in gesonderter Urkunde.
8. Die Abänderung dieser Vereinbarung muss schriftlich erfolgen. Ausgenommen von der Schriftform zur Abänderung dieser Vereinbarung ist der Ausspruch der Kündigung nach Ziffer 3 dieser Vereinbarung.

(Ort, Datum)   (Ort, Datum)

(Mediator)   (Medianten)

III. Vereinbarung zwischen den Medianten

863

Vereinbarung im Mediationsverfahren

zwischen

1. Frau M., …

und

2. Herrn M., …

1. Wir haben die Mediationsvereinbarung vom …. geschlossen, die in Anlage dieser Vereinbarung im Mediationsverfahren beigefügt ist.
2. Die Besonderheiten eines Mediationsverfahrens sind uns nach durchgeführter Belehrung bekannt. Uns ist bewusst, dass wir nun im fairem, offenem, vertraulichem Umgang miteinander eine einvernehmliche Regelung unseres Konflikts mithilfe des Mediators erreichen wollen.

   Wir vereinbaren ausdrücklich, allen Dritten gegenüber auch nach dem Ende der Mediation über alles, was wir im Laufe des Mediationsverfahrens voneinander erfahren haben, Stillschweigen zu bewahren, es sei denn, wir befreien uns von dieser Schweigepflicht.

   Entsprechend werden wir uns auch in etwaigen gerichtlichen Verfahren verhalten, weil wir der Meinung sind, es würde uns zur Unehre gereichen, würden wir in einem gerichtlichen Verfahren gegeneinander als Zeugen oder als Parteien aussagen.
3. Uns ist bekannt, dass der Mediator seinen Honoraranspruch gegen jeden von uns in voller Höhe geltend machen kann. Im Innenverhältnis sind wir einig, dass jeder von uns Honoraransprüche des Mediators zu jeweils 50 % erfüllt.
4. Wir halten uns an diese Vereinbarung bis zum Abschluss des Mediationsverfahrens – außer bei Abbruch der Mediation – gebunden.
5. Diese Vereinbarung kann im Übrigen nur einverständlich, dann schriftlich, abgeändert werden.

(Ort, Datum)   (Ort, Datum)

(Mediant)   (Mediant)

Das Mediationsgesetz von 2012 unterscheidet in seinem § 5 nach Absatz 1 und 2 zwischen dem Mediator und dem zertifizierten Mediator. Hier wartet die Praxis auf das Inkrafttreten der nach § 6 vorgesehenen VO. Zum Unterschied zwischen den beiden Formen sei verwiesen auf die excellenten Ausführungen von *Klowait* zu §§ 5 und 6 MediationsG.[106]

864

---

106 *Klowait/Gläßer*, Mediationsgesetz §§ 5 und 6.

Anhang: Übersicht Verfahrens-/Gegenstandswerte in Familiensachen (alphabetisch sortiert)

Gegenstand	Wertvorschrift	Verfahrens- bzw. Gegenstandswert
Abstammungssachen § 169 FamFG	§ 47 Abs. 1 FamGKG § 47 Abs. 2 FamGKG § 47 Abs. 3 FamGKG	2.000,00 € Feststellung Bestehen oder Nichtbestehen eines Eltern-Kind-Verhältnisses, Anfechtung der Vaterschaft. Übrige 1.000,00 €; aber evtl. höherer oder niedriger Wert möglich, (Rn. 83–86).
Adoptionssachen § 186 FamFG	§ 42 Abs. 2 FamGKG	Nichtvermögensrechtliche Angelegenheit, Wert ist unter Berücksichtigung aller Umstände des Einzelfalls, insbesondere des Umfangs und der Bedeutung der Sache und der Vermögens- und Einkommensverhältnisse der Beteiligten, nach billigem Ermessen zu bestimmen, darf aber 500.000,00 € nicht übersteigen, (Rn. 94).
Auskunftsantrag	§ 42 Abs. 1 FamGKG	Wert ist zu schätzen, die Rechtsprechung geht von ¼ bis 1/10 des Leistungsanspruchs aus, (Rn. 142).
Ehesachen § 121 FamFG	§ 43 Abs. 1, 2 FamGKG	Nichtvermögensrechtliche Angelegenheit, Wert ist nach Ermessen unter Berücksichtigung aller Umstände des Einzelfalles, insbes. des Umfangs und der Bedeutung der Sache und der Vermögens- und Einkommensverhältnisse der Beteiligten zu bestimmen, (Rn. 61 f.).

Gegenstand	Wertvorschrift	Verfahrens- bzw. Gegenstandswert
Ehewohnung, § 200 FamFG a) Abs. 1 Nr. 2 = Scheidung, § 1568a BGB b) Abs. 1 Nr. 1 = Getrenntleben, § 1361b BGB c) Zahlung einer Nutzungsentschädigung	a) § 48 Abs. 1 FamGKG b) § 48 Abs. 1 FamGKG c) § 48 Abs. 3 FamGKG c) § 48 Abs. 1 FamGKG	a) 4.000,00 € Festbetrag b) 3.000,00 € Festbetrag – aber evtl. höherer oder niedriger Wert möglich, (Rn. 97–100)
Einstweilige Anordnung §§ 49 f. FamFG	§ 41 FamGKG	In der Regel die Hälfte des für die Hauptsache festgelegten Wertes, (Rn. 232 f.).
– elterliche Sorge, – Umgangsregelung, – Kindesherausgabe	§§ 41, § 45 Abs. 1 FamGKG	1.500,00 € für jede Kindschaftssache, (Rn. 236).
– Kindesunterhalt	§§ 41, 51 Abs. 1 FamGKG	Halber Jahresbetrag des geforderten Unterhalts, (Rn. 237).
– Getrenntleben	§§ 41, 42 FamGKG	Hälfriger Auffangwert = 2.500,00 €, (Rn. 238).
– Ehegattenunterhalt	§§ 41, 51 Abs. 1 FamGKG	Halber Jahresbetrag des geforderten Unterhalts, (Rn. 237).
– Ehewohnung a) bei Scheidung b) bei Getrenntleben	§§ 41, 48 Abs. 1 FamGKG	a) 2.000,00 € b) 1.500,00 €, (Rn. 239).

Übersicht Verfahrens-/Gegenstandswerte in Familiensachen

Gegenstand	Wertvorschrift	Verfahrens- bzw. Gegenstandswert
– Haushaltssache a) Scheidung b) Getrenntleben	§§ 41, 48 Abs. 2 FamGKG	a) 1.500,00 € b) 1.000,00 €, (Rn. 240).
– Herausgabe persönlicher Sachen	§§ 41, 42 FamGKG	Wert ist zu schätzen nach dem Verkehrswert der Sachen, (Rn. 241).
– Benutzung persönlicher Sachen	§§ 41, 42 FamGKG	Wert ist zu schätzen nach dem Bruchteil des Wertes der Sachen, (Rn. 241).
– Maßnahmen nach a) § 1 GewSchG b) § 2 GewSchG	§§ 41, 49 FamGKG	a) 1.000,00 € b) 1.500,00 €, (Rn. 242).
– Kostenvorschuss	§§ 41, 42 FamGKG	Wertfestsetzung, maßgebend der geforderte Betrag, (Rn. 243).
– Herausgabe persönlicher Sachen des Kindes	§§ 41, 42 FamGKG	Wertfestsetzung anhand des Verkehrswertes der Sachen.
Elterliche Sorge (Kindschaftssache) § 151 FamFG	§ 45 Abs. 1 FamGKG § 45 Abs. 3 FamGKG	3.000,00 € aber evtl. höherer oder niedriger Wert möglich; (Rn. 71f.)
– im Verbund mit Scheidung/Folgesache	§ 44 Abs. 2 FamGKG	Eigener Wert gemessen am Wert der Scheidung (§ 43 FamGKG), pro Kindschaftssache 20 % des Wertes der Scheidung, Höchstbetrag = 3.000,00 €. (Rn. 194)

Gegenstand	Wertvorschrift	Verfahrens- bzw. Gegenstandswert
Feststellungsantrag	§ 42 Abs. 1, 2 FamGKG	In vermögensrechtlichen Angelegenheiten ist Verfahrenswert nach billigem Ermessen zu bestimmen; in nichtvermögensrechtlichen, ist Wert unter Berücksichtigung aller Umstände des Einzelfalls, insbesondere des Umfangs, der Bedeutung der Sache u. der Vermögens- und Einkommensverhältnisse der Beteiligten, nach billigem Ermessen zu bestimmen, darf aber 500.000,00 € nicht übersteigen, (Rn. 148, 149).
Gewaltschutzsachen a) § 1 GewSchG b) § 2 GewSchG	§ 49 Abs. 1 FamGKG § 49 Abs. 2 FamGKG	a) 2.000,00 € b) 3.000,00 € aber evtl. höherer oder niedriger Wert möglich, (Rn. 103, 104).
Güterrechtssachen § 261 FamFG		
– Zugewinnausgleich	§ 35 FamGKG	Geforderter Betrag, (Rn. 164).
– Stufenantrag	§ 38 FamGKG	Der höhere der beiden verbundenen Ansprüche ist maßgebend, wobei der Wert des Auskunftsantrags zu schätzen ist, (Rn. 165).
– Widerantrag	§ 39 Abs. 1 S. 1, 3 FamGKG	Zusammenrechnung der beiden Anträge, wenn es sich **nicht** um denselben Streitgegenstand handelt, andernfalls gilt der höhere der beiden Werte, (Rn. 166).
– vorzeitiger Zugewinnausgleich	§ 42 FamGKG	Wert ist zu schätzen nach dem Interesse des antragstellenden Teils, Wertfestsetzung ca. 1/1 des Ausgleichs, (Rn. 167).

Gegenstand	Wertvorschrift	Verfahrens- bzw. Gegenstandswert
– Stundung der Ausgleichsforderung	§ 42 FamGKG	Wert ist zu schätzen nach dem Stundungsinteresse des antragstellenden Teils, Wertfestsetzung 1/5 bis 1/6 der Ausgleichsforderung, (Rn. 173).
– Sicherheitsleistung für gestundete Forderung	§ 42 FamGKG	Wert ist zu schätzen, Bruchteil (1/10) des Anspruchs ist maßgebend, (Rn. 173).
– Übertragung von Vermögensgegenständen	§ 42 FamGKG	Wert ist zu schätzen, Verkehrswert der Sache (h. M.) oder Wert des erledigten Ausgleichsanspruchs, (Rn. 174).
– Aufhebung der Gütergemeinschaft	§ 42 FamGKG	Wert ist zu schätzen nach dem Interesse des antragstellenden Teils, Wertfestsetzung auf den beanspruchten Anteil, (Rn. 169).
– Ersetzung der Zustimmung bei Gesamtverfügungen eines Ehegatten	§ 36 Abs. 1 FamGKG i.V.m. 38 GNotKG sowie die für die Beurkundung geltenden Vorschriften des GNotKG.	Wert ist zu schätzen nach dem Wert des zugrundeliegenden Geschäfts, (Rn. 171).
– Zugewinnausgleich verbunden mit Stundung und/oder Übertragung von Vermögensgegenständen	§ 52 FamGKG	Werte sind zusammenzurechnen, (Rn. 175).
– Einstweilige Anordnung in güterrechtlichen Angelegenheiten	§ 41 FamGKG	In der Regel die Hälfte des für die Hauptsache festgelegten Wertes, Wertfestsetzung.
Haushaltsverfahren § 200 FamFG a) Scheidung, § 1568b BGB b) Getrenntleben, § 1361 BGB	§ 48 Abs. 2 FamGKG § 48 Abs. 3 FamGKG § 48 Abs. 3 FamGKG	a) 3.000,00 € b) 2.000,00 € aber evtl. höherer oder niedriger Wert möglich, (Rn. 97–100).

Gegenstand	Wertvorschrift	Verfahrens- bzw. Gegenstandswert
Kindschaftssachen § 151 FamFG a) Bestimmte Kindschaftssachen – elterliche Sorge – Umgangsregelung – Kindesherausgabe **siehe jeweils dort**		
b) Weitere Kindschaftssachen = Vormundschaft, Pflegschaft, Unterbringung Mdj., Aufgaben nach dem JGG	§ 46 Abs. 1 FamGKG verweist hinsichtlich der vermögensrechtlichen Angelegenheiten auf Vorschriften des GNotKG und zwar § 38 GNotKG sowie die für die Beurkundung geltenden Vorschriften des GNotKG. Für die nicht vermögensrechtlichen Angelegenheiten gelten die §§ 36 bis 42 FamGKG.	Höchstwert: 1 Mio. € (Rn. 73–75). (Rn. 76 - 78).
Kindesherausgabe (Kindschaftssache)	§ 45 Abs. 1 FamGKG § 45 Abs. 3 FamGKG	3.000,00 € aber evtl. höherer oder niedriger Wert möglich. (Rn. 71 f.).
– im Verbund mit Scheidung/Folgesache	§ 44 Abs. 2 FamGKG	Eigener Wert gemessen am Wert der Scheidung (§ 43 FamGKG), pro Kindschaftssache 20 % des Wertes der Scheidung, Höchstbetrag = 3.000,00 €. (Rn. 194).
Lebenspartnerschaftssachen § 269 Abs. 1 FamFG	Lebenspartnerschaftssachen werden verfahrens- und kostenrechtlich wie entsprechende Familiensachen behandelt, §§ 269, 270 FamFG; § 5 FamGKG.	(Rn. 219 f.)

von König

Gegenstand	Wertvorschrift	Verfahrens- bzw. Gegenstandswert
– Verbund mit Folgesachen	§ 5 FamGKG	Zusammenrechnung wie bei Scheidung und Folgesachen.
Rechtsmittelverfahren §§ 58 f. FamFG	§ 40 Abs. 1 S. 1 FamGKG	Antrag des Rechtsmittelführers, andernfalls gilt der Wert der Beschwer, (Rn. 256 f.).
Scheidungsverbund §§ 137 f. FamFG	§ 44 Abs. 1 FamGKG, § 33 Abs. 1 S. 2 FamGKG	Scheidungssache und alle Folgesachen sind getrennt zu bewerten und die Werte zusammenzurechnen. Das gilt auch, wenn es sich um vermögensrechtliche und nicht vermögensrechtliche Angelegenheiten handelt, (Rn. 194 f.).
Stufenantrag	§ 38 FamGKG	Der höhere der beiden verbundenen Ansprüche ist maßgebend, wobei der Wert des Auskunftsantrags zu schätzen ist, (Rn. 143).
Umgangsregelung (Kindschaftssache)	§ 45 Abs. 1 FamGKG § 45 Abs. 3 FamGKG	3.000,00 € aber evtl. höherer oder niedriger Wert möglich, (Rn. 71 f.).
– im Verbund mit Scheidung/Folgesache	§ 44 Abs. 2 FamGKG	Eigener Wert gemessen am Wert der Scheidung (§ 43 FamGKG), pro Kindschaftssache 20 % des Wertes der Scheidung, Höchstbetrag = 3.000,00 €. (Rn. 194).
Unterhalt		
– Abänderung	§ 51 Abs. 1 FamGKG	Jahresbetrag der Differenz, (Rn. 145).

Gegenstand	Wertvorschrift	Verfahrens- bzw. Gegenstandswert
– Ehegatte	§ 51 Abs. 1 S. 1 FamGKG	Für die ersten zwölf Monate nach Antragseinreichung geforderte Beträge, Rückstände sind hinzuzurechnen, (Rn. 119, 120).
– Kind		
statischer Unterhalt	§ 51 Abs. 1 S. 1 FamGKG	Für die ersten zwölf Monate nach Antragseinreichung geforderte Beträge, Rückstände sind hinzuzurechnen, (Rn. 135).
dynamisierter Unterhalt	§ 51 Abs. 1 S. 2 FamGKG	Für die ersten zwölf Monate nach Antragseinreichung geforderte Beträge, die sich aus der Umrechnung des entsprechenden Vomhundertsatzes ergeben, Rückstände sind hinzuzurechnen, (Rn. 136)
nach BKGG/EStG	§ 51 Abs. 3 FamGKG	500,00 €, (Rn. 160).
vereinfachtes Unterhaltsfestsetzungsverfahren	§ 51 Abs. 1 S. 2 FamGKG	Siehe dynamisierter Unterhalt, (Rn. 156, 136).
Vermittlungsverfahren § 165 FamFG	§ 45 Abs. 1 FamGKG § 45 Abs. 3 FamGKG	3.000,00 € aber evtl. höherer oder niedriger Wert möglich, (Rn. 72).
Versorgungsausgleich § 217 FamFG a) Vor Scheidung b) Nach Scheidung c) Auskunfsanspruch	a) § 50 Abs. 1 FamGKG b) § 50 Abs. 2 FamGKG c) § 50 Abs. 3 FamGKG	a) Jedes Anrecht = 10 % des 3-monatigen Nettoeinkommens der Ehegatten, b) 20 % des 3-monatigen Nettoeinkommens, mind. aber 1.000,00 € c) 500,00 €. Aber evtl. höherer oder niedrigerer Wert möglich, (Rn. 108–111).

Gegenstand	Wertvorschrift	Verfahrens- bzw. Gegenstandswert
Vollstreckung §§ 86 f. FamFG	FamGKG gilt nur bei Vollstreckung durch des FamG, sonst gilt GKG.	
– nach der ZPO § 95 Abs. 1 FamFG	Keine Vorschriften im FamGKG, da nach wie vor das GKG gilt.	In der Regel fallen Festgebühren an, sodass ein Wert nicht nötig ist, (Rn. 279).
– in Ehe- und Familienstreitsachen § 120 Abs. 1 FamFG	Für die Berechnung der Anwaltsgebühren gilt § 25 RVG, (Rn. 280 f.).	
– Herausgabe von Personen und Umgangsregelungen §§ 88 bis 94 FamFG		
Widerantrag	§ 39 Abs. 1 S. 1, 3 FamGKG	Zusammenrechnung von Antrag und Widerantrag, wenn es sich nicht um denselben Gegenstand handelt, andernfalls der höhere der beiden Werte, (Rn. 137, 138).

Stichwortverzeichnis

(Die Zahlen verweisen auf Randnummern.)

A
Abbruch der Mediation 794
Abschlussvereinbarung Mediation
  784, 793, 837, 867
Abstammungssachen
– Gerichtskosten 416 ff.
– Legaldefinition 79
– mehrere Kinder 86
– Rechtsanwaltskosten 571 ff.
– Verbund mit Unterhalt 87 ff.
– Verfahrensbeistand 82
– Wertvorschriften 83 ff.
Adoptionssachen
– FG-Verfahren 91
– Gerichtskosten 416 ff.
– Legaldefinition 92
– Minderjähriger 93
– Rechtsanwaltsgebühren 570 ff.
– Volljähriger 93
– Wertvorschriften 94
Angelegenheit 68, 473 ff.
– bei Beratungshilfe in Familiensachen 728
– bei Bestimmung der Geschäftsgebühr 494
– bei mehreren Auftraggebern 465, 499
– besondere 476, 590
– dieselbe 195, 465, 474
– nicht vermögensrechtliche 76
– Rahmengebühren 460
– Verbundverfahren 521
– verschiedene 475, 581

– Vollstreckung 590
Anrechnung
– Beratungshilfe 728
– Beratungsgebühr 488, 490, 728, 731, 732
– Geschäftsgebühr 496 ff., 676 ff., 733
– Kindergeld bei Unterhalt 134 ff.
– Mahnverfahren 375, 547
– Prüfungsgebühr Rechtsmittel 514
– Verfahrensgebühr 520, 541
– Verfahrenskostenhilfe 676 ff., 734 ff.
– Zurückverweisung 518 ff.
Antragsschuldner 322
Anwaltszwang 8, 60, 515, 637
Auffangwert 56
Auftragserteilung 457
Auftraggeber, mehrere 729, 732
Ausgleichsanspruch unter Medianten 769
Auslagen
– Beratungshilfe 736
– Verfahrenskostenhilfe 662
– des Rechtsanwalts 477
– Gericht 305
– Mediation 780
– Mediation ausdrückliche Regelung 782
– Mediation Haftpflichtversicherungsprämie 781
– Unklarheit Mediation 783

– Vorschüsse 321
Auslandsbezug
– siehe grenzüberscheitender Rechtsverkehr
Aussöhnungsgebühr 472, 509, 510

B
Beratung 482
– prozessbegleitende 491
Beratungsgebühr 461, 483 ff., 725 ff.
– Anrechnung 488, 728, 731
– mehrere Auftraggeber 487, 730
Beratungshilfe 607, 708 ff.
– andere Möglichkeiten der Hilfe 711
– Anfechtung der Bewilligung 719
– Angelegenheit 726
– Antrag 716
– Aufhebung der Bewilligung 719
– Auslagen der Beratungsperson 736 ff.
– Beratung durch das Amtsgericht 715
– Beratungsperson 715, 718
– beratungsfähige Rechtsgebiete 714
– Berechtigter 708
– Berechtigungsschein 718
– Bewilligungsverfahren 716 ff.
– Einigungs- bzw. Erledigungsgebühr 735
– Entschädigung aus der Landeskasse 723 ff., 739 ff.
– Erinnerung gegen Versagung 720
– Erklärung über persönliche u. wirtschaftliche Verhältnisse 716
– Festsetzungsverfahren 739 ff.
– Formularzwang 716
– Geschäftsgebühr 729
– Gesetzesreform 708 ff.
– mehrere Auftraggeber 727

– Mutwilligkeit 712
– nachträgliche Antragstellung 717
– Rechtsanwaltsgebühren 722 ff.
– Rechtsbehelfe gegen Festsetzung 742
– Vergütung Beratungsperson 721
– Versagung 720
– Voraussetzungen 709 ff.
Beratungshilfegebühr 722
Beschluss
– als Entscheidungsform 10
– vereinfachtes Unterhaltsfestsetzungsverfahren 155
Betragsrahmengebühr 460 ff.

D
Differenzverfahrensgebühr 525, 554, 686 ff.

E
Ehesachen
– Anwaltszwang 60
– Gerichtskosten 327 ff.
– Legaldefinition 59
– Rechtsanwaltskosten 504 ff.
– Verfahrensvorschriften 60
– Vorauszahlung Gerichtskosten 316
– Wertberechnung 61 ff.
Ehewohnungs- und Haushaltssachen
– Gerichtskosten 421
– Legaldefinition 95
– Rechtsanwaltskosten 573 ff.
– Wertberechnung 97 ff.
Einigungsgebühr 470
– Abstammungssachen 578
– Beratungshilfe 735
– elterliche Sorge 526, 562
– gerichtlich gebilligter Vergleich 564
– Mediation Bonner Praxis 784

Stichwortverzeichnis

- Mediation Abschlussvereinbarung 793, 862
- nicht anhängige Ansprüche 524
- Umgangsregelung 526, 563
- Verbundverfahren 523
- Verfahrenskostenhilfe 682 ff.
- Versorgungsausgleichssachen 527, 578
- Vollstreckung 593

Einstweilige Anordnung 224 ff.
- Beschwerde 587 ff.
- Ehewohnung- und Haushaltsgegenstände 239
- Gerichtskosten 434 ff.
- Getrenntleben 238
- Gewaltschutzgesetz 242
- Herausgabe von Sachen 241
- Kindschaftssachen 236
- Rechtsanwaltskosten 581 ff.
- Unterhalt 237
- Wertberechnung 232 ff.

elterliche Sorge
- siehe Kindschaftssachen

Endentscheidungen 12, 587 ff.
Entscheidungsschuldner 323
Erfolgshonorar 603 ff.
Erfolg Mediation 794
Ergebnisprotokoll Mediation 89
Erhöhung der Verfahrensgebühr 465 ff.
Ermäßigungstatbestände bei Gerichtsgebühren 328 ff., 343, 360, 380 ff.
Erstberatungsgebühr bei Mediation (BRAGO) 762
Erstschuldner 325

F
Familiensachen
- Definition 7
- sonstige Familiensachen 178 ff.
Familienstreitsachen
- Definition 8

- Gerichtskosten 349 ff.
- Güterrechtssachen 161 ff.
- Rechtsanwaltskosten 536 ff.
- sonstige Familiensachen 178
- Unterhaltssachen 114

Fälligkeit
- Gerichtskosten 313 ff.
- Rechtsanwaltsvergütung 474 ff.

Festgebühren
- Gericht 442
- Rechtsanwalt 724

Folgesachen 191
- dieselbe Angelegenheit 521
- Einigungsgebühr 523 ff.
- Gerichtskosten 336 ff.
- Rechtsanwaltskosten 521 ff.
- Abtrennung 207 ff.
- Legaldefinition 191
- Rechtsfolgen der Abtrennung 217 ff.
- Wertberechnung 194 ff.

Forderungsübergang
- bei Verfahrenskostenhilfe 688 ff.
- bei Beratungshilfe 743

Freistellungsvereinbarung Mediation 769
Freiwilligkeit Mediation 772

G
Gebührenvereinbarung 484 ff., 721
- abschließende Regelung Mediation 754
- Fehlen Vereinbarung Mediation = BGB 759
- formfrei Mediation 758
- Gesetzesbegründung Mediation 757
- Mediation 752, 774
- Mediation übliche Gebühr 766 ff.

Gegenstandswert 58, 458
- siehe auch Verfahrenswert

Genehmigung einer Einigung

über Versorgungsausgleich 578
Gerichtskosten 303 ff.
- FG-Familiensachen 397 ff.
- Auslagen 305
- Ehesachen 327 ff.
- Ehewohnungs- und Haushaltssachen 422
- einstweiliger Rechtsschutz 434 ff.
- Fälligkeit 313 ff.
- Familienstreitsachen 349 ff.; 369 ff.
- gebührenfreie Verfahren 402
- Gewaltschutzsachen 424 ff.
- grenzüberschreitender Rechtsverkehr 450 ff.
- Güterrechtssachen 427
- Kindschaftssachen 401 ff.
- Kostenansatz 306
- Kostenfreiheit 309
- Kostenschuldner 322 ff.
- Mahnverfahren 371 ff.
- Minderjähriger 404
- Nachforderung 307
- Rechtsbehelfsbelehrung 306
- unrichtige Sachbehandlung 307
- vereinfachtes Unterhaltsverfahren 351 ff.
- Verfahren mit Auslandsbezug 450 ff.
- Vergleich 343
- Versorgungsausgleichssachen 420 ff.
- Vorauszahlung 315
- Vorschuss 315
- Widerantrag 379 ff.
- Verbundverfahren 326 ff.
- Vollstreckung 441 ff.
Gesamtschuldner 324, 768
Geschäftsgebühr 463, 494 ff.
- Anrechnung 496 ff.
- Beratungshilfe 731 ff.

- mehrere Auftraggeber 465, 499
- Rahmengebühr 494
Gesetzliche Vergütung 458
Gewaltschutzsachen
- Gerichtskosten 424 ff.
- Legaldefinition 101
- Rechtsanwaltskosten 574 ff.
- Wertberechnung 103
Grenzüberscheitender Rechtsverkehr 284 ff.
- Anerkennung nach FamFG 285 ff.
- AUG 294
- Ausführungsgesetze 290
- AVAG 290
- Gerichtskosten 450 ff.
- IntFamRVG 292
- Rechtsanwaltskosten 596 ff.
- Vollstreckbarkeitserklärung 288 ff.
- Wertberechnung 296 ff.
Grundsätze der Mediation 744 ff., 795
Güterichter 816, 818, 852
Güterrechtssachen
- Gerichtskosten 423 ff.
- Gütergemeinschaft 169
- Legaldefinition 161 ff.
- Rechtsanwaltskosten 570 ff.
- Sicherheitsleistung 172
- Stufenantrag 165
- Stundung der Ausgleichsforderung 172
- Übertragung von Vermögensgegenständen 172
- Wertberechnung 164 ff.
- Widerantrag 166
Zugewinnausgleich 164, 167
Zugewinngemeinschaft 170

H
Haftung
- Außenanwalt Mediation 815

Stichwortverzeichnis

– Gerichtskosten 385
– gesamtschuldnerische 324
– Streitgenossen 325
Haushaltssachen
– siehe Ehewohnungs- und Haushaltssachen
Hausratsverordnung 96

J
Justizverwaltungsakt 306

K
Kindesherausgabe
– siehe Kindschaftssachen
Kindschaftssachen
– Folgesachen 193
– freiheitsentziehende Maßnahmen 403
– Gerichtskosten 401 ff.
– Legaldefinition 69
– Pflegschaften 74, 403, 410
– Rechtsanwaltskosten 558 ff.
– übrige Kindschaftssachen 416 ff.
– Vermittlungsverfahren 72, 407
– Vormundschaft 408
– Wertberechnung 71 ff., 202 ff.
Korrespondenzanwalt
– siehe Verkehrsanwalt
Kostenansatz 306
Kostenbeamter 306
Kostenentscheidung
– Absehen vom Erlass 16
– billigem Ermessen 14, 17
– einstweilige Anordnung 231
– Ehesachen 25
– Familiensachen 15
– gesetzliche Grundlagen 13 ff.
– Güterrechtssachen 38
– Lebenspartnerschaftssachen 34
– Scheidungs- und Folgesachen 26 ff.
– Streitsachen 25
– Unterhaltssachen 35

– Vereinfachtes Unterhaltsfestsetzungsverfahren 155
– Vergleich 20
Kostenerstattung
– Anwaltskosten 22, 25, 480
– außergerichtliche Kosten 14
– Gerichtskosten 14, 22, 326
– gewöhnliche Familiensachen 481
– notwendige Kosten 25
– Reisekosten 22, 480
Kostenfestsetzungsverfahren 481
– Anrechnung der Beratungsgebühr 490
– Anrechnung der Geschäftsgebühr 502 ff.
Kostenfreiheit 309
Kostenschuldner 22
– betriebliche Mediation 770
Kostenverfügung 304

L
Lebenspartnerschaftssachen
– Gerichtskosten – siehe Ehesachen
– Legaldefinition 219 ff.
– Rechtsanwaltskosten – siehe Ehesachen
– Wertberechnung 223

M
Mahnverfahren 371 ff., 545 ff.
– Anrechnung der Verfahrensgebühr 375, 547
– Einspruch 376
– Gerichtskosten 373
– Vollstreckungsbescheid 376
– Widerspruch 374
– Rechtsanwaltskosten 547
Mediation 744 ff.
– Abschlussvereinbarung 748, 793, 833
– Anwaltsvergleich 832, 840

- Anzahl der Verträge: zwei 779, 861
- Außenanwälte 807
- Begriffsbestimmungen 745
- betriebliche Mediation 770
- Doppelvertretung durch Mediator? 834
- Einigungsgebühr 784, 793, 837, 867
- Erfolg 794
- Fachkenntnisse 807
- Festsetzung der Kosten nur Innenverhältnis 857
- Gebührenbeispiele Mediation 841 ff.
- gerichtsinterne 816
- gerichtsnahe 816
- Geschäftsgebühr Außenanwalt 810
- gesetzliche Gebühr 797
- Grundsätze 744, 745
- Kinder 747
- notarielle Urkunde 838
- Phasen 748
- Prozesskostenhilfe 858 ff.
- rechtliche Beratung durch Mediator 825 ff.
- üblicher Zeitaufwand Familiensachen 812
- Vertragsbeispiele 861 ff.
- Vertretungskosten 808
- Vieraugengespräche 862
- Vor- und Nachbereitung 796

Mediationsgesetz 745
Mediationsvertrag 774
- Form 774
- Medianten 862, 863
- mündlicher Vertrag 776
- Vertragsbeispiel 861

Mediator 820
- Rechtsberatung RDG 823, 825 ff., 829
- Rechtsrat durch Mediator? 820 ff.
- Volljurist 824

mehrere Auftraggeber 465, 555
Mehrvergleich 345, 554
Mithaft 324

P

Phasen der Trennung – Mediation 750
Prozesskostenhilfe – siehe Verfahrenskostenhilfe 607 ff.
- Mediation 858 ff.

Prozesskostenvorschuss 615

R

Rahmengebühr 460, 568
Rechtsanwaltsvergütung
- Abstammungssachen 571 ff.
- Abtrennung Folgesachen 530
- Abtrennung Kindschaftsfolgesache 531
- Anerkennung ausl. Titel 597 ff.
- Angelegenheit 474
- Auslagen 477
- Aussöhnungsgebühr, siehe dort
- Beratungsgebühr, siehe dort
- Beschwerde bei einstweiliger AO 586 ff.
- Ehesachen 504 ff.
- Ehewohnungs- und Haushaltssachen 573 ff.
- Einigungsgebühr, siehe dort
- einstweilige Anordnungen 580 ff.
- Fälligkeit 478
- Familienstreitsachen 536 ff.
- Festgebühren bei Beratungshilfe 724 ff.
- Festsetzung aus der Landeskasse 660 ff., 723 ff.
- Gegenstand 458

– Genehmigung, familiengerichtliche 566 ff.
– Geschäftsgebühr, siehe dort
– Gewaltschutzsachen 574 ff.
– güterrechtliche Angelegenheiten 575 ff.
– Haushaltssachen 573 ff.
– Kindschaftssachen 558 ff.
– Mahnverfahren 547
– Rahmengebühr 460
– Reisekosten 480, 643 ff.
– schriftliches Verfahren 552
– Terminsgebühr, siehe dort
– Verbundverfahren 521 ff.
– Vereinfachtes Unterhaltsfestsetzungsverfahren 538 ff.
– Verfahrensgebühr, siehe dort
– Verfahrenskostenhilfe – siehe dort
– Vermittlungsverfahren § 165 FamFG 565
– Versorgungsausgleichssachen 572 ff.
– Vollstreckung 589 ff.
– Zurückverweisung 518, 534 f.
Rechtsmittelverfahren
– Abhilfe 246
– Befristung 246
– Begründung 252
– Beschwerde 245
– Ehesachen 246
– einstweilige Anordnung 245, 251, 586 ff.
– Familienstreitsachen 246
– Rechtsanwaltgebühren 511 ff., 532 ff., 542
– Rechtsbeschwerde 250
– sofortige Beschwerde 244
– Sprungrechtsbeschwerde 255
– Wertberechnung 256 ff.
– Zulassung 251
Reisekosten
– Rechtsanwalt 480

– VKH-Anwalt 643 ff.

S
Säumnisverfahren 550 ff.
Scheidung – siehe auch Ehesachen
Scheidung, einverständliche 508
Scheidungs- und Folgesachen 190 ff.
schriftliches Verfahren 552 ff.
Streitsachen – siehe Familienstreitsachen
Streitwert Mediation Gebühr 790, 792
Stundensatz in der Mediation 766, 776
– üblicher Stundensatz Mediation 785
– Wirtschaftsmediation 786
– Familienmediation 785
– Muster 788

T
Terminsgebühr 467 ff.
– Beschwerdeverfahren 512
– Besprechungen 467, 529, 539
– Ehesachen 505
– einstweilige Anordnung 583
– einverständlich Scheidung 508
– Erörterung elterliche Sorge 505
– Kindschaftssachen 560
– Mahnverfahren 547
– Mehrvergleich 554
– Prüfungsgebühr Rechtsmittel 513
– Rechtsbeschwerde in Ehesachen 516
– Säumnis 550 ff.
– Säumnis des Antragstellers in Ehesachen 507
– schriftliches Verfahren 468, 553, 561
– Sorgerechtsverfahren, schriftlich 561

– Sprungrechtsbeschwerde in Ehesachen 517
– Umgangsregelung, nicht anhängige 528
– Vereinfachtes Unterhaltsfestsetzungsverfahren 539
– Verbundverfahren 528
– Verfahrenskostenhilfe 686
– Vollstreckung 592
– Zusatzgebühr 469

U
Übernahmeschuldner 323
übliche Vergütung Mediation 766
– Mediatorüblichkeit 767
– örtliche Üblichkeit Familienmediation 766, 777
Umgangssachen – siehe Kindschaftssachen
Unterbringungsmaßnahmen 568
Unterhaltssachen
– BKGG 160
– dynamisierter Unterhalt 123
– Ehegattenunterhalt 118 ff.
– EStG 160
– Gerichtskosten
– Kinderfreibetrag 127 ff., 133
– Kindergeldvorwegabzug 132 ff.
– Kindesunterhalt 122 ff.
– Legaldefinition 112 ff.
– Mindestunterhalt 117, 123, 128, 130 ff., 153
– statischer Unterhalt 123
– Trennungsunterhalt 121
– Unterhaltsansprüche nach § 1615l BGB 158
– Vereinfachtes Festsetzungsverfahren 150 ff.
– Wertberechnung 119, 135 ff.
Urkundsbeamter der Geschäftsstelle 665 ff.

V
Verbundverfahren 190 ff.
– Gerichtskosten 336 ff.
– Rechtsanwaltskosten 521 ff.
– Folgesachen 191
– Legaldefinition 190
– Wertberechnung 194 ff.
Vereinfachtes Unterhaltsfestsetzungsverfahren 155 ff.
– Rechtsanwaltskosten 539 ff.
– Einwendungen 154
– Gerichtskosten 351 ff.
– Teilfestsetzungsbeschluss 154
Verfahrensbeistand 70, 82, 206
Verfahrensgebühr des Gerichts
– Ehesachen 327 ff.
– Ehewohnungs- und Haushaltssachen 423
– Ermäßigungstatbestände 328 ff., 343, 360, 380 ff.
– Ermäßigung im Verbund 338 ff.
– FG-Familiensachen 405, 416
– Gewaltschutzsachen 424 ff.
– Güterrechtssachen 427
– Kindschaftssachen 405
– Mahnverfahren 371 ff.
– Pflegschaften 410
– Rechtsmittelverfahren in Ehesachen 329 ff.
– Rechtsmittelverfahren in FG-Familiensachen 411 ff.
– Rechtsmittelverfahren in Streitsachen 362, 389 ff.
– Verbundverfahren 336 ff.
– Versorgungsausgleichssachen 421
– Vormundschaftssachen 408
Verfahrensgebühr des Rechtsanwalts 464
– Abweisungsantrag Rechtsmittel 515
– Anrechnung, siehe dort

- Beschwerdeverfahren in Ehesachen 512
- Differenzverfahrensgebühr, siehe dort
- einstweilige Anordnung 582
- Erhöhung bei mehreren Auftraggebern 465 ff., 555
- Genehmigung, familiengerichtliche 567
- Kindschaftssachen 560
- Mahnverfahren 547
- Mehrvergleich 554
- Rechtsbeschwerdeverfahren in Ehesachen 516
- Unterbringungsmaßnahmen 568
- Ehesachen 505
- Verbundverfahren 522 ff.
- Vereinfachtes Unterhaltsfestsetzungsverfahren 539
- Verfahrenskostenhilfe 674
- Vollstreckung 591

Verfahrenskostenhilfe 607 ff.
- Amtsverfahren 61
- Änderung der Bewilligung 692
- Anhörung des Gegners 628, 630
- Antrag 627
- Anwendungsbereich 609 ff.
- Aufhebung der Bewilligung 693 ff.
- Auslagen aus der Landeskasse 662
- Beiordnung eines (auswärtigen) Rechtsanwalts 636, 642 ff.
- Beiordnung eines Beweisanwalts 646
- Beiordnung eines Verkehrsanwalts 647
- Beitreibungsrecht des Rechtsanwalts 654
- Bewilligung pro Rechtszug 632
- Bewilligungsverfahren 627 ff.
- Bewilligungsvoraussetzungen 613 ff.
- Einigung im VKH-Verfahren 631, 705
- Einziehungsrecht des Rechtsanwalts 654, 655, 691
- einzusetzendes Einkommen 619 ff.
- einzusetzendes Vermögen 624 ff.
- Erfolgsaussichten 617
- Erinnerung gegen Festsetzung 669
- Ermittlung der Raten 623
- Erstreckung auf Folgesachenvergleich 659
- Erstreckung auf Versorgungsausgleichsfolgesache 658
- Erstreckung bei Scheidung 633
- Festsetzung aus der Landeskasse 664 ff.
- Forderungsübergang 687 ff.
- Formularzwang 627
- Höhe der Vergütung aus der Landeskasse 674 ff.
- Kosten des Bewilligungsverfahrens 703 ff.
- Mutwilligkeit 618
- objektive Voraussetzungen 616
- Prüfungsverfahren 630
- Rechtsbehelf gegen Festsetzung 669
- Sperrwirkung des § 126 ZPO 655
- subjektive Voraussetzungen 615
- teilweise Bewilligung 699 ff.
- Umfang der Beiordnung 657
- vereinfachte Erklärung 627
- Verfahren vor dem UdG 664 ff.
- Vergütungsanspruch des Rechtsanwalts 653, 656 ff.
- Verstrickung 655
- Vordruckzwang 627

- vorläufige Einstellung der Ratenzahlung 635
- Waffengleichheit 641
- weitere Vergütung 670 ff.
- Wertgebühren aus der Landeskasse 660 ff.
- Wirkungen der VKH 648 ff.

Verfahrenswert 40
- Abstammungssachen 83 ff.
- Adoptionssachen 94 ff.
- Auffangwert 56
- Auskunftsklageantrag 142
- Ehesachen 61 ff.
- einstweilige Anordnung 232 ff.
- Feststellungsantrag 148
- Geldforderung 42
- Genehmigungen 43
- Gewaltschutzsachen 103 ff.
- grenzüberschreitender Rechtsverkehr 294
- Güterrechtssachen 164 ff.
- Kindschaftssachen 71 ff.
- Rechtsmittelverfahren 256 ff.
- sonstige Familiensachen 187
- Stufenklageantrag 143
- Unterhaltssachen 118, 135
- Verbundverfahren 194 ff.
- Versorgungsausgleichssachen 108 ff.
- Vollstreckung 278 ff.
- Widerantrag 137
- Wohnungs- und Haushaltssachen 97 ff.

Vergleich 11
- Einbeziehung freiwilliger Leistungen 140
- Einigungsgebühr des Rechtsanwalts 470
- Ermäßigungstatbestand für Gerichtskosten 328 ff., 381, 392
- Fälligkeit für Gerichtskosten 314, 337
- gerichtlich gebilligter 72, 563

- im Bewilligungsverfahren für Verfahrenskostenhilfe 631, 684
- im Falle der Erstreckung bei Verfahrenskostenhilfe 685
- Kostenregelung 20
- Kostenschuldner für Gerichtskosten 322
- Mehrvergleich 554 ff.
- Scheidungsfolgenvergleich 347, 522 ff.
- Terminsgebühr bei schriftlichem Vergleich 553
- Vergleichsgebühr des Gerichts 343 ff.
- Versorgungsausgleich 578

Vergleichsgebühr des Gerichts 343 ff.

Vergütung Mediation
- Angemessenheitsprüfung nein 803
- Außenanwalt Mediation Stundenvergütung 814
- Einigungsgebühr 862
- Einreichung der Klage bei Gericht 843
- Formerfordernis nein 802
- kein Prozessauftrag 841
- Kostenfestsetzung Innenverhältnis (§ 15a RVG neu) 857
- Kriterien 799
- PKH für Mediation? 858
- Prozessauftrag 842
- Prozessauftrag – Vereinbarung (§ 3a RVG) 848
- Sittenwidrigkeit 798
- Terminsgebühr Außenanwalt 819
- Titel beim Mediationsrichter 854
- Titel beim „Güterichter" 855
- übliche Gebühr bei Fehlen Vereinbarung 804